PARAMAHANSA JOGANANDA
(05. 01. 1893 – 07. 03. 1952)

ODWIECZNE LUDZKIE POSZUKIWANIE

ZBIÓR POGADANEK I ESEJÓW NA TEMAT
URZECZYWISTNIANIA BOGA
W ŻYCIU CODZIENNYM

TOM I

PARAMAHANSA JOGANANDA

O TEJ KSIĄŻCE: *Odwieczne ludzkie poszukiwanie* to pierwsza część „Serii zebranych odczytów i esejów", która obejmuje wykłady, nieformalne pogadanki i inspirujące pisma Paramahansy Joganandy. Większość z nich to wykłady, które Śri Jogananda wygłosił w siedzibie Międzynarodowej Organizacji Self-Realization Fellowship w Los Angeles lub w jednej z założonych przez niego świątyń SRF. Śri Daja Mata, jedna z pierwszych i najbliższych uczennic Śri Joganandy (i przez wiele lat przewodnicząca Self-Realization Fellowship, aż do swojej śmierci w 2010 r.), pierwotnie nagrała wiele z tych wykładów w formie stenografii, zachowując je w ten sposób dla dobra przyszłych pokoleń. Wykłady te opublikowane po raz pierwszy w czasopiśmie Self-Realization Fellowship „Self-Realization" zostały później zebrane przez Self-Realization Fellowship i opublikowane w serii wielotomowej antologii, która oprócz *Odwiecznego ludzkiego poszukiwania* obejmuje także książki *The Divine Romance* i *Journey to Self-realization*.

Tytuł oryginału w języku angielskim wydanego przez
Self-Realization Fellowship, Los Angeles (Kalifornia):
Man's Eternal Quest

ISBN: 978-0-87612-232-7

Przekład na język polski: Self-Realization Fellowship

Copyright © 2024 Self-Realization Fellowship

Wszelkie prawa zastrzeżone przez Self-Realization Fellowship. Z wyjątkiem przypadków dozwolonych przez prawo, żadna część *Odwiecznego ludzkiego poszukiwania (Man's Eternal Quest)* nie może być powielana, przechowywana, przesyłana ani rozpowszechniana w jakiejkolwiek formie, ani za pomocą jakichkolwiek środków dostępnych obecnie lub w przyszłości bez uprzedniej zgody wydawcy: Self-Realization Fellowship 3880 San Rafael Avenue, Los Angeles, California 90065-3219, USA.

 Wydanie autoryzowane przez International Publications Council of Self-Realization Fellowship

Nazwa i emblemat Self-Realization Fellowship (widoczny powyżej) widnieją na wszystkich książkach, nagraniach oraz innych publikacjach wydanych przez SRF i upewniają czytelnika, że są to oryginalne prace organizacji założonej przez Paramahansę Joganandę i że wiernie przekazują jego nauki.

Pierwsze wydanie w języku polskim, 2024
First edition in Polish, 2024
To wydanie, 2024
This printing, 2024

ISBN: 978-1-68568-139-5

1199-J7948

Dedykowane przez Self-Realization Fellowship
naszej ukochanej Prezydent
ŚRI DAJA MACIE,
której wierne oddanie w nagrywaniu słów jej guru
zachowało na wieki dla nas i dla potomności
wyzwalającą mądrość i miłość Paramahansy Joganandy do Boga

DUCHOWE DZIEDZICTWO PARAMAHANSY JOGANANDY

Paramahansa Jogananda założył Self-Realization Fellowship[1] w roku 1920, aby rozpowszechniać swoje nauki oraz zachować ich wierność i spójność dla przyszłych pokoleń. Od początku swego pobytu w Ameryce ten płodny pisarz i wykładowca stworzył obszerny i cieszący się uznaniem zbiór dzieł o jogicznej nauce medytacji, sztuce zrównoważonego życia i jedności leżącej u postaw wszystkich wielkich religii. Dzisiaj to unikalne i dalekosiężne duchowe dziedzictwo jest nadal żywe i inspiruje poszukiwaczy prawdy na całym świecie.

Zgodnie z życzeniami wyrażonymi przez wielkiego mistrza, Self-Realization Fellowship kontynuuje prace związane z wydawaniem oraz utrzymaniem na stałe w druku *Kompletnego zbioru dzieł Paramahansy Joganandy*. Obejmuje on nie tylko ostateczne wydania książek opublikowanych za jego życia, lecz także wiele nowych pozycji, które nie zostały wydane przed jego śmiercią w roku 1952. Znajdują się w nim również fragmenty pism zamieszczanych na przestrzeni lat w czasopiśmie wydawanym przez Self-Realization Fellowship oraz setki głęboko inspirujących wykładów i nieformalnych pogadanek nagranych, lecz jeszcze nie wydrukowanych przed jego śmiercią.

Paramahansa Jogananda osobiście wybrał i przeszkolił tych bliskich uczniów, którzy założyli Self-Realization Publications

---

[1] Dosłownie tłumacząc - „Stowarzyszenie Samorealizacji". Paramahansa Jogananda wyjaśnił, że nazwa Self-Realization Fellowship oznacza „wspólnotę z Bogiem poprzez samorealizację i przyjaźń ze wszystkimi poszukującymi prawdy duszami". Zobacz także „Cele i ideały Self-Realization Fellowship".

Council [Radę Wydawniczą SRF], i dał im określone wskazówki, jak przygotowywać do druku i wydawać jego nauki. Członkowie Publications Council SRF (mniszki i mnisi, którzy złożyli śluby wyrzeczenia i bezinteresownej służby do końca życia) przestrzegają tych wskazówek jako świętego powiernictwa, dbając o to, by powszechne przesłanie umiłowanego przez świat nauczyciela zachowało pierwotną moc i autentyzm.

Emblemat Self-Realization Fellowship (widniejący powyżej) został wyznaczony przez Paramahansę Joganandę, aby identyfikował jako autoryzowane źródło jego nauk niedochodową organizację, którą założył. Nazwa i emblemat SRF są widoczne na wszystkich wydanych przez Self-Realization Fellowship publikacjach i nagraniach, dając czytelnikowi pewność, że dzieła te pochodzą z organizacji założonej przez Paramahansę Joganandę i wiernie przekazują jego nauki, tak jak on sam zamierzał je przedstawić.

– Self-Realization Fellowship

Spis treści

Przedmowa .... *xxi*
Wstęp .... *xxiv*

Jak pierwsi poszukujący znaleźli Boga 1
   Trzy aspekty przyrody *1*
   Opowieść o Brahmie, Wisznu i Śiwie *2*
   Bóg, Najwyższa Przyczyna *3*
   Dowody na istnienie porządku i harmonii są wszędzie *3*
   Oddanie i właściwe działanie przyciągają uwagę Boga *4*
   Medytacja jest najwyższą formą aktywności *7*
   Jaźń jest twoim zbawicielem *9*
   Rozum daje człowiekowi moc szukania Boga *10*
   Dwie drogi: działanie i medytacja *11*
   Otworzą się całe nieba wiecznej szczęśliwości *12*

Uniwersalność jogi 14
   Ślepy nie może prowadzić ślepego *15*
   Joga przemienia teologię w praktyczne doświadczenie *17*
   Dusza musi ponownie wznieść się do Boga *18*
   Tajemnicą szczęścia jest świadomość obecności Boga *19*
   Medytacja czyni jogina *21*

Nieskończona natura Boga 23
   Zstąpiliśmy z nieskończoności w skończoność *24*
   Prawdziwą naturę Boga można poznać tylko intuicyjnie *25*
   Szatan stworzył niewiedzę, przyczynę wszelkiego cierpienia *27*
   Medytacja rozprasza mgłę niewiedzy *29*
   Umieśćcie Boga na pierwszym miejscu w waszych sercach *31*
   Obudźcie się z koszmaru cierpienia *34*
   W jedności z Bogiem poznajemy, że życie jest snem *35*

Spis treści

Wysłuchane modlitwy 37
   Modlitwa jest żądaniem duszy... 38
   Zalążek sukcesu tkwi w sile woli... 39
   Wypal "nie mogę" ze swoich myśli... 40
   Szukaj towarzystwa osób, które umacniają cię w wierze.......... 41
   Zapewnij sobie ostateczne miejsce w niebie............................. 43
   Wzmacniaj swoją siłę woli poprzez koncentrację...................... 44
   Kto wytrwa tak długo, aż Bóg mu odpowie?............................ 46
   Największą twoją potrzebą jest Bóg... 47
   Stosuj się do zasad modlitwy... 48

Unaukowienie religii 50
   Bóg czeka na wasze zaproszenie.. 52
   Celem stworzenia jest cię rozczarowywać................................. 52
   Poszukaj precyzyjnego rozumienia Prawdy............................... 54
   Dzięki jodze można unaukowić religię..................................... 54
   Szatan każe nam myśleć, że Bóg jest nieosiągalny................... 57
   Prawdziwą praktyką religii jest medytacja................................ 57
   Medytacja dostarcza dowodu na istnienie Boga...................... 59
   Żarliwość, odosobnienie, oddanie i stałość są konieczne........ 60

Zrozumienie nierzeczywistości materii 61
   Pierwiastki chemiczne materii to elektronowe wibracje........... 62
   Wszechświat jest snem Boga... 64

Największa przygoda człowieka 66
   Pochodzenie i moc pamięci... 67
   Tworzenie – wspólna przygoda Boga i człowieka................... 68
   Świadomość prenatalna... 70
   Oddech życia... 71
   Człowiek powinien zaprzyjaźnić się z samym sobą................. 73
   Subtelni wrogowie.. 73
   Przygotujcie się do każdego rodzaju walki............................... 74
   Znaczenie mocy umysłu.. 75
   Obcowanie z Bogiem zapewnia największą ochronę.............. 75
   Cel naszej przygody życia.. 78

Samoanaliza: klucz do władania nad swoim życiem 79
   Bez samoanalizy człowiek prowadzi życie robota.................... 79

Cechy z przeszłych żywotów wpływają na nas teraz.................80
Cokolwiek uczyniłeś, możesz to cofnąć............................81
Myśl stwarza wszystko we wszechświecie..........................81
Sny ujawniają wszechmoc umysłu..................................82
Zmień swoje mentalne nastawienie................................83
Warunki do szczęścia: prostota życia, wzniosłe myślenie..........84
Ceną wielkości jest odosobnienie................................85

Uzdrawianie nieograniczoną mocą Bożą............................87
Zrównoważony rozwój jest niezbędny..............................88
Przestrzegaj praw natury i miej więcej wiary w Boga..............89
Owoce, warzywa i orzechy lepsze od mięsa........................90
Oczyść ciało ze szkodliwych toksyn..............................91
Zwiększ swoją naturalną odporność na choroby....................93
Możesz wydłużyć swoje życie.....................................94
Potęga uśmiechu...95
Trwałe uzdrowienie pochodzi od Boga.............................96

Eliminowanie wibracji strachu z radia umysłu....................98
Świat jest tylko myślą w umyśle Boga............................99
Strach nie ma wstępu do spokojnego serca.......................100
Bądź ostrożny, ale nie bojaźliwy...............................101
Techniki pokonywania strachu...................................102
Strach ustaje wraz z ustanowieniem kontaktu z Bogiem...........103
Jedna myśl może cię odkupić....................................104

Nerwowość – przyczyny i uzdrawianie............................105
Dalekosiężne skutki nerwowości.................................105
Układ nerwowy..106
Pokonaj nerwowość, przebywając w dobrym towarzystwie...........107
Najlepszym lekarstwem jest spokój..............................108

Post i jego fizyczne i duchowe korzyści........................110
Panowanie nad sobą – najrozsądniejsza droga do zdrowia i szczęścia....112
Poznaj właściwy sposób prowadzenia postu.......................113
Funkcjonuj dobrze w każdych okolicznościach....................114
Metafizyczny aspekt postu......................................115

Samorealizacja – kryterium religii.............................117
Rozwój duchowy musi równoważyć postęp materialny...............119

Spis treści

    Moim jedynym pragnieniem jest dać wam przebłysk ujrzenia Boga 120
    Konieczne jest rozumienie znaczenia religii 121
    Prawdziwa religia zaspokaja żądania duszy 123
    Jakąkolwiek religię wybierzesz, dobrze ją sprawdź 124
    Poznanie Boga w sobie wymaga samodyscypliny 125
    Wszystkie kościoły powinny być jak ule wypełnione miodem
        obcowania z Bogiem 126
    Metody naukowe niezbędne do przestrzegania
        pierwszego przykazania 127
    Samorealizacja przemienia przekonanie w doświadczenie 129
    Praktykujcie prawdę – medytujcie – aby obcować z Bogiem 130

Pragnienie, które zaspokaja wszystkie pragnienia 131
    Dzieci Boże nie powinny żebrać 132
    Niebezpieczeństwo niespełnionych pragnień 133
    Kochaj swoich wrogów 135
    Sumienie powie ci, kim jesteś 135
    Bóg jest utraconym skarbem człowieka 136
    Traktuj poważnie Boga, a nie życie 137
    Środowisko kształtuje nasze pragnienia 139
    Czuj się bezpiecznie w twierdzy Bożej obecności 140
    Noś w sobie przenośne niebo 142

W Bogu jest całe szczęście 144
    Bóg musi przyjść do tych, którzy Go rzeczywiście pragną 145
    Szukaj Boga w samotności 147
    Polegaj tylko na Bogu 148

Jak być bardziej lubianym 150
    Atrakcyjność człowieka pochodzi z jego wnętrza 151
    Oceniają cię głównie po twoim zachowaniu 152
    Gdy jesteś z ludźmi, bądź szczery i życzliwy 153
    Żyj dla innych, a oni będą żyli dla ciebie 154
    Doskonała równowaga jest ołtarzem Boga 156
    Poszukuj Boga i bądź zwycięzcą w życiu 158

Rozwijanie osobowości 160
    Intuicja rozwija prawdziwą osobowość człowieka 162
    Człowiek może stać się, kimkolwiek zechce 163

Nigdy nie zapominaj o swojej prawdziwej naturze! 164
Obudź swoją boską osobowość 165

Boska sztuka nawiązywania przyjaźni 167
Rozwijaj przyjaźnie z przeszłości 168
Ulepszaj swój charakter, aby przyciągać przyjaciół 168
Obdarzaj przyjaźnią wszystkich, tak jak to czyni Bóg 169
Uniwersalnej przyjaźni uczymy się w domu rodzinnym 170

Prawdziwe doświadczenie ekstazy duchowej 172
Wino duchowej ekstazy ma niezrównany smak 173
Świadomość ma nieograniczony zasięg 174
Jaki jest dowód na to, że osiągnęło się Samorealizację? 174
Poza kalejdoskopem podświadomości 175

Trzy drogi do Świadomości Kosmicznej 177
Koncentracja – warunek znalezienia Boga 178
Niewidzialne źródło widzialnych światów 179
Pierwsza droga do świadomości kosmicznej 181
Druga droga 182
Trzecia i najwyższa droga 183

Bądź milionerem uśmiechów 185
Poza spokojem jest szczęśliwość 185
Uśmiechaj się z miłością Bożą 186
Aby doświadczać szczęśliwości – medytuj 188
Jak pozbyć się wrażeń zewnętrznych 189
Film stworzenia 190
Nie kwestionujcie istnienia Boga – kochajcie Go 191

Panie, posiądź nas Swoją miłością 193
Pod wszystkimi przejawami miłości kryje się miłujący Bóg 194
Nie marnujcie czasu 195
Nazywajcie Boga swoim własnym 196

Panowanie nad własnym przeznaczeniem w Nowym Roku 198
Odzyskaj swą utraconą boskość 199
Czyniąc postanowienie, używaj woli i rozumu 201
Czy jesteś psychicznym antykiem? 202

Spis treści

Strumień boskiej mocy *204*
Najlepsze postanowienie – poświęcaj więcej czasu Bogu *205*

Jak przechytrzyć pokusę **207**
Dlaczego pociągają nas doznania zmysłowe *208*
Nawyk jest bezlitosnym dyktatorem *208*
Mądrość najlepszą ochroną człowieka *210*
Nawet jeśli jesteś największym grzesznikiem, zapomnij o tym *211*
Osadź umysł w boskiej świadomości medytacji *213*

Leczenie psychicznych alkoholików **215**
Fałszywa koncepcja *216*
Środki przeciwdziałające *217*
Drobni dyktatorzy *217*

Przezwyciężanie destrukcyjnych nastrojów **220**
Żyjemy w szklanym domu *220*
Złe nastroje opanowują bezczynny umysł *222*
Złe nastroje to hamulce kół postępu *223*
Magiczny wpływ szczerej miłości *224*
Żyj w świecie cudów *226*
Strach pojawia się, gdy wykluczamy Boga z życia *226*

Istnienie reinkarnacji można udowodnić naukowo **229**
Prawo naukowe *229*
Jak odkryto prawa duchowe? *230*
Relaksacja we śnie *231*
Wycofany prąd *231*
Zadziwiający przypadek *232*
Wykonuj ćwiczenia *233*

Reinkarnacja: podróż duszy do doskonałości **234**
Znaczenie czasu *235*
To, jak żyjemy w tym życiu, decyduje o tym, kim
  będziemy w następnym *237*
Analizuj siebie, aby zrozumieć, jak powinieneś się zmienić *239*
Odróżniaj wartość wewnętrzną od statusu w świecie *241*
Wymiana dusz między Wschodem a Zachodem *241*
Przeszłe związki mają wpływ na obecne upodobania *243*

Odwieczne ludzkie poszukiwanie

Czyste serce – jasny wgląd 245
Musimy doskonalić miłość przynajmniej w jednym związku 246

Czy Jezus przyjdzie ponownie w ciele? 247
Boska sprawiedliwość a prawo reinkarnacji 248
W swoim poprzednim życiu Jezus był Elizeuszem 249
Chrystus przychodzi w wizji i w ciele do swych wyznawców 251
Wszyscy wielcy awatarowie przyjdą ponownie 252

Świat ma naturę snu 255
Materia powstaje z myśli 256
Największą przeszkodą dla mądrości jest pycha 258
Odetnij się od swoich doświadczeń 259
Koncentruj się najpierw na Bogu 261

Natura Boga w matce i w ojcu 265
Część pierwsza: Matka 265
Część druga: Ojciec 267
Przykład jest najlepszym nauczycielem 268

Patrzenie na wszechświat widzącymi oczami 270
Ograniczenia zmysłów fizycznych 272
Nieskończony potencjał myśli 274
W stanie Boskiej Świadomości wszystko staje się piękne 275
Ten świat jest tymczasowym miejscem pobytu 277
Poszukujcie Pana ukrywającego się za stworzeniem 277

Niewidzialny człowiek 281
Badajcie elektryczność, która zapala żarówkę ciała 282
Ciało ludzkie składa się z trzydziestu pięciu myśli Boga 283
Niewidzialny człowiek wolny jest od cierpienia i śmierci 286
Wszystko jest rezultatem idei 286
Bądź nieśmiertelny teraz 287

Czym są duchy? 289
Potrójna natura człowieka 290
*W chwili śmierci pozostajemy nadal odziani w ciało astralne
i ciało przyczynowe* 293
Inteligencja obecna w pranie stwarza ciało fizyczne 294

Spis treści

Nie powinniśmy bać się śmierci 295
Można świadomie wchodzić i wychodzić z ciała 298
Moc czarnej magii istnieje w twojej myśli 299
Kosmiczna wojna między dobrem a złem 299
Kuszenie Adama i Ewy 301
Słuchaj tylko głosu Boga 302

Jezus – Chrystus Wschodu i Zachodu 304
Prawdziwa natura Gwiazdy Wschodu 306
Ćwicz swoje serce, aby odczuwało braterstwo ludzi 309
Bóg nie lubi, by o Nim zapominać 311
Wizja Chrystusa w szkole Yogoda w Indiach 312
Prawda jest doświadczeniem uniwersalnym 313

Chrystus i Kryszna – awatarowie Jednej Prawdy 315
Świadomość kosmiczna 318
Pojęcia Boga i Trójcy są z sobą zgodne 320
Pułapki świadomości ciała 322
Znaczenie życia Kryszny dla współczesnego człowieka 324
Doktryny moralne w pismach świętych 326
Reinkarnacja w Gicie i w Biblii 326
*Chrystus urodził się jako człowiek Wschodu, aby zjednoczyć
  Wschód i Zachód* 327
Wizja Chrystusa i Kryszny 329

Dziesięć przykazań 330
Dziesięć odwiecznych zasad szczęścia 332

Jak odczytywać charakter 342
Wygląd zewnętrzny wskaźnikiem charakteru 343
Emocje kluczem do charakteru 344
Zrównoważenie kluczem do rozwoju 345
Cechy zwierzęce u człowieka 346
Intuicja jest niezawodnym sędzią charakteru 348

Jak być szczęśliwym na życzenie 349
Podłoże reakcji 349
Negatywny i pozytywny spokój 350
Napij się szczęśliwości do syta 351

Odwieczne ludzkie poszukiwanie

Kroki na drodze ku wszechobecnej Świadomości Chrystusowej 353
- *Poszerzanie świadomości metodami psychologicznymi* 355
- *Pamięć świadoma, podświadoma i nadświadoma* 356
- *Współczucie kluczem do Świadomości Chrystusowej* 357
- *Metafizyczna droga do Świadomości Chrystusowej* 358
- *"Synowie Boży"* 359

Równowaga umysłu w świecie zmian 362
- *Ból postrzegany jest tylko w umyśle* 363
- *Możesz uwolnić się od dyktatury zmysłów* 364
- *Nawyki zaczynamy formować w wieku trzech lat* 365
- *Życie człowieka jest całkowicie niezależne od ciała* 369
- *Właściwy sposób patrzenia na śmierć* 370
- *Emanuj spokojem i dobrocią* 371
- *Dobro i zło tworzone są w umyśle* 372
- *Kiedy dusza rozkazuje, umysł słucha* 373

Zrównoważone życie (leczenie nienormalności psychicznych) 374
- *Duchowa melancholia* 375
- *Duchowa niestrawność* 375
- *Prowadzenie wesołego/bezsensownego życia* 375
- *Przeziębienie psychiczne* 376
- *Psychiczny katar* 376
- *Obsesja psychiczna* 376
- *Obsesja religijna* 377
- *Powinno się nauczać zasad duchowych* 377
- *Potrzebne są szkoły nauczające "jak żyć"* 378

Wzmacnianie inicjatywy 380
- *Nie bądź człowiekiem o mocy umysłu jednego konia mechanicznego* 381
- *Musisz odkryć własną moc* 383
- *Wspiera cię Nieskończona Moc Pana* 384
- *Zamierzeniem Boga było, aby świat był dla nas miejscem rozrywki* 385

Kto stworzył Boga? 387
- *Różne punkty widzenia* 388
- *Ducha nie obowiązuje przyczynowość* 389

Brakujące ogniwo między świadomością a materią 391
- *Różnica między iluzją a ułudą* 391

Wielka iluzja Kosmicznego Magika 392
Jak świadomość stała się materią 393
Złe myśli zasłaniają doskonałe obrazy myślowe Boga 394
Wola, kosmiczny inżynier 396

Czy Bóg jest ojcem, czy matką? 397
Bóg jest i Ojcem, i Matką 399
Czysty rozum i czyste uczucie są intuicyjne 401
Wizja Boskiej Matki 403
Próba wiary 404

Sztuka rozwijania pamięci 407
Rozwijaj boską pamięć 408
Wpływ ćwiczeń fizycznych na pamięć 409
Żywność wzmacniająca pamięć 409
Ćwicz pamięć 410
Medytacja wzmacnia pamięć 410
Pamiętaj dobre doświadczenia 411

Odwieczne ludzkie poszukiwanie 413
Na czym polega udane życie? 414
Szczęście jest wytworem naszego własnego umysłu 414
Prawdziwym sukcesem jest bycie szczęśliwym we wszystkich okolicznościach 415
Postęp ewolucyjny człowieka tkwi w sile myśli 416
Czerp wiedzę bezpośrednio z Ducha 417
Ewolucja człowieka ustanowiona jest prawem kosmicznym 418
Bóg odpowiada na wieczne poszukiwania człowieka 419
Przyroda zasłania obecność Boga 419
Jak odkryć Ducha 420
Joga jest naukową metodą poszukiwania Boga 421
Modlitwa musi być żarliwa, aby dotarła do Boga 423
Praktykowanie jogi rozbudza tęsknotę duszy 423
Ten świat to tylko świetlne obrazy 424
Naszym jedynym prawdziwym celem jest Bóg 424

Sztuka życia 426
Praktyczne metody równomiernego rozwoju 427
Bądź spokojnie aktywnym i aktywnie spokojnym 430

Nawyk – twój pan czy niewolnik? 432
  Niewolnicy nawyków – czy się takimi rodzą, czy stają? 433
  Zaskarż zły nawyk i ustanów nowy – dobry 434
  Wytworzenie nawyków – dobrych i złych – wymaga czasu 435

Dowolne tworzenie i niszczenie nawyków 438
  Dlaczego pozwalasz, aby nawyki tobą rządziły? 441
  Kieruj się mądrością, a nie konwencjami 442
  Prawdziwa wolność versus wolność „zachciankowa" 443
  Zwalczaj złe nawyki siłą "nie!" 444
  Nawyki to umysłowe płyty gramofonowe 444
  Zachowuj swoją wolność dziecka Bożego 445

Rozwijanie dynamicznej woli 448
  Ciałem i umysłem rządzą mądrość i wola 450
  Wola fizjologiczna – pierwszy wyraz siły woli 451
  Bez mądrości wola staje się niewolnikiem nawyku 452
  Etapy rozwoju woli 454
  Świat będzie próbował cię oszukać 456
  W twojej sile woli zawiera się obraz Boga 456
  Nic nie jest niemożliwe, kiedy wola staje się dynamiczna 457

Szukaj Boga teraz! 460
  Cała magia sukcesu duchowego polega na wytrwałości 461
  Codziennie dotrzymuj terminu spotkania z Bogiem 463
  Krijajoga – najwyższa metoda kontaktu z Bogiem 464
  Aby znaleźć Boga, bądź Bogu wierny 465

Dlaczego marnować czas? Bóg jest radością, której poszukujesz 468
  „Moje słowa nie przeminą" 469
  Życie jest karawaną 469
  Dobre towarzystwo jest sprawą najwyższej wagi 470
  Nigdy nie zapominaj o Bogu 470
  Maszeruj dalej ku królestwu niebiańskiemu 471
  Zadawalaj innych, zadawalając Boga 472
  Szukaj uznania u Boga 474

Bóg jako światło i radość 477
  Droga do prawdziwej wolności 478

Wraz z poznaniem Boga przychodzi wszelka moc 479
Bóg mówi jedynie poprzez swoich wielbicieli 480
Jedynym guru jest Bóg 481
Płakałem i modliłem się dniem i nocą 482
Módl się wyłącznie o poznanie Boga 483

Czy odnalazłem Boga? 485

Celem życia jest odnalezienie Boga 487
Ignorowanie Boga przeczy zdrowemu rozsądkowi 488
Romans boskiej miłości 491

Boże! Boże! Boże! *(wiersz)* 493
Paramahansa Jogananda: jogin za życia i po śmierci 495
Znaczki pamiątkowe i monety na cześć Paramahansy Joganandy
  i Lahiri Mahaśaji 496
Dodatkowe informacje o technice Krijajogi Paramahansy Joganandy 497
Lekcje Self-Realization Fellowship 498
Publikacje Self-Realization Fellowship 499
Cele i ideały Self-Realization Fellowship 509
Słowniczek 510

Ilustracje

Przednia okładka: Paramahansa Jogananda w Pałacu w Mysore, Indie, 1935 r.

Paramahansa Jogananda (*frontyspis*)
Paramahansa Jogananda w Nowym Jorku, 1926 r. 5
Wykłady i zajęcia prowadzone przez Paramahansę Joganandę
w latach 1920-1935 6
Paramahansa Jogananda, 1926 r. 30
W aśramie Mahatmy Gandhiego w Wardha 32
Lake Shrine SRF i Światowy Pomnik Pokoju Gandhiego 32
Paramahansa Jogananda na początku lat dwudziestych XX wieku 338
Paramahansa Jogananda w Nowym Jorku, 1926 r. 341
Paramahansa Jogananda w Białym Domu, Waszyngton, 1926 r. 366
Paramahansa Jogananda wita ambasadora Indii, 1952 r. 366
Budynek administracyjny międzynarodowej siedziby
głównej Self-Realization Fellowship 367

Przedmowa

(Napisała Śri Daja Mata (1914-2010), trzecia prezydent i przewodniczka duchowa Self-Realization Fellowship/Yogoda Satsanga Society of India)

Pierwszy raz ujrzałam Paramahansę Joganandę, gdy przemawiał przed ogromną, oczarowaną nim publicznością w Salt Lake City. Był to rok 1931. Stałam na tyłach zatłoczonego audytorium jak porażona, nieświadoma niczego wokół siebie z wyjątkiem mówcy i jego słów. Mądrość i boska miłość, które wlewały się do mojej duszy i zalewały mi serce i umysł, pochłonęły całe moje jestestwo. Myślałam tylko: „Ten człowiek kocha Boga tak, jak ja zawsze pragnęłam Go kochać. On *zna* Boga. Pójdę za nim". I od tamtej chwili z nim jestem.

Ponieważ w ciągu tych pierwszych dni z Paramahansą dźi czułam przemieniającą moc jego słów w moim życiu, zrodziło się we mnie uczucie naglącej potrzeby zachowania jego słów dla całej ludzkości po wsze czasy. Podczas wielu lat spędzonych z Paramahansą Joganandą stało się dla mnie świętym i radosnym przywilejem zapisywanie jego wykładów i lekcji, a także wielu nieformalnych pogadanek i osobistych rad – prawdziwie ogromnego skarbca cudownej mądrości i boskiej miłości. Gdy Gurudewa przemawiał, spływające na niego natchnienie często odbijało się na prędkości jego mowy; mógł mówić bez przerwy przez kilka minut i tak kontynuować przez godzinę. Podczas gdy słuchacze siedzieli urzeczeni, moje pióro fruwało! Kiedy zapisywałam jego słowa stenograficznie, jakby spływała na mnie specjalna łaska i momentalnie przekładałam głos Guru na znaki stenograficzne na stronie. Ich transkrypcja była [dla mnie] błogosławionym zajęciem, które trwa do dzisiaj. Nawet po tak długim czasie – niektóre z moich notatek mają ponad czterdzieści lat – gdy zaczynam je transkrybować, pojawiają się one cudownie świeże w mojej pamięci, jak gdybym zapisała je wczoraj. Słyszę nawet wewnętrznie modulację głosu Gurudewy w każdej frazie.

Odwieczne ludzkie poszukiwanie

Mistrz rzadko przygotowywał się do wykładów. Jeśli już w ogóle cokolwiek przygotowywał, to mogły to być notatki dotyczące faktów, jedna lub dwie, pospiesznie napisane. Bardzo często, jadąc z nami samochodem do świątyni, od niechcenia pytał kogoś z nas: „Jaki jest mój dzisiejszy temat? Przez chwilę skupiał się na nim, a potem wygłaszał wykład z głowy, z wewnętrznych zasobów boskiego natchnienia.

Tematy kazań Gurudewy w świątyniach były ustalane i ogłaszane z wyprzedzeniem. Niekiedy jednak, kiedy zaczynał mówić, jego umysł wędrował w zupełnie innym kierunku. Niezależnie od „dzisiejszego tematu" Mistrz wygłaszał prawdy pochłaniające w tym momencie jego umysł, objawiając bezcenną mądrość, wypływającą stałym strumieniem z obfitości jego własnych duchowych doświadczeń i intuicyjnych postrzeżeń. Prawie zawsze, po zakończeniu takiego wykładu, kilka osób podchodziło do niego, aby mu podziękować za wyjaśnienie problemu, który ich niepokoił, albo też za objaśnienie jakiegoś pojęcia filozoficznego, które ich szczególnie interesowało.

Niekiedy podczas wygłaszania wykładu świadomość Guru tak wysoko się wznosiła, że zapominał na chwilę o audytorium i rozmawiał bezpośrednio z Bogiem; całe jego jestestwo przepełniała boska radość i upajająca miłość. W takich wysokich stanach świadomości jego umysł był całkowicie w jedności z Boską Świadomością, wewnętrznie postrzegał on Prawdę i opisywał to, co widział. Czasami Bóg pojawiał mu się jako Boska Matka lub w jakimś innym aspekcie; albo pojawiał się przed nim w wizji któryś z naszych wielkich Guru lub innych świętych. W takich chwilach nawet słuchacze głęboko odczuwali wyjątkowe błogosławieństwo udzielane wszystkim obecnym. Podczas takich odwiedzin przez św. Franciszka z Asyżu, którego Gurudewa głęboko kochał, na Mistrza spłynęło natchnienie i napisał piękny wiersz „Boże! Boże! Boże!".

Bhagawadgita opisuje oświeconego mistrza następującymi słowami: „Jaźń jaśnieje jak słońce w tych, którzy zniszczyli niewiedzę mądrością" (V:16). Duchowy blask Paramahansy Joganandy mógłby onieśmielać, gdyby nie jego serdeczność, naturalność i cicha pokora, które momentalnie wszystkich uspokajały. Każda osoba na sali czuła, że słowa Gurudewy były skierowane osobiście do niej. Niemałą spośród jego ujmujących zalet było pełne zrozumienia poczucie humoru. W celu by uzmysłowić słuchaczom coś istotnego albo dać im odetchnąć po długim i intensywnym koncentrowaniu się na szczególnie głębokim temacie, jakąś wybraną frazą, gestem lub wyrazem twarzy wywoływał dokładnie we właściwej chwili pełną uznania reakcję albo serdeczny śmiech.

Nie sposób oddać na stronicach tej książki wyjątkowości i wszechstronności żywej, pełnej miłości osobowości Paramahansy Joganandy. Podając te ogólne informacje, mam jednak cichą nadzieję, że uda mi się przekazać osobiste wrażenie, które wzbogaci przyjemność lektury i uznanie czytelnika dla pogadanek przedstawionych w tym tomie.

Oglądając mojego Gurudewę w komunii z Bogiem, słuchając głębokich prawd, widząc pełne oddania porywy jego duszy i zapisując to wszystko po wsze czasy – jakaż to radość dla mnie! Oby wzniosłe słowa Mistrza szerzej otworzyły drzwi do niezachwianej wiary w Boga, głębszej miłości do Tego, który jest naszym umiłowanym Ojcem, Matką i Wiecznym Przyjacielem!

Daja Mata

Los Angeles, Kalifornia
maj 1975

Wstęp

Człowiek wiecznie poszukuje tego „czegoś innego", mając nadzieję, że „to coś" przyniesie mu szczęście – pełne i wieczne. Dla tych pojedynczych dusz, które szukały i znalazły Boga, poszukiwanie się skończyło. On jest tym „Czymś Innym".

– Paramahansa Jogananda

Niniejszy tom pogadanek Paramahansy Joganandy przeznaczony jest dla wszystkich, którzy kiedykolwiek poznali rozczarowanie, niezadowolenie, zniechęcenie, smutek lub niezaspokojoną tęsknotę duchową. Jest on dla tych, którzy poszukują zrozumienia zagadek życia, dla tych, którzy żywią w sercach niepewną nadzieję, że Bóg jest rzeczywisty i że będą mogli Go poznać, i dla poszukujących, którzy już skierowali się ku Bogu w trakcie swoich poszukiwań. Niech będzie on dla każdego czytelnika promieniem boskiego światła na drodze, przynoszącym nowe życie, natchnienie i poczucie właściwie wybranego kierunku. Bóg jest wszystkim dla wszystkich ludzi.

Odwieczne ludzkie poszukiwanie to książka o Bogu i o miejscu Boga w życiu człowieka – w jego nadziejach, woli, aspiracjach, dokonaniach. Życie, człowiek, dokonania – wszystko to są tylko przejawienia jedynego wszechobecnego Stwórcy tak nieodłącznie zależne od Niego, jak fala zależna jest od oceanu. Paramahansa dźi wyjaśnia, dlaczego i jak Bóg stworzył człowieka, i jak jest on nieodłączną częścią Boga, oraz co to oznacza dla każdego osobiście. Urzeczywistnienie jedności z Bogiem to cała istota jogi. Zrozumienie niezaprzeczalnej ludzkiej potrzeby Boga w każdym aspekcie życia usuwa z religii nadprzyrodzoność i czyni poznanie Boga podstawą naukowego i praktycznego podejścia do życia.

Jako człowiek święty i autorytet w dziedzinie starożytnej boskiej nauki jogicznej Paramahansa Jogananda otrzymał najwyższe pochwały od współczesnych mu mistrzów i od czytelników jego dzieł ze wszystkich części świata – od literatów i ogółu społeczeństwa, a także swoich wyznawców. To, że otrzymał także najwyższe wyróżnienie od Najwyższej Władzy jest w pełni potwierdzone jawnymi błogosławieństwami Boga w jego wzorowym życiu i nadzwyczaj pięknymi, wyjątkowo budującymi odpowiedziami, które otrzymywał od Boga w wizjach i podczas obcowania z Nim. Przykładem wyrazów uznania dla Paramahansy Joganandy jest komentarz opublikowany przez Columbia University Press w *Review of Religions*, który jest charakterystyczną pochwałą z jaką przyjęto wcześniejsze jego dzieło – *Autobiografię jogina*: „Nigdy dotąd nie ukazała się w języku angielskim ani w żadnym języku europejskim książka tak wspaniale prezentująca jogę". *San Francisco Chronicle* napisała: „Jogananda rzeczywiście przekonuje do jogi. Ci, którzy «przyszli, by szydzić», pozostaną, by się modlić". Z *Schleswig-Holsteinische Tagespost*, Niemcy: „Musimy przyznać, że książka ta ma moc spowodowania duchowej rewolucji". O samym Paramahansie Joganandzie swami Śiwananda, założyciel Divine Life Society w Riśikeś w Indiach, powiedział: „Rzadki klejnot o nieocenionej wartości – o czym świat jeszcze zaświadczy. Paramahansa Jogananda jest idealnym przedstawicielem starożytnych mędrców i wieszczów, chwałą Indii". Jego Świętobliwość Śankaraćarja z Kańćipuram (1894-1994), szanowany przywódca duchowy milionów ludzi w Indiach Południowych, napisał o Paramahansie dźi: „Jak jasne światło, świecące pośród ciemności, taka była obecność Joganandy na tym świecie. Tak wielka dusza przychodzi na ziemię bardzo rzadko, tylko wtedy, gdy istnieje wielka potrzeba wśród ludzi. Jesteśmy wdzięczni Joganandzie za rozprzestrzenianie w tak cudowny sposób filozofii hinduskiej w Ameryce i na Zachodzie".

Paramahansa Jogananda urodził się w Indiach 5 stycznia 1893 r. Miał niezwykłe dzieciństwo, które wyraźnie wskazywało, że jego życiu wyznaczono boski cel. Spostrzegła to jego matka i popierała jego szlachetne ideały i aspiracje duchowe. Gdy miał zaledwie jedenaście lat, utrata matki, którą kochał nade wszystko na świecie, umocniła jego wrodzoną determinację znalezienia Boga i otrzymania od samego Stwórcy odpowiedzi, których pragnie każde ludzkie serce. Został uczniem wielkiego *dźńanawatara* (wcielonej mądrości) swamiego Śri Jukteśwara Giri. Śri Jukteśwar był jednym z linii wielkich guru, z którymi Jogananda dźi był związany od urodzenia: rodzice Śri Joganandy byli uczniami Lahiriego Mahaśaji, guru Śri Jukteśwara. Kiedy Jogananda był niemowlęciem w ramionach matki, Lahiri Mahaśaja pobłogosławił go i przepowiedział: „Mateczko, twój syn będzie joginem. Wiele dusz pociągnie za sobą do królestwa Bożego niczym duchowa lokomotywa". Lahiri Mahaśaja był uczniem Mahawatara Babadźiego, nieśmiertelnego mistrza, który wskrzesił w tym stuleciu starożytną naukę *Krijajogi*. Chwalona przez Krysznę w *Bhagawadgicie* i przez Patańdźalego w *Jogasutrach*, *Krijajoga* jest jednocześnie techniką transcendentnej medytacji i sztuką życia, która prowadzi do zjednoczenia duszy z Bogiem. Mahawatar Babadźi objawił świętą *Kriję* Lahiriemu Mahaśaji, który przekazał ją Śri Jukteśwarowi, a ten nauczył jej Paramahansę Joganandę.

Gdy w 1920 roku Paramahansa Jogananda został uznany za gotowego do rozpoczęcia swojej światowej misji – rozpowszechnienia wyzwalającej duszę nauki jogi, Mahawatar Babadźi powiedział mu o boskiej odpowiedzialności, która na niego spadnie: „Jesteś tym, którego wybrałem, aby szerzył przesłanie *Krijajogi* na Zachodzie. Dawno temu spotkałem twojego guru Jukteśwara na *Kumbhameli*. Powiedziałem mu wtedy, że przyślę mu ciebie na naukę. *Krijajoga*, naukowa metoda urzeczywistniania Boga, ostatecznie rozprzestrzeni się we wszystkich krajach i dzięki temu, iż umożliwia osobiste postrzeganie transcendentnego Nieskończonego Ojca, pomoże narodom żyć w harmonii".

Paramahansa Jogananda rozpoczął swoją misję w Ameryce jako delegat wysłany na Międzynarodowy Kongres Liberałów Religijnych w Bostonie w 1920 roku. Przez ponad dziesięć lat przejechał Amerykę wzdłuż i wszerz, niemal codziennie przemawiając do słuchaczy w wypełnionych po brzegi audytoriach we wszystkich większych miastach. 28 stycznia 1925 roku Los Angeles Times doniósł: „Sala Filharmonii przedstawia niezwykły widok: tysiące ludzi odchodzą z kwitkiem na godzinę przed zapowiadanym otwarciem wykładu, a sala mieszcząca 3000 miejsc pęka w szwach. Atrakcją jest swami Jogananda, Hindus „najeżdżający" Stany Zjednoczone, aby

Wstęp

sprowadzić tu Boga [...], głoszący istotę doktryny chrześcijańskiej". Niemałą rewelacją dla Zachodu jest to, że joga – którą Śri Jogananda przedstawia z wielką swadą i objaśnia bardzo jasno – jest nauką uniwersalną i jako taka stanowi w rzeczywistości „istotę" wszystkich prawdziwych religii.

W 1925 roku Jogananda założył w Los Angeles międzynarodową siedzibę główną stowarzyszenia Self-Realization Fellowship, które utworzył w 1917 roku w Indiach pod nazwą Yogoda Satsanga Society of India.

W późnych latach trzydziestych Paramahansa dźi zaczął stopniowo wycofywać się z prowadzenia publicznych wykładów w całym kraju. „Nie interesują mnie tłumy – powiedział – lecz dusze, które szczerze pragną poznać Boga". Od tego czasu koncentrował swoje wysiłki na zajęciach dla serio nastawionych uczniów i przemawiał głównie w świątyniach Self-Realization Fellowship i w międzynarodowej siedzibie organizacji. Pogadanki wybrane do niniejszego tomu były wygłoszone przeważnie w tym okresie.

Paramahansa Jogananda często wypowiadał następującą przepowiednię: „Nie umrę w łóżku, ale w butach, mówiąc o Bogu i Indiach". 7 marca 1952 roku ta przepowiednia się spełniła. Paramahansa dźi był zaproszonym prelegentem na bankiecie wydanym na cześć ambasadora Indii B. R. Sena. Wygłosił tam wzruszającą mowę, kończąc słowami z napisanego przez siebie wiersza „Moje Indie": „Gdzie Ganges, lasy, himalajskie jaskinie i ludzie śnią Boga – jestem uświęcony; moje ciało dotknęło tej darni!". Potem wzniósł oczy i wszedł w *mahasamadhi*, świadome odejście z ziemi wysoko rozwiniętego jogina. Zmarł tak, jak żył, nawołując człowieka do poznania Boga.

Pogadanki Guru w pierwszych latach jego służby zapisywano tylko sporadycznie. Ale kiedy w 1931 roku Śri Daja Mata została uczennicą Paramahansy Joganandy, podjęła się tego świętego zadania, wiernie zapisując dla przyszłych pokoleń wszystkie pogadanki i lekcje swojego Guru. Ten tom jest tylko częścią wielu transkrypcji skompilowanych pod kierunkiem Paramahansy Joganandy – zwłaszcza tych zawierających prywatne pouczenia, techniki medytacyjne i zasady podawane uczniom na zajęciach Self-Realization

Odwieczne ludzkie poszukiwanie

Fellowship, z których niektóre tworzą serię *Lekcji Self-Realization Fellowship*. Inne pogadanki ukazują się w postaci stałych artykułów w kwartalniku „Self-Realization". Tomami uzupełniającymi *Odwieczne ludzkie poszukiwanie* są: druga antologia – *The Divine Romance* i trzecia – *Journey to Self-Realization*.

Jako że pogadanki zamieszczone w niniejszej książce w większości wygłoszone zostały dla słuchaczy obeznanych z naukami Self-Realization Fellowship, ogółowi czytelników mogą przydać się wyjaśnienia terminów i koncepcji filozoficznych. W tym celu zamieszczono wiele przypisów, a także słowniczek z objaśnieniami niektórych słów sanskryckich i terminów filozoficznych oraz informacjami na temat wydarzeń, osób i miejsc związanych z życiem i pracą Paramahansy Joganandy. Należy tu zauważyć, że jeśli nie podano inaczej, cytaty z Bhagawadgity w niniejszym tomie są własnymi przekładami z sanskrytu Paramahansy Joganandy, niekiedy dosłownymi, a czasami w parafrazie, zależnie od kontekstu pogadanki. W przypadku większości cytatów z Gity w tym wydaniu *Odwiecznego ludzkiego poszukiwania* użyliśmy ostatecznej ich wersji podanej przez Paramahansę dźi w jego obszernym tłumaczeniu i komentarzu do książki *God Talks With Arjuna: The Bhagavad Gita – Royal Science of God-Realization* (wydanie Self-Realization Fellowship 1995). W pogadankach, w których podawał on tłumaczenie wersetów z Gity bardziej dowolniej, aby uwypuklić określony sens, parafrazy te zostały zachowane i odnotowane jako takie w przypisie.

Paramahansa Jogananda mógłby powiedzieć wraz z Jezusem: „Nie mniemajcie, że przyszedłem rozluźnić Prawo lub Proroków; nie przyszedłem rozluźnić, ale dopełnić." (Mateusz 5:17). Paramahansa dźi szanował wszystkie religie i ich założycieli i miał uznanie dla wszystkich szczerych poszukiwaczy Boga. Do jego światowej misji należało „ukazywanie całkowitej zgodności i podstawowej jedności nauk pierwotnego chrześcijaństwa, które głosił Jezus Chrystus i oryginalnej jogi, nauczanej przez Bhagawana Krysznę" (zob. „Cele i ideały", strona 509). Daleki od przedstawiania światu dzielących dogmatów Paramahansa dźi pokazał, że praktyka jogi ustanawia wewnętrzne zestrojenie z Bogiem, które jest uniwersalną podstawą wszystkich religii. Abstrakcje teoretycznej religii bledną wobec prawdziwego doświadczenia Boga. Nikt inny nie może udowodnić Prawdy żadnemu poszukiwaczowi, ale praktykując jogę, aspirant może sam sobie udowodnić prawdę poprzez własne doświadczenie.

Bóg jest, i każdy człowiek, który będzie Go szczerze poszukiwał, pozna Go. Człowiek nie może żyć ani działać, myśleć czy czuć, nie pożyczywszy tych zdolności od Boga. Dlatego, podkreślał Paramahansa dźi, poznanie Boga jest nie tylko przywilejem i boskim obowiązkiem, lecz praktyczną koniecznością. Dlaczego człowiek miałby pogrążać się w samo-niewystarczalności, skoro może korzystać ze Źródła wszelkiej mocy i spełnienia?

Mądrość niniejszej książki nie jest wyuczoną wiedzą uczonego; jest opartym na doświadczeniu świadectwem dynamicznego, duchowego człowieka, którego życie wypełnione było wewnętrzną radością i osiągnięciami w świecie zewnętrznym, uznanego przez świat nauczyciela, który żył zgodnie z tym, czego nauczał, *Premawatara*, którego jedynym pragnieniem było dzielić się ze wszystkimi mądrością i miłością Boga.

Self-Realization Fellowship
Los Angeles, Kalifornia

Odwieczne
ludzkie
poszukiwanie

Jak pierwsi poszukujący znaleźli Boga

*Międzynarodowa Siedziba Główna Self-Realization Fellowship,
Los Angeles, Kalifornia, 11 listopada 1934*

Możemy łatwo zrozumieć, jakie były początki medycyny. Człowiek cierpiał fizycznie i dlatego szukał metod leczenia. Ale jak to się stało, że zaczął szukać Boga? Pytanie to otwiera pole do głębokiego namysłu.

W indyjskich Wedach[1] znajdujemy najwcześniejsze prawdziwe pojęcie Boga. W swoich pismach świętych Indie dały światu nieśmiertelne prawdy, które przetrwały próbę czasu.

Każdy materialny wynalazek powodowany jest materialną potrzebą – „potrzeba jest matką wynalazku". Podobnie, motywowani potrzebą, starożytni indyjscy *ryszi*[2] stali się żarliwymi poszukiwaczami duchowymi. Odkryli oni, że jeśli nie odczuwamy wewnętrznego zadowolenia, to żadna miara zewnętrznego dobrego losu nie może nam przynieść trwałego szczęścia. Jak zatem może człowiek stać się naprawdę szczęśliwym? Rozwiązania tego właśnie problemu podjęli się indyjscy mędrcy.

Trzy aspekty przyrody

W czasach prehistorycznych człowiek zaczął czcić Boga powodowany lękiem przed różnymi siłami przyrody. Gdy nadmiernie padało, powodzie zabijały wielu ludzi. Przejęty grozą i czcią człowiek

---

1 Z sanskrytu *vid* – „wiedzieć". Wedy to olbrzymi zbiór pism świętych, składający się ze 100 000 dwuwierszy. Źródła Wed zagubiły się w odległej starożytności. Wedy były przekazywane ustnie przez tysiące lat. Według tradycji obecną postać Wed zawdzięczamy oświeconemu mędrcowi Wjasie, który żył w czasach Bhagawana Kryszny (zob. Słowniczek). Wjasa skompilował Wedy i ułożył je w zbiory w formie obowiązującej do dzisiaj. Są to: Rygweda, Samaweda, Jadźurweda i Atharwaweda.

2 Dosłownie „widzący". *Ryszi* byli ludźmi natchnionymi, którym objawiono Wedy w nieokreślonej starożytności.

myślał o deszczu, wietrze i innych siłach przyrody jako zsyłanych przez bogów.

Później ludzie zdali sobie sprawę, że przyroda działa na trzy sposoby: twórczy, podtrzymujący i niszczący. Fala podnosząca się z oceanu ilustruje fazę tworzenia; pozostająca przez chwilę na grzbiecie – fazę podtrzymywania; i opadająca z powrotem w głąb – fazę niszczenia.

Tak jak dla Jezusa uosobieniem kosmicznej siły zła był Szatan, tak i starożytni *ryszi* przedstawiali kosmiczne siły: twórczą, podtrzymującą i niszczącą w postaci określonych bóstw. Starożytni mędrcy nazwali je Brahmą-Stwórcą, Wisznu-Podtrzymującym i Śiwą-Niszczycielem. Te pierwotne siły stworzone zostały jako projekcje nieprzejawionego Ducha w celu odegrania niekończącego się dramatu stworzenia, podczas gdy On, jako Bóg poza stworzeniem, pozostaje na zawsze ukryty poza ich świadomością. Podczas zagłady kosmosu całe stworzenie i podtrzymujące go ogromne siły rozpuszczają się z powrotem w Duchu. Tam spoczywają, dopóki Wielki Reżyser nie wezwie ich ponownie do odgrywania swoich ról[3].

Opowieść o Brahmie, Wisznu i Śiwie

W Indiach istnieje popularna opowieść o Brahmie, Wisznu i Śiwie. Przechwalali się oni wzajemnie swoją ogromną mocą. Nagle nadszedł mały chłopiec i powiedział do Brahmy: „Co tworzysz?". „Wszystko" – odparł dumnie Brahma. Chłopiec zapytał dwóch pozostałych bogów na czym polega ich praca. „Zachowujemy i niszczymy wszystko" – odpowiedzieli.

Mały gość miał w ręku niewielką słomkę wielkości mniej więcej wykałaczki. Położywszy ją przed Brahmą spytał: „Czy potrafisz stworzyć taką słomkę?". Brahma starał się ze wszystkich sił, lecz ku swemu zdziwieniu stwierdził, że nie potrafi. Chłopiec zwrócił się następnie do Wisznu, prosząc go, by zachował słomkę, która zaczęła się powoli rozpuszczać pod jego nieruchomym spojrzeniem. Wysiłki

---

3 „Ci prawdziwie poznali [...] którzy rozumieją, czym jest Dzień Brahmy, trwający tysiąc cykli (*jug*), i Noc Brahmy (także trwająca tysiąc cykli). O świcie Dnia Brahmy całe stworzenie, odrodzone, wyłania się z nieprzejawionego; o zmierzchu Dnia Brahmy całe stworzenie zapada w sen nieprzejawionego (*Bhagawadgita* VIII:17-18).

Wisznu, by powstrzymać jej rozpad, okazały się daremne. W końcu mały nieznajomy stworzył słomkę na nowo i poprosił Śiwę, aby ją zniszczył. Lecz choć Śiwa starał się jak mógł, mała słomka pozostała nietknięta.

Chłopiec zwrócił się znowu do Brahmy: „Czy stworzyłeś mnie?" – zapytał. Brahma długo myślał, ale nie mógł sobie przypomnieć, czy kiedykolwiek stworzył to niezwykłe dziecko. Nagle chłopiec zniknął. Trzej bogowie przebudzili się z ułudy i przypomnieli sobie, że za ich mocą stoi Większa Moc.

Bóg, Najwyższa Przyczyna

W świecie Zachodu idea Boga rozwinęła się dzięki obserwacji prawa przyczyny i skutku. Człowiek potrafi nadawać materialną postać przedmiotom, czerpiąc materiały z ziemi i kształtując je według z góry przyjętej idei. Dlatego rozsądnym wydawał się wniosek, że cały wszechświat musiał zostać stworzony z idei. Doprowadziło to do koncepcji, że wszystko musiało najpierw istnieć jako idea. Ktoś musiał stworzyć tę pierwszą ideę, czyli kosmiczny projekt. Tak więc, przez analogię do prawa przyczyny i skutku, inteligentni ludzie wywnioskowali, że musi istnieć Najwyższa Przyczyna.

Nauka odkryła, że cała materia składa się z niewidzialnych klocków – elektronów i protonów – tak jak dom z cegieł. Nikt jednak nie potrafi wyjaśnić, dlaczego niektóre elektrony i protony stają się drewnem, a inne ludzką kością, i tak dalej. Jaka kieruje nimi Inteligencja? Pytania tego rodzaju pozostawiają miejsce dla Boga nawet w materialistycznych teoriach naukowych dotyczących natury światów zjawiskowych. Indyjscy mędrcy twierdzą, że wszystko wychodzi z tego samego źródła: Boga, i do Niego powraca.

Dowody na istnienie porządku i harmonii są wszędzie

Dostrzegając, że człowiek składa się z materii i umysłu, wcześni myśliciele zachodni wierzyli, że istnieją dwie siły: przyroda i umysł. Później zaczęli zadawać sobie pytania: „Dlaczego wszystko w przyrodzie zorganizowane jest w określony sposób? Dlaczego jedna ręka człowieka nie jest dłuższa od drugiej? Dlaczego gwiazdy i planety nie zderzają się? Wszędzie widzimy dowody na istnienie we

Odwieczne ludzkie poszukiwanie

wszechświecie porządku i harmonii". Doszli oni do wniosku, że jest niemożliwe, by oboje – umysł i materia, były oddzielne i niezależne od siebie; wszystkim musi rządzić jedna Inteligencja. Wniosek ten w sposób naturalny prowadził do idei, że jest tylko jeden Bóg, który jest jednocześnie Przyczyną materii, jak i Inteligencją w niej i za nią. Ten, kto osiąga ostateczną mądrość, uświadamia sobie, że wszystko w istocie jest Duchem, aczkolwiek ukrytym w przejawieniu. Gdybyśmy mieli odpowiednią zdolność postrzegania, widzielibyśmy Boga we wszystkim. Zatem pytanie brzmi: jak na początku poszukujący Go znaleźli?

Zaczęli od zamknięcia oczu, odgradzając się od bezpośredniego kontaktu ze światem materialnym, po to, aby móc lepiej skoncentrować się na szukaniu Inteligencji u jego podstawy. Doszli do wniosku, że nie potrafią dojrzeć Bożej obecności w przyrodzie z pomocą zwykłego postrzegania pięcioma zmysłami. Starali się więc poczuć Boga w sobie, pogłębiając koncentrację. Ostatecznie odkryli, jak wyłączyć wszystkie pięć zmysłów i w ten sposób na pewien czas całkowicie usunąć świadomość materii. Zaczął się przed nimi otwierać wewnętrzny świat Ducha[4]. Bóg w końcu objawił się tym wielkim mędrcom starożytnych Indii, którzy niezachwianie kontynuowali wewnętrzne badania.

Oddanie i właściwe działania przyciągają uwagę Boga

Tak więc, święci stopniowo przeszli od swoich koncepcji Boga do postrzegania Go. Wy także musicie to zrobić, jeśli chcecie Go poznać. Nie modlicie się wystarczająco długo. Najpierw musicie mieć właściwą koncepcję Boga – jasne pojęcie o Nim, dzięki któremu potraficie stworzyć z Nim relację – a następnie musicie medytować[5] i modlić się, aż ta umysłowa koncepcja przemieni się w rzeczywiste postrzeganie. Wtedy Go poznacie. Jeżeli będziecie wytrwali, Pan przyjdzie. Poszukiwacz Serc pragnie jedynie waszej szczerej miłości.

---

4 „Albowiem oto królestwo Boże wewnątrz was jest" (Łk 17,21).
5 Medytacja jest specyficzną formą koncentracji, w której naukowymi metodami jogi uwaga zostaje uwolniona od niepokoju wywoływanego stanem świadomości ciała i pozostaje niezachwianie skupiona na Bogu. Medytacja jest skoncentrowanym strumieniem uwagi i świadomości, płynącym ku komunii i jedności z Bogiem.

Paramahansa Jogananda w Nowym Jorku, 1926 r.

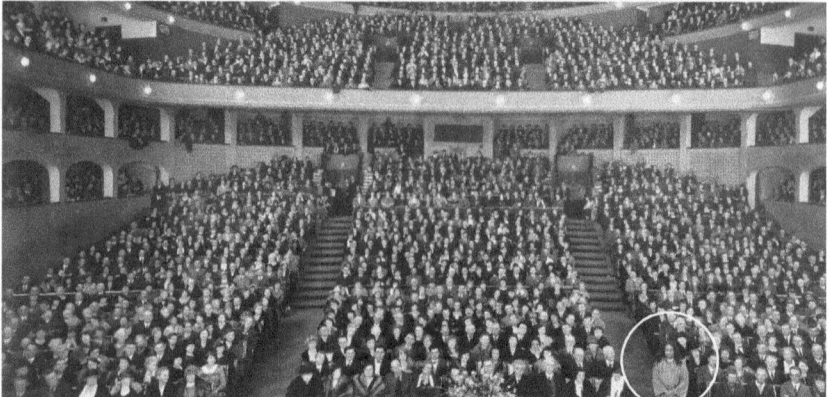

W latach 1920-1935 Paramahansa Jogananda prowadził obszerne wykłady i zajęcia dla publiczności w głównych miastach całych Stanów Zjednoczonych. „Los Angeles Times" donosił: „Audytorium Filharmonii prezentuje niezwykły spektakl tysięcy ludzi odprawionych z kwitkiem na godzinę przed reklamowanym otwarciem. [...] Atrakcją jest swami Jogananda. Hindus „najeżdża" Stany Zjednoczone, aby sprowadzić Boga do wspólnoty chrześcijańskiej, głosząc istotę doktryny chrześcijańskiej".

Jest jak małe dziecko: ktoś może ofiarować mu całe swoje bogactwo, a On go nie zechce; a ktoś inny wykrzyknie: „O Panie, kocham Cię!" i On natychmiast przybiegnie do serca takiego wielbiciela.

Nie szukajcie Boga powodowani jakimiś ukrytymi pobudkami, lecz módlcie się do Niego z oddaniem – z bezwarunkowym, skupionym, niezachwianym oddaniem. Kiedy wasza miłość do Niego będzie równie wielka, jak przywiązanie do śmiertelnego ciała, przyjdzie On do was.

W poszukiwaniu Pana drugą co do ważności rzeczą po oddaniu są właściwe działania. Niektórzy mówią: „Bóg jest Mocą, zatem działajmy z mocą". Jeśli będziecie aktywnie czynić dobro, zawsze myśląc przede wszystkim o Bogu, to tak postępując odczujecie Go. Ale nawet w czynieniu dobra można postępować zarówno dobrze, jak i źle. Postępowanie gorliwego pastora, który wprowadza coraz więcej ludzi do swojej kongregacji jedynie po to, by zadowolić własne ego, nie spodoba się Bogu. Pierwszym pragnieniem każdego wielbiciela powinno być urzeczywistnienie obecności Boskiego Mieszkańca w sercu.

Gdy każdą czynność wykonujecie wytrwale, bezinteresownie i z myślami inspirowanymi miłością do Boga, to On do was przyjdzie. Wtedy rozumiecie, że jesteście Oceanem Życia, który stał się drobnymi falami wszelkiego życia. To jest droga poznania Pana przez pracę. Gdy myślicie o Nim przy każdej czynności, zanim ją rozpoczniecie, w trakcie jej wykonywania i po jej zakończeniu, wtedy On się wam objawi. Musicie pracować, lecz pozwólcie Bogu działać przez was; to jest najlepsza strona oddania. Jeśli stale myślicie, że On chodzi waszymi stopami, działa waszymi rękami, dokonuje czegoś waszą wolą, to Go poznacie. Powinniście także rozwijać umiejętność rozróżniania, tak abyście przedkładali zajęcia duchowo konstruktywne, wykonywane ze świadomością Boga, nad pracę wykonywaną bez myśli o Nim.

Medytacja jest najwyższą formą aktywności

Lecz ważniejsza od działania, oddania lub rozumowania jest medytacja. Prawdziwie medytować to być skoncentrowanym wyłącznie na Duchu. Na tym polega ezoteryczna medytacja. Jest to

Odwieczne ludzkie poszukiwanie

najwyższa forma aktywności, którą człowiek może wykonać i najbardziej wyważony sposób szukania Boga. Jeśli cały czas pracujecie, możecie stać się automatami i utracić Go, zaabsorbowani obowiązkami; jeśli szukacie Go jedynie na drodze wnikliwego myślenia, możecie Go utracić w labiryntach niekończącego się rozumowania; a jeśli pielęgnujecie wyłącznie oddanie Bogu, możecie rozwinąć tylko emocjonalną stronę siebie. Natomiast medytacja łączy i równoważy te podejścia.

Pracujcie, jedzcie, chodźcie, śmiejcie się, płaczcie, medytujcie – jedynie dla Niego. Jest to najlepsza droga życia. Postępując tak, będziecie naprawdę szczęśliwi, służąc Mu, kochając Go i obcując z Nim. Dopóki pozwalacie pragnieniom i słabościom ciała fizycznego rządzić waszymi myślami i postępowaniem, dopóty Go nie znajdziecie. Zawsze bądźcie panami swojego ciała. Siedząc w kościele czy w świątyni, czujecie zapewne trochę oddania i macie trochę duchowych przeżyć, ale to nie wystarczy. Jeśli naprawdę chcecie stać się świadomi Jego obecności, musicie zająć się ezoteryczną medytacją.

Można by pomyśleć, że po dwóch godzinach medytacji będę się czuł znudzony na śmierć. Nie, na tym świecie nie potrafiłbym znaleźć niczego równie upajającego jak mój Bóg. Gdy piję wiekowe wino mojej duszy, zakwita w moim sercu niebiańskie szczęście. Boska radość mieszka we wszystkich sercach. Światło słońca pada tak samo i na węgiel, i na diament, ale tylko diament je odbija. Podobnie, krystalicznie czyste umysły znają i odbijają Ducha.

A zatem, w ezoterycznej medytacji znajdziecie rozwiązanie tajemnicy poznania Boga. Nie winię was za to, co robicie, lecz za to, czego nie robicie. Myślicie, że nie macie czasu dla Boga. Załóżmy, że Pan byłby zbyt zajęty, by się o was troszczyć. Co wtedy? Wyrwijcie umysł z mirażu zmysłów i nawyków. Po co się oszukiwać w taki sposób? Wskazuję wam krainę piękniejszą od wszystkiego, co kiedykolwiek może zaistnieć tutaj [na ziemi]. Opowiadam wam o szczęściu, które będzie was upajać dniem i nocą – nie będą wam potrzebne pokusy zmysłowe, aby was oczarowywać. Zdyscyplinujcie ciało i umysł. Panujcie nad zmysłami. Znajdźcie Boga!

Często powtarzam, że ciało jest centralą telefoniczną, a pięć zmysłów to pięć aparatów telefonicznych. Dzięki nim jestem w kontakcie ze światem, ale kiedy nie chcę się komunikować, wyłączam moje pięć zmysłów i żyję w niewyrażalnej radości Bożej. Ojciec Niebiański nie chce, abyście wy, Jego dzieci, nadal cierpiały. Omamienie zmysłami, w którym żyjecie, musi zostać przezwyciężone. Powinniście myśleć o Bogu jako o najważniejszej potrzebie życiowej. Zrzućcie kajdany ograniczeń, mrocznych nawyków i mechanicznej codziennej rutyny. Nikogo nie potępiam – jedynie ludzką niewiarę i niepamięć o Bogu. Można Go poznać stosując technikę medytacji. Wtedy będzie On pulsował jako mądrość w waszych umysłach i jako radość w sercach, a wy staniecie się bardziej aktywni i odniesiecie większy sukces niż kiedykolwiek przedtem.

Kochani, kiedyś byłem taki jak wy. Przemierzałem ziemię, szukając prawdy i szczęścia, ale wszystko, co wydawało się obietnicą radości, przynosiło mi cierpienie. Zwróciłem się więc ku Bogu. Wy wszyscy musicie odkryć swą własną boskość i zdobyć dla siebie królestwo Boże.

Jaźń jest twoim zbawicielem

Te głębokie prawdy nie mają was zainspirować tylko na krótką chwilę, lecz powinny być przez was przyswajane i stosowane w praktyce dla waszego najwyższego dobra. Gdyby tylko ludzie wiedzieli, gdzie leży ich własne dobro! Dla tych, którzy postępują źle, Jaźń jest ich wrogiem. Zaprzyjaźnijcie się z nią, a ona was zbawi. Nie ma innego zbawiciela poza waszą własną Jaźnią[6]. Więżą was kajdany niewiedzy i złych nawyków. Jako że upieracie się przy swoich złych nawykach, to cierpicie. Gdybyście tylko zechcieli wyobrazić sobie życie trochę naprzód, aby czas, cenny czas, który jest wam dany, nie umknął wam bezowocnie! Hindusi mają takie powiedzenie: „Dziecko zajmuje się zabawą, młody człowiek seksem, a dorosły zmartwieniami. Jakże niewielu zajmuje się Bogiem!".

Pozbądźcie się urojonej nadziei, że zaspokajanie ziemskich pragnień da wam szczęście. Dobrobyt nie wystarczy, „przyjemne życie"

---

[6] „Niech człowiek wydźwignie sam siebie (ego), niech sam siebie nie poniża; dla tego, którego ego pokonane zostało przez Jaźń (duszę), Jaźń jest przyjacielem ego, ale zaprawdę, Jaźń zachowuje się wrogo, jak wróg, wobec ego, które się jej nie podporządkowało" (*Bhagawadgita* VI:5-6).

nie wystarczy. Chcecie być szczęśliwi wiecznie. Uchwyćcie się Boga, który jest w was, i uświadomcie sobie, że Jaźń jest Boskością. Musicie z przekonaniem umieć odpowiedzieć na najważniejsze pytanie własnej inteligencji: Skąd przybyłem?

Bóg i nieśmiertelność, to nie mity. Umrzeć wierząc, że jesteś istotą śmiertelną, jest najpoważniejszą zniewagą Jaźni w tobie. Jak długo, dzieci Boże, będziecie pozwalać na to, aby was, bezradnych, kosiła śmierć, bo nigdy nie spróbowaliście w ciągu życia przezwyciężyć *maji*[7], ignorancji?

Rozum daje człowiekowi moc szukania Boga

Bóg istnieje. Dał On człowiekowi niezależność, moc i rozum. Człowiek może znaleźć Pana dzięki darowi rozumu. Spędzanie czasu tylko na bawieniu się życiem, a nie na odkrywaniu Boga, to marnowanie wewnętrznej mocy, którą On nas obdarzył.

Używajmy rozumu. Nie mają go kamienie i zwierzęta. Bóg dał człowiekowi rozum, aby mógł się uwolnić od złudzenia, że jest śmiertelny. Co się dzieje, gdy pozwalamy, by ego i złe nawyki deptały rozum? Co się dzieje, gdy ludzie ulegają woli innych? Szczęście nadal im umyka. Z tych powodów Jezus wybrał Boga, a nie Szatana, kiedy ten próbował go kusić. Jezus rozumiał, że chociaż władza nad światem ma wiele uroków, nie jest trwała. Znalazł coś wspanialszego od wszystkich bogactw świata. Rzeczy, których pożąda większość ludzi, są nietrwałe. Bóg jednak nigdy nie opuści Jezusa. Jezus nadal cieszy się wszechobecnym boskim królestwem. Podobnie każdy z nas powinien wybrać takie życie, które prowadzi do Boga.

Karzecie duszę, utrzymując ją pogrzebaną w materii, śpiącą w niej życie po życiu, przerażoną koszmarami cierpienia i śmierci. Zrozumcie, że jesteście duszą! Pamiętajcie, że Uczuciem za waszym uczuciem, Wolą za waszą wolą, Mocą za waszą mocą, Mądrością za waszą mądrością jest Nieskończony Pan. Zjednoczcie uczucie serca

---

[7] Kosmiczna iluzja; „mierniczy". *Maja* jest magiczną mocą w stworzeniu, dzięki której w Niezmierzonym i Nierozdzielnym istnieją pozorne podziały i ograniczenia. W Bożym planie i igraszce (*lili*) jedyną funkcją tej oszukańczej mocy jest rzucenie na człowieka zasłony niewiedzy i odwrócenie jego uwagi od Ducha ku materii, od Rzeczywistości do nierzeczywistości.

i rozsądek umysłu w doskonałej harmonii. W twierdzy spokoju nieustannie pozbywajcie się identyfikacji z ziemskimi tytułami i zanurzajcie się w głęboką medytację, aby urzeczywistnić swoją boską królewskość.

Patrzcie w *siebie*. Pamiętajcie, Nieskończony jest wszędzie. Zanurzając się głęboko w nadświadomość[8], możecie pędzić umysłem przez wieczność; mocą umysłu możecie podróżować daleko poza najdalszą gwiazdę. Światło umysłu potrafi przeniknąć swymi promieniami nadświadomości w samo serce Prawdy. Używajcie go w tym celu.

Pamiętajcie, wy sami musicie odbyć podróż do królestwa niebiańskiego; ono samo do was nie przybędzie specjalną przesyłką. Każdy człowiek sam musi tam zdążać własną drogą. Postanówcie w sercu, że od dzisiaj będziecie szukać Boga. Gdy drogą do Niego podąży wielu wielbicieli, powstaną „Stany Zjednoczone Świata"[9], gdzie Rządzącym i Przewodnikiem człowieka będzie Bóg i Jego miłość.

Pragnę wam podarować więcej niż tylko chwilową inspirację samych słów, pragnę wystrzelić gwiezdne pociski mądrości prosto w waszą duchową ciemność, tak abyście w świetle ich wybuchów sami się przekonali o prawdzie tego, co powiedziałem.

Dwie drogi: działanie i medytacja

Podsumowując, są zasadniczo dwa podejścia do urzeczywistnienia Boga w sobie: droga zewnętrzna i wewnętrzna, czyli transcendentalna. Droga zewnętrzna polega na właściwym działaniu, kochaniu i służeniu ludzkości ze świadomością skoncentrowaną na Bogu; droga transcendentalna polega na głębokiej, ezoterycznej medytacji. Poprzez transcendentalną drogę zdacie sobie sprawę z tego wszystkiego, czym nie jesteście i odkryjecie To, czym jesteście: „Nie jestem oddechem, nie jestem ciałem – kośćmi ani tkankami. Nie jestem

---

8 Świadomość duszy, która jest intuicyjna i wszechwiedząca. Umysł nadświadomy jest zatem wszechwiedzącą mocą duszy (zob. także *duchowe oko* w Słowniczku).

9 Podobnie jak poszczególne stany Ameryki zachowują swoją niepodległość, a zarazem jednoczą je wspólne ideały i cele, tak i różne kraje świata, jeśli królestwo Boże ma przyjść na ziemię, muszą się zjednoczyć więzią harmonijnej współpracy i braterstwa.

umysłem ani uczuciem. Jestem Tym, co jest poza oddechem, ciałem, umysłem i uczuciem". Kiedy wznosicie się ponad świadomość tego świata, wiedząc, że nie jesteście ciałem ani umysłem, a przy tym jesteście świadomi jak nigdy przedtem, że istniejecie – to ta boska świadomość jest tym, kim jesteście. Jesteście Tym, w którym ma korzenie wszystko we wszechświecie.

Dlaczego nie wniknąć głębiej w to, co jest poza ciemnością zamkniętych oczu? Ten obszar należy zbadać. „A ta światłość w ciemnościach świeci, ale ciemności jej nie ogarnęły"[10]. Poruszają się tam ogromne światła niebieskie i siły kosmiczne.

Otworzą się całe nieba wiecznej szczęśliwości

Samadhi[11] to radosne doświadczenie, wspaniałe światło, w którym ogląda się niezliczone światy unoszące się w oceanie radości i szczęśliwości.

Pozbądźcie się duchowej ignorancji, która każe wam myśleć, że śmiertelne życie jest rzeczywiste. Doświadczcie sami tych pięknych przeżyć w wiecznym *samadhi*, w Bogu. Otworzą się przed wami zorze światła nieba wiecznej szczęśliwości.

Wszyscy wielcy nauczyciele głoszą, że w ciele fizycznym znajduje się nieśmiertelna dusza, iskra Tego, co podtrzymuje wszystko. Ten, kto zna swoją duszę, zna następującą prawdę: „Jestem poza wszystkim, co skończone. Dostrzegam teraz, że Duch, sam jeden w przestrzeni ze swą wciąż nową radością, wyraził Siebie w postaci ogromnego wszechświata. Jestem gwiazdami, jestem falami, jestem Życiem wszystkiego; jestem śmiechem we wszystkich sercach, jestem uśmiechem na twarzyczkach kwiatów i w każdej duszy. Jestem Mądrością i Mocą, która podtrzymuje całe stworzenie".

Uświadomcie to sobie! Wibracje moich słów mogą pozostać w was; jeśli jednak będziecie dalej spać w ułudzie, nie będziecie tego wiedzieć. Jeśli się obudzicie, to uświadomicie sobie, że prawda, którą wypowiedziałem, stale wibruje w waszych duszach. Medytujcie.

---

10 J 1,5.

11 Ekstaza duchowa, doświadczenie stanu zjednoczenia z Bogiem, co jest ostatecznym celem medytacji.

Nauczcie się tej wyzwalającej lekcji. Nie zwlekajcie dłużej. Nie przyszedłem tu, aby was zabawiać świeckimi uroczystościami[12], lecz aby obudzić śpiące w was wspomnienie nieśmiertelności. Nie zdajecie sobie sprawy z ogromu cierpienia tych, którzy pozostają w ułudzie. Cierpię za was i zrobię wszystko, aby pomóc wam uzmysłowić sobie, że oświecenie jest w was.

Uwolnijcie się na zawsze!

---

12 Jako część swej pracy mającej na celu rozwijanie lepszego zrozumienia między kulturami Wschodu i Zachodu, Paramahansa Jogananda organizował od czasu do czasu imprezy w Międzynarodowej Siedzibie Self-Realization Fellowship. Tutaj ma na myśli „Bankiet Hindusko-Amerykański", który miał się odbyć po wygłoszeniu niniejszego wykładu.

Uniwersalność jogi

*Świątynia Self-Realization Fellowship,
Hollywood, Kalifornia, 21 maja 1944*

Joga to system naukowych metod prowadzących do ponownego zjednoczenia duszy z Duchem. Zeszliśmy na ziemię od Boga i musimy ponownie wznieść się do Niego. Pozornie zostaliśmy rozłączeni z naszym Ojcem i musimy świadomie ponownie się z Nim zjednoczyć. Joga uczy, jak wznieść się ponad złudzenie tej rozłąki i osiągnąć jedność z Bogiem. Poeta [John] Milton pisał o duszy człowieka i o tym, jak mogłaby ona odzyskać raj. To właśnie jest zadaniem i celem jogi – odzyskać utracony raj świadomości duszy, dzięki której to świadomości człowiek wie, że jest i zawsze był jednym z Duchem.

Różne religie świata opierają się w większym czy mniejszym stopniu na *wierzeniach* człowieka. Tymczasem prawdziwą podstawą religii powinna być nauka, którą wszyscy wyznawcy mogliby stosować, żeby dotrzeć do naszego jedynego Boga Ojca. Taką nauką jest joga. Praktykowanie *religii opartej na nauce* jest konieczne. Różne dogmatyczne „izmy" zachowują wśród ludzi podziały, pomimo tego, że Jezus nauczał: „I dom, jeśliby sam przeciwko sobie był rozdzielony, nie będzie się mógł ostać on dom"[1]. Do jedności różnych religii może dojść tylko wtedy, gdy osoby praktykujące te religie staną się naprawdę świadome Boga w sobie. Wtedy dopiero nastąpi prawdziwe braterstwo między ludźmi pod opieką Boga Ojca.

Wszystkie wielkie religie świata nauczają o konieczności znalezienia Boga, o braterstwie między ludźmi, i wszystkie mają kodeks moralny, taki jak dziesięć przykazań. Co zatem stwarza nieporozumienia między nimi? Stwarza je fałszywa pobożność

---

1 Mk 3,25.

w umysłach ludzi. Zdołamy osiągnąć Boga poprzez skupianie się nie na dogmatach, lecz na rzeczywistym poznaniu duszy. Gdy ludzie dostrzegą uniwersalne prawdy u podstaw różnych religii, nie będzie już więcej sporów o dogmaty. Dla mnie nie istnieje żyd, chrześcijanin ani hindus. Wszyscy są moimi braćmi. Oddaję cześć Bogu we wszystkich świątyniach, bowiem każdą z nich wzniesiono, aby uhonorować mojego Ojca.

Powinniśmy rozpocząć budowę zjednoczonego świata, opierając się na idei, którą zainicjowało Self-Realization Fellowship: „Kościół Wszystkich Religii"; nie eklektyzm, lecz szacunek dla wszystkich religii jako stanowiących różne drogi do Boga. Takie świątynie, poświęcone jedynemu Bogu, którego czczą wszystkie religie, powinno się budować wszędzie. Przepowiadam, że to nastąpi. Wschód i Zachód powinny zburzyć na zawsze ciasne podziały w domach Boga. Osiągnąwszy Samorealizację drogą jogi, ludzie poznają, że wszyscy są dziećmi jednego Ojca.

Ślepy nie może prowadzić ślepego

[Taka] jedność ducha widoczna jest u wielkich ludzi, tych, którzy osiągnęli jedność z Bogiem. Ślepy nie może prowadzić ślepego. Tylko mistrz[2], ten, który zna Boga, potrafi dobrze nauczać o Nim innych. Aby odzyskać swoją boskość, człowiek musi mieć takiego mistrza, czyli guru[3]. Ten, kto wiernie podąża za prawdziwym guru, staje się taki jak on, albowiem guru pomaga uczniowi wznieść się na swój własny poziom realizacji duchowej. Gdy znalazłem mojego guru, swamiego Śri Jukteśwara dźi[4], postanowiłem iść za jego

---

[2] Ten, kto jest panem siebie – umysłu, emocji, zmysłów, namiętności. Czyny mistrza, wolne od egoistycznych pobudek, są zgodne z wolą Boga, i zna on siebie jako jedno z Bogiem, nie w wyobraźni, lecz w rzeczywistym doświadczeniu Bożej Wszechobecności.

[3] Nauczyciel duchowy. *Gurugita* (17-19) trafnie opisuje guru jako „rozpraszającego ciemność" (od *gu* – „ciemność" i *ru* – „to, co rozprasza"). Boskim prawem tytuł *guru* nadaje się tylko tym wysokim duszom, które dzięki własnej Samorealizacji i jedności z Bogiem posiadają kwalifikacje do przeprowadzenia innych z ciemności niewiedzy do wiecznego światła Prawdy.

[4] W *Autobiografii jogina* Paramahansa Joganada opisuje związek ze swym boskim guru, którego nazywał Dźńanawatarem, „Inkarnacją Mądrości". *Dźi* dodawane na końcu imienia własnego lub tytułu oznacza szacunek.

Odwieczne ludzkie poszukiwanie

przykładem: umieścić tylko Boga na ołtarzu swego serca i dzielić Go z innymi.

Hinduscy mistrzowie nauczali, że aby posiąść najwyższą wiedzę, trzeba przeniknąć skupionym wzrokiem przez wszechwiedzące duchowe oko. Mocno się koncentrując, nawet nie-jogin marszczy czoło w miejscu między brwiami – ośrodku koncentracji i kulistego duchowego oka, siedziby intuicji duszy. To jest prawdziwa „kryształowa kula", w którą wpatruje się jogin, aby poznać tajemnice wszechświata. Ci, którzy skoncentrują się dostatecznie głęboko, przenikną przez to „trzecie oko" i ujrzą Boga. Dlatego poszukujący prawdy powinni rozwijać zdolność przenoszenia percepcji na postrzeganie przez duchowe oko. Praktykowanie jogi pomaga aspirantowi otworzyć pojedyncze oko intuicyjnej świadomości[5].

Intuicja, czyli wiedza bezpośrednia, nie zależy od danych przekazywanych przez zmysły. Dlatego zdolność intuicji często nazywa się „szóstym zmysłem". Wszyscy mamy ten szósty zmysł, ale większość ludzi go nie rozwija. Niemniej jednak, prawie każdy z nas miał jakieś doświadczenie związane z intuicją, może „przeczucie", że coś się na pewno wydarzy, chociaż żadne dane ze zmysłów na to nie wskazywały.

To ważne, aby rozwijać intuicję, czyli wiedzę płynącą bezpośrednio z duszy, albowiem ten, kto jest świadomy Boga, jest pewny siebie. Wie, i wie, że wie. Musimy być pewni obecności Boga, tak pewni, jak tego, że znamy smak pomarańczy. Dopiero wtedy, gdy mój Guru pokazał mi, jak obcować duchowo z Bogiem, i gdy już codziennie czułem obecność Boga, podjąłem się duchowego obowiązku mówienia o Nim innym.

Zachód kładzie nacisk na oddawanie czci Bogu w wielkich świątyniach, lecz niewiele jest wśród nich takich, w których pokazuje się czcicielom, jak Go znaleźć. Na Wschodzie podkreśla się wagę

---

[5] W głębokiej medytacji pojedyncze, czyli duchowe oko staje się widoczne jako jasna gwiazda otoczona sferą niebieskiego światła, która z kolei otoczona jest jaskrawym pierścieniem złotego światła. To wszechwiedzące oko jest różnie nazywane w pismach jako trzecie oko, gwiazda Wschodu, oko wewnętrzne, gołębica zstępująca z nieba, trzecie oko Śiwy i trzecie oko intuicji. „Jeśli zatem twoje oko będzie jedno, całe twoje ciało będzie pełne światła" (Mt 6,22 – przekład z *The Bible, Authorized Version*, Londyn 1963).

takiego rozwoju człowieka, aby urzeczywistnił Boga w sobie. Ludzie, którzy to osiągnęli, są jednak w wielu przypadkach niedostępni dla poszukiwaczy duchowych, bo pozostają w odosobnieniu w odległych i ustronnych miejscach. Potrzebne są zarówno ośrodki duchowe, w których ludzie mogą kontaktować się z Bogiem, jak i nauczyciele, którzy potrafią im pokazać, jak to robić. Jak może ktoś otrzymać wiedzę o Bogu od nauczyciela, który sam nie zna Boga? Mój Guru uświadomił mi, że konieczne jest poznanie Ojca Niebiańskiego, zanim zacznie się o Nim opowiadać innym. Jakże wdzięczny jestem za jego nauki! On sam prawdziwie obcował z Bogiem.

Najpierw trzeba dostrzec Pana we własnej świątyni ciała. Każdy poszukujący powinien codziennie dyscyplinować myśli i kłaść na ołtarzu duszy polne kwiaty oddania. Ten, kto znajduje Boga w sobie, potrafi odczuć Jego obecność w każdym kościele i świątyni.

Joga przemienia teologię w praktyczne doświadczenie

Joga umożliwia dostrzeżenie prawdy we wszystkich religiach. Dziesięciu przykazań naucza się, różnymi słowami, w każdej religii. Ale dwa największe przykazania to te, na które kładł nacisk Jezus: „Będziesz miłował Pana, Boga twego, z całego serca i z całej twojej duszy, i z całej myśli twojej" i „Będziesz miłował twego bliźniego jak siebie samego"[6].

Kochać Boga „z całej myśli twojej" oznacza wycofać uwagę ze zmysłów i skierować ją na Boga, całkowicie skoncentrować się na Nim w medytacji. Każdy poszukujący Boga musi nauczyć się koncentrować. Modlitwa, którą się mamrocze, myśląc jednocześnie w tle umysłu o innych rzeczach, nie jest prawdziwą modlitwą, i Bóg na nią nie zważa. Joga uczy, że aby znaleźć Ojca, trzeba Go najpierw szukać ze wszystkiej myśli swojej, z uwagą skupioną w jednym punkcie.

Niektórzy mówią, że Hindusi są lepiej przystosowani do praktykowania jogi, że joga nie jest odpowiednia dla ludzi Zachodu. To

---

6 Mt 22,37. 39. Podobnie te dwa przykazania podkreślają nauki Kryszny w *Bhagawadgicie*: „Na Mnie (Panu) skup umysł, bądź Moim czcicielem, nieustannie Mnie wielbiąc, z czcią się Mi kłaniaj. Tak złączywszy się ze Mną jako swoim Najwyższym Celem, będziesz Moim najdroższym" (IX:34) i „Najwyższym joginem jest ten, kto czuje do innych czy to w smutku, czy w przyjemności to samo co do siebie" (VI:32).

nieprawda. Wielu ludzi na Zachodzie ma teraz lepsze warunki do praktykowania jogi niż wielu Hindusów, ponieważ postęp naukowy sprawił, że mają dużo wolnego czasu. Indie powinny w coraz większym stopniu wykorzystywać postępowe, materialne osiągnięcia Zachodu, aby uczynić życie łatwiejszym i bardziej wolnym. Zachód natomiast powinien przejąć z Indii praktyczne, metafizyczne metody jogi, dzięki którym każdy człowiek mógłby odnaleźć drogę do Boga. Joga nie jest sektą, lecz dającą się powszechnie stosować nauką, dzięki której możemy odnaleźć naszego Ojca.

Joga jest dla wszystkich, tak samo dla ludzi Zachodu, jak i Wschodu. Nikt nie twierdziłby, że telefon nie jest dobry dla Wschodu, tylko dlatego że został wynaleziony na Zachodzie. Podobnie metody jogi, chociaż rozwinęły się na Wschodzie, nie są dobre wyłącznie dla Wschodu, lecz są użyteczne dla całej ludzkości.

Niezależnie od tego, czy człowiek urodził się w Indiach, czy w Ameryce, i tak pewnego dnia musi umrzeć. Dlaczego więc nie nauczyć się, jak „umierać każdego dnia" w Bogu, tak jak św. Paweł[7]? Joga uczy właściwej metody. Człowiek żyje w ciele jak więzień. Gdy jego kara minie, spotyka go upokorzenie – zostaje wyrzucony [z ciała]. Dlatego umiłowanie ciała to nic więcej, jak umiłowanie więzienia. Przyzwyczajeni od dawna do życia w ciele, zapomnieliśmy, czym jest prawdziwa wolność. Bycie człowiekiem Zachodu nie usprawiedliwia nieszukania wolności. Jest sprawą zasadniczą dla każdego człowieka, aby odkrył swą duszę i poznał swą nieśmiertelną naturę. Joga pokazuje drogę.

Dusza musi ponownie wznieść się do Boga

Zanim zaistniało stworzenie, istniała Kosmiczna Świadomość: Duch, czyli Bóg, Absolut, zawsze istniejąca, zawsze świadoma, wciąż nowa Szczęśliwość poza formą i przejawieniem. Gdy powstało stworzenie, Kosmiczna Świadomość „zstąpiła" do fizycznego wszechświata, gdzie przejawia się jako Świadomość Chrystusowa[8]:

---

7 1 List do Koryntian 15,31.

8 Święte pisma hinduskie nazywają Świadomość Chrystusową *Kutastha Ćajtanja*, świadomością kosmiczną lub wszechobecną inteligencją.

wszechobecne, czyste odbicie inteligencji i świadomości Boga, immanentnej i ukrytej w całym stworzeniu. Gdy Świadomość Chrystusowa zstępuje w ciało fizyczne człowieka, staje się duszą, czyli nadświadomością: zawsze istniejącą, zawsze świadomą, wciąż nową Szczęśliwością, zindywidualizowaną poprzez zamknięcie w ciele. Gdy dusza utożsamia się z ciałem, to przejawia się jako ego, świadomość śmiertelnika. Joga uczy, że dusza musi wspiąć się z powrotem do Ducha po drabinie świadomości[9].

Tajemnicą szczęścia jest świadomość obecności Boga

Dobrze jest cieszyć się życiem; tajemnica szczęścia polega na nieprzywiązywaniu się do czegokolwiek. Cieszcie się zapachem kwiatu, ale dostrzegajcie w nim Boga. Zachowałem świadomość zmysłów tylko po to, abym używając ich, mógł zawsze dostrzegać Boga i myśleć o Nim. „Moje oczy stworzone zostały do dostrzegania wszędzie Twego piękna. Moje uszy stworzone zostały do słuchania Twego wszechobecnego głosu". To jest joga, zjednoczenie z Bogiem. Nie trzeba udawać się do lasu, aby Go znaleźć. Świeckie nawyki będą nas silnie powstrzymywać, niezależnie od tego, gdzie się znajdujemy, dopóki się od nich nie uwolnimy. Jogin uczy się znajdować Boga w jaskini swego serca. Gdziekolwiek się udaje, niesie z sobą błogą świadomość obecności Boga.

Człowiek nie tylko zstąpił w świadomość śmiertelnika, ograniczoną postrzeganiem przez zmysły, ale został zniewolony wynaturzeniami tejże świadomości, takimi jak chciwość, złość i zazdrość.

---

9 Joga uczy, że siedzibą duszy – życia ludzkiego i boskiej świadomości – są subtelne ośrodki duchowe w mózgu: *sahasrara*, tysiącpłatkowy lotos na szczycie mózgu, siedziba świadomości kosmicznej; *Kutastha*, w miejscu między brwiami, siedziba świadomości Chrystusowej; i ośrodek rdzenia przedłużonego (połączony biegunowo z *Kutasthą*), siedziba nadświadomości. Zstępując w ciało (i świadomość ciała) z tych ośrodków najwyższego postrzegania, życie i świadomość płyną w dół kręgosłupa, przechodząc przez pięć astralnych ośrodków kręgosłupa (zob. *czakry* w Słowniczku) i rozchodzą się na zewnątrz do fizycznych narządów życiowych, zmysłów postrzegania i działania.

Aby odzyskać błogą świadomość jedności z Bogiem, dusza człowieka musi powrócić tą drogą, którą zstępowała, wznosząc się wzdłuż kręgosłupa do swej siedziby w wyższych ośrodkach mózgowych boskiej świadomości. Osiąga się to, praktykując podane przez guru naukowe techniki medytacji jogicznej, których można się nauczyć z *Lekcji Self-Realization Fellowship* (zob. *Lekcje* w Słowniczku).

Odwieczne ludzkie poszukiwanie

Aby odnaleźć Boga, człowiek musi pozbyć się tych wynaturzeń. Zarówno ludzie Wschodu, jak i Zachodu muszą się uwolnić z niewoli zmysłów. Przeciętny człowiek może się rozzłościć, bo nie przyniesiono mu porannej kawy, a jest pewien, że bez kawy rozboli go głowa. Jest niewolnikiem swoich nawyków. Jogin, który osiągnął wyższy stopień rozwoju, jest wolny.

Każdy może być joginem, tu i teraz. Ale my mamy skłonność do uważania za dziwne i trudne tego, co jest za horyzontem naszych nawyków życiowych. Nie zważamy na to, jak inni mogą postrzegać nasze nawyki!

Praktykowanie jogi prowadzi do wolności. Niektórzy jogini, praktykując ideę nieprzywiązywania się, popadają w skrajność. Nauczają, że powinno się umieć leżeć na łożu z gwoździ, nie odczuwając niewygody, a także uczą innych form *tapasji*, dyscypliny ciała. To prawda, że ktoś, kto siedząc na łożu z gwoździ, potrafi myśleć o Bogu, wykazuje wielką siłę umysłu. Ale takie wyczyny nie są potrzebne. Można równie dobrze medytować o Bogu, siedząc w wygodnym fotelu.

Patańdźali[10] naucza, że każda pozycja ciała, która pomaga utrzymać wyprostowany kręgosłup, jest dobra do medytacji, jogicznej koncentracji na Bogu. Nie potrzeba wykonywać żadnych wygibasów ani ćwiczeń wymagających nadzwyczajnej wytrzymałości fizycznej ani gibkości, jak to zaleca *hathajoga*. Celem jest Bóg; powinniśmy się starać o świadomość Jego obecności. W *Bhagawadgicie* powiedziane jest: „Tego, kto z oddaniem zatapia się we Mnie, duszą we Mnie przebywa, najwyżej stawiam jako najbardziej zrównoważonego spośród wszystkich rodzajów joginów"[11].

Wiadomo o joginach hinduskich, że demonstrują brak świadomości skrajnych temperatur, ukąszenia komarów i innych dokuczliwych owadów. Taka demonstracja nie jest niezbędnym warunkiem bycia joginem, lecz naturalnym osiągnięciem adepta. Starajcie się eliminować drażniące czynniki albo znosić je, jeśli to konieczne,

---

10 Główny orędownik jogi. Nie wiadomo dokładnie, kiedy żył, choć wielu uczonych umiejscawia go w drugim wieku p.n.e.

11 IV:47.

zachowując wewnętrzny spokój. Jeśli można zachować czystość, bez sensu jest pozostawać brudnym. Można się równie dobrze przywiązać do życia w chatce, jak i do życia w pałacu.

Aby osiągnąć sukces duchowy, przede wszystkim trzeba tego chcieć. Jezus powiedział: „Żniwo wprawdzie wielkie, ale robotników mało"[12]. Zwykli ludzie szukają darów Bożych, lecz ten, kto jest mądry, szuka samego Darczyńcy.

Być joginem to medytować. Budząc się rano, jogin nie myśli w pierwszym rzędzie o pożywieniu dla ciała. Karmi swą duszę ambrozją obcowania z Bogiem. Następnie, pełen inspiracji zaczerpniętej z głębokiej medytacji, potrafi z radością wykonywać wszystkie obowiązki dnia.

Bóg celowo stworzył Ziemię taką, jaka jest. W Jego planie do człowieka należy uczynienie jej lepszą. Człowiek Zachodu ma skłonność do popadania w skrajności, stale zajmując się zdobywaniem i poprawianiem materialnych wygód. Człowiek Wschodu ma skłonność do popadania w skrajności, starając się zadowolić tym, co ma. Jest coś pociągającego zarówno w przebojowym duchu Zachodu, jak i łagodnym, spokojnym duchu Wschodu. Powinniśmy obrać wyważoną, środkową drogę.

Medytacja czyni jogina

Aby znaleźć Boga, powinno się medytować codziennie rano i wieczorem, i kiedykolwiek jest trochę wolnego czasu w ciągu dnia. Dodatkowo, ważne jest, by medytować przez sześć godzin jednego dnia w tygodniu. Nie jest to przesadny wymóg; niektórzy ćwiczą codziennie po dziesięć godzin grę na fortepianie i uważają to za normalne. Aby zostać mistrzem duchowym, należy koniecznie poświęcać więcej czasu Bogu. Musimy sprawić, aby poczuł, że kochamy Go ponad wszystko. Gdy nabędziecie doświadczenia w medytacji i potraficie głęboko wchodzić w nadświadomość, wystarczy wam pięć godzin snu. Resztę nocy powinniście spędzać w medytacji. Można medytować o Bogu nocą, wcześnie rano i w święta. W ten sposób każdy, nawet zajęty człowiek Zachodu, może

---

[12] Mt 9,37.

Odwieczne ludzkie poszukiwanie

być joginem. Zostańcie zatem zachodnimi joginami. Nie musicie nosić turbanu ani mieć długich włosów, tak jak ja!

Potrzebujemy „uli" kościołów, ale także napełnienia ich „miodem" naszej własnej Samorealizacji[13]. Oczywiście, Bóg jest także obecny w kościołach, ale samo chodzenie tam nie przekona Go, aby się objawił. Chodzenie do kościoła jest dobre, ale lepsza jest codzienna medytacja. Róbcie jedno i drugie, ponieważ chodzenie do kościoła z pewnością przyniesie wam inspirację, a codzienna medytacja jeszcze bardziej was podbuduje. To wtedy, gdy serce wielbiciela płonie i gdy ciska on jeden po drugim granatami modlitwy, Bóg mu ulega. Aby Go znaleźć, nieodzowne jest nieustające oddanie. Aby być joginem, ale zarazem dotrzymywać kroku współczesnemu światu, niezbędne jest medytowanie w domu, samodyscyplina i wykonywanie wszystkich obowiązków z nastawieniem, że służycie Bogu.

Moim największym pragnieniem jest budować świątynie Boga w duszach ludzkich i widzieć uśmiech Boga na ludzkich twarzach. Najważniejszym ze wszystkich osiągnięć w życiu jest ustanowienie świątyni Boga we własnej duszy. A to można uczynić z łatwością. Właśnie po to została założona na Zachodzie [organizacja] Self-Realization Fellowship.

Każdy, kto umieścił Boga w świątyni swojej duszy, jest joginem. Może powiedzieć, tak jak ja, że joga jest dla Wschodu, Północy, Południa i Zachodu – dla wszystkich ludzi, po to, aby bocznymi drogami teologii dotarli do autostrady jogi. Właściwa droga prowadzi do pałacu Bożej szczęśliwości. Kto raz tam dotrze, „więcej z niego już nie wyjdzie"[14].

---

13 Poznania swojej Jaźni jako duszy i tego, że dusza jest jednym z Bogiem.
14 Apokalipsa 3,12.

Nieskończona natura Boga

*Międzynarodowa Siedziba Główna Self-Realization Fellowship,
Los Angeles, Kalifornia, 28 stycznia 1937*

Hinduskie pisma święte podają, że Boga nie da się pojąć umysłem ani rozumem. Przy całej ich potędze, uchwycenie Go leży poza zasięgiem ich możliwości. Tak więc umysł ludzki niezdolny jest prawdziwie pojąć Boga. Pytanie: „Kto stworzył Boga?" powstaje tylko dlatego, że umysł nie może pojąć Tego, Który nie ma początku ani końca.

Gdy patrzymy na Słońce na niebie, odległe od nas o miliony mil, to to olbrzymie ciało niebieskie wydaje się o wiele mniejsze od naszej Ziemi. A przecież średnica Ziemi wynosi mniej więcej 7900 mil, a średnica Słońca ponad sto razy więcej. Gdyby, dla porównania, umieścić naszą planetę obok Słońca, Ziemia wyglądałaby jak kropeczka. Przypuśćmy, że ogromna kula słoneczna rozszerza się, coraz bardziej olbrzymiejąc, aż bezmierna niebieska przestrzeń zostaje całkowicie przez nią pochłonięta. Tak wypełniona przestrzeń jest jednak tylko cząstką, odrobiną przestrzeni rozciągającej się na niezliczone wszechświaty i dalej w nieskończoność. Gdyby Słońce powiększało się w przestrzeni w nieskończoność, to i tak nie zdołałoby przybrać rozmiaru nieskończoności. Kosmiczna ułuda skończoności nie pozwala umysłowi pojąć takiego ogromu. Gdzie są jego granice? Skąd się wzięła ta bezkresna pustka? Ta Bezpoczątkowa Niezmierzoność to Bóg. Wszechobecny w najdalszych zakątkach przestrzeni, jest On w odległych gwiazdach, a także we mnie i w tobie. I w każdej chwili jest On świadomy każdego miejsca, w którym jest.

Bóg nie jest umysłem – On go stworzył i jest poza nim. Inaczej moglibyśmy Go sobie pojąć naszym umysłem. Możemy Go trafnie nazwać Boską Świadomością, Boską Radością, Boskim Bytem, ale nie umysłem.

Odwieczne ludzkie poszukiwanie

Chociaż umysł nie jest w stanie pojąć Wszechobecności, potrafi jednak *czuć* Boga. Odczuwanie Jego obecności, a szacowanie jej wielkości to dwa różne doświadczenia. Fala nie może określić wielkości oceanu, ale istnieje między nimi punkt styku. Zatem tam, gdzie Nieskończoność staje się skończonością, znajduje się punkt styku: umysł nadświadomy. Ten umysł może czuć Boga. Gdy rozszerzymy zwykły umysł tak, aż zetknie się on z umysłem nadświadomym, możemy poczuć obecność Boga.

Zstąpiliśmy z nieskończoności w skończoność

Zstąpiliśmy z nieskończoności w skończoność. Joga to wycofanie uwagi ze świata zewnętrznego, aby ją skupić na wewnętrznym źródle Prawdy. Tylko w ten sposób możemy odkryć, jak Bóg zagęścił Jego świadomość w liczne skończone formy Swoich stworzeń i wszechświatów, które one zamieszkują. Ciało ludzkie jest najbardziej złożone ze wszystkich Jego wytworów. Początkowa pojedyncza komórka — połączone plemnik i jajo — dzieli się i powtarzając proces dzielenia się, buduje wokół siebie tryliony komórek, tworząc świątynię ciała, która mieści naszą boską świadomość duszy.

Nie zdajecie sobie sprawy, jak wielka energia zawarta jest w jednym tylko niewielkim gramie ciała. Uwolnienie jej wyrzuciłoby niezliczoną ilość elektronów daleko w przestrzeń[1]. A moc i zasięg świadomości obecnej w ciele przekracza możliwości ludzkiego pojmowania. Chociaż, gdy patrzymy z zewnątrz, widzimy, że zbudowani jesteśmy z ciała, to poza jego materialnymi komórkami kryją się prądy energii elektrycznej i życiowej. A za tymi subtelnymi energiami – myśli i spostrzeżenia.

Zasoby myśli są niewyczerpane. Od początku świata myśli w niewyobrażalnych ilościach krążą w eterze. Nie sposób ich zliczyć, ale można mieć jakie takie wyobrażenie [ich ilości], jeśli zastanowicie się, ile wyrażacie myśli i uczuć w ciągu swego życia. Miliony! Spróbujcie przypomnieć sobie wszystkie myśli, jakie pomyśleliście

---

[1] Przeraźliwą siłę uwolnionej energii jądrowej zademonstrowano po raz pierwszy w warunkach kontrolowanych kilka lat po wygłoszeniu niniejszej pogadanki, kiedy zdetonowano pierwszą bombę atomową w Alamogordo w Nowym Meksyku 16 lipca 1945 r.

w ciągu jednego tylko roku, a nawet jednego dnia. Pomyślcie, ile myśli wszystkich ludzi nagromadziło się w ciągu niezliczonych przeszłych wieków. Bóg zna je wszystkie!

Umysł nie potrafi nawet zmierzyć subtelnych zjawisk przyrody. Ile elektronów oscyluje w prądzie elektrycznym przepływającym w żarówkach tutaj w kaplicy? Tryliony ich, tańcząc razem, tworzą to światło, na które patrzycie. Te nadzwyczaj małe cząstki poruszają się z taką prędkością, że pokonałyby drogę stąd do Nowego Jorku lub do każdego innego miejsca na świecie w ciągu kilku sekund. Udowadniają to doświadczenia naukowe.

Jeśli spróbujecie obliczyć liczbę protonów i elektronów zawartych w naszej ziemi, umysł wkrótce się zatrzyma. To, co się ukazuje poszukującemu umysłowi, wydaje się nieskończone, istnieje jednak granica, poza którą idee stają się zbyt subtelne, by za nimi podążać. Z owej sfery, do której umysł nie może się przedostać, Bóg rozlewa Światło stanowiące Jego istotę – Kosmiczną Inteligentną Wibrację, która tworzy strukturę skończonego stworzenia.

Prawdziwą naturę Boga można poznać tylko intuicyjnie

Właściwie używając umysłu, możemy zrozumieć, jak to jest, że Bóg jest poza umysłem i rozumem, i jak to jest, że Jego prawdziwą naturę można odczuć jedynie mocą intuicji duszy. Musimy odnaleźć Jego świadomość poprzez umysł nadświadomy – jądro umysłu i inteligencji. Nieskończona natura Boga objawia się człowiekowi poprzez intuicyjną nadświadomość duszy. Radość odczuwana w medytacji ujawnia obecność Wiecznej Radości obejmującej całe stworzenie. Światło widziane w medytacji to światło astralne[2], z którego uczyniony jest nasz namacalny wszechświat. Oglądając to światło, odczuwa się jedność ze wszystkim dookoła.

Zwykły człowiek żyje w świecie, pozostając względnie nieświadomym jego natury i celu. Życie, gdy ma się tak ograniczoną percepcję, niewiele różni się od życia zwierząt. Mieliśmy tu kiedyś na

---

2 Wszystko, co znajduje się na planie materialnym, ma swoje odpowiedniki zbudowane ze światła astralnego, światła, które jest subtelniejsze od energii elektromagnetycznej atomu. Pisma hinduskie nazywają tę energię praną, co Paramahansa Jogananda przetłumaczył jako „lifetrons" – żywotrony.

Górze Waszyngtona kozę, którą zawsze przyciągał mój głos. Pewnego dnia, gdy przemawiałem w tej kaplicy, koza wbiegła drobnym kroczkiem do środka i podążyła nawą wprost do mnie! Jestem pewien, że nie rozumiała, co mówię, po prostu lubiła dźwięk mojego głosu. Wy, jednak, przychodzicie na te wykłady nie tylko po to, by słuchać słów, lecz także, aby poczuć skrytą w nich obecność Boga. Jeśli dostroicie swoją świadomość do Jego świadomości i pozostaniecie w tym nurcie szczęśliwości, poczujecie się jednym z Nim. Wszelkie rozumienie, jakie uzyskałem, zawdzięczam dostrajaniu się do świadomości Boga we mnie. Wy także możecie tego dokonać.

W miarę jak rozwijamy się duchowo i uświadamiamy sobie pokrewieństwo ze wszystkim, co żyje, wzrasta nasza odpowiedzialność za to, by wspierać innych w ich cierpieniu. Jezus był gotów nawet cierpieć, dzieląc z ludźmi ich nieszczęścia. My także musimy czynić, co w naszej mocy, dla tych, którzy drżą z zimna i chorób. To dla nich koszmar. Każde z nieszczęść, które im ujmujemy, ujmujemy także Bogu. Nie jest On szczęśliwy, kiedy Jego dzieci cierpią, bo On cierpi w nich.

W tej chwili większość z Was cieszy się pięknem i spokojem, ale pomyślcie o tych znajdujących się obecnie w Louisville! Tysiące ludzi cierpi tam z powodu powodzi. Kiedyś dawno temu myślałem, jak bardzo cudowna jest Ameryka, bo nie ma tam katastrof, jakie nawiedzają wiele innych krajów. Potem Bóg pokazał mi powodzie, które wydarzają się obecnie. Wibracje myśli[3] i uczuć tysięcy ginących w wojnie w Hiszpanii spowodowały zmiany atmosferyczne, które są odpowiedzialne za te powodzie i inne klęski żywiołowe na całym świecie. Wojna wypluwa wibracje zła, które zaburzają równowagę i harmonię w całej przyrodzie, powodując „naturalne" kataklizmy.

---

3 Myśl czerpie swą potęgę, na dobre lub na złe, z esencji myślowej wszechświata. Przejawiając wszechświat, Bóg najpierw emanuje go w postaci wzorców myślowych, najsubtelniejszej formy stwórczej wibracji, która zagęszcza się w formy światła astralnego, a następnie w gęstsze struktury atomowe. Gdyby usunąć pierwotną myśl Boga, wszechświat by się rozpuścił. Myśl ludzka jest mikrokosmicznym zapożyczeniem z potęgi myśli Bożej, a zatem ma zdolność, nawet jeśli jest słabo rozwinięta, wywierania znaczącego wpływu na zdrowie, szczęście i powodzenie człowieka oraz jeśli zostanie silnie wzmocniona podobnymi myślami innych, także na świat, w którym żyjemy. Myśli ludzkości wpływają zatem harmonijnie lub nieharmonijnie na wzorce myślowe wszczepione przez Boga w stworzenie (zob. *karma* w Słowniczku).

Bóg dał człowiekowi wolność, a człowiek nadużył tej wolności; to jest przyczyną wszelkiego cierpienia. Nadużywanie danej nam przez Boga wolnej woli ma straszliwe konsekwencje. Wolałbym raczej, żeby ktoś mnie ostrzegł, że zaraz uczynię coś złego, niż aby pozwolił mi to uczynić, a ja dopiero po latach uświadomiłbym sobie krzywdę, którą wyrządziłem.

Szatan stworzył niewiedzę, przyczynę wszelkiego cierpienia

Cierpienie nie jest zatem dziełem Boga, lecz szatańską mocą *maji*, ułudy. Siła ta stwarza niewiedzę, która czyni ludzi ślepymi na konsekwencje ich czynów, sprawiając, że błądzą i w ten sposób sprowadzają na siebie cierpienie. Ci, którzy walczą w Hiszpanii – zarówno siły rządowe, jak i ich przeciwnicy – sądzą, że starają się postępować słusznie. Jedynym sposobem uniknięcia błędu jest rozwijanie mądrości rozróżniania, aby rozpoznać, co jest złe, a następnie należy postanowić nie czynić zła. Jedno zło zwalczające drugie nie czyni dobra. Prawdziwym nieprzyjacielem człowieka jest niewiedza. Trzeba ją usunąć z tej ziemi.

Mamy wszystko, czego potrzeba w dzisiejszym świecie, aby doprowadzić do milenium. Uniemożliwia to jedynie ludzki egoizm. Ludzka krótkowzroczna interesowność stwarza ogromne, niepotrzebne cierpienie. Pieniędzy, które można by przeznaczyć na żywność i odzież dla potrzebujących, używa się do niszczenia. Podstawową przyczyną problemów świata jest zatem egoizm zrodzony z niewiedzy. Każdy człowiek myśli, że postępuje słusznie; jeśli jednak dba tylko o własny interes, wprawia w ruch karmiczne prawo przyczyny i skutku[4], które nieuchronnie zniszczy szczęście jego samego i innych.

Im więcej widzę w świecie tragedii spowodowanych niewiedzą człowieka, tym lepiej uświadamiam sobie, że nawet gdyby wszystkie ulice wybrukowane były złotem, szczęście nie byłoby trwałe. Szczęście polega na uszczęśliwianiu innych, na poniechaniu własnych korzyści po to, aby sprawić radość innym. Gdyby każdy tak postępował, wszyscy byliby szczęśliwi i nie byłoby już więcej problemów.

---

4 Karma to prawo akcji i reakcji. Cokolwiek człowiek zasieje swoim zachowaniem, zbierze w tej samej mierze w tym życiu bądź w przyszłych (zob. Słowniczek).

Odwieczne ludzkie poszukiwanie

To właśnie miał na myśli Jezus, mówiąc: „Wszystko więc, co byście chcieli, żeby wam ludzie czynili, i wy im czyńcie!"[5].

Potrzebna jest federacja wszystkich religii i wszystkich narodów. Lecz stworzenie takiej unii będzie możliwe tylko wtedy, gdy każdy człowiek zajmie się taką medytacją, która prowadzi do bezpośredniego kontaktu z Bogiem. Rozwiązaniem jest obcowanie z Bogiem. Kiedy człowiek urzeczywistni Boga w sobie, nie czuje już, że inni są od niego różni. Dopóki mądrości tej nie pojmą wszyscy, a nie tylko nieliczni, nie będzie na ziemi wolności. Nawet tutaj w Ameryce wolność nie jest całkowita; nadal jest bardzo dużo cierpienia. Każdy z nas ma obowiązek niesienia pokoju i szczęścia naszemu krajowi i wszystkim ludziom. Należy troszczyć się nie tylko o swój własny naród, lecz o wszystkie kraje, nie tylko o własną rodzinę, lecz o całą ludzkość. Zwykły człowiek ogranicza się do dbania o interes własny i swojego otoczenia, natomiast święty człowiek utożsamia się z całym światem. Nie myślcie, że wkład, jaki wnosi wasza uduchowiona świadomość, jest niewielki. Wasz wkład może mieć bardzo duże znaczenie.

Aby poznać Boga, musicie się stać jak On. Pomimo naszych wykroczeń, pomimo naszej niepamięci o Bogu i wielkiej obojętności wobec Niego, wciąż z miłością daje On nam życie i wszystko, czego potrzeba do życia na tym świecie. Nie ma nic większego od Boga. Obojętność wobec Niego to największy grzech.

Ci, którzy nie są gotowi oddać wszystkiego, co mają, aby Go znaleźć, nie poznają Go. Kto chciałby poznać Boga, musi być gotów wszystko dla Niego porzucić. Jezus starał się uświadomić tę prawdę swoim uczniom, kiedy kazał im czuwać i modlić się z Nim w Ogrójcu. Gdy jednak oni zasnęli, zauważył ze smutkiem: „Duch ci jest ochotny, ale ciało mdłe"[6].

Człowiek jest jak marionetka. Sznurki nawyków, emocji, namiętności i zmysłów każą mu tańczyć na ich rozkazy. Krępują jego duszę. Ten, kto nie chce lub nie może przeciąć więzów, aby poznać Boga, nie znajdzie Go. Widzę siebie jako wolnego od tych więzów. Jem, a czasami nie jem; śpię, a czasami nie śpię. Zrezygnowałem ze

---

5 Mt 7,12.
6 Mt 26,41.

wszystkich potrzeb ciała, aby udowodnić sobie, że ich nie potrzebuję. Bóg nie je ani nie śpi. Nie więżą Go zmysły i nawyki. To właśnie czyni Go Bogiem; a my jesteśmy stworzeni na Jego podobieństwo. Powinniśmy być zdolni do zrezygnowania ze wszystkiego, aby Go poznać: „Owszem szukajcie królestwa Bożego, a to wszystko będzie wam przydane"[7]. Przeszedłem dla Niego wiele prób i w końcu Bóg dał mi wszystko, czego chciałem lub potrzebowałem z tego świata. I wszystko to zwróciłem, albowiem obdarował mnie On czymś nieskończenie większym: Boską Radością, dniem i nocą. W tej Radości wszystkie pragnienia, jakie napływają do mego serca, są spełnione.

Medytacja rozprasza mgłę niewiedzy

W *Bhagawadgicie*, napisanej przez Mędrca Wjasę, Pan Kryszna wyjaśnia, że jeśli niewiedza zasłania naszą wrodzoną *mądrość*, to tkwimy w zaślepieniu i dlatego potykamy się w życiu: „Czyn tamasowy [wypływający z niewiedzy] to taki, który podejmuje się w zaślepieniu, nie bacząc na swoje zdolności i bez względu na konsekwencje – utratę własnego zdrowia, majątku i wpływów, oraz krzywdę innych"[8]. Gdy mgła niewiedzy opadnie dzięki medytacji, ujrzycie właściwą drogę. Znikną wasze troski; znajdziecie wieczne spełnienie. „Zaprawdę, nic na tym świecie nie uświęca tak, jak mądrość. We właściwym czasie uczeń mający powodzenie w jodze [medytacji], spontanicznie odnajdzie ją w Jaźni"[9].

Prawdy te są dla mnie całkowicie rzeczywiste. Prawda jest Rzeczywistością. Samorealizacja nie jest czymś, czego można nauczyć się z książek. Osiągamy ją tylko poprzez osobiste doświadczenie. Poznanie prawdy, doświadczenie Boga – a nie tylko dogmatu – to jest to, do czego powinna doprowadzić swych wyznawców każda religia. Tej *świadomości*, którą *osiągnął* Jezus Chrystus, my także musimy doświadczyć. Nie nauczał On, że jego wyznawcy powinni Go czcić jako osobę, lecz raczej doświadczać tego, czego On doświadczał w jedności z Bogiem. Można to osiągnąć tylko poprzez medytację

---

[7] Łk 12,31.
[8] *Bhagawadgita* XVIII:25.
[9] Tamże IV:38.

Paramahansa Jogananda, 1926 r.

Nieskończona natura Boga

i przestrzeganie praw Bożych. Oddawanie czci Jezusowi, ponieważ jest Jezusem, nie wystarczy. Przyjmijcie uniwersalne ideały, których nauczał, i starajcie się być tacy, jak On.

Jesteśmy tu na ziemi w określonej postaci cielesnej tylko przez chwilę, aby nauczyć się swoich lekcji i iść dalej. Dokąd zmierzamy obecnie? Pomyślcie, jak wiele stronic zostało już odwróconych w utworzonej ze snu powieści stworzenia Pana! Gdy gościłem w Salt Lake City, miałem wizję wielkiego oceanu i mamutów idących wzdłuż brzegu. Później dowiedziałem się, że niedawno znaleziono tam szkielet starożytnego mamuta.

Jako ludzie mamy daną nam przez Boga moc pozbycia się każdego nawyku i ograniczenia, i rozszerzenia naszej świadomości na całe stworzenie, nie tylko przeniknięcia do serc wszystkich stworzeń, lecz także dotarcia poza gwiazdy. Nasz naturalny ogrom obejmuje jeszcze większą przestrzeń. Są w nas tak olbrzymie możliwości! Jesteśmy nieskończeni! Żyję w owej sferze nieskończoności i tylko od czasu do czasu jestem świadomy ciała.

Obecnie jesteście ograniczeni. Kiedy jednak dzięki głębokiej, codziennej medytacji staniecie się zdolni do przenoszenia swojej świadomości ze sfery skończoności do Nieskończoności, będziecie wolni. Bycie więźniami ciała nie jest waszym przeznaczeniem. Jesteście dziećmi Boga. Musicie żyć jak przystało na kogoś o boskim pochodzeniu.

Umieśćcie Boga na pierwszym miejscu w waszych sercach

Dokądkolwiek powędruje wasz umysł, tam będziecie spędzali czas. Co by było, gdyby Bóg nie dał wam zdolności do zabawy, czytania albo pracy? Niczego nie moglibyście robić. Dlatego On powinien być najważniejszy w waszym życiu. Bóg zawsze wie, co jest w waszych sercach. Umieśćcie Go tam na pierwszym miejscu.

Boga można pochwycić tylko miłością. Medytujcie o Nim, a potem módlcie się głęboko: „Panie, nie potrafię bez Ciebie żyć. Ty jesteś Mocą poza moją świadomością. Kocham Cię. Objaw mi się". Gdy zrezygnujecie ze snu, aby o Nim medytować, gdy porzucicie egoizm i będziecie płakać nad Jego cierpieniem w waszych braciach, wtedy On do was przyjdzie. Gdy rzeczywiście się dla Niego

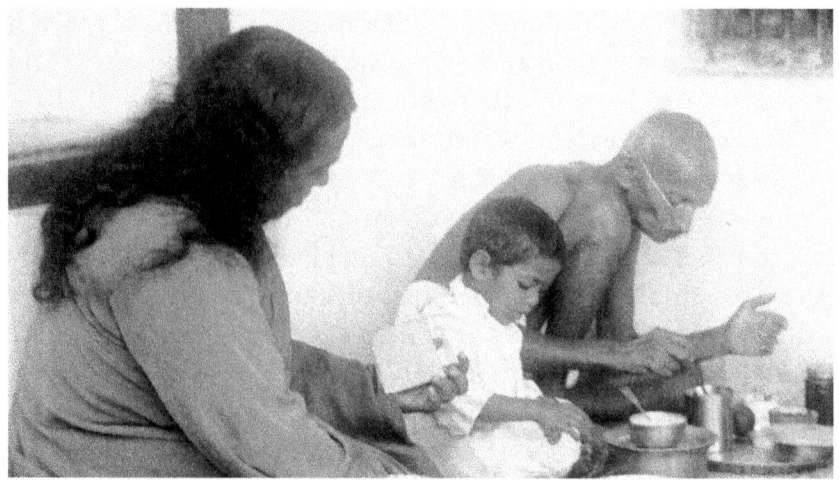

W aśramie Mahatmy Gandhiego w Wardha
Śri Jogananda czyta notatkę, którą właśnie napisał Gandhi (po prawej); był poniedziałek, dzień, w którym Mahatma przestrzegał ciszy. Następnego dnia 27 sierpnia 1935 roku, na prośbę Gandhi dźi, Śri Jogananda inicjował go w Krijajogę.

Lake Shrine SRF i Światowy Pomnik Pokoju Gandhiego
Co roku tysiące ludzi z całego świata cieszy się spokojem i pięknem tego malowniczego miejsca w Pacific Palisades w Kalifornii. Na terenie położonym pośród zielonych wzgórz i ogrodów kwiatowych znajduje się ręcznie rzeźbiony kamienny sarkofag, w którym złożona jest część prochów Mahatmy Gandhiego oraz znajduje się kaplica, w której odbywają się co tydzień spotkania medytacyjne i zajęcia prowadzone przez Self-Realization Fellowship. Powyższe zdjęcie przedstawia część tłumu, który obecny był w dniu 20 czerwca 1950 r., gdy Paramahansa Jogananda poświęcał Lake Shrine o powierzchni dziesięciu akrów.

poświęcacie, łapie się On w sieć waszej miłości. Nic innego Go nie pochwyci.

Wiedza przygotowuje drogę dla miłości. Nie można kochać tego, czego się nie zna. Wiedza o Bogu musi zatem poprzedzać miłość do Niego. Wiedza ta przychodzi dzięki praktyce Krijajogi[10], techniki, którą przekazał Lahiri Mahaśaja. Gdy poznacie Boga, pokochacie Go, a gdy Go pokochacie, poddacie się Mu.

Nie spocznijcie, dopóki wasze oddanie Bogu i świadomość Boga nie staną się całkowite. Nie pozwólcie sobie na zasypianie, kiedy powinniście medytować. Nigdy nie przedkładajcie niczego nad Boga! Jego miłość to największa miłość, jaka istnieje. Tak długo jak będziecie dawać pierwszeństwo innym rzeczom, On będzie czekał. Lecz wasze zwlekanie może trwać zbyt długo i możecie przez to bardzo cierpieć. Nie ociągajcie się. Bądźcie pewni w szczerości sumienia, *że dołożyliście starań, aby z Nim obcować*. Nie spocznijcie, nie poddawajcie się, dopóki nie zobaczycie Go na własne oczy albo nie poczujecie w sercu. Narodziny, zabawy, małżeństwo, dzieci, starość – i życie się skończyło. To nie jest życie! Odkryłem, że życie jest o wiele głębsze i cudowniejsze niż to. Gdy znacie Boga, nie ma już smutku. Wszyscy, których kochaliście i których zabrała śmierć, będą z wami znowu w Wiecznym Życiu. Nie wiecie już, kogo uważać za „najbliższego", bo wszyscy są najbliższymi.

Piękno Boga jest niezmierzone. Dobrze jest podziwiać kwiaty za urodę, ale o wiele ważniejsze jest, aby w ich czystości i pięknie widzieć twarz Boga. Dać się unieść muzyce dla samej muzyki to zupełnie nie to samo, co słyszeć obecny w niej twórczy Głos Boga. Chociaż Bóg jest immanentny w pięknie skończonych form stworzenia, mądrze jest osiągnąć jedność ze swoją wieczną Jaźnią poza formą i skończonością. Wiecie, jak lubię nasze tereny wokół aśramów na Górze Waszyngtona i w Encinitas[11]. Nigdy nie nuży mnie

---

10 *Krijajoga* oznacza zjednoczenie (*joga*) z Nieskończonym za pomocą określonego działania lub rytuału (*krija*). Dokładniej, jest to technika medytacyjna, dzięki której można osiągnąć zjednoczenie z Bogiem. Kluczową rolę w odrodzeniu się w obecnej epoce starożytnej nauki *Krijajogi* odegrał Lahiri Mahaśaja, który był nauczycielem guru Paramahansy Joganandy (zob. Słowniczek, a także *Autobiografia jogina*, rozdział 26).

11 Aśram to duchowa pustelnia, często klasztor. Ośrodek Aśramowy Mt Washington jest międzynarodową siedzibą Self-Realization Fellowship (Yogoda Satsanga Society of India)

ich piękno. Lecz niedawno Pan obdarzył mnie przeżyciem, które mnie przebudziło. Oczyma duszy ujrzałem ludzi, którzy siedzieli bezczynnie, rozmawiając. Ktoś z nich zaproponował jakąś rozrywkę, ale ktoś inny powiedział: „Nie, Paramahansa dźi uczył, że nie wolno nam tego robić". Nagle uświadomiłem sobie, że była to wizja przyszłości, kiedy mnie już nie było w ciele. Przez chwilę czułem się wstrząśnięty. Potem wróciłem do zwykłej świadomości.

Nie ma sensu przywiązywać się do czegokolwiek na tym świecie. Tak wiele rzeczy pojawia się i znika w kosmicznym przedstawieniu Pana! Widzę zniszczone lotniska, morze wypełnione zwłokami i wiele innych przyszłych wydarzeń. W duchu widzę świat beze mnie. Tę wolność Bóg daje ostatecznie każdej duszy.

Pewien wielki święty powiedział: „Nie dbam o to, gdzie będę, o Panie, ale nie karz mnie niepamięcią o Tobie". Nie ma większej kary. Jezus powiedział: „Lepiej jest tobie ułomnym wejść do życia wiecznego"[12]. Kontakt z Bogiem może usunąć całe cierpienie.

Obudźcie się z koszmaru cierpienia

We śnie możesz zobaczyć siebie, jak biegniesz ulicą ścigany przez wroga. Nagle zostajesz postrzelony i myślisz: „Och, to straszne! Umieram! Smutno mi opuszczać ten świat". Następnie widzisz siebie zmarłego. Twoje ciało zostaje skremowane i po włożeniu prochów do urny przyjaciele przychodzą cię opłakiwać. Wtedy nagle się budzisz i uświadamiasz sobie, że był to tylko sen. Żyjesz! Podobnie dzieje się w chwili śmierci.

Bóg pokazał mi w wizji, że ci, którzy umierają na wojnie w Hiszpanii, tylko śnią straszliwy sen o śmierci. Gdy tylko ich świadomość opuści ciało, budzą się jak z koszmaru i cieszą się, że się od niego uwolnili. Wszystkie nasze doświadczenia życiowe są snem. Człowiek sam stworzył sobie koszmar wojny. Ale jej ofiary, po gwałtownym opuszczeniu swoich ciał, zdają sobie sprawę, że był to tylko okropny

---

i mieści się na Górze Waszyngtona w Los Angeles. Ośrodek Aśramowy w Encinitas w Kalifornii stanowi filię Self-Realization Fellowship.

12 Mk 9,43. Tzn. okaleczonym, czyli pozbawionym wszystkich pragnień i nawyków, które uniemożliwiają człowiekowi myślenie o Bogu.

Nieskończona natura Boga

sen, z którego się obudziły. Wiedzą, że nie umarły. Jest to wielka metafizyczna prawda.

Jeśli wiesz, że śnisz, to nie cierpisz, przeżywając przykre doświadczenia we śnie. Ale jeśli utożsamiasz się z wydarzeniami we śnie i ktoś w nim uderzy cię w głowę i zabije, to ów sen o śmierci wydaje się prawdziwym i strasznym doświadczeniem, dopóki się nie obudzisz i nie zrozumiesz, że nie był rzeczywistością. Tak samo jest po śmierci. Z chwilą, gdy znajdziesz się poza ciałem, zrozumiesz, że nie jesteś martwy; uwolniłeś się z koszmaru. Tak więc, śmierć nie jest końcem; jest uwolnieniem świadomości z więzienia śniącego ciała fizycznego. Uwolnienie to daje poczucie wielkiej wolności. Nie powinniśmy szukać śmierci. Powinniśmy raczej, poprzez medytację i obcowanie z Bogiem, tak przygotować naszą świadomość, abyśmy gdy śmierć przyjdzie w swoim czasie, potrafili spojrzeć na nią jak na sen, nic więcej. Mogę oglądać tę wyśnioną naturę życia i śmierci, kiedykolwiek zechcę. Dlatego przywiązuję niewielkie znaczenie do ciała.

W jedności z Bogiem poznajemy, że życie jest snem

Żyjcie w świadomości Ducha, w takiej jedności z Bogiem, w której wiecie, że życie jest snem. To bardzo łatwe, gdy się o to staracie. Gdy przychodzi cierpienie, trudniej jest odciągnąć świadomość od utożsamiania się z ciałem; bądźcie więc mądrzy i starajcie się o to teraz, dopóki macie siły i zdrowie.

Pragnienia rzeczy doczesnych usuwają pragnienie Nieskończonego. Niemal codziennie ktoś mówi mi, że potrzebuję tego lub owego. Wydaje się to śmieszne, ponieważ wiem, że tysiące ludzi nie mają tego, czego, jak mi mówią, „potrzebuję". Skoro oni tego nie potrzebują, dlaczego ja mam potrzebować? Waszą jedyną rzeczywistą potrzebą jest Bóg. Nie ma innych niezbędnych potrzeb. Nie przywiązujcie się do posiadanych rzeczy, muzyki, książek, pożywienia ani żadnych innych przyjemności zmysłowych. W Bogu macie życie wieczne. Uświadomcie sobie tę wielką prawdę; inaczej wasze wybory w życiu przeważą i umrzecie nadal przez nie zniewoleni. Jeśli będziecie jednym z Nim, nic was nie zmusi do powrotu na tę wyśnioną ziemię. Możecie przychodzić i odchodzić,

Odwieczne ludzkie poszukiwanie

kiedy chcecie[13], aby służyć Bogu w Jego dzieciach na ziemi.

Jeśli będziecie żyli w radości Boga, nie zaznacie śmierci. Nie osiąga się tego stanu poprzez mechaniczną modlitwę. Dajcie się całkowicie pochłonąć modlitwie, z wiarą, że Bóg was słucha. Jeśli będziecie w ten sposób żarliwie, z miłością modlili się do Boga, przyjdzie On do was w każdej chwili.

---

13 Doktryna reinkarnacji daje jedyne wiarygodne wyjaśnienie pozornie niesprawiedliwej nierówności ludzi – którzy wszyscy są ukochanymi dziećmi Boga. Dusza, absolutnie i zawsze doskonała, zmuszona jest prawem ewolucji do wielokrotnego wcielania się w coraz to wyższe formy życia – opóźniana w rozwoju przez złe czyny i pragnienia, i przyśpieszana przez wysiłek duchowy – dopóki nie osiągnie się Samorealizacji i jedności z Bogiem. Wydostawszy się w ten sposób z ułudy Pana, dusza wyzwala się na zawsze. „Myślami w Tym (Duchu) zatopieni, w jedności duszy z Duchem, wierni i oddani wyłącznie Duchowi, odtrutką mądrości oczyszczeni z trującej ułudy – tacy ludzie osiągają stan, z którego nie ma powrotu" (*Bhagawadgita* V:17). W Biblii napisane jest podobnie: „Kto zwycięży, uczynię go filarem w kościele Boga mojego, a więcej z niego już nie wyjdzie" (Apokalipsa 3:12). Dusza, która po osiągnięciu wyzwolenia powraca na ziemię, inkarnuje się z własnej woli jako mistrz, aby pomagać wyzwolić się innym. Takie dobrowolne powroty nazywają się *vyutthana*, powrotem do ziemskiego życia, gdy *maja* przestała już oślepiać. Inkarnacje takie są rzadkością w każdej epoce.

Wysłuchane modlitwy

*Międzynarodowa Siedziba Główna Self-Realization Fellowship,
Los Angeles, Kalifornia, 19 października 1939*

Przyszedłszy na ten świat, nie wiadomo skąd, zastanawiamy się naturalnie nad pochodzeniem i celem życia. Słyszymy o Stwórcy, czytamy o Nim, ale nie znamy żadnego sposobu, jak się z Nim skontaktować. Wiemy tylko, że cały wszechświat obrazuje Jego inteligencję. Tak jak misterny mechanizm maleńkiego zegarka wzbudza nasz podziw dla zegarmistrza, a ogromne, skomplikowane maszyny w fabryce każą nam podziwiać ich wynalazcę, tak samo, gdy widzimy cuda przyrody, rodzi się w nas pełen szacunku podziw dla ukrytej za nimi inteligencji. Pytamy siebie: kto nadał kwiatu żywą postać, zwracającą się ku słońcu? Skąd biorą się jego zapach i piękno? Jak powstał doskonały kształt jego płatków, zabarwionych cudnymi kolorami?

W nocy gwiazdy i księżyc, rozsiewające wokół srebrzyste światło, skłaniają nas do refleksji nad inteligencją prowadzącą te ciała niebieskie po niebie. Delikatne światło księżyca jest niewystarczające do wykonywania codziennych zajęć. Dlatego życzliwa inteligencja podpowiada nam, abyśmy w nocy odpoczywali. Potem wstaje słońce i jego jasne światło sprawia, że jasno i wyraźnie patrzymy na świat wokół nas oraz na nasz obowiązek zaspokajania nękających nas potrzeb.

Istnieją dwa sposoby zaspokajania naszych potrzeb. Jeden jest materialny. Na przykład, kiedy jesteśmy chorzy, możemy udać się do lekarza i poddać się leczeniu. Ale przychodzi czas, kiedy wszelka ludzka pomoc jest bezsilna. Wtedy uciekamy się do drugiego sposobu, zwracając się do Duchowej Mocy – Stwórcy naszego ciała, umysłu i duszy. Moc na płaszczyźnie fizycznej jest ograniczona i gdy nas zawiedzie, zwracamy się do nieograniczonej Mocy Bożej. Podobnie jest z naszymi potrzebami finansowymi – kiedy uczyniliśmy wszystko, co możliwe, a to nadal okazuje się niedostateczne,

Odwieczne ludzkie poszukiwanie

zwracamy się do tej drugiej Mocy.

Wszyscy myślą, że ich problemy są najgorsze. Niektórzy czują, że gnębią ich one bardziej niż innych, ponieważ mają mniejszą odporność. Z powodu różnic w ich sile umysłu ludzie dysponują różną ilością energii. Gdy ktoś ma bardzo poważną trudność, a jego umysł jest słaby, nie uda mu się jej pokonać. Człowiek, którego umysł jest silny, zdołałby przełamać bariery tej trudności. Mimo to nawet najsilniejsi czasami ponoszą porażkę. Gdy przytłaczają nas problemy materialne, psychiczne lub duchowe, uświadamiamy sobie, jak bardzo ograniczone są siły życiowe w fizycznym świecie.

Powinniśmy zabiegać nie tylko o bezpieczeństwo finansowe i dobre zdrowie, lecz także poszukiwać sensu życia. O co w nim chodzi? Gdy spadają na nas kłopoty, to najpierw działamy w otoczeniu, wprowadzając wszelkie materialne zmiany, które według nas mogą pomóc. Gdy jednak dojdziemy do punktu, w którym przyznajemy: „Wszystko, czego dotąd próbowałem, zawiodło. Co robić dalej?", zaczynamy poważnie się zastanawiać nad rozwiązaniem. Jeśli zastanawiamy się wystarczająco głęboko, znajdujemy odpowiedź w sobie. Jest to jedna z form *wysłuchanej modlitwy*.

Modlitwa jest żądaniem duszy

Modlitwa jest żądaniem duszy. Bóg nie stworzył nas żebrakami. Stworzył nas na Swoje podobieństwo. Głoszą to Biblia i święte pisma hinduskie. Żebrak, który udaje się do domu bogacza i błaga o jałmużnę, otrzymuje żebraczy datek; natomiast syn może mieć wszystko, o co poprosi bogatego ojca. Dlatego nie powinniśmy się zachowywać jak żebracy. Boscy posłannicy, tacy jak Chrystus, Kryszna i Budda, nie kłamali mówiąc, że jesteśmy stworzeni na podobieństwo Boga.

A jednak widzimy, że niektórzy ludzie mają wszystko, pozornie są w czepku urodzeni, podczas gdy inni przyciągają jakby same niepowodzenia i kłopoty. Gdzież jest w nich podobieństwo do Boga? Moc Ducha drzemie w każdym z nas. Pytanie, jak ją rozwinąć. Jeśli będziecie postępować zgodnie z lekcją, jaką dostałem w moich doświadczeniach z Bogiem, z pewnością znajdziecie to, czego szukacie. W przeszłości czułeś się zapewne rozczarowany, że twoje modlitwy pozostawały bez odpowiedzi. Lecz nie trać wiary. Aby stwierdzić, czy twoje modlitwy działają, musisz mieć w umyśle zaczątek wiary w moc modlitwy.

Twoje modlitwy mogły pozostawać bez odpowiedzi, bo postanowiłeś być żebrakiem. Powinieneś także wiedzieć, o co możesz zgodnie z prawem prosić swego Niebiańskiego Ojca. Możesz modlić się z całego serca i mocy o to, aby posiąść Ziemię, lecz twoja modlitwa nie zostanie wysłuchana, ponieważ wszelkie modlitwy dotyczące życia materialnego są ograniczone. Muszą być. Bóg nie złamie Swoich praw, aby spełnić kapryśne pragnienia. Istnieje jednak właściwy sposób modlenia się. Mówi się, że kot ma dziewięć żywotów; trudności mają ich dziewięćdziesiąt dziewięć! Musisz znaleźć jedną pewną metodę zabicia kota trudności. Sekret skutecznej modlitwy polega na zmianie swojego statusu żebraka na status dziecka Boga. Gdy będziesz się do Niego zwracał z tą świadomością, twoja modlitwa będzie potężna i mądra.

Zalążek sukcesu tkwi w sile woli

Większość ludzi, starając się dokonać czegoś, co bardzo wiele dla nich znaczy, nadzwyczaj się denerwuje czy spina. Działając niespokojnie, nerwowo, nie czerpiemy z mocy Bożej; natomiast stała, spokojna, potężna moc woli wstrząsa siłami wszechświata i przynosi odpowiedź z Nieskończoności. Zalążek sukcesu we wszystkim, co chcesz osiągnąć, tkwi w sile woli. Wola, która została mocno nadwyrężona w walce z trudnościami, ulega tymczasowemu paraliżowi. Nieugięty człowiek, który mówi: „Można złamać moje ciało, lecz nie można złamać mojej woli", wykazuje się najsilniejszą wolą.

Siła woli jest tym, co czyni cię boskim. Kiedy rezygnujesz z używania woli, stajesz się zwykłym śmiertelnikiem. Wielu mówi, że nie powinniśmy używać woli do zmiany okoliczności, aby nie mieszać się w plan Boży. Ale po co Bóg dałby nam wolę, jeśli nie mielibyśmy jej używać? Kiedyś spotkałem pewnego fanatyka, który powiedział, że nie uznaje używania siły woli, ponieważ powiększa ona ego. „Używasz teraz dużo woli, aby mi się przeciwstawić! – odpowiedziałem. – Używasz jej do mówienia i jesteś zmuszony jej używać, aby stać, chodzić lub jeść, albo pójść do kina, a nawet, by pójść spać. Używasz *woli* do wszystkiego, co robisz. Bez siły woli byłbyś robotem". Gdy Jezus, powiedział: „Nie jako ja chcę, ale jako Ty"[1], nie miał na myśli tego, by nie używać woli. Pokazywał, że człowiek musi się nauczyć dostosowywać swoją wolę, którą rządzą pragnienia, do woli Pana. Dlatego właściwa modlitwa, kiedy jest wytrwała, jest wolą.

Musisz wierzyć w możliwość spełnienia się tego, o co się modlisz. Jeśli pragniesz domu, a umysł mówi: „Głupcze, nie stać cię na dom", to musisz wzmocnić swoją wolę. Kiedy „nie mogę" znika z twojego umysłu, pojawia się boska moc. Dom nie spadnie ci z nieba; musisz stale wkładać siłę woli w konstruktywne działania. Jeśli będziesz wytrwały, nie przyjmując porażki, to przedmiot twojej woli musi się zmaterializować. Kiedy stale przepajasz taką wolą swoje myśli i działania, wtedy to, czego pragniesz, musi się zrealizować. Nawet jeśli na świecie nie ma niczego zgodnego z twoim życzeniem, to przy niezachwianej woli upragniony rezultat w jakiś sposób się pojawi. W tego rodzaju woli zawiera się odpowiedź Boga, albowiem wola pochodzi od Boga, a trwała wola to boska wola.

Wypal „nie mogę" ze swoich myśli

Słaba wola jest wolą śmiertelnika. Gdy tylko nadszarpną ją ciężkie doświadczenia i porażki, traci ona połączenie z dynamem Nieskończoności. Ale za ludzką wolą kryje się wola boska, która nigdy nie zawodzi. Nawet śmierć nie ma mocy powstrzymania boskiej woli. Pan niezawodnie odpowie na modlitwę, za którą stoi niewzruszona siła woli. Ludzie są w większości leniwi, umysłowo lub fizycznie, albo jedno i drugie. Gdy mają się modlić, to myślą o spaniu, a gdy głowa im opada, idą do łóżka i na tym modlitwa się kończy. Wola została pogrzebana. Głowa śmiertelnika pełna jest „nie mogę". Urodziwszy się w rodzinie, która ma określone cechy i nawyki, pozostaje on pod ich wpływem, myśląc, że nie może robić pewnych rzeczy: nie może dużo chodzić, nie może jeść tego czy owego, nie może czegoś ścierpieć. Te „nie mogę" muszą zostać wypalone. Masz w sobie moc dokonania wszystkiego, czego pragniesz; moc ta tkwi w woli.

---

[1] Mt 26,39.

Ten, kto chce rozwinąć siłę woli, musi mieć dobre towarzystwo. Jeśli pragniesz stać się wielkim matematykiem, a osoby, z którymi się zwykle stykasz, nie lubią matematyki, z pewnością się zniechęcisz. Ale jeśli przestajesz ze znakomitymi matematykami, twoja wola się wzmacnia i myślisz: „Skoro oni potrafią, to ja też".

W swoim zapale rozwijania woli nie porywaj się od razu na wielkie rzeczy. Aby odnieść sukces, najpierw wypróbuj swoją wolę na jakiejś drobnej rzeczy, której według ciebie nie potrafisz dokonać. Jeśli się naprawdę postarasz, może ci się to udać. Pamiętam wszystkie te cele, których – jak mówili mi przyjaciele i wielu innych – nigdy nie osiągnę, a jednak je osiągnąłem. Takie „życzliwe osoby" mogą bardzo zaszkodzić. Boże, wybaw nas od takiego towarzystwa! Towarzystwo ma największy wpływ na naszą wolę. Gdybyś zamiast przychodzić tutaj, chodził w każdy czwartek na przyjęcia z alkoholem, nie byłbyś w stanie uniknąć wpływu niskich wibracji. Towarzystwo zdecydowanie pobudza lub osłabia wolę. Rozwinąć wolę samemu jest nadzwyczaj trudno. Potrzebujesz dobrego przykładu. Jeśli chcesz zostać malarzem, otaczaj się dobrymi obrazami i malarzami. Jeśli chcesz zostać świętym/boskim człowiekiem, otaczaj się uduchowionym towarzystwem.

Wiara jest zupełnie czymś innym od doświadczenia. Wiara bierze się z tego, co usłyszałeś, przeczytałeś albo uznałeś za prawdziwe, natomiast doświadczenie to coś, czego rzeczywiście doznałeś. Nie można zachwiać przekonaniami tych, którzy doświadczyli Boga. Jeśli nigdy nie skosztowałeś pomarańczy, mógłbym cię nabrać odnośnie jej cech; ale jeśli już ją jadłeś, nie zdołałbym cię oszukać. Wiedziałbyś, że oszukuję, bo już doświadczyłeś pomarańczy.

Szukaj towarzystwa osób, które umacniają cię w wierze

Myśli o Bogu, sukcesie, uzdrowieniu i temu podobne tkwią w twoim mózgu w postaci nasion skłonności. Powinieneś ich doświadczyć. Aby doświadczyć swoich myśli, musisz użyć siły woli w celu ich zmaterializowania. Aby rozwinąć niezbędną siłę woli, musisz przestawać z ludźmi, którzy mają ogromną siłę woli. Jeśli chcesz, aby uzdrowiła cię moc Boga, szukaj towarzystwa osób, które umacniają cię w wierze i wzmacniają wolę.

Odwieczne ludzkie poszukiwanie

Podróżowałem po Indiach, starając się znaleźć kogoś, kto poznał Boga. Takie dusze są rzadkością. Wszyscy nauczyciele, których spotkałem, opowiadali mi o swoich wierzeniach. Ale byłem zdecydowany, aby w sprawach duchowych nigdy nie zadowalać się [tylko] słowami o Bogu. Pragnąłem Go doświadczyć. To, co mi mówią, nie ma dla mnie znaczenia, chyba że tego doświadczę.

Rozmawiałem kiedyś ze znajomym pośrednikiem handlowym o indyjskich świętych. Nie podzielał on mojego entuzjazmu.

– Wszyscy ci tak zwani święci to szarlatani – powiedział. – Nie znają Boga.

Nie spierałem się z nim. Zmieniłem temat i zaczęliśmy rozmawiać o pośrednictwie handlowym. Kiedy już bardzo dużo mi o tym opowiedział, powiedziałem bez zająknięcia:

– Czy wiesz, że w Kalkucie nie ma ani jednego uczciwego pośrednika? Wszyscy są nieuczciwi.

– A co ty wiesz o pośrednikach? – odciął się ostro.

– No właśnie – odparłem. – A co ty wiesz o świętych? – Nie potrafił odpowiedzieć. – Nie spierajmy się o to, na czym się nie znamy – kontynuowałem życzliwie. – Ja nie znam się na pośrednictwie, a ty nic nie wiesz o świętych.

Praktykowanie religii doszło do punktu, gdzie bardzo nieliczni starają się, aby ich duchowe przemyślenia stały się przedmiotem doświadczenia. Mówię wam wyłącznie o swoich własnych doświadczeniach, bo nie mam ochoty pouczać o tym, co poznałem tylko intelektualnie. Większość ludzi zadowala się tym, co przeczytali o Prawdzie, nigdy jej nie doświadczywszy. W Indiach nie szukamy przewodnictwa duchowego u kogoś tylko dlatego, że ma stopień naukowy z teologii, ani też nie szukamy przewodnictwa u tych, którzy tylko studiowali pisma, nie doświadczywszy zawartych w nich prawd. Duchowe katarynki, które mają prawdy tylko na ustach, nie robią na nas wrażenia. Uczymy się rozróżniać między tym, co ktoś głosi [w kazaniu], a jego życiem. Człowiek musi pokazać, że doświadczył tego, czego się nauczył.

Zapewnij sobie ostateczne miejsce w niebie

Gdy starasz się doświadczyć swoich duchowych przekonań,

Wysłuchane modlitwy

zaczyna się przed tobą otwierać nowy świat. Nie żyj w fałszywym poczuciu bezpieczeństwa, wierząc, że skoro należysz do jakiegoś kościoła, to będziesz zbawiony. Sam musisz dołożyć starań, aby poznać Boga. Twój umysł może być usatysfakcjonowany tym, że jesteś bardzo religijny, ale dopóki twoja świadomość nie będzie usatysfakcjonowana bezpośrednimi odpowiedziami na modlitwy, to żadna ilość formalnej religijności cię nie zbawi. Jaka jest korzyść z modlenia się do Boga, jeśli On nie odpowiada? Chociaż uzyskać Jego odpowiedź jest trudno, można to osiągnąć. Aby ostatecznie dostać się do nieba, musisz wypróbowywać moc swoich modlitw, aż sprawisz, że staną się skuteczne. Jeszcze jako małe dziecko postanowiłem, że skoro się już modlę, moja modlitwa musi zostać wysłuchana. Tak wielkie zdecydowanie prowadzi do celu. Wtedy, aby zniszczyć moc twojej woli, przychodzą wszelkie możliwe próby. Ale Bóg ma nieograniczoną moc odpowiadania, a twoja ciągła i niezachwiana wola przyniosą Jego odpowiedź.

Powinieneś nauczyć się skupiać myśli. Dlatego ważne jest mieć czas na przebywanie w samotności. Unikaj ciągłego towarzystwa innych ludzi. W większości są oni jak gąbki – wyciągają z ciebie wszystko, a ty rzadko otrzymujesz coś w zamian. Warto jest przebywać z innymi tylko wtedy, gdy są szczerzy i silni i gdy są wzajemnie świadomi swojej szczerości i siły, tak aby wymieniać się szlachetnymi cechami duszy.

Nie umilaj sobie czasu bezczynnością. Bardzo wielu ludzi zajmuje się błahostkami. Gdy pytamy ich, co robią, zwykle odpowiadają: „Och, cały czas byłem zajęty!". Ale ledwo pamiętają, czym tak bardzo byli zajęci! Zbyt wiele rozrywek także osłabia moc umysłu. Jeśli codziennie chodzisz do kina, to straci ono swoją atrakcyjność, a ty się znudzisz. Filmy są w zasadzie o tym samym – kochankowie, bohaterowie i czarne charaktery. Może ci się podobać piękna fabuła filmowa, ale w życiu rzadko jest tak jak na filmie. Jeśli, z drugiej strony, fabuła jest zbyt realistyczna, to kto chciałby dodatkowo oglądać życie takie, jakie jest, skoro idzie się zabawić?

Życie jest bardzo podstępne i musimy sobie radzić z nim takim, jakie jest. Jeśli sami najpierw nad nim nie zapanujemy, nie potrafimy pomóc nikomu innemu. W zaciszu skoncentrowanej myśli kryje się kuźnia wszystkich osiągnięć. Pamiętaj o tym. W kuźni tej nieprzerwanie wykuwaj wzorzec woli, aby osiągnąć sukces wbrew wszelkim przeciwnościom. Ćwicz wolę nieustannie. W ciągu dnia i nocy masz wiele możliwości pracy w tej kuźni, jeśli nie marnujesz czasu. Ja w nocy odcinam się od wymagań doczesnego świata i przebywam sam ze sobą, całkowicie obcy dla świata; przestaje on istnieć. Sam na sam ze swoją siłą woli kieruję myśli w pożądaną stronę, dopóki nie ustalę dokładnie, co chcę zrobić i jak. Następnie zaprzęgam wolę do właściwych czynności, i to stwarza sukces. W ten sposób skutecznie używałem siły woli wiele razy. Lecz nie będzie to działało, jeśli nie będziesz stosował siły woli nieprzerwanie.

To cudowne uczucie móc z całkowitą pewnością powiedzieć: „Moja siła woli, doładowana Wolą Bożą, zrealizuje mój cel". Jeśli z lenistwa pozostawisz wszystko Mocy Bożej i zaniedbasz użycia swojej woli danej ci przez Boga, rezultaty szybko się nie pojawią. Boska Moc sama z Siebie chce ci pomóc. Nie musisz Jej zachęcać. Musisz jednak używać woli, aby domagać się jako Jego dziecko i zachowywać się jak Jego dziecko. Musisz pozbyć się myśli, że Bóg wraz ze Swą cudowną mocą znajduje się daleko w niebie oraz że jesteś bezsilnym małym robaczkiem przygniatanym doczesnymi problemami. Pamiętaj, że za twoją wolą stoi wielka Boska Wola, ale też że ta niezmierzona Moc nie może przyjść ci z pomocą, jeśli nie jesteś otwarty na jej przyjęcie.

Wzmacniaj swoją siłę woli poprzez koncentrację

Sposobem na to, aby stać się otwartym na przyjęcie Bożej Mocy, jest usiąść w spokoju i skoncentrować myśli na szlachetnym pragnieniu dotąd, dopóki myśl i umysł nie stopią się z tą ideą. Wówczas siła woli staje się boska – wszechwiedząca i wszechmocna – i można ją skutecznie zastosować do realizacji celu. Nie można po prostu siedzieć i oczekiwać, że sukces spadnie ci z nieba. Kiedy już ustaliłeś kierunek działania i twoje postanowienie jest mocne, musisz poczynić konkretne starania. Wtedy się przekonasz, że wszystko, co jest ci potrzebne do osiągnięcia sukcesu, zaczyna do ciebie przychodzić. Wszystko będzie cię popychać we właściwym kierunku. Odpowiedź na modlitwę kryje się w twojej wzmocnionej boską mocą sile woli.

Wysłuchane modlitwy

Gdy używasz takiej woli, otwierasz drogę do tego, aby twoje modlitwy zostały wysłuchane. Takie jest moje doświadczenie. Kiedyś podejmowałem różne próby tylko po to, aby sprawdzić, czy moja siła woli działa, ale już tego nie robię. Wiem, że działa.

Kiedyś, dawno temu, zauważyłem, że jeden z moich uczniów schodzi na manowce. Przewidując zbliżające się nieuchronnie tragiczne skutki, przedstawiłem wszelkie możliwe racje, aby odwieść go od kierunku, w którym podążało jego życie, ale przekonałem się, że cała siła mojej woli mu nie pomogła, ponieważ zdecydował, że będzie kroczył drogą zła. „Dobrze – powiedziałem sobie w końcu – tu się pożegnamy, niech robi, co chce". Ale wkrótce moja wielka miłość i troska o niego przeważyły. Usiadłem pod drzewem figowym i zacząłem go sobie wizualizować. Żarliwie i wiele razy posyłałem mu telepatycznie wiadomość: „Bóg powiedział mi, abym kazał ci wrócić". Zanim zapadł wieczór, moje ciało i umysł zelektryzowało przeczucie, że on już nadchodzi[2]. W końcu pojawił się przy bramie – „syn marnotrawny" powrócił do owczarni. Wykonał *pranam*[3] i powiedział: „Przez cały dzień, niezależnie od tego, gdzie byłem i co robiłem, widziałem ciebie. Co to wszystko znaczy?".

„Bóg wzywał cię przeze mnie – odparłem. – To było Jego wezwanie, nie moje. Pragnąłem się z tobą spotkać nie z egoistycznych pobudek i zdecydowałem, że nie ruszę się z tego miejsca, dopóki nie przyjdziesz". Tak silne postanowienie może zmienić świat. Cudowna siła!

Zatem, głęboka modlitwa naprawdę działa. Najlepiej modlić się nocą, kiedy uwaga mniej się rozprasza. Jeśli to konieczne, to pośpij trochę wieczorem, abyś był całkowicie rozbudzony, gdy będziesz się modlił nocą i szczerze wyłożysz Bogu, o co chodzi. Z początku będzie się to wydawało trudne, ale jeśli będziesz stale próbował, stanie się łatwiejsze. Rezultaty cię zadziwią. Gdy tylko twoja wola się wzmocni, Bóg zacznie odpowiadać. A gdy Nieskończony zechce złamać Jego ślub milczenia, nie będziesz się posiadał z radości. Ale jeśli masz egotyczne pragnienie demonstrowania innym mocy

---

[2] Wielcy mistrzowie mają boską świadomość, która przenika całe ciało. Na przykład, mogą intuicyjnie odczuwać w ciele złe myśli ucznia jako ostre ukłucia. Podobnie, harmonijnym, szczęśliwym odczuciom intuicyjnym towarzyszy przyjemne mrowienie (*nota Wydawcy*).

[3] „Skłonił się" (zob. *pranam* w Słowniczku).

swoich modlitw albo pobierasz za to pieniądze, to stracisz tę moc. Bóg już ci więcej nie odpowie, odstraszysz Go. Przychodzi On tylko wtedy, gdy jesteś szczery i gdy Go kochasz dla Niego Samego. Kiedy zachwycasz się sobą i chcesz się popisać, widzi On, że nie Jego szukasz, lecz sławy i uznania dla własnego ego, i On nie przyjdzie.

Kto wytrwa tak długo, aż Bóg mu odpowie?

Bóg nie jest niemą, nieczułą istotą. Jest samą miłością. Jeśli umiesz medytować tak, aby nawiązać z Nim kontakt, odpowie On na twoje pełne miłości żądania. Nie musisz błagać, możesz domagać się jako Jego dziecko. Lecz kto z was poświęci na to wystarczająco wiele czasu? Kto z was wytrwa w koncentracji tak długo, aż otrzyma od Niego odpowiedź?

Przypuśćmy, że masz kredyt hipoteczny i nie możesz go spłacić. Albo że jest pewne stanowisko, którego pragniesz. W ciszy, która przychodzi po głębokiej medytacji, z niezachwianą wolą skoncentruj się na myśli o tym, czego potrzebujesz. Nie oczekuj rezultatów. Jeśli wsadzisz ziarno do ziemi, a potem będziesz je co jakiś czas wyjmował, aby sprawdzić, czy kiełkuje, to nigdy nie wykiełkuje. Podobnie, jeśli za każdym razem, gdy się modlisz, wypatrujesz znaku, czy Bóg spełnia twoją prośbę, to nic się nie stanie. Nigdy nie próbuj sprawdzać Boga. Po prostu módl się nieprzerwanie dalej. Masz obowiązek zwrócić uwagę Boga na swoją potrzebę i pomóc Mu ją ziścić. Na przykład w przypadku chorób chronicznych staraj się najlepiej, jak możesz, wspierać uzdrowienie, ale miej świadomość, że ostatecznie tylko sam Bóg może pomóc. Medytuj nad tą myślą każdej nocy i z całą stanowczością módl się, a pewnego dnia nagle stwierdzisz, że choroba zniknęła.

Najpierw umysł otrzymuje sugestię. Następnie Bóg nasyca umysł Jego mocą. Ostatecznie mózg wyzwala uzdrawiającą energię życiową. Nie zdajesz sobie sprawy z mocy Bożej istniejącej w twoim umyśle. Rządzi ona wszystkimi funkcjami ciała. Możesz poprawić każdy stan zdrowia, jeśli będziesz używał tej mocy umysłu. Najpierw trzeba się nauczyć właściwej metody medytacji. Następnie możesz zastosować spotęgowaną mocą Bożą koncentrację do uzdrowienia ciała; może ci ona również pomóc w każdym innym kłopocie.

Codziennie podejmuj się czegoś, co sprawia ci trudność, i postaraj się to wykonać. Nawet jeśli nie uda ci się pięć razy, nie ustawaj, a jak tylko ci się trochę powiedzie, użyj swojej skupionej woli do zrobienia czegoś innego. W ten sposób potrafisz dokonywać coraz to większych rzeczy. Wola jest narzędziem obrazu Boga w tobie. W woli tkwi Jego nieograniczona moc, moc, która włada wszystkimi siłami przyrody. Jako że jesteś uczyniony na Jego obraz, możesz używać tej mocy, aby ziściło się wszystko, czego pragniesz: możesz stworzyć dobrobyt, możesz zmienić nienawiść w miłość. Módl się, aż twoje ciało i umysł będą ci całkowicie podległe. Wtedy otrzymasz od Boga odpowiedź. Stale stwierdzam, że moje najdrobniejsze pragnienia są spełniane.

Największą twoją potrzebą jest Bóg

Brama do nieba znajduje się między brwiami. Ten ośrodek[4] w mózgu jest siedzibą woli. Gdy głęboko się tam koncentrujesz i spokojnie czegoś pragniesz, to twoja wola się spełni. Nigdy nie używaj woli do złych celów. Celowe wyrządzanie komuś krzywdy jest poważnym nadużyciem danej ci przez Boga mocy. Jeśli stwierdzisz, że twoja wola kieruje się w złą stronę, zatrzymaj się! Nie tylko byłoby to marnotrawstwem twojej boskiej energii, lecz także przyczyną utraty przez ciebie tej mocy; nie byłbyś zdolny do użycia jej nawet w dobrym celu.

Oszacuj uczciwie, czy twoja modlitwa jest racjonalna. Nie proś Boga o to, co jest raczej niemożliwe do spełnienia w naturalnym porządku rzeczy. Proś tylko o to, co rzeczywiście konieczne. I rozróżniaj między „koniecznymi koniecznościami" i „niekoniecznymi koniecznościami". Najlepszym sposobem wyleczenia się z pragnienia „niekoniecznych konieczności" jest je sobie wyperswadować. Kiedyś moim hobby były wielkie budynki i marzyłem o tym, by takie posiadać, jednak to zainteresowanie mi przeszło. Mam ich teraz dużo wraz ze wszystkimi utrapieniami związanymi z ich utrzymaniem! Bycie właścicielem jest kłopotliwym obowiązkiem. Wyeliminuj pragnienie

---

4 Siedziba „pojedynczego", czyli duchowego oka; *Kutastha* lub ośrodek Świadomości Chrystusowej.

Odwieczne ludzkie poszukiwanie

posiadania niepotrzebnych rzeczy. Skoncentruj się wyłącznie na twoich rzeczywistych potrzebach.

Największą twoją potrzebą jest Bóg. Da ci On nie tylko „konieczne konieczności", ale także i „niekonieczne konieczności". Zaspokoi On każde twoje pragnienie, kiedy się z Nim zjednoczysz. Spełnią się twoje najbardziej fantastyczne marzenia.

Jako mały chłopiec w Indiach, bardzo pragnąłem mieć kucyka, ale moja mama mi na to nie pozwoliła. Kilka lat później, po założeniu szkoły dla chłopców w Rańci, sprowadziłem tam klacz. Pewnego ranka odkryłem, że urodziła źrebię. Tego właśnie pragnąłem w dzieciństwie! Spotkało mnie wiele podobnych przeżyć. Dawno temu, gdy podróżowałem po Kaszmirze, miałem wizję pewnego budynku[5]. Wiele lat później, gdy przybyłem do Los Angeles i ujrzałem to miejsce, rozpoznałem budynek z mojej wizji i zrozumiałem, że było zamierzeniem Boga, aby było nasze.

Stosuj się do zasad modlitwy

Pierwszą zasadą modlitwy jest, aby zwracać się do Boga tylko z uzasadnionymi prośbami. Drugą zasadą jest, aby modlić się o ich spełnienie nie jako żebrak, lecz jako syn: „Jestem Twoim dzieckiem. Ty jesteś moim Ojcem. Ty i ja jednym jesteśmy". Jeśli będziesz modlił się głęboko i nieprzerwanie, poczujesz, jak serce zalewa ci wielka radość. Nie ustawaj, dopóki ta radość się nie pojawi; bo kiedy poczujesz tę w pełni satysfakcjonującą radość w sercu, poznasz, że Bóg dostroił się do wysyłanej przez ciebie modlitwy. Wtedy módl się do Ojca: „Panie, to jest moja potrzeba. Jestem gotów działać, ale proszę, prowadź mnie i pomóż mi właściwie myśleć i właściwie postępować, aby osiągnąć sukces. Będę używał rozumu i działał z determinacją, ale Ty prowadź mój rozum, wolę i działanie tak, abym robił to, co powinienem". Tak właśnie zawsze się modliłem. Teraz, gdy tylko spytam Boga o jakieś przedsięwzięcie, wiem, czy powinienem się za nie zabrać, czy nie, i wiem, jakie kroki powinienem poczynić.

---

5 Międzynarodowa Siedziba Self-Realization Fellowship na wzgórzu Mount Washington w Los Angeles. Wizja Paramahansy dźi miała miejsce około 1913 r.

Wysłuchane modlitwy

Traktuj modlitwę praktycznie i poważnie. Koncentruj się głęboko na tym, o co się modlisz. Zanim zaczniesz szukać pracy, podpiszesz umowę albo zrobisz cokolwiek ważnego, pomyśl o owej Mocy. Myśl o niej stale. Ogranicz sen. Umysł jest przyzwyczajony do odpoczywania w nocy od obowiązków dnia i ciągle nalega: „Śpij". Musisz mu odpowiedzieć z całą swoją boską siłą woli: „Precz ze snem! Moje spotkanie z Bogiem jest ważniejsze". Wtedy otrzymasz odpowiedź od Boga.

Unaukowienie religii

*Pierwsza świątynia Self-Realization Fellowship
w Encinitas[1], Kalifornia, 22 grudnia 1940*

Do Boga można się zbliżyć. Rozmawiając z Nim i słuchając Jego słów zawartych w pismach świętych, myśląc o Nim, czując Jego obecność w medytacji, przekonacie się, że Nierealny stopniowo staje się realny i że ten świat, o którym myślicie, że jest realny, będziecie postrzegali jako nierealny. Nie ma większej radości niż uświadomienie sobie tego.

Radość z doświadczania Boga jest bezgraniczna, nieustająca, wciąż nowa. Ani ciało, ani umysł, ani nic innego nie może wam przeszkodzić, kiedy jesteście w takim stanie świadomości – tak wielka jest łaska i chwała Pana. A On wyjaśni wam wszystko, czego nie mogliście zrozumieć, wszystko, co chcecie wiedzieć.

Teraz nie ma potrzeby, aby starać się dowiedzieć zbyt wiele w tej chwili. Ileż inkarnacji musielibyście poświęcić na przestudiowanie wszystkiego, co zapisane jest w księdze przyrody? Nie starczyłoby na to milionów żywotów. Po co więc się przejmować? Wszystko znajdziecie i zrozumiecie w Bogu. Mistrzowie indyjscy zawsze mawiali i mawiają: „Najpierw poznaj Jego". Wtedy, cokolwiek zapragniecie wiedzieć, On wam objawi. To Jego królestwo; to Jego wiedza.

W miarę jak toczy się życie, pryskają złudzenia; dostrzegacie, o co w nim chodzi. A gdy przeminą złudzenia dzieciństwa i młodości, cóż pozostaje? Jedynie w boskiej świadomości za tymi drzwiami

---

[1] Pierwsza świątynia na terenie Pustelni Self-Realization Fellowship w Encinitas wybudowana została w 1938 r. tuż przy urwisku górującym nad Pacyfikiem. Nazwano ją Golden Lotus Temple (Świątynią Złotego Lotosu). Stopniowa erozja linii brzegowej w końcu spowodowała osunięcie się budowli do oceanu.

[tu Paramahansa dźi dotknął swego czoła, wskazując na położenie ośrodka Chrystusowego, siedziby duchowego oka[2]] odnaleźć możemy czyste szczęście. Odciąłem się od świata doczesnego ze względu na jego złudny wpływ, który powoduje, że rzeczy nieważne wydają się ważne. Wszyscy żyjemy w krainie fikcji, starając się żyć nie gorzej niż sąsiedzi; a jednak szczęśliwi możemy być tylko wtedy, gdy przebywamy w świadomości Ducha. Spróbuj tego!

Bóg gorąco pragnie przyprowadzić was do Swego królestwa, albowiem On także czegoś pragnie: abyście Go dobrowolnie poszukiwali i do Niego przylgnęli. Inaczej nie stworzyłby wszechświata i człowieka. Jako doskonały nie jest uwarunkowany tym pragnieniem; niemniej jednak jedynym powodem stworzenia nas jest Jego pragnienie, abyśmy Go kochali i powrócili do Niego. Nie może się doczekać tej chwili. Swoje spełnienie znajduje w naszej miłości.

Ojciec dał nam wolny wybór: albo skok w ogień ułudy świata, albo powrót do Jego domu. To kwestia tego, co wam bardziej odpowiada. Chodźmy wszyscy do Domu, abyśmy nie musieli powracać do tego okropnego świata. Nie wiemy, w jakich warunkach ponownie się wcielimy. Oczywiście, nie chcemy się odradzać w takich czasach cierpienia i kryzysów, jakie mamy obecnie. Problemy te są skutkiem egoizmu i nienawiści człowieka. Cała ziemia jęczy, ponieważ Bóg został zapomniany.

Postanówcie teraz powrócić do Ojca. Straszliwie marnujecie czas, a nie stać was na to. Nie wiecie, jakie macie szczęście, że urodziliście się jako istoty ludzkie. Pod tym względem spotkało was większe dobrodziejstwo niż jakiekolwiek inne istoty. Zwierzę nie potrafi medytować ani obcować z Bogiem. Macie swobodę poszukiwania Go, ale z niej nie korzystacie. Siedzicie krótko w medytacji, a wasze umysły gdzieś błądzą. Ale kiedy umysł nieustannie zatapia się w modlitwie, otwiera się niebo. Wtedy przychodzą do nas przekonujące doświadczenia, dzięki którym wiemy, że Bóg *istnieje*.

---

2 Oko duchowe to drzwi w kształcie gwiazdy zbudowanej z prany, przez które człowiek musi przejść, aby osiągnąć stan nadświadomości, Świadomości Chrystusowej i Świadomości Kosmicznej. „Jam ci jest drzwiami; jeśli kto przeze mnie wejdzie, zbawiony będzie, a wejdzie i wyjdzie, a pastwisko znajdzie" (J 10,9).

Bóg czeka na wasze zaproszenie

Nie mówię na podstawie wiedzy książkowej, lecz z własnych doświadczeń Boga. Nie mógłbym o Nim mówić w ten sposób, gdybym Go nie widział lub nie czuł. On by mi na to nie pozwolił. Mówiąc do was, mam przed oczyma wszystko to, o czym mówię; często nawet was nie widzę. W ogóle niczego bym wam nie mówił, gdybym Go nie poznał. Ale jestem tu po to, aby wam powiedzieć, że prawdziwa radość, której szukacie w seksie, pieniądzach, winie, miłości, sławie – ta radość jest w was. Nie musicie nigdzie chodzić. Nie musicie błagać ani schlebiać Bogu, ale musicie prosić. Musicie modlić się do Niego szczerze i z miłością: „Przyjdź do mnie".

Nie jesteście wystarczająco zdecydowani. Jak chciwiec pieniądze, jak kochanek umiłowaną, tak wy powinniście kochać Boga. Wtedy Go znajdziecie, nie ma co do tego wątpliwości. To trudne, ale jeśli nocą długo posiedzicie w medytacji, nie zauważycie upływu czasu. Nawet kiedy w ogóle nie śpię, nie odczuwam braku snu. Gdy Bóg przyjdzie, czy ważny jest wtedy sen lub ciało? Nic się nie liczy, tylko Jego upajająca obecność. Czytacie w powieściach o idealnej miłości, ale to nic w porównaniu z miłością Boga. Pędźcie do Niego. *Życie w stałej świadomości Boga jest najwspanialsze*. Gdy do was mówię, cały świat raz po raz rozpuszcza się i czuję tylko Szczęśliwość w Nim.

Celem stworzenia jest cię rozczarowywać

Nauka wymyśla sposoby, jak uczynić życie wygodniejszym, pobudzając, a potem zaspokajając niekończące się pragnienia. Ale po jakimś czasie wygody życiowe stają się ciężarami, nie sprawiają już przyjemności, ponieważ stwierdzamy, że trzeba na nie ciężko zapracować. Tak więc „płacimy" za wszystko, co dostajemy, z wyjątkiem boskich błogosławieństw. Aby je otrzymać, musimy tylko siedzieć nieruchomo i prosić Ojca Niebiańskiego. Gdybym uważał, że muszę zaskarbić sobie przychylność Boga, to bym nie próbował; jako syn mam prawo Go poznać. Jeśli będziecie dochodzić swoich praw u Ojca, On wam je da. Przychodzi On do tych wielbicieli, którzy się tego domagają. Tego właśnie On pragnie. Cały stworzony przez Niego świat ma na celu was rozczarowywać i w ten sposób sprawić,

Unaukowienie religii

abyście powrócili do Boga. Nie wiecie, kiedy zostaniecie zabrani z tego świata; nie ma prawa mówiącego, że będziecie się cieszyć długim życiem. Dowodzi to, jak wielką głupotą jest marnowanie czasu. Ja żyję z minuty na minutę, z dnia na dzień. Znam tylko radość życia; wewnątrz całkowicie się poddaję Bogu.

Przyjdzie czas, kiedy wszystko będzie stwarzane lub osiągane siłą woli. Wszystko, czego zapragniesz, spełni się na twoich oczach. Demonstrowałem to raz po raz w swoim życiu. Rozwój niebiańskiej mocy woli w celu używania jej zgodnie z boskim zamierzeniem – aby poznać Boga – jest jedynym celem ludzkiego życia. Stworzył On każdego z was i wibruje w was, domagając się wejścia do waszej świadomości, aby was wyzwolić. Jestem pewien, że czuje się On winny za to, że nas stworzył! Codziennie Go pytam, dlaczego to zrobił. (Rozmawiam z Nim o wszystkim, co mi przychodzi do głowy. Podoba Mu się, że Go „ścigam". Wie, że Jego stworzeniu daleko jest do doskonałości). Pan odpowiada, że nie da się uzyskać stali bez rozgrzania żelaza do białości w ogniu. Ten proces nie ma na celu wyrządzenia szkody. Problemy i choroby są dla nas lekcją. Nasze bolesne doświadczenia nie są po to, by nas zniszczyć, lecz po to, aby wypalić nasze nieczystości, przyśpieszyć nasz powrót do Domu. Nikt nie pragnie nas uwolnić tak bardzo, jak Bóg.

To Jego głos przemawia przeze mnie. Jeśli choć jedna osoba odpowie i znajdzie wolność w Duchu, to spełniłem swoje zadanie. Zbawienie jednego życia jest warte więcej niż nawrócenie tysięcy. Mówię wam o jedynym Panu tego wszechświata, o jedynym Umiłowanym, który na was czeka, przywołuje was. Nie wiecie, jak bardzo się On raduje, kiedy dusza wchodzi do Jego królestwa! Zwołuje wszystkie anioły i wspólnie świętują przybycie duszy do nieba. Jakaż panuje tam radość!

Istnieje dobry powód, dla którego nie pozwala się wam pamiętać przeszłych inkarnacji. Przypuśćmy, że ktoś urodził się dziesięć razy. Skoro tak, to miał dziesięć matek. Jak można byłoby kochać je wszystkie tak samo? Mamy zrozumieć, że poza tymi dziesięcioma matkami kryje się Jedna Matka, poza wszystkimi przyjaciółmi Jeden Przyjaciel, poza wszystkimi ojcami Jeden Ojciec, poza wszystkimi miłościami Jedna Miłość. Jak cudownie jest zdać sobie z tego sprawę! To tak, jakbyście się długo bawili w chowanego w labiryncie inkarnacji i nagle Go odnaleźli! Gdy uświadomiłem sobie tę Jedną Miłość, nie posiadałem się z radości. Mój umysł rozpłynął się w Nieskończonym Królestwie. Tak jest nawet teraz. Radość Ducha jest bezgraniczna.

Poszukaj precyzyjnego rozumienia Prawdy

W fizyce wszystko jest usystematyzowane w formie precyzyjnych pojęć: połącz dwie określone substancje albo dwie substancje w określony sposób, a otrzymasz określony rezultat. Wielcy mistrzowie Self-Realization Fellowship mówią wam, dlaczego powinniście poszukiwać Boga w naukowy sposób oraz szukać naukowej drogi dojścia do Niego. Każdy wysiłek, jaki czynicie, aby postępować zgodnie z tymi regułami, przyniesie wam konkretne zrozumienie. Niektórzy poczytają trochę o prawach duchowych, po czym odkładają książkę. Nie jest to droga do Samopoznania. Musicie te prawdy praktycznie zastosować w życiu.

Większość ludzi nie traktuje religii poważnie. Umiejscawiają ją w sferze wyobraźni i fantazji. W Indiach uczą nas, jak korzystać z religii w praktyce. Nie mówimy: „No cóż, dowiem się wszystkiego o Bogu w zaświatach". Chcemy poznać Boga teraz.

Nauka i religia powinny iść z sobą w parze. Wszystkie wyniki badań naukowych są ściśle określone i logicznie powiązane, podczas gdy religia jest często dogmatyczna. Gdy Jezus nakłaniał swych uczniów, aby mieli wiarę, nie miał na myśli ślepej wiary. Serce mi pęka, gdy widzę ślepy dogmatyzm, ponieważ jest on jednym z powodów, dla którego większość ludzi nie interesuje się prawdziwie Bogiem. Chociaż jest wielu zainteresowanych Bogiem, to prawdziwie poszukujących jest niewielu, ponieważ rzadko kto usiłuje zrozumieć, jak wydostać się z tego dramatu ułudy. Nieliczne dzieci Ojca Niebiańskiego doceniają Jego dary, a wśród nich wciąż jeszcze mniejsza liczba stara się dogłębnie albo w dostatecznie naukowy sposób Go poznać. Ci, którzy szczerze pragną Go poszukiwać, powinni się nauczyć, jak to robić naukowo.

Dzięki jodze można unaukowić religię

Joga jest precyzyjna i naukowa. Joga oznacza zjednoczenie duszy i Boga metodami kolejnych kroków, które przynoszą konkretne i wiadome rezultaty. Wznosi ona praktykę religii ponad różnice dogmatyczne. Mój guru Śri Jukteświar wychwalał jogę, nie twierdził jednak, że osiągnięcie jedności z Bogiem drogą jogi będzie natychmiastowe. „Musisz ciężko nad tym pracować" – powiedział mi. Pracowałem, a kiedy pojawiły się obiecywane rezultaty, przekonałem się, że joga to coś wspaniałego[3].

Ci, którzy nie poświęcają czasu swojej religii, nie mogą oczekiwać, że natychmiast dowiedzą się wszystkiego o Bogu i zaświatach. Zwykle ludzie nie wkładają wysiłku w praktykę, a jeśli nawet to czynią, to nie dość głęboko i szczerze. Noc powinno się spędzać z Bogiem. Śpicie więcej niż potrzeba i w ten sposób marnujecie wiele cennych godzin. Noc ma przesłonić wszystkie atrakcje świata, po to abyście mogli uważniej badać królestwo Boże. Bóg stworzył ciemność, aby zasłonić przedmioty materialne, albowiem pragnie On, abyście w nocy zapominali o świecie i Go poszukiwali. Czytajcie pisma święte, czytajcie *Lekcje*[4] i medytujcie – jakąż chwałę i radość to przynosi! Nic innego nie może wam dać takich przeżyć! Przekonajcie się sami, że to prawda.

Pamiętajcie, jeśli nie znajdujecie Boga, to znaczy, że nie wkładacie dość wysiłku w medytację. Jeśli nie wyłowicie perły po jednym lub dwóch zanurkowaniach, nie obwiniajcie oceanu. Obwiniajcie swoje nurkowanie; nie schodzicie dostatecznie głęboko. Jeśli zanurkujecie naprawdę głęboko, znajdziecie perłę Jego obecności. Jeśli w praktyce religii nie stosujemy ścisłych metod naukowych, to jest ona niczym więcej jak tylko balsamem dla naszego sumienia. „O tak, chodzę do kościoła w każdą niedzielę" – mówią ludzie, ale nie wiedzą, po co tam chodzą. A kiedy już po kazaniu powiedzą „amen", zupełnie zapominają o kościele aż do następnej niedzieli. Czyż to nie głupie? Jeśli nie obcujecie tam z Bogiem, to po co tam chodzić?

Święci powiadają, że jeśli będziecie wystarczająco usilnie prosić Boga, to Go zobaczycie. Ale musicie to zrobić sami. Dobrze jest medytować w towarzystwie innych, ale najusilniej róbcie to sami

---

[3] „O Ardźuno, objawiłem ci dziś właśnie tę pradawną jogę, jesteś bowiem oddanym mi czcicielem i przyjacielem. Ta święta tajemnica (jogi) jest, zaprawdę, źródłem najwyższego dobra (dla ludzkości)" (*Bhagawadgita* IV:3).

[4] Naukowe zasady medytacji jogicznej wyłożone są w *Lekcjach Self-Realization Fellowship*, dostępnych w Międzynarodowej Siedzibie SRF w Los Angeles.

Odwieczne ludzkie poszukiwanie

w nocy, a nie tylko w niedzielę w kościele. Uciekajcie od wszystkich. Nie jest dobre dla zdrowia, nerwów i długiego życia mieć zbyt dużo kontaktów z ludźmi. Większość z nich myśli tylko o tym, co możecie im dać. Rzadko kto myśli o waszym najwyższym dobru, z wyjątkiem waszego nauczyciela duchowego i Boga. Mądry nauczyciel da wam tylko jedno polecenie: myśl o Bogu.

I dzielcie się Nim; nie ma lepszego sposobu służenia, niż mówić o Nim. Jeśli przekonacie kogoś, że ścieżka błędu prowadzi do doliny śmierci, a ścieżka medytacji do życia wiecznego, ofiarowaliście mu coś, co ma większą wartość niż milion dolarów. Pieniądze są nietrwałe, natomiast jedność z Bogiem zabierzemy ze sobą poza bramę śmierci. Dlatego ilekroć widzę, jak ktoś ze wszystkich sił dąży do poznania Boga, bardzo mnie to raduje.

Chociaż planuję i działam w świecie, robię to tylko po to, aby ucieszyć Pana. Sprawdzam siebie: nawet gdy pracuję, szepczę w duchu „Gdzie jesteś, Panie?" i cały świat się przemienia. Nie ma nic poza wielkim Światłem, a ja jestem tylko malutkim promyczkiem w owym Oceanie Światła. Tak wielka jest radość trwania w Bogu.

Doświadczenia, o których wam opowiedziałem, można uzyskać przy użyciu metod naukowych. Jeśli stosujemy się do praw duchowych, rezultat jest pewny. Jeśli nie ma rezultatów, to źle się staraliście. Jedyną drogą jest intensywne praktykowanie religii. Ci, którzy nie medytują regularnie i głęboko, są niespokojni podczas medytacji i szybko z niej rezygnują. Ale jeśli z każdym dniem będziecie się starać coraz usilniej, pojawi się zdolność do wchodzenia w głębsze stany medytacji. Teraz nie muszę już czynić żadnego wysiłku; cały świat znika natychmiast, gdy zamykam oczy i wpatruję się w ośrodek Chrystusowy. A przecież dawniej siedziałem godzinami, starając się zapomnieć o ciele i myślach. Doszedłem do punktu, kiedy już myślałem, że to nie ma sensu. Ale zrozumiałem, że to była moja wina. Między niespokojnymi myślami a Bogiem jest mur. Zwykły człowiek nigdy nie przedostaje się za ten mur, bo nie próbuje. Ale wojownik duchowy nigdy się nie poddaje. Kiedy umysł nieruchomieje, jest się w królestwie Nieskończonego. Ci, którzy zmarnowali zbyt wiele czasu na głupstwa, pozostają na zewnątrz, bezskutecznie kołacząc.

Jedyną rzeczą, dla której warto żyć, jest obcowanie z Bogiem. W końcu będziecie musieli to pojąć, często po wielu cierpieniach. Dlaczego nie zrozumieć tego teraz? On chętnie was powita. Prędzej czy później i tak dojdziecie do Boga. Niemądrze jest pytać: „Czy dostanę się do królestwa niebiańskiego?". Nie ma innego miejsca, gdzie mógłbyś przebywać, bo to jest twój prawdziwy dom. Nie musisz na niego zasłużyć. Już jesteś dzieckiem Bożym, uczynionym na Jego obraz. Musisz tylko zedrzeć z siebie ludzkie przebranie i uświadomić sobie swoje boskie pochodzenie.

Szatan każe nam myśleć, że Bóg jest nieosiągalny

Nigdy nie mów, że nie uda ci się wejść do królestwa niebiańskiego. Szatan umieszcza tę złudną myśl w twoim umyśle, aby cię tu zatrzymać. Nie jesteś istotą śmiertelną. Kiedy usłyszałem o tym od mojego Guru, nie posiadałem się z radości. Odtąd przestałem uważać się za grzesznika. Wy też nie powinniście nazywać siebie grzesznikami; byłaby to profanacja obrazu Boga w was. Ani też nie powinniście pozwalać, aby ktokolwiek nazywał was grzesznikami. Jakie to ma znaczenie, kim byliście wczoraj? Jesteście dziećmi Boga teraz i na zawsze. Któż może was powstrzymać od wejścia do królestwa Bożego? Tak właśnie powinniście myśleć. Musicie jednak dążyć do Niego w sposób naukowy. Naukowa religia to czynienie wysiłku w medytacji, aż Bóg stanie się dla was rzeczywisty, aż poznacie, że tylko On jest rzeczywisty. Kiedyś chodziłem na miejsce kremacji, gdzie modliłem się, abym mógł przejrzeć ułudę świata; płakałem w lasach, zamykałem się na poddaszu, modląc się bez przerwy, aż wreszcie to zrozumiałem. Widziałem, jak u stóp mojej Boskiej Matki, parując i dymiąc płonęły światy[5]. Światło Jej mądrości całkowicie pochłonęło wszystko, co we mnie śmiertelne.

Prawdziwą praktyką religii jest medytacja

Prawdziwa praktyka religii oznacza siedzenie nieruchomo w medytacji i rozmawianie z Bogiem. Ale wy nie osiągacie takiego

---

5 „Ten aspekt Niestworzonego Nieskończonego, który jest aktywny w stworzeniu, nazywany jest w świętych pismach hinduskich Boską Matką. Pan w postaci Kosmicznej Matki pojawia się prawdziwym *bhaktom* (wielbicielom Boga Osobowego) jako żywy i dotykalny".
– Paramahansa Jogananda w *Autobiografii jogina*

Odwieczne ludzkie poszukiwanie

poziomu intensywności, ponieważ nie skupiacie się wystarczająco i dlatego pozostajecie w ułudzie. Aby pokazać wartość długiej, intensywnej koncentracji na Bogu, ustanowiłem coroczną całodniową medytację bożonarodzeniową tuż przed świętami[6]. Na początku praktykujący czują tylko, że trwa ona długo, ale w miarę jak wchodzą w nią coraz głębiej, zapominają o czasie. Większość chodzących do kościoła nie potrafi spokojnie usiedzieć nawet przez godzinę, chyba że cały czas dzieje się coś, co zajmuje ich uwagę.

Być w stanie świadomości Bożej to zupełnie co innego. Stan ten pojawia się wtedy, gdy siedzi się spokojnie w medytacji i powtarza: „Jedne po drugich zamykam drzwi zmysłów, aby aromat róży i śpiew słowika nie przeszkadzały mi w miłowaniu Ciebie"[7]. I gdy powtarza się to z coraz to głębszą koncentracją i oddaniem, to po chwili dostrzega się, że zapomina się o wszystkim, co nas rozpraszało. Przed wewnętrznym wzrokiem pojawia się światło lub święci, albo ogarnia nas głęboki spokój lub boska radość.

Każde duchowe zajęcie pomaga pamiętać o Bogu, ale ostatecznie niezbędny jest intensywny wysiłek, aby Go poznać. Na całym świecie powinny istnieć ośrodki medytacji, gdzie wielbiciele zbierają się, aby obcować z Bogiem. Gdy wchodzę do świątyni, to tylko w jednym celu: aby być z Bogiem i opowiadać wam o Bogu. A wy tu przychodzicie, aby słuchać moich słów i medytując, starać się poczuć Jego obecność.

Jeden księżyc rozprasza ciemność nieba. Podobnie czyni to jedna dusza, która jest przygotowana do poznania Boga, dusza, którą cechuje prawdziwe oddanie, szczerość dążenia i żarliwość. Dokądkolwiek się ona udaje, rozprasza ciemność duchową innych dusz. Nawet ci, którzy tylko myślą o Bogu, emanują słabym światłem, ale nie są w stanie oświetlić świata. Zwykli religijni ludzie są jak gwiazdy migoczące ledwie widocznym światłem.

---

[6] Obyczaj duchowy zapoczątkowany w 1935 r. przez Paramahansę dźi i kontynuowany przez członków Self-Realization Fellowship w ich aśramach, świątyniach i ośrodkach na całym świecie. Całodzienne medytacje prowadzi się także przy innych okazjach w ciągu roku, w dni o specjalnym duchowym znaczeniu (*nota Wydawcy*).

[7] Fragment „Prayer at Night" (Modlitwa nocą) z *Szeptów z wieczności* Paramahansy Joganandy.

Medytacja dostarcza dowodu na istnienie Boga

Stosując naukową medytację, stańmy się prawdziwymi uczniami, abyśmy jak księżyc mogli rozpraszać ciemność wokół siebie i innych. Bez poznania poprzez medytację religia pozostaje najbardziej tajemną księgą ze wszystkich. Nigdy nie będziemy w stanie jej zrozumieć. Natomiast dzięki medytacji otrzymujemy dowód na istnienie Boga.

Idźcie do swojego pokoju i zamknijcie drzwi – od razu weźcie się do dzieła. Usiądźcie i porozmawiajcie z Bogiem. Medytujcie. Niech wasz umysł stanie się tak skupiony, że gdy następnym razem usiądziecie do medytacji, przyjdzie wam ona bez wysiłku: wasz umysł natychmiast skupi się na Nim. Jeśli na samym początku nie uczynicie wielkiego wysiłku, aby pokonać niepokój ciała i umysłu, to przez lata, w każdej medytacji, będziecie mieli trudności. Ale jeśli na samym początku dokonacie tego ogromnego wysiłku, to wkrótce będziecie szczęśliwi i wolni.

Kiedy wypowiadam słowo „Bóg", całe moje jestestwo rozpływa się w Radości, którą On jest. Ale na to musiałem sobie zapracować. Uczyńcie taki sam wysiłek. Na początku nie należałem do osób nabożnych. Kiedyś mój umysł był bardzo niespokojny. Teraz zaś jest jak ogień. Jak tylko skupiam uwagę na ośrodku Chrystusowym, znikają wszystkie myśli – oddech, serce i umysł momentalnie się uciszają i jestem świadom tylko Ducha.

Stosując metody naukowe, sprawcie, aby religia stała się dla was czymś rzeczywiście prawdziwym. Nauka daje określoność i pewność. Siedźcie spokojnie i stosujcie metody podane przez wielkich indyjskich joginów: Mahawatara Babadżiego, Lahiriego Mahaśaję, swamiego Śri Jukteśwara[8]. Znajdźcie w sobie tę najwyższą szczęśliwość, o której wam opowiadam, a kiedy ją znajdziecie, przekonacie się, że religia nie jest mitem, lecz prawdą naukową. Módlcie się: „Boże, jesteś Panem stworzenia, więc przychodzę do Ciebie. Nigdy się nie poddam, dopóki nie przemówisz do mnie i nie sprawisz, że uświadomię sobie Twoją obecność. Nie chcę żyć bez Ciebie".

---

[8] Razem z Paramahansą Joganandą tworzą oni linię Guru Self-Realization Fellowship (zob. *Guru* w Słowniczku; *nota Wydawcy*).

Odwieczne ludzkie poszukiwanie

Żarliwość, odosobnienie, oddanie i stałość są konieczne

Wielki indyjski święty Śri Ramakryszna czcił kamienny posąg Kali, Kosmicznej Matki, i modlił się do niej, aby mu się ukazała na jawie. Jego duchowa udręka była tak wielka, iż czuł, że nie warto dalej żyć. Wtedy jego wzrok padł na przechowywany w świątyni miecz. Schwycił go jak obłąkany, aby się zabić. I w tym momencie objawiła mu się Matka w Swej kosmicznej postaci. Jej czciciel zanurzył się w oceanie Szczęśliwości. W tym samym miejscu, gdzie święty miał to przeżycie, ten sam kamienny posąg Boskiej Matki ożył i przemówił do mnie[9].

Gdybym całymi godzinami nie poszukiwał Boga w medytacji, nie poznałbym, że religia jest nauką. Żarliwość, odosobnienie, oddanie i stałość są niezbędne. Nie wiemy, kiedy przyjdzie śmierć. W każdej chwili skupiajcie się na Bogu. Wszystko, czego pragniecie i potrzebujecie, jest w was; szukajcie długo i szukajcie głęboko. Ja medytuję godzinami; nie widuję się z nikim, dopóki nie skończę. Musicie postanowić, że nikt ani nic nie może wam przeszkodzić. Wtedy czas przestanie dla was istnieć.

W mojej szkole Yogoda w Rańci w Indiach[10] miałem zwyczaj spędzać cały swój wolny czas, wędrując po okolicy, siadając na chwilę tu i ówdzie, aby pomedytować, dopóki mój umysł nie upoił się Bogiem. Jest to jedyny sposób, aby Go znaleźć. Nie marnujcie czasu. Jeśli potraficie przebywać w boskiej świadomości, to cztery do sześciu godzin snu w zupełności wam wystarczy. Nigdy nie będziecie odczuwali zmęczenia ani braku snu. Ja panuję nad snem. To samo dotyczy jedzenia. Mam coś nieskończenie większego, a Bóg udowodnił, że kiedy On jest ze mną, to wszystkie „potrzeby życiowe" stają się niepotrzebne. W tym stanie świadomości stajecie się zdrowsi niż przeciętni ludzie, radośniejsi, bogatsi pod każdym względem. Nie szukajcie rzeczy małych; odwiodą was od Boga. Od razu zacznijcie eksperyment swego życia: uczyńcie je prostym i bądźcie jego królem.

---

9 Przeżycie to opisane jest w *Autobiografii jogina*, w rozdziale pt. „Serce kamiennego posągu".

10 Zob. *Szkoła w Rańci* w Słowniczku.

Zrozumienie nierzeczywistości materii

Circa 1926

Hinduskie pisma święte podkreślają, że wiara w nieistnienie materii i w to, że Duch jest wszystkim, co istnieje, nie powinna opierać się na dogmatycznych, nielogicznych, niezrozumiałych lub niewytłumaczalnych teoriach, lecz na naukowych poszukiwaniach wewnętrznych i dokładnym rozumieniu.

Ludzie na ogół utożsamiają się z ciałem, którego życie jest podtrzymywane przez pokarm, lecz nie zdają sobie sprawy z tego, że podstawowym źródłem istnienia ciała jest *prana* (energia życia)[1]. Ani pokarm, ani inna pomoc z zewnętrz nie zdołają przywrócić do życia człowieka, z którego wycofał się „kosmiczny prąd".

Prana jest ogniwem łączącym fizyczne ciało człowieka i jego niefizyczny umysł. Starożytni mędrcy hinduscy odkryli istnienie *prany* i opracowali naukę o *pranajamie*[2], czyli o opanowywaniu energii życiowej.

Pan Jezus pościł na pustyni przez czterdzieści dni. Rzekł On: „Nie samym chlebem człowiek żyć będzie, ale każdym słowem pochodzącym z ust Bożych"[3].

„Słowo" to kosmiczna wibracja, a „usta Boże" to *rdzeń*

---

1 „Żywotrony" – energie subtelniejsze niż atomowe, które podtrzymują życie w całym wszechświecie. Są dwa rodzaje *prany*: energia kosmiczna, wszechobecne źródło życia i witalności przenikającej i otaczającej wszystko, co żyje, oraz szczególna *prana*, czyli energia przenikająca każde ludzkie ciało.

2 Stosując *pranajamę*, adept potrafi panować nad energią życiową w nerwach czuciowych i motorycznych i w ten sposób uwolnić umysł od świadomości ciała podczas medytacji. Potrafi on także używać tej energii do uzdrawiania i energetyzowania swojego ciała według uznania.

3 Mt 4,4.

przedłużony w tylnej części mózgu, zwężający się w rdzeń kręgowy. Jest to najważniejsze miejsce w ludzkim ciele, boskie wejście („usta Boga"), przez które „słowo", czyli *Aum*[4], wibracyjna energia kosmiczna, wnika w człowieka i utrzymuje go przy życiu.

Ludzie, którzy nigdy nie poszczą, nie wiedzą z doświadczenia, że człowiek, tak jak Chrystus przez czterdzieści dni, może żyć wyłącznie „słowem" Bożym.

We wczesnym etapie tygodniowego postu występuje głód. Jednak w miarę upływu dni, wyraźnie odczuwa się mniejszy głód i ma się poczucie wolności. Dlaczego? Ponieważ niepodanie ciału pokarmu, zmusza je do polegania na pokarmie niematerialnym: prądzie życiowym.

Ludzka siła woli to wspaniały generator energii. Dzięki sile woli i chęci człowiek potrafi szybko sięgnąć do zasobów z nieskończonego zapasu siły wewnętrznej. Osoba, która niechętnie wykonuje swoje codzienne obowiązki, doświadcza braku energii. Człowiek, który pracuje ciężko, ale z ochotą, odradza się fizycznie i psychicznie dzięki prądowi kosmicznemu.

Ktoś, kto studiuje i praktykuje w życiu metafizyczne metody polegające na używaniu siły woli i świadomym korzystaniu z niewyczerpalnego źródła energii życiowej, uwalnia się od wielu ograniczeń ciała.

Mędrcy i jogini hinduscy mówią, że materia to zmaterializowana substancja myślowa. Niektórzy z nich, jak Jezus, dowiedli tej prawdy, demonstrując moc materializowania i dematerializowania swoich ciał i innych przedmiotów fizycznych.

Pierwiastki chemiczne materii to elektronowe wibracje

Nauka współczesna twierdzi, że materia składa się z sił wibracyjnych. Pierwiastki chemiczne, elementy strukturalne odpowiedzialne za wszystkie formy we wszechświecie – od kamieni i gwiazd po człowieka – to nic innego, jak różne formy wibracji

---

[4] Gęsta materia wyłania się z inteligentnej kosmicznej wibracji Boga – subtelnego tworzywa wszechświata – i jest przez nią podtrzymywana. Pierwotnymi właściwościami tej wibracji są światło i dźwięk. *Aum* to dźwięk twórczej wibracji Bożej, nazywanej w Biblii: „Amen", „Duch Święty" i „Słowo" (zob. *Aum* w Słowniczku).

elektronowych. Na przykład lód jest dla nas zimny, ma ciężar i formę; jest widoczny. Rozpuść lód, a stanie się wodą. Przepuść przez nią prąd elektryczny, a stanie się niewidocznym wodorem i tlenem, które gdy je przeanalizujemy szczegółowiej, są formami wibracji elektronowych. Można zatem stwierdzić naukowo, że lód nie istnieje, pomimo że jest postrzegalny dla naszych zmysłów wzroku, dotyku i tak dalej. W rzeczywistości jego istotą są niewidzialne elektrony lub formy energii.

Innymi słowy, o tym, co może być przekształcone w coś niewidzialnego, nie można powiedzieć, że niezbicie istnieje. W tym sensie można uznać materię za nieistniejącą; jednak materia istnieje naprawdę, tyle że względnie. Materia istnieje w relacji z naszym umysłem i jako przejaw niewidzialnych sił elektronowych, które rzeczywiście istnieją, są niezmienne i nieśmiertelne.

Zarówno woda, jak i lód są przejawami niewidzialnych gazów i mają tylko względne, chwilowe istnienie. Podobnie umysł śmiertelnika i materia są tylko ulotnymi przejawami świadomości Boga i po prostu istnieją względnie. Tak naprawdę istnieje tylko Kosmiczny Umysł.

Tak jak dziecko rodzi się za sprawą rodziców, tak też istnienie materii zależy od umysłu. Materia zrodziła się z boskiego Umysłu i jest postrzegana przez umysł śmiertelnika; sama w sobie i sama z siebie materia jest nierzeczywista, nie ma rzeczywistego bytu.

Niemniej jednak, ślepe lub bezrozumne elektronowe siły stworzenia są stwórczymi czynnikami teleologicznymi, ponieważ zawierają w sobie wibracje uniwersalnej samoświadomej siły życiowej, czyli *prany*, która z kolei zaistniała mocą rozkazu bożego.

„I Bóg powiedział: Niech się stanie światło. Więc stało się światło."[5], to znaczy projekcja Myśli i Woli Bożej stała się światłem, czyli energią wibracyjną, wciąż płynącego prądu życiowego i elektronów, które następnie wibrowały coraz mocniej i stały się zróżnicowanymi subtelnymi lub niewidzialnymi siłami przyrody. One z kolei uzewnętrzniły się jako dziewięćdziesiąt dwa pierwiastki chemiczne materii, z których składa się wszechświat.

---

5 Księga Rodzaju 1,3.

Odwieczne ludzkie poszukiwanie

Dla świadomości ludzkiej materia jest zarazem postrzegalna i rzeczywista. Lecz drogą teoretycznych dociekań, logicznego myślenia oraz pewnych doświadczeń laboratoryjnych (takich jak przemiana widzialnego kawałka lodu w niewidzialne siły) człowiek odkrył, że u podłoża wszystkich przemijalnych i złudnych form świata zjawiskowego musi kryć się stała i niezmienna siła twórcza.

Prawdę tę można pojąć tak samo, jak pojmujemy fakt, że ocean istnieje, chociaż jego fale nie mają stałego bytu, będąc tylko przemijającymi formalnymi przejawami jednej wielkiej substancji. Fale nie mogą istnieć bez oceanu, natomiast ocean może istnieć z nimi lub bez.

Koncepcje te można zrozumieć intelektualnie, ale nie można ich *poznać*, dopóki nie nauczymy się metody przemieniania materii w siłę życiową, a siły życiowej w Świadomość Kosmiczną[6], tak jak potrafili to czynić Chrystus, Kryszna i inni mistrzowie, którzy osiągnęli Samorealizację. Dla takich oświeconych materia *per se* nie istnieje, ponieważ dostrzegają oni, że pod najdrobniejszymi falami stworzenia znajduje się niezmienny Ocean Ducha.

Wszechświat jest snem Boga

W filozofiach *wedanty*[7] i *jogi* mówi się o wszechświecie, że jest snem Boga. Materia i umysł – kosmos ze swymi gwiazdami i planetami, powierzchniowe fale gęstej materii i prądy głębinowe subtelnej materii stworzenia, ludzkie moce uczucia, woli i świadomości, stany życia i śmierci, dnia i nocy, zdrowia i choroby, sukcesu i porażki – są rzeczywistościami zgodnymi z prawem względności przeciwieństw, które rządzi tym snem Boga.

Wszystkie przeciwieństwa postrzegane według prawa względności są rzeczywiste dla śniącego, dla śmiertelnika, który odgrywa swoją małą rolę w wielkim kosmicznym śnie. Aby wydostać się z *maji*, ułudy, uciec od prawa względności, trzeba się obudzić ze snu

---

6 Istota Ducha (zob. Słowniczek).
7 Dosłownie „koniec Wed". Wedanta to filozofia przedstawiona w końcowych częściach Wed. Filozofia ta głosi, że Bóg jest jedyną rzeczywistością i że stworzenie jest w swej istocie ułudą. Dlatego obowiązkiem człowieka jest wykroczyć poza ułudę, urzeczywistniając Boga w sobie.

Zrozumienie nierzeczywistości materii

i przejść do stanu wiecznej jawy-Boga. Nie możemy zmienić zgodnego z prawem [boskim] snu za pomocą wyobraźni albo negacji jego istnienia ani też poprzez akceptację „życia" a odrzucanie „śmierci", ani poprzez akceptację zdrowia a ignorowanie choroby. Jeden stan jest taką samą częścią swego przeciwieństwa, jak jest nią druga strona tkaniny. Przeciwieństwa są z natury i z istoty jednym i tym samym. Poszukiwacz prawdy nie stara się rozdzielać ich w swym umyśle, lecz wznieść się ponad nie dzięki mądrości.

Człowiek, który uważa, że jego ciało jest czymś różnym od jego umysłu i który chce zaakceptować jako „rzeczywiste" jedynie pozytywne, szczęśliwe i dobroczynne aspekty wszechświata, zawsze dwoiste w swej naturze, jest człowiekiem pogrążonym w głębokim śnie, w ułudzie świata snu.

Tak jak człowiek może przebudzić się ze snu, który przez jakiś czas wydaje mu się rzeczywistością, lecz traci swoją realność, gdy wchodzi on w stan jawy, tak też może on przebudzić się ze snu materialnej rzeczywistości i żyć w niezmiennym królestwie Ducha.

Tylko wielce uduchowiony człowiek, który nauczył się rozszerzać i przenosić swoją świadomość do Nieskończoności, zdaje sobie sprawę, że stworzenie to sen Boga. On jeden może powiedzieć prawdziwie, że materia nie istnieje. Za pomocą szeregu kroków samodyscypliny – podążając ścieżką naukowej jogi albo jakąkolwiek inną ścieżką doskonalenia duchowego, czy to ścieżką miłości, mądrości, służby, czy ascezy – poszukiwacz Boga rozpuszcza dualności i dostrzega Wieczną Jedność. „Kto, uwolniony od ułudy, poznaje Mnie jako Najwyższego Ducha, wie wszystko. Wielbi Mnie całą swą istotą"[8].

---

8 *Bhagawadgita* XV:19

Największa przygoda człowieka

*Międzynarodowa Siedziba Główna Self-Realization Fellowship,
Los Angeles, Kalifornia, 29 lutego 1940*

Życie to największa przygoda, jaką można sobie wyobrazić. Chociaż życie niektórych ludzi nie jest specjalnie interesujące i ekscytujące, to życie innych pełne jest niezwykłych doświadczeń. Słyszałem o człowieku, który trzydzieści dwa razy próbował popełnić samobójstwo i za każdym razem wydarzało się coś, co mu to uniemożliwiało. Wyobraźcie sobie, jak by to było, gdybyśmy wiedzieli wszystko o życiu wszystkich ludzi, tych, którzy żyją teraz na ziemi, tych, którzy odeszli i tych, którzy się jeszcze urodzą! Bóg ma taką moc. Jezus powiedział: „Czyż nie sprzedają dwóch wróbelków za pieniążek? A ani jeden z nich nie upadnie na ziemię bez woli waszego Ojca"[1]. W pamięci Boga zawarte są doświadczenia życia wszystkich ludzi. Trudno jest doprawdy wyobrazić sobie świadomość, która jest świadoma wszystkiego, co kiedykolwiek się wydarzyło. A jednak zgłębianie natury Ducha to największa przygoda we wszechświecie. Przedstawię wam to tak, jak to pojawia się w tej chwili przed moim duchowym okiem[2].

Prawdy to coś więcej niż wyobrażenia. Są one rzeczywiste. A jednak ich źródłem jest myśl w umyśle Boga. Na przykład, wszystkie różne formy złożonej z atomów materii to tylko zmaterializowane myśli Boga – można je zamienić w myśli, a myśli można z powrotem zmaterializować w przedmioty. Człowiek ma również moc tworzenia idei, ale nie ma dość silnej wyobraźni. Gdyby jego wyobraźnia

---

[1] Mt 10,29.

[2] Teleskopowy wzrok intuicji. Podczas głębokiej medytacji pośrodku czoła staje się widoczne pojedyncze, czyli duchowe oko. Wielcy jogini, którzy przebywają nieprzerwanie w stanie boskiej Świadomości potrafią je dostrzec niezależnie od tego, czy medytują, czy wykonują czynności dnia codziennego.

była wystarczająco potężna, mógłby stwarzać przedmioty materialne na ziemi.[3] Ma on w sobie utajoną tę samą moc stwórczą, dzięki której Bóg nawet samą myślą przemieniał swoje wyobrażenia w świat materialny. Jednak dla człowieka materializowanie myśli stało się prawie niemożliwe, ponieważ nie wykorzystuje on wolnej mocy – boskiej mocy myśli, którą Bóg go obdarzył.

Kiedy staramy się wyobrazić sobie świadomość Boga, zastanawiamy się, jak może On o wszystkim pamiętać, ponieważ osądzamy wszystko miarą możliwości własnego umysłu. Rozumiemy zgodnie z naszym własnym doświadczeniem. Osoba o słabej pamięci skłonna jest uważać, że wszyscy inni mają równie słabą pamięć. A przecież istnieją ludzie o nadzwyczajnej pamięci, którzy potrafią łatwo zapamiętać całą książkę, być może tak jak wy zapamiętujecie kilka linijek. Tym o słabej pamięci trudno jest zrozumieć, że inni mogą mieć tak niezawodną pamięć.

Jubiler pamięta swoje klejnoty, a księgowy liczby w księgach rachunkowych. Tak samo Bóg jest w stanie pamiętać wszystko, co stworzył w tym wszechświecie. Obdarzony wszechmocą, momentalnie przypomina sobie wszystko, co się kiedykolwiek zdarzyło. Bóg nie potrzebuje ograniczonego fizycznego mózgu, aby pamiętać to, co minęło. Jego nieograniczona świadomość jest wszechwiedząca.

Pochodzenie i moc pamięci

Pamięć to cudowna moc. Cała ludzka pamięć pochodzi z kolosalnej pamięci Boga. Na przykład, nie potraficie opowiedzieć mi o wszystkich filmach, które widzieliście od urodzenia, ale gdybym znów wam pokazał jeden z nich, natychmiast byście go sobie przypomnieli. Kryje się w was boska pamięć, która zawsze rozpoznaje minione doświadczenia. Gdy tylko zobaczycie początkową scenę, przypominacie sobie całą historię. „Ach, już widziałem ten film – mówisz. – Pamiętam jak się skończył".

Jak to jest, że potrafimy rozpoznać film – każdy jego szczegół

---

[3] Jezus mówił o boskich możliwościach człowieka, który ma świadomość obecności Boga w sobie: „Wierzcie mi, że ja jestem w Ojcu, a Ojciec we mnie [...]. Zaprawdę, powiadam wam, kto wierzy względem mnie i on będzie czynił sprawy, które ja czynię. Potężniejsze od tych uczyni [...]" (J 14,11-12).

– który widzieliśmy dawno temu? Jest tak, ponieważ wszystkie wydarzenia zapisują się w mózgu. Gdy tylko nastawimy igłę uwagi na zapis określonego doświadczenia, pamięć zaczyna odgrywać to doświadczenie. Jeśli zapytam, gdzie siedziałeś, gdy byliśmy tu razem w zeszły czwartek, przypominasz sobie to, a także inne rzeczy. Gdy zapytam: „Co powiedziałem?", moje słowa zaczynają ci się przypominać.

Wewnętrzna moc pamięci pochodzi od Boga i jest doskonała – nigdy nie zapomina. Pamięć zwykłego człowieka nie może pomieścić świadomości wszystkich wydarzeń na raz, lecz leżąca u jej podstaw boska pamięć zachowuje wszystko jednocześnie i na stałe. Dlatego dobra lub zła pamięć jest kwestią przeświadczenia. Przekonaliście siebie, że macie słabą pamięć, więc macie słabą pamięć. Jednakże niełatwo jest od razu zmienić to przeświadczenie na przeciwne. Aby nabrać przekonania, że wasza pamięć jest w rzeczywistości przejawieniem wszystko pamiętającej boskiej pamięci Boga, potrzebujecie wiele wysiłku.

Najzasobniejsza ludzka pamięć to nic innego, jak tylko zapożyczenie z nieograniczonej świadomości Boga, w której zapisane są wszystkie doświadczenia wszystkich ludzi i innych istot żywych.

Tworzenie – wspólna przygoda Boga i człowieka

Opowieść o tworzeniu wszechświata przez Boga jest wspaniała – o tym, jak powołał On do istnienia wszystkie istoty na ziemi i jak działa za kulisami, aby doprowadzić nas z powrotem do prawdziwego istnienia w Nim. Jest prawie niemożliwe opisanie językiem ludzkim kosmicznej przygody bożego tworzenia i jej subtelnego przeplatania się z przygodami indywidualnych żywotów niezliczonej rzeszy ludzi.

Stwierdzono, że ludzie żyją przeciętnie sześćdziesiąt lat, a krokodyle od sześćdziesięciu do stu. Sekwoja żyje dwa tysiące lat, pies tylko około czternastu, a koń najwyżej do trzydziestu sześciu. Oczywiście, że Ktoś ustalił te rozmaite długości życia. A jednak słyszymy o wielkich joginach, którzy żyli setki lat[4]. Wiem

---

4 „Wielcy święci, którzy przebudzili się z kosmicznego snu *maji* i poznali, że ten świat jest ideą w Umyśle Boga, mogą czynić z ciałem, co zechcą. Wiedzą, że jest ono tylko postacią zagęszczonej czy skupionej energii, którą możemy manipulować. Obecnie fizycy rozumieją, że materia to nic innego jak skondensowana energia, ale dla nich to wiedza

Największa przygoda człowieka

na pewno, że Mahawatar Babadźi[5] żyje od wieków w doskonałym ciele młodzieńca. Mówi się, że swami Trailanga[6] żył ponad trzysta lat. Prawda jest bardziej fascynująca niż fikcja.

Można sobie wyobrazić, że w sprzyjających warunkach (i jeśli człowiek nie marnotrawi esencji życiowej[7] oraz odpowiednio się odżywia i właściwie myśli) ciało ludzkie może funkcjonować bez końca. Ale presja wywierana na ciało jest straszliwa. Gdy mysz złapie się w pułapkę, jej serce bije wiele razy szybciej niż normalnie, a gdy my nie jesteśmy w stanie opłacić rachunków, nasze serca zachowują się tak samo! W ten sposób martwienie się zbiera swoje żniwo. Poza tym istnieją jeszcze inne rodzaje stresu. Powiedziano mi, że pewien komisarz policji w Chicago zademonstrował przy użyciu przyrządów możliwość tego, że gdyby usunięto hałas z miast, to ich mieszkańcy żyliby o dziesięć lat dłużej.

Mimo wszystko żyjemy we wspaniałym świecie. Ci, którzy żyją tylko po to, aby „jeść, pić, weselić się" i spać, nie mają pojęcia o cudownościach ludzkiego życia.

Przygoda zaczyna się od walki, którą stacza dusza, aby wejść do łona w chwili poczęcia. W świecie astralnym[8] znajdują się miliony dusz, które walczą, aby powrócić na ziemię, próbując dostać się do

---

teoretyczna. Tymczasem oświeceni mistrzowie już dawno zwycięsko przeszli od teorii do praktyki i mają rzeczywistą władzę nad materią" (*Autobiografia jogina*, rozdział 31).

5 *Mahawatar* – „wielka lub boska inkarnacja". *Babadźi* – „czcigodny ojciec". Jest on guru Lahiriego Mahaśaji, który z kolei jest guru swamiego Śri Jukteśwara, guru Paramahansy Joganandy. Nadzwyczajne życie i moce Babadźiego opisane są w *Autobiografii jogina*.

6 Poza tym, że żył nadzwyczaj długo, swami Trailanga zasłynął z wielu cudów. Ważył 300 funtów [około 132 kg], chociaż rzadko jadał. Często przez wiele dni medytował, siedząc na powierzchni wód Gangesu, a czasami długo skrywał się pod jego falami. Często widywano go na Ghacie Mahakarnika, siedzącego nieruchomo w promieniach słońca na rozpalonych kamiennych płytach. Ustawicznie wykraczał poza prawa przyrody, co stale przypominało tym, którzy go spotykali, że jedność z Bogiem jest najwyższym prawem.

7 W esencji życiowej, czyli płynach seksualnych, występuje wysokie stężenie *prany*. Jeśli się jej nie zmarnuje, to zawartej w niej mocy można użyć do poprawy zdrowia fizycznego, witalności i kreatywności umysłu oraz rozwoju duchowego.

8 „W domu mojego Ojca są liczne mieszkania" (J 14,2). Wysokie i niskie sfery astralne, zbudowane z subtelnego światła i energii żywotronów, stanowią niebo (lub piekło); tam udają się dusze po śmierci ciała fizycznego. Czas pobytu w nich jest z góry określony karmicznie. Dopóki człowiek ma niespełnione pragnienia w świecie materii lub ziemską karmę (niewygasłe skutki przeszłych czynów), dopóty musi ponownie wcielać się na ziemi, aby kontynuować swoją ewolucję z powrotem ku Bogu.

złączonych razem w chwili poczęcia plemnika i komórki jajowej. Niezależnie od tego, czy jesteś świętym, czy grzesznikiem, to jeśli nie osiągnąłeś ostatecznego zbawienia, pojawia się ogromne pragnienie powtórnego wcielenia się na ziemi. W chwili poczęcia następuje rozbłysk w eterze i jedna z dusz wchodzi, gdy łączą się plemnik i komórka jajowa. Musieliście walczyć, aby dostać się do łona. Nie tylko wy, lecz wiele innych dusz pędziło, aby tam wejść, a zwycięzcami są ty i ty, i ja. Nie było to łatwe zwycięstwo.

Świadomość prenatalna

Po wejściu do łona pytasz: „Cóż takiego uczyniłem? Tak długo byłem wolny od ograniczeń śmiertelnego ciała, szybując w nieważkim ciele ze światła, a teraz znowu zostałem schwytany w pułapkę ciała fizycznego". Niemniej jednak, w czasie dziewięciu miesięcy w łonie przyzwyczajasz się do tych nowych warunków. To jest kara: dziewięć miesięcy życia w ciemnicy, w której musisz oddychać przy pomocy kogoś innego, jeść przy pomocy kogoś innego, otrzymywać krew i energię do jej krążenia przy pomocy kogoś innego. Jesteś zależny. Twoja dusza woła do Pana: „Wypuść mnie z tego więzienia! Nie widzę, nie słyszę, jestem uwięziony".

Jeśli istnieją Hades lub czyściec, to są nimi te dziewięć miesięcy w łonie matki – jesteś bezradny, w ciemności, jak drzewo ograniczony do jednego miejsca; masz tylko sporadyczne wspomnienia z przeszłości, a potem zapadasz ponownie w sen. A gdy przychodzą do ciebie wspomnienia z minionego żywota, wtedy wiercisz się w brzuchu matki. Przenosiłem swoją świadomość w takie stany prenatalne, więc wiem, o czym mówię[9]. Sen i czuwanie dziecka w łonie matki, nie zależą od jej snu i czuwania. Jego chęć poruszania się spowodowana jest wspomnieniami pochodzącymi z przeszłości duszy. Wierci się w ciele matki, dopóki się nie zmęczy i nie zaśnie. Potem budzi się na chwilę i znów się porusza. Odczuwa głód albo – dzięki pożywieniu zawartemu w krwi matki – sytość.

Dziecko w łonie matki słyszy minimalnie odgłosy jej bijącego

---

9 Zaawansowany [w praktyce jogi] jogin może, dzięki swemu duchowemu zjednoczeniu z wszechobecnym Bogiem, wczuć się w przeżycia wszystkich istot.

serca i krążącej krwi. Odgłosy te uświadamiają mu, że ma ciało, i chce się uwolnić. Pierwsza, zatem, przygoda duszy polega na ścieraniu się dwóch pragnień: pragnienia powrotu na ziemię w ludzkim ciele i pragnienia odczuwania wolności, jaką daje nieposiadanie ciała.

Cielesna otoczka duszy rozpoczyna się od formy przypominającej rybę z małym ogonkiem. Forma ta przekształca się w formę zwiniętego w łonie zwierzątka. Od czasu do czasu pojawia się wspomnienie z przeszłego życia i zarodek się porusza. Zmagania nasilają się, gdy zarodek zaczyna rosnąć i przekształcać się w ciele matki w postać ludzką. Dusza krzyczy: „Wypuść mnie!". Gdy wola uwolnienia się staje się bardzo silna, dziecko rodzi się. Wcześniaki to dusze, które mają bardzo silną wolę. Nie chcą one przebywać w ciele matki przez dziewięć miesięcy, więc przychodzą na świat wcześniej.

Oddech życia

Dziecko przychodzi na świat płacząc, bo, jak mówią święci, dusza pamięta swoje poprzednie wcielenia i nie podoba się jej myśl kolejnego powrotu na ziemię i zmagania się z życiem. Związana z tym wspomnieniem jest także błagalna poza, w której dziecko zwykle trzyma rączki przed przyjściem na świat. Modli się do Boga: „Proszę, nie każ mi się ponownie rodzić".

Fizjologia tłumaczy płacz dziecka tym, że płuca muszą się rozprężyć, aby rozpoczął się proces oddychania, a pierwszy krzyk dziecka jest usiłowaniem uaktywnienia płuc i zaczerpnięcia oddechu życia. Gdy dziecko się rodzi, ma miejsce wdech i dusza, która była w półśnie, staje się żywą, niezależną istotą. „Bóg [...] tchnął w jego nozdrza dech życia, a człowiek stał się istotą żyjącą"[10]. Wielu błędnie wierzy, że dusza wchodzi do ciała w chwili narodzin, ale gdyby duszy już tam wcześniej nie było, nie rozwinęłoby się ono z początkowych maleńkich komórek. Jeśli dusza opuściłaby zarodek przed narodzinami, dziecko urodziłoby się martwe.

Ciało ludzkie składa się z szesnastu podstawowych pierwiastków chemicznych i jest podtrzymywane i uaktywniane przez dziewiętnaście

---

10 Księga Rodzaju 2,7.

pierwiastków[11] energii subtelnej. Pierwiastki te można przemienić w czystą świadomość. Słowa: „człowiek stał się istotą żyjącą", odnoszą się do tego, że ciało fizyczne zwykłego człowieka, składające się z substancji chemicznych („prochu ziemi"), aby utrzymać się przy życiu na ziemi, musi oddychać tlenem. Tak to ustanowił Bóg, kiedy na początku „tchnął w jego nozdrza dech życia".

Tuż po narodzinach dziecko mruży oczy od światła, słyszy dźwięki, czuje zapachy i smaki i oddycha. Sytuacja wydaje mu się normalna – znowu ma fizyczne ciało. Jego opór przed narodzinami znika wraz z pierwszym oddechem, kiedy ogarnia je *maja* (kosmiczne złudzenie, że „istnienie" zależy od ciała i oddechu). Znowu czuje, że pociąga je świat fizyczny.

Z czasem dziecko usiłuje zapanować nad swoim ciałem. Jakże często widzimy, jak ciągle wymachuje rączkami i nóżkami w powietrzu, próbując skoordynować ruchy! Całą tą aktywnością kieruje umysł podświadomy dzięki zawartej w nim pamięci duszy o przeszłości. Pamięć ta jest w nim zawsze. Instynktownie boimy się śmierci, ponieważ pamiętamy, że wielokrotnie przechodziliśmy przez to doświadczenie. Boimy się także bólu, ponieważ cierpieliśmy już wcześniej wiele razy.

Gdy noworodek rośnie i przemienia się w małe dziecko, rodzice i inni krewni otaczają je swoim wychowawczym wpływem. Każdy z nich chce, aby był kimś, a jego psotni koledzy chcą, aby był jeszcze kimś innym!

Dziecko musi się zmagać z wieloma sprzecznymi naciskami. Takie życie jest żałosne, dobrze jest więc dać dzieciom trochę wolności. Jednak, młodzi ludzie, którym dano za wiele wolności, mogą później narzekać: „Szkoda, że już dawno temu nie powiedziano mi, abym tego nie robił, wtedy nie byłbym tym, kim jestem teraz". Pomyśl o wszystkich problemach fizjologicznych i psychicznych, z którymi trzeba się zmagać, zanim się dojrzeje. W tym okresie życia zmysły stają się bardziej aktywne i młody człowiek toczy z sobą

---

11 Esencja ciała astralnego, która zamieszkuje wewnątrz ciała fizycznego, uaktywniając i ożywiając je. Te dziewiętnaście pierwiastków to: inteligencja, ego, uczucie, umysł (świadomość zmysłowa), moce wspierające pięć zmysłów i pięć narządów działania oraz pięć *pran*, czyli sił życiowych.

wielką wewnętrzną walkę. Walka ze zmysłami to potężna batalia. Zwycięstwo w tej przygodzie młodości, zwycięskie przejście przez ten emocjonujący okres życia to wielkie doświadczenie.

Człowiek powinien zaprzyjaźnić się z samym sobą

Wspaniale jest żyć, ale jest wiele czynników, które tylko czekają na to, aby nas zabić. Przygoda z dzikimi zwierzętami w południowej Afryce to nic w porównaniu z samą przygodą życia. Żadna inna opowieść w historii, nie jest aż tak ciekawa. Człowiek jako istota inteligentna wie, jak się bronić przed zwierzętami, ale nie wie, jak się bronić przed własnymi złymi nawykami i złym postępowaniem. Największym wrogiem człowieka jest on sam. Bardziej niż wrogów osobistych lub wrogów narodu, bardziej niż bakterii, bomb czy jakichkolwiek innych zagrożeń, człowiek powinien się obawiać siebie samego, wtedy gdy popełnia błędy. Pozostawać w niewiedzy co do swojej boskiej natury i ulegać złym nawykom, to czynić wroga z samego siebie. Najlepszym sposobem osiągnięcia powodzenia w tej przygodzie życia jest być swoim własnym przyjacielem. Kryszna powiedział: „On Sam (dusza) jest Przyjacielem (przemienionego) siebie, Wrogiem zaś nieodnowionego siebie"[12].

Subtelni wrogowie

Łatwo jest wyobrazić sobie nas samych, gdy wyruszamy odkrywać jakiś dziki i nieznany kraj. Jeśli płyniemy statkiem, chcemy mieć z sobą łódź ratunkową. Gdyby parowiec tonął, to wiemy, że możemy wsiąść do łodzi i się uratować. Jednak wydaje się, że w przypadku bardzo wielu doświadczeń życiowych nasza łódź ratunkowa przecieka, bez względu na to, jakie przedsięwzięliśmy środki zapobiegawcze.

W dżungli rojącej się od dzikich zwierząt można się przed nimi w miarę dobrze zabezpieczyć, ale jest to znacznie trudniejsze w przypadku niebezpieczeństw subtelnych. Jak się bronić przed atakami bakterii? Miliony ich stale unoszą się wokół nas. Uważamy, że jesteśmy bezpieczni, kiedy podejmujemy środki ostrożności

---

12 *Bhagawadgita* VI:6.

przeciwko zagrożeniom, które widzimy i słyszymy, jednak środki te są niewystarczające do ochrony przed bakteriami. W naszym układzie krwionośnym białe ciałka stale walczą z tymi organizmami. Leki tylko je odrętwiają, a białe ciałka to żołnierze, którzy wkraczają do akcji i je niszczą. Jeśli mamy słabą krew, żołnierze nie będą w stanie nam pomóc. W płucach wielu niczego niepodejrzewających osób czają się groźne bakterie gruźlicy, gotowe zabić swego gospodarza. Natura tworzy wokół nich powstrzymujący je mur komórek, ale spełnia on swoją rolę tylko dopóty, dopóki ciało zdolne jest stawiać opór. Ta walka o życie toczy się stale w niewidzialnej dżungli życia w nas! Gdybyśmy mogli zobaczyć swoje pożywienie pod mikroskopem, nie jedlibyśmy go. Ucztują na nim bakterie, a my połykamy je w całości. W wodzie, którą pijemy, roi się od tych żyjątek. Nie istnieje prawdziwy wegetarianin, ponieważ każdy codziennie zjada miliony bakterii. Czy zatem człowiek powinien przestać jeść?

Przygotujcie się do każdego rodzaju walki

Aby poruszać się bezpiecznie w dżungli życia, musicie się wyposażyć w odpowiednią broń. Musicie być dobrze wyszkolonymi żołnierzami. Laik, który nie wie, jak się uchronić, wkrótce ginie. Człowiek mądry – uzbrojony przeciwko wszystkim rodzajom działań wojennych – przeciwko chorobie, przeciwko przeznaczeniu i karmie, przeciwko wszystkim złym myślom i nawykom – zostaje zwycięzcą w tej przygodzie. Wymaga to ostrożności i dodatkowo stosowania określonych metod, którymi możemy pokonać wrogów.

W miarę postępu uczymy się coraz lepszych metod pokonywania przyczyn naszych klęsk fizycznych, psychicznych, moralnych i duchowych. Gdy już z powodzeniem przetrwacie choroby fizyczne, wypadki i zmagania wewnętrzne, wtedy dopiero możecie powiedzieć, że życie było wspaniałą przygodą. Tak mógłby powiedzieć Jezus. Ale zanim zwyciężycie, podobnie jak uczynił to On, przedwcześnie jest twierdzić, że życie jest słodkie. Dopóki nie osiągniecie ostatecznego wniebowstąpienia – wyzwolenia duszy w Bogu, życie dla was jeszcze się nie skończyło. Nie pokonacie całkowicie pragnienia przygody życia, dopóki świadomie nie wzniesiecie się w Duchu.

Widząc kogoś, kto cierpi, jesteśmy wdzięczni, że nas ta konkretna przygoda nie dotyczy. Ale my możemy być następni. Możliwości wyrządzenia krzywdy ciału jest wiele. Bądźmy zatem przygotowani. Uczeni mówią: „Odżywiaj się pożywnie i przestrzegaj zasad zdrowia, aby chronić się przed zarazkami". Politycy mówią: „Bądźcie dobrymi żołnierzami, aby bronić się przed zewnętrznymi wrogami". Żyjemy w dziwnych czasach. Nawet kobiety, przysłowiowe zbawczynie świata, szkoli się na żołnierzy, aby zabijały dzieci innych ludzi. Okropne! Od czasu do czasu jednak wojna przynosi coś dobrego – pozbawia nas ona tchórzostwa.

Znaczenie mocy umysłu

W tej dżungli życia, w otoczeniu wrogów – chorób, nędzy, cierpienia, złych nawyków i zgubnych pragnień – jest tak wiele zasad, których trzeba przestrzegać, że życie staje się nieznośne, gdy staramy się o nich wszystkich pamiętać. Męczymy się nimi, ponieważ w każdej dziedzinie życia występuje nieograniczony potencjał do różnorodności. Kiedy usiłujemy stosować zasady dobrego zdrowia, czujemy się nimi tak przytłoczeni, że nie mamy czasu myśleć o czymkolwiek innym! I każdy ma dla nas inny zestaw porad zdrowotnych, do których powinniśmy się stosować. Jesteśmy w głębokiej hipnozie. Gdy próbowałem różnych metod, zaświtała mi w głowie taka prawda: *umysł kontroluje w jakim stopniu są one wszystkie skuteczne.*

Bóg dał nam jedno potężne narzędzie do obrony, potężniejsze niż karabiny maszynowe, elektryczność, gazy trujące, czy też jakiekolwiek lekarstwo – umysł. To właśnie umysł musi być wzmocniony. Jeśli zaś chodzi o ciało, to ja podporządkuję się całkowicie woli Boga. Jeśli każe mi On pójść do lekarza, to dobrze, a jeśli każe mi cierpieć, to też dobrze. Cokolwiek jest Jego wolą, jest moją wolą. Ważnym elementem przygody życia jest opanowanie umysłu i utrzymywanie tego opanowanego umysłu stale dostrojonego do Pana. To jest tajemnicą szczęśliwego, udanego życia.

Obcowanie z Bogiem zapewnia największą ochronę

Nawet kiedy stosujecie fizyczne metody leczenia, nie zawierzajcie całkowicie tym metodom, lecz mocy Boga skrytej w nich. Jeśli

Odwieczne ludzkie poszukiwanie

ktoś zaciął się w palec, niech posmaruje go jodyną, ale w myślach niech się modli: „Panie, spraw, abym nie był zależny od leku, lecz abym polegał wyłącznie na mocy umysłu". Nie uczono was, jak osiągnąć taki stan umysłu. Osiąga się go w wyniku ćwiczenia mocy umysłu i dostrajania umysłu do Boga poprzez medytację. W ten sposób powinniście zdobyć całkowitą władzę nad umysłem, zanim spróbujecie zanegować materię i materialne środki lecznicze. Do tego czasu, najlepiej jest pomagać swemu ciału, kierując się zdrowym rozsądkiem. Jeśli wypijecie truciznę i ona wam nie zaszkodzi, możecie wtedy słusznie zanegować materię i powiedzieć, że umysł jest wszystkim. Najpierw jednak musicie osiągnąć taką świadomość.

Bóg oferuje wam broń nie do pokonania, przy pomocy której możecie zwalczyć wszystkie swoje smutki i cierpienia – mądrość, która przychodzi dzięki obcowaniu z Bogiem. Najłatwiejszym sposobem pokonania chorób, rozczarowań i nieszczęść jest ciągłe bycie dostrojonym do Boga.

Jesteśmy dziećmi zagubionymi w dżungli życia, zmuszeni uczyć się na własnych doświadczeniach i trudnościach, wpadając w pułapki chorób i złych nawyków. Raz po raz musimy wołać o pomoc. Ale Najwyższa Pomoc przychodzi, gdy dostrajamy się do Ducha.

Ilekroć macie kłopoty, módlcie się: „Panie, jesteś we mnie i wszędzie wokół mnie. Jestem w twierdzy Twej obecności. Zmagałem się z życiem, otoczony przez najprzeróżniejszych śmiertelnych wrogów. Teraz rozumiem, że tak naprawdę nie są oni tu po to, aby mnie zniszczyć. Umieściłeś mnie na ziemi, aby wypróbować moją siłę. Przechodzę przez te próby, aby się sprawdzić. Jestem gotów walczyć ze złem, które mnie otacza. Pokonam je wszechmocą Twej obecności. A kiedy już przejdę przez przygodę tego żywota, powiem: «Panie, trudno mi było być dzielnym i walczyć, ale im bardziej byłem przerażony, tym większą czułem siłę w sobie, daną mi przez Ciebie. Dzięki niej zwyciężyłem i uświadomiłem sobie, że jestem uczyniony na Twój obraz. Jesteś Królem tego wszechświata, a ja jestem Twoim dzieckiem, księciem wszechświata. Czego mam się bać?»".

Jak tylko uświadamiacie sobie, że urodziliście się jako istoty ludzkie, macie wszelkie powody, by się bać. Wydaje się, że nie ma od tego ucieczki. Bez względu na to, jakie podejmujecie środki ostrożności, zawsze gdzieś na czymś się potykacie. Jedyną waszą ochroną jest Bóg. Czy jesteście w afrykańskiej dżungli, czy na wojnie, czy nękani chorobami i biedą, po prostu mówcie Panu i wierzcie w to: „Jestem w opancerzonym samochodzie Twojej obecności, którym jadę przez pole bitewne życia. Jestem chroniony".

Nie ma innego sposobu, aby zapewnić sobie bezpieczeństwo. Używajcie zdrowego rozsądku i całkowicie ufajcie Bogu. Nie sugeruję niczego ekscentrycznego, ale wzywam was, abyście bez względu na to, co się dzieje, afirmowali i wierzyli w tę prawdę: „Panie, jedynie Ty możesz mi pomóc"[13]. Bardzo wielu wpadło w koleiny chorób i złych nawyków i nie wydostało się z nich. Nigdy nie mówcie, że nie możecie się wydostać. Wasze nieszczęście potrwa tylko jakiś czas. Jeden nieudany żywot nie świadczy o tym, że nie można osiągnąć sukcesu. Postawą zdobywcy jest nieustraszoność: „Jestem dzieckiem Boga. Nie muszę się niczego bać". Nie bójcie się więc niczego. Życie i śmierć to tylko odmienne procesy waszej świadomości.

Wszystko, co Pan stworzył, jest po to, aby nas wypróbować, ujawnić ukrytą w nas nieśmiertelność duszy. Na tym polega przygoda życia, jedyny cel życia. A przygoda każdego z nas jest inna, wyjątkowa. Powinniście być przygotowani do radzenia sobie z wszelkimi problemami zdrowia, umysłu i duszy, posługując się zdrowym rozsądkiem i wiarą w Boga, wiedząc, że czy to w życiu, czy w śmierci dusza pozostaje niezwyciężona. Nie możecie nigdy umrzeć. „Żaden miecz nie zdoła przebić duszy – ogień jej nie spali, woda jej nie zmoczy ani wiatr nie wysuszy. [...] Dusza jest niezmienna, wszechprzenikająca, zawsze spokojna i niewzruszona"[14]. Jesteś wiecznym obrazem Ducha.

Czyż wiedza, że śmierć nie może nas zabić, nie jest wyzwalająca dla umysłu? Gdy przychodzi choroba i ciało przestaje funkcjonować, dusza myśli: „Nie żyję!". Lecz Pan potrząsa duszą i mówi: „Co się z tobą dzieje? Nie umarłaś. Czyż nadal nie myślisz?". Idzie sobie żołnierz; nagle bomba rozrywa mu ciało. Jego dusza krzyczy: „Och,

---

13 „Ludziom, którzy medytują o Mnie jako o swoim Najbliższym, pozostając w ciągłym zjednoczeniu ze Mną, dostarczam tego, czego potrzebują, i trwale chronię to, co już uzyskali" (*Bhagawadgita* IX:22).

14 *Bhagawadgita* II:23-24.

zostałam zabita, Panie!". A Bóg odpowiada: „Ależ nie! Czyż nie rozmawiasz ze Mną? Nic nie może Cię zniszczyć, Moje dziecko. Śnisz". Wtedy dusza uświadamia sobie: „To nie takie straszne. To tylko moja świadomość z tymczasowego życia na ziemi, że jestem ciałem fizycznym, sprawiła, że jego utrata wydała mi się być moim końcem. Zapomniałem, że jestem wieczną duszą".

Cel naszej przygody życia

Prawdziwi jogini potrafią panować nad umysłem we wszystkich okolicznościach. Kiedy osiąga się taką doskonałość, jest się wolnym. Wtedy wiemy, że życie jest boską przygodą. Udowodnili to Jezus i inne wielkie dusze. Nic nie mogło ich zranić. Nieprzerwanie cieszyli się błogim romansem z Bogiem. To jedyny element przygody życia mający jakiś cel.

Ludzka miłość nic nie znaczy, jeśli nie jest osadzona w bezwarunkowej miłości Boga. Chłopiec i dziewczyna zakochują się w sobie, a po jakimś czasie odkochują. Romanse między ludźmi są niedoskonałe. Romans z Bogiem jest doskonały i wieczny.

Zakończycie tę przygodę życia dopiero wtedy, gdy pokonacie jego niebezpieczeństwa siłą woli i siłą umysłu, tak jak uczynili to wszyscy Wielcy. Wtedy spojrzycie na swoje życie i powiecie: „Panie, to było bardzo złe doświadczenie. Prawie że poniosłem porażkę, ale teraz jestem na zawsze bezpieczny w Twojej obecności".

Będziemy mogli spojrzeć na życie jak na wspaniałą przygodę, gdy Pan w końcu powie: „To już koniec wszystkich tych strasznych doświadczeń. Odtąd jestem z tobą na zawsze. Nic nie może cię skrzywdzić".

Człowiek bawi się życiem jak dziecko, ale jego umysł wzmacnia się, gdy walczy z chorobami i trudnościami. Wszystko, co osłabia umysł, jest waszym największym wrogiem, a to, co wzmacnia umysł, jest waszym schronieniem. Śmiejcie się z każdej trudności, która przychodzi. Pan pokazał mi, że życie jest tylko snem. Kiedy się obudzicie, będziecie je pamiętali tylko jako sen pełen radości i smutków, sen, który już minął. Zrozumiecie, że jesteście wieczni w Panu.

Samoanaliza: klucz do panowania nad swoim życiem

*Pierwsza świątynia Self-Realization Fellowship
w Encinitas, Kalifornia, 6 listopada 1938*

Zostawmy ograniczenia ego i pospacerujmy po rozległych polach rozwijającej się duszy. Podobnie jak czas płynie naprzód, tak i wasze dusze muszą iść do przodu, aby przedostać się do większej przestrzeni życia w Duchu. Inicjatywa podjęcia najważniejszego obowiązku w życiu często pogrzebana jest pod stertą nagromadzonych ludzkich nawyków. Musicie się uwolnić od ich przytłaczającego was wpływu i zacząć siać ziarna sukcesu, jakiego pragniecie. Życie ma wartość wtedy, kiedy realizujecie to, co najistotniejsze, czyli odkrywacie sens i prawdziwe wartości swojego istnienia.

Człowiek powinien się uczyć z kosmicznego filmu życia. Nie jest on pokazywany bez powodu. Każdego dnia obserwujemy inne sceny i każdy dzień jest dla nas lekcją. Waszym zadaniem jest nauczenie się lekcji poprzez koncentrację na najwyższym celu ludzkiej egzystencji – poznaniu, Kto sprawia, że żyjecie.

Bez samoanalizy człowiek prowadzi życie robota

Miliony ludzi nigdy nie analizują siebie. Mentalnie są mechanicznymi wytworami fabryki swego środowiska, zaabsorbowani śniadaniem, obiadem, kolacją, pracą, spaniem i rozrywkami. Nie wiedzą, czego szukają i dlaczego, ani też dlaczego nigdy nie osiągają pełni szczęścia i trwałego zadowolenia. Unikając samoanalizy, uwarunkowani przez środowisko ludzie stają się robotami. Prawdziwa samoanaliza to największa sztuka postępu.

Każdy powinien nauczyć się analizować siebie w sposób pozbawiony emocji. Zapisuj codziennie swoje myśli i aspiracje. Odkrywaj

Odwieczne ludzkie poszukiwanie

kim jesteś – nie kim wyobrażasz sobie, że jesteś! – ponieważ chcesz stać się takim, jakim powinieneś być. Większość ludzi nie zmienia się, ponieważ nie dostrzega własnych błędów.

Każdy jest wytworem dziedziczności i środowiska. Jeśli urodziłeś się w Ameryce, odzwierciedlasz charakterystyczne cechy Amerykanów. Jeśli urodziłeś się w Chinach lub w Anglii, prawdopodobnie odzwierciedlasz zainteresowania tych narodowości. Twoje środowisko jest wynikiem twojego prawdziwego dziedzictwa – cech i pragnień nabytych przez ciebie w przeszłych żywotach. To dziedzictwo przeszłych wcieleń doprowadziło do twoich narodzin w określonej rodzinie i środowisku, w którym teraz się znajdujesz.

Czytając o rodzinach ważnych osób, często zauważamy, że synowie wielkich ludzi niekoniecznie reprezentują ten sam poziom umysłowy co ich ojcowie. Ten defekt biologicznego dziedziczenia wzbudza w naszych umysłach wielką wątpliwość: dlaczego u ludzi nie obserwuje się takich samych rezultatów, jakie obserwuje się w świecie roślin i zwierząt, gdzie dobre pochodzenie zwykle gwarantuje dobre potomstwo? Aby znaleźć odpowiedź, musimy zgłębić wewnętrzne życie człowieka.

Cechy z przeszłych żywotów wpływają na nas teraz

Nie jest niczym niezwykłym, że w rodzinie literatów rodzi się chłopiec, który w ogóle nie lubi literatury. Wychowano go w otoczeniu osób kochających literaturę, a jednak go do niej nie ciągnie. Dlaczego? Zwykle nie da się tego wyjaśnić ani środowiskiem, ani dziedziczeniem. Brakującym czynnikiem jest reinkarnacja. Rodzimy się w określonej rodzinie z powodu podobieństwa pewnych cech. Każdy członek rodziny jest jednak odrębną duszą, która przynosi swoje własne charakterystyczne cechy z poprzednich żywotów. Dlatego, mimo to, że w rodzinach zawsze występują pewne podobieństwa dziedziczone biologicznie, każda osoba ma inny charakter.

Człowiek rodzi się w określonej rodzinie, w określonym środowisku społecznym i narodowym z powodu określonych przyczyn – swoich własnych przeszłych czynów. Dlatego człowiek jest architektem własnego przeznaczenia. Można nieomal przepowiedzieć, kim będzie w swoim przyszłym życiu, analizując jego obecnie dominujące zainteresowania i nawyki.

Cokolwiek uczyniłeś, możesz to cofnąć

Zatem samoanaliza jest ważna dla rozwoju duszy. Przypuśćmy, że przez wiele lat twoją ulubioną lekturą było czytanie tragedii i naturalnie wydaje ci się, że będziesz lubił taką lekturę do końca życia. Jeśli jednak zanalizujesz siebie i dostrzeżesz, że stajesz się ponury od stałego czytania tego typu literatury, zechcesz wyrobić nowy nawyk uważnego czytania inspirujących książek duchowych. Czyniąc to, zmienisz bieg swego życia. Możemy zmienić się bardzo szybko dzięki silnej determinacji, ale bez niej nie da się zmienić łatwo ani natychmiast wieloletnich nawyków. Aby zniszczyć długotrwały nawyk, musisz mu przeciwdziałać z całą siłą determinacji, aż zły nawyk zniknie. Większość ludzi nie ma koniecznej do tego cierpliwości. Wszystkim jednak powinna dodać otuchy następująca prawda: cokolwiek stworzyłeś lub uczyniłeś, możesz to cofnąć.

Kiedy już przeanalizujesz to, jakim jesteś, mocno zapragnij pozbyć się swoich słabości i uczynić siebie takim, jakim powinieneś być. Nie daj się opanować zniechęceniu, odkrywając swoje wady, które uczciwa samoanaliza zwykle ukazuje.

Myśl stwarza wszystko we wszechświecie

Propagowano teorię, że myśl jest wytworem gruczołów dokrewnych. Taka koncepcja jest bezpodstawna. Ciało nie może stwarzać myśli. Architektem mikrokosmosu i makrokosmosu jest umysł. Podobnie jak woda przez ochładzanie i kondensację przekształca się w lód, tak też skondensowana myśl przyjmuje materialną postać. Wszystko we wszechświecie jest zmaterializowaną myślą. Gruczoł dokrewny jest tylko fizyczną manifestacją mikrokosmicznego wzorca myślowego.

Fizyczne i umysłowe aspekty człowieka są ściśle powiązane. Obserwuje się powszechnie, że osoba z chorą wątrobą jest ciągle rozdrażniona. Kiedy żółć cię zalewa, nie masz ochoty uśmiechać się i radośnie pozdrawiać innych! Jesteś nieprzyjaźnie nastawiony. Stan zdrowia wpływa na twoje myśli i uczucia.

Osłabienie narządów wprost proporcjonalnie osłabia moc

Odwieczne ludzkie poszukiwanie

umysłu. Ci, którzy jedzą dużo mięsa, bywają często opryskliwi i pełni złości. Gdybym kazał ci przez tydzień pić wyłącznie sok z winogron, to prawdopodobnie czułbyś się podniesiony na duchu i harmonijnie usposobionym do wszystkiego[1].

Niedawno spotkałem mężczyznę, który miał na sobie tylko lekki garnitur. Nie miał płaszcza, mimo że było okropnie zimno. Powiedział, że ma siedemdziesiąt lat i że nigdy nie odczuwa zimna. Nie miał nawet skarpetek na nogach! Przyzwyczaił ciało do zimna. Umysł silniej wpływa na ciało niż odwrotnie, ale substancje chemiczne ciała wywierają stały wpływ na umysł[2]. Ciało i umysł są współzależne.

Sny ujawniają wszechmoc umysłu

Przypuśćmy na przykład, że śni mi się, iż nie śpię i jestem w kuchni – bardzo głodny. Zjadam coś i wypijam szklankę mleka. Głód i pragnienie mijają i czuję się syty. Co było przyczyną mojej sytości? Czy było nią jedzenie? Pamiętaj, że tylko śnię. Czyż to nie sama zmiana myśli sprawiła, że poczułem się syty? Ponieważ śnię, więc to mój umysł pomyślał, że się najadł. Głód, jedzenie i mleko były tylko myślami w moim śnie. Wszystkie one stworzone zostały z tej samej substancji umysłu. Gdy się budzę, uświadamiam sobie, że moje doświadczenia były tylko serią idei. Sama zmiana myśli usunęła nieprzyjemne wrażenie głodu i zastąpiła je przyjemnym wrażeniem jedzenia posiłku i picia mleka. Widzisz więc, że sama myśl może uczynić wszystko.

---

[1] Przejadanie się i niewłaściwe odżywianie sprawiają, że w organizmie gromadzą się toksyny, które mają zdecydowanie negatywny wpływ na umysł, sprawiając, że staje się on zarazem powolny i drażliwy. Spożywanie od czasu do czasu wyłącznie soku winogronowego lub pomarańczowego oczyszcza organizm, co z kolei dodaje witalności mózgowi. Stwierdzono, że takie jednodniowe posty raz w tygodniu lub czasami trzydniowe pomagają utrzymać organizm należycie oczyszczony. Posty dłuższe niż trzydniowe należy przeprowadzać pod nadzorem osoby dobrze znającej się na metodach poszczenia.

[2] Wiele lat po tym, jak Paramahansa Jogananda poczynił tę uwagę, rozpoczęto poważne badania na temat wpływu diety i odżywiania się na funkcjonowanie umysłu. Osoby z obszarów biedy, które nie miały dostępu do właściwego pożywienia, wykazywały zdecydowanie wolniejszy rozwój umysłowy i wolniejsze reakcje. Ponadto nauka wykazała, że niektóre formy niepoczytalności umysłowej (do tej pory uważane za nieuleczalne) w znacznym stopniu ustępowały już po podaniu witamin oraz że źródłem pewnych form depresji, lęków i innych zaburzeń emocjonalnych może być brak równowagi chemicznej w organizmie *(nota Wydawcy)*.

Kiedyś jechałem pociągiem podczas wyjątkowego upału. Miałem wrażenie, jakby gorące powietrze buchało z pieca. Wszyscy wokół mnie cierpieli, ale ja wewnętrznie się uśmiechałem, ponieważ mój umysł odłączył się od myśli o upale. Powiedziałem sobie: „Panie, ta sama elektryczność, która wytwarza gorąco w piecu, wytwarza lód w lodówce. Dlaczego więc nie mógłbym przekierować tej Twojej elektryczności tak, aby teraz wytworzyła zimno? W tym momencie poczułem się, jakby otoczyła mnie lodowa powłoka.

Zmień swoje mentalne nastawienie

Powinniśmy jednak pamiętać, że niemądrze jest całkowicie lekceważyć ciało. Należy właściwie się odżywiać. I jeśli musisz mieszkać z ludźmi, którzy powodują, że jesteś nerwowy, to co jakiś czas powinieneś zmienić otoczenie. Ale byłoby jeszcze lepiej, gdybyś zmienił swoje środowisko *mentalne*, tak aby nie przeszkadzało ci postępowanie innych. Zmień siebie, a będziesz wtedy mógł żyć gdziekolwiek w spokoju i radości.

Świat w większości przypomina szpital dla psychicznie chorych. Niektórzy są chorzy z zazdrości, inni ze złości, nienawiści lub namiętności. Są ofiarami własnych nawyków i emocji. Ale ty możesz uczynić swój dom miejscem spokoju. Analizuj siebie. Wszystkie emocje odzwierciedlają się w ciele i umyśle. Zawiść i strach sprawiają, że twarz bledne, a miłość, że promienieje. Naucz się być spokojny, a zawsze będziesz szczęśliwy.

Pamiętaj więc, że niezależnie od tego jaki typ ego reprezentujesz, jaką osobowość starasz się wyrazić, powinieneś stale analizować siebie i rozwijać swoje najlepsze cechy. Można mieć mentalność człowieka moralnego, patrioty, artysty albo biznesmena i tak dalej. Jeśli twoim ideałem jest być osobą moralną, żyj uczciwie i bądź życzliwy dla wszystkich. To jest prawdziwa moralność. To duma sprawia, że osoby zadufane w sobie są tak bardzo skore do osądzania słabszych wokół siebie. Prawdziwa moralność obejmuje współczucie dla innych, nieświadomych swego nagannego postępowania.

Ci, których ukształtowały własne tendencje materialistyczne, cierpią bardzo i niepotrzebnie. Osoby takie powinny nauczyć się samokontroli, w przeciwnym razie zachowają się one jak niemyśląca

Odwieczne ludzkie poszukiwanie

materia – muszą wiele razy dziennie zapalić, zjeść takie a nie inne potrawy, zawsze boli ich głowa, jeśli nie zjedzą lunchu, mogą spać tylko na takim a nie innym rodzaju łóżka. Dobrze jest korzystać z wygód, ale nie wolno dać się im zniewolić.

Jeśli jesteś skrzyżowaniem intelektualisty i materialisty, to już lepiej. Dopóki jednak nie rozwiniesz i nie utrzymasz zrównoważonej postawy – intelektualnie, materialnie i duchowo – nie będziesz szczęśliwy. Duchowa intuicja mówi ci, jak panować nad swoim życiem, tak aby ono nie rządziło tobą. Niemądrze jest pozwalać, aby twoim osądem rządziły materialistyczne skłonności. Powinny decydować o tym sumienie i intuicja.

Warunki do szczęścia: prostota życia, wzniosłe myślenie

Twoimi celami powinny być prostota życia i wzniosłe myślenie. Naucz się nosić w sobie wszystkie warunki do szczęścia, medytując i dostrajając swoją świadomość do zawsze istniejącej, zawsze świadomej, wciąż nowej Radości, którą jest Bóg. Twoje szczęście nigdy nie powinno zależeć od jakichkolwiek czynników zewnętrznych. Nie pozwól, aby jakiekolwiek otoczenie naruszyło twój wewnętrzny spokój. Analizuj i uczyń siebie takim, jakim powinieneś być i chcesz być. Ludzie rzadko osiągają prawdziwą samokontrolę, bo robią rzeczy, które są szkodliwe dla ich najwyższego dobra, uważając, że to ich uszczęśliwi, ale tak nie jest. Potrafić robić rzeczy wtedy, kiedy trzeba i dlatego, że powinno się je robić oraz powstrzymywać się od robienia tego, o czym wiadomo, że jest szkodliwe, to klucze do prawdziwego sukcesu i szczęścia.

Nie zajmuj umysłu zbyt wieloma czynnościami. Analizuj to, co one ci dają i zwracaj uwagę na to, czy są naprawdę ważne. Nie marnuj czasu. Przeczytanie dobrej książki rozwija cię bardziej niż oglądanie filmów. Często powtarzam: „Jeśli czytasz przez godzinę, pisz w swoim duchowym dzienniczku przez dwie, a jeśli piszesz przez dwie, myśl przez trzy, a jeśli myślisz przez trzy, medytuj przez cały czas". Nieważne gdzie jestem, zawsze utrzymuję umysł skupiony na spokoju mojej duszy. Ty także powinieneś zawsze zwracać igłę kompasu swojej uwagi ku „biegunowi północnemu" duchowej radości. Wtedy nikt nigdy nie zdoła zakłócić twojej równowagi.

Pamiętaj, jeśli każdego dnia stwierdzasz, że nie jesteś lepszą osobą niż poprzedniego dnia, to znaczy, że się cofasz – nie polepszasz swojego zdrowia, spokoju umysłu ani nie zwiększasz radości duszy. Dlaczego? Ponieważ nie trenujesz się dostatecznie wystarczająco w kontrolowaniu swojego postępowania. Sam stworzyłeś swoje nawyki i możesz je zmienić. Jeśli dotychczas myślałeś niewłaściwie, postanów przebywać w dobrym towarzystwie, studiować i medytować. Zmiana towarzystwa może bardzo wiele odmienić dla ciebie. Kiedy tu przychodzisz, nawet na kilka godzin, zmienia się stan twojego umysłu, czujesz odświeżający spokój. Kiedy idziesz na tańce lub na przyjęcie, umysł często staje się niespokojny, nerwowy i podekscytowany. Jeśli potem znajdziesz się w innej, spokojniejszej atmosferze, ponownie czujesz się spokojniejszy. Największy wpływ na twoje życie, silniejszy nawet niż twoja własna siła woli, ma otoczenie. Zmień je, jeśli to konieczne. Dopóki nie staniesz się silny psychicznie, nigdy nie zdołasz być tym, kim chcesz bez pomocy dobrego otoczenia. Jeśli trudno ci zmienić się na lepsze, niezbędne jest duchowe towarzystwo i inne uwznioślające wpływy.

Samoanaliza jest także niezbędna w samodoskonaleniu się. Jeśli potrafisz odważnie analizować siebie, to będziesz w stanie znieść krytyczną analizę innych bez oburzania się.

Ci, którzy lubią rozwodzić się nad wadami innych, to ludzkie sępy. Już i tak mamy zbyt wiele zła na świecie. Nie rozmawiaj o tym, co złe, nie myśl o tym, co złe i nie czyń zła. Bądź jak róża roznosząca na wszystkich wokół słodką woń dobroci duszy. Spraw, by wszyscy czuli, że jesteś ich przyjacielem, że jesteś im pomocą, a nie przeszkodą. Jeśli chcesz być dobry, analizuj siebie i rozwijaj cnoty w sobie. Pozbądź się myśli, że zło jest częścią twojej natury, a wtedy ono odstąpi od ciebie. Spraw nie słowami, lecz swoim zachowaniem, by wszyscy czuli, że jesteś obrazem Boga. Podkreślaj znaczenie światłości, a ciemność zniknie. Ucz się, medytuj i czyń dobro.

Ceną wielkości jest odosobnienie

Ceną wielkości jest odosobnienie. Przebywaj sam ze sobą. Nie prowadź bezcelowego życia, tak jak czyni to bardzo wielu ludzi. Więcej medytuj i czytaj więcej dobrych książek. Tak wiele jest

Odwieczne ludzkie poszukiwanie

inspirujących rzeczy do poznania, a mimo to człowiek marnotrawi czas na głupstwa. Nigdy nie będziesz szczęśliwy, jeśli nie skupisz się na mądrości wielkich ludzi i nie będziesz się nią kierował. Znajdziesz ich pomocne myśli w pismach świętych i innych wiarygodnych książkach.

Nie marnuj więc czasu, ciągle szukając nowych ekscytujących doświadczeń. Raz na jakiś czas dobrze jest pójść do kina lub spotkać się ze znajomymi, ale głównie pozostawaj z dala od świata i żyj życiem wewnętrznym. Szczęście zależy od medytacji, od poznawania wielkich umysłów poprzez ich myśli zawarte w książkach i od otaczania się szlachetnymi i życzliwymi ludźmi. Ciesz się samotnością, ale ilekroć zechcesz przebywać wśród ludzi, obdarzaj ich całą swoją miłością i przyjaźnią, tak aby cię nie zapomnieli, ale zawsze pamiętali, że spotkali kogoś, kto ich zainspirował i skierował ich umysł ku Bogu.

Uzdrawianie nieograniczoną Bożą mocą

*Świątynia Self-Realization Fellowship,
Hollywood, Kalifornia, 31 sierpnia 1947*

Są trzy rodzaje chorób: fizyczne, psychiczne i duchowe. Choroby fizyczne powodowane są różnymi formami toksycznych oddziaływań, infekcjami i wypadkami. Choroby psychiczne powodowane są lękiem, zmartwieniami, złością i innymi zaburzeniami emocjonalnymi. Przyczyną choroby duszy jest niewiedza człowieka o jego prawdziwym związku z Bogiem.

Najcięższą chorobą jest niewiedza. Kiedy usunie się niewiedzę, usunie się zarazem przyczyny wszystkich chorób ciała, umysłu i duszy. Mój guru, Śri Jukteświar dźi, często powtarzał: „Mądrość jest najlepszym środkiem oczyszczającym".

Usiłowania przezwyciężenia różnych rodzajów cierpienia ograniczoną mocą, jaką posiadają materialne metody leczenia, często rozczarowują. Trwałe uzdrowienie chorób ciała, umysłu i duszy możliwe jest jedynie za pomocą nieograniczonej mocy metod duchowych. Tej bezgranicznej mocy uzdrawiania należy szukać w Bogu. Jeśli cierpiałeś psychicznie z powodu utraty najbliższych, możesz odnaleźć ich na nowo w Bogu. Wszystko jest możliwe z Jego pomocą.

Dopóki człowiek prawdziwie nie pozna Boga, to nie ma prawa twierdzić, że istnieje tylko umysł i że nie potrzeba stosować się do zasad zachowania zdrowia ani używać jakichkolwiek środków leczniczych w fizycznej postaci. Dopóki nie osiągnie on właściwej świadomości, powinien używać zdrowego rozsądku we wszystkim, co czyni. Jednocześnie nie powinien wątpić w Boga, lecz stale afirmować swą wiarę w Jego wszechobecną moc.

Lekarze starają się poznać i eliminować przyczyny chorób po to, aby choroby się więcej nie zdarzały. Lekarze bardzo sprawnie stosują wiele specjalistycznych metod leczenia na poziomie materialnym. Jednakże nie każdą chorobę można wyleczyć lekami lub chirurgicznie. Na tym głównie polega ograniczoność tych metod.

Chemikalia i lekarstwa oddziałują tylko na zewnętrzną, fizyczną strukturę komórek ciała i nie zmieniają wewnętrznej struktury atomowej ani zasady życia komórek. W wielu przypadkach wyleczenie jest niemożliwe, jeśli uzdrawiająca moc Boża nie skorygowała, od wewnątrz, zaburzeń równowagi „żywotronów", czyli inteligentnej energii życiowej w ciele. Dwie główne przyczyny chorób to niedoczynność i nadczynność energii życiowej, *prany*, która tworzy strukturę ciała i podtrzymuje jego funkcjonowanie. Niewłaściwe funkcjonowanie któregokolwiek z pięciu głównych rodzajów prany – *wjany*, odpowiedzialnej za krążenie, *udany* za metabolizm, *samany* za asymilację, *prany* za krystalizację, *apany* za wydalanie – negatywnie wpływa na zdrowie ciała. Kiedy naturalna, harmonijna równowaga tych energii subtelnych zostaje przywrócona cudowną mocą Boga, to równowaga atomów w komórkach fizycznych, które te energie zasilają, zostaje również przywrócona; zachodzi całkowite uzdrowienie i często jest ono natychmiastowe. Dopóki utrzymujemy zrównoważoną witalność dzięki prawidłowemu stylowi życia, właściwemu odżywianiu się i medytacjom *pranajamicznym* (technikom kontrolującym przepływ energii życiowej), dopóty własna energia życiowa ciała, jak prądem, „poraża" chorobę, zanim zdoła się ona rozwinąć.

Zrównoważony rozwój jest niezbędny

Obrażenia ciała i choroby są częstszą przyczyną śmierci niż starość. Większość ludzi umiera, zanim się zestarzeje. W niektórych wyjątkowych przypadkach wszystkie części ciała słabną jednocześnie i osoby te umierają bezboleśnie, jak dojrzały owoc, który spada z drzewa we właściwym czasie. Jednak większość ludzi zostaje zerwana z drzewa życia, zanim rzeczywiście dojrzeje do śmierci.

W większości przypadków przyczyną śmierci jest to, że jedna część ciała przestaje funkcjonować, zanim uczynią to inne. Może się również zdarzyć, że jedna część ciała jest silniejsza lub bardziej rozwinięta od innych, i dochodzi wtedy do zaburzenia siły życiowej w ciele, co może spowodować cierpienie, a nawet śmierć. Na przykład ktoś ze słabym sercem w bardzo umięśnionym ciele może uszkodzić je przez nadużywanie siły mięśni. Sandow[1], „siłacz", zmarł w wieku pięćdziesięciu ośmiu lat, kiedy pękło mu naczynie krwionośne w mózgu w rezultacie podniesienia samochodu jedną ręką. Przetrenowanie się, które prowadzi do niezrównoważonego rozwoju, może więc mieć zgubne konsekwencje.

Ćwiczenia Energetyzujące[2] Self-Realization Fellowship nie nadwerężają serca i zapewniają równomierny rozwój ciała. Zwykły ruch na świeżym powietrzu (spacerowanie), zrównoważona dieta i umiar w jedzeniu, spokojna medytacja – to wszystko sprzyja zdrowiu.

Przestrzegaj praw natury i miej więcej wiary w Boga

Mistrz może ignorować, bez negatywnych skutków dla siebie, zasady dietetyczne i inne zasady zdrowotne. Jednak zwykły człowiek powinien dbać o dobre funkcjonowanie ciała poprzez właściwe przestrzeganie praw natury.

Dieta powinna być mądrze dobrana. Aby być zdrowym, ciało potrzebuje określonych ilości skrobi, białka i tłuszczu, jednak ich nadmiar może być szkodliwy. Skrobi potrzeba bardzo mało – chleba nie uważa się już dłużej za podstawę wyżywienia. Zbyt dużo skrobi w diecie, zwłaszcza z białej mąki, powoduje nadmierne gromadzenie się śluzu w ciele. (Pewna ilość śluzu jest oczywiście potrzebna, aby zapobiec przenikaniu szkodliwych bakterii przez błony śluzowe). Jedz dużo pokarmów z dużą zawartością soli mineralnych, takich jak owoce i warzywa. Taka dieta zapobiega zaparciom, które czynią ciało podatnym na wiele chorób.

Natura odruchowo usiłuje usunąć przyczyny dolegliwości ciała.

---

[1] Eugene Sandow (1867 – 1925), propagator kultury fizycznej i zapasów, znany ze swej muskularnej budowy ciała i możliwości fizycznych. Sławny atleta podróżował po świecie, propagując swoje poglądy na temat sprawności fizycznej.

[2] Ćwiczenia te, służące do energetyzowania ciała poprzez świadome kierowanie praną za pomocą siły woli, opracował Paramahansa Jogananda w 1916 r. Są one wyłożone w *Lekcjach Self-Realization Fellowship* (nota Wydawcy).

Odwieczne ludzkie poszukiwanie

Kiedy paproch wpadnie do oka, bezwiednie mrugamy, aby go usunąć. Kiedy kurz wpadnie do nosa, kichamy. Kiedy zjemy coś niezdrowego, wymiotujemy. Kiedy choroba atakuje jakiś narząd wewnętrzny, natura zapewnia wiele środków, dzięki którym narząd może się chronić, bronić i regenerować. Jednakże z powodu różnych przyzwyczajeń, które izolują większość ludzi od naturalnego sposobu życia, wrodzone zdolności człowieka do zdrowienia i odnowy zostają zaburzone i przedwcześnie utracone.

Szkodliwe bakterie nieustannie atakują ciało, pożyteczne bakterie nieustannie go bronią, wspomagane czasami dietą, ziołami, lekami i innymi terapiami. *Ale nieograniczonym źródłem ochrony dla człowieka jest jego usilna myśl, że jako dziecko Boga nie może być zaatakowany przez chorobę.*

Umysł ma o wiele większą moc niż lekarstwo. Niemniej jednak, nierozsądnie jest negować moc leków, bo gdyby jej nie miały, człowiek mógłby zażyć truciznę i nie umarłby. Chociaż nie powinno się negować mocy leków i środków farmakologicznych, należy zrozumieć, że ciągłe poleganie na nich udowodni, iż jest ona ograniczona – nastąpi moment, kiedy przestaną one być skuteczne w przywracaniu zdrowia. Jedyną nieskończoną moc uzdrawiania mają umysł i dusza człowieka. Nie można jednak uzdrowić ciała metodami duchowymi, jeśli moc umysłu i wiara są słabe. Trwałe uzdrowienie przychodzi dzięki nieograniczonej mocy umysłu i łasce Bożej.

Owoce, warzywa i orzechy lepsze od mięsa

Zgodnie z pewną szkołą myślenia z niektórych chorób można się wyleczyć, spożywając narządy zwierząt. Dziki człowiek zjada serce lwa, wierząc, że w ten sposób wzmocni własne serce. Uważa się, że tkanki kurzych serc wzmacniają serce ludzkie, a wątróbka pomaga na anemię. Jednakże liczne autorytety medyczne twierdzą, że wiele produktów bogatych w żelazo i witaminy, takich jak jajka, orzechy nerkowca, soja, melasa, suszone morele, suszona fasola limeńska, groch, pasternak, szpinak i natka pietruszki mogą z powodzeniem zastąpić wątróbkę w leczeniu anemii. Pepsyna otrzymywana z narządów zwierzęcych pomaga w przypadku wrzodów żołądka; ale papaina, enzym bardzo podobny do pepsyny, występujący w owocach papai, jest bardzo cennym środkiem leczniczym dla cierpiących na wszelkie zaburzenia trawienne.

Kiedy człowiek jest chory, może uważać za uzasadnione jedzenie wszystkiego, co ma wartość leczniczą, ale produkty pochodzenia zwierzęcego nie są w istocie konieczne do tego celu. Tak naprawdę mogą zwiększyć obciążenie organizmu, wprowadzając do krwi toksyny. Tak więc, chociaż produkty pochodzenia zwierzęcego mogą pomóc w leczeniu jednej choroby, to niekiedy stwarzają warunki do rozwinięcia się innego schorzenia w innej części ciała. Dlatego najbezpieczniejszą dietą dla człowieka są świeże owoce, warzywa, drobno zmielone orzechy oraz białko pochodzące z roślin i produktów mlecznych. W niektórych przypadkach organizm może nie tolerować surowych owoców i warzyw, ale większość ludzi skorzysta, włączając je do codziennej diety.

Bóg napełnił warzywa i owoce mocą leczniczą, aby pomóc nam w pokonywaniu chorób. Jednak nawet one mają ograniczoną siłę działania. Narządy ciała są przede wszystkim odżywiane boską energią, zatem osoba, która stosuje różne metody zwiększenia tej energii, będzie dysponowała większą mocą uzdrawiania od tej, jaką posiadają lekarstwa i diety.

Oczyść ciało ze szkodliwych toksyn

Trzy czwarte ciała składa się z wody. Dlatego zapotrzebowanie ciała na wodę jest znacznie większe niż na pokarm. (Śmierć z pragnienia powoduje znacznie dotkliwsze cierpienie niż śmierć z głodu). Ważne jest dostarczanie ciału dużej ilości wody. Wskazane jest także picie niesłodzonych soków owocowych. W miejscach, gdzie woda zawiera tak dużo wapnia, że u człowieka pojawia się tendencja do stwardnienia tętnic, powinien on pić, zamiast wody, soki owocowe i jeść arbuzy, kantalupy i podobne soczyste owoce. Niektórzy uczeni zajmujący się problematyką zdrowia mówią jednak, że osoby mające kłopoty z zatokami nie powinny pić soków z owoców cytrusowych.

Pamiętaj o piciu dużej ilości płynów (i nie mam tu na myśli napojów gazowanych!), aby wypłukać toksyny z ciała. Unikaj jednak picia podczas posiłków, bo to może źle wpłynąć na trawienie. Mamy tendencję do popijania każdego kęsa jedzenia bez dokładnego przeżuwania. Jeśli skrobia nie zostanie częściowo przetrawiona w ustach, to często nie zostanie w pełni strawiona w żołądku. Ważne jest dokładne przeżuwanie pożywienia – żołądek nie ma zębów. Szkodliwe jest jedzenie w pośpiechu, zwłaszcza jeśli pije się dużo przy posiłku, rozcieńczając w ten sposób soki trawienne. Także picie płynów przy posiłku sprzyja otyłości.

Ważne jest, aby zachować zdrowy układ krwionośny. Wołowina i wieprzowina mogą wydzielić do krwioobiegu toksyny i mikroby. Białe ciałka starają się zniszczyć mikroby, ale jeśli mikroby są silne, a białych ciałek jest za mało, aby się im oprzeć, następuje zatrucie organizmu. Dla tych, którzy jedzą mięso, lepsze od wołowiny i wieprzowiny, które silnie zakwaszają organizm, są ryby, kurczaki i jagnięcina.

Najważniejszą zasadą dotyczącą odżywiania jest unikanie każdej formy nadużywania. W miarę jak uczymy się pohamowywać, stajemy się zdrowsi. Często zdarza się, że ktoś ma tak wielką ochotę na jakiś specjał, iż sądzi, że nie zdoła się opanować. Rządzą nim zmysły, nakazując mu go zjeść, nawet jeśli wie, że może mu to zaszkodzić. Jeśli osoba ta przestanie ulegać złym nawykom, to stwierdzi, że przestaje lubić to, co jest dla niej szkodliwe, i zaczyna lubić to, co jest korzystne. Obżartuchy opychają się do syta i patrzą, co by tu jeszcze zjeść. Przejadając się, ryzykują obciążeniem pompy serca, która była nadwyrężana przez być może czterdzieści lat!

Wiele osób, nie zastanawiając się nad tym, je późno wieczorem. Zwykle szybko potem zasypiają. Podczas snu spowalnia się funkcjonowanie maszynerii ciała. Źle strawione jedzenie może zalegać w żołądku. Dlatego jedzenie tuż przed snem jest niewskazane.

Jednak dla ciała i umysłu nie ma nic gorszego niż picie odurzających alkoholi. Pod ich wpływem człowiek może robić to, czego wstydziłby się, będąc trzeźwym. Rezultatem pijaństwa może być przemoc, chciwość, żądza pieniędzy i seksu, a nawet morderstwo. Mędrcy twierdzą, że przekonanie, iż wino, seks i pieniądze dają szczęście, jest głównym złudzeniem, którego człowiek musi się wyzbyć, aby uświadomić sobie swoją prawdziwą naturę.

Alkohol zwiększa żądzę pieniędzy i seksu, i dlatego jest najgorszym złem z tych trzech. Jest niepotrzebną i wyjątkowo niebezpieczną przyjemnością, ponieważ otępia umysł. Człowiek pijany przestaje być prawdziwym człowiekiem. Mądrością jest starać się utrzymywać naturalne apetyty.

Zwiększ swoją naturalną odporność na choroby

Naturalną metodą uzdrawiania jest poszczenie. Kiedy zwierzęta lub dzicy ludzie są chorzy, to poszczą. Maszyneria ciała ma wtedy szansę oczyścić się i wypocząć, czego bardzo potrzebuje. Rozsądnym postem można się wyleczyć z większości chorób[3]. Jeśli tylko serce nie jest słabe, jogini zalecają regularne krótkotrwałe posty jako doskonały środek na zachowanie zdrowia. Inną dobrą metodą leczenia na poziomie fizycznym jest stosowanie odpowiednich ziół i wyciągów ziołowych.

Stosując lekarstwa, często dochodzimy do wniosku, że albo nie są one wystarczająco silne, aby uleczyć, albo są tak silne, że zamiast leczyć, podrażniają tkanki ciała. Podobnie różne rodzaje „uzdrawiającego promieniowania" powodują poparzenia tkanek. Metody leczenia na poziomie fizycznym mają bardzo wiele ograniczeń!

Lepsze od lekarstw są promienie słoneczne. Mają one cudowną moc uzdrawiającą. Codziennie powinno się zażywać dziesięciominutowych kąpieli słonecznych. Lepiej jest przebywać na słońcu dziesięć minut dziennie niż od czasu do czasu wystawiać

---

[3] W Armenii dr Grant Sarkisjan z powodzeniem stosował głodówkę do leczenia różnorodnych schorzeń, w tym astmy [płucnej], chorób skórnych, arteriosklerozy w początkowym stadium, nadciśnienia, stenokardii i chorób przewodu pokarmowego. Po opuszczeniu szpitala powinno się stosować specjalną dietę, przede wszystkim dania warzywne i owocowe, które według dra Sarkisjana sprzyjają długowieczności.

W Związku Radzieckim dr Uri Nikolajew aplikował pacjentom terapię głodem przez ponad dwadzieścia lat. Stwierdził on, że pomogła ona 64% pacjentów. Cierpieli na chorobę umysłową: schizofrenię.

W bazie George Air Force w Victorville w Kalifornii dwudziestu czterech pacjentów cierpiących na otyłość poddało się terapii głodem, która trwała do osiemdziesięciu czterech dni. Szesnastu ukończyło terapię. Utrata wagi wahała się od osiemnastu do czterdziestu pięciu kilogramó. Dr Robert M. Karns, który prowadził eksperyment, doniósł też, że czterdziestoośmioletni pacjent chory na cukrzycę, który przed głodówką otrzymywał dwadzieścia pięć jednostek insuliny dziennie, po głodówce przerwał przyjmowanie insuliny. Sześćdziesięcioletni pacjent, chory na artretyzm i serce, stwierdził, że stan jego zdrowia się poprawił.

Doświadczenia z myszami, na których testuje się terapie dla ludzi, wykazały, że możliwe jest wydłużenie ich życia o połowę. Jaką terapię zastosowano? Głodówkę (*nota Wydawcy*).

Odwieczne ludzkie poszukiwanie

się dłużej na słońce[4]. Krótkotrwałe codzienne opalanie się, w połączeniu z odpowiednimi nawykami zdrowotnymi, dostarczą ciału wystarczająco dużo energii życiowej, aby zniszczyć wszystkie szkodliwe mikroby.

Ludzie zdrowi mają naturalną odporność na choroby, szczególnie na infekcje. Choroba pojawia się, gdy moc odpierania infekcji przez krew zmniejsza się z powodu złego odżywiania albo przejadania się, albo kiedy zbyt częste uprawianie seksu osłabiło energię życiową. Aby zachować twórczą energię fizyczną, trzeba zaopatrywać wszystkie komórki w dynamiczną energię życiową. Wtedy ciało ma ogromną odporność na choroby. Nadużywanie seksu osłabia ciało i czyni je podatnym na schorzenia.

Możesz wydłużyć swoje życie

Jest rzeczą naturalną, że łatwiej jest pokonać chorobę, gdy jest się młodym, niż gdy jest się w podeszłym wieku. (Zawsze jednak istnieją wyjątki z powodu uwarunkowań karmicznych). Obecnie[5] przeciętna długość życia wynosi sześćdziesiąt lat. Wielu lekarzy zgadza się, że z łatwością można przedłużyć życie, prowadząc właściwy tryb życia.

Mahawatar Babadźi i niektórzy wielcy mistrzowie żyli po kilkaset lat. Życie można przedłużać w nieskończoność – nie dietą, lekarstwami, ćwiczeniami, przebywaniem na słońcu ani innymi ograniczonymi środkami, lecz poprzez kontakt z niezmierzoną mocą Boga. Powinniśmy myśleć nie tylko o ciele, ale także o Duchu. Jeśli osiągniemy doskonałą jedność z Duchem, to osiągniemy również doskonałość ciała[6].

Wielu ludzi jest bez przerwy zajętych troszczeniem się o zdrowie

---

4 Mądrze jest ograniczyć kąpiele słoneczne do wczesnej i późnej pory dnia. Zawsze należy chronić wrażliwą skórę przed nadmiernym nasłonecznieniem. W przypadku pytań dotyczących przebywania na słońcu powinno się zasięgnąć porady lekarza (dermatologa) i stosować się do nich (*nota Wydawcy*).

5 Tzn. w 1947 r., kiedy niniejszy wykład był wygłoszony.

6 Niemniej jednak wielcy mistrzowie, którzy osiągnęli doskonałą jedność z Duchem, mogą wytrzymać silne cierpienia ciała – nie dlatego, że zawiódł Duch, ale dlatego, że postanowili, za pozwoleniem boskim, przepracować na własnych ciałach pewne skutki karmiczne złego postępowania innych ludzi, aby im pomóc.

fizyczne, ale zaniedbują oni rozwój umysłu. Klucz do całej mocy tkwi w umyśle. Jeśli nie będziemy rozwijać tej mocy, to gdy pojawi się poważna choroba, możemy umrzeć w każdym wieku, bo organizm nie stawi oporu.

Potęga uśmiechu

Dbaj o zachowanie pełni sił życiowych, przestrzegaj zrównoważonej diety, zawsze się uśmiechaj i bądź szczęśliwy. Kto znajduje radość w sobie, odkrywa, że jego ciało naładowane jest prądem elektrycznym, energią życiową, pochodzącą nie z pożywienia, lecz od Boga. Jeśli czujesz, że nie potrafisz się uśmiechać, stań przed lustrem i palcami rozciągnij usta, tak aby ułożyły się w uśmiech. To jest bardzo ważne!

Metody uzdrawiania, które pokrótce opisałem w związku z dietą, oczyszczaniem ciała ziołami lub postem, mają ograniczoną skuteczność. Jeśli jednak ktoś jest pełen wewnętrznej radości, to przywołuje na pomoc niewyczerpaną moc Boga. Mam na myśli prawdziwą radość, nie taką, którą się udaje, lecz taką, którą się naprawdę odczuwa.

Kiedy twoja radość jest szczera, jesteś milionerem uśmiechów. Prawdziwy uśmiech rozprowadza prąd kosmiczny, *pranę*, po wszystkich komórkach ciała. Szczęśliwy człowiek jest mniej podatny na choroby, ponieważ stan szczęścia faktycznie przyciąga do ciała większą ilość kosmicznej energii życiowej.

Można by długo mówić na temat uzdrawiania. Główna idea jest taka, że powinniśmy bardziej polegać na nieograniczonej mocy umysłu. Należy stosować następujące zasady zapobiegania chorobom: panowanie nad sobą, ćwiczenia, właściwe odżywianie się, picie soków owocowych w dużych ilościach, sporadyczne posty i uśmiechanie się przez cały czas – z głębi duszy. Takie uśmiechy są rezultatem medytacji. Odnajdziesz wtedy wieczną moc Boga. Kiedy przebywasz z Nim w ekstazie, świadomie wprowadzasz Jego uzdrawiającą obecność do swojego ciała.

Trwałe uzdrowienie pochodzi od Boga

Moc umysłu niesie z sobą energię Boga, która nie zawodzi. Taką moc chcesz mieć w ciele. Istnieje sposób wprowadzenia do niego tej mocy. Sposobem tym jest obcowanie z Bogiem w medytacji. Kiedy obcowanie to jest doskonałe, uzdrowienie jest wtedy trwałe. Kiedy spłynie sprawcza moc Boga, uzdrowienie jest natychmiastowe – nie potrzeba czasu, aby idea wywołała pożądany skutek.

Wielu cierpiących ludzi próbuje przywołać tę moc, ale jeśli nie wyzdrowieją natychmiast, tracą wiarę w Pana, zamiast nadal starać się pozyskać Jego pomoc. Człowiek, który zawsze lgnie do Boga, z pewnością zostanie uzdrowiony, ponieważ Bóg wie, że wielbiciel się modli, nie może zatem nie odpowiedzieć. Ale jeśli ten rezygnuje, Ojciec mówi: „W porządku. Widzę, że radzisz sobie beze Mnie. Poczekam na ciebie".

Najwyższą Moc można przywołać niezachwianą wiarą i nieustającą modlitwą. Należy prawidłowo się odżywiać i robić wszystko, co jest potrzebne dla ciała, ale przy tym nieprzerwanie modlić się do Boga: „Panie, Ty możesz mnie uzdrowić, ponieważ rzeczywiście masz władzę nad atomami życia i subtelnymi stanami ciała, do których lekarze nie mogą dotrzeć, stosując leki". Czynniki zewnętrzne, takie jak leki i posty, mają pewien dobroczynny wpływ na ciało fizyczne, ale nie oddziałują na wewnętrzną siłę, która utrzymuje przy życiu komórki. Jedynie wtedy, gdy zwracasz się do Boga i otrzymujesz Jego uzdrawiającą moc, energia życiowa zostaje skierowana do atomów komórek ciała, powodując natychmiastowe uzdrowienie. Czyż nie lepiej więc całkowicie polegać na Bogu?

Jednak przechodzenie z fizycznych metod uzdrawiania na duchowe powinno być stopniowe. Jeśli człowiek przyzwyczajony do objadania się nagle zachoruje i chcąc spróbować się uzdrowić przy pomocy umysłu, nagle rozpoczyna post, to może się zniechęcić, jeśli nie uzyska pożądanych wyników. Zmiana sposobu myślenia, z polegania na jedzeniu na poleganie na umyśle, wymaga czasu. Aby się otworzyć na uzdrawiającą moc Boga, umysł musi być wytrenowany w *wierzeniu* w boską pomoc.

Z tej Wielkiej Mocy bierze się pulsacja całej energii atomów i to Ona przejawia i podtrzymuje każdą cząsteczkę świata materialnego. Tak jak obrazy z wyświetlanych filmów podtrzymywane są przez strumień światła wydobywający się z kabiny projekcyjnej kina, tak my wszyscy jesteśmy podtrzymywani przez Kosmiczny Strumień,

Boskie Światło płynące z Kabiny Wieczności. Jeśli będziesz szukać i znajdziesz ten Strumień, ujrzysz Jego nieograniczoną moc odbudowywania atomów, elektronów i żywotronów wszystkich komórek ciała, które mogą nie funkcjonować. Obcuj z Wielkim Uzdrowicielem!

Eliminowanie wibracji strachu z radia umysłu

Pierwsza świątynia Self-Realization Fellowship w Encinitas, Kalifornia, 16 października 1938

Wszystko we wszechświecie składa się z energii, czyli wibracji. Wibracja słów jest zatem zagęszczonym przejawem wibracji myśli. Myśli wszystkich ludzi wibrują w eterze[1]. Jako że myśli mają wysoką częstotliwość wibracyjną, to do tej pory jeszcze ich tam nie wykryto; ale to dobrze, że nie znamy myśli wszystkich ludzi.

W odbiorniku radiowym możemy wcisnąć guzik, i proszę, słyszymy muzykę i głosy! Gdyby nie obecność inteligentnego eteru, przez który fale radiowe płyną do odbiornika, słyszelibyśmy wszystkie audycje radiowe jednocześnie. Bóg stworzył eter i zaplanował, że człowiek stworzy radio i fale radiowe, które będzie można nadawać i odbierać poprzez to medium. Eter potrzebny jest do przenoszenia fal radiowych, a elektryczność do ich wzmacniania przy nadawaniu i odbiorze. Dźwięki transmisji radiowej zawsze są obecne w eterze, ale nie są słyszalne dla nas bez odbiornika. Drgania fal radiowych reprezentują myśli, które są transmitowane poprzez przestrzeń do każdego dostrojonego do nich odbiornika.

Jeśli ktoś jest blisko i jest ci drogi, możesz odczuwać myśli tej osoby, ale prawdopodobnie nie będziesz w stanie ich odczuwać w przypadku kogoś znajdującego się daleko, na przykład w Indiach, chyba że zwiększysz zasięg odbioru. Ci z was, którzy regularnie

---

[1] Istnienie hipotetycznego eteru nie jest uważane za niezbędne do tworzenia teorii naukowych dotyczących istoty świata materialnego. Jednak hinduskie pisma święte nawiązują do eteru jako subtelnie wibrującego „tła", na które nakłada się stworzenie. Wypełnia on szczelnie przestrzeń i jest siłą wibracyjną, która oddziela od siebie wszystkie obrazy (zob. *eter* i *żywioły* w Słowniczku; nota Wydawcy).

praktykują przekazane w *Lekcjach Self-Realization Fellowship* techniki koncentracji i medytacji i są bardzo wyciszeni, będą w stanie odczuwać myśli innych nawet na dużą odległość. Wasz umysł stanie się wrażliwszy.

Wszyscy jesteśmy ludzkimi odbiornikami radiowymi: odbieramy przekazy myślowe innych przez serce[2] – ośrodek odczuwania, i nadajemy własne przekazy myślowe przez oko duchowe – ośrodek koncentracji i woli. Nasza antena jest w rdzeniu przedłużonym, ośrodku intuicyjnej nadświadomości. Przypuśćmy, że znajdujesz się daleko od domu i chcesz zobaczyć, co się tam dzieje. Jeśli twoje uczucia i umysł są wyciszone, zdołasz intuicyjnie odebrać uczucia i myśli domowników. Kiedy osiągniesz zdolność doskonałej koncentracji, twoje odczucie będzie mogło przenikać wszędzie; twoja percepcja naładuje się energią, elektrycznością.

Świat jest tylko myślą w umyśle Boga

W rzeczywistości nie ma dystansu[3] między Indiami a miejscem, w którym teraz się znajdujemy. Ale my jesteśmy w Ameryce i uważamy, że podróż statkiem do Indii musi potrwać dwadzieścia pięć dni. Mając materialną świadomość, akceptujemy, że aby przebyć taką odległość, potrzebujemy czasu. Ale energia skraca ten odstęp. Jeśli polecimy samolotem, podróż zajmie tylko siedem dni[4]. Dystans maleje wraz ze wzrastającym zużyciem energii potrzebnej na lot – im więcej zużytej energii, tym większa redukcja przestrzeni lub dystansu. Przypuśćmy, że śpisz i śni ci się, że wyruszasz do Indii. Jedziesz pociągiem do Nowego Jorku, wchodzisz na pokład statku, który zatrzymuje się w różnych portach i przypływasz do Bombaju. We śnie wszystko to dzieje się w ciągu kilku minut, ponieważ dla

---

[2] Tajemna siedziba *citty*, intuicyjnego odczuwania u człowieka.

[3] Czas i przestrzeń są częścią zwodniczej *maji*, która w postrzeganiu śmiertelników dzieli i mierzy niepodzielną Nieskończoność. W świadomości Boga, nietkniętej przez *maję*, i dla wielbiciela zjednoczonego z Bogiem w stanie boskiego przebudzenia bliskość i odległość, przeszłość, teraźniejszość i przyszłość – wszystko to rozpuszcza się w wiecznym wszechobecnym Teraz.

[4] Siedem dni w 1938 roku, a dziś okrążamy Ziemię statkiem kosmicznym w ciągu kilku minut! Czas i przestrzeń zostały dziś mocno nagięte do woli człowieka. „Jutro" może je podbić (nota Wydawcy).

myśli przestrzeń nie istnieje. Albo przypuśćmy, że śnię, iż poruszam gałką strojenia radia i odbieram Indie. Odległość nie istnieje – to tylko wyobrażenie w moim umyśle.

Cały świat istnieje tylko w myśli, taka jest moc umysłu. Odległość jest wyobrażeniem umysłu. Mogę zamknąć oczy i pomyśleć o przedmiotach oddalonych o tysiące kilometrów, a jednak wszystkie te kilometry to tylko zwykła ekspansja myśli. Przestrzeń i czas to tylko różne koncepcje myślowe. Jaka jest różnica pomiędzy lodami a gorącą czekoladą w przeżyciu sennym? Kiedy budzisz się, uświadamiasz sobie, że w krainie snu lody były jedną myślą, a gorąca czekolada drugą; były one tylko dwoma różnymi wyobrażeniami.

Myśl ma moc wszechwiedzy. Ten rodzaj myśli, o którym mówię, jest myślą Bożą. Tak jak On jest wszechobecny myślą, tak samo jesteśmy i my. Czyż nie łączymy już przez radio myśli Ameryki i myśli Indii? Nie ma odległości między nimi.

Często, kiedy usiłujesz nastawić radio na określoną stację, pojawiają się zakłócenia, utrudniające odbiór programu, którego chcesz posłuchać. Podobnie, gdy starasz się dokonać jakiejś osobistej przemiany w sercu, twoje postępy mogą zostać przerwane przez „zakłócenia". Zakłóceniami tymi są twoje złe nawyki.

Strach nie ma wstępu do spokojnego serca

Inną formą zakłóceń, które źle wpływają na radio twojego umysłu, jest strach. Podobnie jak dobre i złe nawyki, strach może być zarówno konstruktywny, jak i destruktywny. Na przykład, gdy żona mówi: „Mój mąż będzie niezadowolony, jeśli wyjdę dziś wieczorem. Dlatego nie wyjdę", kieruje nią strach podyktowany miłością i jest on konstruktywny. Strach wypływający z miłości różni się od zniewalającego strachu. Mówię o miłosnym strachu, który każe nam uważać, by kogoś niepotrzebnie nie zranić. Zniewalający strach paraliżuje wolę. Członkowie rodziny powinni rozważać jedynie strach wypływający z miłości i nigdy nie powinni się bać mówienia sobie nawzajem prawdy. O wiele lepiej jest działać z obowiązku lub poświęcać własne pragnienia z miłości do drugiej osoby niż robić to z powodu strachu. A kiedy powstrzymujemy się od łamania boskich praw, powinniśmy to robić z miłości do Boga, a nie ze strachu przed karą.

Strach pochodzi z serca. Jeśli kiedykolwiek opanuje cię strach przed chorobą albo wypadkiem, powinieneś zrobić kilka głębokich wdechów i wydechów, powoli i rytmicznie, rozluźniając się przy każdym wydechu. Pomaga to unormować krążenie krwi. Kiedy serce jest naprawdę spokojne, nie możesz wtedy zupełnie odczuwać strachu.

Lęki budzą się w sercu z powodu świadomości bólu; stąd wniosek, że strach wywoływany jest wcześniejszymi doświadczeniami – być może, kiedyś upadłeś i złamałeś nogę, i dlatego nauczyłeś się obawiać powtórki tamtego przeżycia. Trwanie w takim lęku paraliżuje wolę, a także układ nerwowy, no i możesz rzeczywiście ponownie upaść i złamać nogę. Co więcej, kiedy strach paraliżuje serce, obniża się siła witalna i zarazki mają okazję zaatakować ciało.

Bądź ostrożny, ale nie bojaźliwy

Nie ma prawie ludzi, którzy nie boją się choroby. Strach został dany człowiekowi jako mechanizm ostrzegawczy, po to, aby zaoszczędzić mu bólu. Nie należy go jednak pielęgnować ani nadużywać. Tkwienie w strachu niweczy nasze starania, by zapobiec trudnościom. Przezorny strach jest wskazany, jak na przykład wtedy, gdy znając zasady zdrowej diety, argumentujesz: „Nie zjem tego ciastka, bo nie jest ono dla mnie dobre". Jednakże irracjonalne obawy są przyczyną chorób. Są one prawdziwym zalążkiem wszystkich schorzeń. Strach przed chorobą wywołuje chorobę. Przez samo myślenie o chorobie sprowadzasz ją na siebie. Jeśli ciągle boisz się przeziębienia, będziesz na nie bardziej podatny, bez względu na to, co zrobisz, aby mu zapobiec. Nie paraliżuj swojej woli ani nerwów strachem. Kiedy obawy utrzymują się, nawet wbrew twojej woli, przyczyniasz się do stworzenia tego właśnie, czego się boisz. Także niemądrze jest przebywać dłużej niż to konieczne i niż wymaga tego grzeczność z ludźmi, którzy stale rozmawiają o dolegliwościach i chorobach własnych i innych osób. Takie rozwodzenie się na ten temat może zasiać ziarna lęku w twoim umyśle. Ci, którzy się martwią, że zachorują na gruźlicę, na raka lub na serce powinni pozbyć się tego strachu, żeby nie sprowadzić na siebie niepożądanej choroby. Osoby już chore i słabe potrzebują jak najprzyjemniejszego otoczenia i powinny przebywać wśród ludzi o silnym i pozytywnym usposobieniu, ludzi, którzy będą ich wspierać w pozytywnym myśleniu i uczuciach. Myśl ma wielką moc. Pracujący w szpitalach rzadko chorują, bo mają pozytywne nastawienie. Ich energia i pozytywne myśli dodają im sił życiowych.

Dlatego, gdy się starzejesz, najlepiej nie zdradzaj innym swojego wieku. Gdy tylko to zrobisz, widzą w tobie ten wiek i kojarzą go z pogarszającym się zdrowiem i spadkiem sił życiowych. Myśl o starzeniu się budzi lęk i w ten sposób zmniejsza twoją energię. Zatrzymaj więc tę informację dla siebie. Powiedz Bogu: „Jestem nieśmiertelny. Obdarzyłeś mnie błogosławieństwem dobrego zdrowia i za to Ci dziękuję".

Bądź zatem ostrożny, ale nie bój się. Bądź zapobiegliwy i stosuj co jakiś czas dietę oczyszczającą, aby usunąć z ciała wszelkie czynniki chorobotwórcze, które mogą się w nim znajdować. Rób, co w twojej mocy, aby usunąć przyczyny choroby, a zarazem absolutnie się nie bój. Wszędzie jest tak wiele zarazków, że jeśli będziesz się ich bał, to w ogóle nie zdołasz cieszyć się życiem. Nawet przy zastosowaniu wszystkich środków czystości, gdybyś obejrzał pod mikroskopem to, co znajduje się w twoim domu, straciłbyś całą ochotę do jedzenia!

Techniki pokonywania strachu

Obojętnie czego się boisz, odwróć od tego uwagę i zostaw to Bogu. Miej wiarę w Niego. Wiele cierpienia wynika po prostu z martwienia się. Po co cierpieć teraz, kiedy choroba jeszcze nie nadeszła? Jako że większość naszych problemów ma źródło w strachu, to jeśli przestaniesz się bać, natychmiast się od nich uwolnisz. Uzdrowienie będzie natychmiastowe. Codziennie wieczorem, przed snem, afirmuj: „Ojciec Niebiański jest ze mną. Jestem pod Jego ochroną". W myślach otaczaj się Duchem i Jego kosmiczną energią i mów: „Każdy atakujący mnie zarazek zginie [jak] porażony prądem". Intonuj *Aum* trzy razy albo słowo „Bóg". To cię osłoni. Poczujesz Jego cudowną ochronę. Bądź nieustraszony. To jedyny sposób, aby być zdrowym. Obcowanie z Bogiem sprawi, że spłynie na ciebie Jego prawda. Poznasz, że jesteś niezniszczalną duszą.

Kiedykolwiek poczujesz strach, połóż rękę na sercu, dotykając skóry. Pocieraj ją z lewa na prawo i mów: „Ojcze, jestem wolny.

Wyłącz ten strach w radiu mego serca". Podobnie jak w zwykłym radiu możesz pozbyć się zakłóceń, tak też, jeśli będziesz nieprzerwanie pocierał okolicę serca z lewa na prawo i przez cały czas koncentrował na myśli, że chcesz wyłączyć strach w swoim sercu, to on zniknie, i poczujesz w sobie radość Boga.

Strach ustaje wraz z ustanowieniem kontaktu z Bogiem

Strach nieustannie nas prześladuje. Ustaje on wraz z ustanowieniem kontaktu z Bogiem, nie inaczej. Po co czekać? Możecie z Nim obcować dzięki jodze. Indie mogą dać wam coś, czego nigdy nie dał wam żaden inny naród. Ja zawdzięczam wszystko mojemu guru swamiemu Śri Jukteśwarowi. Był on mistrzem pod każdym względem. To dzięki kierowaniu się jego mądrością udało mi się wypełnić moją misję na Zachodzie. Mawiał on: „Wszystko, co robisz, staraj się robić tak dobrze, jak nikt inny dotąd". Jeśli zapamiętacie tę myśl, to będziecie odnosić sukcesy. Większość ludzi naśladuje innych. Powinniście być autentyczni, a cokolwiek robicie, róbcie to dobrze. Cała przyroda świadomie łączy się z wami, kiedy jesteście w harmonii z Bogiem.

Często myślimy przede wszystkim o sobie, a tymczasem powinniśmy zawsze włączać w nasze szczęście innych ludzi. Gdy postępujemy tak z dobroci serca, szerzymy dookoła ducha wzajemnego zrozumienia. Gdyby każdy w społeczności tysiąca osób tak się zachowywał, to miałby dziewięćset dziewięćdziesięciu dziewięciu przyjaciół. Natomiast gdyby każdy w tej społeczności zachowywał się wrogo w stosunku do pozostałych, to miałby dziewięćset dziewięćdziesięciu dziewięciu wrogów.

Największym zwycięstwem, jakie możecie odnieść w życiu, jest zdobycie serc innych ludzi potęgą miłości. Zawsze starajcie się myśleć przede wszystkim o innych, a będziecie mieli świat u swoich stóp. Na tym polegała wielkość Jezusa. Żył On dla wszystkich i umarł za wszystkich. O możnych tego świata, którzy żyją tylko dla siebie samych, szybko się zapomina, ale o tych, którzy całkowicie poświęcają się dla innych, pamięta się zawsze. Podczas swojego krótkiego pobytu na ziemi Król Królów nie miał tronu ze złota, ale panuje On na tronie miłości w sercach milionów ludzi od dwudziestu stuleci. Jest to najlepszy tron, jaki można mieć.

Jedna myśl może cię odkupić

Gdy przyszedłeś na świat – płakałeś, podczas gdy wszyscy inni się cieszyli. W ciągu swojego życia pracuj i służ innym w taki sposób, że kiedy przyjdzie na ciebie czas odejścia z tego świata, ty będziesz się cieszył, a wszyscy inni będą płakali. Miej tę myśl na uwadze, a będziesz zawsze pamiętał, aby stawiać innych przed sobą.

Ten ogromny świat został stworzony, abyś mógł używać swojej inteligencji do zdobycia wiedzy o Duchu, wiedzy o swojej Jaźni. *Nawet jedna myśl może cię odkupić*. Nie zdajesz sobie sprawy, jak skutecznie twoje myśli działają w eterze.

Jak mógłbyś odczuwać ludzką miłość, gdyby sam Bóg ci jej nie dał, umieszczając Swoją miłość w sercu każdej istoty? A jako że Bóg jest tak bardzo dobry i miłujący, to On powinien być przedmiotem twoich poszukiwań. Nie chce On ci się narzucać. Ale tajemnica funkcjonowania twojego ciała, inteligencja, którą od Niego otrzymałeś, i wszystkie inne cudowne rzeczy w życiu powinny być wystarczającym bodźcem, abyś postanowił szukać Boga. Każdy człowiek zostałby odkupiony, gdyby zechciał spróbować. Musisz spróbować!

Z początku, kiedy wstąpiłem na ścieżkę duchową, moje życie było chaotyczne. Ale jako że szedłem nią wytrwale, wszystko zaczęło mi się układać w cudowny sposób. Wszystkie wydarzenia pokazały mi, że Bóg *jest* i że można Go poznać w tym życiu. Gdy odnajdujesz Boga, jakąż zyskujesz pewność siebie i nieustraszoność! Wtedy wszystko inne nie ma znaczenia, nic nigdy nie zdoła cię przestraszyć. Oto jak Kryszna wzywał Ardźunę, aby stanął bez lęku do bitwy swego życia i odniósł duchowe zwycięstwo: „Nie bądź niemęski, to ci nie przystoi. O Ty, Pogromco Wrogów, odrzuć tę nędzną małoduszność! Powstań!"[5].

---

5 *Bhagawadgita* II:3.

Nerwowość – przyczyny i uzdrawianie

Circa 1927

Nerwowość to dolegliwość, którą można wyleczyć, stosując specyficzny lek: spokój. Zakłócenia równowagi umysłu, które skutkują zaburzeniami nerwowymi, powodowane są stałymi stanami podniecenia, czyli nadmiernym pobudzeniem zmysłów. Ciągłe pogrążanie się w myślach pełnych strachu, złości, melancholii, wyrzutów sumienia, zazdrości, smutku, nienawiści i niezadowolenia oraz ciągłe martwienie się, a także brak tego, co jest niezbędne do normalnego i szczęśliwego życia – jak brak właściwego jedzenia, właściwej aktywności fizycznej, świeżego powietrza, promieni słonecznych, przyjemnej pracy i celu w życiu – wszystko to są przyczyny chorób układu nerwowego.

Każde gwałtowne lub długotrwałe pobudzenie umysłu, emocji lub ciała silnie zaburza i destabilizuje przepływ siły życiowej w całym mechanizmie motoryczno-sensorycznym i lampach zmysłów. Jeśli podłączymy 120-watową żarówkę do źródła prądu o napięciu 2000 woltów, to się przepali. Podobnie układ nerwowy nie jest skonstruowany tak, aby wytrzymał niszczącą siłę bardzo silnych emocji albo długotrwałych negatywnych myśli i uczuć.

Dalekosiężne skutki nerwowości

Nerwowość to złożony problem; to śmiertelny wróg, którego działania powodują dalekosiężne skutki. Trudno jest wyleczyć ciało z jakiejkolwiek choroby, jeśli towarzyszy jej nerwowość. W sferze duchowej zakłócenia przepływu siły życiowej w ciele sprawiają, że wielbicielowi wyjątkowo trudno jest się skoncentrować i medytować dostatecznie głęboko, aby osiągnąć spokój i mądrość. Ale nerwowość można wyleczyć. Cierpiący musi chcieć przeanalizować swój stan i usunąć destruktywne emocje i negatywne myśli, które po trochu go niszczą. Obiektywna analiza problemów i zachowywanie spokoju we wszystkich sytuacjach życiowych wyleczą najbardziej uporczywe przypadki nerwowości.

Uświadomienie sobie, że cała moc myślenia, mówienia, odczuwania i działania pochodzi od Boga i że zawsze jest On z nami – inspirując nas i prowadząc – natychmiast uwalnia nas od nerwowości. Wraz z tym zrozumieniem pojawiają się przebłyski boskiej radości; czasami całe nasze jestestwo przenika doznanie głębokiego oświecenia, które usuwa nawet samo pojęcie strachu. Otacza nas moc Boża, która jak ocean zalewa serce oczyszczającą powodzią, usuwając wszystkie przeszkody zwodniczych wątpliwości, nerwowości i strachu. Złudność materii, świadomość bycia jedynie śmiertelnym ciałem zostają pokonane w kontakcie ze słodkim spokojem Ducha, który osiąga się dzięki codziennej medytacji. Wtedy wie się, że ciało jest tylko małym bąbelkiem energii w Jego komicznym oceanie.

Ofiara nerwowości musi zrozumieć swój przypadek i zastanowić się nad tymi ustawicznymi błędami w myśleniu, które są przyczyną jej niedostosowania się do życia. Kiedy osoba nerwowa wreszcie przyzna się przed sobą, że jej choroba nie ma jakiejś tajemniczej przyczyny, lecz jest logicznym następstwem jej własnych nawyków, wtedy jest już w połowie uleczona.

Układ nerwowy

Układ nerwowy jest jak centrala telefoniczna z wejściami i wyjściami do i z ciała, umożliwiającymi człowiekowi reagowanie na bodźce zewnętrzne i wewnętrzne. Ekscytacja rozstraja nerwy, sprawiając, że do jednych części ciała płynie za dużo energii, a do innych za mało. To niewłaściwe rozprowadzanie siły nerwowej jest jedyną przyczyną nerwowości. Człowiek spokojny – taki, który unika ekscytowania się, bo nie jest zbytnio przywiązany do swojego ego i jest świadomy, że to Bóg, a nie on rządzi światem – zawsze upora się z każdą sytuacją życiową, ponieważ jego siła nerwów rozłożona jest równomiernie w ciele. Pan Kryszna powiedział: „Znawca Ducha, przebywający w Najwyższej Istocie, o jasnym osądzie, wolny od ułudy, ani nie raduje się nadmiernie z tego, co przyjemne, ani nie martwi się tym, co przykre"[1]. To jest cel, do którego powinniśmy dążyć i który powinniśmy osiągnąć.

Układ nerwowy doprowadza prąd życiowy do mózgu, serca i pozostałych części ciała. Dostarcza energię do pięciu narządów zmysłów: wzroku, słuchu, dotyku smaku i węchu. Nerwy to nasz środek komunikacji ze światem zewnętrznym i źródło wszystkich naszych reakcji na bodźce zmysłowe. Bardzo ważne jest zatem utrzymywanie doskonałej równowagi nerwowej, tak aby nie przeciążać jednej części ciała zbyt wielką energią, w konsekwencji ograniczając jej dopływ do innych obszarów. Nie niepokój i reakcje emocjonalne, lecz spokój i głębokie zaufanie do Boga prowadzą do jogicznego stanu harmonii w życiu.

Jogini znają specjalne techniki, dzięki którym można zregenerować tkanki uszkodzone przez nerwowość. Polegają one na przesyłaniu energii życiowej do nerwów częściowo zniszczonych przez ich nadużywanie. Każda komórka i tkanka układu nerwowego jest żywą, inteligentną strukturą. Energia życiowa może je zawsze odnowić.

Pokonaj nerwowość, przebywając w dobrym towarzystwie

Są dwa rodzaje nerwowości – psychiczna i somatyczna, czyli płytka i organiczna. Psychiczna, czyli najczęstsza odmiana powodowana jest nadmiernym pobudzeniem umysłu. Stan ten, jeśli trwa długo i jest pogłębiany otoczeniem mało inspirujących ludzi, niewłaściwą dietą i niezdrowym trybem życia, powoduje chroniczne, czyli organiczne manifestacje chorób nerwowych.

Dieta powinna być prosta, zrównoważona i niezbyt obfita. Codziennie należy zażywać ruchu. Zbyt dużo snu otępia nerwy, a za mało snu im szkodzi. Ale nader ważny jest dobór towarzystwa. Powiedz mi, jakich masz przyjaciół, a powiem ci, kim jesteś. Pochlebcy nam nie pomagają. Powinniśmy szukać towarzystwa lepszych od nas – tych, którzy mówią nam prawdę i pomagają nam się doskonalić. Najlepszym naszym przyjacielem jest ten, kto nam delikatnie podpowiada, jak możemy poprawić nasze życie, wprowadzając sensowne zmiany.

---

1 *Bhagawadgita* V:20.

Silna krytyka, wyrażona w podły czy bezduszny sposób, jest jak uderzenie człowieka młotkiem w głowę. Moc miłości jest nieskończenie bardziej skuteczna. Życzliwe rady udzielone z miłością i zrozumieniem potrafią zdziałać cuda; samo wynajdywanie wad do niczego nie prowadzi. Mamy prawo osądzać innych tylko pod warunkiem, że udoskonaliliśmy samych siebie. Dopóki tego nie zrobimy, korzyści odnosimy jedynie z krytycznej analizy siebie samych.

Jednym z najszybszych sposobów pozbycia się nerwowości i uświadomienia sobie własnej boskości jest przebywanie w towarzystwie spokojnych, mądrych ludzi. Osoby nerwowe powinny trzymać się z dala od ludzi mających podobne problemy.

Najlepszym lekarstwem jest spokój

Najlepszym lekarstwem na nerwowość jest pielęgnowanie stanu spokoju. Ktoś, kto jest w sposób naturalny spokojny, w żadnych okolicznościach nie traci zdrowego rozsądku, słusznego osądu i poczucia humoru. Zawsze potrafi odróżnić opinie czy pobożne życzenia od faktów. Nie da się zwieść słodkim słowom nieuczciwych ludzi, przedstawiających nieprawdopodobne projekty szybkiego wzbogacenia się. Nie zatruwa tkanek swojego ciała złością ani strachem, które to niekorzystnie wpływają na krążenie. Zostało udowodnione, że mleko wiecznie rozdrażnionej matki może mieć szkodliwy wpływ na dziecko. Czyż potrzeba bardziej przekonującego dowodu, że gwałtowne emocje ostatecznie czynią z człowieka godny politowania wrak?

Opanowanie jest piękną cechą. Powinniśmy wzorować życie na trzech zasadach, które można zobrazować w postaci trójkąta: jego dwa boki to spokój i słodycz charakteru, a podstawą jest szczęście. Codziennie powinniśmy sobie powtarzać: „Jestem księciem pokoju, siedzącym na tronie opanowania, rządzącym królestwem moich poczynań". Czy działamy szybko, czy powoli, w samotności, czy na ruchliwych targowiskach, w środku powinniśmy być spokojni i opanowani. Przykładem takiego ideału jest Chrystus. Wszędzie, gdzie był, płynął od Niego spokój. Przechodził każdą możliwą próbę, nie tracąc opanowania.

Bóg jest wszędzie, rządzi planetami i galaktykami, a mimo to pozostaje niewzruszony. Chociaż jest On w tym świecie, to

Nerwowość – przyczyny i uzdrawianie

jednak jest ponad nim. Musimy odzwierciedlać Go i być Jego podobieństwem. Musimy często medytować i utrzymywać spokój uzyskany w medytacji. Musimy wysyłać myśli pełne miłości, dobrej woli i harmonii. W świątyni medytacji z lampą intuicji palącą się na ołtarzu, nie ma niepokoju, nerwowych zmagań czy poszukiwań. Wreszcie człowiek jest u siebie, w świątyni zbudowanej nie rękoma, lecz spokojem Boga.

Post i jego fizyczne i duchowe korzyści

*Międzynarodowa Siedziba Self-Realization Fellowship,
Los Angeles, Kalifornia, 9 marca 1939*

Korzyści dla ciała i doświadczenia duchowe będące skutkiem poszczenia są wspaniałe! Duch w nas uniezależnia się od wymagań ciała, w miarę jak uwalnia się ono od złych nawyków. Właśnie przekroczyłem trzydziesty dzień diety i postu i wydaje mi się to tak naturalne, jak gdybym wcześniej nigdy nie jadł. Ci z was, którzy mogą, powinni zastosować trzydniową głodówkę, a jeśli to możliwe – dłuższą[1]. Odkryjecie, że można żyć bez jedzenia.

Ból wskazuje, że coś jest nie tak z maszynerią ciała i trzeba ją zreperować. Pomyśl, jaką uwagę przywiązujesz do tego, aby twój samochód był czysty i w dobrym stanie. Ciało ludzkie jest o wiele bardziej skomplikowane od samochodu i Pan chce, aby utrzymywać je w czystości i w dobrej formie, a jednocześnie, aby bardziej polegać na Nim. Sekretem utrzymania dobrego zdrowia są nie tylko leki; powinno się bardziej polegać na Bożej energii w sobie.

Ta energia życiowa w naszych ciałach jest w istocie źródłem życia. Jest ona świadomą mocą: twórcą narządów, a także zapewnia im witalność. Zwykle siła życiowa jest stale zasilana mocą umysłu i pożywieniem. Jeśli jednak się jej nadużywa, to poddaje się i odmawia dalszego działania. Jej moc może osłabnąć na przykład w oczach i wtedy źle widzimy. Kiedy energia życiowa zaczyna słabnąć, nie da nam siły żadne pożywienie, nie wzmocni nas świeże powietrze, nic

---

[1] Ludzie zdrowi nie powinni mieć komplikacji podczas trzydniowej głodówki. Dłuższe głodówki powinno się podejmować tylko pod nadzorem doświadczonych osób. Każdy mający chroniczne dolegliwości albo wady ciała powinien prowadzić głodówkę wyłącznie na zalecenie lekarza doświadczonego w prowadzeniu głodówek.

Post i jego fizyczne i duchowe korzyści

nie zdoła przywrócić ciału energii.

Głodówka umożliwia odpoczynek przepracowanym narządom, silnikom ciała, a także samej sile życiowej, odciążając ją od nadmiaru pracy. Kiedy przestanie się zmuszać siłę życiową do tego, żeby czuła, że jej istnienie musi zależeć od źródeł zewnętrznych – jedzenia, wody, tlenu, światła słonecznego – wtedy staje się samowystarczalna, niezależna.

Przejadanie się przez trzysta sześćdziesiąt pięć dni w roku powoduje wiele rozmaitych chorób. Bezwzględna regularność przyjmowania posiłków, bez względu na to, czy organizm rzeczywiście potrzebuje pokarmu, jest również przekleństwem dla ciała. Im bardziej koncentrujesz się na podniebieniu, tym więcej chorujesz. Dobrze jest znajdować przyjemność w jedzeniu, ale być jego niewolnikiem to zmora życia. Dlaczego miałbyś pozwalać swojej naturze na to, aby cię krzywdziła? Nie może cię ona karać, jeśli nie jesteś przywiązany do ciała ani do pożywienia. Musisz zrozumieć, że tym, co utrzymuje ciało, jest siła życiowa.

Przykładaj jak największą uwagę do umysłu, nie będąc przy tym fanatycznym, tak abyś mógł coraz bardziej polegać na jego mocy. Jeśli będziesz upierał się przy tym, aby uczynić umysł niewolnikiem ciała, to umysł się zemści. Zrzeknie się swojej władzy, tak że będziesz zmuszony do polegania na pomocy kogoś lub czegoś innego; a żaden lekarz ani lek nie mogą pomóc pacjentowi, jeśli jego umysł tak osłabł, że choroba stała się chroniczna. W trzech czwartych uleczenie zależy od umysłu.

W Indiach uczymy, jak zdobyć władzę nad ciałem, tak aby można było w większym stopniu polegać na umyśle. Ci, którzy stale uciekają się do fizycznych metod leczenia i zachowania zdrowia, zawsze będą od nich zależni. Tymczasem moc umysłu jest nadrzędna. Powinniśmy stopniowo uczyć się lepiej wykorzystywać umysł. W ten sposób uświadomimy sobie, że umysł jest wspaniałym narzędziem. Uczyni wszystko, co mu rozkażesz. Doświadczyłem tego na sobie.

Pewnego wyjątkowo gorącego dnia miałem wykład w Milwaukee. Pot spływał mi po twarzy, ale nie mogłem znaleźć chusteczki. Przez chwilę nie wiedziałem, co zrobić. Potem skupiłem się na ośrodku Chrystusowym i powiedziałem w myślach: „Panie, moje ciało jest chłodne". Momentalnie pocenie się ustało i poczułem, że ciało ochłodziło się. Dobrze jest zatem starać się polegać bardziej na umyśle. Jednakże, nie można całkowicie negować ciała; gdybyśmy tak rzeczywiście postępowali, to byśmy nie myśleli, nie jedli i nie poruszali się.

Niektórych władza umysłu nad ciałem interesuje głównie ze względów zdrowotnych. Ale zdrowie nie jest celem życia. Celem życia jest obcowanie z Bogiem. Chwilowo możesz czuć się dobrze, ale przychodzi czas, kiedy ta władza na nic się nie zda. Kto ci wtedy pomoże? Bóg. Jednym z najlepszych sposobów zbliżenia się do Boga jest post. Uwalnia on siłę życiową zniewoloną przez jedzenie, pokazując, że Bóg jest tym, który naprawdę podtrzymuje życie w ciele.

Ale na tym polega kuszenie Szatana, że jak tylko umysł pomyśli: „jedzenie", to chcemy zaraz jeść. Kiedyś jako mały chłopiec w Indiach byłem przeziębiony i zapragnąłem skosztować owocu tamaryndowca, który uważano za bardzo niewskazany przy przeziębieniu. Moja siostra stanowczo mi to odradzała, ale gdy nalegałem, niechętnie mi go przyniosła. Ugryzłem kawałek i wyplułem. Bez połykania tamaryndy zaspokoiłem pragnienie jej smaku. Jako że człowiek zbyt często popada w nawyk łakomstwa, to niefortunne dla niego jest to, że Bóg nie stworzył ciała w taki sposób, aby mógł on cieszyć się zmysłem smaku, a jednocześnie, aby szkodliwe, niezdrowe jedzenie lub jego nadmiar omijały narządy trawienia i wchłaniania!

Panowanie nad sobą – najrozsądniejsza droga do zdrowia i szczęścia

Ale tak naprawdę najrozsądniejszą drogą do zdrowia i szczęścia jest panowanie nad sobą. Być panem siebie samego, tak aby zmysły nie miały nad nami władzy, to jedno z największych błogosławieństw jakim można się cieszyć. Jeśli przeciąży się przewody elektryczne zbyt silnym prądem, to się przepalą. Za każdym razem, kiedy przeciążamy układ trawienny zbyt dużą ilością jedzenia, to wypala się siła życiowa. Kiedy powstrzymujemy się od przejadania i kiedy głodujemy, siła życiowa odpoczywa i się regeneruje.

Jeśli popsuje się coś w samochodzie, oddajemy go do warsztatu. Przez jakiś czas funkcjonuje lepiej, a potem psuje się coś innego

Post i jego fizyczne i duchowe korzyści

i znowu oddajemy go do naprawy. To samo musimy uczynić z ciałem. Głodówka wspaniale działa na ciało. Trzydniowy post na soku pomarańczowym naprawi ciało na jakiś czas, natomiast długotrwały post całkowicie je zregeneruje[2]. Poczujemy, że ciało stało się mocne jak stal. Ale jeśli pragniemy trwałej regeneracji ciała, to musimy również przez cały czas kontrolować, co i ile jemy.

Poznaj właściwy sposób prowadzenia postu

Musisz wiedzieć, jak pościć. Dlatego post trwający dłużej niż trzy dni powinno się prowadzić pod właściwym nadzorem. Nie zalecam nikomu, aby jego pierwszy post był długi, albowiem może dojść do osłabienia. Dobrym sposobem na przyzwyczajenie się do poszczenia jest pościć jeden dzień na owocach co tydzień i trzy dni na soku pomarańczowym co miesiąc. Poszczący powinien się psychicznie przygotować na uwagi osób, które natychmiast zaczną mu współczuć i mówić, że jeśli nie będzie jadł, to zachoruje i umrze. Prawdą jest, że podczas pierwszych kilku dni dłuższego postu, można czuć się osłabionym, ponieważ siła życiowa przywykła do polegania na pożywieniu. Ale stopniowo, w miarę upływu dni, słabość mija. Twoja siła życiowa i duch uniezależniają się od pożywienia. Przekonujesz się, że ciało jest karmione jedynie siłą życiową.

Znam sekret, dzięki któremu można pościć i nie tracić na wadze. Można użyć siły życiowej do schudnięcia albo do utrzymania dotychczasowej wagi – jeśli potrafimy ją świadomie kontrolować. W obu przypadkach jest to skuteczne. Kiedy stosujemy tę zasadę, nie obniża się temperatura ciała, niezależnie od tego, jak długo się pości. Czerpiąc energię z rdzenia [przedłużonego], „ust Boga"[3], siła życiowa zaczyna coraz to bardziej polegać na swojej własnej mocy odradzania się, zamiast na źródłach zewnętrznych.

---

2 Zob. przypis na stronie 110.

3 Mt 4,4: „Nie samym chlebem człowiek żyć będzie, ale każdym słowem (*praną*, energią życiową) pochodzącym z ust Bożych (która wypływa z rdzenia przedłużonego i rozchodzi się po ciele)". To przez ten ośrodek nadświadomości znajdujący się w rdzeniu Bóg tchnie swoje „słowo" – inteligentną wibrację kosmiczną, czyli energię – w człowieka. Zapas tej energii gromadzi się w mózgu, po czym spływa ona z rdzenia przedłużonego do pięciu ośrodków duchowych (ćakr) w kręgosłupie, które działają jako rozdzielniki, dostarczając energię życiową do wszystkich części ciała.

Odwieczne ludzkie poszukiwanie

Ludzie w doskonałym stanie zawieszenia funkcji życiowych mogą zostać pogrzebani na pięć tysięcy lat albo na wieczność i pozostać przy życiu. Życie jest wieczne. Nie zależy od oddechu, pożywienia, wody ani światła słonecznego. Pamiętaj zawsze, że jesteś Niezniszczalnym Duchem. Tak należy żyć.

Nasza świadomość żyje po śmierci, jednak zwykły człowiek traci poczucie jej ciągłości i dlatego myśli, że nie żyje. Każdy z nas kiedyś umrze, zatem nie ma sensu bać się śmierci. Nie czujemy się nieszczęśliwi na myśl o utracie świadomości ciała, kiedy śpimy; akceptujemy sen jako stan wolności, na który czekamy. Podobnie jest ze śmiercią: to stan odpoczynku, przejście na emeryturę po życiu. Nie ma się czego bać. Kiedy przyjdzie śmierć, śmiejmy się z niej. Śmierć to tylko doświadczenie, dzięki któremu mamy się nauczyć wspaniałej lekcji: nie możemy umrzeć. Po co czekać na śmierć, skoro już teraz możemy to sobie uświadomić? Pierwszą lekcją, której musimy się nauczyć, jest to, że życie jest niezależne od pożywienia. Możemy to sobie udowodnić poszcząc.

Funkcjonuj dobrze w każdych okolicznościach

Wszyscy powinniśmy rozwijać moc umysłu, tak abyśmy potrafili dobrze funkcjonować w każdych okolicznościach – czy brakuje nam snu, czy też nie, czy mamy jedzenie, czy też nie, czy jesteśmy na wakacjach, czy też nie. Systematyczność jest godna podziwu i konieczna. Musimy wyrobić w sobie nawyk systematyczności, abyśmy mogli przestrzegać praw Bożych. Jednak popełniamy błąd, jeśli nie jesteśmy w stanie odstąpić od tego nawyku, bez złych dla nas skutków.

U dziecka wszystkie istotne nawyki tworzą się w wieku od trzech do siedmiu lat. Jego rozwojem pomaga kierować dobre środowisko, lecz zmiana istotnych skłonności dziecka (jeśli jest pożądana) wymaga specjalnego szkolenia. W mojej szkole w Ranci w Indiach poddawałem chłopców ostrej dyscyplinie fizycznej. Często pościli i spali na kocach na podłodze, bez poduszek. Czasami medytowali całymi godzinami. Pomoc udzielana dzieciom w celu uwolnienia się od tyranii ciała poprzez surową dyscyplinę jest dla nich błogosławieństwem na całe życie. Jeden z chłopców siedział w medytacji przez dwanaście godzin bez mrugania oczami. Gdybyście tak dobrze panowali nad sobą, o ileż bylibyście szczęśliwsi! O ile bardziej bylibyście spokojni! Najlepszy trening to oparta na podstawach naukowych zrównoważona dyscyplina ciała, umysłu i ducha. I to ona jest podstawą poszczenia.

Metafizyczny aspekt poszczenia

Poszczenie opiera się na wspaniałej naukowej wiedzy metafizycznej. Jezus przypomniał nam o tej prawdzie, kiedy powiedział: „Nie samym chlebem człowiek żyć będzie [...]". Dwie rzeczy przywiązują człowieka do życia na ziemi: oddech i „chleb". We śnie jednak jesteśmy szczęśliwie nieświadomi potrzeby oddychania czy jedzenia; nasz duch oddzielony jest od świadomości ciała. Podobnie pozytywnie wpływa na umysł głodówka. Poszcząc, pozwalamy umysłowi polegać na jego własnej mocy. Gdy moc ta się przejawia, siła życiowa w ciele zostaje coraz bardziej wzmacniana wieczną energią – kosmiczną energią otaczającą ciało, która nieprzerwanie wpływa do mózgu i kręgosłupa poprzez rdzeń przedłużony. Uniezależniając się od polegania na zewnętrznych, fizycznych źródłach podtrzymujących ciało, siła życiowa odkrywa, że wspierana jest od wewnątrz, i zastanawia się, jak to się dzieje. Wtedy umysł mówi: „Materia, od której ciało było dotąd zależne, to nic więcej jak tylko gęsto skondensowana energia. Jesteś czystą energią. I jesteś czystą świadomością". Zatem każdy rozkaz, jaki umysł wydaje do świadomości siły życiowej, odpowiednio się przejawi.

Mocą umysłu można dokonać wszystkiego. Widzicie więc, jak wielką niesprawiedliwością jest mówienie umysłowi i wszechmocnej sile życiowej w was, że nie możecie żyć bez jedzenia. Sprawcie, aby wasze życie i ciała stały się niewrażliwe na cierpienie. Stańcie się panami samych siebie. Dzięki długiemu poszczeniu poznajemy, że wszystko jest umysłem.

Każda siła i przedmiot we wszechświecie jest wytworem Boskiego Umysłu, tak samo jak wszystkie rzeczy, które postrzegasz we śnie, są tworami waszych własnych umysłów. Także na jawie, jeśli umysł stworzy myśl, że ciało osłabnie od głodówki, to osłabnie; albo jeśli pościcie i przez chwilę pomyślicie, że to was osłabia, to ciało

Odwieczne ludzkie poszukiwanie

rzeczywiście poczuje się słabe. Jeśli jednak postanowicie, że ciało jest mocne, to nie odczuje ono słabości; przeciwnie, poczuje się bardzo silne. Większość ludzi tego nie wie, bo nigdy nie próbowała. Umysł nie pokaże swoich cudów, dopóki nie zmusicie go do pracy. A nie będzie pracował, dopóki będziecie się coraz bardziej uzależniali od rzeczy materialnych. To dlatego jego cuda pozostają ukryte przed wzrokiem zwykłego człowieka. Kiedy jednak dzięki postowi nauczycie się, jak polegać na umyśle, to jego moc zadziała w każdej sytuacji, czy będzie to przezwyciężenie choroby, stworzenie dobrobytu, czy też osiągnięcie najwyższego celu życia, jakim jest znalezienie Boga. „Jogin, który jest panem samego siebie, który całkowicie panuje nad umysłem, a zatem którego dusza zagłębia się w nieprzerwane obcowanie z Duchem w medytacji, osiąga spokój we Mnie: ostateczną Nirwanę (wyzwolenie)"[4].

---

4 *Bhagawadgita* VI:15.

Samorealizacja – kryterium religii

*Świątynia Self-Realization Fellowship
w Los Angeles w Kalifornii, 22 sierpnia 1933
Pierwsza świątynia Self-Realization Fellowship
w Encinitas w Kalifornii, 27 sierpnia 1939
(Kompilacja)*

Świątynia, którą Bóg najbardziej kocha, to wewnętrzna świątynia ciszy i spokoju Jego wielbiciela. Ilekroć wchodzisz do tej pięknej świątyni[1], pozostaw niepokój i zmartwienia na zewnątrz. Jeśli nie pozwolisz im odejść, Bóg nie zdoła do ciebie przyjść. Najpierw ustanów w sobie świątynię piękna i spokoju; tam Go znajdziesz, na ołtarzu swej duszy.

Czasami czujemy się zniechęceni, sądząc, że jest za późno, aby znaleźć Boga. Nigdy nie jest za późno. *Bhagawadgita* uczy, że jeśli uświadomimy sobie, choćby w ostatniej chwili przed śmiercią, iż ten świat jest nieprawdziwy, a jedynie Duch jest prawdziwy, to po odejściu z tej ziemi wejdziemy do lepszego świata[2].

Prędzej czy później każdy z nas opuści tę ziemię. Dowiedz się już teraz, o co chodzi w życiu. Najważniejszym celem twoich doświadczeń tutaj jest zainspirowanie cię do odnalezienia ich sensu. Nie przykładaj wagi do tego korowodu ludzkości. W miarę upływu czasu i tak w końcu uświadomisz sobie, że jesteś częścią tego Wielkiego. Uczyń swoim celem urzeczywistnienie Boga w sobie. Mahawatar Babadźi powtarzał, że nawet maleńka cząstka [tej] *dharmy* – słusznego działania, dążenia do poznania Boga – ocali

---

1 Golden Lotus Temple (Świątynia Złotego Lotosu), uprzednio w Encinitas w Kalifornii.
2 „O Ardźuno! To stan niewzruszonego trwania w Brahmanie. Każdy, kto go osiąga, nigdy (ponownie) nie błądzi. Nawet w samej chwili przejścia (z planu fizycznego do astralnego), jeśli człowiek utwierdzi się w tym stanie, to osiąga ostateczny, bezpowrotny stan obcowania z Duchem" (*Bhagawadgita* II:72).

was od strasznych trwóg[3]. Perspektywa śmierci, porażki czy innych poważnych kłopotów budzi w człowieku wielkie przerażenie. Kiedy czujesz się bezsilny i nie potrafisz sobie pomóc, kiedy twoja rodzina nie może dla ciebie nic zrobić, kiedy nikt inny nie może cię wspomóc, jaki jest wtedy stan twojego umysłu? Po co pozwalać sobie na taki stan? Znajdź Boga i utwierdź się w Nim. Zanim ktokolwiek inny był z tobą, kto był z tobą? Bóg. A gdy opuścisz tę ziemię, kto będzie z tobą? Tylko Bóg. Ale nie zdołasz Go wtedy poznać, chyba że zaprzyjaźnisz się z Nim teraz. Jeśli będziesz Go żarliwie szukać, znajdziesz Go.

Wszystko w stworzeniu jest pokusą odciągającą cię od Boga. On jednak jest bardziej kuszący niż wszelkie ziemskie pokusy. Jeśli zdołasz choć na chwilę Go ujrzeć, uświadomisz to sobie; a możesz Go znaleźć poprzez wewnętrzną modlitwę, medytację i dzięki determinacji. Twoje postanowienia odnośnie [odnalezienia] Boga muszą być niezachwiane; nie przyjdzie On do ciebie, dopóki twój umysł wędruje gdzie indziej. On chce przyjść do ciebie, ale ty Mu nie pozwalasz – wolisz zadowalać się niewielkimi przyjemnościami zmysłowymi albo spędzać czas na czytaniu książek lub na przyjęciach. Bóg zatem mówi: „W porządku, Moje dziecko, baw się dalej".

Jeśli Bóg szuka czegokolwiek, to jest tym nasza miłość. Puka do każdego serca i zaprasza nas do Siebie, ale większość ludzi nie chce do Niego przyjść. A jednak, gdy wpadają oni w kłopoty lub chorują, szybko Go wzywają. Kto zaprzyjaźni się z Panem, gdy mu się dobrze powodzi i jest szczęśliwy, zawsze znajdzie Boga obok siebie, gdy Go będzie potrzebował. Ale ten, kto zwleka ze stworzeniem takiego związku, będzie musiał sam przechodzić przez swoje próby, aż dzięki mądrości i bezwarunkowemu poddaniu się odnajdzie Wiecznego Przyjaciela.

Spośród ogromnej liczby ludzi na świecie tylko niewielu żarliwie szuka Boga. Gdzie są ci, którzy dwieście lat temu uważali, że ta ziemia jest ich własnością? Wszyscy odeszli – a spośród nich zapewne tylko nieliczni wielbiciele Pana zrozumieli prawdę o życiu i osiągnęli Samorealizację. Niemniej jednak każde kolejne pokolenie

---

3 Parafraza wersetu *Bhagawadgity*, II:40.

uważa to życie za rzeczywiste! Przez tę krótką chwilę, kiedy tu jesteś, przywiązujesz zbyt wielką wagę do tego widowiska. Nie angażuj się w nie za bardzo. Znajdź Boga! Stara się On przyciągnąć nas swoją miłością. Pokazuje nam wszystkie cuda, jakie chcielibyśmy zobaczyć – cuda rozwijającego się życia i doskonałego porządku przyrody. Jest On tuż obok ukryty w kwiatach. Odszukaj Go. Żaden uczony nie dokonał swoich odkryć modląc się ślepo, lecz stosując naukowe prawa. Jeśli ze szczerym oddaniem zastosujesz naukowe prawa duchowe, to Bóg automatycznie będzie z tobą. Otwórz oczy swojego oddania, albowiem dzięki stałej żarliwości i stosowaniu prawa duchowego odnajdziesz Go.

Rozwój duchowy musi równoważyć postęp materialny

Różne narody wyspecjalizowały się w różnych dziedzinach sztuki i nauki. Indie opanowały naukową sztukę urzeczywistniania w sobie Boga. Przyjechałem tu, aby uczyć naukowych podstaw duchowości indyjskiej. Jeśli nie zostanie zachowana równowaga między rozwojem świadomości duchowej a naukami ścisłymi, to jednostki i narody spotkają nieszczęścia i zniszczenie. Gdyby dzisiejsi przywódcy światowi byli oświeceni dzięki Samorealizacji i gdyby współpracowali ze sobą, mogliby w ciągu kilku lat uwolnić ziemię od wojen i biedy. Jedynie świadomość duchowa – uświadomienie sobie obecności Boga w sobie i w każdej innej żywej istocie – może uratować świat. Bez tego nie widzę szansy na pokój. Zacznij od siebie. Nie ma czasu do stracenia. Waszym obowiązkiem jest przyczynić się do wprowadzenia królestwa Bożego na ziemi.

Wiele osób waha się, czy szukać Boga, wyobrażając sobie, że wtedy życie z pewnością będzie ponure. Nic podobnego! Niezmąconego szczęścia jakie znajduję w obcowaniu z Panem, nie da się opisać słowami. Dniem i nocą jestem w stanie radości. Radością tą jest Bóg. Poznać Go to odprawić obrządek pogrzebowy dla wszystkich swoich smutków. Nie wymaga On, abyście byli obojętni i posępni. Nie jest to właściwa koncepcja Boga ani sposób zadowolenia Go. Nie będąc szczęśliwymi, nie będziecie nawet w stanie Go znaleźć. Im jesteście spokojniejsi, tym lepiej potraficie odczuć Jego obecność. Im szczęśliwsi jesteście, tym bardziej się do Niego dostrajacie. Ci, którzy

Go znają, zawsze są szczęśliwi, Bóg bowiem jest samą radością.

Ludzie usiłują znaleźć szczęście w alkoholu, seksie i pieniądzach, ale karty historii pełne są opowieści o ich rozczarowaniach. Czas, jaki spędziłem w medytacji, niewyobrażalnie zaowocował w moim życiu. Tysiące butelek wina nie mogłyby mi dać takiej radości! W radości tej znajduję świadome prowadzenie mnie przez Bożą mądrość. Kiedy jest się w ten sposób do Niego dostrojonym, to nawet jeśli bezwiednie czyni się źle, zło zostanie naprawione dzięki Jego wszechwiedzącemu prowadzeniu. Jeśli podejmiemy złą decyzję, to On ją skoryguje.

Nie zwlekajcie dłużej! Wszyscy, którzy słyszą to przesłanie, wiedzą, że mówię prawdę. Jest ono Jego głosem, Jego mocą, Jego autorytetem. Gdybym miał zademonstrować wszystkie moce, którymi mnie obdarzył Bóg, przychodziłyby tu tłumy. Ale nie szukam tego rodzaju poklasku. Nie moce, lecz miłość Boża musi was przyciągać; bowiem tylko wtedy się odmienicie i uczynicie wysiłek, aby Go poznać. To jest moim celem.

Nie mógłbym w ten sposób nauczać o Bogu, gdybym Go nie znał. Tak samo i wy możecie Go poznać. Dlatego kładę nacisk na Samorealizację, dzięki której możecie w swojej świadomości wiedzieć, że prawdą jest to, co mówię. Nie musicie wierzyć; możecie *wiedzieć*. Gdybym miał tysiąc ust, przemawiałbym przez nie wszystkie, aby was przekonać.

Moim jedynym pragnieniem jest dać wam przebłysk ujrzenia Boga

Nie zdajecie sobie sprawy, jak bardzo brakuje wam Boga, ponieważ nigdy Go nie poznaliście. Z chwilą, gdy rzeczywiście nawiążecie z Nim kontakt, żadna ziemska moc nie zdoła was od Niego oderwać. Moim jedynym pragnieniem jest dać wam choć na chwilę ujrzeć Boga, bo nie ma nic lepszego nad bycie z Nim. Szatan kusił Jezusa obietnicą panowania nad całym światem, ale Jezus odrzekł: „Pójdź precz ode mnie, szatanie!"[4]. Jezus miał to Coś, co jest nieskończenie większe. Poznanie Boga daje większe spełnienie niż zaspokojenie

---

4 Łk 4,8.

jakiegokolwiek ziemskiego pragnienia. Każde pomniejsze pragnienie waszych serc zostanie zaspokojone, kiedy macie Tego, który jest waszym największym skarbem. Osobiście zaświadczam, że to prawda. Spełnił On każde moje pragnienie. Teraz nie szukam rzeczy; one znajdują mnie. Kiedy Bóg da wam Siebie, spełni On wasze najmniejsze życzenie. Nie potrzeba prosić. Tego właśnie chcecie. Ale najpierw musicie udowodnić, że Samego Pana pragniecie bardziej niż Jego darów.

Z całej tej obfitości, którą Bóg mnie obdarzył, nie zatrzymałem niczego dla siebie. Jestem zawsze wolny, bo nic do mnie nie należy. Pracuję tylko dla Niego i dla was wszystkich. Dlatego za każdym razem, gdy przychodzi mi myśl, że czegoś potrzebuję, Bóg spełnia tę potrzebę. Muszę uważać na to, co mówię Panu w myślach, bo z pewnością to się zmaterializuje! Tak wielkiej satysfakcji nie mogą dać żadne ziemskie sukcesy.

Bóg szuka was; wy musicie szukać Jego. Idźcie ścieżką Samorealizacji. Zaprowadzi was ona do Niego szybciej niż jakakolwiek inna ścieżka. Próbowałem wszystkich metod i wszedłem na tę ścieżkę, opierając się na rozumie, a nie na emocjach. Poprzez osiągnięcie samorealizacji wielcy mistrzowie Self-Realization Fellowship pokazali, że idąc ich drogą, można odnaleźć Pana, znaleźć się pośród największych z duchowych olbrzymów, podobnie jak ucząc się od wielkiego uczonego, można zostać wielkim uczonym, jeśli się przyłożymy. Węgiel drzewny nie przyjmuje i nie odbija światła słonecznego, przeciwnie niż diament. Umysły przypominające węgiel drzewny, pełne wątpliwości, negacji i lenistwa duchowego, nie mogą przyjąć Boga. Natomiast umysły przypominające diament, szczere i pełne wiary, i wytrwałości, przyjmują i odzwierciedlają mądrość Boskiej Świadomości.

Konieczne jest rozumienie znaczenia religii

Dla większości ludzi religia to sprawa tradycji rodzinnych, korzyści towarzyskich albo przyzwyczajeń moralnych. Nie mają pojęcia, jak ważna jest religia. Kiedy spytałem pewnego mężczyzny, jaką wyznaje religię, odparł: „Żadnej w szczególności. Zmieniam kościoły tak, jak mi wygodnie".

Odwieczne ludzkie poszukiwanie

Ci, którzy nie uważają szukania Boga za najważniejszą potrzebę w życiu, nie rozumieją, czym jest religia. Dlaczego wszyscy szukają pieniędzy? Ponieważ są uwarunkowani poglądem, że pieniądze są niezbędne, aby mieć rzeczy zapewniające dobrobyt. Nikt nie musi im tego mówić, po prostu to wiedzą. Dlaczego zatem większość ludzi nie rozumie konieczności poznania Boga? Ponieważ brak im wyobraźni i rozeznania. Bardzo wcześnie w życiu zrozumiałem, że odpowiedzi udzielane na pewne pytania przez teologię, a nawet przez pisma święte, nie są w stanie w pełni zadowolić duszy, chyba że zawarte w nich prawdy zostały doświadczone w bezpośrednim poznaniu i obcowaniu z Bogiem. Na przykład, gdy umarła moja matka i gdy zaczęli odchodzić inni moi bliscy, wewnętrznie buntowałem się przeciwko temu, ale nikt jednak nie mógł mi udzielić zadowalającego wyjaśnienia. Postanowiłem, że sam muszę znaleźć odpowiedź, własnym wysiłkiem. „Nie zamierzam tego ślepo akceptować – przysiągłem sobie. – Uzyskam odpowiedź od Tego, który jest Stwórcą wszechświata". Szukałem bezpośrednio u Boga zrozumienia tajemnic życia, których wyjaśnienia nie znajdowałem w naukach kościołów i w świątyniach. Skoro religia nie mogła dać mi zadowalających odpowiedzi na pytania, dlaczego jedni rodzą się biedni, a inni bogaci, jedni ślepi, a inni zdrowi, to jak mogła mnie przekonać o sprawiedliwości Bożej? Indyjscy mistrzowie, dostąpiwszy obcowania z Bogiem, znaleźli rozwiązania zagadek życia dzięki wewnętrznemu poznaniu i pokazali nam, jak możemy zrobić to samo.

Na świecie jest wiele różnych typów wyznawców i każda religia ma własny przekrój tej różnorodności. Są ludzie, którzy podchodzą do religii całkowicie emocjonalnie. Kiedy za bardzo gra się na ich uczuciach, dostają histerii religijnej. Ale gdy okazuje się krańcowe emocje, traci się kontakt z Bogiem. Ludzie, którzy się łatwo emocjonują, chcą od religii „dopingu". Gdy się do nich przemawia z poziomu intelektu, zasypiają. To zbyt nudne, mówią. Ale granie na emocjach innych to żonglowanie ich umysłami. Nie daje im się Prawdy, czyli Boga.

Typ intelektualny ludzi religijnych uwielbia słuchać wywodów na temat rozmaitych koncepcji teologicznych lub filozoficznych, pochlebiając sobie, że są na wyższym stopniu boskiego rozumienia niż ludzie typu emocjonalnego. Jednak pobudzenie intelektualne jest tylko innym rodzajem „narkotyku", inną formą żonglowania umysłem; nie daje ono poszukującemu tego, czego naprawdę potrzebuje i nie różni się od nadmiernego pobudzania emocji.

Ludzie religijni, którzy ślepo trzymają się dogmatów, często powtarzają jak papugi to, czego tak naprawdę nie rozumieją lub czego nie doświadczyli. Kiedy zadaje się im pytania, jak duchowe katarynki cytują pisma święte i doktryny. Przekonywanie ich jest bezsensowne, ponieważ są bardzo pewni, że wszystko wiedzą.

Prawdziwa religia zaspokaja żądania duszy

Ci, którzy trzymają się dogmatów religijnych, są przekonani, że jeśli nie wierzy się w określony sposób, to jest się straconym. Nauka tego nie żąda; udowadnia swoje tezy. A prawdziwa religia zaspokaja żądania duszy nie słowami, lecz dowodami. Nigdy nie chciałem być aż tak dogmatyczny, żeby przestać używać rozumu i rozsądku. Gdy poznałem mojego guru Śri Jukteśwara, powiedział on: „Wielu nauczycieli powie ci, abyś wierzył, a potem zamyka ci oczy rozumu i instruuje cię, abyś stosował się tylko do ich logiki. Natomiast ja chcę, aby oczy twojego rozumu pozostały otwarte; ponadto, otworzę ci jeszcze jedno oko, oko mądrości"[5]. Śri Jukteśwar dźi przekazał mi naukę, o której prawdziwości mogłem się sam przekonać. Dlatego wszedłem na tę ścieżkę. Nikt mnie z niej nie zawróci.

Liberał jest przeciwieństwem dogmatyka. Podąża za wszystkim! W przekonaniu, że ma szerokie horyzonty myślowe, mówi: „Wszystkie ścieżki duchowe są tak samo dobre; dlatego nie zwiążę się z żadną z nich". Szanując wszystkie, lepiej jest trzymać się jednej ścieżki, niż być motylem religii, fruwającym z kwiatka na kwiatek. Unikajcie zarówno fałszywego liberalizmu, jak i ślepego dogmatyzmu.

---

[5] Oko intuicji, czyli boskiej mądrości; wszechwiedzące duchowe oko. „Zaślepieni ułudą nie widzą Go, gdy pozostają w ciele lub je opuszczają, czy też doświadczają świata *gun* (jakości). Widzą Go ci, których oko mądrości jest otwarte" (*Bhagawadgita* XV:10). „Jeśli zatem twoje oko jest jedno, całe twoje ciało jest także pełne światła [...] Bacz więc, ażeby światło, które jest w tobie, nie było ciemnością" (Łk 11,34-35 – przekład z *The Bible, Authorized Version*, Londyn 1963).

Dogmatycznie trzymajcie się tylko mądrości, a znajdziecie Boga.

Każdy wysiłek, który człowiek czyni dla Boga, będzie przez Niego zauważony. Jednakże, jeśli nie idzie on do Boga naukowo sprawdzoną drogą, można porównać jego postępy do jazdy na starym wozie ciągniętym przez woła. Szczerze poszukujący w jakimś stopniu poznają Pana, niezależnie od tego, jaką ścieżką idą; lecz jeśli ich wiara jest tylko ślepa, a modlitwy mechaniczne, to zbliżenie się do Niego może im zająć wiele wcieleń.

Jakąkolwiek religię wybierasz, dobrze ją sprawdź

Szukajcie, aż znajdziecie drogę najlepiej odpowiadającą duchowym upodobaniom waszych serc i umysłów, a potem bądźcie jej wierni. Cokolwiek wybieracie, dobrze to sprawdźcie. W ten sam sposób dajcie szansę naukom Self-Realization Fellowship. Jubilerzy potrafią odróżnić prawdziwy klejnot od podróbki, a prawdziwy nauczyciel duchowy potrafi odróżnić szczerych poszukiwaczy od próżniaków. Są tacy, którzy biorą *Lekcje Self-Realization Fellowship*, ale ich nie studiują ani nie praktykują zawartych w nich nauk. Zapytaj ich, o czym jest nauka, a odpowiedzą ogólnikowo: „O, jest świetna!". Jeśli pytasz, czego się nauczyli, opowiadają dalej, jaka jest ona dobra i dodają: „Ale jej nie praktykowałem". Ci, którzy praktykują, znają błogosławieństwa tej ścieżki.

Poszukujących powinno się uczyć, aby przede wszystkim szukali Boga. Skupianie się na pieniądzach lub zdrowiu jako podstawowych celach w praktyce religii prowadzi na manowce. Prawdą jest, że od Boga otrzymujemy wszystko; lecz ten, kto szuka najpierw innych rzeczy, będzie czuł więzy ograniczeń. Uprawniony nauczyciel duchowy zna i kocha Pana; przede wszystkim interesuje go Bóg. Pewien nauczyciel próbował przekonać mnie do przyjęcia jego duchowego przewodnictwa obietnicą, że będę miał bardzo wielu uczniów. Jego propozycja mnie nie zainteresowała, ponieważ chciałem tylko Boga. Wielcy nauczyciele zawsze będą się starali zainteresować was poznaniem Pana. Nie poprowadzą was ślepą uliczką.

Bez obcowania z Bogiem religia pozbawiona jest siły napędowej. Kościół nie jest miejscem, gdzie się tańczy, ogląda filmy i spotyka towarzysko. To odciąga ludzi od Boga. Można znaleźć dość doczesnych rozrywek w mieście. Chodźcie do kościoła dla jednego powodu: obcowania z Bogiem. Obcowanie z boskością to kryterium religii. Tego właśnie nauczył mnie mój Guru i dlatego podążałem za nim bezwarunkowo i z całym sercem. Owocem jego nauk jest to, że cieszę się świętym obcowaniem z Panem w każdej chwili mojego życia. Tym właśnie musi być religia.

Gdybym wam opowiadał, jaki wspaniały owoc znalazłem, i codziennie przez rok szczegółowo go opisywał, a nigdy nie dałbym wam go posmakować, to by was to nie zadowoliło. Słuchanie o prawdzie nie może zaspokoić głodu duszy; jeśli was to zadowala, ale nie czynicie żadnego wysiłku, aby poznać Boga, to wasze zadowolenie jest nieprawdziwe. Abyście mogli gorliwie poszukiwać Boga, musicie Go łaknąć bardzo mocno. Celem wykładów religijnych i kazań jest obudzenie w was owej nieodpartej tęsknoty duszy za Nim.

Poznanie Boga w sobie wymaga samodyscypliny

Co jakiś czas spotykam kogoś, w kim dostrzegam trochę prawdziwego oddania Panu. Ale poznanie Boga w sobie to coś o wiele wspanialszego! Wielbiciel, który zna Boga, widzi czasami, że cały świat wypełniony jest Jego światłem – cudowne doświadczenie! Ale nie przychodzi ono natychmiast. Poznanie Boga wymaga wytrwałości w długotrwałej praktyce takich metod, które prowadzą do Samorealizacji.

Pragnienie szczęścia jest najsilniejszym z pragnień. Prawdziwe i trwałe szczęście znajdujemy w Bogu. Gdy Go odkryjecie, ogarnie was wielka radość, radość, której nie znajdziecie nigdzie indziej. Śri Jukteśwar dźi powiedział mi: „Gdy w medytacji i obcowaniu z Bogiem twoja radość przewyższa wszelką inną radość, to Go odnalazłeś[6]. Gdyby ofiarowano ci cały świat, nie wiedziałbyś, co z nim począć; czułbyś się tym tylko przytłoczony, martwiąc się o wszystko. Przestudiuj biografie książąt i znanych ludzi,

---

6 „Tylko ten jogin, który trwa w wewnętrznym szczęściu, który spoczywa na wewnętrznej Podstawie, który jest jednym z wewnętrznym Światłem, staje się jednym z Duchem. Osiąga pełne wyzwolenie w Duchu (nawet jeśli żyje w ciele)" (*Bhagawadgita* V:24).

a zobaczysz, jak byli udręczeni". Jesteśmy jak kukiełki w rękach losu; ale człowiek, który jest jednym ze Światłem świata, który nie posiada niczego, a zarazem ma wszystko, jest człowiekiem szczęśliwym. Ten, kto jest jednym z Bogiem, nie boi się niczego, nawet zniszczenia ciała. Jezus powiedział: „Zburzcie tę świątynię, a w trzy dni ją wzniosę"[7].

Kościół stał się żebrakiem. Jak na ironię, dla prowadzenia wszelkiej dobrej działalności, włącznie z tą prowadzoną przez kościół, potrzeba pieniędzy. Sam dolar jako taki nie ma rozumu; może służyć do dobrych i złych celów. Słusznie jest starać się o pieniądze, aby szerzyć Boże dzieło. Pieniądze tak spożytkowane czynią dobro. Im bardziej poświęcamy się szerzeniu Bożego dzieła, tym większa będzie nasza nagroda.

Wszystkie kościoły powinny być jak ule wypełnione miodem obcowania z Bogiem

Każdy kościół czyni dobro i za to cenię je wszystkie. Prawdziwie spełnią one swoją wzniosłą misję wtedy, gdy staną się miejscami obcowania z Bogiem. Kościoły powinny być jak ule wypełnione miodem urzeczywistnienia Boga. Dopóki religie nie będą wyraźniej eksponować tej prawdy, kościoły jako takie będą stopniowo zanikać. Religię będzie się praktykować w odosobnionych miejscach na łonie natury, gdzie Bóg będzie mógł przyjść do tych nielicznych oddanych dusz, które naprawdę chcą Go poznać. Tak stało się w Indiach. Niektóre indyjskie świątynie stały się nie tyle miejscami medytacji służącej do obcowania z boskością, ile zwykłymi miejscami zgromadzeń ludzi i gołębi. W Indiach prawdziwie poszukujący gromadzą się pod drzewami, aby medytować o Bogu. W coraz to większym stopniu stanie się tak z kościołami wszędzie. Niezadowolenie prawdziwych poszukiwaczy prawdy z dogmatyzmu oraz pustka panująca w instytucjach, w których nikt nie dąży do Samorealizacji, wymuszą ogromne zmiany na świecie w pojmowaniu religii.

---

[7] J 2,19.

Metody naukowe niezbędne do przestrzegania pierwszego przykazania

„*Będziesz miłował Pana, Boga twego, ze wszystkiego serca twego, i ze wszystkiej duszy twojej, i ze wszystkiej siły twojej, i ze wszystkiej myśli twojej, a bliźniego twego, jako samego siebie*"[8]. Te dwa przykazania podsumowują cały sens praktykowania religii. Jeżeli szczerze kochamy Boga, będziemy czynić tylko to, co jest oparte na prawdzie. Wasza miłość nie pozwoli wam na grzeszenie przeciwko Niemu. Wnieście światło, a ciemność zniknie, jakby nigdy jej nie było. Wnieście miłość Boga, a zniknie ciemność niewiedzy. Nauka jogiczna wyjaśnia prawdę skrytą w pierwszym przykazaniu i przedstawia konkretne naukowe techniki umożliwiające wielbicielowi osiągnięcie obcowania z boskością, które jest konieczne do absolutnego umiłowania Boga. Za każdą częścią tych przykazań kryje się głęboka prawda metafizyczna:

„*Będziesz miłował Pana [...] ze wszystkiego serca twego*": to Bóg jest tym, który dał wam moc kochania rodziny i przyjaciół. Dlaczego nie mielibyście użyć tej mocy do kochania Jego, tak jak kochacie swoich najbliższych na tej ziemi? Powinniście być w stanie powiedzieć: „Panie mój, kocham Cię tak, jak ojciec kocha dziecko, jak mężczyzna kocha ukochaną kobietę, przyjaciel przyjaciela, pan sługę. Kocham Cię mocą wszystkich ludzkich miłości, bo Ty jesteś moim Ojcem, moją Matką, Przyjacielem, Panem, moim Umiłowanym". Kiedy prawdziwie, całym sercem kochasz Boga, to czujesz tę miłość do Niego dniem i nocą.

Gdy opuszczałem dom, aby szukać Boga, byłem wewnętrznie rozdarty konfliktem lojalności. Mój ojciec zrobił dla mnie wszystko, a cała rodzina rozpaczała z powodu mojego rychłego wyjazdu. Jednak miłość do Boga była silniejsza i udało mi się pokonać ograniczającą miłość rodziny.

Wielu mówi: „Kocham cię" jednego dnia i odrzuca cię następnego. To nie jest miłość. Ten, kogo serce pełne jest miłości Bożej, nikogo świadomie nie skrzywdzi. Kiedy kochamy Boga bez

---
8 Łk 10,27.

zastrzeżeń, napełnia On nasze serca swoją bezwarunkową miłością do wszystkiego. Takiej miłości nie zdoła opisać żaden ludzki język.

„[…] *i ze wszystkiej duszy twojej*": nie możecie wypełnić tej części przykazania, jeśli nie znacie swojej duszy. Wiecie o tym nieświadomie każdej nocy, bo w głębokim śnie jesteście świadomi tylko tego, że istniejecie; nie macie świadomości bycia ani mężczyzną, ani kobietą. Jesteście duszą. Możecie świadomie poznać swoją duszę – swoje prawdziwe ja – medytując. A kiedy rozpoznacie siebie jako duszę, to znaczy, że odkryliście obecność Bożą w sobie. Odbicia księżyca nie można wyraźnie zobaczyć na wzburzonej powierzchni wody, ale kiedy jest ona spokojna, pojawia się jego doskonałe odbicie. Podobnie jest z umysłem: kiedy jest spokojny, można ujrzeć wyraźne odbicie duszy. Jako dusze jesteśmy odbiciami Boga. Kiedy dzięki technikom medytacji wycofujemy niespokojne myśli z jeziora umysłu, oglądamy naszą duszę, doskonałe odbicie Ducha, i uświadamiamy sobie, że dusza i Bóg są Jednym.

„[…] *i ze wszystkiej siły twojej*": ten aspekt przykazania jest wysoce naukowy. Oznacza skierowanie całej naszej siły – wszystkich naszych energii oraz świadomości – do jej źródła, którym jest Bóg. Joga uczy, jak kontrolować energie życiowe i przemieniać je ze świadomości ciała w świadomość Boga.

„[…] *i ze wszystkiej myśli twojej*": kiedy modlimy się do Boga, nasza uwaga i koncentracja powinny być wyłącznie na Nim. Nie powinniśmy myśleć o niedzielnej kolacji czy o pracy, czy o jakichkolwiek zmartwieniach i pragnieniach. Pan zna nasze myśli. Kryszna powiedział: „Ilekroć niestały i niespokojny umysł błądzi – z jakiegokolwiek powodu – niech jogin odciągnie go od tego, co go rozprasza, i sprowadzi z powrotem pod wyłączną władzę Jaźni"[9]. Gdy modlę się, mój umysł jest przykuty do Boga. Jeśli wykształcicie w sobie taką spokojną intensywność koncentracji, to przekonacie się, że przyjdzie czas, kiedy bez względu na to, co robicie, dniem i nocą wasze umysły będą zatopione w Panu.

„[…] *a bliźniego twego, jako samego siebie*": zwykły człowiek nie jest zdolny do kochania innych w ten sposób. Skupiony na sobie

---

[9] *Bhagawadgita* VI:26.

Samorealizacja – kryterium religii

w świadomości „ja, mnie i moje", nie odkrył jeszcze wszechobecnego Boga, który zamieszkuje w nim i we wszystkich innych istotach. Dla mnie nie ma różnicy między jedną osobą a drugą. Widzę wszystkich jako dusze, będące odbiciem jednego Boga[10]. Nie potrafię myśleć o kimkolwiek jak o kimś obcym, bo wiem, że wszyscy jesteśmy częścią Jednego Ducha. Kiedy doświadczycie, na czym polega prawdziwa religia – na poznaniu Boga – uświadomicie sobie, że On jest waszą Jaźnią oraz że istnieje On tak samo i bezstronnie we wszystkich istotach. Wtedy zdołacie kochać innych jak siebie samych.

Samorealizacja przemienia przekonanie w doświadczenie

Spajającą siłą religii powinna być wyłącznie prawda. Prawdę przekazałem wam poprzez [organizację] Self-Realization Fellowship. Działalność ta rozprzestrzenia się dzięki mądrości i błogosławieństwom stojących za nią mistrzów, którzy osiągnęli zjednoczenie z Bogiem. W całym kraju widuję wspaniałych uczniów, których trzyma na tej duchowej ścieżce jeden motyw: Samorealizacja. Osiągnięcie przez nich Samorealizacji jest moim jedynym powodem, dla którego chcę ich zatrzymać. Tylko dlatego pragnę, aby pozostali. Jeśli setki ich przychodzi na moje zajęcia, to dobrze. Jeśli krzesła świecą pustką, to też dobrze. Nie mam żadnych innych życzeń. Raczej wolałbym mieć kilka szczerych dusz niż setki nieszczerych. Wielkim celem tego ruchu jest dać ludziom możliwość Samorealizacji. Kiedy ludzie uświadomią sobie, że poznanie Boga jest ich obowiązkiem i przywilejem, wtedy zacznie się na ziemi nowa era. Pisma święte, kazania i wykłady przestaną w końcu zadowalać poszukującego, który pragnie prawdziwie poczuć obecność Boga. Kiedy *uświadamia sobie* prawdę, poznaje życie takim, jakim być powinno.

Praktykujcie prawdę, o jakiej słyszycie i o jakiej czytacie po to, aby nie była to tylko idea, lecz przekonanie zrodzone z doświadczenia. Jeżeli czytanie książek teologicznych zadowala wasze pragnienie kontaktu z Bogiem, nie pojęliście celu religii. Nie poprzestawajcie

---

10 O opisanym tutaj doświadczeniu Paramahansy Joganandy powiedziane jest w *Bhagawadgicie* (VI:9): „Najwyższym joginem jest ten, który patrzy jednako na wszystkich ludzi – opiekunów, przyjaciół, wrogów, obcych, mediatorów, nienawistnych, krewnych, cnotliwych i niegodziwych".

na intelektualnym zadowoleniu z dowiadywania się o prawdzie. Przemieńcie prawdę w doświadczenie, a poznacie Boga poprzez własną Samorealizację.

Praktykujcie prawdy – medytujcie – aby obcować z Bogiem

Tym, czego potrzebujecie, jest doświadczenie duchowe. Tylko obcowanie z Bogiem może usunąć ogromną nudę, która pojawia się, gdy nie kroczy się ścieżką duchową w sposób naukowy. Co jest potrzebne, aby posiąść takie duchowe doświadczenie? Nawyk codziennego medytowania. Boga da się doświadczyć. Możecie poznać Go *teraz* poprzez medytację. Wtedy bez żadnego pytania, bez żadnej wątpliwości, bez najmniejszego wahania będziecie mogli powiedzieć: „Jestem z Bogiem". Czemu nie? On jest wasz.

Nadeszła pora, aby człowiek sam poznał prawdę. To, co wam daję, jest przez was osiągalne. Dla niektórych *Lekcje Self-Realization Fellowship* mogą wyglądać jak jeszcze jeden kurs studiów filozoficznych, który można dołączyć do prywatnej biblioteczki; ale ci, którzy je praktykują znają ich wartość. Wraz z każdą nową duchową nauką, którą otrzymywałem od Śri Jukteśwara, mówił mi on: „Musisz poznać tę prawdę". Tak też czyniłem. Na początku moich poszukiwań duchowych, jeszcze w Indiach, stanowczo odmawiałem wstąpienia do jakiejkolwiek organizacji, ponieważ nie mogłem doszukać się w ich naukach dającej się udowodnić prawdy. Lecz kiedy znalazłem mojego guru i tę ścieżkę i przekonałem się na sobie, że jest skuteczna, poświęciłem tej sprawie moje życie.

Pragnienie, które zaspokaja wszystkie pragnienia

Międzynarodowa Siedziba Główna Self-Realization Fellowship, Los Angeles, Kalifornia, 26 października 1939

Chwała Boga jest ogromna. Jest On rzeczywisty i można Go znaleźć w tym życiu. Serce ludzkie kryje wiele modlitw – o pieniądze, sławę, zdrowie i modlitwy o wszelkie rzeczy. Niemniej jednak modlitwa, która powinna być na pierwszym miejscu w każdym sercu to modlitwa o obecność Boga. W ciszy i pewności siebie, gdy kroczysz ścieżką życia, musisz uświadomić sobie, że Bóg jest jedynym obiektem, jedynym celem, który cię zadowoli, ponieważ w Bogu odnajdziesz odpowiedź na wszystkie pragnienia twojego serca.

Kiedy okazuje się, że nie jest możliwe, aby własnymi siłami zaspokoić jakąś pilną potrzebę, zwracasz się do Boga w modlitwie. W ten sposób każda wypowiadana przez ciebie modlitwa wyraża pragnienie. Lecz kiedy odnajdziesz Boga, wszystkie pragnienia znikną i nie ma już potrzeby modlitwy. Ja się nie modlę. Może to zabrzmi dziwnie, ale kiedy Przedmiot twej modlitwy jest cały czas z tobą, już nie potrzebujesz się modlić. W spełnieniu twego pragnienia Boga lub modlitwy o Jego obecność leży wieczna radość.

Pragnienia posiadania rzeczy materialnych wynikają z pewnych błędnych koncepcji dotyczących celu życia. Ziemia nie jest naszym domem. Pisma święte mówią nam, że jesteśmy dziećmi Bożymi, uczynionymi na Jego podobieństwo, i że wolą Boga jest, abyśmy powrócili do naszego Źródła. Czego człowiek sobie nie uświadamia to tego, że dopóki nie powróci do Źródła, do Boga, będzie musiał zmagać się z zaspakajaniem niekończących się pragnień. Zastanów się nad tym. Człowiek nie może nie mieć pragnień i nie jest grzechem je mieć, ale większość ludzkich pragnień utrudnia spełnienie najwyższego pragnienia jakim jest powrót do Boga; przeto utrudniają one człowiekowi bycie szczęśliwym. Dopóki człowiek nie pragnie Boga i nie jest z Nim, będzie nadal pragnął wszelkich innych rzeczy, które w jego przekonaniu dadzą mu szczęście. Ale temu, kto znalazł Boga, wszystkie pragnienia natychmiast automatycznie się spełniają.

Są dwa rodzaje pragnień: takie, które pomagają nam znaleźć Boga i takie, które przeszkadzają nam Go znaleźć. Na przykład, jeśli ktoś cię uderzy, to chcesz mu oddać; ale jeśli pokonasz tę chęć mocą najwyższej miłości, to wybrałeś działanie, które pomoże ci znaleźć Boga. Wszystkie pragnienia powinny być spełniane w sposób boski. Jeżeli próbujesz zaspokoić je w ziemski sposób, to tylko powiększasz swoje problemy. Jeżeli nauczyłeś się oddawać każde pragnienie Bogu, to dopilnuje On tego, aby twoje dobre pragnienia zostały spełnione, a szkodliwe przezwyciężone. Nic nie chroni cię lepiej niż własne sumienie i boska jakość twoich dobrych pragnień. Gdybyś tylko mógł *przyjrzeć się* swojej duszy, swojemu wszechdoskonałemu odbiciu Boga w sobie, odkryłbyś, że to zaspokoiłoby wszystkie twoje pragnienia! W tej boskiej świadomości, jeśli się ją posiada, i ponad którą nie ma większych osiągnięć, pozostałbyś nieporuszony, nawet gdyby ci ofiarowano cały świat; ani nie uszczęśliwiałaby cię pochwała, ani nie raniła nagana. Czułbyś tylko przeogromną radość Boga w sobie.

Dzieci Boże nie powinny żebrać

Kiedy próbujesz spełniać swoje uzasadnione pragnienia, zawsze poszukuj wskazówek pochodzących od Boga, ponieważ jest to najlepszy sposób, aby otrzymać odpowiedzi na wszystkie twoje modlitwy. Musisz jednak pamiętać o jednej rzeczy: usuń ze swojej modlitwy żebranie! Zmień swoją dawną postawę błagania. Powinieneś modlić się do Boga jak do kogoś bardzo bliskiego, jako Jego dziecko, którym jesteś. Bóg nie ma nic przeciwko temu, abyś modlił się z pozycji swojego ego[1] jak nieznajomy i żebrak, ale przekonasz

---

[1] Świadomość ego – utożsamianie się ze śmiertelnym ciałem, co tworzy poczucie oddzielenia od Boga, a stąd – poczucie ograniczenia.

się, że twoje wysiłki będą ograniczone takim stanem umysłu. Bóg nie chce, abyś rezygnował z mocy własnej woli, która jest twoim świętym dziedzictwem jako Jego dziecka.

Oczywiście, powinno się rozróżnić pomiędzy rozsądnymi i nierozsądnymi modlitwami i pragnieniami. Miej na uwadze, że gdy uczyniłeś już takie rozróżnienie, to zarówno dobre, jak i złe pragnienia, których się trzymasz, nieodwołalnie się spełnią. Jeśli przylgnąłeś do jakichś złych pragnień, one też zostaną spełnione i przekonasz się, jaką szkodę i nieszczęście spowodują. Z biegiem czasu uświadomisz sobie, że nawet jeśli życzenie zostało spełnione, to twoje serce ciągle nie jest zadowolone – będziesz czuł, że coś w tobie się buntuje. Przypuśćmy na przykład, że masz słaby system trawienny, a mimo to chcesz jeść smażoną żywność. Nic dziwnego, że po każdym takim posiłku cierpisz. Chociaż czujesz przyjemność, gdy zaspakajasz tę potrzebę, jej wynikiem jest ból. Sprawia on, iż uświadamiasz sobie, że postąpiłeś źle. Rozsądniej jest rozróżniać pomiędzy złymi i dobrymi pragnieniami, i uczyniwszy to, unikać spełniania złych pragnień. Naucz się kierować swoim sumieniem, boską mocą rozróżniania, która jest w tobie.

Niebezpieczeństwo niespełnionych pragnień

Niespełnione pragnienia pozostają w sercu. W jaki sposób skrywanie ich tam szkodzi ci? Oto jak: każde pragnienie jest napędzane określonymi siłami, dobrymi albo złymi, albo będącymi ich mieszanką. Kiedy umierasz, to chociaż twojego ciała już nie ma, siły te nie umierają. Jako mentalne wzorce podążają za twoją duszą wszędzie, dokądkolwiek się ona udaje, i gdy powtórnie się rodzisz, te mentalne wzorce przejawiają się jako skłonności do określonych zachowań. I tak, jeśli ktoś umarł jako alkoholik, to przenosi tę skłonność do alkoholizmu do następnego żywota i tkwi ona w nim aż do uwolnienia się od pragnienia picia alkoholu.

W zachowaniu się nawet najmniejszego dziecka ujawniają się pewne cechy z jego wcześniejszych żywotów. Niektóre dzieci miewają okropne napady złości, inne miewają humory. Bóg ich takimi nie uczynił. Te psychologiczne tendencje zostały ukształtowane przez niespełnione pragnienia w poprzednich żywotach i z ich

Odwieczne ludzkie poszukiwanie

powodu dusza, chociaż uczyniona na obraz Boga, wydaje się od niego różnić. Jeśli obraz Boga w tobie jest w tym życiu zniekształcony przez złość albo strach i jeśli nie przezwyciężysz tych zniekształceń teraz, to urodzisz się z nimi powtórnie. Będziesz wtedy obciążony tymi powodującymi cierpienie skłonnościami aż do chwili, kiedy przezwyciężysz je w którejś z przyszłych inkarnacji.

Lepiej zatem jest przepracować albo przezwyciężyć wszystkie swoje pragnienia teraz. Znikną one natychmiast i na zawsze w najwyższej radości odczuwanej z obecności Boga, ale dopóki Go nie poznasz, twoje nieprzezwyciężone pragnienia będą cię nadal nękać.

Są dwie metody pozbycia się pragnień: albo poprzez uświadomienie sobie dzięki rozumowi i umiejętności rozróżniania lub mądrości, że tylko Bóg może dać trwałą i niezmąconą radość, albo poprzez ich spełnienie. W wielu wypadkach pragnienia są głęboko ukryte w podświadomości. Myślisz, że już ich nie masz, ale tak nie jest. Życie jest doprawdy wielką tajemnicą, ale tajemnica ta rozwiewa się, kiedy robisz życiu sekcję skalpelem rozsądku. Jeśli codziennie posiedzisz przez chwilę w spokoju i przeanalizujesz samego siebie, to odkryjesz, że masz wiele niespełnionych pragnień. Są one jak niebezpieczne bakterie, które nosisz w sobie przez całe życie, i gdziekolwiek pójdziesz w tym życiu lub w następnym, one pójdą z tobą.

Najlepszym sposobem na zniszczenie wszystkich niebezpiecznych pragnień w tym życiu jest zastosowanie umiejętności rozróżniania i skupienie się na spełnianiu dobrych pragnień. Jeśli ciągnie cię do popełnienia samobójstwa albo do zrobienia czegoś złego, pozbądź się tych pragnień natychmiast. Przekonaj siebie poprzez rozumowanie i dobre czyny, że jesteś dzieckiem Bożym uczynionym na Jego podobieństwo, i wznieś się ponad swoje nastroje i przyzwyczajenia ciała. Bądź bardziej zdystansowany. W ten sposób pokonasz je. Jeśli cierpisz z powodu chronicznej dolegliwości, spróbuj mentalnie odseparować się od świadomości ciała. Umiejętnością rozróżniania możesz pokonać zmysły. Jest ona ogniem, który spala pragnienia.

Powszechną praktyką jest przechowywanie na poddaszu wszystkich niechcianych i niepotrzebnych „rupieci" i od czasu do czasu dokładne jego sprzątanie. Podobnie na poddaszu twojej podświadomości ukrytych jest wiele potencjalnie niebezpiecznych pragnień, które pewnego dnia mogą spowodować ogromne kłopoty. Dlatego tak ważna jest analiza samego siebie. Być może, jesteś typem osoby nienawistnej, kapryśnej lub pełnej złości. Jeśli tak, to te nagromadzone cechy charakteru są wynikiem twojego zachowania w przeszłości. W celu usunięcia z poddasza umysłu takich niechcianych mebli musisz energicznie wdrożyć konstruktywne, pozytywne i pełne miłości działanie.

Kochaj swoich wrogów

Przypuśćmy, że chociaż twój dawny wróg nie żyje, nadal czujesz do niego nienawiść. Po pewnym czasie ta gorycz spowoduje szkodliwe zmiany w twoim ciele i umyśle. Lepiej jest skupiać się na tym, aby w twoim wrogu dostrzegać Boga, bo czyniąc tak, uwalniasz się od złych, mściwych pragnień, które niszczą spokój umysłu. Pomnażając nienawiść albo odwdzięczając się nienawiścią za nienawiść, nie tylko zwiększasz nienawiść twojego wroga do ciebie, ale swoim własnym jadem zatruwasz sam siebie – tak cieleśnie, jak i emocjonalnie.

Sumienie powie ci, kim jesteś

Czasami mamy ochotę „niczym się nie przejmować". Nie jest to niewłaściwe. Odseparowanie się co jakiś czas od wszystkiego daje człowiekowi szansę przemyślenia tego, o co chodzi w życiu. Większość ludzi płynie z prądem obyczajów i mody. Właściwie nigdy nie żyją własnym życiem; żyją życiem świata wokół nich. I dokąd ich to doprowadziło? Zatem rozsądnie jest usunąć się co jakiś czas od trosk życia codziennego, uspokoić umysł i spróbować zrozumieć, jaką osobą jesteś i jaką osobą chcesz być. I pamiętaj, najprawdziwszym świadectwem jakie istnieje na to, jest świadectwo twojego własnego sumienia – wnikliwy głos twojej duszy. Jesteś taki, jak mówi ci sumienie. Pomyśl o mocy sumienia Jezusa. Obwiniający Go napluli na Niego i ukrzyżowali Go, a mimo to powiedział: „Ojcze, przebacz im". Tego rodzaju moc rozróżniania jest jedyną mocą, która wniesie światło na twoją ścieżkę. Ilekroć masz w sercu nieodparte pragnienie modlenia się o jakąś określoną rzecz, użyj własnej mocy rozróżniania. Zapytaj siebie: „Czy pragnienie, o którego spełnienie proszę, jest dobre czy złe?".

Odwieczne ludzkie poszukiwanie

Bóg jest utraconym skarbem człowieka

Wiele czynników podsyca w tobie pragnienia. Gdy widzisz nowy model samochodu, chcesz go mieć. Gdy widzisz dom w nowym stylu, chcesz go mieć. Pojawia się nowy trend mody i natychmiast chcesz ubierać się w tym stylu. Skąd biorą się te pragnienia? Kiedyś siedziałem godzinami, zastanawiając się nad tym. Czy możesz sklasyfikować swoje pragnienia? Ja uczyniłem to z moimi i zatrzymałem tylko te dobre, a kiedy nawiązałem kontakt z Bogiem, odkryłem, że wszystkie te dobre pragnienia zostały natychmiast spełnione. Dzisiaj pragniesz jednego, a jutro drugiego. Twój umysł, jako że zstąpił od wszechmocnego Boga, nie jest usatysfakcjonowany tym, co oferuje świat, i nigdy nie będzie usatysfakcjonowany, ponieważ utraciłeś największy skarb swojej duszy, który to jedynie może zaspokoić wszystkie twoje pragnienia, a jest nim Bóg.

Prawdą jest, że istnieją pewne pragnienia, które są dobre i potrzebne, i że powinieneś starać się o ich spełnienie. Ale dążąc do spełnienia swych małych pragnień, nigdy nie zapominaj o spełnieniu najpierw najwyższego pragnienia – pragnienia Boga. Przekonanie o konieczności spełnienia najpierw pomniejszych pragnień i powinności to największe ludzkie złudzenie. Dobrze pamiętam, że gdy jako młody uczeń pobierałem nauki u mojego guru swamiego Śri Jukteśwara, każdego dnia przyrzekałem sobie: „Jutro będę medytować dłużej". Upłynął cały rok, zanim uświadomiłem sobie, że ciągle to odkładałem. Wtedy natychmiast postanowiłem, że codziennie z samego rana najpierw obmyję ciało, a potem będę długo medytować. Ale nawet wtedy, gdy tylko wstawałem, pochłaniały mnie codzienne obowiązki i zajęcia. W rezultacie postanowiłem zaczynać od medytacji. W ten sposób dostałem ważną nauczkę: na pierwszym miejscu postaw służenie Bogu, a potem zajmij się całą resztą. Czemużby nie? Bóg mówi: „Dlaczego miałbym otworzyć przed tobą wrota do wieczności, skoro przedkładasz inne obowiązki nade Mnie?". Jeśli nie wznosimy się do poziomu Ducha, jaką wartość sobą reprezentujemy? Nie mamy nic do ofiarowania ani Bogu, ani ludziom.

Zatem szukaj Go najpierw. Nadawanie większego znaczenia ziemskim obowiązkom to błędne myślenie, jako że w każdej chwili może cię zawezwać archanioł Gabriel – w każdej chwili możesz zostać stąd zabrany. Dlaczego zatem przykładać tak wielką wagę do życia? Życie jest bowiem czymś bardzo osobliwym. Myślisz, że jesteś całkiem bezpieczny. Nagle umiera ci ukochana osoba lub tracisz zdrowie i całe poczucie bezpieczeństwa pryska. Jakże bardzo kochałem moją matkę; myślałem, że zawsze będzie ze mną i nagle odkryłem, że jej już nie ma![2] Nie bój się śmierci, ale bądź na nią przygotowany.

Życie nie jest tym, czym się wydaje. Nie ufaj mu, bo jest bardzo zdradliwe i pełne rozczarowań. Nie było zamierzone, by na ziemi panowała doskonałość. Nie daję wam fałszywego obrazu życia. Nie jest ono królestwem Bożym; jest tylko laboratorium Boga, w którym wypróbowuje On dusze, aby się przekonać, czy zechcą przezwyciężyć złe pragnienia dobrymi i uczynić obcowanie z Nim swoim najwyższym pragnieniem – po to, aby mogły powrócić do domu, do Jego królestwa.

Traktuj poważnie Boga, a nie życie

Życie jest pełne tragedii i komedii, jest kalejdoskopem niekończącej się różnorodności. Nie ma dwóch identycznych rzeczy. Życie każdego jest niepowtarzalne. Każdy człowiek ma inną twarz, inny umysł i pragnienia. Znudzilibyśmy się, gdybyśmy codziennie mieli takie same doświadczenia; wkrótce zmęczylibyśmy się życiem. Gdyby niebiosa były takie same każdego dnia, to nie chcielibyśmy tam pójść. Raduje nas różnorodność. Stereotypowa koncepcja nieba jest całkowicie niepoprawna. Gdyby było nudne, wszyscy święci modliliby się o powrót na ziemię dla odmiany! Niebo jest czymś nieskończenie innym, zawsze przyjemnie nowym, podczas gdy ziemia jest często czymś nieprzyjemnie nowym!

Niemniej jednak, bez względu na to, jak trudne jest życie, większość ludzi przyzwyczaja się do niego i przyjmuje, że nie da się żyć inaczej. Nie będąc w stanie porównać tego życia z życiem duchowym, człowiek nie uświadamia sobie, jak bardzo bolesne i nudne jest życie na ziemi.

---

2 Paramahansa Jogananda nie miał nawet jedenastu lat, kiedy zmarła jego matka *(nota Wydawcy)*.

Odwieczne ludzkie poszukiwanie

Właściwie życie nie jest rzeczywiste; jest tylko przedstawieniem. I podobnie jak w kółko pokazywane są stare filmy, tak też w gruncie rzeczy te same stare zdarzenia powtarzają się w życiu. Chociaż życie będzie toczyło się wiecznie, te same sceny ze starych filmów będą pokazywane wciąż na nowo. Prawdą jest, że historia się powtarza. Wszyscy jesteśmy muzealnymi eksponatami!

Cokolwiek spotyka cię w życiu, przyjmuj to na wesoło i nie bierz tego do siebie, tak jakbyś oglądał film. Życie jest zabawne, gdy nie traktujemy go zbyt poważnie. Zdrowy śmiech jest doskonałym lekarstwem na ludzkie bolączki. Jedną z najlepszych cech Amerykanów jest ich umiejętność śmiania się. Cudownie jest potrafić śmiać się z życia. Tego właśnie uczył mnie mój guru swami Śri Jukteśwar. Na początku pobierania nauk w jego pustelni chodziłem poważny, nigdy się nie uśmiechając. Pewnego dnia mój mistrz ostro zauważył: „O co chodzi? Jesteś na pogrzebie? Czyż nie wiesz, że odnalezienie Boga oznacza pogrzeb wszystkich smutków? Dlaczego jesteś taki ponury? Nie bierz tego życia zbyt poważnie". Uczył mnie, że musimy mentalnie wznieść się ponad każdy krzyż pański ziemskiego doświadczenia, aby znaleźć pełne szczęście w Bogu.

Kryszna nauczał: „Jednaki w szczęściu i smutku, tak samo przyjmując zysk i stratę, zwycięstwo i porażkę – tak właśnie stawaj do bitwy o życie! W ten sposób nie grzeszysz"[3]. Jednakowo przyjmować wszystko, bez względu na to, co przynosi życie, to jeden z najlepszych sposobów na pokonanie zwodniczych pragnień. Tego właśnie nauczyłem się na przykładzie mojego wielkiego mistrza, który nawet do samego końca pozostał jednaki. Chrystus także wykazał się takim samym hartem ducha. Nawet wtedy, gdy Go torturowano, nie stracił miłości do Boga; nie stracił swojej boskiej świadomości. Najlepszą możliwą fortecą chroniącą naszą radość i wewnętrzny spokój jest Bóg. Podczas wszystkich swoich prób i cierpień pamiętaj o dobrych rzeczach, które dał ci Bóg. Dusza jest boską świątynią Boga. Ciemność doczesnej niewiedzy i jej ograniczenia muszą być usunięte z tej świątyni. Cudownie jest przebywać w świadomości duszy – umocnionej, silnej!

---

3 *Bhagawadgita* II:38.

Pragnienie, które zaspokaja wszystkie pragnienia

Nie bój się niczego! Nie nienawidzić nikogo, obdarzać wszystkich miłością, czuć miłość Boga, dostrzegać Jego obecność w każdym i mieć tylko jedno pragnienie – Jego nieustającej obecności w świątyni twojej świadomości – to jest sposób na życie w tym świecie. Ci, którzy mają inne pragnienia, nie poznają prawdziwego zadowolenia.

Środowisko kształtuje nasze pragnienia

Pragnienia formują się zależnie od naszego środowiska. Są one tworzone, jak również ograniczane przez nasze postrzeżenia zmysłowe. Pójście na wiejski jarmark zaspokaja pragnienie drobnej rozrywki. Ale po odwiedzeniu targów światowych i obejrzeniu przeróżnych wystaw mały jarmark nie stanowi już atrakcji. Ilustruje nam to, że ważniejsze od zajmowania się podrzędnymi ziemskimi zabawkami jest obcowanie z Bogiem teraz. Wtedy twoje pragnienia będą dużo wyższego i bardziej zaawansowanego rodzaju. Pragnienie bycia jednością z Bogiem jest najwyższe ze wszystkich. Kiedy spełnisz jakieś pomniejsze pragnienie, wkrótce pojawi się inne, ale gdy jesteś z Bogiem, wszystkie inne pragnienia są całkowicie zaspokojone. „Ale szukajcie *najpierw* królestwa Boga, i Jego sprawiedliwości, a to wszystko będzie wam dodane"[4]. Dlaczego najpierw nie spełnić tego najwyższego pragnienia? Gdy odpowie On na twoją modlitwę o poznanie Go, wszystkie inne pragnienia zostaną natychmiast spełnione na wieczność.

Być może myślisz, że nie masz pragnień. No cóż, wielokrotnie obserwowałem ludzi w czasie robienia zakupów. Być może, niekoniecznie chcą coś kupić, lecz nagle jakaś rzecz wpada im w oko i pojawia się myśl: „Muszę to mieć!". Dniem i nocą myślą o tej rzeczy i w końcu ją kupują, nawet jeśli muszą pożyczyć na to pieniądze. Gdy posiadają już ją jakiś czas, radość z jej posiadania powszednieje i chcą czegoś innego. Spotykamy ludzi, którzy mówią: „Gdybym tylko miał tysiąc dolarów (albo samochód, albo basen)!". Gdy tylko zaspokoją to pragnienie, marzą o czymś innym. Pragnienia ludzi nie są doskonałe, zatem ich zaspokojenie nie prowadzi do doskonałej szczęśliwości.

---

4 Mt 6,33.

Świat będzie starał się przeszkodzić ci w pamiętaniu o tym, że jedynym wartościowym pragnieniem jest, aby być z Bogiem. Jednak codziennie powinieneś sobie o tym przypominać. I skoro już podjąłeś decyzję, że nie będziesz palił, nierozsądnie się odżywiał, kłamał lub oszukiwał, to wytrwaj w tych dobrych pragnieniach, nie rezygnuj. Złe towarzystwo osłabia wolę i sprzyja niewłaściwym pragnieniom. Pomieszkaj ze złodziejami, a zaczniesz myśleć, że tylko tak można żyć. Ale jeśli pomieszkasz z ludźmi świętymi i przeżyjesz obcowanie z boskością, to żadne inne pragnienia nie będą dla ciebie pokusą. Wszystkie spowszednieją. Tak więc nawet kilka chwil głębokiej medytacji albo towarzystwo świętego będą tratwą inspiracji, która cię przewiezie przez ocean ułudy do brzegów krainy Boga.

Czuj się bezpiecznie w twierdzy Bożej obecności

Bezustanne rozmyślanie o Bogu daje radość. Tęsknota za Nim powinna być stała. Przychodzi taki czas, kiedy umysł już się nie błąka, kiedy nawet największe cierpienia ciała, umysłu i duszy nie mogą odsunąć świadomości od żywej obecności Boga. Czy to nie cudowne żyć, myśleć i czuć Boga w każdej chwili, przebywać w twierdzy Jego obecności, skąd ani śmierć, ani nic innego nie może cię zabrać? „Na Mnie skup swój umysł, bądź Moim czcicielem, nieustająco Mnie wielbiąc, kłaniaj się we czci przede Mną. Tak ze Mną się zjednoczywszy, jako ze swym Najwyższym Celem, będziesz już zawsze Mój"[5]. Gdy jesteś niepodatny na żadne pragnienia, cieszysz się Wieczną Obecnością.

Życie jest dziwne. Wszystko podlega zmianom. Dlatego człowiek nie powinien wiązać swojego szczęścia z życiem na ziemi. Nasz czas przeminie; tego, co widzisz teraz, pewnego dnia nie będzie. Zmiana jest dobra, jeśli nie pozwolisz, by cię bolała. Kiedy cię boli, wtedy bunt jaki czujesz, ma ci pokazać, że nie powinieneś mieć pragnień. Kiedy jesteś utwierdzony w wielkim Duchu, radujesz się wszystkim, nie będąc do niczego przywiązanym. Dlatego warto jest podjąć wysiłek poznania Go. W przeciwnym razie życie może cię ogromnie rozczarować.

---

5 *Bhagawadgita* IX:34.

Pragnienie, które zaspokaja wszystkie pragnienia

Kiedy w 1935 roku pojechałem do Indii, nie mogłem się doczekać odwiedzenia niektórych miejsc, które lubiłem jako dziecko, ale po przybyciu tam zobaczyłem, że wszystko się zmieniło. Sceneria była inna. Najbardziej się rozczarowałem, kiedy odwiedziłem mój dawny dom w Ićhapur, gdzie niegdyś się bawiłem i obserwowałem ptaki. Byłem zaszokowany. Pozostało tylko jedno drzewo, które pamiętałem. Takie jest życie; jedna po drugiej znane i drogie nam rzeczy znikają. Oddałbym wtedy wszystko, aby zobaczyć nasz dom takim, jakim był w moim dzieciństwie. Niemniej jednak zobaczyłem go później; zmaterializował się w mojej wizji. Pływaliśmy w stawie, a potem poszedłem na górę, położyłem się na łóżku i jadłem mango, tak jak to robiłem wiele lat temu.

Przyjrzyj się teraz uważnie swoim pragnieniom. Przebierz je i zatrzymaj tylko te dobre. I nie pozwól, aby nawet te dobre pragnienia stłumiły jedyne ważne pragnienie – pragnienie Boga. Jego nie wolno stłumić. Żyjesz w wielkim złudzeniu, gdy prosisz Boga o spełnienie ziemskich pragnień zamiast prosić Go, aby uczynił dla ciebie dar z Siebie. Co pomyślałbyś o synu, który ilekroć czegoś chce, mówi: „Matko, wypisz mi czek", a poza tym zupełnie się o nią nie troszczy? Nie bądź taki. Nigdy nie bądź niewdzięczny.

Kiedy ta księga życia zostanie zamknięta, pozostanie ci tylko to poznanie, które uzyskałeś dzięki pragnieniom spełnionym w kontakcie z Bogiem. Dlatego każdego wieczoru przed pójściem do łóżka czytaj *Whispers*[6], a potem medytuj. Kiedy się budzisz, myśl o Bogu. Módl się nie tylko przed posiłkiem, ale także w trakcie jedzenia i potem. Gdy pracujesz, otaczaj myślą o Bogu tę pracę. Jeśli jesteś w kontakcie z Bogiem, wszystkie twoje pragnienia w tajemniczy sposób się spełniają. Ale musisz Go szukać przed wszystkimi innymi rzeczami. Dał ci On wszystko; ale tylko jeśli porzucisz wszystkie Jego dary, przedkładając Jego nad nie, On się podda. Jeśli okażesz Bogu, że jesteś gotów wszystko poświęcić, aby Go poznać, przyjdzie On do ciebie.

---

6 *Whispers from Eternity* (Szepty z wieczności), zbiór uduchowionych modlitw Paramahansy Joganandy. Uduchowiona modlitwa to taka, na którą Bóg odpowiedział. Każdy wielbiciel modlący się do Niego głęboko i szczerze słowami tych modlitw, otrzyma podobne błogosławieństwo *(nota Wydawcy)*.

Noś w sobie przenośne niebo

Najtrudniejszą przeszkodą, jaką musisz pokonać, jesteś ty sam. Gdy wieczorem siadasz do medytacji, ciągle jeszcze masz w sobie nerwowość i niepokój. Naucz się panować nad umysłem i ciałem. Bądź królem siebie. Noś w sobie przenośne niebo, a w życiu i w śmierci, w niebie i w piekle, to wewnętrzne niebo będzie z tobą. Módl się głęboko, szczerze: „O Boże, bardzo pragnę Cię poznać. Musisz mi odpowiedzieć!". Rano módl się znowu: „Panie, musisz do mnie przyjść!". Następnego wieczoru módl się znowu w ten sam sposób, językiem serca; jeśli będziesz kontynuować taką modlitwę, musi On odpowiedzieć. Ale kiedy modlisz się bez przekonania, a jednocześnie po głowie chodzą ci inne myśli, On wie, że nie stawiasz Go na pierwszym miejscu i nie odpowiada.

Bądź z Bogiem przede wszystkim. Bądź z Bogiem teraz. Nie zwlekaj, bo ułuda ma wielką moc. Zanim się zorientujesz, nadejdzie czas opuszczenia przez ciebie tego świata. Kiedy tylko znajdziesz chwilę, siadaj i medytuj. Bez względu na to, jak wiele razy twoje modlitwy nie zostały wysłuchane, nie przejmuj się tym i módl się dalej. Módl się szczerze. Wierz w to, że twoja modlitwa została wysłuchana.

W swoim życiu widziałem najcudowniejsze przykłady wysłuchanej modlitwy. Nalegam, abyś nie modlił się o drobiazgi, ale o obecność Boga. Tylko taka modlitwa ma wartość. Jeśli jesteś gotowy poświęcić każdej nocy godzinę lub dwie godziny snu na medytację, wejdziesz do królestwa Bożego. Nie patrz na zegarek. Jak najszczerzej módl się: „Panie, tylko Ciebie pragnę". Złe przyzwyczajenia i niepokój będą się starały zniweczyć twoje usiłowania, ale skupiaj uwagę na Bogu, a Jego obecność będzie z tobą.

Życie po życiu pragnienia ziemskich radości tworzą magnetyczną siłę, która przyciąga człowieka z powrotem na ziemię. Ci, którzy spełnili swoje pragnienia w Bogu, nie muszą się już więcej wcielać. Ilekroć chcą spełnić jakiekolwiek życzenie, po prostu myślą o przedmiocie życzenia i materializuje się on na ich oczach. Moja matka ukazała mi się z krwi i kości dokładnie tak, jak ja was tu widzę. Jakże dobry jest Bóg, jakże cudowny jest Bóg, że materializuje przedmioty naszych pragnień, aby okazać nam Swoją

Pragnienie, które zaspokaja wszystkie pragnienia

miłość i wdzięczność, gdy ofiarowaliśmy Mu najważniejsze miejsce w sercu.

Dobrze jest móc z Bożą pomocą cieszyć się zdrowiem, bogactwem, władzą lub przyjaciółmi, ale jeśli zdołamy nakłonić samego Boga, aby odpowiedział na nasze modlitwy, to będziemy zwycięzcami. Nie ustawajmy zatem, dopóki nie przejawimy Boga w naszym życiu. Da nam On wszystko, czego kiedykolwiek pragnęliśmy; a także nas wypróbuje. Próby w życiu duchowym są trudniejsze od wszelkich innych prób. Lecz wy, którzy przejdziecie przez próby, na które On was wystawia, powiecie: „Panie, spełniłeś największą moją modlitwę. Czego jeszcze mogłoby pragnąć lub potrzebować moje serce, jeśli nie Ciebie?".

W Bogu jest całe szczęście

*Pustelnia Self-Realization Fellowship,
Encinitas, Kalifornia, 10 czerwca 1937*

Bóg w Swojej nieskończonej łaskawości daje nam poprzez różne doświadczenia życia swoją radość, inspirację, prawdziwe życie, prawdziwą mądrość, prawdziwe szczęście i prawdziwe zrozumienie. Ale chwała Boga objawia się tylko w spokoju duszy, w intensywności wewnętrznego wysiłku umysłu, aby z Nim obcować. To tam właśnie znajdujemy prawdę. Na zewnątrz ułuda ma wielką moc; nieliczni potrafią uciec spod wpływu otoczenia. Świat idzie naprzód wraz z całą swoją nieskończoną złożonością i różnorodnością doświadczeń. Każde życie jest inne i każde życie musi być przeżyte inaczej. Jednak u podstaw wszelkiego życia jest cichy głos Boga, zawsze wołający do nas poprzez kwiaty, pisma święte i nasze sumienie – poprzez wszystkie piękne rzeczy, które sprawiają, że życie warte jest, aby je przeżyć.

Im bardziej koncentrujemy się na świecie zewnętrznym, tym mniejsze jest nasze poznanie wewnętrznej chwały wiecznej radości Ducha. Im bardziej się koncentrujemy na naszym wnętrzu, tym mniej mamy trudności w świecie. Większość ludzi nie rozumie jednak tej prawdy będąc pod wpływem doczesnego towarzystwa i otoczenia oraz złych nawyków. Otoczenie stale bardziej lub mniej nas absorbuje; nie pozwala nam myśleć o głębszych aspektach rzeczywistości. Nawet w tym pięknym miejscu w Encinitas widywałem uczniów, którzy przyjeżdżali, nie mając szczerych intencji poszukiwania rozwoju duchowego. Jeśli postanowimy, że chcemy widzieć Boga, możemy Go widzieć wszędzie. Nawyki są drapieżne, niszczą nas. Powinniśmy nauczyć się być zadowoleni z tego, co mamy. Nie pragnijmy niczego poza tym, co do nas przychodzi. Ojciec wie, czego nam potrzeba.

Najlepszym sposobem na to, aby być nieskończenie szczęśliwym, jest być świadomym Ojca. Najważniejszym pragnieniem powinno być poznanie Boga w sobie. Niezłomne postanowienie, aby z Nim być, powinno być w naszej świadomości na pierwszym miejscu.

Oddałem Bogu wszystko. Nie ma już nic więcej, co mógłbym Mu dać. Uświadomiłem sobie, że jedynym celem życia jest poznanie Boga. Wielu może wątpić, że znalezienie Boga jest celem życia, ale wszyscy zgodzą się z tym, że jest nim znalezienie szczęścia. Ja mówię, że Bóg jest Szczęściem. Jest On Szczęśliwością. Jest On Miłością. Jest On Radością, która nigdy nie opuści waszej duszy. Dlaczego więc nie mielibyście próbować zdobyć tego Szczęścia? Nikt inny wam go nie da. Sami musicie je nieustannie pielęgnować. Siły natury stale usiłują dostarczyć nam doczesnych przyjemności, ale dają nam one krótkotrwałe zadowolenie, które kończy się jedynie smutkiem i goryczą. Nawet najbardziej uprzywilejowana osoba, która wydaje się mieć wszystko, może nie być szczęśliwa. Nigdy nie będziecie na długo zadowoleni z ziemskich rzeczy. Dają one tylko fałszywe poczucie spokoju i zadowolenia. Cały świat popadł w chaos z powodu chciwości. Chciwość rodzi wojnę. Nie ma innej przyczyny.

Ten, kto zwycięża siebie jest największym zwycięzcą w bitwie życia. Pieniądze, sława, pragnienia – wszystko to, co sprzeciwia się temu ideałowi, jest ze szkodą dla naszego spokoju i szczęścia. Gdyby tylko ludzie nauczyli się skupiać na prawdziwych wartościach życia, znaleźliby prawdziwe szczęście, ale ponoszą ich ziemskie pragnienia. Stwierdzam, że żadna pokusa nie może mnie zmusić do zboczenia ze ścieżki, którą wybrałem. Mógłbym oczarować tysiące ludzi mocami, które dał mi Bóg, ale takie postępowanie byłoby z uszczerbkiem dla mnie, zresztą nie dbam o oczarowywanie tysięcy ludzi. Uwielbiam spotykać prawdziwych wielbicieli – tych, którzy są zakotwiczeni w Bogu. Dusze, które kochają Boga, przyjdą tutaj, a te, którym starczy entuzjazmu do końca życia, znajdą Go.

Bóg musi przyjść do tych, którzy Go rzeczywiście pragną

Niemożliwe jest oszukanie Pana, ponieważ znajduje się On tuż za naszymi myślami i wie, o czym myślimy i czego pragniemy. Jeśli w sercu prawdziwie wyrzekniemy się świata i zaczniemy poszukiwać wewnętrznego obcowania z Nim, to On do nas przyjdzie. Ale musimy wiedzieć, że pragniemy tylko Jego i niczego więcej. Gdy to pragnienie Boga utrwali się w naszych sercach, musi On przyjść.

Jedyną rzeczą, dla której warto żyć, jest kontakt z boskością, obcowanie z Bogiem. Dlatego Jezus rzekł: „Żniwo wprawdzie wielkie, ale robotników mało"[1]. Zawierzmy słowom Jezusa, który żył prawdą. Czy kiedykolwiek istniał wspanialszy przykład pobożności, niż kiedy powiedział On: „Ojcze! odpuść im, bo nie wiedzą, co czynią"[2]?

Każdy chce mieć więcej pieniędzy niż sąsiad, a gdy już ma więcej, nie jest zadowolony, bo odkrywa, że inny sąsiad ma jeszcze więcej. Ludzie żyją w obłędzie cierpienia, stworzonego przez ich własne pragnienia. Nauczcie się być zadowoleni z tego, co macie. Przeciętny człowiek w Ameryce posiada znacznie więcej niż przeciętny człowiek w Europie lub w Indiach, czy też w jakimkolwiek innym kraju. A mimo to nie jest szczęśliwy! Zżerają go niepokoje i zmartwienia.

Boża droga jest najłatwiejszą drogą. Najlepiej jest zwrócić się najpierw do Ojca i spytać Go, co jest dla nas najlepsze. Skoro wiemy, że On jest i na nas czeka, to po co tracić czas na drobiazgi? Czy kiedykolwiek szczerze usiłowaliście sprawdzić, czy Ojciec do was mówi, czy nie? Pan mówi do wszystkich ludzi. Co jeszcze może zrobić, aby przyciągnąć waszą uwagę?

Nie chcę, aby ludzie myśleli, że mogą osiągnąć Samorealizację tylko słuchając innych lub czytając książki. Muszą praktykować to, o czym czytają i co słyszą. Lepiej jest pójść do kościoła niż zostać w domu i słuchać próżnej gadaniny, ale nawet i w kościele musisz czuć Go w sobie; i musisz znać technikę, dzięki której uświadomisz sobie Jego obecność. Emocjonalizm i intelektualizm nie mogą doprowadzić do Samorealizacji.

Kiedy całkowicie oddajemy się Bogu, kiedy nigdy nie mamy pokusy, aby modlić się w celach egoistycznych, i kiedy jesteśmy pewni, że Bóg jest naszym duchem, że jest On naszą duszą i wszystkim innym – wtedy jesteśmy wolni.

Pomyślcie! Za kilka dziesięcioleci to nasze życie będzie już tylko snem. To, że tu siedzę i do was mówię, stanie się częścią tego snu. Wszyscy wielcy mistrzowie, którzy już odeszli, stali się snem

---

[1] Mt 9,37.
[2] Łk 23,34.

w świadomości ludzkości, ale ci wielcy osiągnęli cel. Są zawsze świadomi tego, co się dzieje.

Jakimż snem jest życie! A jednak, kiedy patrzymy na nasze ciała i widzimy, jak tętnią życiem, ponownie przekonuje nas to w pełni, że ten sen jest realny. Myślimy, że musimy mieć to albo tamto i wtedy będziemy szczęśliwi. Ale bez względu na to, ile pragnień zaspokoimy, to i tak nigdy nie da nam to szczęścia. Im więcej mamy, tym więcej chcemy. Nauczcie się żyć prostym życiem. „Ten człowiek jest pełen zadowolenia, którego pragnienia zawsze kierują się do wewnątrz. Człowiek taki jest jak niezmienny ocean, który nieustannie wypełnia się po brzegi wpływającymi wodami. Nie jest *munim* ten, kto wywierca dziury pragnień w swoim zbiorniku spokoju, pozwalając wodom spokoju uciec"[3].

Szukaj Boga w samotności

Powinni prowadzić was ci, którzy znają Boga, ci, którzy z Nim obcują. Jezus nauczał, abyśmy poszukiwali Boga w samotności[4]. W samotności wewnętrznej ciszy poznajemy Ducha Świętego. Wielcy mędrcy indyjscy także mówią o tej boskiej mocy. Prawdziwe znaczenie pojęcia „Duch Święty" pojawiło się w tym kraju wraz z Self-Realization Fellowship. Wszystko w stworzeniu jest wibracją, którą kieruje inteligencja Boga. Ta inteligentna wibracja to Duch Święty[5]. Każdy powinien się nauczyć, jak kontaktować się z Duchem Świętym poprzez medytację. Uczy tego Self-Realization Fellowship.

---

3 *Bhagawadgita* II:70. Prawdziwym *munim* jest mnich, który przestrzega duchowych ślubów milczenia (*mauna*), kontrolując fale myśli i uczuć, które w stanie zwykłej świadomości są w nieustannym ruchu.

4 „Ale ty, gdy się modlisz, wejdź do swojej izby (w wewnętrzną ciszę medytacji), zamknij swoje drzwi (przed hałasem zmysłów) i zanoś mody twojemu Ojcu, który jest w ukryciu (w tobie); a Ojciec twój, który widzi w ukryciu, odda ci się jawnie" (Mt 6,6).

5 Zewnętrzne, aktywne przejawienie wszechobecnej Świadomości Chrystusowej, jej „świadek" w stworzeniu (Apokalipsa 3,14). Ducha Świętego także nazywa się w Biblii „Słowem" (J 1,1) i „Pocieszycielem" (J 14,26), a w hinduskich pismach świętych – *„Aum"*. Ta niewidzialna boska moc to jedyny sprawca, jedyna siła przyczynowa i ożywiająca, która swą wibracją podtrzymuje całe stworzenie. Dzięki specjalnej jogicznej technice medytacji nauczanej przez Self-Realization Fellowship, adept obcuje z Duchem Świętym, pełnym szczęśliwości Pocieszycielem: „Zaś pocieszyciel, Duch Święty, którego w moim Imieniu pośle Ojciec, on was wszystkiego nauczy i przypomni wam wszystko, co wam powiedziałem" (J 14,26).

W ciszy duszy, w oazie koncentracji romans z Nieskończonym nie ma końca. Lecz nie można służyć Bogu i mamonie[6] jednocześnie. Musimy oddać się Bogu całkowicie. Jest On Wiecznym Miłującym i błaga On o miłość was wszystkich.

Aby szczerze poszukiwać Boga, musicie nauczyć się używać woli i koncentracji. Waszym postępowaniem rządzą nawyki. Nawyki stale zmuszają was do robienia rzeczy, których nie chcecie robić. Jesteście swoimi własnymi wrogami i tego nie wiecie. Nie nauczyliście się, jak siedzieć spokojnie. Nie nauczyliście się, jak poświęcać czas Bogu. I jesteście niecierpliwi, oczekując, że osiągniecie niebo od razu. Nie możecie go osiągnąć, czytając książki, słuchając kazań ani zajmując się dobroczynnością. Możecie być z Bogiem tylko pod warunkiem, że poświęcicie Mu czas w głębokiej medytacji.

Polegaj tylko na Bogu

Musicie się starać przede wszystkim zadowolić Boga. Niemożliwym jest, by zadowolić wszystkich. Staram się, aby nigdy nikogo nie urazić. Robię, co mogę, i to wszystko, co mogę. Moim głównym celem jest zadowolenie Boga. Używam dłoni, aby modlić się do Niego w uwielbieniu, stóp, aby Go wszędzie szukać, umysłu, aby myśleć o Nim jako zawsze obecnym. Na każdym tronie myśli powinien zasiadać Bóg – Bóg jako spokój, Bóg jako miłość, Bóg jako życzliwość, Bóg jako zrozumienie, Bóg jako współczucie, Bóg jako mądrość. To jedyna rzecz, o której przyszedłem wam powiedzieć – o niczym innym.

Nauczcie się techniki medytacji [nauczanej przez] Self-Realization Fellowship. Przebywajcie w dobrym towarzystwie. Nie polegajcie na innych, lecz wyłącznie na Bogu. I codziennie dzielcie się tą wiedzą z innymi. Codziennie uczyńcie coś dobrego dla paru osób. Dopóki mam pieniądze w kieszeni, nie przestaję dawać. Moim bankiem jest Bóg.

A na koniec musicie poznać Boga tak samo, jak znają Go wielcy. Jeśli będziecie stosować tę technikę, odnajdziecie Go własnym wysiłkiem.

---

6 Mt 6,24.

Pewnego dnia spacerowałem w pobliżu pustelni, rozmyślając o moim wielkim guru Śri Jukteśwarze dźi, zastanawiając się, co robi. Było mi smutno, że ja mogę się cieszyć tym pięknym aśramem, a on nie może być tutaj, aby cieszyć się nim razem ze mną. Nagle ukazał mi się on na niebie i powiedział: „Myślisz, że jesteś jedynym, który cieszy się tym miejscem! Ja się nim cieszę, gdziekolwiek jestem".

Musicie dążyć do jedności z Bogiem. Praktykujcie medytację codziennie i uczcie się kochać Go głęboko, a także kochać bliźnich jak siebie samych. To jedyny sposób, by uniknąć wojny. Musi zaistnieć duchowa współpraca. Bez duchowości ani naród, ani jednostki nie mogą być szczęśliwi, a szczęście musi się zaczynać od jednostki. Obcowanie z Bogiem to jedyne rozwiązanie wszystkich problemów, czy to zdrowotnych, finansowych, małżeńskich, moralnych, czy duchowych.

Szczęście przychodzi wraz z poczuciem, że jest się jednym z Bogiem, że jest się dzieckiem Bożym – książęcym dzieckiem Króla Wszechświata. Nie jesteś żebraczym dzieckiem. Uwięziłeś się w ciele z powodu swojej niewiedzy o Ojcu. Musisz się uwolnić z tego więzienia. Musisz utrzymywać umysł stale przykuty do Boga, bez względu na to, co się dzieje. Wtedy odnajdziesz ogromny spokój i radość. „Mnie poświęcają każdą myśl swoją i całe życie, nauczając się wzajemnie, zawsze o Mnie głosząc; Moi wielbiciele są zawsze zadowoleni i radośni"[7].

---

7 *Bhagawadgita* X:9.

Jak być bardziej lubianym

Pierwsza świątynia Self-Realization Fellowship w Encinitas, Kalifornia, 20 sierpnia 1939

Natura niektórych ludzi sprawia, że są lubiani od urodzenia; przyciągają do siebie wszystkich. Inni nigdy nie są lubiani. Jeszcze inni ani nie są lubiani, ani nielubiani, po prostu się ich ignoruje. Dlaczego? Bezstronny Bóg nie jest odpowiedzialny za nierównomierne obdzielenie ludzi atrakcyjnymi cechami. Różnice charakteru między poszczególnymi osobami wynikają z tego, że każdy sam kształtuje swój własny charakter. Człowiek stworzył swoje przyjemne i nieprzyjemne cechy w tym lub w przeszłych żywotach. Byłoby wielką niesprawiedliwością ze strony Boga, gdyby to On sprawiał, że niektóre dzieci zaczynają życie z przewagą dobrych cech, podczas gdy inne rodzą się z przewagą złych cech. Tymczasem to nie On ustanowił złe skłonności u niektórych dzieci i dobre u innych. Dlatego nie możemy pociągać Boga do odpowiedzialności za nie.

Bóg stwarza wszystkich ludzi równymi, na Swoje podobieństwo. Aby dostrzec zasadność pozornych nierówności między ludźmi, musimy zrozumieć prawo reinkarnacji. Wiedza o tym prawie została pogrzebana i zapomniana w Średniowieczu. Jezus mówił o reinkarnacji, gdy powiedział: „Eliasz już przyszedł, i go nie rozpoznali [...]. Wtedy uczniowie zrozumieli, że mówił do nich o Janie Chrzcicielu"[1]. Dusza, która pojawiła się w jednej inkarnacji jako Eliasz, powróciła w innej jako Jan Chrzciciel.

Życie nie miałoby sensu, gdyby nie dawało nam wystarczająco wiele okazji do rozwinięcia naszych możliwości i zaspokojenia pragnień. Jak bez istnienia reinkarnacji można by wytłumaczyć działanie boskiej sprawiedliwości w przypadku tych dusz, które nie mają

---

1 Mt 17,12-13.

szansy wyrażenia siebie, bo obleczone są w ciało dziecka, które rodzi się martwe albo w ciało, które dożywa tylko sześciu lat? Dusz takich nie można by przecież skazać na potępienie w Hadesie, ponieważ nie uczyniły one niczego, aby zasłużyć sobie na karę; nie mogłyby też pójść do nieba, ponieważ nie miały możliwości zasłużenia sobie na nie. Odpowiedzią na powyższe pytanie jest to, że Ziemia to ogromna szkoła, a prawo reinkarnacji jest przejawem działania boskiej sprawiedliwości. Sprawiedliwość ta raz po raz sprowadza tutaj każdego człowieka, dopóki nie przerobi wszystkich lekcji życiowych. Pan Kryszna nawiązuje do tej prawdy: „Jogin sumiennie praktykujący swoją ścieżkę, udoskonaliwszy się w przeciągu wielu żywotów, oczyszczony zostaje z grzechu (skaz karmicznych) i ostatecznie osiąga Najwyższe Szczęście"[2].

Człowiek sam kształtuje swoje jasne i ciemne strony. Gdzieś, kiedyś, w tym lub przeszłych żywotach, człowiek zasiał ziarno swymi własnymi czynami. Jeśli pozwoli ziarnom złych czynów wykiełkować, to wyprą one ziarna dobra, które zasiał. Ludzie mądrzy wyrzucają ziarna zła z ogrodu swego życia.

Atrakcyjność człowieka pochodzi z jego wnętrza

Człowiek powinien się nauczyć analizować siebie i innych, aby zdecydować, dlaczego jedni ludzie są powszechnie lubiani, a inni nie. Nawet wśród dzieci są takie, które wszyscy traktują bardzo serdecznie, i inne, których wszyscy unikają. Jednym z pierwszych wniosków z takiej analizy jest to, że jeśli ktoś chce być lubianym, to musi uczynić bardziej atrakcyjnym swoje wnętrze. Czasami osoba nawet najbardziej atrakcyjna fizycznie może być odpychająca z powodu wewnętrznej brzydoty, przejawiającej się w jej mowie i zachowaniu.

W pewnym okresie uważano, że tajemnicą popularności było „to coś" – pewien rodzaj uroku fizycznego i magnetyzm. Jednak „to coś" niekoniecznie sprawia, że ktoś jest bardziej lubiany. O tym, czy i przez kogo jesteśmy lubiani albo nielubiani decydują nasze dobre i złe cechy. Zło przyciąga zło, dobro przyciąga dobro. „To coś" nie jest tym, czego powinniśmy pragnąć, ale powinniśmy pragnąć

---

2 *Bhagawadgita* VI:45.

magnetyzmu i to takiego, który przyciągnie do nas dobro, zapewni nam przyjaciół i zasłużony podziw. Czy rzeczy zewnętrzne, takie jak ubiór i ładna buzia lub przystojna twarz mogą nam zapewnić taką atrakcyjność? Nie. Trzeba ją wytworzyć w sobie.

Unikaj złych nastrojów. Nie ma nic nieprzyjemnego w byciu poważnym, ale kiedy poddajesz się złemu nastrojowi, twoje zachowanie zupełnie się zmienia. Twoja twarz jest lustrem, które ujawnia każdą zmianę uczuć. Myśli i emocje jak fale przepływają w mięśniach twarzy, stale zmieniając jej wygląd. Każdy, kogo spotykasz, widzi i reaguje na twoją mimikę, która wyraża to, co myślisz i czujesz. Można dość dobrze kontrolować oczy i uśmiech i w ten sposób ukryć swoje uczucia przed niektórymi ludźmi, ale nie przed wszystkimi. Lincoln słusznie powiedział: "Prawdą jest, że można oszukiwać wszystkich przez jakiś czas; niektórych można nawet oszukiwać zawsze; ale nie można zawsze oszukiwać wszystkich".

W oczach człowieka widoczna jest cała historia jego życia. Nie da się jej ukryć przed tymi, którzy wiedzą, jak ją odczytać. Są oczy uduchowione, częściowo uduchowione, nieuczciwe oczy, oczy zmysłowe. Jest w nich zapisane to, co kto czyni. Gdybym powiedział komuś, co dostrzegam w jego oczach, byłby zdumiony moją trafnością.

Nigdy nie rób niczego, co zanieczyszcza umysł. Niewłaściwe postępowanie powoduje negatywne, czyli złe wibracje umysłu, które odbijają się w całym wyglądzie i osobowości. Angażuj się w takie działania i myśli, które kształtują pożądane przez ciebie dobre cechy. Jeśli będziesz postępować zgodnie z prawdami, o których mówię, odkryjesz, że twoje życie pięknie się zmieni.

Oceniają cię głównie po twoim zachowaniu

Człowieka sądzi się częściowo po ubiorze, ale głównie po zachowaniu. Zawsze bądź czysty i zadbany. Unikaj przesadnego strojenia się: pretensjonalne stroje i dodatki sprawiają, że wygląda się jak eksponat muzealny! Ubieraj się z prostotą i schludnie, i w to, co do ciebie pasuje. Ale przede wszystkim naucz się właściwie zachowywać. Kiedy już rozwinie się umysł i wykształci atrakcyjne cnoty wewnętrzne, ubiór staje się mniej ważny.

Mahatma Gandhi udowodnił, że nie ubiór zdobi człowieka.

Nosi[3] tylko przepaskę biodrową dla podkreślenia, że utożsamia się z milionami prostych ludzi w Indiach. Kiedyś przybył tak odziany na przyjęcie wydawane przez angielskiego gubernatora. Służący go nie wpuścili. Wrócił do domu i przez posłańca przesłał gubernatorowi paczkę. W środku był garnitur. Gubernator zadzwonił do niego i spytał, co to oznacza. Wielki człowiek odparł: „Zaproszono mnie na pańskie przyjęcie, ale nie pozwolono mi wejść ze względu na mój strój. Dlatego zamiast siebie wysłałem garnitur". Oczywiście, gubernator nalegał, aby Gandhi przybył na przyjęcie. Nawet w Londynie Gandhi udał się na wizytę do króla i królowej Anglii, mając na sobie tylko przepaskę biodrową. Wyszedł poza mentalność przywiązywania wagi do ubrań. Nie zalecam takiego sposobu ubierania się! Gandhi ma misję do spełnienia i taki ubiór należy do jego roli. Kiedy ktoś jest tak wielki jak Gandhi, to też może się ubierać, jak mu się podoba.

Sedno w tym, że nie powinno się cały czas myśleć o ciele, ale też nie należy go zaniedbywać. Niedostateczne lub zbytnie poświęcanie uwagi ciału sprawia, że człowiek staje się niezrównoważony, fanatyczny. Troszcz się o ciało rozsądnie i zawsze pamiętaj o tym, co jest najważniejsze – o stanie swego umysłu i o swoim zachowaniu. Przywiązuj większą wagę do stanu umysłu, trampoliny twego zachowania, ponieważ na to zwraca uwagę większość ludzi.

Gdy jesteś z ludźmi, bądź szczery i życzliwy

Interesuj się innymi. Kiedy jesteś sam, masz prawo myśleć i robić, co ci się podoba; ale gdy jesteś w towarzystwie innych, nie powinieneś okazywać braku uwagi i zainteresowania. Towarzystwo umarłego byłoby [w takim przypadku] lepsze niż osoby niezainteresowanej. Obojętność umarłego nikogo nie obraża. Kiedy jesteś w towarzystwie innych, bądź z nimi całym sercem, ale kiedy zainteresowanie nimi zmaleje, grzecznie ich przeproś i oddal się. Nie masz prawa przebywać z nimi, kiedy twój umysł jest nieobecny.

W towarzystwie innych bądź szczerze życzliwy. Nigdy nie bądź „skwaszony". Nie musisz śmiać się głośno jak hiena, ale też nie miej

---

3 Mahatma Gandhi jeszcze żył, gdy Paramahansa dźi wygłaszał tę pogadankę (*nota Wydawcy*).

ponurej miny. Bądź uśmiechnięty, sympatyczny i życzliwy. Jednak uśmiechanie się na pokaz, gdy jesteś zły lub czujesz się urażony, to hipokryzja. Jeśli chcesz być lubiany, bądź szczery. Szczerość to cecha duszy, którą Bóg dał każdemu człowiekowi, jednak nie wszyscy ją przejawiają. Przede wszystkim bądź pokorny. Nawet jeśli posiadasz godną podziwu siłę wewnętrzną, nie przytłaczaj innych mocą swojej osobowości. Bądź spokojny i miej wzgląd na innych. To jest sposób na wykształcenie osobistego magnetyzmu.

Zawsze staraj się okazywać innym zrozumienie. Niektórzy przyjmują kłótliwą postawę i sprzeciwiają się nam, bez względu na to, co mówimy lub robimy. Mają pretensje do całego świata. Aby przyciągnąć prawdziwych przyjaciół, należy pielęgnować postawę zrozumienia. Prawdziwi przyjaciele rozumieją się nawzajem, bez względu na to, co robią. Powinieneś być właśnie taki.

Co to za życie, jeśli nie masz wokół siebie dobrych przyjaciół? W twoim sercu jest magnes, który przyciąga prawdziwych przyjaciół. Tym magnesem jest brak egoizmu, stawianie innych na pierwszym miejscu. Bardzo nieliczni są wolni od egocentryzmu. Można jednak bardzo łatwo rozwinąć altruizm, myśląc przede wszystkim o innych. Tę zaletę posiada zwykle matka. Jej życie jest służbą. Przede wszystkim dba o męża i dzieci. Jako że zawsze najpierw myśli o innych, a potem o sobie, to inni też myślą o niej. Taka jest tradycja rodzinna w Indiach. W tym samym duchu nauczają nas w aśramach prawdziwi nauczyciele duchowi.

Zważanie na innych to wspaniała zaleta. Przyciąga innych najsilniej. Praktykuj ją! Gdy komuś chce się pić, osoba mająca wzgląd na innych dostrzega tę potrzebę i proponuje mu coś do wypicia. Zważanie na innych oznacza, że zauważa się ich obecność i poświęca im uwagę. Osoba zważająca na innych, gdy jest wśród innych, ma intuicyjną świadomość ich potrzeb.

Żyj dla innych, a oni będą żyli dla ciebie

Są tacy, którzy mówią: „Jestem człowiekiem pobożnym". Gdyby jednak ktoś usiadł na ich miejscu w kościele, byliby gotowi urwać mu głowę! Od czasu do czasu widuję tego typu przypadki na moich zajęciach. Jeśli ktoś chce zająć twoje miejsce, ustąp mu, nawet gdybyś musiał stać. Dzięki twojemu przykładnemu zachowaniu każdego dnia ktoś będzie myślał o tobie. Kiedy nauczysz się żyć dla innych, inni będą żyli dla ciebie. Jeśli będziesz żyć tylko dla siebie, nikt nie będzie interesować się tobą. Najsilniej przyciągniesz innych dobrymi czynami.

Gdy będąc na przyjęciu rozejrzysz się dookoła, niemal zawsze zauważysz, że niektórzy goście otwarcie okazują zazdrość o to, co mają inni. Nikt nie chce być z niezważającymi na innych egoistami. Ale każdy jest zadowolony z towarzystwa taktownej, życzliwej osoby.

Praktykuj delikatność w mowie i postępowaniu; a gdy kusi cię, by odezwać się szorstko, powstrzymaj ten impuls i rozmawiaj spokojnie. Niech nikt nie usłyszy od ciebie ostrych słów. Nie bój się mówić prawdy, gdy cię o to proszą, ale nie narzucaj innym swojego zdania. Pamiętaj też, iż mówienie niewidomemu, że jest niewidomy, a choremu, że jest chory, nawet jeśli to prawda, jest niewłaściwe i lepiej unikać takiej szczerości. Życzliwą i łagodną mową podnosisz innych na duchu i pomagasz im stać się lepszymi.

Jest jednak tak, że inni zwracają uwagę nie tylko na twoje słowa, lecz na ich siłę i szczerość. Mowa szczerego człowieka porusza świat. Gdy coś mówi, inni słuchają. Niektórzy dużo mówią, mając nadzieję przekonać słuchającego niekończącym się potokiem słów. Ale zniewolony słowami słuchacz tylko myśli: „Proszę, pozwól mi odejść!". Gdy mówisz, nie mów zbyt wiele o sobie. Staraj się mówić na temat, który interesuje drugą osobę. I słuchaj. To jest sposób na przyciąganie ludzi. Przekonasz się wtedy, jak bardzo pożądana jest twoja obecność.

Moja matka bardzo na to zwracała uwagę. Rodzice nigdy nie powinni mówić do dzieci źle o sobie nawzajem. Powinni zachowywać swoje problemy wyłącznie dla siebie. Moi rodzice mieli taką samokontrolę; byli naprawdę jak bogowie. Tylko raz widziałem nieporozumienie między moim ojcem i matką. Wszystko, o czym my, dzieci, wiedzieliśmy wtedy to to, że przy drzwiach wejściowych stał powóz i że matka ma zamiar opuścić dom. Przyszedł wujek i spytał ojca: „Co się dzieje?". Ojciec odparł: „Nie sprzeciwiam się, by wydawała pieniądze na cele dobroczynne; proszę tylko, by nie wydawała więcej niż zarabiam". Wujek szepnął kilka słów ojcu do ucha. Po kilku pojednawczych słowach ojca matka odesłała powóz.

Nigdy nie powiedziała złego słowa o ojcu. Zawsze myślała o innych.

Radością jest żyć dla innych. Kiedy jestem sam, nie mam prawie potrzeby jedzenia, ale gdy mam gości, lubię przyrządzać dla nich smakowite potrawy. Zauważyłem, że mój guru, swami Śri Jukteśwar dźi, zachowywał się podobnie. Podczas moich pierwszych odwiedzin w jego aśramie odniosłem wrażenie, że zawsze jada smakowite potrawy. Ale raz poszedłem tam, kiedy mnie nie oczekiwał, i zobaczyłem, że je najprostszy z możliwych posiłków. Zapytałem go o to: „Nie jadam jakichś specjalnych dań, chyba że ktoś mnie odwiedza – odparł. – Lubię przygotowywać je dla gości".

Pewnego razu poszedłem z kolegą ze szkoły na targ, aby kupić kilka ananasów. Były tylko dwa, jeden mniejszy, drugi większy. Kupiłem oba i wręczyłem większego koledze. Był bardzo zaskoczony! Sądził, że zatrzymam większy dla siebie. Gdy człowiek zachowuje się życzliwie, myśląc przede wszystkim o innych, rodzi się w nim wspaniałe uczucie. Gdy się o kogoś zatroszczysz, myśli o tobie nie tylko ta osoba, lecz także Bóg. Jeśli pamiętasz o innych, cały czas im pomagając, to nawet jeśli oddasz im ostatni grosz, Bóg ci to zwróci w postaci większych dobrodziejstw.

Jeszcze jedno! Każdy posiada jakąś wyjątkową cechę, coś niepowtarzalnego, czego inni nie mają. Także, w jakimś sensie, każdy jest bogatszy lub biedniejszy od innych. Jeśli jesteś bezinteresowny, łagodny i rozumiesz innych, to jesteś bogatszy od tych, którzy są egoistyczni, gniewliwi i zazdrośni.

Doskonała równowaga jest ołtarzem Boga

Ludzkość jest jak wielkie zoo – tak wielu ludzi zachowujących się tak różnie, przy czym większość nie ma rzeczywistej władzy nad sobą. Zanim jednak ktoś może osiągnąć prawdziwy Cel życia, musi posiąść tę władzę. Musi szukać równowagi. Doskonała równowaga jest ołtarzem Boga. Trzeba do niej dążyć, a gdy już osiągnie się ją, nigdy nie traćmy jej. Chrystus nie stracił jej, kiedy Go przybijano do krzyża. Powiedział: „Ojcze, przebacz im, albowiem nie wiedzą, co czynią". Zwykły człowiek nie zniósłby prób, którym został poddany Chrystus.

Gdy wstąpiłem na ścieżkę duchową, sądziłem, że czekają mnie tylko dobre rzeczy; przekonałem się jednak, że spotkały mnie także liczne trudne doświadczenia. Wtedy tłumaczyłem sobie: „Jako że kocham Boga tak bardzo mocno, to zbyt wiele od Niego oczekiwałem. Odtąd będę mówić: «Panie, niech się dzieje wola Twoja»". Przyszły ciężkie próby. Ale trzymałem się myśli „Niech się dzieje wola Twoja". Pragnąłem przyjąć wszystko, co Bóg mi zsyłał. A On zawsze pokazywał mi, jak przejść zwycięsko każdą próbę.

Nawet śmierć jest niczym dla silnych duchowo. Kiedyś śniło mi się, że umieram. Mimo to modliłem się do Niego: „Panie, wszystko w porządku; niech będzie wola Twoja". Wtedy On mnie dotknął i zrozumiałem tę prawdę: „Jakżeż mogę umrzeć? Fala nie może zginąć; zapada się w głąb oceanu i znowu się wyłania. Fala nigdy nie umiera; i ja nigdy nie umrę".

Kiedy idziesz do sklepu z odzieżą, starasz się wyszukać ubranie, które do ciebie pasuje i uwydatnia to, co w tobie najlepsze. To samo powinieneś zrobić dla duszy. Dusza nie jest odziana w jakiś określony strój; może oblec się w to, co chce. Ciało ma ograniczenia, ale dusza może przyodziać jakąkolwiek szatę mentalną, każdy typ osobowości.

Jeśli głęboko o kimś rozmyślasz, studiujesz historię jego życia i świadomie naśladujesz jego osobowość, zaczniesz go przypominać; utożsamiasz się z tą osobą. Ćwiczyłem to i mogę przybrać każdą osobowość, jaką zechcę. Kiedy przybieram osobowość mądrości, nie potrafię mówić o niczym innym, jak tylko o mądrości. Kiedy przybieram osobowość Śri Ćajtanji[4], wielkiego wielbiciela Boga, nie mogę mówić o niczym innym, jak tylko o oddaniu. A kiedy dostrajam się do osobowości Jezusa, nie potrafię nazywać Boga Matką – jedynie Ojcem, tak jak On. Dusza może przyodziewać się w każdą szatę mentalną, którą podziwia lub której pragnie, i zmieniać ją tak często, jak ma na to ochotę.

Kiedy spotkasz wspaniałą osobę, czyż nie pragniesz być taki jak ona? Pomyśl o wszystkich szlachetnych cechach serc wielkich ludzi. Twoje serce może mieć wszystkie te cechy. Możesz być pokorny i silny albo odważny jak generał walczący o słuszną sprawę. Możesz mieć wolę podbijania, taką jak Dżyngis-chan albo boską wolę,

---

[4] Sława Śri Ćajtanji jako bhakty (wielbiciela Boga) rozeszła się po Indiach w XVI wieku. Przebywając w Gaji w 1508 r. doznał przebudzenia duchowego i zapłonął miłością do Boga, którego czcił w postaci awatara Pana Kryszny.

Odwieczne ludzkie poszukiwanie

miłość i poddanie świętego Franciszka.

Poszukuj Boga i bądź zwycięzcą w życiu

Nade wszystko rozwijaj wolę poszukiwania Boga bez względu na przeszkody. Wtedy będziesz odnosić zwycięstwa w życiu. Gdy staram się wypełniać swoją misję i pojawia się wiele trudności, czasem myślę: „Dlaczego muszę przez to wszystko przechodzić? Znalazłem Boga. Mnie to wszystko nie jest potrzebne"[5]. Ale potem mówię Mu: „Przyjmę wszystko, co do mnie przychodzi. Nie dbam o to, co ludzie o mnie myślą, bo jednego dnia są moimi przyjaciółmi, a drugiego wrogami. Twoja przyjemność jest moją przyjemnością. Twoja pewność jest moją pewnością".

Naśladujcie stan świadomości wielkich dusz, takich jak Chrystus. Uświadomcie sobie Jego wszechobecność. Ojciec dał Jezusowi kosmiczną świadomość, dzięki której wie On wszystko. Nawet teraz, gdy do was mówię, wie On, o czym mówię. Chociaż wy Go nie widzicie, ja Go widzę. Jest tutaj – wielkie światło, przemieniające tę świątynię. Każdy tutaj jest w tym świetle, które widzę. Jesteśmy jak fale w oceanie tego światła – światła Świadomości Chrystusowej, światła Boga. Gdy widzicie Jego światło i Jego obecność, to rozumiecie, że to życie jest niczym innym jak tylko próbą, przez którą każdy musi przejść, aby osiągnąć Boga. Gdy zwycięsko przechodzicie próby, którym poddaje was Szatan, to nawet Szatan staje się narzędziem Boga. Każda próba jest błogosławieństwem, jeśli przybliża nas do Boga. Powinniście o tym pamiętać. A cokolwiek robicie na ziemi, róbcie to dla Boga.

Każdy człowiek jest niepowtarzalny, nie ma dwóch dokładnie takich samych ludzi. Myśl o sobie tak: „Moja osobowość jest darem Boga. Nie ma takiej drugiej osoby jak ja. Będę bardzo dumny z mojej boskiej niepowtarzalności. Udoskonalę się i przywdzieję osobowość człowieka pełnego dobroci". Jeśli odgrywasz swoją rolę

---

5 W *Bhagawadgicie*, III:1, wielbiciel Ardźuna podobnie żalił się Panu: „Jeśli naprawdę uważasz, że zrozumienie [poznanie prawdy] wyższe jest od działania, to dlaczego wymagasz ode mnie tak straszliwego czynu?". A oczekując swej próby na krzyżu, Jezus modlił się: „Mój Ojcze, jeśli jest możliwe, niech mnie minie ten kielich; lecz nie jak ja chcę, ale jak Ty" (Mt 26,39).

dobrze, to jesteś równie dobry jak dusza, która odgrywa rolę króla lub królowej. I tak długo, jak będziesz odgrywał swoją rolę dobrze, tak długo będziesz przyciągał innych i wszyscy będą cię lubić. Dobrze odegrana rola to paszport do Boga.

Abraham Lincoln był znakomitym aktorem na scenie życia. Nie bał się grać swojej trudnej roli. Działał dla Boga i sprawy, którą uważał za słuszną: równości człowieka. Dlatego po dziś dzień jest on pamiętany i kochany. Jeśli starasz się służyć Bogu, to służysz wszystkim. Staraj się zadowolić Boga, a nie człowieka.

Najpierw ty sam bądź taki, jakim chciałbyś, żeby byli inni. Praktykuj poniższe zalecenia: kolejno wybieraj po jednej zalecie i pracuj nad jej doskonaleniem. Od dzisiaj, na przykład, pracuj nad spokojem. Następnie zabierz się za radość; staraj się uśmiechać nawet wtedy, gdy czujesz się nieszczęśliwy. Potem rozwijaj odwagę i nieustraszoność. Niektórych przeraża ciemność. Jeśli to dotyczy ciebie, ćwicz wchodzenie do ciemnego pokoju, aż pokonasz strach. Rozwijaj świadomość, że Bóg jest z tobą. Możesz być w zamku nie do zdobycia, a mimo to choroba cię tam dopadnie. Możesz też znajdować się na polu bitwy, gdzie kule świszczą wokół ciebie, lecz jeśli nie nadszedł jeszcze twój czas, by opuścić ciało, to nic cię nie zrani. Ćwicz doskonalenie szczerości, bezinteresowności, zdolności do biznesu i tak dalej. Pracuj nad tym jak zdecydowany na wszystko męczennik, który nigdy nie zdradza swoich ideałów. Bez względu na to, co się wydarzy, nie pozwól, aby cię to niepokoiło lub zniechęcało. Takim bądź.

Praktykuj wyrozumiałość i dobroć, aż staniesz się jak piękny kwiat, na który wszyscy uwielbiają patrzeć. Bądź pięknem kwiatu. Bądź atrakcyjnością czystego umysłu. Gdy będziesz atrakcyjny w ten sposób, zawsze będziesz miał prawdziwych przyjaciół. Będą cię kochać i ludzie, i Bóg.

Rozwijanie osobowości

*Międzynarodowa Siedziba Główna Self-Realization Fellowship,
Los Angeles, Kalifornia, 28 października 1938*

Na ogół rozpatruje się osobowość i rozwój osobowości w kontekście realizacji jakichś celów materialnych, takich jak powiększanie biznesu lub kręgu znajomych. Rzadko analizuje się prawdziwą naturę osobowości.

Czym w istocie *jest* osobowość? Jest to świadomość ego; nie w znaczeniu rozdętej dumy, lecz jako świadomość własnego istnienia. Każdy z nas wie: „ja istnieję".

Co więcej, jesteśmy świadomi swojego istnienia w określony sposób – jako mężczyzna lub kobieta – i mamy świadomość posiadania określonych cech. Myślimy o sobie w kategoriach naszego indywidualnego pochodzenia, naszych doświadczeń i środowiska. Gospodyni domowa myśli o sobie jako o gospodyni domowej, wykładowca myśli o sobie jako o wykładowcy, a naukowiec jako o naukowcu. Jednak kiedy śpią, zapominają o swoich zajęciach w ciągu dnia. We śnie mamy nadal świadomość własnego istnienia, chociaż typowy dla stanu przebudzenia egoistyczny koncept osobowości może całkowicie zniknąć. Z chwilą jednak, gdy się budzimy, przypominamy sobie nasze cechy i ponownie się z nimi utożsamiamy. Dlatego osobowość, którą człowiek przejawia na jawie, jest zaledwie tylko kultywowaną częścią jego indywidualności.

Świadomość istnienia jest zasadniczo stanem powszechnym, nieograniczonym; jednak cechy osobowości, które utrzymujemy dzień po dniu, mniej lub bardziej tę świadomość ograniczają. Ostatecznie zapominamy, że nasze indywidualne cechy możemy rozwijać lub kurczyć w zależności od naszego zachowania.

Skąd pochodzi nasza prawdziwa osobowość? Pochodzi od Boga. Jest On Absolutną Świadomością, Absolutnym Bytem i Absolutną

Szczęśliwością. Stwórca wie, że istnieje; wie również, że Jego istnienie jest wieczne i że Jego naturą jest wciąż nowa Szczęśliwość.

Ludzkim umysłem nie możemy poznać Nieskończonego Umysłu ani postrzec, czym jest niewysłowiony Duch; ale dzięki nadświadomości duszy możemy posmakować Boskiej Obecności jako Szczęścia. Radość, jaką czerpiemy z każdego doświadczenia, płynie od Boga, nawet jeśli mogły ją wywołać jakieś zewnętrzne okoliczności.

Koncentrując się w sobie, możesz bezpośrednio odczuć boską szczęśliwość duszy tak wewnątrz, jak i na zewnątrz. Jeśli zdołasz ugruntować się w tym stanie świadomości, twoja przejawiająca się na zewnątrz osobowość rozwinie się i stanie się atrakcyjna dla wszystkich istot. Dusza jest stworzona na podobieństwo Boga i gdy ugruntujemy się w świadomości duszy, nasza osobowość zacznie odzwierciedlać Jego dobroć i piękno. Tym jest twoja prawdziwa osobowość. Wszystkie inne cechy, które przejawiasz, są ci w większym lub mniejszym stopniu wszczepione – nie są prawdziwym „tobą". Boski człowiek, żyjący w kosmicznej świadomości Boga, może przyjąć każdą zewnętrzną osobowość, jaką sobie życzy.

Kiedy jestem świadomy mojej ludzkiej osobowości, mam ograniczenia, ale jak tylko przenoszę świadomość na sferę duszy, widzę wszystko tak, jak gdyby było filmem. Człowiek, który skoncentruje uwagę na strumieniu światła, dzięki któremu obrazy pokazują się na ekranie kinowym, może dostrzec, że wszystkie kształty migają w rytmie strumienia światła wychodzącego z projektora. W ten sam sposób widzę świat i wszystkie w nim stworzenia – wyłącznie jako wyświetlane myśli Boga. Koncentrując się na materii postrzegamy wszystko w kategoriach materii. Ale jak tylko wzniesiemy świadomość do stanu świadomości boskiej, ujrzymy niezmierzony strumień Boskiego światła, płynący za zasłoną materii. Ujrzymy wszystko w kategoriach Ducha.

Chociaż jedność Boga odzwierciedla się we wszystkim, wydaje się ona być zróżnicowana w kosmicznej przyrodzie. Jego twórcze życie przepływa przez całą ziemię; włóż nasionko do ziemi, a zacznie rosnąć. Metale wyrażają pewną moc i piękno Boga. W królestwie roślin znów zmienia On Swoją osobowość: aktywny przejaw życia jest lepiej widoczny w roślinach. Co więcej, badanie świata ujawnia, że każdy metal, każda roślina, każde zwierzę ma swoją odrębną osobowość; a u człowieka obserwujemy nawet jeszcze bardziej rozbudowaną indywidualność, bo człowiek *wie*, że jest żywą, świadomą istotą. Wszystkie te różne osobowości zostały jednak zapożyczone od Boga; On jest jedynym Życiem. „O Ardźuno! Jam jest Jaźnią w sercach wszystkich istot: Jam jest ich Początkiem, Istnieniem i Kresem". Tak opisuje Siebie Pan w *Gicie*[1]. A w Biblii czytamy Jego słowa: „Jam jest Alfa i Omega, początek i koniec, mówi Pan, który jest i który był, i który przyjść ma, on Wszechmogący"[2].

Intuicja rozwija prawdziwą osobowość człowieka

Intuicja duszy jest zdolnością daną nam przez Boga. Nie ma On ust, a jednak wszystko smakuje. Nie ma On rąk ani stóp, a jednak czuje cały wszechświat. Jak? Intuicyjnie, dzięki Swojej wszechobecności.

Zwykle człowiek polega na zmysłach, które dostarczają mu informacji o nim i o świecie, w którym żyje. Jego umysł nie zdaje sobie sprawy z niczego, poza tym, co przekazuje mu jego pięć zmysłów. Ale nadczłowiek, dla zdobywania wiedzy, polega na intuicji, swoim „szóstym zmyśle". Intuicja nie polega na zmysłach ani na zdolności wnioskowania, aby pozyskać dane. Na przykład, jesteście pewni, że coś ma się wydarzyć, i to się rzeczywiście wydarza, dokładnie tak, jak to przewidzieliście. Każdy z was prawdopodobnie miał takie doświadczenie. Skąd o tym wiedzieliście, nie mając danych ze zmysłów lub przesłanek do wnioskowania? Takie bezpośrednie poznawanie jest mocą intuicji duszy.

Starożytny indyjski mędrzec Patańdźali twierdzi, że nie można polegać na autorytecie pism świętych, bo same w sobie nie dowodzą prawdy. Jak więc można poznać, że Biblia i Gita zawierają prawdę? Ani dane przekazywane przez zmysły, ani zdolność wnioskowania nie dostarczają ostatecznego dowodu. Prawdę można ostatecznie zrozumieć lub „udowodnić" jedynie poprzez intuicję, świadomość duszy.

Prawdziwa osobowość zaczyna się rozwijać wtedy, gdy posługując się głęboką intuicją, stajemy się zdolni do odczuwania,

---

1 *Bhagawadgita* X:20.
2 *Objawienie* 1,8.

że nie jesteśmy ciałem fizycznym, lecz boskim wiecznym prądem Życia i Świadomości w ciele. Wiedząc o tym, Jezus mógł chodzić po wodzie. Rozumiał, że wszystko jest stworzone ze świadomości Boga. Osobowość ludzka może być zmieniona w osobowość boską. Pozbądź się przekonania, że jesteś wiązką ciała i kości. Co noc Bóg sprawia, że zapominacie o tym złudzeniu. Ale jak tylko budzicie się, powracacie ponownie do pozornego więzienia ciała.

Człowiek może stać się, kimkolwiek zechce

Człowiek może zmienić swoją zewnętrzną i wewnętrzną naturę poprzez koncentrację. Osoba silna psychicznie może stać się, kimkolwiek zechce. Ograniczoną ludzką osobowość można znacznie rozwinąć poprzez medytację. Kiedy zamykamy oczy i czujemy ogrom duszy w sobie i potrafimy uczynić ten stan świadomości trwałym, wtedy będziemy mieli taką osobowość, jaką w zamierzeniu Boga powinniśmy mieć. Doświadczenie stanu jawy stało się dominujące w naszej świadomości. Ale podczas głębokiego snu, kiedy człowiek staje się wolny od ograniczeń ciała, wtedy jest on w kontakcie z Prawdą, ze swoją prawdziwą osobowością. Nasza postawa zmienia się wraz z naszym podświadomym i nadświadomym poznaniem: „Jestem nieskończony. Jestem częścią wszystkiego".

W miarę jak nasza świadomość rozszerza się dzięki boskiemu rozumieniu, nasza osobowość staje się coraz bardziej atrakcyjna i silna. Kiedy charakter człowieka rozwinie się w kierunku duchowości, wtedy będzie on mógł przyjąć prawie każdy odcień osobowości, jaki zechce. Umysł jest bezgraniczny; i w miarę jak rozwijamy się duchowo i nasze życie wewnętrzne oddziela się od świadomości ciała, nie odczuwamy już egoistycznego przywiązania do niego. Odczuwamy niewysłowioną wolność.

Nie powinniśmy utożsamiać się z jakimś szczególnym typem osoby. Raczej bądźmy zdolni do zmiany osobowości, ilekroć zechcemy. Robiłem w życiu wiele różnych rzeczy po prostu dla zwykłej zabawy. Inwestowałem pieniądze, wykonywałem pracę muzyka, budowniczego i kucharza. Rzeczywiście możecie dokonać wszystkiego, jeśli nie zaakceptujecie ograniczeń, jakie daje utożsamianie się ze swoją obecną osobowością. Kiedy mi mówicie, że nie możecie

Odwieczne ludzkie poszukiwanie

zrobić tego czy tamtego, nie wierzę w to. Wszystko, co postanowicie zrobić, możecie zrobić. Bóg jest sumą wszystkiego, a Jego obraz jest w was. Może On wszystko i wy również możecie, jeśli nauczycie się utożsamiać się z niewyczerpanym bogactwem Jego natury.

Bez względu na to, czy macie dobre zdrowie, bogactwo czy wszystko inne, czego pragniecie od świata, to zawsze spotka was jakieś rozczarowanie, które przyniesie cierpienie. Nic, co ziemskie, nie jest trwałe; tylko Bóg trwa wiecznie. Kiedy rozwiniecie indywidualność, która jest wyrazem Jego obecności w was, czyli waszej prawdziwej Jaźni, to zdołacie przyciągnąć wszystko, czego pragniecie. Każda inna osobowość, którą staracie się rozwinąć – czy to będzie osobowość artysty, biznesmena, czy pisarza – przyniesie w konsekwencji rozczarowanie, ponieważ każdy rodzaj ekspresji ludzkiej ma swoje ograniczenia. Możecie dążyć do sukcesu, pieniędzy albo sławy i osiągnąć to, ale zawsze jakiś mankament – brak zdrowia, niedostatek miłości lub czegoś jeszcze – przyniesie wam cierpienie. Postąpicie najlepiej, modląc się: „Panie, uszczęśliw mnie świadomością Ciebie. Uwolnij mnie od wszystkich ziemskich pragnień, a przede wszystkim obdarz mnie Swoją radością, która przetrwa dłużej niż wszystkie szczęśliwe i smutne doświadczenia życia".

Nigdy nie zapominaj o swojej prawdziwej naturze!

Pamiętaj, że jako dziecko Boże obdarzony jesteś siłą większą od tej, której będziesz kiedykolwiek potrzebował, aby przejść zwycięsko wszelkie próby, jakie Bóg może ci zesłać.

Często cierpimy, nie czyniąc żadnego wysiłku, aby coś zmienić. Dlatego też nie znajdujemy trwałego spokoju i zadowolenia. Gdybyśmy nie ustawali w wysiłkach, z pewnością potrafilibyśmy przezwyciężyć wszystkie trudności. Wysiłek jest konieczny, abyśmy mogli zmienić nieszczęście w szczęście, zniechęcenie w odwagę.

Musimy najpierw uświadomić sobie, jak ważne jest, abyśmy zmienili naszą sytuację. Taka postawa pobudza wolę działania. Postanówmy, że zawsze będziemy czynić wysiłki, aby poprawić nasze samopoznanie i w ten sposób nieustannie poprawiać swój byt.

W Indiach uczeni zajmujący się sferą duchową zgłębili królestwo duszy. Dla dobra ludzkości przekazali oni określone uniwersalne prawa medytacji, dzięki którym prawdziwi poszukiwacze – ci, którzy pragną znaleźć dobre życie poprzez zmianę siebie – mogą w sposób naukowy kontrolować swoje umysły i osiągnąć Samorealizację.

Po osiągnięciu boskiej natury stajemy się całkowicie nieprzywiązani do ciała, już się z nim nie utożsamiamy. Troszczymy się o nie tak, jak gdybyśmy zajmowali się małym dzieckiem. W miarę jak coraz bardziej uświadamiamy sobie dzięki medytacji naszą prawdziwą naturę, uwalniamy się od cierpień psychicznych i fizycznych. Pozbywamy się ograniczeń, które mieliśmy przez całe życie. Jest to najlepszy sposób na przeżycie swoich dni na ziemi.

Obudź swoją boską osobowość

Pamiętaj, że nie ma nic złego w posiadaniu rzeczy, ale źle jest być posiadanym przez nie. Trudno jest zachować właściwą równowagę. Walcząc zbyt usilnie o pieniądze, można zaniedbać zdrowie. Przekonasz się, że wszystko cię zawiedzie, jeśli nie będziesz lojalny wobec Boga. Nie pozwól zatem, aby wylała się choć jedna kropla oliwy z lampy twojej uwagi w świątyni wewnętrznej ciszy podczas codziennej medytacji i podczas gdy starannie wykonujesz swoje obowiązki w świecie[3]. Taką osobowość musisz rozwinąć – dbać o to, aby wypełniać życiowe obowiązki, ale ze świadomością, że twój prawdziwy dom jest w tobie. Jaki jest sens w rozwijaniu osobowości opartej na wartościach ziemskich, stale zmieniających się i ulotnych? Raczej dąż do takiej osobowości, która ukształtowała się w wyniku życia w ciągłej świadomości Boga. Bhagawan Kryszna powiedział: „Gdy człowiek całkowicie porzucił wszystkie pragnienia umysłu i gdy w Jaźni i dzięki Jaźni znajduje pełne zadowolenie, to

---

3 Często opowiadana w Indiach historia mówi o duchowej próbie, której wielki święty, król Dżanaka, poddał Śukadewę, kandydata na swojego ucznia. Aby sprawdzić młodego wielbiciela przed przyjęciem go na ucznia, Dżanaka zażądał od Śukadewy, aby trzymając w dłoni wypełnioną po brzegi lampkę oliwną, obszedł wnętrze pałacu. Warunkiem przejścia tej próby było, aby Śukadewa dokładnie zaobserwował każdy przedmiot i każdy szczegół w każdej z pałacowych komnat (co potem miał zrelacjonować królowi), nie rozlewając ani jednej kropli oliwy z wypełnionej po brzegi lampki. Znaczenie tej próby polega na tym, że aspirant duchowy musi nauczyć się utrzymywać skupioną uwagę na Bogu, nie pozwalając swoim myślom ani na chwilę od Niego odbiec, tak aby oliwa obcowania z Nim nie rozlała się, jednocześnie dokładnie wykonując aż do ostatniego szczegółu swoje obowiązki w świecie.

wówczas uważa się go za ugruntowanego w mądrości"[4].

Obudź tę pokorną, ale potężną boską osobowość – silną jak lew, łagodną jak gołębica. Kiedy postanowisz medytować i kroczyć tą ścieżką, nic nie zdoła cię z niej zawrócić. Wykonuj swoje ziemskie obowiązki skrupulatnie, nie zapominając ani na chwilę o swoim najwyższym obowiązku, obowiązku wobec Boga.

---

[4] *Bhagawadgita* II:55.

Boska sztuka nawiązywania przyjaźni

*Pierwsza Świątynia Self-Realization Fellowship,
Encinitas, Kalifornia, 22 stycznia 1939*

Przyjaźń jest najszlachetniejszym ludzkim przejawem Bożego pragnienia okazywania Swojej miłości człowiekowi. Bóg przelewa Swoją miłość na niemowlę poprzez jego rodziców; ich uczucie dla niego jest wrodzone, ponieważ nasz Stwórca ustanowił, że rodzice nie mogą nas nie kochać. Natomiast przyjaźń przychodzi do nas jako bezinteresowny, bezstronny przejaw Jego miłości[1].

Spotyka się dwóch nieznajomych i momentalnie ich serca postanawiają, że chcą oni pomóc sobie wzajemnie. Czy kiedykolwiek zastanawialiście się, jak to się dzieje? Spontaniczne wzajemne pragnienie nawiązania przyjaźni jest wyrazem Bożego prawa przyciągania – nagromadzone w przeszłych żywotach wzajemne akty przyjaźni dwóch dusz stopniowo stwarzają więź karmiczną, która nieodparcie przyciąga je do siebie w tym życiu.

Impuls nawiązania przyjaźni jest czysty, o ile nie jest zanieczyszczony egoizmem lub pociągiem do płci przeciwnej. Często jednak bywa skażony. Przyjaźń rośnie na drzewie naszych najgłębszych uczuć; bezczeszczą ją niezdrowe pragnienia i egoistyczne postępowanie. Jeśli zastosujemy niewłaściwy nawóz na korzenie tego drzewa, to owoc, który się rozwinie, będzie marny, a jeśli nakarmimy drzewo ludzkiego uczucia emocją egoizmu, to nasze niegodne pobudki zatrują owoc przyjaźni. Interesowanie się kimś tylko dlatego, że jest bogaty albo wpływowy i może coś dla was zrobić, nie jest przyjaźnią. Pociąg do kogoś, głównie dlatego, że ma piękną twarz, nie jest przyjaźnią. Gdy twarz straci swoją młodzieńczą atrakcyjność, „przyjaźń" wyparuje.

---

[1] „Ten odnajduje spokój, kto Mnie zna [...] jako Nieskończonego Pana Stworzenia i jako Dobrego Przyjaciela wszystkich stworzeń" (*Bhagawadgita* V:29).

Rozwijaj przyjaźnie z przeszłości

To prawda, że nie w każdym można znaleźć przyjaciela. Niektóre osoby widujesz codziennie i nie znasz ich, a co do innych masz wrażenie, że znasz je od zawsze. Powinieneś nauczyć się rozpoznawać ten wewnętrzny sygnał. Gdziekolwiek jesteś, zawsze miej otwarte oczy i jeśli poczujesz, że ktoś cię w sposób boski przyciąga, powinieneś się z nim zaprzyjaźnić, ponieważ był twoim przyjacielem w jakimś przeszłym życiu. Mamy wielu przyjaciół, których znaliśmy w przeszłych żywotach, ale te przyjaźnie nie stały się jeszcze doskonałe. Lepiej jest zacząć budować na już istniejących fundamentach, niż kopać nowy fundament na piaskach tymczasowych znajomości. Łatwo jest myśleć, że ma się wielu przyjaciół, dopóki nas nie skrzywdzą, a potem głęboko się rozczarować.

Wielu popełnia błędy w wyborze przyjaciół, ponieważ zwodzi ich wygląd zewnętrzny. Jedynym sposobem na rozpoznanie prawdziwych przyjaciół jest to, by więcej medytować. Powinieneś starać się znajdować przyjaciół w boski sposób, to znaczy poprzez oczyszczanie świadomości z wszelkich myśli dotyczących rysów twarzy lub innych cech wyglądu, aby nie były one czynnikami wpływającymi na twoje uczucia względem innych. Tak postępując, pewnego dnia będziesz mógł odkrywać prawdziwych przyjaciół wokół siebie. Poczujesz przyjaźń Boga za pomocą tych skromnych ludzkich kanałów komunikacji, które Mu się nie opierają. Boskie światło przyjaźni będzie płynęło do ciebie poprzez osoby czystego serca.

Ulepszaj swój charakter, aby przyciągać przyjaciół

Nie można przyciągnąć prawdziwych przyjaciół, nie pozbywszy się z własnego charakteru skaz egoizmu i innych nieatrakcyjnych cech. Największą sztuką w nawiązywaniu przyjaźni jest umiejętność zachowywania się bosko samemu – bycie uduchowionym, czystym, nieegoistycznym – i zapoczątkowanie przyjaźni tam, gdzie już istnieją jej fundamenty położone w poprzednich żywotach.

Przyjaźń powinna również panować we wszystkich relacjach międzyludzkich – między rodzicami i dziećmi, między współmałżonkami, mężczyznami, kobietami oraz mężczyznami i kobietami.

Przyjaźń jest bezwarunkowa. Gdy czujesz nagłą chęć zaprzyjaźnienia się, to tak naprawdę czujesz obecność Boga. Przyjaźń jest boskim impulsem [w tobie]. Boga nie zadowala opieka nad swoimi ludzkimi dziećmi jedynie pod postacią rodziców i innych krewnych. Przychodzi On jako przyjaciel, aby dać nam okazję do wyrażania bezwarunkowej miłości płynącej z serca.

Im więcej pozbywasz się ludzkich wad i nabywasz boskich zalet, tym więcej będziesz miał przyjaciół. Czyż Pan Jezus nie był dobrym przyjacielem dla wszystkich, a także Pan Budda i Pan Kryszna? Aby być jak oni, musisz udoskonalić swoją miłość do bliźnich. Gdy zdołasz przekonać kogoś o swojej przyjaźni, gdy jesteś pewny, dzięki próbom czasu i wielu wspólnym doświadczeniom, że osoba ta żywi do ciebie prawdziwe uczucie płynące z duszy, a ty czujesz do niej to samo – nie dla korzyści, lecz jedynie powodowany boskim impulsem przyjaźni – dostrzeżesz w tej relacji odbicie Boga.

Obdarzaj przyjaźnią wszystkich, tak jak to czyni Bóg

Nie pozwól, aby twoja przyjaźń ograniczała się do jednej osoby, lecz stopniowo ustanawiaj ten boski związek z innymi, którzy mają szlachetne ideały. Jeśli będziesz próbować zbudować przyjaźń z osobą o złym charakterze, spotka cię rozczarowanie. Najpierw zaprzyjaźnij się z osobami prawdziwie dobrymi, potem z innymi, aż poczujesz przyjaźń do wszystkich i będziesz mógł powiedzieć: „Jestem przyjacielem wszystkich, nawet moich wrogów". Jezus czuł jedynie przyjaźń, nawet do tych, którzy Go krzyżowali, dając w czasie swojej ostatecznej próby przykład tego, czego zawsze nauczał: „Miłujcie waszych nieprzyjaciół; błogosławcie tym, którzy was przeklinają; czyńcie szlachetnie tym, którzy was nienawidzą, i módlcie się za tych, którzy was złośliwie traktują oraz was prześladują"[2].

Prawdziwa przyjaźń jest boską miłością, bo jest bezwarunkowa, prawdziwa i trwała. Emerson pięknie wyraził ten ideał w swoim eseju[3]: „Najlepsza umowa, jaką możemy zawrzeć z bliźnim to: niech między nami zawsze panuje prawda. [...] Wspaniale jest czuć i móc

---

2 Mt 5,44.
3 *Conduct of Life: Behavior*.

powiedzieć o drugim człowieku: nie potrzebuję się z nim spotykać, rozmawiać ani do niego pisać, nie potrzebujemy się wzajemnie wspierać ani posyłać jeden drugiemu dowodów pamięci; polegam na nim tak jak na sobie, czy postąpił w taki czy inny sposób, wiem, że było to słuszne". Z przyjacielem można swobodnie rozmawiać, nie będąc źle zrozumianym. Ale przyjaźń nigdy się nie rozwinie, jeśli istnieje choć cień oczekiwań z którejś ze stron. Przyjaźń można budować jedynie na podstawie wolności i równości duchowej. Dlatego powinieneś wszystkich widzieć w boskim świetle, ze świadomością, że każdy człowiek jest obrazem Boga. Jeśli kogoś potraktujesz źle, nigdy nie zaznasz z nim przyjaźni.

Wielu przechodzi przez życie bez przyjaciół. Nie wyobrażam sobie, jak mogą sobie bez nich radzić w życiu. Z prawdziwymi przyjaciółmi rzadko dochodzi do nieporozumień, a jeśli już, to na krótko. Gdyby ktoś nadużył twojego zaufania, nadal darz go taką samą miłością i zrozumieniem, jak gdybyś miał nadzieję otrzymać od niego to samo. Jeśli jednak osoba ta nadal jest wobec ciebie złośliwa i odtrąca wyciągniętą dłoń przyjaźni, to lepiej cofnąć swoją rękę na jakiś czas.

Uniwersalnej przyjaźni uczymy się w domu rodzinnym

Przyjaźni powinniśmy się uczyć w domu rodzinnym. Jeśli czujesz, że w twojej rodzinie ktoś jest z tobą w szczególnej harmonii, to najpierw rozwijaj przyjaźń z tą osobą. Potem, jeśli przyciąga cię ktoś ze znajomych, kto ma podobne ideały, rozwijaj ten związek. Porzuć pragnienia zrodzone z egoizmu albo pociągu seksualnego. Obdarzając ludzi czystą przyjaźnią, dostrzeżesz, że jesteś prowadzony przez Boga. Zaprzyjaźnij się z dobrymi ludźmi. Im więcej będziesz medytował, tym lepiej rozpoznasz przyjaciół z przeszłości. Medytacja budzi „uśpione wspomnienia o przyjaciołach, których można mieć ponownie"[4]. Wiele osób, które widziałem najpierw w wizjach, spotkałem potem osobiście, a tu w Ameryce poznałem wielu, których widziałem w wizjach na statku, kiedy pierwszy raz płynąłem do tego kraju w 1920 roku.

---

4 Z „On Coming to the New-Old Land – America" Paramahansy Joganandy ze zbioru *Songs of the Soul* (nota Wydawcy).

Przyjaźń jest potężną uniwersalną siłą. Gdy twoje pragnienie przyjaźni jest wystarczająco silne, to nawet gdyby nieznana osoba, która jest duchowo z tobą zestrojona, mieszkała na biegunie południowym, magnetyczna siła przyjaźni przyciągnie was do siebie. Tę istniejącą w nas magnetyczną siłę może zniszczyć tylko egoizm. Ten, kto cały czas myśli o sobie, rujnuje przyjaźń. Osoby takie nie mogą przyciągnąć przyjaciół, ponieważ nie potrafią dawać ani przyjmować tego, co dobre w życiu.

Bóg dał ci rodzinę, abyś mógł się nauczyć, jak kochać, a potem dawać tę miłość wszystkim. Śmierć i inne okoliczności zabierają nam bliskich, abyśmy się mogli nauczyć kochać innych nie tylko w relacjach międzyludzkich, lecz abyśmy także zakochali się w Samej Miłości, to znaczy w Bogu, w Bycie skrytym pod wszystkimi ludzkimi maskami. „Gdy człowiek widzi wszystkie oddzielne byty jako istniejące w tym Jednym, z którego wszystko się wyłania, to stapia się z Brahmanem"[5].

Przyjaźń oznacza angażowanie miłości tam, gdzie nie ma uprzedzeń w stosunkach międzyludzkich. W życiu małżeńskim istnieje presja uprawiania seksu, a w życiu rodzinnym presja pozostawienia następcy. Natomiast w przyjaźni nie ma presji.

Obdarzajmy wszystkich miłością. Módlmy się, abyśmy spotkali przyjaciół z przeszłości i ponownie okazali sobie nawzajem przyjaźń, aby ostatecznie zrozumieć i zasłużyć na przyjaźń Boga. Dopóki nie zjednoczymy się ze wszystkimi Jego dziećmi w duchu przyjaźni, dopóty nie zjednoczymy się z Bogiem.

Nikt nie jest mi obcy. Jakiż to wspaniały stan radości i szczęścia! Nawet najgorszy wróg nie może sprawić, abym nie czuł się jego przyjacielem. Gdy przychodzi takie przebudzenie, kochasz wszystkich. Widzisz, że każdy jest dzieckiem Ojca, a miłość, jaką czujesz do wszystkich istot, nigdy nie umiera. Rośnie ona, powiększa się, aż uświadomisz sobie - w miłości do przyjaciół - cudowną miłość Bożą.

---

5 *Bhagawadgita* XIII:30.

Prawdziwe doświadczenie ekstazy duchowej

Międzynarodowa Siedziba Główna Self-Realization Fellowship,
Los Angeles, Kalifornia, 16 grudnia 1934

Bóg dał nam moc duchowej inspiracji – uświadamiania sobie czystego szczęścia Jego obecności w nas. Ale zła siła w stworzeniu sfabrykowała podrobione imitacje. Chwilowe szczęście wskutek picia alkoholu i zażywania narkotyków to falsyfikat prawdziwych doświadczeń duchowych. Picie alkoholu i zażywanie narkotyków często prowadzi do nadużywania seksu, co odbiera moc duchowej inspiracji, wiążąc umysł z intensywną świadomością ciała.

Wielu pije wino, aby usunąć smutne lub nieprzyjemne wspomnienia i troski, ale taka ucieczka w niepamięć pozbawia człowieka przyrodzonej mądrości duszy – tej właśnie siły, dzięki której ma pokonywać trudności i znaleźć trwałe szczęście. Bóg, będąc Samą Radością, pragnie, abyśmy szukali i odnajdywali w naszych duszach płynącą z Niego wciąż nową szczęśliwość.

Falsyfikaty są szkodliwe, ponieważ są one przynętami *maji*, kosmicznej zwodniczej siły, która stale usiłuje oszpecić wszystkie piękne przejawy Boga we wszechświecie. W całym stworzeniu widzimy, jak ścierają się ze sobą dwie siły: dobro i zło. Bóg stworzył miłość, sataniczna siła stworzyła nienawiść; Bóg stworzył dobroć, sataniczna siła stworzyła egoizm; Bóg stworzył spokój, sataniczna siła stworzyła dysharmonię.

Wiedząc o tym, powinniśmy zdawać sobie sprawę, że alkohol i narkotyki burzą nasze szczęście, niszczą prawdziwą radość i inteligencję duszy. Nawet jeden kieliszek alkoholu lub jednorazowe zażycie narkotyku[1] może skończyć się nałogiem, ponieważ skłonność do niego być może została wyryta w podświadomości w przeszłych żywotach. Tego, co jest złem, powinno się zawsze unikać jak zła.

Wino duchowej ekstazy ma niezrównany smak

Z chwilą, gdy zakosztuje się wina ekstazy duchowej, odkrywa się, że nie może się z nim równać żadne inne doświadczenie. Bezustannie dążcie do tego, aby w waszych dzieciach wytworzyć stan boskiej świadomości, ucząc je medytować, tak aby nie kusiła ich zabawa z ogniem złudnych zastępczych radości. Święta szczęśliwość nie ma końca, natomiast przyjemności czerpane z alkoholu i narkotyków są krótkotrwałe i ostatecznie przynoszą cierpienie.

Każdej nocy we śnie zaznajemy spokoju i radości. Kiedy jesteśmy w głębokim śnie, Bóg sprawia, że żyjemy w stanie niezmąconej nadświadomości, w którym nie pamięta się o żadnych lękach i troskach ziemskiego bytu. Gdy nie śpimy, możemy doświadczyć tego świętego stanu umysłu i stale przebywać w uzdrawiającym spokoju dzięki praktykowaniu medytacji.

Gdy przychodzi boska radość, mój oddech momentalnie się uspokaja i wznoszę się do Ducha. Odczuwam tysiąckrotnie większą szczęśliwość niż we śnie, a przy tym nie tracę zwykłej świadomości. Jest to doświadczenie powszechnie występujące u tych, którzy wchodzą głęboko w stan nadświadomości. Gdy ogarnia cię głęboka ekstaza Boga, ciało całkowicie nieruchomieje, oddech przestaje płynąć, a myśli ustają – znikają, każda z nich, na magiczny rozkaz duszy. Wtedy pijesz ze szczęśliwości Bożej i doświadczasz upojenia radością, jakiej nie mogłyby ci dać tysiące kielichów wina.

Kiedy zwykły człowiek przysypia, będąc na granicy snu, doznaje trochę szczęścia, ale szybko traci ten stan świadomości i głęboko zasypia. Sen nie jest całkowitą nieświadomością, bo kiedy się budzisz, zawsze wiesz, czy spałeś dobrze, czy źle.

Są różne rodzaje snu – niekiedy sen jest płytki, a niekiedy głęboki. Ale silniej upajające nawet od najszczęśliwszego stanu snu, są

---

[1] Za wyjątkiem kiedy zostaje on przepisany jako lek przez renomowanego lekarza i jest przyjmowany pod jego nadzorem.

doświadczenia duchowe, które można mieć w świadomym obcowaniu z Bogiem. Wszystkie te boskie radości można znaleźć po drugiej stronie tajemniczej krainy snu. Mogę przebywać w każdym stanie, w jakim chcę. Często przebywam w stanie nadświadomości – pomiędzy krainą snu i jawy.

Świadomość ma nieograniczony zasięg

Umysł ma przeogromny, nieograniczony zasięg, ale sobie tego nie uświadamiamy. Mogę wejść w głębię snu, cieszyć się tym stanem i jednocześnie być ze światem. Lub też mogę spać i śnić, i w tym samym czasie słyszeć wszystko, co dzieje się dookoła mnie. Czasami śpię jak zwykły człowiek, ale też mogę spać i świadomie przyglądać się sobie śpiącemu. W stanie nadświadomości można zobaczyć, że ciało i umysł śpią, a pomimo to ma się całkowitą świadomość wszystkiego, co się wokół dzieje. Jest to możliwe tylko wtedy, kiedy rozwinie się zdolność wchodzenia na życzenie w stan nadświadomości i powracania na życzenie do zwykłego stanu umysłu.

Nigdy nie powinniście się martwić o to, że medytując (lub wizualizując, lub praktykując wewnętrzną ciszę) możecie wyjść z ciała i do niego nie wrócić. Taka myśl jest całkowicie fałszywa. Spowodowane *mają* przywiązanie do ciała jest tak silne, że nie można tak łatwo się z niego wydostać! Nawet jeśli utraciliście swoją zwykłą świadomość na jawie, to tak długo, jak wasza podświadomość pozostaje związana z ciałem, nie opuścicie go na stałe.

Jaki jest dowód na to, że osiągnęło się Samorealizację?

Jeżeli wyobrazicie sobie coś bardzo mocno, stanie się to widzialne jako halucynacja nie mająca rzeczywistej natury. Powinniście zrozumieć różnicę pomiędzy wyobraźnią a Samorealizacją. *Podstawowym dowodem osiągnięcia Samorealizacji – świadomości Boga w was – jest bycie prawdziwie i bezwarunkowo szczęśliwym.* Jeśli medytacja nieprzerwanie daje wam coraz więcej radości, to możecie po tym poznać, że Bóg objawia w was swoją obecność. Jeśli pojawia się przerwa w przepływie boskiego szczęścia, to znaczy, że jest coś złego w waszej świadomości, jakiś węzeł, który trzeba usunąć z pomocą guru. Poprzez stałe obcowanie z guru, poprzez codzienną

Prawdziwe doświadczenie ekstazy duchowej

medytację i przestrzeganie jego nakazów – *sadhany*[2], którą wam dał – rozplącze on ten węzeł.

Niemożliwe jest bycie z Panem poprzez samo myślenie, że jest się bosko oświeconym. Musicie poprawiać siebie – musicie się doskonalić. Jest wielka różnica między potencjalnym a faktycznym poznaniem Boga w sobie. Nie zdołacie Go poznać inaczej, jak tylko przez pokorę, mądrość i oddanie. To właśnie człowiek pokorny pozna Boga.

U tych, którzy wchodzą głęboko w stan nadświadomości, automatycznie rozwijają się niezwykłe moce duchowe i zdolność władania siłami przyrody. Ale żaden człowiek posiadający naprawdę świadomość Boga nie używa swych mocy niemądrze – po to, aby się popisać. Mędrcy wiedzą, że Pan jest Jedynym Sprawcą i z pokorą zwracają Mu te nadzwyczajne dary, którymi ich obdarzył. Czyż wszystko we wszechświecie nie jest cudem? Czyż samo istnienie człowieka nie jest cudem? Jeśli ludzi nie zadowalają wszystkie cuda, jakie stworzył Bóg, to dlaczego Jego święci mieliby dokonywać jeszcze innych cudów? Nigdy tego nie robią, chyba że – z jakiegoś specjalnego powodu, często niepojętego – Pan im to nakazuje.

Poza kalejdoskopem podświadomości

Pokażę, czym nadświadomość różni się od podświadomości. Nadświadomość to stan, w którym można *świadomie*, na jawie lub we śnie, stworzyć na życzenie dowolne doznanie w ciele, niezależnie od bodźców zewnętrznych. To stanowi dowód. W podświadomej krainie snów można wypić szklankę gorącego mleka, ale to doświadczenie pojawia się spontanicznie, a w stanie nadświadomości można stworzyć to lub każde inne doświadczenie świadomie i wtedy, kiedy się tego pragnie. Dopóki nie potrafimy tego zrobić, to nie oszukujmy się, że osiągnęliśmy stan nadświadomości.

Miliony wielbicieli nigdy nie wydostają się z kalejdoskopu podświadomego umysłu, który ujawnia swoje cudowności głównie podczas snu. Natomiast w stanie nadświadomości można zobaczyć lub poznać wszystko, czego sobie zażyczymy – nie mocą wyobraźni, lecz w rzeczywistości. Siedząc tutaj na krześle, mogę przenieść umysł

---

[2] Ścieżka duchowej dyscypliny i pouczeń dana uczniowi przez guru (zob. Słowniczek).

Odwieczne ludzkie poszukiwanie

do Indii i dokładnie przyjrzeć się temu, co dzieje się w moim dawnym domu.

Rozwijający się wielbiciel przechodzi przez trzy etapy świadomości duchowej – przez Świętą Trójcę. Najpierw doświadcza nadświadomości, jedności ze stwórczą mocą w stworzeniu: z *Aum*, czyli „Bogiem jako Duchem Świętym". Potem doświadcza Świadomości Chrystusowej, stapiając się z Nieskończoną Inteligencją działającą w stworzeniu: z *Tat*, „Bogiem jako Synem". Ostatecznie osiąga najwyższą, Kosmiczną Świadomość, Prawdę poza stworzeniem, niewyrażalny Absolut: *Sat*, „Boga Ojca".

Niekiedy wielbiciel przebywa w stanie podświadomości, niekiedy wznosi się do nadświadomości oraz Świadomości Chrystusowej, a niektóre wielkie dusze potrafią wyjść poza Świadomość Chrystusową i wejść w Świadomość Kosmiczną, królestwo Bezprzyczynowego Ducha.

W stanie Świadomości Chrystusowej nie musisz wizualizować wpierw rzeczy, aby ich doświadczyć. Nie musisz wyobrażać sobie Indii – jesteś tam; masz świadomość całego stworzenia. Doświadczenie to jest nieskończoną ekspansją świadomości. Jesteś *w* źdźble trawy i *na* szczycie góry, i możesz odczuwać każdą komórkę ciała i każdy atom przestrzeni.

Natomiast Świadomość Kosmiczna sięga nawet dalej. Kiedy czujesz swoją obecność w całym stworzeniu, a także znasz Radość, która jest poza stworzeniem, to jesteś istotą podobną Bogu.

Trzy drogi do Świadomości Kosmicznej

Audytorium Trinity, Los Angeles, Kalifornia, 9 lutego 1934

Dopóty, dopóki występuje choćby maleńkie drżenie myśli i niepokój umysłu, niemożliwe jest osiągnięcie świadomości kosmicznej. Technika Koncentracji Self-Realization Fellowship[1] bardzo pomaga poprawić jakość i siłę koncentracji. Jej praktykowanie zaoszczędzi szczeremu poszukiwaczowi lat bezowocnego błądzenia w sferze podświadomości. Tej krainy chcesz uniknąć – jest ona pełna złudnych i wyimaginowanych doświadczeń duchowych. Konieczne jest osiągnięcie stanu nadświadomości, aby mieć prawdziwe doświadczenia duchowe i urzeczywistnić prawdę[2].

Ludzie mają zwyczaj, aby dużo się uczyć, a mało praktykować. Można sto razy wysłuchać wykładu na temat cukru, ale nie pozna się jego smaku, dopóki się go nie posmakuje. Tak samo nie można poznać wspaniałości prawdziwego nauczania inaczej, jak tylko przez praktykę. Musicie żyć naukami proroków i wielkich ludzi. Wtedy ich prawdy stają się waszymi i uświadamiacie sobie, że prawdę można unaocznić i że jest ona uniwersalna. Kiedy żyjecie prawdą – to czy

---

1 Koncentracja to stan bezruchu i całkowitego skupienia umysłu w jednym punkcie. Naturą stworzenia jest ruch; naturą Ducha jest bezruch. „Uciszcie się i poznajcie, żem Ja Bóg" (Księga Psalmów 46,11). Koncentracja jest zatem niezbędna do obcowania z boskością. Techniki koncentracji i medytacji nauczane w *Lekcjach Self-Realization Fellowship* prowadzą do doskonałego zestrojenia świadomości człowieka ze świadomością boską (zob. *Technika koncentracji* w Słowniczku).

2 Podświadomy poziom świadomości ludzkiej jest użyteczny jako magazyn pamięci i jako kraina snu i marzeń sennych. Ale w medytacji podświadomość może być prawdziwą przeszkodą, zwabiającą rozkojarzonego, ale obdarzonego bujną wyobraźnią lub uzdolnionego parapsychicznie aspiranta w świat dziwacznych halucynacji, które nie są bardziej realne ani nie mają większej wartości duchowej niż sny. Naukowe techniki medytacji i własny wysiłek ucznia, aby praktykować je właściwie, zbliżają umysł do nadświadomego stanu Samorealizacji i obcowania z Bogiem.

nazywacie siebie chrześcijanami, hindusami, buddystami, czy też wyznawcami jakiejkolwiek innej religii – Chrystus upomni się o was, i tak samo Kryszna, Budda i wszystkie inne boskie inkarnacje Prawdy.

Wytrwale podążajcie ścieżką prawdy. Pamiętajcie, że spośród tysięcy ludzi tylko niewielu dąży do Boga, a spośród tych dążących, może jeden tylko prawdziwie Go zna[3]. Ten, kto jest wytrwały, pozna Boga w sobie. Zatem starajcie się, jak możecie uczynić medytację stałym doświadczeniem w waszym życiu. Obyście nigdy nie zapominali o Bogu i nigdy nie czuli się zadowoleni, dopóki z Nim nie będziecie! Obyście mogli powiedzieć: „Za tym skończonym ciałem czuję Nieskończonego". Ja nigdy nie przychodzę na zajęcia, jeśli nie wiem, że On jest ze mną. Nigdy nie uczę, dopóki nie jestem w pełni z Nim. I wiem, że kiedy mówię z tego poziomu, to moi studenci nie zapomną, czego się nauczyli.

Koncentracja – warunek znalezienia Boga

Umiejętność koncentracji jest niezbędna do postępu na ścieżce duchowej – bez umiejętności koncentracji nigdy nie znajdziecie Boga. Nauczcie się, jak nie dopuszczać do świadomości żadnych dźwięków i wszystkiego innego, co dociera do was ze świata. Gdy świadomość znajduje się we właściwym stanie, jest w niej Bóg. On się przed wami nie ukrywa, to wy ukrywacie się przed Nim. Kiedy w głębokiej medytacji widzicie jakieś wewnętrzne światło[4], starajcie się je utrzymać i poczujcie, że jesteście w nim, jesteście jednym z nim. Tam właśnie jest Bóg. Postarajcie się zrozumieć, że jesteście tym światłem Boga.

Im większy czujecie spokój w trakcie koncentracji i im dłużej się koncentrujecie, tym głębiej wnikacie w Boga. Gdybyście czas spędzony na czytaniu książek o prawdach duchowych poświęcili na medytację, to poczynilibyście znacznie większe postępy zarówno pod względem umysłowym, jak i duchowym. Śpijcie mniej i poświęcajcie

---

3 Spośród tysięcy zapewne jeden dąży do duchowej doskonałości; wśród prawdziwych wybrańców, którzy wytrwale do Mnie zmierzają, może jeden postrzega Mnie takim, jakim jestem" (*Bhagawadgita* VII:3).

4 Światło Boga, czyli duchowe oko.

więcej czasu na medytację. Odpoczynek, jakiego się wtedy zażywa, jest sto razy bardziej pokrzepiający od snu.

Dopóki nie odetniecie się od dźwięków dochodzących do waszej świadomości, nie osiągniecie Boga. Dlatego właśnie święci szukali odosobnienia w jaskiniach i lasach. Zanurzajcie się raz po raz w wewnętrznej ciszy, stosując metody koncentracji i medytacji, które wam podałem, a znajdziecie wielki spokój i szczęście. W Gicie czytamy: „Wolny od nieustannych pragnień i pożądania rzeczy, z sercem (falami uczucia) poddanym woli duszy (poprzez jogiczną koncentrację), żyjąc samotnie w ustroniu, jogin powinien nieustannie jednoczyć się z duszą"[5].

We wszystkich kościołach i świątyniach powinno się w większym stopniu praktykować ciszę głębokiej medytacji. Wszyscy powinni mniej mówić. Podczas mojej nauki w pustelni w Indiach mój guru, swami Śri Jukteśwar, robił nam wykłady tylko od czasu do czasu. Większość czasu siedzieliśmy wokół niego, nie odzywając się, skupieni w sobie. Wystarczyło, że się poruszyliśmy, a już nas ganił. Prawdziwy nauczyciel posiada wiedzę nie tylko książkową i w życiu duchowym konieczne jest uczyć się mądrości od takiego nauczyciela – takiego, który wie, i wie, że wie, albowiem doświadczył prawdy – a nie tylko o niej przeczytał.

Niewidzialne źródło widzialnych światów

Przestrzeń podzielona jest na dwie części, czy też ma dwa aspekty. Po jednej stronie przestrzeni jest stworzenie. Po drugiej stronie jest tylko Bóg – stworzenie jest tam nieobecne. To świat „bezciemnej ciemności" i „bezświetlnego światła". W Gicie Pan mówi: „Gdzie nie świeci słońce ani księżyc, ani ogień, tam jest Mój Najwyższy Przybytek […]"[6].

Ta sama dwoistość dotyczy ludzkiej świadomości. Nasze istnienie ma dwie strony – jedną widzialną, drugą niewidzialną. Gdy mamy otwarte oczy, widzimy świat przedmiotowy i siebie w nim. Gdy je zamykamy, nie widzimy nic – ciemną pustkę. Ale nasza

---

5 *Bhagawadgita* VI:10.
6 *Bhagawadgita* XV:6.

świadomość, nawet gdy oddzielona od materialnych form, jest nadal w pełni świadoma i czynna. Kiedy w głębokiej medytacji przenikamy w ciemność za zamkniętymi powiekami, oglądamy Światło, z którego wyłania się całe stworzenie. W głębszym *samadhi* wychodzi się nawet poza przejawione Światło i wchodzi we Wszechszczęśliwą Świadomość – będącą poza wszystkimi formami, a jednak nieskończenie bardziej rzeczywistą, bardziej namacalną i radosną niż wszelkie doznania zmysłowe i nadzmysłowe.

Bóg dał nam możliwość obserwowania w naszej własnej świadomości działania tych samych praw, które rządzą wszechświatem. Stan świadomości pozbawionej formy, którego doświadcza się po zamknięciu oczu, można porównać do nieskończonego obszaru „bezciemnej ciemności" i „bezświetlnego światła", gdzie Bóg istnieje bez jakichkolwiek form, cech i dwoistości, jakie charakteryzują Jego materialne stworzenie. W tym niezmierzonym obszarze wieczności poza stworzeniem mieszka sam Bóg w bezgranicznej świadomości zawsze istniejącej, zawsze świadomej, wciąż nowej Szczęśliwości. Świat ani żadna inna stworzona rzecz nie istnieją w Jego świadomości w tej części nieskończoności, gdzie króluje On jako Absolut. Ale po drugiej stronie przestrzeni jest On świadomy wszystkiego – całego stworzenia – w Sobie.

W Niewidzialnym znajduje się wytwórnia wszechświata. Einstein powiedział, że przestrzeń wygląda bardzo podejrzanie, bo wszystko z niej się wyłania i wszystko w niej znika. Gdzie znikają elektrony i całe światy?

Za każdym razem, gdy zafascynuje was jakiś materialny twór, zamknijcie oczy, wpatrzcie się w siebie i kontemplujcie jego Źródło. Nie widzicie niczego, nie czujecie niczego. A przecież wszystkie widzialne przedmioty wyłoniły się z tego Niewidzialnego. „A ta światłość w ciemnościach świeci"[7]. Jeśli będziecie wytrwale wpatrywać się w ciemność, znajdziecie tę wielką Światłość. Za ciemnością jest Świadomość Chrystusowa. Za ciemnością tętni życie innych światów. „W domu Ojca mego wiele jest mieszkań"[8].

---

[7] J 1,5.

[8] J 14,2.

Tuż za przestrzenią jest Inteligencja. A tuż za wami jest Bóg. Nie żyjcie dłużej w niewiedzy o Jego obecności. Zburzcie ciemność swoją medytacją. Nie ustawajcie, dopóki Go nie znajdziecie. Tak wiele jest do poznania! Tak wiele do zobaczenia w sobie! Rozwiązanie każdego problemu przyjdzie do was wprost od Nieskończonego. Prawdy, które widzę w sobie dzięki medytacji, ukazują podstawy praw fizjologicznych, które nauka odkrywa innymi metodami. Gdy zamykam oczy, widzę subtelne prądy życiowe krążące w moim ciele.

Nie czujcie się sami w ciszy, której doświadczacie przy zamkniętych oczach. Bóg jest z wami. Dlaczego mielibyście myśleć, że nie jest? Eter wypełniony jest muzyką, którą odbiera radio – muzyką, o której inaczej byśmy nie wiedzieli. Tak samo jest z Bogiem. Jest On z nami w każdej chwili naszego życia, ale jedyną drogą, aby uświadomić to sobie, jest medytacja. A ci z was, którzy już medytują, powinni wchodzić w nią głębiej! Nocą nie zasypiajcie, dopóki rzeczywiście nie poczujecie w sobie jakiejś oznaki Jego obecności. Wpatrujcie się w ciemność, aż odkryjecie jej cudowne tajemnice.

Dla zachęty opowiem wam o przeżyciu, jakie miałem dzisiaj w stanie nadświadomym. Siedziałem w bibliotece w Mt. Washington. Była godzina około czwartej. Nagle zanikł mój oddech. Nogi i ręce zesztywniały. Zorientowałem się, że oglądam proces umierania. Oddech i ruch opuściły moje ciało, ale byłem świadomy. Doświadczenie umierania było wspaniałe. Oglądałem swoje ciało i całą przyrodę jako kosmiczny film, stworzony z Bożego światła. Wykrzyknąłem z radością: „Nie ma śmierci, Panie! Cały ten świat to nic innego, jak tylko film!".

Władca siedzący na tronie może mówić: „Ach, jestem królem!", ale niech śmierć zapuka choć raz i już go nie ma. Ten jest prawdziwym królem, kto czuje Boga we wszystkich formach stworzenia. Śmierć go nie przerazi, bo widzi ją jako bramę do boskiego królestwa.

Pierwsza droga do Świadomości Kosmicznej

Pierwszą z trzech dróg prowadzących do rozszerzenia ludzkiej świadomości w świadomość kosmiczną jest droga społeczna, na której odsuwamy na bok nasze małe Ja i żyjemy dla wszystkich. Bądźcie lojalni wobec przyjaciół i miejcie miłość do wszystkich.

Bóg dał wam rodziny, abyśmy mogli rozszerzać swoją świadomość, troszcząc się i robiąc coś dla innych. W życiu rodzinnym uczymy się miłości i samopoświęcenia dla bliskich, i w ten sposób uzyskujemy pewne rozszerzenie świadomości. Ale to za mało. Miłość, która staje się osobowa, jest wykluczająca, ograniczona; gdy miłość staje się bezosobowa, rośnie. Rozwijajcie miłość bezosobową, starajcie się darzyć każdego taką samą miłością, jaką obdarzacie swoją rodzinę, i róbcie wszystko dla innych dokładnie tak samo, jak robilibyście to dla siebie. Społeczna droga do świadomości kosmicznej oznacza takie zachowanie wobec wszystkich.

Bóg kocha wszystkie swoje dzieci tak samo – wszystkie tworzą Jego boską rodzinę, a Jego miłość jest bezosobowa. Jego dzieci powinny darzyć się wzajemnie taką właśnie miłością. Jest to boski plan. Zapominanie o nim oznacza cierpienie. Ludzie na całym świecie powinni zmienić swoją postawę. *Jesteście* wszystkimi, ponieważ waszą prawdziwą naturą jest wszechobecność.

Lubię dawać coś innym. Czuję się najszczęśliwszy, widząc ich radość. Kiedy współczujemy i kochamy innych, odkrywamy, że cały wszechświat nam odpowiada. Jezus, który dał swoje ciało „na okup za wielu"[9], ukazał nam społeczną drogę do osiągnięcia świadomości kosmicznej. Podobnie jak Chrystus, wy także powinniście służyć wszystkim ludziom jako własnej Jaźni.

Człowiek o świadomości kosmicznej jest człowiekiem szczęśliwym. Nie ogranicza swojej miłości, dając ją nielicznym i pomijając wszystkich innych. Zatem i wy powinniście uczynić całą ludzkość swoją rodziną. Czy będziecie o tym pamiętać? Ja mam świadomość tego w każdej chwili. Nie należę do żadnej kasty, żadnego kraju – czuję, że wszyscy są moi. Kochajmy wszystkich mężczyzn jak braci, wszystkie kobiety jak siostry i wszystkich starszych ludzi jak rodziców. Kochajmy wszystkich ludzi jak przyjaciół.

Druga droga

Druga droga do osiągnięcia świadomości kosmicznej to droga samodyscypliny. Nie bądźcie ofiarami nieumiarkowania. Cieszcie się

---

[9] Mt 20,28.

rzeczami, ale się do nich nie przywiązujcie. Bądźcie wolni. Bądźcie mili i opanowani. Uważajcie, by nie stać się niewolnikami nałogów, i postępujcie tylko zgodnie ze swoimi słusznymi przekonaniami. Aby osiągnąć świadomość kosmiczną, konieczne jest panowanie nad sobą i wzniesienie się ponad przeciwieństwa – gorąco i zimno, przyjemność i smutek, zdrowie i chorobę. Nauczcie się znosić wszystko bez emocji i niepokoju umysłu. „Kto się z niczym nie wiąże, nie jest radośnie podniecony, gdy spotyka go dobro, ani też nie niepokoi go zło; ten się umocnił w mądrości"[10].

Trzecia i najwyższa droga

I na koniec, jest droga medytacji – droga metafizyczna. Jeśli podczas medytacji nadal jesteście świadomi oddechu, to pozostajecie przywiązani do świadomości ciała. Aby wejść w świadomość kosmiczną, musicie się uwolnić z więzów ciała, stosując metody medytacji podane przez guru.

Jeśli włożymy zamknięty słoik z wodą do zbiornika z wodą, to woda w słoiku będzie oddzielona od tej, która go otacza, ale jeśli zdejmiemy pokrywkę, woda ze słoika i woda ze zbiornika będą mogły się zmieszać. Podobnie, zwykli ludzie odgradzają od siebie Boga, ponieważ ich świadomość jest zamknięta pokrywką niewiedzy. Kiedy właściwymi metodami medytacyjnymi usunie się tę pokrywkę, czujemy spokój Boga wewnątrz i na zewnątrz ciała. W miarę wydłużania czasu medytacji i jej pogłębiania, będziecie odczuwali coraz większy spokój i wciąż nową radość. Wszystko inne, czego możecie próbować, nie doprowadzi was do boskiej świadomości, jaką daje medytacja.

Pan jest wszędzie wokół, ale nie czujecie Jego obecności. I nie możecie jej poczuć, w sobie czy na zewnątrz, dopóki nie usuniecie pokrywki niewiedzy i nie scalicie swojej świadomości z Jego świadomością, by odkryć Go w sobie. Jeśli zanurzycie się w ocean Boga, będziecie żyli wiecznie.

Kiedy już znaleźliście Boga, doświadczacie prawdziwego i trwałego zadowolenia. Ludzkie przyjaźnie mogą się skończyć, natomiast

---

10 *Bhagawadgita* II:57.

Odwieczne ludzkie poszukiwanie

Bóg nigdy was nie opuści. Choćby wszyscy inni was opuścili, jeśli macie Jego, to macie wszystko.

Bądź milionerem uśmiechów

*Świątynia Self-Realization Fellowship,
Hollywood, Kalifornia, 29 stycznia 1950*

Prawdziwy uśmiech to uśmiech szczęścia, które ogarnia nas podczas medytacji, kiedy odczuwamy radość z Bożej obecności. Taki uśmiech widać na twarzy Lahiriego Mahaśaji[1]. Mistrz Mahaśaja widzi świat w części, natomiast Boga widzi w pełni. Mój uśmiech ma źródło w radości płynącej z głębi mojego jestestwa – radości, którą wy także możecie osiągnąć. Jak zapach wydobywa się ona z kielicha rozkwitłej duszy. Radość ta przyzywa innych do kąpieli w wodach boskiej szczęśliwości.

Przeciętny człowiek zna cztery stany umysłu: kiedy spełni się jego pragnienie, jest zadowolony; kiedy się nie spełni – jest niezadowolony; kiedy nie jest ani zadowolony, ani smutny, to czuje się znudzony; kiedy pozbędzie się tych trzech emocji, tych trzech stanów umysłu – przyjemności, przykrości i nudy – osiąga spokój.

Poza spokojem jest szczęśliwość

Spokój to brak pojawiania się na przemian smutku i przyjemności oraz brak nudy. Jest to stan bardzo pożądany. Po szalonej jeździe na szczytach fal przyjemności i cierpienia z częstymi spadkami w doliny nudy cieszymy się unoszeniem na cichym oceanie spokoju. Ale wspanialsza niż spokój jest szczęśliwość – szczęśliwość duszy. Jest to wciąż nowa radość, która nigdy nie znika, lecz pozostaje w duszy na wieczność. Radość tę można osiągnąć jedynie poprzez postrzeganie Boga.

---

1 Nawiązanie do fotografii Lahiriego Mahaśaji, param-guru Paramahansy Joganandy. Niezwykłe okoliczności towarzyszące zrobieniu tego zdjęcia opisane są w *Autobiografii jogina*, rozdział 1.

Jeśli wystawimy garnek z wodą na światło księżyca, a potem wzburzymy wodę, to zobaczymy na jej powierzchni zniekształcone odbicie księżyca. Kiedy woda się uspokaja, odbicie staje się wyraźne. Ten stan, kiedy woda w garnku jest nieruchoma i wyraźnie odbija księżyc, można porównać do stanu spokoju w medytacji i do głębszego jeszcze stanu ciszy. W spokoju medytacji nie ma w umyśle żadnych fal wrażeń zmysłowych ani myśli. W głębszym stanie ciszy dostrzega się w tym bezruchu odbitą Bożą Obecność, tak jak księżyc w wodzie. Spokój jest stanem negatywnym, będącym zwykłym brakiem fal przyjemności, przykrości i obojętności; dlatego medytującego znów przyciąga po jakimś czasie pragnienie doświadczania fal ruchu. Gdy jednak w medytacji spokój pogłębia się, przechodząc w ciszę i ostatecznie w pozytywny stan szczęśliwości, medytujący doświadcza radości, która jest zawsze nowa i daje pełnię szczęścia.

Kiedy śpimy, myśli i doznania zmysłowe same się wyciszają. Kiedy medytując wyciszamy świadomie myśli i doznania zmysłowe, to najpierw doświadczamy stanu spokoju, a mięśnie twarzy tworzą uśmiech, który odzwierciedla spokój serca. Musimy jednak patrzeć poza spokój, aby móc ujrzeć czystość naszych dusz niezmąconą bodźcami zmysłowymi i reakcjami ciała, które są rezultatem skupiających się na zmysłach myśli. Stan, który odczuwamy, jest wciąż nową szczęśliwością. Święci zawsze mają tę radość w sercach. Utwierdzeni w stanie boskiej wewnętrznej pewności, pozostają nieporuszeni ani przez gniew, ani przez strach. Używając skalpela rozsądku lub intuicji do analizy swoich myśli albo myśli innych, potrafią operować umysłem, zachowując niewzruszoność. „W szczęśliwości duszy znika wszelki smutek. U człowieka szczęśliwego zdolność odróżniania wkrótce mocno ugruntowuje się (w Jaźni)"[2].

Uśmiechaj się z miłością Bożą

Uśmiechy pojawiają się na ogół jako wynik dobrych emocji zrodzonych z dobrych uczynków lub z uczuć współczucia, miłości, życzliwości i miłosierdzia. Ale najcudowniej uśmiechamy się wtedy, gdy serca mamy wypełnione Bożą miłością. Wtedy potrafimy

---

2 *Bhagawadgita* II:65.

kochać wszystkich i uśmiechać się cały czas. Wszystkie inne formy uśmiechu są ulotne, ponieważ emocje pojawiają się i znikają, bez względu na to, jak są pozytywne. Jedyną rzeczą, która trwa, jest radość Boża. Gdy ją mamy, możemy się uśmiechać nieprzerwanie. W przeciwnym razie, gdy jesteśmy litościwi wobec kogoś, a ta osoba odpłaca się nam za życzliwość policzkiem, to nie zdołamy już dłużej czuć wobec niej życzliwości.

Pewien człowiek, którego znałem, zrobił wielki pokaz rozpaczy po śmierci żony. Przejrzałem jego udawane emocje. „Ożenisz się w ciągu miesiąca" – powiedziałem mu. Był na mnie tak zły, że potem nie chciał mnie widzieć, ale rzeczywiście ożenił się w ciągu miesiąca. Uważał, że ogromnie kochał swoją pierwszą żonę, ale widzicie, jak szybko o niej zapomniał.

Nigdy nie zapomnę, jak wiele nauczył mnie mój guru Śri Jukteśwar dźi, opowiadając mi tę oto historyjkę ze swego życia: „Kiedy byłem małym chłopcem, uparłem się, że muszę mieć brzydkiego pieska, który należał do sąsiada. Przez kilka tygodni nie dawałem żyć mojej rodzinie, zamęczając ich, aby zdobyli tego pieska dla mnie. Pozostawałem głuchy na propozycje ofiarowania mi innego, ładniejszego pieska. Chciałem wyłącznie *tamtego* psa".

Takiej samej obsesji ulegają ludzie zakochani. Są zahipnotyzowani twarzą ukochanego, nie mogą o niej zapomnieć. Tymczasem prawdziwe piękno, którego powinniśmy szukać u innych, to piękno nie zewnętrzne, lecz wewnętrzne.

Kiedy wasza dusza jest pełna radości, jesteście atrakcyjni. Lubię tylko boskie uśmiechy, bo bez nich ludzie są jak kukiełki – dzisiaj mówią, że będą cię kochać zawsze, jutro leżą w grobie. Gdzie zatem podziała się ich wielka miłość? Gdzie podziała się ich obietnica: „Będę cię kochał zawsze"? Ale jeśli potraficie sprawić, aby Bóg chociaż raz powiedział: „Kocham cię", to Jego miłość jest na wieczność. Dlaczego marnujecie czas na małą ludzką miłość, pieniądze i na „to i owo", kiedy w Bogu możecie znaleźć wszystko – całą miłość, jaka jest na świecie, całą moc, jaka jest w stworzeniu? Ale nie szukajcie Go dla mocy, szukajcie Go dla miłości. Wtedy odkryjecie Jego słaby punkt. Gdy ofiarujecie Mu swoją bezwarunkową miłość, nie zdoła On dłużej odmawiać wam Siebie.

Aby doświadczać szczęśliwości – medytuj

Medytujcie więcej. Nie wiecie, jakie to cudowne. Znacznie lepiej jest medytować, niż poświęcać czas na gonienie za pieniędzmi, ludzką miłością lub za czymkolwiek innym, co wam tylko przyjdzie do głowy. Im więcej medytujecie i im bardziej podczas waszych zajęć umysł jest skoncentrowany na stanie duchowym, tym więcej będziecie się uśmiechać. Ja obecnie jestem zawsze w tym stanie, w świadomości błogości Boga. Nic nie ma na mnie wpływu, czy jestem sam, czy z ludźmi, ta radość Pana jest zawsze ze mną. Nieustannie mam na twarzy uśmiech – ale zdobycie go na stałe kosztowało mnie wiele trudu! Takie same uśmiechy są w was, taka sama radość i szczęśliwość duszy. Nie musicie się o nie starać, lecz raczej musicie je odzyskać. Utraciliście je tylko na jakiś czas, bo utożsamiliście się ze zmysłami.

Jeśli myślicie, że przedmioty postrzegane przez zmysły wzroku, słuchu, smaku, zapachu i dotyku będą wam dawać najwyższą radość, ogromnie się mylicie. Tylko wam ją zabiorą. Jeśli uwarunkujecie swoją radość – „nie widząc tej twarzy, nie potrafię być szczęśliwy" – nigdy nie znajdziecie niezmąconej szczęśliwości. Żadna bowiem przyjemność oparta na zmysłach nie jest trwała. Czas nieubłaganie niszczy piękno fizyczne; wszystko w świecie materialnym podlega zmianom. Dlatego nawet gdybyście mogli zobaczyć wszystkie piękne twarze na świecie, gdybyście mogli wysłuchać wszystkich utworów muzycznych i dotknąć wszystkiego, czego pragniecie, to i tak nie znaleźlibyście prawdziwego szczęścia. Jednakże możecie wyobrażać sobie, że jesteście szczęśliwi. Kiedy z ogromnym wysiłkiem zdobyliście wreszcie upragniony przedmiot, stwierdzacie, że sam przedmiot nie daje szczęścia, ale czerpiecie pewną satysfakcję z wysiłku, jaki włożyliście w zdobycie go, i dlatego sądzicie, że jesteście szczęśliwi. Ale taka satysfakcja nie trwa długo.

Nie szukajcie zatem szczęścia w doznaniach zmysłowych. Znajdźcie radość w sobie i wyrażajcie ją na twarzy. Ilekroć to uczynicie, to dokądkolwiek się udacie, mały uśmiech naładuje wszystkich waszym boskim magnetyzmem. Wszyscy będą szczęśliwi!

Ale pamiętajcie, to tylko sam Pan przemienia każde serce – absolutnie nie wolno wam przypisywać mocy czynienia dobra sobie.

Jedynym, który czyni dobro, jest Bóg. To Jego świat. Jeśli odczuwacie Go jako mieszkańca waszych ciał – że to właśnie On działa we wszystkim, i jeśli oddajecie wszystko – zarówno dobre, jak i złe czyny – Jemu, to zdziwicie się, widząc, jak wszystkie wasze czyny stopniowo przemieniają się w dobro. Nie będziecie w stanie uczynić nic złego, kiedy świadomość Boga będzie z wami. Powierzcie Mu swoje życie. Cokolwiek robicie, mówcie: „To Ty, Panie, nie ja! Nie ja, Panie!". Zniszczcie ego. To wielka przeszkoda w zrozumieniu tej wyzwalającej prawdy. Nie jesteście Sprawcą – czy moglibyście podnieść rękę, gdyby Pan zgasił mały promyk życia w waszym rdzeniu przedłużonym[3]?

Jak pozbyć się wrażeń zewnętrznych

Pewnego razu siedziałem na dworze w Encinitas. Było bardzo zimno. Skierowałem świadomość do wewnątrz i w mgnieniu oka całkowicie przestałem czuć zimno. Spłynęła na mnie radość. Co jakiś czas widziałem, jak moje otoczenie przemienia się w jedno światło przypominające snop światła z projektora w kinie. Kiedy koncentrowałem się na obrazie, widziałem obraz. Kiedy koncentrowałem się na snopie światła, świat znikał. Nie można niczego zobaczyć bez naszej świadomości. Jeśli więc w pełni panujecie nad umysłem i w głębi siebie spojrzycie na swoją duszę, to nawet jeśli macie otwarte oczy, zobaczycie tylko to wspaniałe światło Boga i poczujecie Jego wielką radość. Dopiero jak otworzycie oczy i spojrzycie na zewnątrz siebie, wasza świadomość postrzeże świat zewnętrzny. Wszystko jest filmem Boga. Tamtego dnia w Encinitas z jednej strony dostrzegałem wrażenia i myśli, które były snami mojej świadomości, pochodzącymi od Boga, a z drugiej strony, jak tylko zatapiałem się w sobie, nie miałem w ogóle żadnych wrażeń – odczuwałem tylko czystą radość. I chociaż było bardzo zimno, a miałem na sobie tylko spodenki kąpielowe, czułem, jak zimno i krajobraz znikają i ogarnia mnie wyłącznie radość. Potem, wraz z tą wielką radością, pojawiło się delikatne poczucie wrażeń.

---

[3] Ośrodek (czyli *czakra*) rdzenia przedłużonego to główny punkt, poprzez który siła życiowa wchodzi do ciała.

Praktykujcie to – praktykujcie odczuwanie obecności Boga. Niech was nie zadowala krótka modlitwa lub widzenie niewielkiego światła, a potem pójście spać. Sen to narkotyk. Jeśli potraficie dobrze kontrolować seks, jeśli potraficie dobrze kontrolować zmysły i jeśli poszukujecie Boga całą mocą duszy, to On do was przyjdzie. Nawet jeśli ktoś jest wielkim moralistą i skłania się ku duchowości, to bez postrzegania Boga ma bardzo mało.

Tak więc, nie oszukujcie się. Medytujcie więcej – bezustannie i szczerze. Powiedzcie Bogu: „Znam swoje słabości. Ale Panie należą one do Ciebie, ponieważ Ty mnie stworzyłeś. Nie pragnę niczego z wyjątkiem tego, aby być z Tobą, ponieważ to Ty wyświetlasz ten film. Ty jesteś wolny od jego dwóch aspektów – komedii i tragedii. Tak więc i ja jestem wolny, bo jestem Twoim dzieckiem".

Nie nazywajcie siebie grzesznikami, nie nazywajcie też siebie prawymi i nie wpadajcie w pychę. Mówcie raczej, że Pan jest z wami i że On – nikt inny! – działa przez was. Wtedy ujrzycie inny świat. Bez świadomości Boga świat ten wydaje się pełen przemocy, zmagań i strasznych rozczarowań. Ale z Nim jest on przystanią szczęścia.

Oglądając film „Pieśń o Bernadettcie", byłem tak głęboko poruszony niektórymi wydarzeniami w życiu świętej, że płakałem. W końcu powiedziałem sobie: „Co się ze mną dzieje?". Spojrzałem znowu na ekran i zobaczyłem tylko światło i cienie, straciłem poczucie dramatyzmu. Nie mogłem dłużej płakać. Ogarnęła mnie ogromna radość.

Film stworzenia

Bóg może w jednej chwili stworzyć kopię każdej osoby, która zeszła z tego świata. Pragnie On, abyśmy to wiedzieli. Chce On, abyśmy rozumieli, że stworzenie jest widowiskiem. Jeśli będziemy traktować to widowisko poważnie, to z pewnością nas skrzywdzi i nie będzie się nam podobało, nie będziemy w stanie znosić życia z jego smutkami, chorobami i cierpieniem. Ilekroć coś dolega mojemu ciału, skupiam uwagę na siedzibie duchowej świadomości w punkcie między brwiami, wtedy już w ogóle nie czuję bólu. Gdy natomiast skupiam się na bólu, mam złudzenie bólu. Jeśli potrafimy utrzymać uwagę skoncentrowaną na duchowej świadomości duszy, to nie cierpimy, gdy iluzoryczne cienie smutku pojawiają się na ekranie umysłu. Nieustannie módlmy się do Boga, aby objawił Siebie jako jedyną radosną Rzeczywistość.

Straciliście już bardzo wiele czasu – śmierć może was zabrać w każdej chwili, a wtedy nie zdążycie Go poznać. Musicie Go urzeczywistnić w sobie, zanim opuścicie klatkę ciała. Powiedzcie do Niego: „Chcę czuć Twoją obecność". Lecz On nie wypuści was z tego szpitala ułudy na stałe, dopóki nie wyleczycie się z choroby pragnień. Róbcie wszystko dla Boga. Praca dla Niego jest równie ważna dla waszego rozwoju duchowego jak medytacja.

Nocą medytujcie o Panu, aż poczujecie się uniesieni w Nim i objęci Jego radością. A dniem, kiedy wychodzicie z tego stanu, aby wykonywać codzienne czynności, przynoście ze sobą jego wspomnienie i utrzymujcie je. Wtedy cały czas będziecie z Bogiem. I zawsze będziecie mogli mówić z uśmiechem: „Odrobina smutku, odrobina przyjemności lub odrobina spokoju nie mogą spowodować najmniejszego zamętu w oceanie wciąż nowej szczęśliwości wypełniającej moją duszę".

Śmiejcie się z *maji*, ułudy. Patrzcie na życie jak na kosmiczny film, a wtedy *maja* nie będzie już mogła stosować na was swojej zwodniczej magii. Trwajcie w szczęśliwości Boga. Gdy potraficie trwać niewzruszenie pośród huku roztrzaskujących się światów, poznacie, że Bóg jest rzeczywisty. Nie zamierza On was skrzywdzić. Uczynił was na Swoje podobieństwo. Już uczynił was tym, czym Sam jest. Z tego właśnie nie zdajecie sobie sprawy, ponieważ uznajecie, że jesteście tylko ludźmi i nie wiecie, że takie myślenie jest złudne.

Chorować na raka to nic przyjemnego. A przecież święty Franciszek cierpiał na różne choroby i w tym samym czasie uzdrawiał chorych i wskrzeszał zmarłych. Nie odbierało mu to jego boskiej radości. Dlatego wszystkimi sposobami dążcie do Boga. Nie przyjmie was, dopóki Mu nie udowodnicie, że Go naprawdę pragniecie i nie macie ochoty wikłać się w Jego widowisko.

Nie kwestionujcie istnienia Boga – kochajcie Go

Ani też nie powinniście kwestionować istnienia Boga. Zbierzcie tylko wątpliwości. Nie zdołacie pojąć Jego praw, dopóki nie staniecie się z Nim jednością. Po co więc marnować czas, usiłując je zrozumieć intelektem? Jeśli czytacie powieść, w której bohater jest źle traktowany, złoczyńca zwycięża, a każdy rozdział wydaje się przeczyć poprzedniemu, to poczujecie frustrację i złość na autora. Ale po przeczytaniu ostatniego rozdziału jesteście zadowoleni i myślicie, że to wspaniała powieść, bo jest tak bardzo kompleksowa. Podobnie Bóg jest mistrzowskim powieściopisarzem i człowiek jest zdumiony paradoksami i zawiłością planu Jego stworzenia. Nie próbujcie rozszyfrowywać tych zagadek, pogubicie się. Kiedy w końcu Go odnajdziecie, poda wam On rozwiązania wszystkich zagadek ludzkiego życia. I nie będziecie w stanie kwestionować Jego mądrości, gdy usłyszycie Jego odpowiedzi. To wiem na pewno!

Żyjcie z Bogiem w sercu i nie lękajcie się niczego na świecie – lęk będzie się bał was! Będziecie wolni od kosmicznej ułudy. Wtedy się uśmiechniecie: „W końcu poznałem tajemnicę wszystkiego". Ale nie próbujcie najpierw wiedzieć – najpierw kochajcie Boga. Wtedy powie wam On wszystko. I możecie się uśmiechnąć uśmiechem wieczności. Wasze myśli, słowa, utwory i wszystko, co robicie, przesycone będzie radością jaśniejącą w tym uśmiechu. Wszędzie, gdzie będziecie medytować, pozostawicie po sobie woń uśmiechów i każdego, kto tam przyjdzie, skłoni ona do uśmiechania się razem z Bogiem. Można się uśmiechać nieprzerwanie, gdy się przebywa w Jego niewysłowionej szczęśliwości.

Panie, posiądź nas Swoją miłością

Międzynarodowa Siedziba Główna Self-Realization Fellowship, Los Angeles, Kalifornia, w dniu urodzin Paramahansy dźi, 5 stycznia 1945 r., po tradycyjnych hinduskich uroczystościach na cześć narodzin Guru

Każdy z nas jest dzieckiem Boga. Zrodzeni jesteśmy z Jego ducha wraz z całą jego czystością, chwałą i radością. Dziedzictwo to jest niepodważalne. Potępianie siebie jako grzesznika, skazanego na drogę błędu, to największy grzech. W Biblii powiedziane jest: „Czyż nie wiecie, że jesteście Świątynią Boga oraz że Duch Boga w was mieszka?"[1].

Pamiętajcie zawsze: wasz Ojciec kocha was bezwarunkowo. Ale ponieważ dał wam wolność odejścia lub powrotu do Niego, czeka On na was, aż wyrazicie pragnienie miłości do Niego, zanim On sam przyjdzie do was.

Kiedyś podczas medytacji usłyszałem szept Jego głosu: „Mówisz, że jestem daleko, *ale ty nie wszedłeś*. Dlatego uważasz, że jestem daleko. Zawsze jestem. Wejdź do środka, a ujrzysz Mnie. Zawsze jestem tu, gotów cię powitać".

Na drodze duchowej konieczna jest zupełna szczerość. Duch rodzi się w niewinności. Jezus powiedział: „[…] zakryłeś te rzeczy przed mądrymi i roztropnymi, a objawiłeś je niemowlętom"[2]. Przed Bogiem ludzka mądrość jest niczym. Jedynym sposobem nakłonienia Go, aby nam uległ, jest ofiarowanie Mu takiej samej bezwarunkowej miłości, jaką On nas obdarza.

Ostatecznie wszyscy zostaną zbawieni, ale ci, którzy zwlekają na drodze, wpadają w czeluść zobojętnienia. Zobojętnienie nie pozwala człowiekowi uświadomić sobie, jak bardzo ważne jest znalezienie

---

1 1 list do Koryntian 3,16.
2 Mt 11,25.

Odwieczne ludzkie poszukiwanie

Boga teraz, w tej chwili. Nasza wspaniała wirująca planeta, indywidualność każdego z nas, nie były nam dane tylko po to, abyśmy mogli żyć tutaj przez jakiś czas, a potem rozpłynęli się w nicość, lecz po to, abyśmy mogli pytać, o co w tym wszystkim chodzi. Żyć bez zrozumienia celu życia, to głupota, strata czasu. Otacza nas tajemnica życia. Dano nam inteligencję, abyśmy tę tajemnicę poznali.

Pod wszystkimi przejawami miłości kryje się miłujący Bóg

Szukając trwałej miłości, uświadomiłem sobie, że to Ktoś Inny troszczy się o mnie poprzez miłość innych ludzi. Bóg kochał mnie jako matka, jako ojciec i jako przyjaciele. Szukałem tego jedynego Przyjaciela skrytego we wszystkich przyjaciołach, tego jedynego Umiłowanego, którego widzę teraz jako światło pobłyskujące na wszystkich waszych twarzach. Ten Przyjaciel nigdy mnie nie zawodzi.

Bóg jest we wszystkim. „Szanuj twego ojca i matkę"[3], ale „będziesz więc miłował Wiekuistego, twojego Boga, całym twoim sercem, całą twoją duszą i całą twoją mocą"[4]. Powinniście rozumieć, jak ważne jest, aby pielęgnować boską przyjaźń z Nim i nie marnować więcej czasu. Skąd wiecie, gdy kładziecie się spać, czy rano się obudzicie, czy nie? Jeden po drugim opuszczamy tę ziemię. Ale nie ma czym się smucić. Wymaga się od nas po śmierci, abyśmy urodzili się ponownie na ziemi, kontynuując w następnym życiu to, co przerwaliśmy w poprzednim.

Patrzę na życie i śmierć jak na powstawanie i zanikanie fal na oceanie. W chwili narodzin fala podnosi się z powierzchni oceanu, a w chwili śmierci zapada w sen na łonie Boga. Zrozumiałem to. Wiem, że nigdy nie umrę, bo czy to śpię w oceanie Ducha, czy budzę się w jakimś ciele fizycznym, zawsze jestem z Nim. Tego najwyższego szczęścia nie można znaleźć na świecie, ale nie musimy udawać się do dżungli, aby Go szukać. Możemy Go znaleźć w dżungli codziennego życia, w jaskini wewnętrznej ciszy.

Nie ma znaczenia, ile błędów popełniliście, istnieją one tylko chwilę. Jesteście ukształtowani na podobieństwo Ducha. Pan

---

3 Mt 19,19.
4 Księga Powtórzonego Prawa 6,5.

stworzył ten zwodniczy obraz filmowy Ziemi i wszystkich jej przyjemności tylko w jednym celu: że może przejrzycie Jego zabawę z *mają* i porzucicie ją, aby kochać tylko Jego. Taka jest prawda; nie może być inaczej. Dlaczego jesteśmy tak stworzeni, że kochamy swoich bliskich, a potem musimy tylko bezradnie patrzeć, jak odchodzą, jeden po drugim? Wydarzenia te mają miejsce po to, aby pomóc nam uświadomić sobie, że to On nas kocha pod postacią wszystkich naszych bliskich.

Kłopot z tym filmem życia polega na tym, że wszystko, co nierzeczywiste, wydaje się rzeczywiste, a wszystko, co rzeczywiste, wydaje się nierzeczywiste. Każdej nocy, gdy śpimy, świat ma znikać z naszej świadomości, po to abyśmy mogli zrozumieć, że świat materialny nie jest realny. Lekcja, którą jest sen, nie jest po to, aby nas przestraszyć, lecz po to, abyśmy szukali rzeczywistości, którą jest Bóg. Dusza nigdy nie zadowoli się niczym innym, jak tylko Nim i Jego miłością. Jego duch to rzeczywistość, z którą nic nie może się równać[5].

Nie marnujcie czasu

Przeminęło już bardzo wiele lat naszego życia. I zostało nam tylko tyle a tyle lat, tygodni, dni i godzin. Nie marnujcie czasu. W sercu mówcie do Niego dniem i nocą: „Panie, pragnę Ciebie". Nigdy nie mówcie tego nieszczerze. Nigdy nie przekonujcie siebie: „Zacznę szukać Boga od jutra. Dzisiaj chcę się jeszcze dobrze zabawić". Zawsze mówcie: „Dzisiaj, mój Panie, *dzisiaj*, pragnę Ciebie".

Teraz właśnie widzę światło Boga wszędzie – jakaż radość, jakaż światłość! „Panie, kłaniam się Tobie z okazji tego pięknego wydarzenia, kiedy to rodzisz się w nas w nowej chwale. Niech będę zawsze błogosławiony świadomością Twej obecności i niech każdy z nas obecny tutaj zostanie tak samo pobłogosławiony, abyśmy wszyscy wiedzieli, że pragniesz narodzić się na nowo w naszej świadomości".

Kochajcie Go, mówcie do Niego w każdej chwili życia, gdy coś robicie i w ciszy, w głębokiej modlitwie, z nieustannym pragnieniem w sercu, a ujrzycie, jak zasłona ułudy opada. On, który bawi

---

5 „Z nierzeczywistego nie powstaje byt. Z rzeczywistego nie powstaje niebyt. Ta ostateczna prawda znana jest mędrcom" (*Bhagawadgita* II:16).

się w chowanego w pięknie kwiatów, w duszach, w szlachetnych pasjach, w marzeniach, objawi się i powie: „Ty i ja długo byliśmy osobno, ponieważ pragnąłem, abyś dał Mi swoją miłość z własnej woli. Jesteś uczyniony na Moje podobieństwo i chciałem się przekonać, czy wykorzystasz swoją wolność, aby obdarzyć Mnie miłością".

Modlę się, aby Bóg dał wam niezniszczalny dar swojej miłości. Ale bez wysiłku Go nie znajdziecie. Jeśli dokonacie jednej czwartej tego wysiłku, to reszty dokonają dla was Bóg i guru. Ten wieczór minął błyskawicznie, bo On był ze mną w każdej chwili. To właśnie chciałem poczuć – że okazujecie mi uznanie tylko dlatego, aby wyrazić wasze uznanie dla Tego, który mnie posłał. Niech Jego błogosławieństwa zawsze będą z wami; niech Jego świadomość nigdy was nie opuści. Obyście sobie uświadamiali, w sobie i na zewnątrz, pełnię Jego obecności.

Nazywajcie Boga swoim własnym

Bóg nie odpowiada nam natychmiast, ponieważ jesteśmy wobec Niego nieśmiali, nie potrafimy okazać, jak bardzo Go pragniemy. Nie bójcie się Go. Nazywajcie Go swoim ukochanym i dążcie do Niego bezustannie, myślami i czynami, a przekonacie się, że jest oazą największego bezpieczeństwa.

„Ofiaruję bukiet tych dusz Tobie, o Ojcze, aby przystroiły ołtarz Twojej obecności. Bądź z nimi nieprzerwanie. Ojcze, jesteś głową tej rodziny. Jesteśmy Twoimi dziećmi, które zebrały się tutaj, aby śpiewać chwałę Twojego imienia. Rozprosz ciemność niewiedzy Twoją światłością; rozszerzającym się światłem Twojej obecności przepędź wszelkie przygnębienie z jeziora naszych umysłów. Grzeczni czy niegrzeczni, jesteśmy Twoimi dziećmi. Ukaż się nam. Pobłogosław wszystkich tutaj. Czuję ich życzliwe dla mnie myśli. Wszelką życzliwość, zaszczyty, szacunek i okazywaną mi miłość, ofiaruję Tobie, o Ojcze! Jesteś moją miłością, moim wszystkim.

Pobłogosław nas Twoją łaską. Zniszcz wszystkie nasze pragnienia z wyjątkiem pragnienia Ciebie. Bądź Królem siedzącym na tronie wszystkich naszych ambicji. Niech światło Twojej chwały rozszerzy się na cały ogromny świat. Błogosław nam wszystkim, napełnij nas Twoją obecnością. Niech coraz bardziej uświadamiamy sobie, że zawsze jesteś nasz. Jesteś nasz teraz, będziesz nasz zawsze. Dziękujemy ci za błogosławieństwa i miłość, którymi obdarzasz Twoją rodzinę zebraną tutaj. Obyśmy pewnego dnia wszyscy mogli świętować Twoje narodziny w nas w wieczności, nieśmiertelności i nieustającej radości.

Módlcie się ze mną: Ojcze nasz, pobłogosław nam, abyśmy gdy będziemy wolni, mogli zebrać się w niebie i świętować Twoje narodziny w nas. Przejaw się wewnątrz i na zewnątrz nas. Zjednocz nas wszystkich. Niech w świetle tego zjednoczenia odnajdziemy Twoją Jedyną Obecność. Z całym oddaniem naszych połączonych serc, naszych połączonych dusz, padamy do Twoich wszechobecnych stóp. Błogosław nam, abyśmy nigdy nie byli Tobie obojętni. Niech ogień nieśmiertelnej miłości opanuje nasze serca. Kłaniamy się Tobie, nasz Ojcze, który jesteś prawdziwie nasz. Niech Twoja obecność będzie z nami teraz i na zawsze".

Panowanie nad własnym przeznaczeniem w Nowym Roku

*Świątynia Self-Realization Fellowship,
Hollywood, Kalifornia, 2 stycznia 1944*

Jeśli przepoicie oddaniem myśl o Bogu i dzięki koncentracji odciśniecie tę myśl głęboko w sobie, wtedy w świątyni nadświadomości Pan wszechświata przybędzie, aby przyjąć tę pełną miłości myśl.

Poproście Boga, aby pomógł wam zrealizować wszystkie dobre myśli i wypełnić postanowienia, które podjęliście na Nowy Rok. Postanówcie, że rzeczywiście będziecie robić to, co według was powinniście, i że w żadnych okolicznościach nie dacie się styranizować waszym starym złym nawykom do postąpienia inaczej.

Dzięki książce, którą piszę, dostałem ważną lekcję. Do tej pory zwykłem pisać, nigdy nie wracając do już napisanego tekstu – czynność, której zawsze unikałem. Ale musiałem wielokrotnie sprawdzać każdy najmniejszy fragment mojej autobiografii[1]. Pan mnie zdyscyplinował, ale w szlachetny sposób, ponieważ cieszyło mnie przeżywanie na nowo moich cudownych doświadczeń, gdy powtórnie czytałem tekst.

W tym życiu podejmowałem się wielu zajęć. Prowadziłem wykłady, projektowałem i budowałem domy, robiłem ilustracje, grałem na instrumentach muzycznych, sadziłem ogrody, założyłem szkołę. Zawsze tajemnicą moich sukcesów była siła woli. Mogę zgodnie z prawdą powiedzieć, że przeznaczenie jest tym, co sami stworzycie.

Analizujcie siebie. Co się stało z waszymi dobrymi zamiarami i szlachetnymi ambicjami z ubiegłego roku? Czy pozwoliliście im umrzeć z braku dynamicznej woli ich osiągnięcia? Uczyńcie mocne

---

1 *Autobiografia jogina.*

postanowienie, by w tym Nowym Roku unikać powtarzania starych błędów. Planujcie swój czas. Postanówcie, że nie będziecie automatami kierowanymi przez świat zewnętrzny i przez własne nawyki, bo to nie jest droga do prawdziwego szczęścia. Musicie się zmienić, musicie *być w stanie się zmienić*. Niejasne pragnienie zmiany nie wystarczy. Uczyniliście siebie takimi, jakimi jesteście teraz, i możecie stać się takimi, jakimi chcecie, ale musicie używać siły woli.

Więzienne kraty nawyków ograniczają bardziej niż kamienne mury. Nosicie to niewidzialne więzienie ze sobą wszędzie, dokąd się udajecie. Ale możecie być wolni! Postanówcie teraz, aby uwolnić się z więzienia nawyków i pędzić ku wolności. Jakże okropne jest życie – od wieku trzech lat ograniczają nas nawyki! Jak tylko uświadomiłem sobie, że jestem w klatce nawyków, wydostałem się zza krat. Nie chciałem pozwolić na to, aby krępowały mnie nawyki, które zmuszałyby mnie do powtarzania sobie: „Nie potrafię tego zrobić" lub „Muszę to zrobić", albo „Nie rób mi tego, to mnie denerwuje", albo „Nie mogę znieść zimna", i tak dalej.

Dlaczego od wczesnego dzieciństwa nawyki są tak silne? Zostały one bowiem przeniesione z doświadczeń poprzednich żywotów. Nasze nastroje są jak linie atramentowe narysowane na wykresie naszego życia przez przeszłą karmę. Złe nawyki i nastroje są bardziej odrażające niż cuchnący zapach skunksa. Po co zachowywać się jak ludzki skunks, sprawiając, że wszyscy czują się nieswojo, a przy tym karać samych siebie? Niejednokrotnie wszyscy tak się zachowywaliśmy, ponieważ przynieśliśmy ze sobą nieprzyjemne dziwactwa.

Odzyskaj swą utraconą boskość

Możemy jednak przezwyciężyć niepożądane cechy. Umysł ludzki jest giętki. Jeśli będziecie naginać go stopniowo, to się podda waszej woli. Ale wy nawet nie próbujecie. Bóg dał nam więcej sił niż potrzeba do przezwyciężenia wszystkich prób i niepowodzeń życiowych. Święty Franciszek, chociaż chory i niewidomy, potrafił uzdrawiać chorych i wskrzeszać zmarłych. Nie widząc zewnętrznego świata, wewnętrznym wzrokiem oglądał wielkie Światło wszechświata. Bóg wystawia swoje prawdziwe dzieci, takie jak święty Franciszek, na większe próby niż te, którym poddaje zwykłych ludzi.

Odwieczne ludzkie poszukiwanie

Nikt jednak nie przechodzi przez bramę do wolności, dopóki nie przejdzie wszystkich prób Bożych, dopóki nie nauczy się żyć jak prawdziwy syn Boży. Dlaczego musicie myśleć o sobie jak o słabych śmiertelnikach? Jesteście potencjalnie dziećmi Bożymi. Nie musicie niczego zdobywać, musicie tylko *wiedzieć*.

Zostać milionerem w tej inkarnacji jest doprawdy o wiele trudniej niż być prawdziwym synem Bożym. Warunki życia na ziemi są tak bardzo ograniczające, że wielu ludzi umiera, nie zostając tymi, którymi chcieli być. Tymczasem poznanie Boga możliwe jest w jednym żywocie, ponieważ nie musimy zdobywać Boga – On już jest nasz.

Nawet gdyby wszyscy modlili się dniem i nocą o to, aby stać się tak bogatymi jak Henry Ford, to ich modlitwy nie mogłyby być spełnione, ponieważ ziemia nie jest miejscem, gdzie każdy może być Henry Fordem. Ale każdy może być bogaty w Duchu, albowiem Bóg dał wszystkim jednakową zdolność do stania się jak On. Kiedy żądamy odzyskania własnej boskości, to wszystko należy do nas.

Henry Ford mógłby stracić swoje bogactwo albo zdrowie, ale Jezus Chrystus może stworzyć zdrowie, bogactwo lub cokolwiek zechce – na życzenie. Nie pragnijcie więc być tak bogaci lub zdrowi jak inni. Miejcie tylko jedno pragnienie: być jak Bóg. Jezus nigdy nie twierdził, że jest jedynym synem Bożym. Ojciec kocha was, swoje dzieci tak bardzo, jak kocha Jezusa. I Bóg nigdy nie odmówi wam niczego, jeśli tak jak Jezus ustalicie, jaki jest wasz prawdziwy status w relacji z Nim. Medytacja to droga do odzyskania waszej utraconej boskości.

Nawyki to przeszczepy na naszej prawdziwej naturze, którą jest zawsze wolny Duch. W dzieciństwie bardzo łatwo wpadałem w złość, ale kiedy postanowiłem, że już więcej tego nie zrobię, nigdy więcej się nie rozzłościłem. Gdybym nie używał siły woli, nie zdołałbym osiągnąć tego ani czegokolwiek innego w życiu. Wy także możecie używać siły woli. *Dzisiaj* można naprawić błędy całego życia. Uczyńcie noworoczne postanowienie zrozumienia tej prawdy, że chociaż jako śmiertelnicy macie pewne nawyki, to jako istoty boskie jesteście wolni. Po co siebie okłamywać? Po co przypisywać sobie błędy przeszłości? Musicie je zniszczyć. Inaczej zostaną one wszczepione w waszym drzewie życia. Nie wolno wam do tego dopuścić. Powtarzajcie raz po raz: „Jestem dzieckiem Boga. Jestem jednym z Bogiem".

Panowanie nad własnym przeznaczeniem w Nowym Roku

Czyniąc postanowienie, używaj woli i rozumu

Każde mocne postanowienie uczynione z wielką determinacją może natychmiast przerodzić się w nawyk. Dlaczego nie moglibyście czynić tego, czego pragniecie, kierowani rozumem? Musicie spróbować. Precz ze wszystkimi waszymi błędami! Przyjrzyjcie się swoim czynom z poprzedniego roku. Zobaczcie, jakie uciążliwe nawyki mieliście: być może, kłóciliście się z ludźmi, jedliście za dużo lub byliście zazdrośni. Postanówcie dzisiaj, i *wiedzcie*, że już nigdy nie będziecie robić podobnych rzeczy. Po prostu powiedzcie sobie: „Paramahansa dźi powiedział, że miał niechęć do redagowania, ale został redaktorem, a skoro on potrafił zostać redaktorem, to i ja potrafię zrobić, co postanowiłem". Dlaczego wy nie moglibyście? Wszystko, co starałem się osiągnąć, używając siły woli, powiodło się. I daję wam nadzieję, że jeśli wy postanowicie, to odniesiecie sukces. Bóg dał wam moc wysadzania w powietrze waszych problemów. „Strzeżcie się, o góry, nie stójcie mi na drodze! Bo dzisiaj połamię wam turnie i obrócę was w gruzy!". Słowa te pochodzą z pieśni wielkiego swamiego[2]. W innym fragmencie tej pieśni śpiewa on: „Doczepiam do swego rydwanu losy i bogów!".

Rzymianie przywiązywali więźniów do rydwanów i wlekli ich po ziemi – potworna praktyka! Ale możemy się z tego czegoś nauczyć, ponieważ pozwalamy traktować się w ten sam sposób naszym nawykom. Powinniśmy raczej uczynić nawyki naszymi więźniami, a nie oprawcami; zaprzęgając je do rydwanu woli, powinniśmy nimi powozić zamiast pozwolić, aby nas wlokły za sobą. Potrafić zrobić wszystko, co według nas powinniśmy zrobić, a nie tylko to, co chcemy zrobić powodowani kaprysem – to jest prawdziwa wolność.

Nauczcie się w tym Nowym Roku rozróżniać: badajcie każdy przychodzący impuls, aby się przyjrzeć, czy stanowi właściwą podstawę do działania. A kiedy rozum wam mówi, abyście coś zrobili, to nie pozwólcie ani losowi, ani bogom stanąć wam na przeszkodzie. Jeśli jednak stwierdzacie, że się pomyliliście, to musicie umieć zmienić zdanie. Niektórzy są tak uparci, że nie chcą się przyznać do pomyłki. Człowiek

---

2 Swami Ram Tirtha.

powinien kierować się rozumem, a nie ślepą wolą. Jeśli po spokojnym zastanowieniu zdecydujesz, że to, co zamierzasz zrobić, jest właściwe, to wtedy nikt nie zdoła cię powstrzymać. Gdybym nie miał pracy, potrząsałbym całym światem dotąd, aż ktoś by powiedział: „Dajcie mu pracę, niech wreszcie da nam spokój!". (Nie mówię tych rzeczy, aby się chwalić, lecz byście się mogli uczyć na moich doświadczeniach).

Każda praca, jeśli wykonywana jest we właściwym duchu, przynosi wam zwycięstwo nad sobą. Możecie sprzątać toalety, ale jeśli robicie to z myślą o służeniu i pomaganiu ludziom, wykazujecie właściwego ducha człowieka Bożego. Tym, co się liczy, jest stosunek do pracy. Lenistwo umysłowe i niechętne jej wykonywanie demoralizują. Ludzie często mnie pytają: „Jak ci się udaje robić tak wiele rzeczy?". Jest tak dlatego, że robię wszystko z największą przyjemnością i w duchu służenia. Wewnętrznie jestem cały czas z Bogiem. I chociaż śpię bardzo mało, zawsze czuję się wypoczęty, ponieważ wykonuję swoje obowiązki z właściwym nastawieniem: służba to przywilej.

Musicie sobie uświadomić, że jesteście dziećmi Boga. Musicie postanowić, że nie dacie się rządzić swojemu dawnemu ja, skrępowanemu nawykami. Nie mogą was powstrzymywać tymczasowe ograniczenia i niedoskonałości ciała i umysłu – jak tylko zadecydujecie i mocno postanowicie, że będziecie nową osobą, zmienicie się.

Długo byliście więźniami swoich nawyków i nie jest to dla was dobre. To z powodu złych nawyków w myśleniu i działaniu w tym i w poprzednich żywotach królestwo waszego ciała ulega teraz inwazji chorób, zmartwień, nastrojów i niewiedzy. Od tej chwili musicie mówić: „Nie jestem niewolnikiem ciała. Jestem dyktatorem mojego królestwa. Moje myśli będą dokładnie takie, jak chcę". Jak tylko zmienicie nawyki, powiecie sobie: „Jakież to było proste! Jakże byłem niedobry dla siebie: nie zmieniałem moich ogłupiających duszę nawyków na takie, które przynoszą szczęście".

Czy jesteś psychicznym antykiem?

Ludzi skrępowanych nawykami można najlepiej nazwać psychicznymi antykami. Są tacy sami, z roku na rok. Mówią te same rzeczy i robią to samo, co dawniej. Porozmawia się z nimi przez chwilę i już można dokładnie przewidzieć, co następnie powiedzą.

Spójrzcie w lustro introspekcji i zobaczcie, czy jesteście psychicznymi antykami. Większość ludzi jest.

Ale dlaczego macie być tacy jak oni? Zmieńcie swoje nawyki. Wyzbądźcie się zmiennych nastrojów. Każdego dnia starajcie się być coraz lepsi. Niech ludzie mówią o was: „Jakaż zaszła w nim cudowna zmiana!".

Człowiek, który osiągnął Samorealizację, stał się panem swego dawnego, przytępionego nawykami siebie. Rozpoznając tę władzę nad sobą u Jezusa, żołnierze posłani przez faryzeuszy, aby Go aresztować, odeszli zadziwieni Jego pewnością siebie, mówiąc: „Człowiek nigdy tak nie mówił, jak ten człowiek"[3]. Naturą mistrza jest nieskończoność; nie mieści się ona w wąskich granicach ludzkich pojęć. Za każdym razem, kiedy myślałem, że udało mi się jakoś zaszufladkować mojego guru swamiego Śri Jukteśwara dźi, odkrywałem, że jest inny, wspanialszy, niedający się sklasyfikować.

Kiedyś będziecie musieli pokonać nawyk przywiązania do śmiertelnego ciała i powrócić do Boga. Nie ma alternatywy. Tutaj na ziemi jesteście marnotrawnymi synami. Musicie na nowo odkryć nieskończoność swojej natury. Nie będziecie szczęśliwi dopóty, dopóki grzęźniecie w nawykach, nie znając wiecznej natury swojej duszy. Nie ma znaczenia, kim jesteście. Jedyną drogą do znalezienia trwałej radości jest powrót do Boga. Nie musicie opuszczać ziemskiej niwy i przypinać sobie skrzydeł. Zamiast tego musicie nauczyć się, jak być szczęśliwymi tu i teraz, w każdych okolicznościach, a także jak włączać szczęście innych we własną radość. Róbcie wszystko, co w waszej mocy, aby inni byli zadowoleni. Nie można zadowolić wszystkich, ale te dusze, które spotkacie na swojej drodze, obdarzajcie życzliwością i miłością. Nie ma bardziej wyzwalającego postępowania niż szczere obdarzanie ludzi życzliwością w zamian za nieżyczliwość. Dlaczego nie być jak kwiat, który rozsiewa aromat, nawet wtedy, gdy zgniata się go w dłoni? Gita uczy: „Kto wolny jest od nienawiści do wszystkich stworzeń, dobry jest i życzliwy dla wszystkich [...], ten jest Mi miły"[4].

---

[3] J 7,46.
[4] *Bhagawadgita* XII:13-14.

Kiedy ludzie was krytykują, nie ignorujcie ich. Przyjrzyjcie się sobie, czy macie wadę, którą wam przypisują, i jeśli tak, to po cichu ją skorygujcie. Ale nie potrzeba mówić o swoich wadach innym, często jest to nawet niemądre. Gdyby się na was pogniewali, mogliby wam grozić, że to rozgłoszą. Możecie wyznać swoje winy nauczycielowi duchowemu czy guru, który poznał Boga, ale nie komuś, kto nie potrafi wam pomóc, a kto mógłby zamiast tego wam zaszkodzić, opowiadając o waszych przywarach innym.

Strumień boskiej mocy

Nauczcie się przebywać z dobrymi ludźmi. Twarze wielu z was, którzy tu przychodzicie, stały się bardziej uduchowione. Im lepiej jesteście do mnie dostrojeni i im bardziej powstrzymujecie się od irytowania się drobiazgami, tym lepiej będziecie się mieli. Będzie do was płynął nieprzerwany strumień boskiej mocy, ponieważ posłali mnie tu do was Wielcy Mistrzowie. Kiedy już mnie nie będzie, mocniej uświadomicie sobie tę prawdę. Jestem tu tylko po to, aby przekazywać ich przesłanie. W tych, którzy szczerze podążają tą ścieżką zajdzie po trochu duchowa przemiana, a ich wpływ rozszerzy się na cały świat. Samorealizacja jest jednym z największych ruchów duchowych kiedykolwiek zesłanych, aby pomóc ludzkości. Został on pobłogosławiony przez Wielkich [świętych] – Mahawatara Babadźiego, Lahiriego Mahaśaję, Śri Jukteśwara – w komunii z Chrystusem i Kryszną. Łaska tych mistrzów nie opuściła ziemi. Czekają, aby pomóc wam i pomóc światu, ale mogą działać jedynie z wolnego wyboru człowieka. Świat oszalał od nienawiści i wojen, ale Jezusowa droga braterskiej miłości jest rozwiązaniem problemów świata. Możemy uczynić ten świat odpornym na wojny, stosując się do Jego nauk, zgodnie z Jego zamierzeniem.

Ostatniego dnia medytacji[5] kilka razy przyszedł do mnie Chrystus: najpierw jako małe dziecko, potem jako dorosły mężczyzna, a w końcu pojawił mi się tak, jak wyglądał przed ukrzyżowaniem. Myślałem, że będę musiał długo medytować, zanim do mnie

---

5 Doroczna całodniowa medytacja Bożonarodzeniowa Self-Realization Fellowship (zob. przypis s. 58).

przyjdzie. A On mnie zaskoczył! Poprzez to doświadczenie Bóg pokazywał mi, że nie potrzeba już żadnego dalszego wysiłku z chwilą, gdy przekonaliście Go, iż pragniecie Go bardziej niż wszystkich darów świata. Wtedy usuwa On zasłonę tajemnicy i przychodzi do was jako Chrystus albo Kryszna, albo Babadźi, albo jakakolwiek wielka inkarnacja w takiej postaci, w jakiej pragniecie Go oglądać.

Postanówcie, że w tym Nowym Roku będziecie bardziej przypominać Chrystusa swoim zachowaniem. Musicie zrobić ten wysiłek teraz. Self-Realization Fellowship nie zostało powołane do życia tylko po to, aby dać wam przelotnie ujrzeć Boga poprzez słowa, lecz po to, abyście mogli poznać Go we własnym doświadczeniu. Uczymy, że prawdziwa ludzka wspólnota może powstać dopiero wtedy, gdy człowiek uzyska doświadczenie Boga. Gdy nawiążecie kontakt z Bogiem w swoim wnętrzu, będziecie wiedzieli, że jest On w każdym, że stał się On dziećmi wszystkich ras. Wtedy nie można być niczyim wrogiem. Gdyby wszyscy ludzie potrafili kochać uniwersalną miłością, nie byłoby potrzeby zbrojenia się jednych przeciwko drugim. Naszym własnym przykładem bycia jak Chrystus musimy doprowadzić do jedności między wszystkimi religiami, wszystkimi narodami, wszystkimi rasami.

Musimy nauczyć się żyć w prostocie i myśleć wzniośle. Byłoby dobrze, aby każda rodzina miała mały ogród, z którego czerpałaby część pożywienia. Żyjcie skromniej, abyście mieli czas cieszyć się drobnymi przyjemnościami życia. Człowiek pędzi przez życie pracując, jedząc, śpiąc, i to jest mniej więcej wszystko, co robi. Wyeliminujcie wszystkie nawyki i czynności, które zakłócają wasz spokój umysłu i szczęście.

W tym Nowym Roku postanówcie wyrzucić ze świątyń swoich umysłów diabły złych nawyków i zaplanować swoje życie tak, abyście mogli robić wszystko, co chcecie. Jeśli bycie szczęśliwym jest tym, czego chcecie, to bądźcie! Nic nie może was powstrzymać. Jesteście nieśmiertelnymi dziećmi Boga i wszystkie trudności, które was spotykają, mają was tylko pobudzić do dążenia do wyższych celów.

Najlepsze postanowienie – poświęcaj więcej czasu Bogu

Wybierzcie nawyki, których zamierzacie się pozbyć w Nowym Roku. Zadecydujcie i trzymajcie się tej decyzji. Postanówcie poświęcać więcej czasu Bogu: regularnie medytować każdego dnia, a jednej nocy w tygodniu medytować przez kilka godzin, tak abyście odczuli swoje duchowe postępy w zjednoczeniu się z Bogiem. Postanówcie, że będziecie regularnie praktykowali *Krijajogę* i panowali nad swoimi żądzami i emocjami. Bądźcie panami siebie! Podejmijcie stanowczą decyzję teraz.

Pomyślcie o wszystkich dobrych postanowieniach, które uczyniliście w przeszłości – że dawne nawyki i myśli nie będą wami rządzić. Ale czy dotrzymaliście tych postanowień? Poddawanie się własnym słabościom to obraza własnej duszy i Boga. Bądźcie panami samych siebie, kapitanami swego przeznaczenia. Niebezpieczeństwo i wy narodziliście się razem, i jesteście jego starszymi braćmi, bardziej niebezpiecznymi od samego niebezpieczeństwa! Nie straćcie odwagi i determinacji, które czujecie, słuchając mnie teraz. Módlcie się ze mną:

„Ojcze Niebiański, daj nam siłę do wypełnienia wszystkich naszych dobrych postanowień noworocznych. Obyśmy zawsze sprawiali Ci radość naszymi czynami. Tego pragną nasze dusze. W tym Nowym Roku pomóż nam spełnić wszystkie nasze szlachetne pragnienia. Będziemy posługiwać się rozumem, będziemy używać woli, będziemy działać, ale Ty kieruj naszym rozumem, wolą i działaniem, tak abyśmy postępowali słusznie we wszystkim. *Aum*. Pokój. Amen".

Jak przechytrzyć pokusę

*Międzynarodowa Siedziba Główna Self-Realization Fellowship,
Los Angeles, Kalifornia, 15 listopada 1934*

Szatan, czyli kosmiczne złudzenie, stale łapie nas w sidła z powodu naszej niewiedzy. W ten sposób przeszkadza Bogu. Pan mógłby z łatwością zniszczyć Szatana, ale woli On pokonać go miłością. Ilekroć przedkładamy boskie dary wiecznej radości nad przemijające przyjemności zmysłowe, Przeciwnik jest ograbiany ze swojej ciemnej mocy. Tak więc od nas zależy, czy będziemy współpracować z naszym Ojcem Niebiańskim, tak aby Szatan mógł zostać pokonany.

Ilekroć jesteście leniwi i niedbali, pomagacie Szatanowi przeciągać was w jego stronę. Jezus modlił się: „I nie wódź nas na pokuszenie, ale nas zbaw ode złego"[1]. Pokusy nie stworzyliśmy sami, należy ona do świata *maji* i wszyscy ludzie jej podlegają. Ale aby umożliwić nam uwolnienie się od niej, Bóg dał nam rozum, sumienie i siłę woli.

Przyzwalanie na grzeszne działania to popadanie w kłopoty. Gdy z powodu naszych złych myśli wpadamy w otchłań popełnionego błędu, powinniśmy się modlić: „Ojcze, nie zostawiaj nas tutaj, lecz wyciągnij nas dzięki sile naszego rozumu i woli. A kiedy się już wydostaniemy, jeżeli Twoją wolą jest dalej nas wypróbowywać, to najpierw daj nam Siebie poznać – abyśmy mogli sobie uświadomić, że Ty jesteś bardziej kuszący niż wszelkie pokusy".

Dopóty, dopóki nie potrafimy odmówić sobie jakiejś określonej przyjemności, która szkodzi naszemu dobru, znajdujemy się na terenie Szatana; prędzej czy później dopadną nas złe skutki ulegania szkodliwym ponętom zmysłowym. Ale jeśli jesteśmy przekonani, że pokusa jest dla nas niebezpieczna, ponieważ obiecuje szczęście, a w końcu przynosi tylko cierpienie, to wtedy możemy przechytrzyć Diabła.

---

1 Mt 6,13.

Dlaczego pociągają nas doznania zmysłowe

Pokusy są nęcące; nie ma co do tego wątpliwości. Wszystkie moce naszych zmysłów kierują się do świata zewnętrznego. Do oczu, uszu, nosa, języka i skóry płynie z mózgu przez nerwy prąd energii życiowej. Doznania, których doświadczamy poprzez te narządy, są skutkiem tego płynącego na zewnątrz prądu, a my na ogół lubimy czuć te doznania. Na tym polega atrakcyjność zmysłów. Nadmierne dogadzanie zmysłom jest niebezpieczne – dopóki człowiek nie utwierdzi się w mądrości, ta wypływająca energia prowadzi go w niewolę zmysłów.

Z pomocą pięcioramiennego reflektora zmysłów postrzegamy i eksplorujemy świat materii. Poprzez zmysły uczymy się lubić rzeczy, które są przyjemne do oglądania, słuchania, wąchania, smakowania i dotykania. Pragnienie określonego doznania przechodzi w nawyk. Problem w tym, że większość ludzi nie miała żadnego doświadczenia Ducha, który skrywa się w materii, dlatego nie mają punktu odniesienia, aby dokonać porównania między ekscytującymi, przyjemnymi doznaniami zmysłowymi, a nieznaną, niewysłowioną szczęśliwością duszy. I nie ma szansy ich porównania, dopóki nie odrzuci się ani nie stanie psychicznie niewrażliwym na pokusy wszystkich zmysłów. Jedynym sposobem uniknięcia tej pułapki jest uświadomić sobie poprzez rozumowanie lub doświadczenie, że istnieją wyższe radości.

Nawyk jest bezlitosnym dyktatorem

Nakazy powstrzymywania nas od szkodliwych doświadczeń są na ogół daremne. Kiedykolwiek każesz komuś, aby czegoś nie robił, to natychmiast chce on to zrobić. Z początku smak zakazanego owocu jest słodki, ale w końcu gorzki. Bez względu jednak, jak bardzo ludzie cierpią, nadal robią te same szkodliwe dla siebie rzeczy. Z chwilą, gdy wykształciliście w sobie upodobanie do jakiegoś doznania zmysłowego, nawyk ten usadawia się w mózgu i jak dyktator nakazuje, abyście sobie dogadzali, nawet jeśli nie leży to w waszym interesie. Nie chcecie powtarzać jakiejś czynności, a jednak to robicie. Starajcie się nigdy nie dochodzić do punktu, w którym stajecie się takimi ofiarami złych nawyków. Musicie być panami samych siebie; nie pozwalajcie, aby nawyki miały nad wami władzę. Zawsze, kiedy pragnienie jakiegoś szczególnego doznania zmysłowego staje się nawykiem, pora z nim skończyć.

Kiedyś lubiłem „ginger ale" (bezalkoholowe piwo imbirowe), bo przypominało mi lemoniadę, którą piłem w Indiach. Moi uczniowie dbali o to, abym miał ten napój pod ręką wszędzie, dokąd się udawałem. Pewnego dnia dowiedziałem się, że cały jego zapas się skończył i było mi go brak. „Panie Ginger Ale – powiedziałem – posunąłeś się za daleko, a ja nawet nie zdawałem sobie z tego sprawy! Żegnaj". Następnego dnia napiłem się trochę tego piwa na próbę i smakowało obrzydliwie. Moja myśl z poprzedniego dnia była tak silna, że to pragnienie natychmiast ustąpiło.

Nigdy nie szkoda mi niczego, co zostało mi odebrane albo z czego dobrowolnie zrezygnowałem. Żadna fizyczna przyjemność nie może mnie zniewolić. Sprawdziłem to. Musimy umieć przechodzić przez wszystkie doświadczenia życiowe bez przywiązania. Pan Kryszna powiedział: „Człowiek opanowany, poruszający się wśród przedmiotów materialnych, który ma zmysły ujarzmione i który wolny jest od upodobań i niechęci, osiąga niewzruszony spokój wewnętrzny"[2]. Za każdym razem, gdy *musicie* coś mieć – miękkie łóżko, poduszkę czy cokolwiek innego – pamiętajcie, że oddajecie się w niewolę; a kiedy wasza wola i rozum będą więźniami zmysłów, utracicie nieskończone królestwo Boże. Jezus nadal trwa w transcendentalnej ekstazie, której doświadczał, zmartwychwstając w Panu. Ale ci, którzy żyją w niewiedzy, poddawani naciskom pragnień, będą iść tak dalej, życie po życiu, aż staną się odporni na ziemskie pokusy.

Powinniście uważać i nie pozwolić, aby cokolwiek zaszkodziło waszemu prawdziwemu szczęściu. Niszczące emocje gniewu, chciwości, zazdrości i nadmierna stymulacja seksem, alkoholem i narkotykami są niezwykle szkodliwe, ponieważ uniemożliwiają osiągnięcie radości duszy. Nigdy nie nadużywajcie zmysłów zbytnim pobłażaniem sobie, jeśli chcecie być prawdziwie szczęśliwi. „Stale karmiony, nigdy nienajedzony; nigdy nienakarmiony, zawsze syty" to prawdziwa maksyma odnośnie niezdrowych doznań zmysłowych.

---

2 *Bhagawadgita* II:64.

Odwieczne ludzkie poszukiwanie

Mądrość jest najlepszą ochroną człowieka

Chrońcie się w fortecy mądrości. Nie ma lepszego zabezpieczenia. Pełne zrozumienie doprowadzi was tam, gdzie nic nie może was zranić. Dopóki jednak nie osiągnęliście mądrości, to gdy pojawia się pokusa, najpierw musicie powstrzymać działanie lub impuls, a *potem* się zastanowić. Jeśli będziecie najpierw się zastanawiać, to będziecie zmuszeni wbrew sobie zrobić to, czego nie chcecie zrobić, ponieważ pokusa zwycięży rozsądek. Po prostu powiedzcie: „Nie!", wstańcie i odejdźcie. To najpewniejszy sposób ucieczki od Diabła. Im lepiej rozwiniecie tę moc powiedzenia „nie", gdy nachodzi was pokusa, tym będziecie szczęśliwsi. Cała radość bowiem zależy od umiejętności czynienia tego, co zgodnie z sumieniem *powinniście* czynić.

Nie pozwólcie, by rządziły wami otoczenie i pragnienie uciech zmysłowych. Cnota i duchowe życie mają o wiele większy urok niż pobłażanie zmysłom, jednak okowy nawyków mocno nas krępują. Gdyby Pan choć raz uwiódł was swoją miłością, nie pragnęlibyście niczego więcej. Nic innego by was nie interesowało. Gdy jesteście przekonani, że On jest najbardziej pożądanym skarbem, to nic na płaszczyźnie materialnej nie zdoła już was nigdy skusić i pokonać waszą zdolność rozróżniania.

Jedyną ambicją, którą warto mieć, jest poznanie Boga, ponieważ On jest szczęściem wiecznym. Powinniśmy Go pragnąć, ponieważ jest On panaceum na wszystkie nasze cierpienia. Jest On odpowiedzią na wszystkie nasze potrzeby. Dokładnie to, o co wołają nasze serca – miłość, sława, mądrość, wszystko inne – znajdujemy w obcowaniu z Tym Kompletnym. Nawet gdybyś był najsłynniejszym człowiekiem na świecie, śmierć będzie końcem twojej świadomości sławy – nie będziesz wtedy wiedział, że jesteś uwielbiany. Natomiast Jezus wie, że Jego wielbiciele Go kochają, ponieważ Jego świadomość jest jednym ze świadomością Boga, przejawiającą się w całym stworzeniu, jednym z Inteligencją Chrystusową – wszechobecną, wszechwiedzącą, zawsze żywą.

Po co więc tak mocno starać się posiąść coś, co i tak utracicie, przekraczając bramy śmierci? Pieniądze, sława, prestiż, uciechy zmysłowe, komfort materialny – wszystko to są pseudo-przyjemności, oferowane przez Szatana w miejsce prawdziwej radości obcowania z Bogiem. Pamiętajcie, że pokusa ma moc tylko dlatego, że nie możecie jej porównać z niczym lepszym. Kiedy pokusa jest bardzo silna, nasza mądrość staje się momentalnie więźniem naszych pragnień i nawyków. Ale najszybszą drogą do wolności jest tak zatopić się w niezmierzonej radości Boga, że natychmiast gotowi jesteśmy zrezygnować z wszystkich ziemskich przyjemności.

Jeśli znajdziecie prawdziwą radość w tym życiu, to będziecie ją mieli i teraz, i po śmierci. Czego pragniecie bardziej: wiecznej szczęśliwości w Bogu, która może być waszą, jeśli teraz odmówicie sobie trochę przyjemności, czy też nietrwałego ziemskiego szczęścia? Przekonajcie swoje serca, porównując jedno z drugim. Każdy wysiłek, który czynicie, aby się wznieść, zostanie uznany przez Boga.

Nawet jeśli jesteś największym grzesznikiem, zapomnij o tym

Nie uważajcie się za grzeszników. Jesteście dziećmi Ojca Niebiańskiego. Nie ma znaczenia, czy jesteście największymi grzesznikami, zapomnijcie o tym. Jeśli postanowiliście być dobrzy, to już nie jesteście grzesznikami. „Nawet największego złoczyńcę, który odwraca się od wszystkiego, aby Mnie wyłącznie czcić, można zaliczyć do dobrych, albowiem dokonał właściwego wyboru. Szybko cnotliwym się stanie i osiągnie nieprzemijający spokój. Zapewnij wszystkich, o Ardźuno, że mój wielbiciel nie ginie!"[3]. Zacznijcie z czystym kontem, mówiąc: „Zawsze byłem dobry. Tylko mi się śniło, że jestem zły". To prawda: zło to koszmar i nie przynależy duszy.

Pokusa to powleczona cukrem trucizna – smakuje wspaniale, ale przynosi pewną śmierć. Szczęście, którego ludzie poszukują na tym świecie, jest nietrwałe. Boska radość jest wieczna. Tęsknijcie za tym, co trwałe i bezlitośnie odrzucajcie nietrwałe przyjemności życia. Musicie tak postępować. Nie pozwólcie światu sobą rządzić. Nigdy nie zapominajcie, że jedyną rzeczywistością jest Pan. Prawdziwa miłość waszego Kosmicznego Ojca bawi się w chowanego w waszych sercach. Prawdziwe szczęście leży w doświadczaniu Go.

---

[3] *Bhagawadgita* IX:30-31.

Odwieczne ludzkie poszukiwanie

Człowiek pogrążony jest we śnie niewiedzy, wyobrażając sobie, że cierpi od chorób, smutku i biedy. Niegdyś król Dźanaka, wielki indyjski święty, będąc zatopiony w głębokiej modlitwie, nagle wykrzyknął: „Kto jest dzisiaj w mojej świątyni? Myślałem, że to ja sam, ale widzę, że jest tutaj Wieczny. A to małe „ja, to ciało – kupka kości – to nie ja. To Nieskończony jest w moim ciele. Kłaniam się Sobie. Ofiarowuję kwiaty Sobie". Pewnego dnia ta świadomość do was przyjdzie i już nie będziecie myśleć o sobie, że jesteście śmiertelnikami, mężczyzną lub kobietą. Poznacie, że jesteście duszą, uczynioną na boskie podobieństwo, „a Duch Boży mieszka w was"[4].

Dusza jest uwiązana do ciała łańcuchem pragnień, pokus, kłopotów i trosk i usiłuje się uwolnić. Jeśli będziecie nieustannie ciągnęli za ten łańcuch, który was utrzymuje w świadomości śmiertelnika, to pewnego dnia niewidzialna Boska Ręka zainterweniuje, rozerwie go i będziecie wolni.

Chrońcie się przed pokusami i smutkiem z pomocą rozumu i obcując z Bogiem. W *Bhagawadgicie* Pan mówi: „Niewiedzący, nieświadomi Mojej transcendentnej natury jako Stwórcy wszystkich stworzeń, lekceważą także Moją obecność w ludzkiej postaci"[5]. Medytacja to po prostu przypominanie sobie raz po raz, że nie jesteście ograniczonym fizycznym ciałem, lecz jesteście Nieskończonym Duchem. Medytacja budzi pamięć waszej prawdziwej Jaźni i każe wam zapomnieć o tym, kim w swoim wyobrażeniu jesteście. Gdyby pijany książę udał się do dzielnicy slumsów, całkowicie nie pamiętając, kim jest, i zaczął lamentować: „Jakimż jestem biedakiem!", to jego przyjaciele śmialiby się z niego i mówili: „Oprzytomnij i przypomnij sobie, że jesteś księciem".

Podobnie i wy doznajecie halucynacji, myśląc, że jesteście bezradnymi śmiertelnikami, zmagającymi się [z życiem] i nieszczęśliwymi. Codziennie powinniście posiedzieć spokojnie i afirmować z głębokim przekonaniem: „Narodzin, śmierci ani kasty nie mam; ojca, matki nie mam. Błogosławionym Duchem – Nim jestem[6].

---

4 1 list do Koryntian 3,16.
5 *Bhagawadgita* IX:11.
6 Ze słynnej pieśni swamiego Śankary, niezrównanego propagatora monizmu wedyjskiego (zob. Słowniczek).

Jestem Nieskończonym Szczęściem". Jeśli ciągle będziecie powtarzać te myśli, w dzień i w nocy, to w końcu poznacie, kim naprawdę jesteście: nieśmiertelną duszą.

Osadź umysł w boskiej świadomości medytacji

Pokusa, chciwość, przywiązanie do ludzi i własności, zniewolenie zmysłami, niewiedza o własnej duchowej naturze, próżniactwo i mechaniczne życie to najgorsi wrogowie waszego szczęścia. Zajmujcie się pracą, mając umysł osadzony w boskiej świadomości, którą rozwija się poprzez medytację, wtedy bowiem będziecie prawdziwie szczęśliwi i będziecie prawdziwie żyć.

Kiedy zaczynałem medytować, nie mogłem sobie wyobrazić, że kiedykolwiek znajdę w niej tak wielką radość. Ale z upływem czasu, im więcej medytowałem, tym większe stawały się mój spokój i uczucie szczęścia.

Jeśli zaczyna was męczyć życie, które prowadzicie, a mimo to nadal wypełniacie je coraz większą ilością rzeczy i pragnieniem nowych doznań, to jesteście na złej drodze. Najpewniejszym sposobem unikania pokus jest prowadzenie naturalnego życia: życia w harmonii z Bogiem. Nie życie w sposób nienaturalny, nerwowo poszukując szczęścia w świecie, który nie jest w stanie was nim obdarzyć. Życie jest zbyt drogocenne. Codziennie modlę się do Niego: „Zabierz mi wszystko, jeśli taka Twoja wola. Staram się najlepiej, jak mogę, Ojcze, ale to wiedz na pewno: nade wszystko pragnę Cię zadowolić. Będę się także starał zadowalać innych, ale przede wszystkim chcę zadowolić Ciebie". Gdy tak się modlimy, możemy doświadczyć wielu prób z powodu pragnień. Ale w miarę jak zwalczamy złe nawyki i skłonności, Bóg stopniowo na nas zstępuje; w końcu stwierdzamy, że – tak jak wielka powódź – zmył On wszystkie nasze niepożądane cechy.

Kryszna powiedział: „Człowiek, który fizycznie powstrzymuje się od obcowania z przedmiotami zmysłów, stwierdza, że one znikają na jakiś czas, pozostawiając za sobą tylko tęsknotę. Ale ten, kto ogląda Najwyższego, uwalnia się nawet od tęsknot"[7]. Rozproszcie całą ciemność Jego światłem, a złe myśli przepędźcie dobrymi

---

[7] *Bhagawadgita* II:59.

myślami. Usuwajcie pokusy, odkrywając w medytacji, że to Bóg jest największą atrakcją. To najlepsza broń przeciwko pokusom. Za każdym razem, gdy czujecie, że pokusa jest silniejsza od waszej woli, medytujcie, aż poczujecie Boską Obecność.

Leczenie psychicznych alkoholików

Około 1949

Osoba, która za dużo pije, tworzy zgubny nawyk. Jeśli nie postara się pohamować swojej słabości do alkoholu, to może stać się alkoholikiem i bezsensownie będzie bezradnie cierpiała z powodu przemożnej potrzeby picia bez żadnego umiaru. Tacy nieszczęśnicy często wydają wszystkie swoje pieniądze na alkohol, jedzą bardzo mało i wydaje się, że sam alkohol w jakimś stopniu jest dla nich pożywieniem. Tracą normalne poczucie odpowiedzialności za swoje zdrowie oraz poważanie w rodzinie, wśród znajomych i w świecie. W końcu mogą zupełnie utracić poczucie godności i całkowicie upici zabierani są z rowu lub ze środka jezdni, a w międzyczasie narażeni są na niebezpieczeństwo obrabowania albo przejechania.

Powyższy opis zwykłych alkoholików służy do zilustrowania, co rozumiem przez zwrot „psychiczni alkoholicy". Tych ostatnich można sklasyfikować według ich skrajnych, chronicznych zaburzeń psychicznych, przejawiających się jako złość, lęk, uzależnienie od seksu, sadyzm, pociąg do hazardu, kradzież, zazdrość, nienawiść, chciwość, złe nastroje, podstępność lub otumanienie.

Jeśli ktoś od małego miewa niezwykłe napady złości, lęku, zazdrości – czy też ma którąkolwiek z wyżej wymienionych cech – to można sądzić, że nabrał tych niezwykłych nawyków psychicznych w którymś z poprzednich żywotów.

Rodzice, którzy zauważają którąś z tych złych skłonności psychicznych u swojego dziecka, nawet w okresie niemowlęctwa, powinni się tym zająć i poczynić odpowiednie kroki, aby uchronić dziecko od stania się psychicznym alkoholikiem, jeśli to możliwe, umieszczając je w innym otoczeniu pod dobrą opieką nauczycieli duchowych.

Stałe dobre towarzystwo i odpowiednie otoczenie przez wiele lat może sprawić, że psychiczny alkoholik uwolni się, niczym z uścisku ośmiornicy, od wrodzonego zła. Kiedy psychiczny alkoholik znajduje się pod troskliwą opieką w dobrym otoczeniu, powinno mu się tłumaczyć, jakie są fatalne skutki jego złych nawyków i zachęcać go do ich przemyślenia oraz do czynienia usilnych starań, aby ich nie demonstrować w żadnych okolicznościach. Za każdym razem, kiedy ulega się nabytemu w poprzednich żywotach psychicznemu nawykowi, coraz bardziej się on wzmacnia, aż w końcu człowiek staje się dosłownie jego niewolnikiem.

Fałszywa koncepcja

Człowiek pełen złości, człowiek uzależniony od seksu, czy też chciwiec zapomina o swojej pozycji i relacjach z ludźmi i popełnia wielkie błędy, które rujnują życie jego samego i życie innych. Wielu z tych psychicznych alkoholików myśli, że jeśli dadzą ujście swoim nawykowym zachowaniom, to do pewnego stopnia przyniesie im to ulgę. Ale nawyk ulegania szkodliwym impulsom, a który polega na folgowaniu sobie, jest wyjątkowo groźny, bo przez powtarzanie takich złych zachowań człowiek staje się chronicznym psychicznym alkoholikiem, wszędzie i w każdej chwili robiąc z siebie głupca.

Jeśli dzieci przebywają w złym otoczeniu w okresie, kiedy ich umysły są podatne na wpływy, to rozwiną się u nich złe nawyki, które jeśli są niezahamowane, mogą doprowadzić do chronicznego psychicznego alkoholizmu. Rodzice, którzy u swojego dziecka zauważą nagłą zmianę – na przykład, chłopiec spokojny z natury nagle przemienia się w ciągle rozłoszczone dziecko – powinni natychmiast się tym zająć. Należy ustalić i usunąć przyczyny frustracji dziecka i poszukać nowych możliwości konstruktywnego wykorzystania jego energii.

Ci, którzy notorycznie przejawiają powyższe cechy, są psychicznymi alkoholikami. Lekkomyślnie zjeżdżając w dół wodospadu Niagary ciągłych złych nawyków, roztrzaskują swoje szczęście na kawałki, kiedy to bezsilnie, ale z ochotą folgują niekontrolowanej ekspresji swoich najgorszych cech. Niedobrze jest upominać psychicznych alkoholików, którzy często mają gwałtowne napady znudzenia i odrazy do świata. Taka postawa jest skutkiem ciągłego powtarzania złych nawyków. Powinno się ich traktować jak pacjentów, cierpiących na chroniczną chorobę psychiczną.

Środki przeciwdziałające

Najlepszym środkiem na wszelkiego rodzaju psychiczny alkoholizm w ostrej postaci jest zmiana towarzystwa, jako że wola psychicznego alkoholika stała się niewolnikiem nawyku, stąd w ogóle nie potrafi on oprzeć się złu. Najskuteczniejszym lekarstwem jest przenieść go natychmiast w takie otoczenie, które będzie adekwatną odtrutką na jego toksyczny stan umysłu.

Jeśli to możliwe, pełnego złości psychicznego alkoholika powinno się umieścić z jedną lub dwiema osobami, które się nie złoszczą nawet w irytujących sytuacjach. Człowiek uzależniony od seksu powinien przebywać w otoczeniu ludzi powściągliwych seksualnie. Notoryczny złodziej potrzebuje towarzystwa uczciwych ludzi. Zawsze nieśmiałym pomoże towarzystwo osób śmiałych i czytanie opowieści o bohaterach. Typy humorzaste, wzgardliwe i ponure powinny mieć towarzystwo osób z natury radosnych.

Psychiczny alkoholik powinien pamiętać, że problemy z wypróżnianiem i jedzenie mięsa (zwłaszcza wołowiny i wieprzowiny) pogorszą jego psychiczną dolegliwość, utrwalając ją jeszcze mocniej w mózgu. Dużo owoców i warzyw w codziennej diecie i co tydzień jednodniowy post na sokach owocowych – i dłuższe posty od czasu do czasu – bardzo pomogą zmienić wyżłobienia w mózgu, które wzmacniają zgubne nawyki.

Nadmiar seksu uszkadza układ nerwowy i komórki mózgowe, co z kolei potęguje złość u psychicznego alkoholika. Nadużywanie seksu niszczy także siłę woli. Dlatego też wszyscy psychiczni alkoholicy powinni nauczyć się panować nad popędem seksualnym, aby zachować umiar w stosunkach małżeńskich, tak jak chce tego natura.

Drobni dyktatorzy

Często widzimy, że żywiciele rodziny – ojciec, syn albo niekiedy matka lub córka – mają skłonność do psychicznego alkoholizmu z powodu przeświadczenia, że są na pozycji, z której mogą nakazywać. Tacy drobni dyktatorzy w rodzinie nie powinni swobodnie rozładowywać swoich nastrojów na niewinnych, zależnych od nich osobach, tracąc przez to szacunek otoczenia. Gdy rodzinny dyktator uważa, że ujdzie mu płazem robienie w domu wszystkiego, co mu się podoba, to stopniowo zaczyna robić to, co mu się podoba, i pokazuje swoje humory i złe cechy charakteru poza domem. W końcu postępuje tak zawsze i wszędzie. Jeśli tacy drobni rodzinni dyktatorzy nie przestaną ulegać tym sadystycznym nawykom, to stopniowo staną się psychicznymi alkoholikami, zachowującymi się niedojrzale i sprawiającymi niezliczone kłopoty tym, którzy są z nimi blisko czy choćby luźno związani, a także sobie samym.

Jeśli jesteście psychicznymi alkoholikami, postarajcie się z tego wyleczyć; tymczasem jednak powstrzymujcie się przynajmniej od zarażania, czy też od wywierania wpływu na innych swoim zachowaniem. Niezależnie od tego, czy wam się to uda, czy nie, to i tak prawdopodobnie będziecie przysparzać sobie dodatkowych kłopotów. Pomyślcie, jakie wybuchłoby pandemonium, gdyby nagle ktoś podrzucił skunksa do waszego spokojnego domu, gdzie siedzicie w ciszy przy kominku, medytując lub czytając książkę. Wy i wszyscy inni tam obecni bez wątpienia staralibyście się przepędzić skunksa, a czyniąc to, zostalibyście spryskani cuchnącą substancją. Ucierpieliby na tym i rodzina, i skunks.

Tak więc, nie zaleca się, aby ludzki skunks wchodził tam, gdzie go nie chcą. Prawdopodobnie sprawi kłopot wszystkim wokół i w końcu może zostać ostro potraktowany. Pamiętajcie, proszę, że ludzki skunks wnosząc z sobą psychiczną wibrację okropnych nastrojów, odzwierciedlającą się także na jego twarzy, wyrządza nieobliczalną szkodę otoczeniu. Ta dwunożna istota jest wszędzie niepożądana.

Lepiej jest nawet ukrywać swój psychiczny alkoholizm niż ulegać mu w miejscach publicznych. Stałe i bezwstydne uleganie nałogowi to gleba, na której dobrze rozwijają się prenatalne i postnatalne skłonności. Osoba z predyspozycją prenatalną do psychicznego alkoholizmu musi szczególnie dbać o to, aby nie przebywać w otoczeniu, które podlewa nasiona jej wrodzonych psychicznych złych nawyków albo humorów.

Oczywiście, kiedy spotykamy kogoś, kto traktuje nas formalnie i z wymuszonym uśmiechem mówi: „Jak się masz, bardzo się cieszę, że cię widzę", a jednocześnie myśli: „Chętnie bym ci urwał głowę za to, że mi przeszkadzasz", wyczuwamy wtedy co dana osoba czuje i to się nam nie podoba. Jeśli o mnie chodzi, to lubię wiedzieć, co ludzie o mnie myślą. Wolę traktowanie bez ogródek od hipokryzji. Nikt nie lubi wystawiać się na ryzyko, że zza różanego krzewu uśmiechów rzuci się na niego wąż nieszczerości.

Jednakże lepiej jest dla psychicznego alkoholika, jeśli będzie przyjazny dla ludzi, nawet jeśli to obłuda, niż jeśli ma wyładowywać na nich swoje złe nastroje. Codzienna praktyka samokontroli, nawet w drobnych sprawach, powoli pomoże psychicznemu alkoholikowi wyjść z nałogu.

Przezwyciężanie destrukcyjnych nastrojów

*Pierwsza Świątynia Self-Realization Fellowship
w Encinitas, Kalifornia, 5 marca 1939*

Niełatwo jest zdefiniować nastroje, niemniej jednak wiemy, czym one są. Kiedy macie zły nastrój, zachowujecie się nienaturalnie; nie jesteście tymi, kim powinniście być. Ostatecznie czujecie się źle. Jakże niemądrze być nieszczęśliwym z własnego powodu! Nikt nie *lubi* być nieszczęśliwym. Dlaczego więc, gdy następnym razem popada się w zły nastrój, nie przeanalizować siebie samego? Zobaczycie, jak chętnie i z własnej woli czynicie siebie samych nieszczęśliwymi. I gdy to robicie, inni wokół was odczuwają nieprzyjemny stan waszego umysłu. Wszędzie, gdzie się udajecie, opowiadacie bez słów o sobie samych, ponieważ wszystkie wibracje waszego nastroju widać w oczach i każdy patrzący na was jest świadomy zapisanej w nich negatywności. Ponure uczucia odzwierciedlone w waszym spojrzeniu odpychają innych. Chcą oni trzymać się z daleka od tych nieprzyjemnych wibracji. Musicie usunąć złe nastroje z lustra waszego umysłu, zanim wyrażą się one w oczach.

Żyjemy w szklanym domu

Żyjecie w szklanym domu tego świata i wszyscy was obserwują. Nie możecie pozować. Musicie żyć naturalnie. Dlaczego więc nie mielibyście zachowywać się tak, aby inni traktowali was jak autorytet? Dlaczego nie mieliby widzieć radości na waszych twarzach? Wasze złe humory przesłaniają wszystkie wasze dobre cechy.

Nie tylko inni obserwują was, jak się prowadzicie, wy także obserwujecie ich zachowanie. Jako że w rezultacie stałego obserwowania ludzi wokół siebie macie skłonność do porównywania, wpadacie w złe nastroje. Albo też możecie wpadać w zły nastrój z powodu niekończących się trudności, jakie człowiek napotyka w świecie. Złe nastroje są często wynikiem oddziaływania otoczenia. Otaczający nas świat wpływa na każdego z nas inaczej. Nie powinniście jednak pozwalać sobie na popadanie w zły nastrój z powodu warunków zewnętrznych. Dlaczego mielibyście ulegać wpływom otoczenia? Są ludzie, którzy popadają w zły nastrój próbując uniknąć stawienia czoła jakiemuś problemowi. Ale zły nastrój nie jest ani ucieczką, ani emocjonalnym zaworem bezpieczeństwa. Jest rzeczą naturalną popadać niekiedy w zły nastrój, ale nie pozostawajcie w nim długo!

Każdy rodzaj złego nastroju ma określoną przyczynę, a tkwi ona w waszym własnym umyśle. Musicie usunąć jego przyczynę, aby pozbyć się złego nastroju. Powinno się codziennie obserwować siebie, aby zrozumieć naturę swego nastroju i to, jak go poprawić, jeśli jest szkodliwy. Na przykład jesteście w nastroju obojętności. Bez względu na to, co wam się zaproponuje, nie wykazujecie zainteresowania. Wtedy koniecznie trzeba świadomie starać się wzbudzić w sobie jakieś pozytywne zainteresowanie. Strzeżcie się obojętności, bo ta spowolni wasz rozwój w życiu, paraliżując siłę woli.

Być może jesteście w nastroju zniechęcenia z powodu choroby i macie uczucie, że nigdy nie odzyskacie zdrowia. Musicie starać się stosować właściwe zasady, które prowadzą do zdrowego, aktywnego i moralnego życia i modlić się o większą wiarę w uzdrawiającą moc Boga.

Albo przypuśćmy, że wasz nastrój wynika z przekonania, że jesteście nieudacznikami i nigdy wam się nic nie uda. Zanalizujcie problem, aby stwierdzić, czy rzeczywiście zrobiliście wszystko, co w waszej mocy. Pomyślcie o ciężkiej pracy prezydenta Stanów Zjednoczonych. Musi on starać się zadowolić wszystkie czterdzieści osiem stanów[1], a także inne kraje. Godne podziwu jest, że człowiek może tak wiele rozumieć i wziąć na siebie tak wiele. A skoro jest tak wielka różnica między wydajnością pracy zwykłego człowieka a prezydenta, to o ileż większa jest różnica między wydajnością pracy prezydenta a Boga, który jest nieskończenie bardziej zajęty!

---

1 W czasie, gdy Paramahansa Jogananda o tym mówił, Alaska i Hawaje nie należały jeszcze do Stanów *(nota Wydawcy)*.

Bóg zarządza całym wszechświatem aż po najdrobniejszy szczegół – *a my jesteśmy uczynieni na Jego podobieństwo*. Dlatego nie możemy się usprawiedliwiać z naszych niepowodzeń. Nie bójcie się ciężkiej pracy – nigdy ona nikomu nie zaszkodziła. Jednakże człowiek powinien nauczyć się pracować – i myśleć – spokojnie. Gdy jesteśmy spokojnie aktywni, możemy dokonać tego wszystkiego, co zamierzyliśmy, bo mamy jasny umysł.

Poza tym, skoro większość ludzi nie pracuje wystarczająco ciężko, aby osiągnąć sukces, to nie są oni także wystarczająco aktywni umysłowo. Spędzają zbyt dużo czasu nie myśląc. Uważa się to za relaks. Jednak w prawdziwym relaksie człowiek jest spokojnie aktywny umysłowo – może rozmyślać o Bogu albo o pięknym spokojnym miejscu, albo o jakichś przyjemnych przeżyciach. Spokojna, pozytywna aktywność umysłowa regeneruje. Wielu jednak mylnie utożsamia twórcze działanie z wysiłkiem i zabiera się do niego w napięciu i nerwowo.

Złe nastroje opanowują bezczynny umysł

Twórcze myślenie to najlepsze antidotum na złe nastroje. Złe nastroje opanowują świadomość, gdy jesteśmy w negatywnym lub biernym stanie umysłu. Gdy umysł jest bezczynny, wtedy łatwo może opanować nas zły nastrój, a kiedy jesteśmy w złym nastroju, przychodzi diabeł i ma na nas wpływ. Dlatego rozwijajcie twórcze myślenie. Zawsze, gdy nie jesteście aktywni fizycznie, zajmijcie umysł czymś twórczym. Niech będzie tak zajęty, abyście nie mieli czasu na oddawanie się złym nastrojom.

Twórcze myślenie to cudowna rzecz – to życie jakby w innym świecie. Każdy powinien rozwinąć taką zdolność. Przed przyjściem tutaj na wykład, prawie nie zastanawiam się nad tym, jakich użyję słów. Obejmuję świadomością przedmiot wykładu, a moja dusza zaczyna opowiadać mi wspaniałe rzeczy. Kiedy myślimy twórczo, nie czujemy ciała ani tego, w jakim jesteśmy nastroju. Jesteśmy zestrojeni z Duchem. Nasza twórcza inteligencja uczyniona jest na podobieństwo Jego twórczej inteligencji, dzięki której wszystko jest możliwe; a jeśli nie żyjemy w takiej świadomości, stajemy się kłębkiem złych nastrojów. Myśląc twórczo, niszczymy te nastroje,

Przezwyciężanie destrukcyjnych nastrojów

a dzięki twórczemu myśleniu znajdziemy też odpowiedzi na nasze problemy i problemy innych.

Zły nastrój jest jak rak – wżera się w spokój duszy. Dlatego ulegający złym nastrojom człowiek nie może pozbyć się swoich kłopotów. Pamiętajcie: bez względu na to, jak bardzo źle się wam układa, nie macie prawa popadać w zły nastrój. W *umyśle* możecie być zwycięzcami. Przygnębiony człowiek, gdy zostanie pokonany, przyzna się do klęski. Natomiast taki, którego umysł pozostaje niezwyciężony, choćby świat zamienił się w zgliszcza, jest zwycięzcą.

Czy chcecie być więźniami czy zwycięzcami? Związując się bardzo mocno więzami złych nastrojów, czynicie się niezdolnymi do dalszych zmagań z życiem. Gdy tylko pozwalacie, by zły nastrój zawładnął umysłem, to paraliżuje to waszą wolę. Złe nastroje zaćmiewają umysł i dlatego osłabiają osąd, tak więc wasze wysiłki idą na marne.

Złe nastroje to hamulce kół postępu

Możecie przezwyciężyć złe nastroje bez względu na to, jak okropne się wydają. Postanówcie, że nie będziecie już więcej ulegać nastrojom, a jeśli wpadniecie w zły nastrój pomimo tego postanowienia, przeanalizujcie, co go spowodowało i zróbcie z tym coś konstruktywnego. Nie róbcie niczego w stanie zobojętnienia, jeśli takie macie nastawienie, bo zobojętnienie to najgorszy nastrój ze wszystkich. W takich chwilach przypomnijcie sobie, że nie jesteście swoim własnym stwórcą – stworzył was Bóg i to On rządzi tym światem dla was. Cokolwiek czynicie, róbcie to z entuzjazmem dla Niego. Zajmujcie się twórczą pracą, bowiem dał wam On nieskończoną moc. Jak możecie czynić z siebie umysłowe niedołęgi, pozwalając sobie na odurzanie się złymi nastrojami! Uwolnijcie się od tych niszczących stanów umysłu. Są one prawdziwymi hamulcami kół waszego postępu. Dopóki ich nie puścicie, nie posuniecie się dalej. Każdego ranka przypominajcie sobie, że jesteście dziećmi Boga i bez względu na to, jakie was spotkają trudności, macie moc, aby je przezwyciężyć. Dziedzice kosmicznej mocy Ducha, jesteście bardziej niebezpieczni niż samo niebezpieczeństwo!

Inteligentnego chłopca nie obchodzi rozwiązywanie prostych problemów, ale raduje go wyzwanie, jakim są dla niego trudne zadania. Jednak wielu ludzi boi się problemów życiowych. Nigdy się ich nie bałem, gdyż zawsze się modliłem: „Panie, niech Twa moc we mnie wzrasta. Wspieraj mnie, abym utrzymał pozytywne nastawienie, że z Twą pomocą zawsze potrafię pokonać trudności". Myślcie konstruktywnie o problemie, aż do chwili, kiedy nie potraficie już wymyślić niczego więcej. Kiedy rozwiązuję problem, analizuję do n-tej potęgi wszystkie możliwości prowadzące do jego rozwiązania, aż mogę uczciwie powiedzieć: „Starałem się, jak mogłem, i to wszystko, co mogę zrobić". Potem zapominam o problemie.

Człowiek, który się zamartwia, stale mając głowę zaprzątniętą swoim problemem, robi się humorzasty. Unikajcie tego. Kiedy pojawia się problem, zamiast rozwodzić się nad nim, rozważcie wszelkie możliwe sposoby działania, jak się go pozbyć. Jeśli nie jesteście w stanie nic wymyślić, porównajcie swój problem z podobnymi problemami innych ludzi i z ich doświadczeń uczcie się, które drogi prowadzą do porażki, a które do sukcesu. Wybierzcie takie posunięcia, które wydają się logiczne i praktyczne, a potem zajmijcie się wdrażaniem ich. Ukryta jest w was cała biblioteka wszechświata. Macie w sobie wszystko, co chcecie wiedzieć. Myślcie twórczo, aby to wydobyć.

Magiczny wpływ szczerej miłości

Złe nastroje przytępiają uczucia i zrozumienie innych, uniemożliwiając dobre stosunki z nimi. Życie rodzinne powinno być niebiańską świątynią, tymczasem złe nastroje zamieniają je w Hades. Po powrocie do domu mąż znajduje żonę w ponurym nastroju i nie może się z nią porozumieć. Lub też on wraca z pracy w okropnym nastroju i ona nie może się z nim porozumieć. Ludzie mają tak wiele kłopotów z powodu złych nastrojów!

Kiedy ktoś z waszej rodziny kipi gniewem albo jest całkowicie obojętny, jego nastrój natychmiast na was oddziałuje. Albo może odwiedzacie kogoś bardzo uradowani, ale ta osoba jest w kapryśnym i kłótliwym nastroju, aż w końcu was atakuje. Wasza radość momentalnie znika i chcecie się jej odwzajemnić. Nie poddawajcie się złym nastrojom innych. Biblia mówi nam, że jeśli ktoś uderzy cię w lewy policzek, powinieneś nadstawić prawy. Jak wielu tak czyni? Znacznie częściej uderzony chce w odwecie spoliczkować atakującego dwanaście razy, a może nawet dać mu kopniaka albo posłać mu kulkę! Łatwo jest zrewanżować się ciosem, ale zrewanżować się miłością to najlepszy sposób rozbrojenia waszego prześladowcy. Nawet jeśli to nie zadziała od razu, nigdy nie zapomni, że kiedy was uderzył, wy odpowiedzieliście miłością. Miłość ta musi być szczera – miłość, gdy płynie z serca, jest magiczna. Nie powinniście oczekiwać skutków jej działania. Nawet jeśli wzgardzi on waszą miłością, nie zwracajcie na to uwagi. Kochajcie i zapomnijcie o reszcie. Nie oczekujcie niczego, a wtedy ujrzycie magiczne skutki miłości.

Czy zdajecie sobie sprawę, że w was, w waszej duszy znajduje się wspaniały ogród – cudowny ogród myśli, pachnących miłością, dobrocią, zrozumieniem i spokojem, i piękniejszy niż wszystkie ziemskie ogrody? Wyhodowaliście pachnący kwiat za każdym razem, gdy ktoś w złości źle was zrozumiał, a wy [mimo to] nieprzerwanie obdarzaliście go miłością. Czyż zapach tej miłości i zrozumienia nie jest trwalszy od zapachu każdej róży? Zatem zawsze myślcie o swoim umyśle jak o ogrodzie i dbajcie o to, aby był piękny i pachnący boskimi myślami; nie pozwólcie, aby stał się błotnistą sadzawką zarośniętą nieprzyjemnymi pełnymi nienawiści nastrojami. Jeśli będziecie hodować niebiańskie pachnące kwiaty miłości i spokoju, do waszego ogrodu wślizgnie się pszczoła Świadomości Chrystusowej[2]. Podobnie jak pszczoła wyszukuje tylko te kwiaty, które są pełne słodkiego nektaru, tak też Bóg przychodzi do was tylko wtedy, gdy wasze życie jest słodkie od nektaru myśli. Postanówcie, że nie pozwolicie, aby w waszym ogrodzie zalet duszy wyrosły brzydkie i o nieprzyjemnym zapachu chwasty złości. Im lepiej rozwiniecie w sobie boskie, podobne kwiatom cechy, w tym większym stopniu Bóg odsłoni wam sekret Swojej wszechobecności w waszej duszy.

„Ten, kto jest tak samo spokojny wobec przyjaciela, jak i wroga, tak samo przyjmuje uwielbienie i zniewagę, tak samo doświadcza gorąca i zimna, przyjemności i cierpienia [...], ten jest Mi drogi"[3]. Stale obdarzając miłością nieżyczliwych, spokojem – udręczonych

---

[2] Wszechobecna inteligencja Boga i przyciągająca siła Jego miłości, przejawiona w stworzeniu.

[3] *Bhagawadgita* XII:18-19.

zmartwieniami, słodyczą – zgorzkniałych, radością – umęczonych nieszczęściami i stale dając dobry przykład kroczącym drogą błędów, niszczycie złe nastroje, utrzymując umysł twórczo zajętym. Jeśli nie potraficie być aktywni zewnętrznie, bądźcie konstruktywnie aktywni wewnętrznie.

Żyj w świecie cudów

Często powtarzam: jeśli czytasz przez godzinę, pisz przez dwie, jeśli piszesz przez dwie, to myśl przez trzy, a jeśli myślisz przez trzy, to medytuj cały czas. Bóg jest skarbnicą wszelkiego szczęścia i możemy kontaktować się z Nim w codziennym życiu. Jednak człowiek oddaje się głównie zajęciom, które prowadzą do nieszczęść. Medytacja jest najlepszym sposobem na zniszczenie złych nastrojów i na życie w świecie cudów – świecie takim, jaki znał Narada, wielki *ryszi*, i o którym to świecie mówił: „Panie, śpiewałem Twą chwałę i zatraciłem się w Tobie. Kiedy oprzytomniałem, zauważyłem, że opuściłem swoje stare ciało, a Ty dałeś mi nowe!".

Podobną historię opowiada się w Indiach o jeszcze innym świętym. Zmarł młody mężczyzna. Jego ciało zaniesiono na miejsce kremacji, a żałobnicy przygotowywali się do podpalenia stosu, gdy nagle nadbiegł pewien starzec, krzycząc: „Wstrzymajcie się, nie róbcie tego, wykorzystam to ciało". Jak tylko to powiedział, jego zestarzałe ciało upadło bez życia na ziemię, a ze stosu podniósł się młody człowiek i pobiegł w kierunku lasu. Tym starcem był wielki święty, który po prostu nie chciał przerywać swoich modlitw, rodząc się ponownie w nieporadnym ciele noworodka.

Strach pojawia się, gdy wykluczamy Boga z życia

Jest wiele cudownych rzeczy, których można dowiedzieć się o życiu i śmierci, a drogą do tego jest medytacja. Nauczcie się żyć na tym świecie jako synowie Boży. Śmierć budzi w człowieku przerażenie, ponieważ pominął on w swoim życiu Boga. Przeraża nas wszystko, co bolesne, ponieważ kochamy świat, nie rozumiejąc jego tajemnicy i celu. Ale kiedy postrzegamy Boga we wszystkim, nie mamy się czego bać. Stale „rodzimy się" w życiu, a także w śmierci. Słowo „śmierć" to wielce mylący termin, ponieważ śmierci nie ma.

Przezwyciężanie destrukcyjnych nastrojów

Kiedy jesteśmy zmęczeni życiem, po prostu zdejmujemy płaszcz ciała i wracamy do świata astralnego[4].

Śmierć oznacza koniec. Samochód, którego części się zużyły, jest martwy – nadszedł jego koniec. I tak samo, w chwili śmierci, przychodzi koniec ciała fizycznego. Ale nieśmiertelna dusza nie może umrzeć. Każdej nocy dusza żyje we śnie, nie mając świadomości ciała fizycznego, ale ciało to nie jest martwe. Śmierć to tylko większy sen, w którym dusza żyje w ciele astralnym, nie mając świadomości ciała fizycznego. Gdyby utrata świadomości ciała fizycznego oznaczała dla człowieka śmierć, to dusza umierałaby, gdy zasypiamy. Ale kiedy śpimy, nadal żyjemy i nie jesteśmy całkowicie nieświadomi, ponieważ po obudzeniu się pamiętamy, czy spaliśmy dobrze, czy źle. Tak więc będąc w stanie pośmiertnym, nie umieramy.

Ci, którzy pozwalają, aby ich umysły kostniały, prawdziwie umierają. By rozwiązać tajemnicę życia, musicie się rodzić każdego dnia na nowo. Oznacza to, że musicie codziennie starać się w jakiś sposób doskonalić. Przede wszystkim módlcie się o mądrość, bo wraz z mądrością przychodzi wszystko inne. Niech nie rządzą wami nastroje, lecz mądrość. I rozwijajcie twórcze myślenie i działanie, używając tej mądrości. Nie przestawajcie działać konstruktywnie w celu samodoskonalenia się oraz dla dobra innych, kto bowiem chce wejść do królestwa Bożego, musi także starać się każdego dania zrobić coś dobrego dla innych. Trzymając się tej zasady, poczujecie, że radość z waszych postępów w sferze umysłowej, fizycznej i duchowej rozprasza złe nastroje. Z pewnością dotrzecie do Boga, bo ta droga prowadzi do królestwa niebiańskiego.

Nieustannie dążcie do przezwyciężania złych nastrojów, bowiem z chwilą, gdy poczujecie zły nastrój, zaczynacie sadzić nasiona błędów w glebie swojej duszy. Pozwalanie sobie na złe nastroje to stopniowa śmierć – ale jeśli codziennie postaracie się być radosnymi pomimo przykrych doświadczeń, to narodzicie się ponownie.

---

4 Święte pisma hinduskie twierdzą, że dusza człowieka obleczona jest w trzy kolejne ciała: ciało idei, czyli przyczynowe, subtelne ciało astralne i grube ciało fizyczne. Świat astralny to [subtelna] sfera subtelnych sił, do której dusza, nadal jeszcze odziana w ciała przyczynowe i astralne, powraca po śmierci fizycznej, aby kontynuować swoją duchową edukację i ewolucję do czasu, aż wcieli się ponownie na ziemi (zob. Słowniczek).

Odwieczne ludzkie poszukiwanie

Dopóki ludzkie narodziny nie zostaną przemienione w wysoce duchowe narodziny, nie można „ponownie narodzić się"[5] w Bogu.

Nastroje są „zaraźliwe", a w okresach depresji gospodarczej mogą wpłynąć na dużą liczbę ludzi. Człowiek nie powinien brać zbyt poważnie nieszczęśliwych wydarzeń w życiu. Lepiej jest trochę się pośmiać niż z każdego nieszczęścia robić tragedię. Gita naucza: „Ten jest mi drogi, kto nie czuje różnicy między radością i smutkiem (zjawiskowymi aspektami życia), kto wolny jest od żalu i pożądań i kto pozbył się względnej świadomości dobra i zła"[6]. Warto jest mieć optymistyczne nastawienie i uśmiechać się, bowiem kiedykolwiek przejawiacie boskie cechy, takie jak odwaga i radość, rodzicie się ponownie; wasza świadomość odradza się poprzez przejawianie się waszej prawdziwej natury duszy. Są to ponowne duchowe narodziny, które umożliwiają wam „widzenie królestwa Bożego".

---

5 „Jeśli się kto nie narodzi znowu, nie może widzieć królestwa Bożego. [...] Musicie się znowu narodzić" (J 3,3. 7).
6 *Bhagawadgita* XII:17.

Istnienie reinkarnacji można udowodnić naukowo

Około 1926

Jeśli wierzy się w istnienie sprawiedliwego Boga, to bardzo łatwo jest uwierzyć w reinkarnację, jako że obie te koncepcje są rzeczywiście od siebie zależne. A co ze sceptykami i ateistami? Czy można naukowo udowodnić prawdę o reinkarnacji w taki sposób, aby to ich satysfakcjonowało? Czy teorię reinkarnacji można w jakikolwiek sposób potwierdzić doświadczeniami naukowymi po to, aby dać nam nie tylko nadzieję, ale i dostarczyć konkretnego dowodu na jej istnienie?

Naukowcy-materialiści twierdzą, że nie znaleźli żadnego faktycznego dowodu na istnienie Boga, a zatem nie mogą przedstawić żadnego dowodu na istnienie Jego sprawiedliwego prawa, dającego wszystkim istotom możliwość doskonalenia się poprzez reinkarnację. Takim naukowcom cierpienia niewinnych niemowląt i inne niesprawiedliwości w życiu wydają się niewytłumaczalne i wskazują na nieistnienie sprawiedliwego Stwórcy.

Prawo naukowe

Z drugiej strony, większość wierzących w sprawiedliwego Boga opiera swoje przekonania tylko na wierze, nie mając naukowego dowodu, który mogliby przedstawić niewierzącym. Głównie nie mają odwagi analizować, czy też zadawać sobie głębokich pytań odnośnie swojej wiary, obawiając się, że ją utracą lub że spowoduje to konflikty towarzyskie. Innymi słowy, nie są świadomi istnienia naukowego prawa duchowego, które udowadnia, że ich wierzenia są prawdziwe.

Dlaczego jednak prawa duchowe nie miałyby być badane tymi samymi eksperymentalnymi metodami stosowanymi przez naukowców materialistów do odkrywania prawd świata materialnego?

Pytanie to postawili setki lat temu hinduscy uczeni, po czym zabrali się za poszukiwanie na nie odpowiedzi. Rezultatem ich eksperymentów są naukowe metody, które wszyscy mogą stosować, aby odkrywać rzeczywistość praw duchowych, a stąd i prawa reinkarnacji i każdej innej wielkiej prawdy kosmicznej.

Jako że rzeczywiście istnieją metody ich dowiedzenia, nikt nie ma prawa twierdzić, że prawo reinkarnacji i inne prawa duchowe nie działają, jeśli sam nie wypróbował tych metod i nie zobaczył wyników. Wątpiący naukowiec ma prawo wyrazić swoją opinię, ale jest to tylko opinia, a nie fakt. W naukach przyrodniczych, aby udowodnić prawdziwość jakiejś teorii, muszą być przyjęte i stosowane określone procedury. Bakterii nie widać gołym okiem; aby wykryć ich obecność trzeba użyć mikroskopu. Jeśli naukowiec odmówi spojrzenia przez mikroskop, to nie można o nim powiedzieć, że naukowo sprawdził teorię o istnieniu bakterii. Jego opinia jest zatem bezwartościowa, ponieważ nie zastosował się do obowiązujących reguł, stosowanych do udowodnienia słuszności jakiejś teorii. Tak samo jest w sprawach duchowych. Metoda została odkryta, reguły ustanowione, a wynik jest dostępny każdemu dostatecznie zainteresowanemu badaniem. Na Zachodzie wskutek braku naukowego podejścia do praw duchowych wartość religii jako istotnego czynnika w życiu człowieka bardzo spadła, a w doktryny duchowe albo się wierzy, albo je odrzuca po prostu na zasadzie osobistego nastawienia, a nie w wyniku naukowego podejścia.

Jak odkryto prawa duchowe?

Jak starożytni indyjscy naukowcy duchowi (*riszi*) odkryli te niezmienne prawa kosmiczne? Poprzez eksperymenty na życiu i myśli człowieka w laboratoriach swoich pustelni. Aby odkryć prawdę o przedmiotach fizycznych, musimy eksperymentować z substancjami fizycznymi. Podobnie, aby odkryć prawdę o reinkarnacji, czyli przechodzeniu tej samej duszy przez wiele ciał, niezbędne jest eksperymentowanie na świadomości człowieka. Ci dawni uczeni odkryli, że ludzkie ego nie przestaje istnieć bez względu na wszelkie zmienne doświadczenia i myśli w stanach jawy, marzeń sennych i głębokiego snu w ciągu całego życia człowieka. Zmieniały się doświadczenia poznawcze, środowisko, doznania, myśli i stany ciała, ale poczucie własnej tożsamości, własnego „ja", nie zmieniało się od urodzenia do śmierci. Hinduscy eksperymentaliści dowiedli, że koncentrując się na swojej jaźni poprzez stałą, świadomą, chłodną introspekcję, bez utożsamiania się ze sobą lub poprzez obserwowanie różnych zmiennych stanów życia – jawy, marzeń sennych, snu bez marzeń – można postrzec niezmienną i wieczną naturę jaźni. Zazwyczaj jesteśmy świadomi własnego stanu jawy, a czasami także stanu marzeń sennych. Nierzadko zdarza się, że osoba śniąca ma świadomość tego, że śni. Stosując pewne metody i trening można utrzymać świadome odczuwanie w każdym stanie istnienia: jawy, śnienia, snu bez śnienia i *turiji*, „głębokiego snu", czyli zawsze czuwającej nadświadomości (sfery umysłu niepodlegającej ograniczeniom), będącej poza podświadomością bez snów.

Relaksacja we śnie

Podczas snu następuje mimowolna relaksacja energii z nerwów ruchowych i czuciowych. Poprzez praktykę można osiągnąć taką relaksację także w stanie jawy, kiedy zechcemy. W wielkim śnie śmierci ma miejsce całkowita relaksacja – wycofanie się energii z serca i osi mózgowo-rdzeniowej. Poprzez głęboką medytację można świadomie osiągnąć tę całkowitą relaksację w stanie jawy. Innymi słowy, dzięki praktyce można za pomocą woli i świadomie zawiadywać każdą mimowolną funkcją.

Riszi starożytnych Indii rozpatrywali śmierć jako wycofanie się elektryczności życiowej z żarówki ludzkiego ciała – z jego przewodami nerwów motorycznych i czuciowych, prowadzących do różnych kanałów zewnętrznej ekspresji. Podobnie jak elektryczność nie ginie, gdy prąd nie płynie w popsutej żarówce, tak i energia życiowa nie ginie, gdy wycofa się z nerwów układu autonomicznego. Energia nie może zginąć. Wycofuje się w chwili śmierci i powraca do Energii Kosmicznej.

Wycofany prąd

We śnie świadomy umysł przestaje działać – prąd zostaje tymczasowo wycofany z nerwów. Po śmierci świadomość ludzka na stałe przestaje wyrażać się poprzez ciało; to tak, jakby ktoś miał jedną rękę sparaliżowaną – jest świadomy ręki, ale nie może jej używać. Dokumentacja medyczna zawiera opis przypadku pewnego duchownego, który popadł w stan zawieszenia czynności życiowych. Słyszał on, jak wszyscy wokół opłakują jego ewidentną śmierć, ale jego świadomość nie mogła się wyrazić poprzez narządy fizyczne. Silnik jego ciała zgasł i przestał odpowiadać na rozkazy umysłu. Po spędzeniu dwudziestu czterech godzin w tym stanie i gdy miano już zabrać jego ciało do pochówku, z największym wysiłkiem udało mu się poruszyć. Przypadek ten ilustruje trwałość poczucia „ja" lub inaczej tożsamości osobowej, chociaż ciało jest pozornie martwe.

Riszi nauczali, że trzeba świadomie nauczyć się oddzielać energię i świadomość od ciała. Trzeba świadomie obserwować stan snu i ćwiczyć świadome wycofywanie energii z serca i obszaru kręgosłupa. W ten sposób uczymy się świadomie robić to, do czego w przeciwnym razie zmusi nas śmierć bez naszej świadomości i woli[1].

Zadziwiający przypadek

W dokumentacji francuskich i innych europejskich lekarzy odnotowany jest przypadek mężczyzny zwanego Sadhu Haridas – przebywającego na dworze maharadży Randźita Singha – który potrafił oddzielić swoją energię i świadomość od ciała, a potem ponownie połączyć je z ciałem po kilku miesiącach. Jego ciało zakopano pod ziemią i postawiono straże, które miesiącami, dniem i nocą, strzegły tego miejsca. Po upływie tego czasu ciało ekshumowano, po czym zbadali je europejscy lekarze i orzekli, że mężczyzna nie żyje. Jednakże po kilku minutach otworzył on oczy i odzyskał władzę nad wszystkimi funkcjami swego ciała, a potem żył jeszcze wiele lat. Nauczył się on, drogą ćwiczeń, jak kontrolować wszystkie mimowolne funkcje

---

[1] Energia życiowa wchodzi do ciała przez rdzeń przedłużony, gromadzi się w zbiorniku mózgu, a następnie spływa do pięciu innych ośrodków życia i świadomości w kręgosłupie, skąd rozdzielana jest do narządów percepcji zmysłowej i wszystkich pozostałych części ciała. W chwili śmierci energia życiowa nieodwołanie wycofuje się do kręgosłupa i opuszcza ciało przez rdzeń przedłużony. Doskonały jogin potrafi aktem woli świadomie wycofać energię życiową z ciała i zmysłów do kręgosłupa, kierując ją w górę do najwyższych ośrodków boskiego postrzegania, gdzie z radością uświadamia sobie, że „nie żyje" – uwolniony od powodowanej przez zmysły iluzji, że jego istnienie ogranicza się do czysto fizycznego bytu.

Istnienie reinkarnacji można udowodnić naukowo

ciała i umysłu. Był duchowym uczonym, który eksperymentował z zalecanymi metodami, aby poznać prawdę o prawach kosmicznych. W rezultacie udało mu się dowieść słuszności teorii o niezmienności tożsamości osobowej i wiecznej naturze zasady życia.

Ci, którzy sami chcą udowodnić prawdziwość naukowej doktryny reinkarnacji, powinni najpierw udowodnić zasadę ciągłości świadomości po śmierci, opanowując sztukę świadomego oddzielania duszy od ciała[2]. Można tego dokonać stosując się do reguł ustalonych wiele wieków temu przez hinduskich uczonych. Nauczcie się: (1) bycia świadomym podczas snu, (2) śnienia na życzenie, (3) świadomego wyłączania pięciu zmysłów, a nie biernego, jak podczas snu i (4) kontrolowania czynności serca, czyli doświadczania świadomej śmierci lub zawieszania czynności życiowych ciała (ale nie świadomości), co zdarza się w wyższych stanach nadświadomości.

Wykonuj ćwiczenia

Bhagawan Kryszna nauczał: „Ego jest stale świadome siebie w dzieciństwie, młodości i starości; wcielona dusza jest nieprzerwanie świadoma nie tylko tych stanów, lecz także tego, że uzyskuje kolejne ciało po śmierci (w długiej serii 'żywotów' i 'śmierci', które są przemieszczaniem się ego między światami fizycznym i astralnym)"[3].

Wykonując ćwiczenia, które prowadzą do czterech opisanych powyżej stanów, możemy iść za ego we wszystkich stanach istnienia – możemy świadomie podążać za nim poprzez śmierć, poprzez przestrzeń do innych ciał lub innych światów. Ci, którzy się tego nie uczą, nie są w stanie zachować poczucia swojej osobowej tożsamości w wielkim śnie śmierci i dlatego nie mogą pamiętać żadnego z poprzednich stanów, czy nawet stanów „głębokiego snu" w ciągu życia.

Przyjmując metody starożytnych hinduskich uczonych, którzy eksperymentowali z takimi prawami i tym samym dali światu bezcenną i dającą się udowodnić wiedzę, możemy poznać naukową prawdę o reinkarnacji i wszystkie inne wieczne prawdy.

---

2 Chrześcijański mistyk święty Paweł rozumiał i demonstrował owo panowanie nad życiem i śmiercią. Oznajmiał on: „Każdego dnia umieram...". (I List do Koryntian 15,31).

3 *Bhagawadgita* II:13.

Reinkarnacja: podróż duszy do doskonałości

Świątynia Self-Realization Fellowship,
Hollywood, Kalifornia, 20 lutego 1944

Reinkarnacja to progresywne przechodzenie duszy przez wiele żywotów na ziemskim planie, podobnie jak przez liczne klasy w szkole zanim „ukończy ona studia", osiągając wiekuistą doskonałość jedności z Bogiem. Dusze żyjące w stanie niedoskonałości (nieświadome swojej boskiej tożsamości z Duchem) po śmierci ciała fizycznego nie wchodzą automatycznie w stan urzeczywistnienia Boga. Uczynieni jesteśmy na obraz Boga, ale utożsamiając się z ciałem fizycznym, przejęliśmy jego niedoskonałości i ograniczenia. Dopóki ta niedoskonała ludzka świadomość śmiertelności nie zostanie usunięta, nie możemy stać się ponownie bogami.

Pewien młody książę uciekł ze swego pałacu i znalazł schronienie w slumsach. Wskutek pijaństwa i przebywania z osobami o złym charakterze stopniowo zapomniał o swej prawdziwej tożsamości. Dopiero gdy odnalazł go ojciec i zabrał z powrotem do pałacu, przypomniał sobie, że w rzeczywistości jest księciem.

Podobnie my wszyscy jesteśmy dziećmi Króla Wszechświata, które uciekły ze swego duchowego domu. Zamknęliśmy się w ludzkich ciałach na tak długo, że zapomnieliśmy o swoim boskim dziedzictwie. Ilekroć przychodziliśmy na ziemię, nabawialiśmy się nowych niedoskonałości i nowych pragnień. Powracamy więc tu raz za razem tak długo, dopóki nie spełnimy wszystkich pragnień albo dopóki – dzięki zdobyciu mądrości – nie pozbędziemy się pragnień. Musimy spełnić nasze pragnienia albo kultywując mądrość całkowicie się od nich uwolnić. Jednakże bardzo nieliczni wydostają się z koła narodzin i śmierci dzięki zaspokojeniu pragnień. Natura pragnienia jest taka, że za każdym razem, gdy je „zaspokoimy", chęć powtórzenia tego przeżycia opanowuje nas jeszcze mocniej, chyba że jesteśmy bardzo silni psychicznie[1].

Lepiej jest zaspokajać niewielkie lub nieważne pragnienia, bo w ten sposób możemy się ich pozbyć. Jednak konieczne jest, aby robić to mądrze i rozsądnie, bo inaczej nawet niewielkie pragnienia mogą powrócić z większą siłą, wzmocnione doznaną przyjemnością. Ludzie, którzy na przykład mają skłonność do picia, często „rozumują" tak: „Napiję się do woli dzisiaj, a jutro obejdę się bez picia". Kilka powtórek takiego doświadczenia zazwyczaj skutkuje tym, że wpoili sobie nawyk, a potem trudno jest im się go pozbyć. To samo może się zdarzyć z każdym innym pragnieniem.

Bóg nie jest dyktatorem, który posłał nas tutaj i mówi nam, co robić. Dał nam wolną wolę postępowania tak, jak nam się podoba. Bardzo dużo słyszymy o tym, jak ważne jest być dobrym. Ale jeśli po śmierci wszyscy pójdziemy do nieba (jak twierdzą niektórzy), to jaki jest sens tego, by starać się czynić dobro, podczas gdy tu jesteśmy? Jeśli po zakończeniu żywota wszystkich czeka taka sama nagroda, to może warto być chciwym egoistą, jako że obrać złą drogę jest często najłatwiej? Nie miałoby sensu naśladowanie życia wielkich świętych, gdybyśmy po śmierci wszyscy – zarówno dobrzy, jak i źli – mieli się stać aniołami.

Z drugiej strony, jeśli planem Boga jest, abyśmy wszyscy trafili do Hadesu, to również nie miałoby sensu przejmowanie się tym, jak zachowujemy się w życiu. I czy miałoby jakiekolwiek znaczenie zważanie na własne czyny, gdyby nasze życie przypominało los samochodów – gdy są stare, wyrzuca się je na złomowisko i taki jest ich koniec? Jeśli na tym ma polegać ludzkie życie, to nie ma sensu czytać pism świętych ani ćwiczyć samokontroli.

Znaczenie czasu

Jeśli jednak życie ma wzniosły cel, to jak można wytłumaczyć pozorną niesprawiedliwość takiego faktu, że dziecko rodzi się

---

[1] Zjednoczony z Bogiem jogin, porzuciwszy przywiązanie do owoców działania, osiąga niezachwiany spokój (spokój zrodzony z samodyscypliny). Człowiekiem, który nie jest zjednoczony z Bogiem, rządzą pragnienia; poprzez takie przywiązanie pozostaje on w niewoli" (*Bhagawadgita* V:12).

martwe? A co z tymi, którzy rodzą się niewidomi, głusi albo kalecy, albo żyją tylko kilka lat i umierają? Tylko ktoś, kto żyje długo, ma czas walczyć z wrodzonymi złymi skłonnościami i pragnieniami i starać się być dobrym. Jeśli małe dziecko, które umiera w wieku sześciu miesięcy, nie ma drugiej szansy, to po co Bóg dał temu dziecku umysł, ale nie dał mu czasu na rozwinięcie jego potencjału? Czynnik czasu ma ogromne znaczenie dla naszego rozwoju. Tylko jedno życie może nie dać nam dość czasu.

Jeśli umiera małe dziecko, to istnieje tego przyczyna; a ponieważ nie miało dość czasu, aby wyrazić swój potencjał, ludzki czy boski, to będzie mu dana kolejna okazja, żeby to uczynić. Osobę taką można porównać do chłopca, który nie może chodzić do szkoły z powodu choroby. Chłopiec nie opuszcza szkoły na zawsze, a gdy tylko wyzdrowieje, wraca do szkoły i kontynuuje lekcje od miejsca, w którym przerwał. To samo dotyczy życia. Jeśli nie mamy szansy nauczenia się lekcji w tym życiu, będziemy mieli okazję nauczyć się ich w którymś z innych.

Kiedy zajrzymy „za kulisy", uświadomimy sobie, że życie na ziemi jest jak teatr kukiełkowy. Wydaje się nam ono rzeczywiste teraz, ale to, czego doświadczamy w tej chwili, za kilka lat wyda się nam nierzeczywiste jak sen. Także to, czego doświadczamy teraz, wydałoby się nam nierealne pięć lat temu, gdyby nam to wtedy opisano. W zeszłą niedzielę większość z was siedziała w świątyni na innych miejscach i inne myśli zajmowały wam umysł. Dzisiaj oglądamy inny „film". Zastanówcie się nad tym, jak wielu ludzi, których znaliście, już zniknęło z tej ziemskiej sceny.

Koncepcja życia jako zmieniającego się, mijającego widowiska, nie jest pesymistyczna. Życie powinno nauczyć nas, aby w ogóle nie brać go poważnie. *Maja*, kosmiczna ułuda, sprawia, że odczuwamy swoje ciało jako bardzo prawdziwe, jako niezbędną część nas samych. Jednak w jednej chwili ciało może zostać zabrane duszy przez śmierć, a to rozdzielenie wcale nie jest bolesne. Po zakończeniu tej „operacji" nie potrzebujemy już czasu, ubrań, jedzenia ani schronienia, bo nie musimy już dźwigać tobołu ciała. Jesteśmy od niego wolni. I nadal jesteśmy sobą. Czy usiłowaliście kiedykolwiek dociec, dlaczego prawda ta jest zakryta? Albo gdzie mogą być teraz miliony ludzi, którzy odeszli z ziemi? Czy kiedykolwiek zastanawialiście się, czy nie jesteśmy jak kury w kurniku – gdy opuszczamy kurnik, zastępuje nas kolejne stado? Czyż nie ma jak się tego dowiedzieć?

To, jak żyjemy w tym życiu, decyduje o tym, kim będziemy w następnym

Dano nam zdolność dociekania dokąd zmierzamy i skąd przyszliśmy. Ale nie zadajemy sobie dość trudu, aby analizować siebie i nasze życie. Gdybyśmy to robili, rozsądek podpowiedziałby nam, że nasz obecny charakter nie zmieni się po śmierci – może będzie trochę lepszy albo trochę gorszy zależnie od tego, ile wysiłku wkładamy w samodoskonalenie się. Posuwamy się do przodu przez 365 dni w roku, rok po roku, i może zrobiliśmy jakieś postępy, jednak po śmierci nasz charakter pozostanie taki sam, jaki był przed śmiercią. Nikt nie staje się aniołem tylko dlatego, że odszedł z tego świata! Śmierć niczego nie zmienia, tak czy owak. Śmierć jest jak brama, przez którą przechodzimy. Nie będziemy mieć ciał, ale pod każdym innym względem będziemy tacy sami. Jeśli macie agresywny charakter, w chwili śmierci nie pozostawicie go za sobą wraz z ciałem fizycznym. Agresywność charakteru pozostanie z tobą, dopóki jej nie pokonasz. Jeśli w obecnym żywocie przestrzegałeś zasad zdrowego życia, to w przyszłej inkarnacji będziesz miał zdrowe ciało. Ostatni okres życia jest ważniejszy od pierwszego, bo taki, jaki jesteś pod koniec tego żywota, będziesz na początku następnego.

Pierwszy okres życia zazwyczaj marnujemy głupio, będąc w stanie pewnego rodzaju oszołomienia. Potem przychodzi czas zakochiwania się, a w końcu chorób i starości; zaczynają się zmagania z ciałem. Wymyśliłem powiedzenie „łatane życie" dla określenia tego, jak człowiek zmuszony jest ciągle na nowo łatać ciało, aby funkcjonowało. Ciało sprawia kłopoty przez większość czasu: brak „świecy zapłonowej" albo przecierają się „opony"; a to bóle głowy, a to przeziębienie, a to rozstrój żołądka; masz kłopoty z zębami i tak dalej. Zawsze kłopot za kłopotem! Dlatego tak bardzo ważne jest dla twojego szczęścia, abyś uświadomił sobie, że nie jesteś ciałem z wszystkimi jego dolegliwościami, lecz nieśmiertelną duszą.

Ja nie biorę życia zupełnie na poważnie. Mówię: „Panie, możesz

Odwieczne ludzkie poszukiwanie

zabrać to ciało duszy, kiedy tylko zechcesz. Jeśli zechcesz trzymać mnie tutaj, to dobrze, ale jeśli mam być wolny od ciała, to równie dobrze". Nie trzeba koniecznie umrzeć, aby uwolnić się z więzów ciała. Obcując z Bogiem, przekonasz się, że już jesteś wolny. Nie jesteś ciałem. Jesteś wiecznym Duchem.

Czy jest jakiś sposób, aby dowiedzieć się, kim byliśmy w naszej poprzedniej inkarnacji? Z całą pewnością możemy wykryć podstawowe tendencje w naszym sposobie myślenia oraz w naszych zdolnościach, analizując to, jacy jesteśmy obecnie. Hinduskie pisma święte twierdzą, że aby dusza się wyzwoliła, potrzeba miliona lat harmonijnego, wolnego od chorób życia. Dlatego u zwykłego człowieka można się spodziewać stosunkowo niewielkiej zmiany w kolejnych żywotach. Ale swoją ewolucję duchową można bezwzględnie przyspieszyć, zdecydowanie przestrzegając właściwego stylu życia i korzystając z pomocy prawdziwego guru.

Mędrcy indyjscy skategoryzowali ludzi, dzieląc ich na cztery podstawowe typy: *śudrów*, zdolnych do służenia społeczeństwu pracą fizyczną, *wajśjów*, którzy służą wykorzystując zdolności umysłu i umiejętności, zajmują się rolnictwem, rzemiosłem, handlem, ogólnie mówiąc biznesem, *kszatrijów*, obdarzonych talentem do rządzenia, zarządzania i obrony – władców i wojowników, i *braminów*, ludzi o naturze kontemplacyjnej, inspirowanych duchowo i inspirujących innych.

Jakościowo *śudrowie* to ci, którzy nie dostrzegają w życiu większego sensu poza zaspokajaniem potrzeb i pragnień ciała; ludzie tacy jedzą, śpią, pracują, rozmnażają się i w końcu umierają. Obecnie miliony ludzi żyją w stanie *śudry*, czyli „robotnika"– troszczą się jedynie o wygody i przyjemności cielesne.

Człowiek typu *wajśja*, czyli aktywny umysłowo, jest zawsze zajęty realizacją swoich planów. Niektórzy ludzie tego autoramentu myślą wyłącznie o biznesie. Żyją tylko po to, aby zarabiać pieniądze, które zwykle przepuszczają na przyjemności zmysłowe. Ale najlepsi biznesmani typu *wajśja* są znacznie bardziej rozwinięci i twórczy.

Trzecia kasta, czyli *kszatrijowie*, to ci, którzy przeszedłszy już etap zarabiania pieniędzy i tworzenia czegoś w biznesie, zaczynają rozumieć, na czym polega życie i dążą oni do tego, aby poprzez samokontrolę zwyciężyć w bitwie ze zmysłami. (Człowiek typu *wajśja* nie podejmuje takiego wysiłku w celu wewnętrznego doskonalenia się. Po prostu zarabia pieniądze, płodzi dzieci i rzadko zastanawia się nad sensem życia, chyba że w kategoriach biznesu). Natomiast trzecia kasta *kszatrijów* traktuje życie poważniej. Taki człowiek zadaje sobie pytanie: „Czy nie powinienem walczyć ze swymi złymi nawykami i się ich pozbywać?". Pragnie on przezwyciężyć złe skłonności i postępować słusznie.

Czwarty i najwyższy stan to stan *braminów*: znawców Brahmana, czyli Boga[2].

Analizuj siebie,
aby zrozumieć, jak powinieneś się zmienić

Podsumowując cztery podstawowe typy świadomości ludzkiej: *śudra* to stan egzystencji ukierunkowanej na doznania zmysłowe; *wajśja* to w rozwoju człowieka etap biznesu, czyli twórczości. *Kszatrija* to stan wojownika, kiedy człowiek pragnie walczyć ze swymi zmysłami i pokonać swoje przywiązanie do nich. *Bramin* to stan mądrości osiągnięty przez człowieka, gdy przezwycięża on wszelkie przywiązanie do zmysłów i pozostaje świadomie zatopiony w Brahmanie, Bogu.

Każdy człowiek mieści się w którejś z tych czterech kategorii i jeśli przeanalizujesz siebie, odnajdziesz swoją. Przemyśl swoje życie, poczynając od dzieciństwa i postaraj się wywnioskować, do której z czterech kategorii należysz. Zastanów się, czy żyjesz dla przyjemności zmysłowych, tylko zaspokajając zmysły i zarabiając pieniądze; a może pracujesz, nie myśląc ani nie działając twórczo.

Analizuj siebie i przyjrzyj się, czy jesteś twórczy od dzieciństwa. Niektóre dzieci, na przykład, mają zmysł do przedmiotów mechanicznych i lubią rozkładać je na części, aby je potem z powrotem złożyć. Inne znajdują największą przyjemność w rysowaniu lub w graniu i słuchaniu muzyki. Nie trzeba być ekspertem ani primadonną, aby uznać, że ktoś wykazuje oznaki kreatywności w życiu. Nawet bezsensowna piosenka, taka jak „Tak, nie mamy bananów", jest wytworem twórczego umysłu.

---

2 Zob. *kasta* w Słowniczku.

Odwieczne ludzkie poszukiwanie

Wszystko, co ktoś tworzy, bez względu na to czy jest umiejętnie wykonane, czy nie, jest wyrazem twórczego talentu. Talent do pisania powieści, aktorstwa, rzeźbienia w drewnie, malarstwa, muzyki lub techniczny, jeśli przejawiony wcześnie w życiu, wskazuje, że w poprzednim życiu należałeś prawdopodobnie do stanu *wajśja*.

Mężowie i żony nie powinni wyśmiewać wzajemnie swoich talentów ani twórczych predyspozycji swoich dzieci. Tłumienie twórczego ducha innych to grzech przeciwko boskiemu procesowi ewolucyjnemu.

Zapytaj siebie, czy od dziecka zawsze starałeś się postępować zgodnie ze wskazówkami swojego sumienia. Czy stale obserwowałeś swoje czyny i starałeś się poprawić, kiedy postępowałeś źle? Czy toczyłeś ze sobą taką wewnętrzną walkę od dzieciństwa? To jest oznaką trzeciego stanu, czyli *kszatrija*. Natomiast, jeśli od dziecka stale myślałeś o Bogu, to wszedłeś w czwarty, czyli duchowy stan *bramina*.

Rozpoznanie swojej przynależności do jednego z mniej zaawansowanych z tych czterech typów postawy umysłowej nie powinno zniechęcać, ale dopingować. Jeśli po samoanalizie stwierdzisz, że nie osiągnąłeś jeszcze najwyższego stanu, nie sądź, że jesteś bezradnym nieszczęśnikiem. Chodzi o to, że jeśli do tej pory nie zmieniłeś się, to teraz nadeszła pora to zrobić. Inaczej przeniesiesz swój obecny stan także do następnego życia. Kiedy przyjdzie śmierć, będziesz chciał mieć poczucie, że zdałeś do kolejnej „klasy" życia i masz prawo przejść wyżej. Dlatego powinieneś zmienić swoje życie teraz. Analizuj siebie i dowiedz się, jaki byłeś przedtem. Wtedy możesz zacząć przekształcać swoje życie w bardziej idealne.

Naucz się kontrolować swoje nastroje. Wszystkie gwałtowne uczucia, których, być może, obecnie doświadczasz, powstały w przeszłości. Gdyby tak nie było, to jak wytłumaczyć, że niektóre dzieci są zazdrosne od samego początku, podczas gdy pozostali członkowie rodziny są spokojni i kochający? Są dzieci, które uderzyłyby cię, gdybyś im na coś nie pozwolił; inne są ciche i posłuszne. Jeszcze inne dziecko kradnie. Dlaczego? Cechy te to po prostu wyraz skłonności prenatalnych utworzonych w przeszłych żywotach.

Kiedyś dano mi do potrzymania niemowlę. Omalże go nie

upuściłem, bo Bóg nagle objawił mi, że dziecko to było okrutnym mordercą w poprzednim życiu. Zwykle jednak przeszłość jest ściśle strzeżonym sekretem. Można odkryć jej prawdziwe szczegóły tylko pod warunkiem, że Pan życzy sobie, abyśmy je poznali.

Odróżniaj wartość wewnętrzną od statusu w świecie

Kiedyś w Nowym Jorku pewna kobieta, która pomagała w pracy biurowej w Self-Realization Fellowship, zwierzyła mi się, że poznała niebywałego człowieka, „jasnowidza", który opowiedział jej o niej wspaniałe rzeczy, włącznie z taką rewelacją, że w poprzednim życiu była Marią, królową Szkocji. Nie wierzyłem, że była tą królową, i po cichu zmówiłem krótką modlitwę, aby Bóg uwolnił ją od tego złudzenia.

Kilka dni później przyszła do mnie pewna uczennica i wielce podniecona powiedziała: „Właśnie poznałam słynnego jasnowidza (tego samego, o którym mówiła pracownica biura), który powiedział mi, że w poprzednim życiu byłam Marią, królową Szkocji". Poprosiłem pracownicę biura, żeby przyszła do mojego pokoju, i skonfrontowawszy obie „królowe", spytałem: „Która z was jest *prawdziwą* Marią, królową Szkocji?". Obie panie szczęśliwie zrozumiały swój błąd – którym była bezkrytyczna naiwność i skłonność do mylenia prawdziwej wewnętrznej wartości z prominentną pozycją w świecie.

Jest prawdą, że lubimy, aby nam schlebiano. Dlatego ludzie pozbawieni skrupułów mogą nas niekiedy wykorzystywać. Ale to, kim byliśmy w poprzednim życiu i czy w oczach świata byliśmy ważni, nie ma większego znaczenia. Najlepiej jest urodzić się jako boski bramin, bez względu na pozycję w świecie. Wy wszyscy macie w sobie coś z tego boskiego typu bramina; inaczej nie byłoby was tutaj tego ranka.

Wymiana dusz między Wschodem a Zachodem

Ta świątynia przyciągnęła cię jako jednego spośród milionów ludzi, ponieważ już przedtem miałeś do czynienia ze Wschodem i jego duchowymi naukami. Teraz, kiedy jesteś „na zewnątrz" człowiekiem Zachodu, inni ludzie Zachodu mogą się z ciebie wyśmiewać, bo chodzisz, jak się im wydaje, do „pogańskiego" kościoła. Ci, którzy są uprzedzeni do Wschodu, nie przybyli stamtąd ostatnio; natomiast ci, którzy żywią do Wschodu sympatię, prawdopodobnie urodzili się tam w niedawnym przeszłym życiu. Według tego można rozróżnić dusze ze Wschodu i z Zachodu. Czy od wczesnego dzieciństwa lubiłeś zapach kadzidełek albo wschodnie opowieści i zdjęcia miejsc ze Wschodu? Takie upodobania pokazują, że całkiem niedawno miałeś kontakt ze Wschodem.

Ostatnio wiele dusz ze Wschodu reinkarnowało się w Ameryce. Pragnąc dobrobytu materialnego, urodziły się tutaj, aby cieszyć się spełnieniem tego pragnienia i aby pomóc rozwijać amerykańskie ideały duchowe. Podobnie wiele dusz, które poprzednio urodziły się w Ameryce, reinkarnowało się w Indiach, aby korzystać z duchowych bogactw tego kraju i pomóc Indiom w rozwoju materialnej strony ich cywilizacji. Mam nadzieję, że wielu z was będzie mogło tam pojechać, aby pomóc Indiom, i że wielu ludzi z Indii przybędzie tutaj, aby służyć Ameryce. Ten świat jest rodziną Boga. Stara się On udoskonalić wszystkie narody. Nie przedkłada żadnego narodu nad inne.

Innym sprawdzianem twojej przeszłości jest upodobanie do określonych doznań. Niektórzy lubią upały i chcą, aby trwały cały czas. Przyzwyczaili się w przeszłych żywotach do ciepłego klimatu. Inni wolą chłód, co wskazuje na to, że przedtem żyli w zimnym klimacie. Jeśli od zawsze odczuwasz jakąś szczególną więź z górami lub morzem, możesz być pewny, że przyniosłeś to przywiązanie z innego życia. Są ludzie, którzy czują się samotni poza miastem i nie mogą znieść cichych miejsc. Taka postawa również ukształtowała się w przeszłości.

Ci, którzy przez całe życie mają wielkie ambicje, byli przedtem ważnymi ludźmi. Mieć tę tendencję i nie rozwijać jej, to tłumić siebie. We właściwym otoczeniu osoba ta mogłaby stać się wielkim człowiekiem. Są i tacy, którzy ciągle doznają niepowodzeń, bez względu na to, jak bardzo starają się osiągnąć sukces. Wskazuje to na to, że przynieśli tendencję do odnoszenia porażek z przeszłości. Nie powinni oni jednak rezygnować z walki o pokonanie jej. Osoby takie muszą przezwyciężyć złe tendencje teraz albo te wady przejawią się u nich w następnym życiu. George Eastman powiedział mi kiedyś, że we wczesnym okresie swojej firmy Kodak sprzedawał jej akcje po dwadzieścia pięć centów za udział; mimo to się nie sprzedawały.

Rodzina dziewczyny, którą chciał poślubić, sprzeciwiała się ich związkowi. Niepomyślne okoliczności były tak wielkie, iż wydawało się, że nigdy nie odniesie sukcesu. Jednak po jakimś czasie wszystko się przed nim otworzyło. Dlaczego? Bo był twórczy i ambitny w poprzednim życiu i nadal pielęgnował te cechy w obecnym.

Od dziecka pragnąłem mieć wielkie budynki i wielu ludzi wokół siebie, a także cieniste drzewa i wodę, dokądkolwiek bym się udał. I to właśnie przyciągam. Od dziecka wiedziałem także, że będę miał te rzeczy; że kiedy tego zażyczę i będę do tego dążył, miejsca te łatwo zrealizują się przede mną. Gdy o tym mówiłem, ludzie czasami sceptycznie się uśmiechali. Niemniej jednak, takie otoczenia się materializowały. W naszej szkole w Ranći mamy wielki staw, nasza główna siedziba w Dakśineśwarze wychodzi na Ganges, z pustelni w Encinitas mamy widok na Pacyfik[3].

Tak więc, analizując swoje obecne silne upodobania, możesz z dużą dokładnością wywnioskować, jakie życie prowadziłeś przedtem.

Przeszłe związki mają wpływ na obecne upodobania

Być może, bardzo lubisz pewne języki obce i szybko się ich uczysz. Pani Galli-Curci, na przykład, zadziwiła mnie łatwością, z jaką opanowała wiele wyrażeń po bengalsku. Miłość do określonych języków to skutek związków z przeszłego życia. Pociąga cię niemiecki, francuski, chiński albo bengalski, bo mówiłeś tymi językami przedtem.

Niedawno poznałem młodą Amerykankę, która powiedziała: „Nigdy nie uczyłam się żadnego wschodniego języka, ale często słyszę w głowie obce słowa. Mogę je wymówić, ale nie wiem, co znaczą". Następnie wypowiedziała jakieś dziewięć słów po bengalsku. W tym życiu nigdy nie uczyła się tego języka i nie znała nikogo mówiącego po bengalsku. Jednak znała te słowa i wymówiła je poprawnie.

---

3 Szkoła w Ranći w stanie Dźharkhand w Indiach została założona w 1918 r. w posiadłości wielkodusznego Maharadży Kaśimbazaru. Indyjska siedziba główna Self-Realization Fellowship – Yogoda Satsanga Society of India – założona została w Dakśineśwarze w Kalkucie w 1939 r. Pustelnię nad Pacyfikiem w Encinitas w Kalifornii podarował Paramahansie Joganandzie Radźaryszi Dźanakananda (James J. Lynn) w 1936 r. Radźaryszi Dźanakananda, wysoko rozwinięty duchowo uczeń Paramahansy Joganandy, objął po nim stanowisko prezesa Self-Realization Fellowship (Yogoda Satsanga Society of India) w 1952 r. (nota Wydawcy).

W trakcie podróży jedne widoki podobają ci się bardziej od innych. Jeśli jakieś miejsce jest dla ciebie wyraźnie bardziej atrakcyjne od pozostałych, to prawdopodobnie byłeś w tej okolicy przedtem.

Tak więc, dzięki tym różnym wskazówkom możesz wyrobić sobie pewne ogólne pojęcie o swoich przeszłych żywotach. Od tego momentu, głębszą wiedzę o tym, kim byłeś przedtem, może ci przynieść medytacja.

Czasami zdarza się, że przyjeżdżając po raz pierwszy do jakiegoś miejsca, wydaje ci się, że rozpoznajesz jakieś miejsca, ale osób, które kiedyś z nimi kojarzyłeś, już nie ma. Niekiedy zaś spotykasz pewnych ludzi i masz uczucie, że znałeś ich wcześniej. Ja zawsze rozpoznawałem takie osoby natychmiast, zwłaszcza te, które przedtem były moimi uczniami[4].

Opisany poniżej przypadek autentycznych wspomnień z przeszłego życia stał się słynny na świecie. Mała dziewczynka, urodzona w niewielkiej indyjskiej wiosce, zaczęła z niewiadomych powodów chorować z tęsknoty za wioską w innej części Indii. Jej stan stał się tak poważny, że lekarz zalecił, aby zawieźć ją do tej odległej wioski. Tak uczyniono i ku zdumieniu towarzyszących jej osób, od chwili gdy znalazła się na jej obrzeżach, zaczęła szczegółowo opisywać wszystko, co się tam znajdowało. Znała ludzi po imieniu (chociaż nigdy przedtem tam nie była) i poszła prosto do jednego z domów, gdzie zawołała pewnego mężczyznę po imieniu, mówiąc, że był jej bratem w poprzednim życiu. Ale nie poprzestała na tym. Wyjaśniła, że w swoim przeszłym wcieleniu ukryła w ceglanej ścianie tego domu złotą biżuterię, ale zmarła nikomu o tym nie powiedziawszy. Dziewczynka podeszła do tego miejsca w ścianie i oto biżuteria nadal tam była. Opisała także swoje ubrania i to, że je odłożono w pewne miejsce, i znaleziono je dokładnie tam, gdzie powiedziała. Wobec takiego świadectwa nie mamy prawa wątpić w prawdziwość i ważność jej doświadczenia.

Jest też przypadek świętego w Indiach, który podszedł do pewnej świątyni na brzegu rzeki i powiedział: „Tu obok była moja

---

4 Mowa o tych, którzy otrzymali od Paramahansy Joganandy inicjację duchową w przeszłych inkarnacjach (nota Wydawcy).

świątynia. Teraz znajduje się w rzece". Nurkowie opuścili się na dno i znaleźli pod wodą bardzo starą świątynię. W poprzednim życiu człowiek ten był świętym, któremu była poświęcona ta obecnie zatopiona świątynia.

Czyste serce – jasny wgląd

Jeśli wzniesiesz się ponad świadomość seksu i oczyścisz serce, tak że patrząc na innych, nie będziesz świadomy, czy to kobiety, czy mężczyźni, to będziesz mógł od razu rozpoznać te dusze, które znałeś przedtem. Jeśli rozwinąłeś w sobie taką bezosobową świadomość, możesz momentalnie rozpoznawać dawnych znajomych. Przypuśćmy, że widzisz półroczne dziecko, a potem spotykasz je dopiero po upływie wielu lat, kiedy dziecko stało się mężczyzną. Prawdopodobnie nie rozpoznajesz w tym mężczyźnie tamtego dziecka. Niemniej jednak odkryjesz, że pewne cechy są te same, jeśli znałbyś to dziecko dostatecznie długo, aby cechy te mocno utrwaliły się w twoim umyśle. Tak więc, zachowujemy pewne cechy z naszej przeszłości. Zwłaszcza oczy będą takie, jakie były przedtem. Oczy prawie się nie zmieniają, ponieważ są oknami duszy. Ci, w których oczach odbija się złość albo lęk, albo strach lub niegodziwość, powinni starać się zmienić, aby pozbyć się nieprzyjemnych cech, które skrywają i powstrzymują wyrażanie się piękna duszy. Dzięki zmianie otoczenia i towarzystwa umysł i ciało trochę się zmieniają. Oczy jednak zmieniają się mało. Rodzisz się ponownie z tym samym wyrazem oczu.

Możesz także określić dzięki swoim skłonnościom czy w przeszłym życiu byłeś mężczyzną, czy kobietą. Wiele kobiet jest typem męskim, a wielu mężczyzn chce być jak kobiety.

Mężczyźni i kobiety są tak samo ważni. Zarówno mężczyźni, jak i kobiety posiadają rozum i uczucia. Jednak u mężczyzn dominuje rozum, a u kobiet uczucia. Łatwiej jest wpłynąć na mężczyznę, apelując do jego rozumu niż do uczuć, a kobieta reaguje z łatwością, jeśli odwołujemy się do jej uczuć.

Obcując z Bogiem, doprowadzasz do harmonii lub równowagi tych dwóch cech w sobie. Ja nie uznaję się ani za mężczyznę, ani za kobietę. Do ludzi czuję miłość matczyną, ale nikt nie może mnie od czegoś odwieść, odwołując się do moich emocji, jeśli rozum, moja ojcowska natura, nie jest z tym w zgodzie. Osiągnięcie boskiej równowagi rozumu i uczucia powinno być celem i mężczyzny, i kobiety. Zwykle mężczyzna potrzebuje bardziej rozwijać uczucia, a kobieta logikę.

Musimy doskonalić miłość przynajmniej w jednym związku

Istnieje poważny powód, dla którego Bóg zwykle nie pozwala nam na pamiętanie poprzednich żywotów. Jest tak, ponieważ tworzylibyśmy ścisłe grono z tymi, których znaliśmy przedtem, zamiast rozciągać naszą miłość na innych. Bóg chce, abyśmy obdarzali przyjaźnią i miłością wszystkich, ale my musimy *doskonalić* ją przynajmniej w jednym związku. Gdy ponownie spotkacie dawnych przyjaciół, możecie doskonalić swoją miłość w związkach z nimi. Uczeń to osoba, w której guru doskonali stan boskiej przyjaźni. Ci, którzy spełniają życzenia guru, są jego uczniami. Życzeniami prawdziwego guru kieruje boska mądrość i jeśli dostroicie się do jego życzeń, staniecie się wolni, tak jak on sam jest wolny[5].

Nade wszystko powinniście nauczyć się jak najwięcej z tego życia i dążyć w tej szkole życia do przejścia do najwyższej klasy rozwoju duchowego. Łączcie się z Bogiem. Jeśli potraficie to robić, wszystkie niedoskonałości życia w niższych klasach są wam wybaczane. Aby uwolnić się od karmy, która przywiązuje was do pomniejszych obowiązków życiowych, rozwijajcie mądrość i świadomość Boga w sobie.

---

5 „Jeśli wy zostaniecie w słowie moim, prawdziwie uczniami moimi będziecie; poznacie prawdę, a prawda was wyswobodzi" (J 8,31-32). „Ludzie pełni oddania, którzy stale praktykują moje zasady bez zastrzeżeń, również uwalniają się od wszelkiej karmy" (*Bhagawadgita* III:31).

Czy Jezus przyjdzie ponownie [w ciele]?

Pierwsza Świątynia Self-Realization Fellowship w Encinitas, Kalifornia, 26 listopada 1939

Wielu przepowiada ponowne przyjście Chrystusa. Inni myślą, że prawdziwy Chrystus dopiero przyjdzie. Ale Jezus rzeczywiście przyszedł na ziemię i odszedł. To są fakty. Gdyby Jego życie było tylko mitem, jak twierdzą niektórzy, to Jego wpływ nie przetrwałby tak wiele wieków. Chociaż został ukrzyżowany, ludzie na całym świecie podjęli Jego misję, ponieważ żył On dla Boga.

„Oto przychodzi wśród obłoków, więc zobaczy go każde oko"[1]. Z powodu tego ustępu z Biblii wielu szczerych wyznawców wierzy, że Chrystus dosłownie zstąpi do nas z obłoków. Prawdziwe wyjaśnienie jest metafizyczne. Kiedy zamkniemy oczy, widzimy ciemność, ale poza tą ciemnością jest wewnętrzne światło. Kontrast ten jest symbolem różnicy między tym światem a królestwem Bożym.

Kiedy zamykam oczy i skupiam wolę, widzę w tym świetle[2] Chrystusa; i każdy szczery wielbiciel, który potrafi przeniknąć przez to duchowe oko, zobaczy Go. W wewnętrznym świetle widzę Jezusa tak wyraźnie, jak innego człowieka w tym świecie. Wszystko widziane w tym świetle jest znacznie delikatniejsze. Pojawiają się cudowne wizje świętych – jeśli podchodzicie do tego poważnie i rozwinęliście się duchowo. Doświadczenia takie nie są dane tym, którzy medytują tylko kilka minut, a potem koncentrują się na czymś innym. Kiedy naprawdę poważnie podchodzicie do Boga,

---

1 Apokalipsa 1,7.
2 Światło duchowego oka znajdującego się między brwiami. „Oko jest światłem ciała; jeśli zatem twoje oko będzie jedno, całe twoje ciało będzie pełne światła" (Mt 6,22 – przekład z *The Bible, Authorized Version*, Londyn 1963).

a nade wszystko kochacie Go, kiedy chętnie zaniedbujecie sen, aby wytrwale Go szukać, wtedy zaczynacie mieć boskie wizje. To nie są halucynacje. Prawdziwe wizje są emanacjami rzeczywistości.

Boska sprawiedliwość, a prawo reinkarnacji

Możecie wierzyć albo nie wierzyć w prawo reinkarnacji, ale jeśli to jedno życie jest początkiem i końcem ludzkiego istnienia, to nie da się pogodzić nierówności życia z boską sprawiedliwością. Dlaczego jeden człowiek rodzi się w bogatej rodzinie, a inne dziecko pojawia się w ubogim domu, tylko po to, by wkrótce umrzeć z głodu? Dlaczego jeden przeżywa w zdrowiu sto lat, a drugi jest cały czas chory? Dlaczego Eskimosi rodzą się na zimnej północy, a inne narody w klimacie umiarkowanym, gdzie walka o przetrwanie jest łatwiejsza? Dlaczego niektóre dzieci rodzą się niewidome albo martwe? Dlaczego? Dlaczego? Dlaczego? Gdybyś był Bogiem, postępowałbyś tak niesprawiedliwie? Jaki jest sens czytać i postępować według wskazań pism świętych, jeśli życie jest z góry ustalone przez kapryśnego Boga, który umyślnie stwarza istoty o niedoskonałych ciałach lub mózgach?

Zgodnie z prawem przyczyny i skutku każde działanie wywołuje równe co do wartości przeciwdziałanie. Dlatego wszystko, co się nam przydarza, musi być rezultatem czegoś, co uczyniliśmy przedtem. Jeśli w tym życiu nie ma niczego, co tłumaczyłoby obecną sytuację, to płynie stąd niepodważalny wniosek, że przyczyna została uruchomiona wcześniej, to znaczy w którymś z minionych żywotów. Nasze silnie odczuwane nastroje i skłonności charakteru nie powstały wraz z ostatnimi narodzinami; ustaliły się w naszej świadomości znacznie wcześniej. W ten sposób możemy zrozumieć, dlaczego niektórzy ludzie od wczesnego dzieciństwa przejawiają określone talenty albo słabości i tym podobne.

Możemy też zrozumieć, że doskonałe życie Jezusa na ziemi było skutkiem kilku poprzednich wcieleń, w których osiągnął całkowite panowanie nad sobą. Jego pełne cudów życie jako Chrystusa to rezultat edukacji duchowej w wielu przeszłych żywotach. Stał się awatarem³, boską inkarnacją, ponieważ w poprzednich żywotach walczył jako zwykły człowiek z pokusami cielesnymi i zwyciężył. Jego przykład daje reszcie ludzkości wyraźną nadzieję. Inaczej jakie mamy szanse? Gdyby Bóg zesłał anioły, aby nas uczyły, powiedziałbym: „Panie, dlaczego nie stworzyłeś mnie aniołem? Jak mam naśladować istoty, które zostały stworzone jako doskonałe i które nie doświadczają prób i pokus, jakimi mnie obdarzyłeś?".

Potrzebujemy jako ideału istoty, która jest zasadniczo taka jak my. Jezus *miał* pokusy, którym stawiał czoła. „Idź precz, szatanie!", mówił. I przezwyciężył je. Gdyby nigdy nie zaznał pokusy, Jego słowa: „Idź precz, szatanie!", byłyby grą aktorską i jak zatem mogłyby one nas inspirować? Chociaż już pokonał słabości ciała w poprzednich żywotach, musiał je znowu odczuwać w swojej inkarnacji jako Jezus, aby swoim opanowaniem pokazać ludziom, jak wielce wzrósł duchowo i natchnąć wszystkich swoim przykładem.

W swoim poprzednim życiu Jezus był Elizeuszem

Jezus osiągnął niemal pełną doskonałość w swojej poprzedniej inkarnacji jako Elizeusz (Elisza). Wiem na pewno, że w poprzednim życiu był Elizeuszem, a guru Jezusa, Jan Chrzciciel, był w poprzednim życiu Eliaszem (Elijaszem)⁴. Późniejsza inkarnacja Elizeusza jako Jezusa została przepowiedziana kilkaset lat wcześniej, ponieważ był On przeznaczony przez Boga do wypełnienia boskiego planu. Proroctwo to zapisano w Księdze Izajasza (7:14), osiem wieków przed Chrystusem: „Dlatego Sam Pan da wam znak: Oto panna pocznie i porodzi syna, i nazwie jego imię Immanuel". Św. Mateusz, opisując narodziny Chrystusa, podaje: „A to się wszystko stało, aby się wypełniło, co powiedziano od Pana przez proroka, mówiącego: Oto panna będzie brzemienna i porodzi syna, a nazwą imię jego Emanuel, co się wykłada: Bóg z nami"⁵.

W szkole licznych inkarnacji Jezus nauczył się wielu lekcji

---

3 Zob. Słowniczek.
4 Wspominając o Janie Chrzcicielu, Jezus powiedział: „I jeśli chcecie przyjąć, to on jest Eliaszem, który miał przyjść" (Mt 11,14).
5 Mt 1,22-23.

życiowych i zademonstrował swoje pełne zwycięstwo nad doczesną świadomością. Dlatego Ojciec Niebiański powiedział o nim: „Ten jest mój Syn umiłowany, w którym upodobałem"[6].

Jezus został posłany na ziemię dla przykładu, aby inne dzieci Boga poznały kogoś, kto przezwyciężył iluzję tego świata. Choć był istotą wielką, Jezus powiedział z pokorą: „Nie robię nic od samego siebie, ale tak mówię, jak mnie nauczył Ojciec"[7]. Całą miłość skupił na Bogu. Cała Jego świadomość zatopiona była w Ojcu.

Wszyscy jesteśmy dziećmi Boga. Wiele wcieleń temu stworzył On nas tak samo, jak stworzył Jezusa. Ewangelia według św. Jana przytacza słowa samego Jezusa: „Czy nie jest napisane w waszym Prawie: *Ja powiedziałem: Jesteście bogami?*"[8]. Jezus został uczyniony na obraz Boga, tak jak i my. Pokonał On ułudę i pokazał nam, jak to zrobić. Jeśli pokonacie ułudę w tym życiu, powrócicie do Boga i nie będziecie się już więcej wcielać. „Tego, kto zwycięża, uczynię kolumną w Przybytku Świątyni mego Boga, więc już nie wyjdzie na zewnątrz"[9].

Ale czy Jezus przyjdzie ponownie? Metafizycznie, już jest On wszechobecny. Uśmiecha się do was w każdym kwiecie. Odczuwa On swoje kosmiczne ciało w każdym punkciku przestrzeni. Każde poruszenie wiatru jest oddechem Jezusa. Dzięki swej jedności z boską Świadomością Chrystusową jest On wcielony we wszystko, co żyje. Jeśli macie oczy, aby widzieć, możecie Go zobaczyć, jak króluje w całym stworzeniu.

Ktoś, kto jest wyzwolony tak jak Jezus, staje się jednym z Duchem. Mimo to zachowuje swoją indywidualność, bo Bóg, od chwili gdy stworzył danego człowieka, przechowuje w swojej kosmicznej świadomości trwały zapis tej istoty. Każda myśl i czynność każdej istoty zapisana zostaje w świadomości Boga. Jezus nawiązywał do tego, gdy powiedział: „Czyż nie sprzedają pięć wróbli za dwa assariony? A ani jeden z nich nie jest zapomniany przed obliczem Boga"[10].

---

6 Mt 3,17.
7 J 8,28.
8 J 10,34.
9 Apokalipsa 3,12.
10 Łk 12,6.

Chrystus przychodzi w wizji i w ciele do swych wyznawców

Jezus jako indywidualna osobowość może pojawiać się na dwa sposoby: w wizji i w ciele. Jeśli jesteś Mu bardzo oddany, możesz wewnętrznie zobaczyć Go dokładnie takim, jak wyglądał, kiedy żył na ziemi. W ten sposób widziało Go i przeżywało z Nim na nowo rozmaite wydarzenia z Jego życia wielu świętych.

Jezus może pojawiać się ponownie w dowolnym czasie w ciele fizycznym lub w wewnętrznym świetle– zależnie od stopnia waszego oddania i siły koncentracji. Reinkarnacja jest dla większości ludzi przymusem, ale ponieważ Jezus się wyzwolił, może przychodzić albo nie – wedle życzenia. Może ukazać się wam w tej chwili w ciele z krwi i kości, jeśli żywicie dla Niego pełne oddanie, które jest konieczne, aby Go przyciągnąć. Nie przyjdzie On jednak, jeśli wasze oddanie jest choćby o jeden procent mniejsze.

Przed laty, kiedy mieszkałem i nauczałem w Bostonie, byłem kiedyś tak bardzo zajęty, że nie pamiętałem o Bogu przez trzy dni. Myśl o dalszym życiu w ten sposób była nie do zniesienia; byłem gotów spakować wszystko i wyjechać z Ameryki. Ale właśnie wtedy zjawił się pewien student z tej ścieżki i poprosił, abyśmy razem pomedytowali. Siedząc w medytacji, zacząłem się modlić: „Panie, kocham Twoją pracę tutaj w Ameryce, ale Ciebie kocham bardziej niż pracę i jeśli mam o Tobie nie pamiętać w tym kraju, to wyjadę". Usłyszałem wewnętrznie głos Boga: „Czego chcesz?"

Powiedziałem impulsywnie: „Chciałbym ujrzeć Krysznę i Chrystusa ze wszystkimi ich uczniami". Momentalnie ich zobaczyłem na złocistym morzu tak wyraźnie, jak widzę was, i oddałem im cześć.

Ale po chwili mój umysł zaczął wątpić. To nie jest rzeczywiste, pomyślałem. Modliłem się więc dalej: „Panie, jeśli ta wizja jest prawdziwa, niech drugi wielbiciel obecny w tym pokoju też ją ujrzy". Mój przyjaciel nagle wykrzyknął: „Och! Kryszna i Chrystus na złocistym morzu!".

Wtedy zrodziła się nowa wątpliwość: może to był tylko przekaz myślowy? Ale gdy tylko ta myśl przyszła mi do głowy, głos Boga powiedział: „Kiedy odejdę, pokój wypełni się zapachem lotosu i każdy, kto przyjdzie, zauważy to". Każda osoba, która później odwiedziła mnie w tym pokoju, nieodmiennie pytała: „Co to za dziwną woń kwiatów tutaj czuję?".

Dla większości wyznawców Chrystus istnieje jako idealna postać, o której czytali w Biblii. Ale dla mnie znaczy On o wiele więcej. Jest rzeczywisty. Kiedyś, osiem lat temu, On sam przyszedł do mnie i medytował ze mną przez całą noc. Wtedy miałem wizję Pustelni[11]. Widziałem Go w wizjach wiele razy i rozmawiałem z Nim. I ty także możesz zobaczyć tego samego Chrystusa.

Musicie być gotowi oddać wszystko w zamian za obcowanie z Bogiem. Jeśli bezustannie się modlicie i medytujecie i mimo to Go nie widzicie, lecz powtarzacie: „Panie, to nie ma znaczenia, Ty wiesz, że się modlę i nie przestanę, dopóki nie przyjdziesz" – to On odpowie. Pewien święty powiedział: „Nieważne kiedy On przyjdzie – wiem, że *przyjdzie*". Musimy mieć taką postawę.

Kiedy postanowicie pracować nad osiągnięciem Świadomości Chrystusowej, którą miał Jezus, Bóg pomoże wam spełnić to pragnienie. Najpierw jednak musicie umieć panować nad sobą, tak jak Jezus. Bóg nie obdarza wyznawców wielkimi duchowymi mocami, dopóki nie pokażą Mu, że przezwyciężyli ludzkie słabości. Inaczej poprzez nadużywanie boskiej mocy mogliby skrzywdzić innych, a nawet zniszczyć całe narody.

Jezus posiadał najwyższą moc; mógł z łatwością uratować się od ukrzyżowania, a jednak, pogrążony w męce w Ogrójcu, powiedział tylko: „Ojcze [...], jednakże nie moja wola niech się dzieje, ale Twoja"[12], a na krzyżu rzekł: „Ojcze, odpuść im, bo nie wiedzą, co czynią"[13]. Podczas tych ostatecznych prób udowodnił, że całkowicie przezwyciężył wszystkie impulsy ego. Gdy macie tak nieograniczoną moc, jak miał Jezus, i gdy wszyscy was odtrącają, a wy mimo to nie odpłacacie im tym samym, to doprawdy jesteście zwycięzcami.

Wszyscy wielcy awatarowie przyjdą ponownie

Każdy święty, który przyszedł na ziemię, przyczynił się do spełnienia pragnienia Boga, aby wszystkie Jego ludzkie dzieci wzrastały duchowo. Wielcy ci przychodzili w dwóch celach: aby inspirować lub

---

11 Niniejsza pogadanka wygłoszona została w 1939 r., a Pustelnię w Encinitas wybudowano w 1936 r. Paramahansa dźi mówi tu, że ujrzał Pustelnię w wizji w 1931 r. (nota Wydawcy).

12 Łk 22,42.

13 Łk 23,34.

oświecić pewną liczbę osób albo wielką masę ludzi, i aby wykształcić prawdziwych uczniów, takich którzy wzorują swoje życia na życiu mistrza. Ci ostatni to członkowie prawdziwej „rodziny" świętego, tworzący wewnętrzny krąg, w którym zasadza on swoje duchowe życie. Jezus miał dwunastu takich uczniów – i innych także – lecz jeden z tych dwunastu zdradził Jego miłość i zaufanie. Najtrudniejszym zadaniem każdego ustanowionego przez Boga nauczyciela duchowego jest wyuczyć innych tak, aby byli tacy jak on. Jezus wykształcił uczniów prawdziwie podobnych Chrystusowi.

Każdy duchowo oświecony nauczyciel stara się umożliwić wielu uczniom obcowanie z Bogiem. Niemniej jednak każdy wielki mistrz pozostawia jakąś „niedokończoną symfonię". Ponieważ pozostaje ona niedokończona, nauczyciel musi powrócić. Jednak to, kiedy to się stanie, zależy od woli Boga. Tego, co wam mówię, nie ma w żadnej książce ani nie jest to myśl innych osób, ale jest to prawdą.

Jezus często uzdrawiał innych, ale oni nie zawsze to doceniali. Zmęczył się też uzdrawianiem ich fizycznych chorób, chciał, aby ludzie poznali Boga. Pragnął tylko ich najwyższego dobra, ale oni Go ukrzyżowali, tak więc Jego pragnienie, aby rozwinęli się duchowo, nie całkiem się spełniło. Dlatego musi przyjść ponownie. Takie wielkie istoty jak On wracają na ziemię, aby doprowadzić więcej dusz do Boga. Chociaż same osiągnęły doskonałość, nie spełniło się ich pragnienie szczęścia i doskonałości dla innych. Pragną doprowadzić swoich zagubionych braci z powrotem do Boga.

Kiedy modlicie się do Jezusa, czuje On waszą modlitwę. Takie wolne dusze jak Jezus są świadome wezwań swoich wielbicieli. Możecie nie wiedzieć, że odbierają one wibracje waszych uczuć, ale tak jest. I kiedy usilnie i z miłością domagacie się od nich czegoś, te wielkie dusze przychodzą do was.

Ich pragnieniem jest odkupić całą ziemię, bo każdy święty, który urzeczywistnił Boga w sobie, wie, że dla niego śmierć nie istnieje. Żyje on w Wiecznej Radości. Niemniej jednak, tacy święci są świadomi cierpienia na świecie. Mówią do Ojca Niebiańskiego: „Ludzie zabijają się nawzajem i cierpią na bardzo wiele innych sposobów. Dlaczego tak musi być?". I Bóg odpowiada: „Kiedyś znowu cię tam poślę, abyś im pomógł".

Odwieczne ludzkie poszukiwanie

Wyznaczeni przez Boga zbawiciele ludzkości muszą powrócić na ziemię, ale nikt nie może powiedzieć, kiedy przyjdą. I tak wielu ludzi wierzy w drugie przyjście Chrystusa, ale to, kiedy może się to zdarzyć, zależy od woli Boga. Wielcy przychodzą tylko za pozwoleniem Ojca Niebiańskiego. W niektórych przypadkach, kiedy termin jest ustalony, przepowiadają to prorocy, ale niektórzy awatarowie przychodzą niezapowiedziani. Tak czy inaczej – przychodzą. Ja także pragnę przychodzić, raz za razem.

> Pragnę wiosłować moją łodzią, wielokrotnie,
> Przez pośmiertną otchłań
> I powracać ku brzegom ziemi z mego domu w Niebiosach.
> Chcę zabrać na łódź
> Oczekujących spragnionych, którzy tam zostali,
> I przewieźć ich przez opalowe wody mieniące się radością,
> Gdzie mój Ojciec rozdaje
> Gaszący wszelkie pragnienia napój spokoju[14].

Cudownie będzie przyjść na pomoc wszystkim, i w taki sposób każdy powinien chcieć żyć na ziemi. Po co gonić za zyskiem dla siebie? Jeśli jesteśmy znani Bogu, jesteśmy znani Jego dzieciom, bo w Bogu wszyscy jesteśmy jednością. Tak ważne jest, aby Go znaleźć! Dla własnego dobra musimy poznać Jego miłość i zatopić się w Nim – dniem i nocą jedna ciągła radość, niekończące się szczęście.

Wielkie dusze będą się ponownie wcielać. Bóg dał im indywidualność i powierzył im boską rolę do odegrania dla Niego. Muszą ją wykonać, ponieważ kochają Boga. Przyjdą, ponieważ na tym świecie mają bardzo wielu braci, którzy grzęzną w błocie ułudy i cierpienia. Wielkie dusze muszą powracać i Jezus także powróci, aby zabrać więcej dusz do królestwa niebiańskiego.

---

14 Z wiersza Paramahansy Joganandy *God's Boatman*

Świat ma naturę snu

*Międzynarodowa Siedziba Główna Self-Realization Fellowship,
Los Angeles, Kalifornia, 23 grudnia 1937*

Jeśli podczas snu coś nam się śniło, to dopiero po obudzeniu się wiemy, że śniliśmy. Podobnie możemy uświadomić sobie, że życie jest snem, dopiero wtedy, gdy przebudzimy się w Świadomości Kosmicznej.

Na jawie myśl o pięknym krajobrazie nie ma mocy, aby natychmiast ją zmaterializować. We śnie jednak mamy wzmożoną twórczą moc wizualizacji i urzeczywistniania. Myśli szybko budują rozmaite senne struktury. Do projekcji obrazów sennych potrzeba zarówno myśli, jak i energii, podobnie jak do projekcji filmowej potrzeba zarówno taśmy filmowej, jak i energii elektrycznej, i światła.

W czasie snu energia życiowa wyzwala się od różnych wymagań ciała i wycofuje się do komórek mózgowych, w których przechowywane są filmy myślowe ze wszystkich minionych doświadczeń. Energia życiowa ożywia te zgromadzone w podświadomym umyśle filmy myślowe, powodując ich wyświetlanie się w postaci snów. Sny to w istocie lekcje działania Świadomości Kosmicznej. Pojawiają się one nam z określonego powodu – ich celem jest obudzić w człowieku świadomość, że wszechświat i sposób jego funkcjonowania mają naturę snu.

Od czasów starożytnych mędrcy indyjscy mówili o wszechświecie jako o zmaterializowanej myśli Boga. Oczywiście łatwo mówić, że wszechświat jest snem. Jednak pozorna realność „życia" w naszym codziennym doświadczeniu sprawia, że jest dla nas prawie niemożliwością wierzyć, iż świat to nic więcej, jak tylko kosmiczny sen. Abyśmy mogli poznać, że wszechświat rzeczywiście utworzony jest z myśli Boga i że tak jak sen jest strukturalnie efemeryczny, musimy najpierw rozwinąć moc umysłu.

Wiemy, że myśli są niewidzialne. Ale w krainie snu można uczynić je widzialnymi dzięki sile energii. Tak więc początkowo cały wszechświat – w postaci myśli Boga – był niewidzialny, ukryty w kosmicznym strumieniu świadomości. Dopiero gdy myśli te skrystalizowały się dzięki inteligentnej kosmicznej wibracji Boga, czyli energii, stały się dla nas widzialne jako materialny wszechświat.

Chociaż trudno pojąć, że ten wszechświat kosmicznego snu to tylko senny majak, powinniśmy jednak starać się myśleć o nim w ten sposób. Takie prawdziwe rozumienie świata fizycznego da nam wiele praktycznych korzyści.

Dla ilustracji, przypuśćmy, że śpiący człowiek śni, że jest wielkim i silnym żołnierzem, że idzie na wojnę, zostaje postrzelony i leży umierający. Czując wielki smutek, nagle się budzi. Gdy zdaje sobie sprawę, że w rzeczywistości nie jest żołnierzem ani nie umiera, śmieje się ze swoich sennych lęków.

Człowiek może mieć podobne doświadczenie w „prawdziwym" życiu. Żołnierz, który idzie na wojnę i zostaje śmiertelnie ranny, nagle budzi się w świecie astralnym i uświadamia sobie, że to jego wojenne doświadczenie było tylko złym snem – że nie ma ani połamanych kości, ani fizycznego ciała. Niemniej jednak jest nadal świadomy życia i swojej tożsamości.

Aby uświadomić sobie, że wszystkie wydarzenia na tym świecie są wydarzeniami we śnie, powinniśmy nauczyć się, jak wizualizować myśli – jak ładować je energią koncentracji, dotąd aż przejawią się i staną się widoczne. Odpowiednia wizualizacja przy użyciu siły koncentracji i woli umożliwia nam materializowanie myśli, nie tylko w postaci marzeń sennych czy wizji w świecie mentalnym, lecz także jako doświadczenia w świecie materialnym.

Materia powstaje z myśli

Z pomocą mocy twórczej wyobraźni człowiek zbudował wspaniałe przyrządy naukowe i cudowną cywilizację materialną. Wynalazki są skutkiem materializacji ludzkiej myśli. Wielu ludzi stara się osiągnąć coś w dziedzinie myśli, ale poddaje się, gdy pojawiają się trudności. Tylko te osoby, które bardzo mocno wizualizowały swoje myśli, zdołały przejawić je w formie zewnętrznej. Wszystko na ziemi narodziło się w fabryce umysłu – albo umysłu Boga, albo człowieka. W rzeczywistości człowiek nie może pomyśleć „oryginalnej" myśli. Może tylko pożyczyć myśli od Boga i stać się narzędziem do ich materializacji.

Eksperymentuj ze swoimi myślami. Wypróbuj działanie najsilniejszych myśli na swoje ciało. Przekonaj się, czy nie zdołasz pokonać niepożądanych nawyków i uporczywych dolegliwości. Gdy ci się to uda, możesz użyć myśli do poczynienia zmian w świecie wokół siebie.

Związek między myślą i materią jest bardzo subtelny. Przypuśćmy, że widzisz drewniany słup i mocą myśli starasz się go usunąć. Nie możesz tego zrobić. Pomimo twoich wysiłków słup nadal stoi. Jest on materializacją czyjejś wcześniejszej myśli. Nie zniknie tylko dzięki twojemu myśleniu, że go tam nie ma. Dopiero wtedy, kiedy *uświadomisz* sobie, że jest on zmaterializowaną myślą, możesz go zdematerializować w swojej świadomości. Ucząc się poprzez eksperymenty pokonywania nawyków, bólu i tak dalej, zaczniesz rozumieć, że cała konstrukcja ciała i wszystkie zachodzące w nim procesy kontrolowane są przez myśl.

Utrzymując świadomość, że ten świat i wszystko w nim jest tylko snem, można zdobyć wielką mądrość. Przede wszystkim nie bierz swoich ziemskich doświadczeń zbyt poważnie. Podstawową przyczyną smutku jest oglądanie tego chwilowego widowiska z zaangażowaniem emocjonalnym. Jeśli ciągle myślisz: „Nie żyłem tak, jak powinienem był żyć", to tylko się unieszczęśliwiasz. Raczej rób, co tylko możliwe, aby być lepszym, i bez względu na pojawiające się trudności, zawsze afirmuj: „To tylko sen. Wkrótce minie". Wtedy żaden kłopot nie będzie dla ciebie zbyt wielki. Nie będą cię dręczyć żadne wydarzenia na tej ziemi.

Aby poznać, że świat to tylko sen, trzeba także pokonać świadomość bólu. Kiedy byłem dzieckiem, często raniłem się podczas gry w futbol, a ilekroć mi się śniło, że weń gram, zawsze śniło mi się też, że się zraniłem. Ta pełna strachu myśl, że się skaleczę, zakorzeniła się w moim podświadomym umyśle, tak więc odnosiłem wyśnione rany nawet we śnie!

Nie powinno się zatem brać swoich kłopotów zbyt poważnie, aby nie zaciemniały podświadomego umysłu. Trudności przychodzą do nas, aby nas przebudzić do zrozumienia, że życie jest snem. Tej lekcji wszyscy musimy się nauczyć. Wtedy możemy zrozumieć, dlaczego we wszystkim na świecie jest tyle różnic: niektórzy są biedni, niektórzy bogaci, niektórzy zdrowi, a inni chorzy. Chociaż może się to wydawać straszną i okrutną grą, komplikacje życiowe usprawiedliwia fakt, że cała ta gra jest jedynie snem. Przyjmij, że tak jest.

Pomyśl o licznych aspiracjach i nadziejach, które miałeś jako dziecko i w młodości. Stopniowo cię one opuszczały, ale nie zniechęcaj się. Zawsze wierz, że cokolwiek ci się przydarzy, będzie to tylko kolejną sceną z wyśnionego przez Boga filmu, która rozgrywa się w kinie naszych umysłów. Musimy oglądać te wyśnione tragedie i wyśnione komedie, aby mieć różnorodne rozrywki. Skoro możesz pójść do kina na film o wojnie i cierpieniu, a potem powiedzieć: „Jaki wspaniały film!", to możesz także brać to życie za kosmiczny film. Bądź przygotowany na wszelkiego rodzaju doświadczenia, jakie mogą cię spotkać, zdając sobie sprawę, że wszystkie one są tylko snami.

Każde ludzkie życie to dramat sceniczny – wydarzenia każdego dnia to sceny z dramatu. W każdym z 365 dni roku przeżywasz nowy dramat. Myśl, że jesteś tylko aktorem w tych sztukach, jest bardzo pocieszająca. Uświadom sobie, że odgrywanie jakiejkolwiek roli, do której jesteś powołany, nie ma wpływu na twoje prawdziwe jestestwo. Na końcu każdej ziemskiej inkarnacji jesteś tym samym – nieśmiertelną duszą, nietkniętą przez chorobę, smutek czy śmierć. „Człowiek, który pozostaje spokojny i opanowany w bólu i przyjemności, ten kogo nie są one w stanie poruszyć, ten tylko nieśmiertelności jest godzien!"[1].

Największą przeszkodą dla mądrości jest pycha

Moje doświadczenia życiowe umocniły mnie w przekonaniu, że największą przeszkodą dla ludzkiej mądrości jest pycha. Egoistyczna pycha musi zniknąć. Jest ona zasłoną, która uniemożliwia nam widzenie Boga jako jedynego Sprawcy, Reżysera Kosmicznego Dramatu. Odgrywasz różne role w tym kosmicznym filmie i nie możesz przewidzieć, jaka rola zostanie ci wyznaczona jutro. Powinno się być przygotowanym na wszystko. Takie jest prawo życia. Po co więc

---

1 *Bhagawadgita* II:15.

martwić się doświadczeniami życiowymi? Jeśli będziesz przyjmować każde wydarzenie tak, jak oglądałbyś kogoś innego grającego w filmie, to nie będziesz się smucił. Odgrywaj swoje 365 ról rocznie, uśmiechając się do siebie i pamiętając, że tylko śnisz. Wtedy życie nigdy już cię nie zrani.

W ciągu licznych inkarnacji odgrywałeś wiele ról. Wszystkie one były ci dane po to, aby cię zabawić – nie po to, aby cię przerazić. Twojej nieśmiertelnej duszy nie można zranić. W filmie życia możesz płakać, śmiać się, odgrywać wiele ról, ale wewnątrz powinieneś stale sobie powtarzać: „Jestem Duchem". Poznanie tej mądrości przynosi wielką pociechę.

Nie możesz oczekiwać, że obudzisz się z ułudy realności ziemskiego życia, uciekając do lasu. Musisz do końca odegrać wyznaczoną ci rolę. Każdy człowiek ma swój udział w grze w kosmicznym filmie. Jeśli chcesz być szczęśliwym, powinieneś grać swoje role z godnością, pewnością siebie i radością. Kiedy przebudzisz się w Bogu, pokaże ci On, że pozostałeś niezmieniony pomimo tego, że odgrywałeś niezliczone role w Jego ziemskiej sztuce.

Odetnij się od swoich doświadczeń

Pomyśl tylko! Każdy ze stu pięćdziesięciu milionów ludzi odegrał określoną rolę w tym kosmicznym filmie. W istocie każdy człowiek grał dodatkowo w osobnym „filmie amatorskim", swoim własnym, prywatnym filmie. Gdyby pomnożyć wszystkie filmowe żywoty przez te miliony ludzi, nie dałoby się ich zliczyć. Ale ten pokaz [filmowy] ma na celu to, abyś w filmie życia nauczył się odgrywać różne role, nie utożsamiając prawdziwego siebie z rolą. Ważne jest, aby unikać utożsamiania się z bólem, złością czy z jakimkolwiek rodzajem cierpienia psychicznego lub fizycznego, jakie się pojawiają. Najlepszym sposobem odcięcia się od trudności jest nie angażować się psychicznie, tak jak gdyby byłoby się tylko widzem, ale jednocześnie szukać środków zaradczych.

Nie oczekuj, że w ziemskim życiu osiągniesz niezmącony spokój i szczęście. Twoją nową postawą powinno być cieszenie się doświadczeniami, bez względu na to, jakie są, zachowując dystans psychiczny, tak jak gdybyś oglądał je na filmie. Musisz odnaleźć prawdziwy spokój i szczęście w sobie. Twoje doświadczenia zewnętrzne powinny być tylko zabawą. Możesz przemienić je wszystkie w nieszczęścia, jeśli pozwolisz na to swemu umysłowi. Możesz cieszyć się dobrym zdrowiem i w ogóle tego nie doceniać. Ale kiedy zachorujesz, docenisz, co to znaczy być zdrowym. Okazuj wdzięczność Bogu za to, czym cię obdarza, nie czekając, aż zmuszą cię do tego przeciwności.

Jesteś nieśmiertelnym dzieckiem. Pojawiłeś się na ziemi, aby zabawiać innych i być zabawianym. Dlatego życie powinno być połączeniem medytacji i działania. Kiedy tracisz równowagę wewnętrzną, na tym świecie narażony jesteś na cierpienie. Nie hańb imienia Boga, Tego, na którego obraz jesteś stworzony. Obudź wrodzony hart ducha, afirmując: „Obojętnie jakie spotykają mnie doświadczenia, nie zranią mnie. Jestem zawsze szczęśliwy".

Kiedy spoglądam w przeszłość i porównuję, stwierdzam, że życie było znacznie prostsze, gdy zakładaliśmy naszą pierwszą pustelnię (w małej lepiance w Indiach, którą wynajęliśmy za jedną rupię), niż obecnie, kiedy spoczywa na nas odpowiedzialność za utrzymanie tej wielkiej instytucji. A jednak zachowuję równowagę umysłu bez względu na pojawiające się na trudności. Naucz się śmiać z trudności, przypominając sobie, że jesteś nieśmiertelny: „Zabity wielokrotnie, mimo to żyję, zrodzony wielokrotnie, mimo to pozostaję niezmienny". Obojętnie czy w tym życiu cierpisz, czy cieszysz się wielkim bogactwem i władzą, twoja świadomość powinna zawsze pozostawać niezmienna. Jeśli zdołasz osiągnąć niewzruszoność, nic cię nigdy nie zrani. Żywoty wielkich mistrzów dowodzą, że osiągnęli ten szczęśliwy stan.

Aby móc ze zrozumieniem powiedzieć, że wszystko jest w umyśle, musisz najpierw rozwinąć wewnętrzną świadomość boskiego spokoju, której nie naruszą ziemskie doświadczenia. Akceptuj je tak, jakby były snami, a przyjdzie czas, kiedy odkryjesz, że cokolwiek pomyślisz, zmaterializuje się samą mocą twojej silnej myśli. Bardzo trudno to osiągnąć, ale to możliwe.

Naukowiec musi przeprowadzić wiele doświadczeń, aby potwierdzić jeden fakt. Natomiast człowiek rozwinięty duchowo może postrzec ten fakt, nie uciekając się do fizycznych metod. Jeśli najpierw staniesz się jednym z Bogiem, to cokolwiek pomyślisz, może się zmaterializować. Prawdę tę wielokrotnie zademonstrował Jezus. Urzeczywistnił On swoją jedność z Bogiem.

Koncentruj się najpierw na Bogu

Powinno się koncentrować najpierw na byciu w jedności z Bogiem. Każdego dnia, przechodząc przez różne sytuacje w życiu, praktykuj w myślach bycie w jedności z Bogiem. Jeśli pojawi się jakiś ból i zakłóci tę świadomość, powinieneś rozumować tak: „Gdybym spał, nie czułbym tego bólu. Dlaczego więc miałbym czuć go teraz? Wszystkie doświadczenia to przelotne sny". Praktykuj pokonywanie wszystkich trudności w ten sposób.

Pierwszy stopień koncentracji polega na tym, że można zobaczyć wszystko, co zechcemy, okiem duszy. Na przykład, mogę przyglądać się temu pokojowi i koncentrować na nim dotąd, aż po zamknięciu oczu będę go nadal widział dokładnie takim, jaki jest. Jest to pierwszy krok do głębokiej koncentracji, ale większość ludzi nie ma cierpliwości go praktykować. Ja miałem taką cierpliwość.

Kontynuując praktykę wizualizacji, przekonasz się, że twoje myśli się materializują. Prawo kosmiczne tak to zaaranżuje, że co tylko pomyślisz, zostanie stworzone w rzeczywistości, jeśli tak rozkażesz.

Przypuśćmy, że myślę o jabłku i jabłko pojawia mi się w ręku. Byłby to pokaz najwyższej mocy koncentracji. Wielcy mistrzowie potrafią zmaterializować wszystko na naszych oczach, tak jak to uczynił Babadźi, materializując pałac podczas inicjacji Lahiriego Mahaśaji w Himalajach[2]. Był to wyraz mocy koncentracji w najwyż-

---

[2] Zob. *Autobiografia jogina*, Rozdział 34. Nikola Tesla, słynny naukowiec i wynalazca w dziedzinie elektryczności rozumiał, że możliwa jest bezpośrednia materializacja. Napisał:

„Dawno temu uznał on [człowiek], że cała widzialna materia pochodzi z pierwotnej substancji, rozrzedzonej nie do pojęcia, wypełniającej całą przestrzeń, z *akaśi* lub światłonośnego eteru, na który oddziałuje życiodajna *prana*, czyli twórcza siła, powołując do istnienia w niekończących się cyklach wszystkie rzeczy i zjawiska.

Czy człowiek może kontrolować ten proces, najwspanialszy i budzący największy respekt spośród wszystkich procesów w przyrodzie? Czy może wykorzystać jej niewyczerpalne energie do spełniania wszystkich swoich funkcji na jego polecenie, więcej jeszcze, sprawić, by działały dzięki samej tylko sile jego woli?

Gdyby mógł to uczynić, miałby prawie nieograniczoną i nadnaturalną moc. Na jego rozkaz, niewielkim tylko wysiłkiem z jego strony, znikałyby stare światy i powstawałyby

szej postaci. Bez wysiłku i koncentracji nie da się uzyskać niczego wartego zachodu.

Nie bądź nadwrażliwy na punkcie ciała i materialnych spraw, ani nie pozwalaj nikomu się skrzywdzić. Niech twoja świadomość pozostanie niewzruszona. Bądź życzliwy dla wszystkich, ale rozwijaj taki stan świadomości, którego nikt nie potrafi zmącić. Staraj się codziennie uszczęśliwiać innych. Dziel się z nimi mądrością. Nie pozwól sobie na utratę zainteresowania życiem. Ucz się wszystkiego o jednej rzeczy i trochę o wszystkim. Uświadom sobie, że im więcej szukasz, tym więcej znajdziesz – sfery myśli są nieskończone. W chwili, gdy myślisz, że osiągnąłeś wszystko, ograniczasz siebie. Szukaj ciągle, bez przerwy, a dolinę twojej pokory wypełni ocean mądrości Bożej.

Najlepszą rzeczą, jaką możesz zrobić, aby rozwinąć prawdziwą mądrość, to ćwiczyć się w świadomości, że świat jest snem. Gdy spotyka cię porażka, mów: „To sen". Następnie usuwaj myśl o porażce z umysłu. W niesprzyjających warunkach stosuj „odwrotność", myśląc i działając pozytywnie, konstruktywnie. Ćwicz *titikszę*, to znaczy nie poddawaj się z powodu nieprzyjemnych doświadczeń, lecz dawaj im odpór, nie tracąc równowagi psychicznej. Gdy przychodzi choroba, przestrzegaj zasad higienicznego życia, nie pozwalając umysłowi na niepokój. Bądź niewzruszony we wszystkim, co robisz. Jeśli w chwilach jakichkolwiek trudności, przez które przechodzisz, mocno się postarasz, aby marzyć o odwrotnych sytuacjach, to zdołasz przemienić koszmar w piękne doświadczenie. Wolność umysłu pojawi się, gdy zdasz sobie sprawę, że ciała stałe, płyny i wszystkie pozostałe postacie materii są przejawami myśli Boga.

Najlepszym sposobem odnalezienia prawdziwej wolności jest głęboka medytacja. Możesz nauczyć się jak medytować, studiując

---

nowe przez niego zaplanowane. Mógłby zatrzymywać, zestalać i utrwalać eteryczne kształty swoich wyobrażeń, ulotne wizje swoich snów. Mógłby wyrażać wszystkie kreacje swojego umysłu w każdej skali, w określonych i niezniszczalnych formach.

Stwarzanie i unicestwianie substancji materialnej, sprawianie, by grupowała się w kształty wedle życzenia, byłoby najwyższą manifestacją mocy umysłu Człowieka, jego całkowitym zwycięstwem nad światem fizycznym, szczytowym osiągnięciem, które dałoby mu miejsce obok Stwórcy, sprawiłoby, że spełni swoje ostateczne przeznaczenie".
– Copyright 1944 by J.J. O'Neill. Z książki *Prodigal Genius*, wydanej przez Ives Washburn Inc. Przedruk za pozwoleniem David McKay Company Inc., New York.

prawdy zawarte w *Lekcjach Self-Realization Fellowship*. Nikt nie może ci uzmysłowić smaku cukru. Musisz sam go posmakować.

Wczoraj siedziałem w swoim pokoju, robiąc przegląd swojego życia i uświadomiłem sobie, że wszystko w świecie zewnętrznym, co obiecywało mi wielkie szczęście, zawiodło mnie, i tylko jedna rzecz mnie nie zawiodła – mój wewnętrzny spokój. Fale szczęścia nie do opisania przetaczają się przez moją duszę. Gdy przyglądałem się różnym doświadczeniom, które miałem na przestrzeni lat, ów niezmienny wewnętrzny spokój był dla mnie i jest dowodem istnienia Boga.

Właśnie o tym myślałem, gdy nagle zobaczyłem wspaniałe Światło. Wszystko inne zniknęło. Pozostało odczuwanie – to wszystko. Moja ręka nie była ręką, lecz odczuciem. Kiedy zetknąłem ze sobą dłonie, nie było tam ciała, tylko odczucie. Wtedy zrozumiałem, że stałem się myślami, wszystko wokół mnie, światło, pokój i ciężar ciała – były tylko myślami.

Było to błogie doświadczenie. Zniknęły żal i smutek, które czułem wobec rzeczy minionych, zastąpiło je wspaniałe uczucie wolności.

Ta świadomość Boga-spokoju nigdy nie znika. To jedyny stan prawdziwego szczęścia. Wszystko inne cię zawiedzie. Nic innego cię nie uszczęśliwi, bo jedynie radość Jego obecności jest rzeczywista.

Nie trzeba przeżyć wszystkich rodzajów ludzkich doświadczeń, aby osiągnąć tę ostateczną mądrość. Powinieneś uczyć się, studiując życiorysy innych ludzi. Po co dawać się bezradnie angażować w niekończącą się panoramę wydarzeń, aby odkryć, że nic na świecie nie może cię uszczęśliwić?

Można poznawać prawdę na dwa sposoby: przeżywając wiele dobrych i złych doświadczeń albo rozwijając mądrość. Wybierz, co wolisz. Kryszna powiedział: „Osiągnięcie mądrości obdarza natychmiast najwyższym spokojem"[3]. Jezus powiedział: „Szukajcie najpierw Królestwa Boga"[4]. Jeśli szukacie najpierw czegoś innego, z pewnością się rozczarujecie. Każdy rozumuje: „Cóż, innych oszukano, ale nie

---

[3] *Bhagawadgita* IV:39.
[4] Mt 6,33.

mnie". Niemniej jednak zostanie oszukany. Jedynym doświadczeniem, które jest rzeczywiste, jedynym doświadczeniem, które daje szczęście, jest świadomość obecności Bożej.

Natura Boga w matce i w ojcu

CZĘŚĆ PIERWSZA: MATKA

*Pierwsza Świątynia Self-Realization Fellowship
w Encinitas, Kalifornia, Dzień Matki, 11 maja 1941*

Pomyślmy dzisiaj z wdzięcznością o wszystkich dobrych matkach, które z miłością wychowują swoje dzieci. Gdyby dzieci zastanawiały się nad miłością okazywaną im przez matkę, pragnęłyby darzyć taką samą miłością wszystkie dzieci na świecie. Oby wszyscy synowie i wszystkie córki, którzy wychowali się w matczynej miłości, sami byli przepełnieni matczyną miłością, która jest miłością bezwarunkową, i oby okazywali ją innym. W ten sposób przyniosą światu pociechę pokoju i sprowadzą niebo na ziemię.

Matczyna miłość nie jest nam dawana po to, by rozpieszczać nas pobłażaniem, lecz aby zmiękczyć nasze serca, tak abyśmy my z kolei zmiękczali serca innych życzliwością i uwalniali zmagające się [z życiem] dusze z mocnych więzów wiążących je ze światem. Ci, którzy są bezradnie skuci kajdanami grzechu i strasznymi trudnościami, potrzebują naszej troski i miłości.

Moje szczere i całkowite oddanie dla ziemskiej matki było pierwszą przyczyną miłości do Boskiej Matki. Tak więc to moja wielka miłość do matki doprowadziła mnie do oświecenia.

W Indiach lubimy mówić o Bogu jako o Boskiej Matce, ponieważ prawdziwa matka jest bardziej czuła i wyrozumiała niż ojciec. Matka wyraża bezwarunkową miłość Boga. Bóg stworzył matki, aby nam pokazać, że kocha nas, mając ku temu powód lub go nie mając. Każda kobieta reprezentuje dla mnie Matkę. Widzę Kosmiczną Matkę we wszystkich. Tym, co najbardziej podziwiam w kobiecie, jest matczyna miłość. Ci, którzy myślą o kobiecie jak o przedmiocie pożądania, giną w tym ogniu, natomiast ci, którzy patrzą na wszystkie kobiety jak na inkarnacje Boskiej Matki, dostrzegają w nich świętość, która jest nienaruszalna. Gdy w każdej kobiecie widzisz swoją matkę, tak jak niektórzy indyjscy mistrzowie, którzy urzeczywistnili Boga w sobie, do twego serca spływa kosmiczna miłość.

Pewni sceptyczni uczniowie jednego z wielkich świętych, chcąc poddać go próbie, wysłali do niego piękne prostytutki. Święty momentalnie powstał i wykrzyknął: „Boska Matko, to Ty przyszłaś do mnie w tych postaciach. Wszystkim wam składam pokłon". Kobiety uklękły przed nim, zawstydzone. Od tej chwili były duchowo przemienione.

Każdy mężczyzna, który patrzy na kobietę jak na inkarnację Nieśmiertelnej Matki, znajdzie zbawienie. Mąż powinien widzieć w żonie czyste piękno Boskiej Matki. Patrząc na żonę jak na Matkę, odkryje w niej esencję świętości, której przedtem nie dostrzegał.

Matki nie mogłyby kochać swoich dzieci, gdyby Bóg nie wszczepił im tej miłości. Niemniej jednak uznanie należy się także temu narzędziu, ponieważ potok boskiej miłości przepływa przez ziemską matkę. Wszyscy wielcy mistrzowie okazywali cześć swoim matkom. Swami Śankara[1] po śmierci matki zignorował zakonny zakaz wykonywania rodzinnych obrządków i spalił jej ciało w boskim płomieniu, który wytrysnął mu z dłoni.

Dom rodzinny wypełniony jest łaskami dzięki obecności Boskiej Matki w postaci ziemskiej matki. Czyż nie jest to myśl warta zapamiętania? Powinieneś stale pielęgnować w sercu miłość do Matki, tak abyś ilekroć spojrzysz na kobietę, widział w niej swoją matkę. Jeśli będziesz patrzył na kobietę bez pożądania w oczach, zdołasz wydobyć z niej bogactwo duchowych skarbów.

Dlaczego obdarzono matkę taką miłością? Aby mogła kochać swoje dziecko bezwarunkowo. Kochanie własnego dziecka to tylko ćwiczenie się w boskiej miłości. Matka sądzi, że to jest jej własne dziecko, ale jest to dziecko Boga. Dziecko zostanie zabrane, jak tylko wezwie je Boski Duch. Dlatego każda matka powinna rozszerzać miłość, którą czuje do własnego dziecka, na wszystkie dzieci ziemi.

---

1 *Prayer to the Divine Mother for Forgiveness of Sins* (*Modlitwa do Boskiej Matki o przebaczenie grzechów*) Pana Śankary zawiera refren: "Choć złych synów jest wielu, nigdy nie było złej matki".

Od matki oczekuje się opieki nad synem, a synowi nakazuje się czcić matkę, ale ja powiadam, że syn powinien nie tylko kochać matkę, lecz powinien patrzeć na wszystkie kobiety jak na przejawienia Boskiej Matki.

Każda matka powinna pamiętać, że płynie przez nią bezwarunkowa boska miłość i że jest ona błogosławiona. Powinna uświadamiać sobie, że miłość, którą obdarza, nie jest jej własną, lecz jest to miłość Boskiej Matki w niej. Powinna być dumna ze swoich dzieci, ale nie powinna ograniczać siebie, darząc miłością tylko własnych synów i córki. Matka powinna dawać boską bezwarunkową miłość wszystkim. Takie jest moje przesłanie dla was na dzisiaj.

Matki, bądźcie dumne, że Boska Matka przyjęła waszą formę, aby w sposób namacalny dawać miłość światu, nie tylko waszym dzieciom, ale wszystkim dzieciom ziemi. Wtedy będziecie naprawdę błogosławione, i zamiast myśleć, że macie jedno dziecko lub pięcioro dzieci, zrozumiecie: „Mam wiele dzieci na całej ziemi". Mając taką świadomość, stanowicie jedność z Boską Matką.

Matka, która patrzy na wszystkie Boże dzieci jak na własne, nie jest już śmiertelną matką. Staje się Matką Nieśmiertelną. Takimi właśnie są wszystkie święte. Pewnego dnia uświadamiają sobie: „Tę wielką miłość, którą czuję do mojego dziecka, teraz czuję do wszystkich. Teraz wiem, że nie jestem ciałem, lecz przejawieniem Kosmicznej Matki". Pomyślcie, co możecie zrobić! Ze zwykłej kobiety przemienić się w Boską Matkę! A dlaczego nie? Kosmiczna Matka uczyniła was na Swój obraz, a wy powinnyście przejawić ten obraz, obdarzając wszystkie istoty Jej nieskończoną miłością.

CZĘŚĆ DRUGA: OJCIEC

Świątynia Self-Realization Fellowship,
Hollywood w Kalifornii, Dzień Ojca, 18 czerwca 1944

Dzisiaj, w Dniu Ojca, potwierdzamy naszą wierność wobec Ojca Niebiańskiego. Chociaż miłość ziemskiego ojca nie zawsze jest bezwarunkowa, to jednak zawsze kieruje nią mądrość, szacunek dla prawa i wola chronienia innych. Dzisiaj oddajemy cześć Boskiemu Ojcu – Ojcu mądrości, prawa i ochrony, którego reprezentują wszyscy dobrzy ziemscy ojcowie.

Ojciec powinien pamiętać, że nie jest tylko ziemskim rodzicem. Jest przedstawicielem Ojca Niebiańskiego. Temu Kosmicznemu Ojcu składam hołd. To On skrywa się we wszystkich ojcach. Dlatego każdy ojciec powinien zdawać sobie sprawę, że spoczywa na nim odpowiedzialność, by odpowiednio się zachowywać, bowiem jasne światło Ducha nie może przez niego płynąć, jeśli jego umysł zaciemnia ułuda i niewłaściwe myśli. Musi zachowywać czystość, bo to poprzez niego i poprzez wszystkich pozostałych ojców Ojciec Niebiański troszczy się o ziemskie dzieci.

Ciało i umysł ziemskiego ojca powinny być świątynią Boskiego Ojca. Jako narzędzie Boskiej Istoty ojciec odgrywa największą rolę twórczą, gdy zaszczepia swoim dzieciom myśli, które doprowadzą je do urzeczywistnienia Boga.

Płodzenie potomstwa nie jest jakimś szczególnym osiągnięciem – robią to zwierzęta. Ale płodzenie dzieci w stanie boskiej miłości i duchowej świadomości jest ważnym osiągnięciem. Nawet zwierzęta można rozmnażać planowo, tymczasem wiele ludzkich dzieci rodzi się z namiętności i przypadku, emocji i zła. Jak mogą one być czyste i doskonałe? Sprawcy kradzieży i innych przestępstw to zwykle dzieci, które zrodziły się z namiętności, chociaż niekiedy zdarza się pośród nich dobra dusza.

Przykład jest najlepszym nauczycielem

Szkoły i uczelnie powinny kształtować charakter, ale ojcowie powinni rozumieć, że ważniejszy od edukacji jest przykład. Nie powinno się mówić dzieciom: „Nie rób tego, co ja robię, lecz rób to, co mówię". Jeśli nie chcesz, aby dziecko paliło papierosy, sam nie powinieneś palić. Jeśli chcesz, aby dziecko było łagodne, a jego mowa szlachetna, nie powinieneś odzywać się do żony ze zniecierpliwieniem, ponieważ dziecko bierze to za przykład. Bądź życzliwy w słowach i w myślach, ponieważ to Ojciec Niebiański przyjął twoje ciało, aby opiekować się dzieckiem.

Niech każdy ojciec, gdy kusi go, by przemówić do dziecka z dyktatorską surowością, pamięta: „Ponieważ Kosmiczny Ojciec ma używać mego głosu, nigdy nie powinienem pozwalać Szatanowi, ojcu niewiedzy, aby mówił przeze mnie ze złośliwą, nierozsądną surowością. Powinienem zawsze kierować moimi dziećmi z miłością, przekonując je mocą prawdy. Mój umysł powinien być jak przeźroczysta szyba, przez którą prześwieca światło mądrości Ojca Niebiańskiego".

Powinniśmy używać mądrości Boga-Ojca i miłości Boga-Matki, aby zaprowadzić pokój na ziemi. Dobry ojciec nie byłby nigdy w stanie zabić swoich dzieci, i gdyby wszyscy ojcowie wypełnili swe serca miłością do Boskiego Ojca, który troszczy się o swoje dzieci wszystkich narodowości, to jak mogłyby istnieć wojny? Miłość to duchowa broń, która kładzie kres wszystkim wojnom.

Panu oddałem mój głos, moje oczy, ręce, stopy, serce, ciało, moje uczucia, moją wolę – moją istotę. Mówię do wszystkich ojców: „Kiedy zniszczycie ego, zdacie sobie sprawę z ochronnej natury i mądrości Ojca Niebiańskiego, który działa poprzez was".

Patrzenie na wszechświat widzącymi oczami

*Międzynarodowa Siedziba Główna Self-Realization Fellowship,
Los Angeles, Kalifornia, 17 sierpnia 1939*

Cudowny doprawdy jest wszechświat Pana. W nim dokonuje On wszystkich swoich cudów stworzenia. Nie bądź na tym świecie „chodzącym trupem" – obserwuj, analizuj i doceniaj to, czego Bóg i Jego przedstawiciel – człowiek, tutaj dokonali. Jakże misterny jest kosmiczny mechanizm! Zastanów się nad tym, jak jesteśmy zbudowani i w jaki uporządkowany sposób działa – zgodnie z kosmicznym prawem – cała maszyneria stworzenia.

Wszyscy widzimy kwiaty i cieszymy się ich pięknem, ale kto wie, co sprawia, że istnieją? Wszystko, czego używamy albo co widzimy każdego dnia – czy będzie to chusteczka do nosa, instrument muzyczny, dom, czy drzewo – powinniśmy badać, i zastanawiać się w jaki sposób i z czego jest zbudowane. Przyjmujemy samochody za coś oczywistego, ale gdybyście odwiedzili fabrykę, w której są produkowane, zdalibyście sobie sprawę, jak bardzo są skomplikowane. Zastanówcie się także, czego potrzeba do wyprodukowania papieru na codzienne gazety i nad złożonością maszyn, które je drukują – ludzka ręka nie mogłaby tego zrobić tak szybko.

A skoro wytworzenie przez człowieka codziennych przedmiotów może być tak skomplikowane, to jakże dużo bardziej skomplikowane jest stworzenie roślin, zwierząt i ludzi! Zrozumienie budowy, funkcji i potrzeb pozornie prostego ludzkiego ciała, zajmuje dziesięć lat studiów. Nawet pobieżna analiza ujawnia wiele rzeczy, które zadziwiają – chociaż czasami myślę, że Bóg mógłby wnieść kilka poprawek!

Przyglądając się roślinie rosnącej w słoiku z wodą, widzimy, że jej korzenie są jak włosy. Dzięki danej korzeniom przez Boga inteligentnej energii roślina czerpie z gleby i wody niezbędne pożywienie do wzrostu. Tak jak obrócona korzeniami do góry roślina, człowiek wchłania podobnie przez włosy prądy elektryczne korzystne dla ciała[1].

Czyż nie jest zadziwiające, że soki odżywiające liście rośliny płyną w górę wbrew sile grawitacji? Po usunięciu skórki z rośliny można zobaczyć skomplikowaną sieć kanalików przewodzących te soki. Tym, co podtrzymuje ten proces odżywiania i wzrostu, jest tajemnica zwana życiem. Gdy jestem w ekstazie Boskiej Świadomości, widzę to życie nawet w źdźble trawy. Nie śniło mi się nawet, że będę mógł oglądać takie ukryte cudy stworzenia! Koncentrowanie się na tych cudownościach wzbudza podziw nad tym, co stworzył Pan.

Z najdalej posuniętą precyzją Bóg ustanowił strukturalną formę każdej żywej istoty i wymagania konieczne do jej sprawnego funkcjonowania. Kiedy występuje niedobór któregoś z tych wymagań (na przykład żywności), rośliny, zwierzęta i ludzie cierpią. Przeciętny człowiek czerpie z pożywienia wszystkie rozmaite pierwiastki chemiczne, których potrzebuje jego ciało. Jest jednak wielu takich, którzy postępują wbrew pokarmowym zaleceniom, a ich posiłki nie zawierają wszystkich niezbędnych składników albo są one niewłaściwie zrównoważone. Niewłaściwe pożywienie to jedna z głównych przyczyn chorób u człowieka. Skutki niedoborów pokarmowych widać prawie natychmiast u roślin, kiedy w ich pożywieniu brakuje jakiegoś niezbędnego składnika.

Między człowiekiem i wszystkimi innymi żywymi organizmami zachodzą istotne wymiany. Od wieków w Indiach istnieje zwyczaj kremacji zmarłych i rozrzucania ich popiołów. W ten i w inne sposoby człowiek żywi Matkę Ziemię, a jej rośliny z kolei żywią człowieka.

---

[1] „Ciało fizyczne z włosami przypominającymi korzenie, pniem mózgowo-rdzeniowym, gałęziami nerwów i konarami dłoni i stóp przypomina odwrócone drzewo. [...] Niektórzy joginowie nie obcinają włosów; noszą je długie, aby przyciągnąć z eteru większą ilość promieniowania kosmicznego. Powodem utraty przez Samsona jego nadludzkiej siły, kiedy jego włosy zostały ścięte przez Dalilę, mogło być to, że praktykował on pewne ćwiczenia jogiczne, które przemieniają włosy w czułe anteny, przyciągające energię kosmiczną z eteru." – Paramahansa Jogananda, *Self-Realization Magazine*, maj-czerwiec 1963.

Dobrze znana jest wzajemna wymiana między człowiekiem a drzewami. Człowiek wdycha tlen i wydycha dwutlenek węgla[2]. Drzewa wchłaniają i przechowują dwutlenek węgla i wodę, które następnie rozkładają w procesie fotosyntezy i tworzą węglowodany (pożywienie), a jednocześnie wydzielają niezbędny dla człowieka tlen[3]. Fotosynteza, jako że zależy od światła słonecznego, nie zachodzi w nocy. Jednakże dzięki innemu procesowi zwanemu oddychaniem, drzewa nieustannie uwalniają dwutlenek węgla do atmosfery, zwłaszcza w nocy, kiedy nie przeciwdziała temu proces fotosyntezy, a kiedy to wchłaniają one dwutlenek węgla i wydzielają tlen. Ponieważ w nocy nie ma zwykle ruchów powietrza, ciężki dwutlenek węgla osiada nad powierzchnią ziemi. Częściowo z tego powodu powstał zwyczaj spania na łóżkach, to znaczy nad poziomem gruntu.

Ograniczenia zmysłów fizycznych

Nauka nauczyła nas bardzo wiele o złożonych mechanizmach wszechświata i o substancjach, z których jesteśmy zbudowani, ale nadal pozostaje do odkrycia olbrzymi obszar wiedzy. Moglibyśmy dostrzegać i doceniać więcej rzeczy, gdybyśmy rozwinęli moce leżące u podłoża naszych narządów zmysłów – rzeczy, które powinniśmy dostrzegać oczami, ale których nie widzimy, które powinniśmy słyszeć uszami, ale których nie słyszymy, bo nasze zmysły za bardzo przywykły, zbyt mocno przywiązały się do doświadczeń ograniczonego, gęstego świata fizycznego. Wolność od tego przywiązania nie jest negacją radości zmysłowych; pozwala ona najpełniej rozwinąć duchowy potencjał mocy zmysłów danych nam przez Boga.

W sferze materialnej człowiek odkrył rozmaite sposoby wzmocnienia mocy widzenia. Nieuzbrojone oko fizyczne odbiera tylko ograniczoną ilość barw. Tymczasem w świetle ultrafioletowym wyglądające szaro kawałki skał, które zawierają określone minerały, mienią się lśniącymi kolorami. Gdy usunie się światło ultrafioletowe,

---

[2] Nadmiar dwutlenku węgla jest trujący dla ciała. Jednak niewielka ilość dwutlenku węgla utrzymuje się we krwi i ma istotne znaczenie dla życia jako regulator procesów chemicznych organizmu (nota Wydawcy).

[3] „Jest całkiem możliwe, że cały wolny tlen na Ziemi, jedna piąta atmosfery, powstał w wyniku fotosyntezy" – *Encyclopaedia Britannica*.

skały przyjmują pierwotny szary odcień. Wiele barw w świecie fizycznym, takich jak błękit nieba, to w istocie iluzje optyczne spowodowane odbijaniem się światła od różnego rodzaju cząsteczek. Ponieważ wasze oczy odbierają tylko niewielki zakres twórczych wibracji, które składają się na wszystko w stworzeniu, nie widzicie subtelnych kolorów astralnych[4] ukrytych we wszystkim wokół nas. Gdybyście tylko mogli je widzieć, zachwycilibyście się ich pięknem. Nawet najwspanialsze kolory na ziemi wydają się brzydkie, ordynarne i krzyczące w porównaniu ze wspaniałością barw świata astralnego.

Tak więc ani wasze oczy, ani uszy nie odbierają wszystkiego, co jest możliwe. Nie możecie czuć astralnych zapachów ani postrzegać innymi fizycznymi narządami zmysłów miriadów subtelniejszych kształtów i wrażeń przelatujących przez eter. Nawet gdyby w tej chwili był tutaj święty Franciszek w swoim ciele astralnym, nie moglibyście go zobaczyć, usłyszeć ani dotknąć. A jednak można wykroczyć poza zwykłe ograniczenia zmysłów, ponieważ ja go widziałem.

Często człowiek nawet nie zauważa rzeczy, które zdolny jest postrzec swoimi zmysłami. Osoby o spostrzegawczych oczach cieszą się pięknem wszędzie. Inni zachowują się tak, jak gdyby nie mieli oczu. Nawet w pięknym miejscu nie udaje im się niczego „widzieć". Gdy odwiedzałem Meksyk, ujrzałem „pływające ogrody" na Jeziorze Xochimilko[5], a ich piękno wypełniło mi serce świadomością Boskiego Artysty. Mężczyzna stojący w pobliżu, wyglądał na równie przejętego. Jednakże coś mi powiedziało, że nie widzi on tego, co ja. Spytałem go więc, o czym myśli, patrząc na to malownicze miejsce. „Myślałem o tym, jak spuścić wodę i uzyskać więcej gruntu", odpowiedział. Jako inżynier postrzegał jezioro na własny sposób. Patrzymy zatem na rzeczy zależnie od naszej mentalności i nastroju.

Każdą duszę otaczają złożone wibracje doznań, myśli, uczuć – wszystkich czynników tworzących istotę czy świadomość danej osoby. Każdy z nas składa się z czegoś innego, ma inne wibracje. Wszystkie rzeczy, które robiliście od dzieciństwa, przechowywane

---

4 W każdej fizycznej istocie, przedmiocie i wibracji istnieje ich subtelniejszy odpowiednik astralny, zbudowany ze lśniącej energii żywotronicznej.

5 Ogrody stały się obecnie nieruchomymi „wyspami", bo korzenie roślin dawno temu wrosły w dno jeziora, które jest wyjątkowo płytkie.

są w waszych mózgach jako skłonności w formie wzorcowych zapisów. Czynią was one tym, kim jesteście. Nie widzimy tych wzorców, zastanawiamy się więc dlaczego ludzie zachowują się w taki, a nie inny sposób. Niektórzy nagle wpadają w euforię lub w nieuzasadnioną złość, albo zły nastrój, sami nawet nie wiedząc dlaczego. Niektórzy stale zajmują się krytykowaniem innych albo plotkowaniem, gdy tymczasem jest wiele rzeczy do „posprzątania" w ich własnym „domu"! Niewidoczne wzorce skłonności w mózgu zmuszają wszystkich do określonych zachowań. Grzebią duszę, uniemożliwiając wyrażanie się swojemu prawdziwemu Ja. Jakże złożoną istotą jest człowiek! Każdy z osobna jest długą powieścią.

Nieskończony potencjał myśli

Człowiek nie powinien ograniczać swego życia tylko do jedzenia, spania i pracy – powinien wydobyć z niego coś więcej. Ludzie myślący zastanawiają się nad życiem. Obserwują i pytają, dlaczego coś się zdarza albo nie zdarza w określony sposób. Rośnie nam pierwszy, a potem drugi garnitur zębów; dlaczego nie rośnie trzeci? Co jest przyczyną tej normy? Ponieważ człowiek ślepo akceptuje wiele opartych na iluzji myśli o fizycznych ograniczeniach, pozwala on im na to, aby kontrolowały one jego aktualną sferę bytu. Ludzie myślący nie akceptują tego, co wydaje się być nieuniknione. Podejmują wysiłki, by to zmienić. To jest czynnik umożliwiający postęp.

Jestem zachwycony, kiedy widzę wielkie ośrodki produkcyjne, niezwykłe wynalazki i inne wyjątkowe osiągnięcia człowieka. Jakże wiele stworzył mózg ludzki! A sam mózg jest nieskończenie bardziej złożony od tego, co stworzył.

Istnieje opowieść o pewnym królu, który okazywał tyle miłości i szacunku swemu pierwszemu ministrowi, że pozostali dworzanie, widząc oczywistą preferencję monarchy, byli zazdrośni. Zdając sobie z tego sprawę, król zapragnął pokazać im, dlaczego minister jest jego ulubieńcem. W dali rozbrzmiewała jakaś muzyka. Król zwrócił się do jednego z dworzan, mówiąc: „Dowiedz się, proszę, co się dzieje". Po jakimś czasie mężczyzna powrócił z informacją, że przechodzi tamtędy orszak weselny. „Kto ma się żenić?" – zapytał król. Dworzanin nie wiedział, toteż posłano drugiego dworzanina. Powrócił on z odpowiedzią na to pytanie króla, ale kiedy władca zadał mu kolejne pytanie, nie umiał odpowiedzieć. Wysyłano dworzanina za dworzaninem z takim samym skutkiem. W końcu król wezwał pierwszego ministra i polecił mu pójść na miejsce i dowiedzieć się, co się dzieje. Kiedy minister powrócił, król zasypał go pytaniami, a bystry i dokładny minister potrafił udzielić satysfakcjonujących odpowiedzi.

Bardzo wielu ludzi jest tak nierozgarniętych jak ci niedoinformowani dworzanie. Niekoniecznie są oni głupi, są po prostu zbyt leniwi umysłowo, aby wysilić się bardziej niż to absolutnie konieczne. Mogę zrozumieć fizyczne lenistwo (może ono mieć uzasadnioną przyczynę fizjologiczną), ale nic jednak nie usprawiedliwia lenistwa umysłowego! Lenie umysłowi nie lubią myśleć, bo nawet to wydaje się im zbyt ciężką pracą.

Myśl to coś fascynującego. Nikt nigdy nie zdoła spisać w formie tabeli wszystkich skłonności i postrzeżeń umysłu – jego pojemność jest nieskończona. A jednak umysł nie może myśleć oryginalnymi myślami: nie istnieje ani jedna idea, o której już nie pomyślał Bóg, wyobrażając Sobie swoje przeszłe, teraźniejsze i przyszłe działania. Dlatego jeśli będziecie myśleć wystarczająco głęboko na jakiś temat, przyjdzie odpowiedź na każde pytanie dotyczące tego tematu.

Musicie nie tylko myśleć, ale i czuć. Jeśli waszym myślom nie towarzyszy uczucie, nie zawsze uda wam się dojść do właściwego wniosku. Uczucie jest wyrazem intuicji, skarbnicy całej wiedzy. Uczucie i myśl, czyli rozum, muszą być zrównoważone. Tylko wtedy boski obraz Boga w was – dusza, rzeczywiście przejawi w pełni swoją naturę. Dlatego joga uczy, jak równoważyć moce rozumu i uczucia. Ten, kto nie ma ich obu w równym stopniu, nie jest osobą w pełni rozwiniętą.

W stanie Boskiej Świadomości wszystko staje się piękne

Kiedy byłem młody, lubiłem zwiedzać, ale interesowały mnie tylko świątynie. Gdy w miarę praktykowania medytacji zmieniała się moja świadomość, zacząłem patrzeć na świat inaczej – wszystko wydawało się przemienione i ciekawe. Teraz za całym stworzeniem widzę królestwo mego Ojca. Jego czar przechodzi wszelkie wyobrażenie! A czasami widzę cuda Jego królestwa, przeświecające przez gęsty świat fizyczny.

Odwieczne ludzkie poszukiwanie

Gdy rozwijacie się duchowo i zbliżacie się do Boga, odkrywa On przed wami coraz więcej cudów stworzenia. Nawet w martwych i brzydko wyglądających łodygach pszenicy po żniwach zauważycie życie. Odegrało ono swoją rolę i dla zwykłego oka już go tam nie ma; ale boskim okiem[6] widzimy, nawet w tym, co na zewnątrz wygląda na spustoszone, piękne kolory tańczących elektronów i protonów.

Za każdym przedmiotem materialnym znajduje się jego astralny wzorzec [utworzony] z barwnego światła. W świecie astralnym wszystko jest ruchem, wszystko żyje; nie ma niczego, co zwiemy „martwym". Nawet w świecie fizycznym śmierć nie oznacza ustania życia, jedynie przemianę w inną postać. Życie nadal pulsuje w „nieżywym" przedmiocie. W kościach martwych zwierząt dostrzegałem intensywne kolory i wibrujące światło.

Widzicie tylko wytwory z gęstej materii, pochodzące z ukrytej poza stworzeniem fabryki Boga. Ale gdybyście weszli do samej fabryki, ujrzelibyście w jak cudowny sposób zostało przejawione wszystko w tym świecie.

Fabryka poza stworzeniem przechodzi ludzkie wyobrażenie. Cały wszechświat jest pojedynczą myślą w umyśle Boga! Takie to proste, a jednak galaktykami kieruje matematyka, której ludzki umysł nie jest w stanie pojąć. Wszystko działa w doskonałym porządku. Jakże ogromna inteligencja przejawia się w stworzeniu! Nieskończony działa we wszystkim. Ta Kosmiczna Inteligencja kontroluje najprzeróżniejsze wiry ruchu zwane życiem.

Co każde sto lat tę ziemię opuszcza półtora miliarda ludzi, a jeszcze więcej się rodzi. Jakież powstają z tego powodu złożone problemy podaży i popytu! Mimo wszystko Boska Inteligencja zadbała o potrzeby człowieka, dostarczając pod dostatkiem pożywienia. Człowiek sam odpowiada za niedostatek i niedolę na ziemi. Do tej pory moglibyśmy już mieć tu raj na ziemi – wszyscy zdrowi i zaopatrzeni we wszystkie rzeczy niezbędne do życia, żyjący szczęśliwie w pokoju i w mądrze zarządzanym świecie. Jednak egoizm człowieka i władza w rękach nieudolnych ludzi niszczą taką możliwość. Abraham Lincoln określił najwyższy ideał rządu, kiedy powiedział, że powinien on być ustanowiony „z ludzi, przez ludzi i dla ludzi". Był

---

6 Duchowe lub trzecie oko u człowieka, oko percepcji intuicyjnej.

on głęboko uduchowionym człowiekiem. Mimo to musiał cierpieć z powodu niewiedzy nielicznych.

Ten świat jest tymczasowym miejscem pobytu

Jest rzeczą naturalną zastanawiać się, dokąd tacy wyjątkowi ludzie jak Lincoln i nasi ukochani zmarli, kiedyś tak namacalnie materialni, udali się po śmierci. Pytania takie powstają w umyśle nie po to, aby was zniechęcić, lecz aby obudzić w was świadomość tymczasowej natury świata, utworzonej z materii snu. Bhagawadgita[7] mówi nam: „To, co dla wszystkich stworzeń jest nocą (snu), jest (świetlistym) stanem jawy dla człowieka, który jest panem siebie [...]. Mędrzec postrzega pozorny stan jawy zwykłego człowieka w rzeczywistości jako stan ułudnego snu".

Tak więc większość ludzi śpi spokojnie przez cały czas tego snu życia; tylko człowiek świadomy nie śpi. Nie interesują go działania absorbujące zwykłego człowieka, który zajmuje się uganianiem za bogactwem i przyjemnościami zmysłowymi i traci czas na banalne spotkania towarzyskie. Człowiek czyni z siebie kłębek nerwów, goniąc za ulotnymi atrakcjami tego świata, gdy tymczasem radość i cudowność Boga, które są nie do opisania, dałyby mu o wiele więcej: nieustanne szczęście i spełnienie!

Tylko przez krótką chwilę żyjecie jako zindywidualizowany obraz w Bożym świecie ze snu. Śnicie swoje życie śmiertelnika; jest ono częścią kosmicznego marzenia sennego Boga. Każdego dnia żyjecie w tym śnie o fizycznym istnieniu. Każdej nocy, w głębokim śnie, on znika. A pewnego dnia, kiedy przebudzicie się w Bogu – który jest waszą prawdziwą Jaźnią – sen ten zniknie na zawsze.

Poszukujcie Pana ukrywającego się za stworzeniem

Dobrze spożytkowuj czas, aby odkryć fabrykę Boga poza tym światem. Kiedyś przez cały dzień oglądałem w wizji nieskończone cuda stworzenia i modliłem się:

„O Ojcze, kiedy byłem ślepy, nie znalazłem drzwi prowadzących do Ciebie. Ty uzdrowiłeś moje oczy; teraz odkrywam drzwi

---

7 II:69.

wszędzie: serca kwiatów, głosy przyjaźni, wspomnienia pięknych przeżyć. Każdy poryw mojej modlitwy otwiera nową bramę do ogromnej świątyni Twojej obecności"[8].

Bądźcie stanowczy, silni i niezachwiani w swoim postanowieniu odkrycia Tego, który ukrywa się za stworzeniem. Oderwijcie się od wymagań świata i nie kładźcie się spać wieczorem, dopóki świadomie nie poobcujecie z Bogiem. Ja rzadko kładę się przed czwartą rano; tylko nocą wolny jestem od obowiązków i mogę całkowicie pobyć z Bogiem.

Zwykły człowiek, mając wiele codziennych obowiązków, może być równie zajęty jak prezydent Stanów Zjednoczonych. Zabiegany, zabiegany, zabiegany! – tego wymaga życie. Codziennie musicie zarezerwować sobie czas na wyrwanie się ze świata i bycie z Bogiem. Kontrolujcie swoje życie i wyznaczcie sobie porę na praktykowanie medytacji, aby z Nim obcować. Wtedy wszystko na tym świecie będzie dla was cudem. Tak jak naukowcy dokonali swych odkryć, stosując się do określonych reguł i praw fizyki, tak i wy na pewno znajdziecie Boga, jeśli w naukowy sposób zastosujecie prawa duchowe. Najlepiej pomagacie sobie, studiując i stosując te prawa w postaci wyłożonej w naukach Self-Realization Fellowship.

Nie zapomnijcie tego, co wam powiedziałem. „Mądrym – tym, którzy są obudzeni duchowo – wystarczy jedno słowo". A jednak Jezus powiedział: „Żniwo wprawdzie wielkie, ale robotników mało"[9]. Jeśli przyjmiecie te nauki i będziecie je praktykowali, urzeczywistnicie każdą prawdę, którą wypowiedziałem. Nie jest to skomplikowane. Podałem tylko te nauki duchowe, które umożliwią wam postrzeganie Boga i obcowanie z Nim. Bez względu na to, jak nieprzyjemne są warunki waszego życia na tym świecie, kiedy odkryjecie Boga, zobaczycie, że działa On poprzez was i przejawia się we wszystkim, i wypełni was Jego miłość i radość.

Indyjscy *riszi* przypominają nam, że zdrowie i powodzenie, osiągnięcia materialne i majątek nie są trwałe. Po co koncentrować się jedynie na celach, które są zniszczalne? To, co jest trwałe, to

---

8 „Drzwi wszędzie" w *Szeptach z wieczności*.
9 Mt 9,37.

zawsze nowy, pełen radości kontakt z Bogiem i osiągnięcie Samorealizacji – dowiedzenie się kim jesteście, poznanie, że obraz Boga jest w każdym z was. Kiedy osiągniecie tę świadomość, będziecie spełnieni. Święte pisma indyjskie nazywają *siddhą* tego, kto osiąga ten stan – „tym, który odniósł sukces". Kiedy nauczałem kongregacje liczące setki i tysiące osób, często nazywano mnie „tym, który odniósł sukces". To mi nie imponowało. Człowiek może zasłynąć w całym świecie, a jednak pozostać nieznanym temu Jedynemu, którego uznanie ma znaczenie; a ten, kto przyciąga uwagę Boga, może być zupełnie nieznany światu. Co byście woleli? Ja pragnąłem jedynie uznania mego Ojca. Uznanie świata może być tak upajające, że człowiek zapomina o pielęgnowaniu przynoszącej całkowite spełnienie aprobacie Pana.

Dla człowieka jest rzeczą naturalną pragnąć roli króla na tej ziemskiej scenie, ale gdyby wszyscy byli królami, nie mogłoby być tej sztuki. Twoja rola jest równie ważna jak role wszystkich innych. Rzecz w tym, że musisz grać swoją rolę zgodnie z życzeniem Boskiego Reżysera; jeśli odgrywasz ją tak, aby zadowolić Boga, odniesiesz sukces. Nieustanną modlitwą każdego ludzkiego serca powinno być:

„Mój Panie, działaj przez moje ręce; stworzyłeś je, aby Ci służyły i zrywały kwiaty do Twojej świątyni. Stworzyłeś moje oczy, aby dostrzegały Twoją obecność w migoczących gwiazdach, w oczach uduchowionych wielbicieli; stworzyłeś moje stopy, aby wszędzie niosły mnie do Twoich świątyń, po to bym spijał nektar Twoich kazań dla poszukujących dusz; stworzyłeś mój głos po to tylko, by mówił o Tobie. Kosztuję zdrowe pożywienie, aby mi przypominało o Twej wszechodżywczej dobroci; wdycham zapachy kwiatów, abym mógł oddychać Twą wonną w nich obecnością. Tobie ofiarowuję moje myśli, uczucia i miłość. Wszystkie moje zmysły są w harmonii z Twą niebiańską orkiestrą zapachów, piękna i radości, powtarzających swoje refreny w wiecznej symfonii kosmosu.

Prowadź mnie od ciemności ku światłu. Prowadź mnie od nienawiści ku miłości. Prowadź mnie od ograniczeń ku Twej niewyczerpalnej mocy; prowadź mnie od niewiedzy ku mądrości. Prowadź mnie od cierpienia i śmierci ku wiecznemu życiu i radości w Tobie. Przede wszystkim prowadź mnie od ułudy ludzkich przywiązań ku uświadomieniu sobie Twej wiecznej miłości, która bawi się ze mną w chowanego we wszystkich formach ludzkiej miłości.

Ojcze, Matko, Przyjacielu, Umiłowany Boże, objaw się mi! Nie pozostawiaj mnie dłużej w niewiedzy. Z najświętszej świątyni mej duszy wyrzucam całą ułudę. Bądź Panie jedynym Królem zasiadającym na tronie moich ambicji, jedyną Królową w zamku mojej miłości, jedynym Bóstwem w świątyni mojej duszy. Niech trwam przebudzony w Twej świadomości, abym mógł modlić się i domagać nieprzerwanie, aż rzeczywiście otworzysz wszystkie drzwi do Twego domu mądrości i przyjmiesz mnie, swoje marnotrawne dziecko, i ugościsz utuczonym cielęciem nieśmiertelności i wieczną radością".

Niewidzialny człowiek

*Pierwsza Świątynia Self-Realization Fellowship
w Encinitas, Kalifornia, 3 marca 1940*

Myśl, że człowiek jest niewidzialny, wydaje się niedorzeczna. Codziennie jesteśmy dla siebie widzialni jako ciała fizyczne. Istnieje jednak wiele sposobów, na które przejawiamy właściwą nam niewidzialność. Dla przykładu, zamknijcie oczy. Wasze ciało jest dla was niewidzialne; skąd wiecie, że istniejecie? Jesteście świadomi ciężaru ciała, możecie słyszeć, czuć zapach, odczuwać smak i dotyk. Niemniej jednak jesteście dla siebie realni tylko w kategoriach idei. Jesteście niewidzialnymi jądrami, wokół których obraca się wiele myśli. Teraz otwórzcie oczy. Czy jesteście ciałem, które widzicie, czy ową wewnętrzną istotą, której dopiero co byliście świadomi, gdy mieliście zamknięte oczy?

Człowiek widzialny ma niewielkie znaczenie; niewidzialne „ja", czyli dusza, ma największe znaczenie. W czasie snu nie jesteście świadomi widzialnego człowieka, ale *jesteście* świadomi siebie, bo kiedy się budzicie, wiecie czy spaliście dobrze, czy źle. Dlatego wasze niewidzialne „ja" jest rzeczywiste. Jeśli je usuniecie, wasza zewnętrzna widzialność będzie bez znaczenia. Pozbawione niewidocznej jaźni ciało byłoby równie bezwartościowe jak trup. Niewidzialny człowiek w tobie jest tym prawdziwym człowiekiem. Dziwne, że człowiek nie próbuje analizować, czym jest to niewidzialne „ja". Tak bardzo troszczy się o swoje widzialne ciało, myśląc stale o swoim wyglądzie i dobrym samopoczuciu, że nie zatrzymuje się, aby pomyśleć, że to wewnętrzna niewidzialna jaźń jest rzeczywista.

Wewnątrz ciała fizycznego, ale niewidzialne dla fizycznych oczu, znajduje się identyczne ciało ze światła – astralne okrycie duszy. Gdyby obcięto ci jeden z palców, nadal czułbyś go tak, jak gdyby tam był. Każdy, kto stracił kończynę, zna to uczucie. Istnieje niewidzialny astralny odpowiednik każdej części ciała. Za waszym fizycznym sercem jest niewidzialne serce. Bez niego nie istniałoby twoje widzialne serce. Macie niewidzialne narządy wzroku i słuchu, niewidzialny mózg, niewidzialne kości i nerwy. Te części – tkanki ze światła i energii – tworzą ciało astralne niewidzialnego człowieka. Ciało astralne wygląda dokładnie tak jak widzialne, tyle że jego kształt, utworzony ze światła i energii, jest nader subtelny.

Jeśli jesteście dotknięci kalectwem, nie powinniście mówić: „Moje oczy nie widzą" albo „Straciłem rękę". Nadal macie niewidzialne oczy i ręce. Chociaż możecie mieć sparaliżowane fizyczne ręce, wasze niewidzialne ręce nie są niesprawne. Nigdy nie myślcie, że choroba narządów fizycznych w jakikolwiek sposób wpływa na narządy niewidzialne, ponieważ wasze negatywne myśli utrudnią dopływ inteligentnej energii życiowej do części ciała fizycznego.

Prąd elektryczny płynie przewodem. Co jest ważniejsze, przewód czy elektryczność? Przewód istnieje tylko po to, by przewodzić prąd; elektryczność istnieje sama przez się. Tak więc ciało istnieje po to, by używał go niewidzialny człowiek – dusza, a nie odwrotnie. Ciało fizyczne musi być jednak w określonym stanie, by niewidzialna jaźń w nim pozostawała.

Jaka szkoda, że ta niewidzialna jaźń przywiązana jest do ciała! Gdyby nie to, moglibyśmy chodzić po wodzie i latać po niebie, a potem powracać do ciała fizycznego. Astralne ciało niewidzialnego „ja" ma zmysły postrzegania o wiele potężniejsze niż ich fizyczne odpowiedniki. Człowiek wynalazł maszyny, które pod pewnymi względami są lepsze od ciała fizycznego, jako że ciało ma wiele ograniczeń. Ale kiedy rozwiniecie świadomość niewidzialnego ciała astralnego, uświadomicie sobie, że słyszy ono to, czego nie słyszą fizyczne uszy, i widzi to, czego fizyczne oczy nie widzą. Może ono również wąchać, smakować i dotykać przedmiotów znajdujących się daleko poza zasięgiem zmysłów fizycznych. I możecie je dowolnie powiększać albo zmniejszać, podobnie jak operator siedzący w kabinie projekcyjnej może powiększać lub zmniejszać obrazy na ekranie filmowym.

Badajcie elektryczność, która zapala żarówkę ciała

Zawsze troszczycie się o swoje ciało-żarówkę. Czy pomyśleliście kiedyś, jaką wspaniałą rzeczą byłoby zbadanie elektryczności, która zapala żarówkę ciała? Człowiek widzialny składa się zasadniczo z szesnastu elementów, pierwiastków chemicznych, które można kupić w sklepie. Wasze ciało warte jest około dziewięćdziesiąt centów; w okresie kryzysu gospodarczego nawet mniej! Dlaczego nie podtrzymywać więc lepszej znajomości z niewidzialnym człowiekiem? To on posiada moc, przyjaciół i miłość. Bez niego człowiek widzialny nie ma nic, jest tylko pierwiastkami chemicznymi, z których jest utworzony.

Skierujcie światło swojej uwagi do wewnątrz, z dala od ograniczonego widzialnego człowieka. Ciało fizyczne cierpi na bóle pleców i żołądka, podupada na starość. To ogromnie dokuczliwy zwierzak! Stale płacze i marudzi, czegoś chcąc. Człowiek widzialny nie wytrzymuje niefortunnego upadku, a czasem nawet wzdraga się przed ukłuciem szpilką; człowieka niewidzialnego nic nie rani. Jest wolny. Potrafi usunąć wszystkie dolegliwości ciała fizycznego. Niewidzialny człowiek w tobie jest tym, kim jesteś. „Ten, kto przenika wszystkie rzeczy, jest niezniszczalny. Nic nie ma mocy zniszczenia tego Niezmiennego Ducha"[1].

Myślicie, że jesteście ciałem, ale nie jesteście. Bryłkę lodu można rozpuścić w ciecz, a następnie sprawić, by zniknęła, parując. Proces ten można odwrócić, skraplając parę w ciecz i zamrażając ciecz do postaci ciała stałego, z powrotem w lód. Zwykły człowiek nie nauczył się jeszcze dokonywać podobnych przemian atomów swego ciała, lecz Chrystus pokazał, że to możliwe.

Ciało ludzkie składa się z trzydziestu pięciu myśli Boga

Ciało ludzkie złożone z szesnastu elementów materialnych jest ledwie cieniem niewidzialnego człowieka, który ma dwa ciała – postać astralną utworzoną z prądów elektrycznych i postać przyczynową utworzoną z idei. Wasza astralna postać ze światła składa się z dziewiętnastu elementów, a niewidzialna postać przyczynowa z trzydziestu pięciu myśli – dziewiętnastu idei, które wytworzyły dziewiętnaście elementów elektrycznych ciała astralnego[2], i szesnastu idei, które wytworzyły szesnaście gęstych elementów materialnych ciała fizycznego. Bóg najpierw stworzył żelazo i potas, i inne

---

[1] *Bhagawadgita* II:17.
[2] Zob. *ciało astralne* w Słowniczku.

pierwiastki chemiczne jako idee; następnie zmaterializował je, aby stworzyć wasze ciało fizyczne. Prawdziwi wy jesteście niewidzialni, ponieważ nawet wasze ciało fizyczne, tak jak wszystko inne w stworzeniu, zostało najpierw poczęte w myśli.

Tak więc wasze ciało ma zasadniczo postać przyczynową, która składa się z trzydziestu pięciu myśli, zawartych w ciele astralnym, złożonym z dziewiętnastu elementów zbudowanych ze światła i energii, które z kolei okryte jest ciałem fizycznym, złożonym z szesnastu pierwiastków chemicznych. Kiedy umrzecie, widzialne ciało fizyczne sczeźnie, ale astralne ciało niewidzialnego „ja", które znajdowało się wewnątrz niego, będzie dla was rzeczywiste. Będziecie świadomi swojego ciała astralnego. Wyższy rozwój duchowy pozwoli wam dostrzec, że subtelne ciało astralne można zredukować do trzydziestu pięciu myśli i że wasza świadomość ponad tymi trzydziestoma pięcioma myślami to Rzeczywistość; albowiem świadomość, czyli dusza, jest iskrą kosmicznej świadomości Boga.

Kiedy oglądamy film [w kinie], widzimy na ekranie wiele postaci, ale jeśli spojrzymy w górę, zobaczymy tylko jeden snop światła, przenoszący te obrazy. Podobnie z mózgu wypływa pięć prądów energii, wibracyjnych twórczych żywiołów ziemi, wody, ognia, powietrza i eteru, które zagęszczają się, materializując [to] fizyczne ciało na ekranie stworzenia[3].

Dawniej filmy były nieme. Obecnie jest dźwięk i eksperymentuje się z zapachami, aby oglądając na ekranie ogród, można było także czuć zapach kwiatów. Kiedy te stworzone przez światło kształty będzie można poczuć dotykiem i posmakować, to będzie to oznaczać, że opanowaliście pięć aspektów Bożego stworzenia. Pięć zmysłów, którymi człowiek pojmuje stworzenie, odpowiada pięciu

---

3 Kosmiczna wibracja, czyli *Aum*, buduje cały fizyczny wszechświat, z ciałem ludzkim włącznie, przejawiając się w postaci pięciu *tattw* (żywiołów): ziemi, wody, ognia, powietrza i eteru. Są to inteligentne siły wibracyjne. Bez żywiołu ziemi nie byłoby stanu stałego materii, bez żywiołu wody – stanu płynnego, bez żywiołu powietrza – stanu gazowego, bez żywiołu ognia – ciepła, bez żywiołu eteru – tła do rozegrania kosmicznego widowiska. Twórcza wibracja kosmiczna wnika w ciało człowieka przez rdzeń przedłużony, a następnie zostaje rozdzielona na pięć przynależnych żywiołom prądów poprzez działanie pięciu niższych *czakr*, ośrodków: czakrę podstawy (ziemia), sakralną (woda), pępkową (ogień), sercową (powietrze), gardłową (eter).

zbudowanym z elektryczności żywiołom – eterowi (słuchowi), powietrzu (dotykowi), ogniowi (wzrokowi), wodzie (smakowi) i ziemi (zapachowi) – z których zmaterializowało się stworzenie. Kiedyś cały świat pojawi się wam jako swego rodzaju film – kształty świetlne, które są prawdziwe dla pięciu zmysłów. Okropne rzeczy, które dzieją się obecnie w świecie, są boleśnie realne; kiedy jednak potraficie je zobaczyć jako twory ze światła i cieni, zrozumiecie, że są tylko widowiskiem, częścią teatru Boga.

Tylko śnicie, że macie ciało z krwi i kości. Wasze prawdziwe „ja" jest światłem i świadomością. Nie jesteście ciałem fizycznym. Widoczność ciała zwodzi naszą ziemską świadomość. Jeśli będziecie rozwijali nadświadomość – poczucie swego prawdziwego „ja", duszy – uświadomicie sobie, że ciało to tylko projekcja tego niewidzialnego „ja" w was. Wtedy możecie robić wszystko z ciałem. Ale nie próbujcie jeszcze chodzenia po wodzie!

W kinie pochłaniają was obrazy na ekranie. Wyglądają tak realnie! Nie jesteście świadomi światła nad głową, które przenosi obrazy. Ale jeśli spojrzycie w górę, zobaczycie, że to co widzialne wyłania się z niewidzialnego; kształty na ekranie wyłaniają się z jednego snopu światła, wychodzącego z kabiny projekcyjnej. Jaka jest różnica między światłem a obrazami? Gdyby nie było światła, czy obrazy mogłyby się zmaterializować? Podobnie, gdyby nie było niewidzialnego człowieka, nie byłoby widzialnego. Gdy niewidzialny człowiek opuszcza ciało fizyczne, ciało to się rozkłada. Ci, którzy rozumieją subtelny związek między widzialnym i niewidzialnym człowiekiem, potrafią dowolnie dematerializować i materializować ciało fizyczne[4]. Zbliżamy się w naszej ewolucji do okresu, kiedy coraz bardziej będziemy sobie uświadamiać, że w istocie jesteśmy istotami niewidzialnymi, czyli duszami.

---

[4] Wielcy mistrzowie, którzy osiągnęli urzeczywistnienie Boga, potrafią na życzenie poukładać atomy, tak aby stworzyć dowolne ciało. W swojej autobiografii Paramahansa Jogananda opowiada, że jego umiłowany guru, swami Śri Jukteśwar, pojawił się przed nim w ciele trzy miesiące po śmierci. Nie tylko był w widzialnym ciele; Paramahansa dźi wspomina, że objął swojego guru „uściskiem ośmiornicy" i poczuł „ten sam lekki, naturalny zapach, jaki jego ciało miało przedtem". Dalej, guru i uczeń długo ze sobą rozmawiali, co opisane jest w *Autobiografii jogina* w rozdziale 43 – „Zmartwychwstanie Śri Jukteśwara" (nota Wydawcy).

Niewidzialny człowiek wolny jest od cierpienia i śmierci

Życie wyłącznie w świadomości widzialnego ciała z krwi i kości hamuje nasz rozwój duchowy, albowiem to ciało podlega cierpieniom, takim jak choroba, zranienie, ubóstwo, głód i śmierć. Nie powinniśmy [pragnąć] myśleć o sobie jako o widzialnym, podatnym na zranienie, zniszczalnym ciele. Niewidzialnego człowieka w nas nie można zranić ani zabić. Czyż nie powinniśmy usilniej dążyć do urzeczywistnienia naszej nieznanej nieśmiertelnej natury? Pogłębiając naszą wiedzę o tym niewidzialnym „ja", będziemy mogli kontrolować człowieka widzialnego, tak jak czynią to wielcy mistrzowie. Nawet wtedy, gdy widzialny człowiek jest w nieszczęściu, ten, kto jest świadom swych boskich mocy jakie posiada wewnętrzny niewidzialny człowiek, potrafi pozostać obojętny wobec fizycznego cierpienia.

Jak osiągnąć taką kontrolę? Najpierw musicie nauczyć się więcej żyć w ciszy, musicie nauczyć się medytować. Z początku może się to wydawać nieinteresujące. Utrzymywaliście tak bliski kontakt z widzialnym ciałem, że myślenie o czymkolwiek poza jego nieustannymi dolegliwościami, pragnieniami i wymaganiami sprawia wam trudność. Ale postarajcie się. Zamknąwszy oczy, powtarzajcie wciąż: „Jestem stworzony na obraz Boga. Mojego życia nie sposób zniszczyć. Jestem niewidzialnym, wiecznym człowiekiem".

Wszystko jest rezultatem idei

Niewidzialny człowiek uczyniony jest na podobieństwo Boga – wolny tak, jak wolny jest Duch. Człowiek widzialny podlega wszystkim trudnościom i ograniczeniom świata. Zawsze, gdy jesteśmy świadomi ciała, pozostajemy przywiązani do jego ograniczeń. Dlatego wielcy mistrzowie nauczają, aby zamykać oczy i przypominać sobie drogą medytacji o niewidzialnym „ja", że nie jesteśmy ograniczeni tym, co może czynić nasze fizyczne ciało. Ja dawniej afirmowałem z głębokim przekonaniem: „Nie jestem ograniczony moim fizycznym ciałem. Dokądkolwiek chcę się udać, jestem tam natychmiast". Możecie powiedzieć: „To tylko myśl". Czym jednak jest myśl? Wszystko, co widzicie jest rezultatem idei. Nie zdołalibyście sobie niczego wyobrazić bez myśli. Niewidzialna myśl nadaje realność wszystkim rzeczom. Dlatego, jeśli potraficie kontrolować procesami myślowymi, możecie każdą rzecz uczynić widzialną, możecie ją zmaterializować mocą koncentracji.

Przypuśćmy, że siedzicie w ciszy, a ja proszę was, abyście skoncentrowali się na świątyni, w której się teraz zgromadziliśmy. Próbujecie raz za razem, dotąd aż wasz umysł zanurzy się bardzo głęboko, wtedy zobaczycie świątynię dokładnie tak, jak widzicie ją teraz fizycznymi oczami. Niewidzialne myśli mogą się zmaterializować jako doświadczenia wizualne.

Kiedy zamykacie oczy, nie widzicie swojego ciała, a jednak jest ono dla was rzeczywiste. Dlaczego macie sądzić, że niewidzialne „ja" jest nierzeczywiste tylko z tego powodu, że go nie widzicie? W medytacji spoglądacie w ciemność za zamkniętymi oczami i koncentrujecie uwagę na duszy, niewidzialnym „ja" w was. Ucząc się kontrolować myśli i interioryzować umysł naukowymi technikami przekazanymi przez guru, stopniowo rozwiniecie się duchowo: wasze medytacje będą się pogłębiać, a wasze niewidzialne „ja", dusza-obraz Boga w was, stanie się dla was rzeczywiste. W tym radosnym przebudzeniu Samorealizacji ograniczona świadomość ciała, dotąd tak rzeczywista, staje się nierzeczywista, i wiecie, że odnaleźliście prawdziwą, niezwyciężoną jaźń i jedność z Bogiem.

Bądź nieśmiertelny teraz

Zrozumiecie także, w jaki sposób niewidzialny człowiek "uwiązany" jest do ciała fizycznego przywiązaniami, mentalnymi i emocjonalnymi sznurami pragnień, aby doświadczać określonych rzeczy w sterze fizycznej. Kiedy dzięki głębokiej medytacji zdołacie rozwiązać te sznury, będzie on wolny, a wy poznacie, że jesteście prawdziwym obrazem Boga. Odszukajcie tego niewidzialnego człowieka, uwięzionego w dżungli fizycznych doznań i materii.

Gdybyście raz zrozumieli niewidzialnego człowieka i cud, jakim jest jego zewnętrzne ciało fizyczne – drugorzędne ciało ze światła – i jego wewnętrzne ciało idei, uświadomilibyście sobie, jakimi cudownymi jesteście stworzeniami! Skoncentrujcie się na tym niewidzialnym „ja". Człowiek widzialny jest złudą, niewidzialny człowiek wewnętrzny jest rzeczywistością. Kiedy to zrozumiecie, będziecie wiedzieli, że nie jesteście ciałem i kośćmi; jesteście niezniszczalnym, niewidzialnym człowiekiem.

Nie możecie umrzeć! Nie rozmyślajcie już więcej o starzeniu się i szykowaniu się do grobu. Przygotowujecie się jedynie do stanu nieśmiertelności. Złożony z idei wzorzec waszego ciała jest zawsze obecny w eterze. Macie uczucie, że wasi zmarli bliscy odeszli na zawsze, bo nie macie mocy koncentracji niezbędnej, aby ich ujrzeć w ich ciałach subtelnych w świecie astralnym, gdzie przebywają. Miejcie uwagę skupioną na tych prawdach, powtarzając je sobie, ilekroć macie chwilę spokoju: „Jestem pierwowzorem myśli Bożej. Jestem wieczny, nieustannie przemierzam królestwo Boże". *Jesteście* tym nieśmiertelnym, niewidzialnym człowiekiem i zawsze będziecie. Dlaczego nie stać się nieśmiertelnym teraz?

Dwoje waszych fizycznych oczu oszukuje was, zmuszając do myślenia, że ten dualny świat jest rzeczywisty. Otwórzcie swoje duchowe oko i ujrzyjcie swoją niewidzialną postać. Jeśli w wewnętrznej ciszy wasze duchowe oko jest otwarte, niewidzialny staje się widzialnym. Zawsze, gdy myślicie, śnicie albo głęboko się koncentrujecie, jesteście tym niewidzialnym człowiekiem. Jest on rzeczywisty; widzialny człowiek jest cieniem. Zapomnijcie o cieniu i pamiętajcie o tym, co rzeczywiste. Bądźcie jednym z niewidzialnym człowiekiem – odbiciem Boga.

Czym są duchy?

Świątynia Self-Realization Fellowship,
Hollywood, Kalifornia, 22 lipca 1945

Jest mnóstwo najprzeróżniejszych opowieści o duchach, diabłach, czarownicach czy wampirach i niemało ludzi twierdzi, że mieli różne doświadczenia z takimi istotami. Spośród kilkunastu przypadków, które zwróciły moją uwagę, większość osób, których to dotyczyło, cierpiała na zbyt silną i chorą wyobraźnię. Jedna z nich, kobieta, miała okazję przeczytać książkę o wampirach, i wytwory jej wyobraźni były tak żywe, że była przekonana, iż jeden z nich każdej nocy wysysa z niej krew. Ilekroć mnie odwiedzała, jej stan się poprawiał, ale myśl o nocnych odwiedzinach wampira była u niej tak silna, że po jakimś czasie znowu jej się pogarszało. Zmarła przedwcześnie – zabiły ją jej własne myśli[1].

W szesnastym wieku powszechna była wiara w czary i setki osób podejrzanych o ich uprawianie fałszywie oskarżano o bycie w zmowie z diabłem i zgładzano. Joannę d'Arc spalono na stosie jako czarownicę. Nawet Jezusa Chrystusa, który uzdrawiał chorych i czynił wyłącznie dobro, oskarżono o konszachty z Belzebubem. To prawda, że przy różnych okazjach złe duchy zamieszkałe w opętanych osobach rozpoznawały Jezusa i mówiły do Niego: „Och, czego chcesz od nas, Jezusie Nazarejczyku? Przyszedłeś nas zgubić? Wiem, kto jesteś: Święty Boży"[2]. Sam Jezus mówił o Szatanie[3] i o złych duchach, które wypędził z wielu osób, a w jednym przypadku przegnał złe duchy do ciał świń.

---

1 W obecności mistrza, takiego jak Paramahansa Jogananda, który jest świadomym Boga, podatni wielbiciele często zostają uzdrowieni z chorób psychicznych lub fizycznych. Trwałe uzdrowienie zależy zwykle od stałości wiary i podatności osoby uzdrawianej. Ci, którzy wracają do niewłaściwego sposobu myślenia, tak jak ta kobieta, pozwalają na powrót choroby (nota Wydawcy).

2 Łk 4,34.

3 Łk 4,1-13.

Istnieje inny świat – astralny, ukryty za tym wszechświatem. Jego mieszkańcy odziani są w astralne ciała uczynione ze światła. Nie mając fizycznego ciała, są „duchami", niewidzialnymi dla nas. Zwykle są oni zamknięci w swojej własnej sferze, podobnie jak my jesteśmy ograniczeni naszym fizycznym światem. Gdyby spośród istot astralnych – tym o złych intencjach łatwo było wnikać w sferę ziemską i nas krzywdzić, żylibyśmy cały czas w potwornym strachu. Już jest wystarczająco dużo okropności na naszej ziemi. Czyż nie unoszą się wszędzie wokół nas miliony zabójczych zarazków? Bóg z pewnością nie pozwoliłby na to, aby do naszych cierpień doszła jeszcze ingerencja ze strony upiorów!

Jest jednak kilka istot astralnych znanych jako „dusze włóczęgowskie". Przywiązane są one do ziemi z powodu silnych więzów ze światem i pragną wejść w ciało fizyczne dla przyjemności zmysłowych. Istoty takie są zwykle niewidoczne i nie mają mocy wpływania na zwykłego człowieka. Duszom włóczęgowskim udaje się niekiedy posiąść czyjeś ciało i umysł, ale tylko wtedy, gdy taka osoba jest niezrównoważona psychicznie bądź jej umysł jest osłabiony z powodu pustki w głowie lub niemyślenia. To tak, jakby zostawić otwarty samochód z kluczem w stacyjce, a wtedy może doń wsiąść jakiś włóczęga i odjechać. Dusze włóczęgowskie chcą się bezpłatnie przejechać pojazdem ciała fizycznego innej osoby – obojętnie kogo – jako że utraciły własne ciało, to, do którego były tak bardzo przywiązane. W takich właśnie przypadkach opętania Jezus egzorcyzmował włóczęgowskie duchy. Takie dusze nie mogą znieść wysokich wibracji uduchowionych myśli i świadomości. Szczerzy poszukiwacze Boga, którzy praktykują naukowe metody modlitwy i medytacji, nie muszą nigdy obawiać się takich istot. Bóg jest Duchem wszystkich duchów. Tego, kto ma umysł skupiony na Bogu, negatywne istoty nie mogą skrzywdzić.

Potrójna natura człowieka

Aby lepiej rozumieć, kim są istoty astralne, zrozummy najpierw, kim jesteśmy my. Gdy Bóg nas stworzył, istnieliśmy najpierw jedynie jako świadomość. Byliśmy wytworem Jego umysłu. Czyż nie jest prawdą, że kiedykolwiek tworzysz coś nowego, pierwszy krok polega na zwizualizowaniu modelu tej rzeczy w umyśle? Potem zbierasz materiały i ostatecznie konstruujesz namacalne wyobrażenie swojej idei. Tak samo my i wszystko w stworzeniu jest potrójne: mentalne (idea), astralne (materiał budowlany) i fizyczne (produkt końcowy z gęstej materii).

Ciało fizyczne składa się z szesnastu elementów. To cud, w jaki sposób Bóg połączył chemiczną materię pierwiastków fizycznych, tak aby wyrażały inteligencję! Niemniej jednak ciału fizycznemu daleko jest do doskonałości. Możemy wyobrazić sobie o wiele lepsze! Ja chciałbym stworzyć ciało, które byłoby jak azbest, zdolne przejść przez ogień i nie spalić się, takie, którego kości by się nie łamały i które nie cierpiałoby na nieprzyjemny kaszel. Ciało fizyczne cierpi na różne dolegliwości: często brak mu „świec zapłonowych"; jedna część po drugiej się psuje, aż w końcu szwankuje serce.

Amerykanie lubią kupować co roku nowy samochód, ale muszą zadowolić się starym sześćdziesięcio- lub siedemdziesięcioletnim modelem ciała! Mimo to, nawet kiedy model ten rozpada się, nadal chcesz się go trzymać, aż w końcu Pan mówi: „No już, wysiadaj z niego!". Wtedy wyskakujesz ze znoszonego fizycznego ciała i widzisz, że odziany jesteś w ciało świetliste, astralne ciało ze światła i energii[4]. Cieszysz się, że możesz słyszeć, widzieć, dotykać i że twoja nowa postać nie posiada kości, które można by złamać ani ciała, które można by zranić.

Nasze ciało astralne składa się z dziewiętnastu elementów – mentalnych, emocjonalnych i żywotronicznych. Są nimi: inteligencja, ego, uczucie, umysł (świadomość zmysłowa), pięć narzędzi wiedzy (subtelnych mocy kierujących działaniem fizycznych narządów zmysłów wzroku, słuchu, węchu, smaku i dotyku), pięć narzędzi działania (mocy odpowiedzialnych za wykonawcze zdolności rozmnażania się, wydalania, mowy, chodzenia i sprawność manualną) i pięć narzędzi siły życiowej (umożliwiających funkcje krystalizacji, przyswajania, wydalania, metabolizmu i krążenia ciała fizycznego).

Wszystkie one są subtelnie wykonane. W [ziemskim] świecie snu

---

[4] W świecie astralnym jest wiele poziomów lub sfer, tworzących niebo lub piekło życia po śmierci. „W domu Ojca mego jest mieszkań wiele" (J 14,2). Dobre zachowanie człowieka na ziemi przyciąga go do którejś z wyższych sfer światła, spokoju i radości. Złe uczynki przyciągają go do niższej, ciemnej sfery, gdzie jego doświadczenia mogą przypominać piekielne koszmary. Człowiek pozostaje w świecie astralnym przez wyznaczony karmicznie czas, a potem znowu rodzi się na ziemi w ciele fizycznym.

możemy widzieć, słyszeć, odczuwać zapachy, smaki i czuć dotykiem dzięki *mocy*, która jest w pięciu zmysłach. A w świecie astralnym, nawet nie posiadając fizycznych narządów uszu, oczu, nosa, języka i skóry, nadal mamy zdolność postrzegania wszystkimi pięcioma zmysłami. Ciało astralne jest nieważkie i przemieszcza się tak jak światło. Można je z własnej woli zmniejszyć do wielkości atomu albo bardzo powiększyć. Czemu nie? Bóg, boski operator kosmicznego filmu stworzenia, może powiększyć lub zmniejszyć obraz na ekranie. Jest On kinooperatorem, wyświetlającym film z kabiny wieczności. Ty jesteś zindywidualizowanym wyrazem Jego bezkresnego światła. Dlatego twoje ciało astralne jest znacznie bardziej wolne od kosmicznych ograniczeń, które tak silnie krępują ciało fizyczne.

Zanim jednak Bóg faktycznie stworzył ciała fizyczne i astralne, musiał najpierw pomyśleć, z jakich materiałów je zbudować. Dlatego mamy również ciało przyczynowe, czyli myślowe, złożone z trzydziestu pięciu elementów: z szesnastu idei, z których powstają pierwiastki ciała fizycznego i z dziewiętnastu idei składających się na elementy ciała astralnego. Działanie pięciu narzędzi siły życiowej ciała astralnego sprawia, że przyczynowe myślokształty stają się widzialnym świetlistym ciałem astralnym i ciałem fizycznym z gęstej materii. Poniższy eksperyment zilustruje tę ideę. Zamknij oczy i wyobraź sobie konia po lewej stronie. Z początku koncept ten będzie niewyraźny, ale jeśli zasugeruję, że koń jest biały, wyobrazisz go sobie łatwiej. Teraz pomyśl o czarnym koniu po prawej stronie. Tworzysz obrazy mentalne, czyli przyczynowe. Zamień je następnie miejscami, tak aby biały koń był po prawej. Jeśli potrafisz wizualizować trochę wyraźniej, zdołasz zobaczyć te myślokształty jako rzeczywiste obrazy. To właśnie robisz we śnie: wtedy umysł jest bardziej skoncentrowany, co sprawia, że myślokształty stają się dla ciebie widoczne. Sny i wizje są w istocie astralne, jako że zbudowane są ze światła i energii. Gdybyś potrafił rzeczywiście uczynić czarnego i białego konia prawdziwymi dla zmysłów fizycznych, zmaterializowałbyś fizyczne stworzenie.

Tak więc zasadniczo zbudowani jesteśmy z trzydziestu pięciu idei, które tworzą ideowe, czyli przyczynowe ciało człowieka. Zamknięty w tych trzydziestu pięciu myślach jest duch Boży, którego nazywamy duszą. Podobnie jak jeden płomień wyłania się z drobnych otworów palnika gazowego w postaci wielu oddzielnych płomieni, tak i my wszyscy jesteśmy jednym światłem płynącym od Boga i wpływającym w wiele ciał.

W chwili śmierci pozostajemy nadal zamknięci w ciele astralnym i w ciele przyczynowym

Kiedy umieramy, nasze ciało fizyczne złożone z szesnastu pierwiastków rozpada się, ale dziewiętnaście elementów ciała astralnego pozostaje nienaruszonych. Gdzie zatem znajdują się wszystkie dusze, które opuściły ziemię? Wędrują w eterze. „To niemożliwe" – powiecie. Uczyńmy więc takie porównanie. Gdyby przyszedł tutaj prosty człowiek – jaskiniowiec, a ja powiedziałbym mu, że muzyka przenosi się przez eter, śmiałby się ze mnie albo może by się przestraszył, ale gdybym następnie przyniósł radio i nastawił je na stację, gdzie grają muzykę, nie mógłby już zaprzeczyć prawdziwości mojego stwierdzenia. Podobnie mógłbym wam teraz pokazać, że istoty astralne wędrują w eterze, i nie moglibyście temu zaprzeczyć. Świat astralny jest tutaj, tuż poza gęstą wibracją fizycznego kosmosu.

Gdybyście mogli zobaczyć rzesze istot astralnych znajdujących się w tej chwili wokół was w eterze, wielu z was by się przestraszyło, a niektórzy staraliby się odszukać wśród nich ukochanych zmarłych. Koncentrując się mocno na duchowym oku, można wzrokiem wewnętrznym oglądać ten świetlisty świat, gdzie żyją wszystkie dusze, które przeszły na płaszczyznę astralną. U człowieka serce działa jako odbiornik, a duchowe oko jako stacja nadawcza. Nawet jeśli nie możecie widzieć swoich utraconych bliskich, to jeśli potraficie w spokoju skoncentrować się na odczuwaniu serca, możecie uświadomić sobie uspokajającą obecność swych bliskich, którzy są teraz w formie astralnej i cieszą się wolnością po wyswobodzeniu z niewoli ciała.

Ja widzę wiele istot astralnych, które opuściły sferę materialną, ale one nie widzą mnie. Nie jestem dla nich widzialny, ale ja mogę je oglądać, jeśli zechcę[5].

---

5 Wielcy mistrzowie pilnują swoich uczniów na planie astralnym i przyczynowym, jak również na ziemi. Mistrzowie tacy potrafią i rzeczywiście materializują się w ciele fizycznym bądź astralnym w odpowiedzi na wołanie duszy prawdziwego wielbiciela, ale robią to mądrze, według własnego uznania. Znajdujemy tego przykład w *Autobiografii jogina* w rozdziale 34, gdzie Lahiri Mahaśaja wzywa Mahawatara Babadźiego, aby pojawił się przed wątpiącymi przyjaciółmi.

Zatem nie zostajemy całkowicie uwolnieni w chwili śmierci, gdy odchodzimy z ciała fizycznego. Nasze dusze pozostają nadal w subtelnych ciałach – astralnym i ideowym. Dopiero gdy człowiek przywdziewa ciało fizyczne, staje się widzialny w tym świecie. Po śmierci ciała fizycznego pozostaje on w ciele astralnym jako „duch": inteligentna niewidzialna istota o zasadniczo tej samej umysłowości i takich cechach, jakie miała na ziemi. Oczywiście mieszkańcy sfer astralnych widzą się wzajemnie w swoich świetlistych ciałach. Jednak byty astralne normalnie nie są widoczne dla nas na ziemi, chyba że potrafimy postrzegać świat astralny duchowym okiem. Kiedy dusze zrzucają ciało astralne i przechodzą w ciało mentalne w świecie przyczynowym[6], nie przestają istnieć, lecz stają się rzeczywiście niewidzialne, podobnie jak niewidzialne są idee.

Jezus powiedział: „Zniszczcie tę świątynię [ciało], a w trzy dni ją wzniosę"[7]. Chciał przez to powiedzieć, że aby stać się jednym z Duchem, musiał pozbyć się ciała fizycznego, astralnego i mentalnego (odrzucając całkowicie przywiązanie do formy). Wymagało to trzech odrębnych działań.

Jeśli dusza, która odeszła, ma niespełnione pragnienia powstałe podczas pobytu na ziemskiej płaszczyźnie, to w astralu nadal je ma i pragnie przejawić się w ciele materialnym. Tak więc dusza ta w swoim wehikule ciała astralnego zostaje ponownie przyciągnięta do połączonego z komórką jajową plemnika i ponownie przybiera fizyczną formę.

Inteligencja obecna w *pranie* tworzy ciało fizyczne

Prana, która przenika ciało fizyczne, jest inteligentną siłą życiową („żywotronami"). Elektryczność rozświetlająca żarówkę nie stwarza żarówki, ale elektryczność, czyli siła życiowa w połączonych komórkach spermy i jaja kieruje rozwojem embrionu i dalszym rozwojem całego ciała ludzkiego. Przejawiająca się jako wyżej wspomniane

---

[6] Gdy dusze są wolne już od ziemskich pragnień, nie muszą więcej wcielać się na ziemi. Dusze takie przemieszczają się między światem astralnym i przyczynowym „niebem", dotąd wcielając się w astralu, aż osiągną wolność duchową także i od tego stanu. Po wyzbyciu się wszystkich pragnień w sferze przyczynowej człowiek zostaje duszą wyzwoloną, czyli wolną.

[7] J 2,19.

pięć sił życiowych ciała astralnego, jest ona inteligentną, czy też świadomie kierowaną siłą.

Niemądrze jest przypisywać sobie na stałe jakiegokolwiek defektu ciała. Przypuśćmy, że w tym życiu straciłeś rękę i myśl o jej utracie tak mocno wbiła ci się w świadomość, iż sądzisz, że już nigdy nie będziesz móc używać tej ręki. Gdy rodzisz się ponownie, przynosisz ze sobą świadomość brakującej ręki i jeśli ta negatywna myśl jest dostatecznie silna, może ona utrudnić twórcze działanie inteligentnej siły życiowej, która kieruje wzrostem rąk twego nowego ciała. Dlatego nigdy nie powinieneś utożsamiać się z wadami swojej postaci fizycznej. Nie należą one do ciebie, ponieważ jesteś czystym, doskonałym obrazem Boga – duszą.

Jak widzisz więc, zanim przyjąłeś ciało fizyczne, byłeś duchem, a kiedy umrzesz, staniesz się ponownie duchem. Jesteśmy także duchami, kiedy śpimy, bo we śnie w ogóle nie mamy świadomości siebie jako ciała fizycznego. Skoro jesteś duchem, kiedy śpisz, i będziesz nim po śmierci, to dlaczego bać się duchów? Byłeś nim i nim będziesz. Jedyna różnica jest taka, że kiedy wchodzisz po śmierci do świata astralnego, nie możesz dowolnie stworzyć sobie takiego ciała fizycznego, jakie masz teraz. Potrafią to tylko wielcy mistrzowie, którzy osiągnęli jedność z Boskim Stwórcą. Dusze rozwinięte duchowo potrafią zagęścić subtelne wibracje astralnego wehikułu tak, że staje się ono namacalne.

Nie powinniśmy bać się śmierci

Boimy się śmierci ze strachu przed bólem i z powodu myśli, że może zostaniemy unicestwieni. Myśl ta jest błędna. Po swojej śmierci Jezus ukazał się uczniom w postaci fizycznej. Lahiri Mahaśaja powrócił w ciele następnego dnia po wejściu w *mahasamadhi*[8]. Udowodnili oni, że nie zostali unicestwieni. Nie powinniśmy negować świadectwa osób, które opanowały prawa kosmiczne, tylko dlatego, że przypadki takie są nieliczne. Nie powinniście ignorować boskich manifestacji Jezusa i mojego *para-paramguru*[9] Babadźiego; ani też

---

8 Ostatnia medytacja, w której mistrz świadomie porzuca swoje ciało fizyczne i łączy się z Duchem, nazywa się *maha*, czyli wielkim *samadhi*.

9 Guru guru czyjegoś guru (zob. *paramguru* i linia *Guru* Self-Realization Fellowship w Słowniczku).

Odwieczne ludzkie poszukiwanie

ja nie mogę zignorować dowodów, tego co sam widziałem – mojego zmartwychwstałego guru, Śri Jukteśwara dźi[10] – ani tego, co doświadczyłem w sobie. „Dusza ta jest w istocie odbiciem Ducha, nie przechodzi agonii śmierci ani bólów podczas porodu; raz zaistniawszy, nigdy istnieć nie przestaje. Nigdy nie została ona zrodzona; żyje wiecznie, nietknięta majiczną magią zmian. Dusza pozostaje ta sama przez wszystkie cykle rozkładu ciała"[11].

Wiele razy, gdy jakiś mieszkający daleko uczeń był chory lub umierający, przyciągał on moje ciało astralne swoim oddaniem. Jeden z takich przypadków miał miejsce tutaj. Seva Devi była bardzo oddaną uczennicą. Zachorowała bardzo poważnie, ale nigdy się na to nikomu nie poskarżyła. Wiedziała, że nadeszła pora jej odejścia z ziemi. Pewnego dnia, gdy byłem u niej z wizytą w Los Angeles, powiedziała: „Proszę, nie zatrzymuj mnie tutaj"[12]. Później przez jakiś czas przebywałem w Pustelni Self-Realization Fellowship w Encinitas. Dano mi radio i budziłem się wcześnie rano, aby posłuchać audycji z Indii. Pewnego ranka nagle intuicyjnie poczułem subtelną astralną wibrację Seva Devi. Przyciągnęła ona moje astralne ciało do siebie swoim oddaniem. Moje ciało fizyczne było jak martwe. Powiedziano mi później, że tuż przed śmiercią Seva Devi wykrzyknęła: „Swami dźi jest tutaj!". Wiedziała, że jest przeze mnie świadomie przeprowadzana do drugiego świata[13]. Jakiś czas później ujrzałem jej świetlistą postać astralną; siedziała na jednej z moich lekcji, tak samo realna jak za życia. Gdyby ktoś mnie wtedy dotknął, także by ją zobaczył. Jednak osoba w stanie świadomości astralnej zwykle nie pozwala się dotykać.

Przechodziliśmy przez śmierć i narodziny bardzo wiele razy, dlaczego bać się śmierci? Przychodzi, aby nas uwolnić. Nie powinniście pragnąć śmierci, lecz powinniście znajdować pocieszenie w świadomości, że jest ona ucieczką od bardzo wielu kłopotów – to emerytura

---

10 Zob. *Autobiografia jogina*, rozdział 43, „Zmartwychwstanie Śri Jukteśwara".

11 Bhagawadgita II:20.

12 Wstawiając się za uczniem u Boga, wielcy mistrzowie mogą przedłużyć jego pobyt na ziemi.

13 W świętym związku guru i ucznia jest to jedno ze zobowiązań guru.

po ciężkiej pracy w życiu. Ja uważam śmierć za bardzo czarującą!

Ludzie boją się śmierci także dlatego, że mieszkają w klatce ciała tak długo, iż obawiają się opuścić to bezpieczne miejsce. Ale niemądrze jest się bać. Pomyślcie tylko – nie trzeba już będzie naprawiać kół wehikułu ciała ani go łatać. Jako że pragnieniem Pana jest, abyśmy używali tego starego modelu aż do śmierci, musimy w nim żyć i o niego dbać. Ja jednak pragnę, aby Pan zechciał każdemu człowiekowi dać umiejętność wchodzenia w *samadhi* i przemieniania wehikułu swego ciała tak łatwo, jak to uczynił *ryszi* Narada. Śpiewał on Bogu w boskiej ekstazie, a kiedy powrócił do stanu zwykłej świadomości, ujrzał, że zrzucił swoje stare ciało i „wcielił się" w nowe, dziarskie ciało młodzieńca. Jest to najwyższa forma transmigracji[14].

W Indiach opowiada się o umierającym młodzieńcu, który słysząc wokół siebie pełne boleści szlochy, wykrzyknął:

> Nie obrażajcie mnie okrzykami współczucia
> Gdy wznoszę się
> Ku krainie wiecznego światła i miłości;
> To ja powinienem wam współczuć.
> Dla mnie nie ma już chorób, połamanych kości,
> Smutku ani dręczących niepokojów serca.
> Śnię radość, szybuję w radości, wdycham radość po wieczne czasy.

Nie wiecie, co wam się przydarzy na tym świecie; musicie dalej żyć w strapieniu. Ci, którzy umierają, współczują nam; błogosławią nam. Dlaczego pogrążać się w żalu po ich śmierci? Powiedziałem to pewnej kobiecie, która utraciła syna. Gdy skończyłem wyjaśnienia, natychmiast otarła łzy i rzekła: „Nigdy przedtem nie czułam takiego spokoju. Cieszę się, wiedząc, że mój syn jest wolny. Myślałam, że przydarzyło mu się coś strasznego".

---

14 Transmigracja, czyli przechodzenie duszy w chwili śmierci z jednego ciała do drugiego; polega na naturalnej wstępującej ewolucji życia, to znaczy, nie zachodzi cofanie się do niższych form życia. Hinduskie pisma święte nauczają, że dusza ewoluuje od królestwa minerałów poprzez królestwa roślin i zwierząt, aż osiągnie poziom, z którego będzie mogła wcielić się w ciało ludzkie. Potem, dzięki powtarzającym się cyklom narodzin i śmierci w ciele ludzkim, podczas których okresowo otrzymuje lekcje, dusza ostatecznie znajduje doskonały wyraz, stając się nadczłowiekiem – człowiekiem, który urzeczywistnił Boga w sobie.

Można świadomie wchodzić i wychodzić z ciała

Wiele rozwiniętych duchowo osób widzi swoje ciało astralne. Święty Jan mówi w Biblii: „Więc kiedy go ujrzałem, upadłem do jego nóg jak martwy"[15]. Kiedy twoje ciało astralne wznosi się, czyli opuszcza ciało w chwili śmierci, widzisz swoje ciało fizyczne jako martwe. Tego samego doświadczają zaawansowani w rozwoju duchowym jogini, kiedy wychodzą z ciała fizycznego na życzenie. W ten sposób Jan, chociaż żywy, podczas *samadhi*, które opisuje, ujrzał swoje materialne ciało jako martwe. To frajda tak wchodzić i wychodzić z ciała. Ale wiele osób, które sądzą, że potrafią to robić, tylko to sobie wyobraża. Samo to, że tak myślisz, nie oznacza, że tego dokonujesz. Musisz znać technikę.

W Nowym Jorku przyszedł do mnie pewien mężczyzna; zapewniał, że może podróżować w świecie astralnym. „Chyba tak nie jest – powiedziałem. – Tylko wyobrażasz sobie, że to robisz". Mimo to nalegał, abym to sprawdził. „Dobrze – zgodziłem się – zejdź w ciele astralnym na dół i powiedz mi, co tam dziś podają w restauracji". Przez chwilę siedział w milczeniu, a potem rzekł: „Po prawej stronie w rogu stoi duży fortepian". Wiedziałem, że sobie to wyobraża, zauważyłem bowiem, że oddycha normalnie i puls ma w normie[16]. „Nic podobnego – powiedziałem. – Myślę, że siedzą tam przy stoliku dwie kobiety". Roześmiał się na te słowa. Zeszliśmy na dół do restauracji. W rogu sali nie było fortepianu, za to siedziały tam przy stoliku dwie kobiety. Mężczyzna w końcu zrozumiał, że padł ofiarą własnej wyobraźni.

Często widzę wewnętrznym astralnym wzrokiem wydarzenia wojenne w Europie, ale wyglądają one jak na filmie. Świat miał z założenia nas bawić, a nie torturować. Bóg uczynił swój film

---

15 Apokalipsa 1,17.

16 Świadome „podróżowanie w astralu" możliwe jest tylko wtedy, kiedy wejdzie się w głęboki stan *samadhi*, w którym świadomość rozszerza się tak, że zachodzi nadświadome postrzeganie wszechwidzącym okiem duchowym. Duchowym okiem można dostrzec każdy punkt w tym świecie albo w astralu i przenieść się tam świadomością. Osoba dostatecznie rozwinięta duchowo może także w dowolnym miejscu materializować swoje astralne, a nawet fizyczne ciało, co nazywa się bilokacją. W stanie astralnego *samadhi* oddech się zatrzymuje i serce przestaje bić; ciało nieruchomieje w stanie przypominającym trans. Tylko wtedy, gdy mistrz osiągnął najwyższy stan duchowy, *nirbikalpa samadhi*, jego ciało może funkcjonować normalnie, podczas gdy on pogrążony jest w boskiej ekstazie.

stworzenia bardzo skomplikowanym, pełnym kontrastów dobra i zła. Idąc do kina, spodziewasz się przeżyć coś emocjonującego. Pomyśl, jak wiele razy chodziłeś oglądać filmy kryminalne, a kiedy film się skończył, mówiłeś sobie: „To był dobry film!". Naucz się patrzeć z takim samym dystansem i przyjemnością na film życia.

To, że jesteśmy teraz zamknięci w klatce ludzkiego ciała, i że w nocy oraz kiedy umieramy, stajemy się duchami, jest dla nas lekcją. Musimy nauczyć się poznawać naszą duchową naturę, naszą niewidzialną potężną naturę. Nie da się jednak jej poznać, jeśli stale koncentrujemy się na ciele: „Boli mnie głowa, chcę tego czy tamtego, nie lubię szpinaku". To, co musisz przezwyciężyć, to zaabsorbowanie sprawami materialnymi. Jak to zrobić? Uczyń myśl o Bogu pierwszą myślą w swoim życiu. Tak długo jak stawiasz Boga na drugim miejscu, nie przyjdzie On do ciebie. Złoto, wino i seks stworzone zostały, aby trzymać cię w tym świecie. Pan używa ich jako sprawdzianów, aby poznać, czy wolisz je od Jego miłości.

Moc czarnej magii istnieje w twojej myśli

Poza strachem przed duchami niektórzy czują wielki strach przed czarną magią i innymi czarnoksięskimi sztukami. Wiele osób mówi mi, że ktoś, kogo znają, używa wobec nich czarnej magii. Tłumaczę im: „Siedzisz w zamku Boga. Nikt nie zdoła cię zranić, jeśli naprawdę wierzysz w Boga". Kiedy jednak żywisz negatywne przekonanie, że ktoś cię rani, dajesz mu moc czynienia tego. Przypuśćmy, że ktoś posyła ci złą myśl, a ty ją przyjmujesz; wtedy cię rani. Ale nie musisz przyjmować złych myśli. Nie bój się ludzi o złych intencjach; nikt nie może na ciebie oddziaływać, chyba że się boisz. Strach i utrzymywanie umysłu w stanie niemyślenia umożliwiają dostęp złu, ale kiedy mówisz: „Bóg jest ze mną", z myśli innych ludzi może dotrzeć do ciebie jedynie dobro. Otul się myślami o Bogu. Jego święte Imię to Moc nad mocami. Jak tarcza odbija ono wszystkie negatywne wibracje.

Kosmiczna wojna między dobrem a złem

Po co obawiać się nieistotnego zagrożenia mocami duchów w postaci włóczęgowskich dusz albo mocami osób, które uprawiają czarną magię? W nas samych i wokół nas istnieje o wiele większe zagrożenie dla naszego szczęścia i powodzenia. Walczą ze sobą dwie siły – jedna chce nas zbawić, druga skrzywdzić. Jesteśmy wplątani w kosmiczną wojnę między dobrem a złem.

Tym światem rządzą istoty niewidzialne, czyli duchy: Bóg Ojciec, Świadomość Chrystusowa, siedem duchów przed tronem Boga[17] oraz Szatan i jego legion złych mocy. Siedem duchów przed tronem Boga to główne inteligentne siły stworzenia: Duch Święty (naczelna stwórcza wibracyjna moc Boga, *Aum*, czyli Amen) i sześć jego zindywidualizowanych twórczych mocy, które budują i podtrzymują wszechświaty – fizyczny, astralny i przyczynowy, oraz fizyczne, astralne i przyczynowe ciała człowieka.

Na początku Szatan był archaniołem[18]. Dano mu moc tworzenia świata według planu Boga. Po ukończeniu zadania miał powrócić do Boga, jako że Bóg chciał, aby powróciło do Niego całe stworzenie. Ale gdyby ta inteligentna moc, uosobiona w pismach świętych w postaci Szatana, miała powrócić do Ducha, stworzenie zniknęłoby. Aby temu zapobiec, Szatan wszczepił człowiekowi złe (to znaczy materialne) pragnienia, których spełnienie wymagałoby jego wielokrotnych powrotów na ziemię, utrzymując w ten sposób działanie maszynerii stworzenia. Tym sposobem diabeł stara się dopilnować, aby człowiek nie dostał szansy powrotu do Boga.

Między diabłem a Bogiem toczy się ciągłe przeciąganie liny. Nie da się usunąć problemu myśleniem, że Szatan to tylko iluzja. Bóg byłby wielce nieświadomym, gdyby nie wiedział o istnieniu zła na świecie. I dlaczego Jezus powiedział: „Idź precz ode mnie, Szatanie" i „Zbaw nas ode złego", skoro nie ma Szatana? Dlaczego w ogóle potrzeba modlić się do Boga, jeśli nie ma Szatana? Zło rzeczywiście istnieje.

Gdy Pan stworzył człowieka, stworzył także diabła. Szatan ze swoją mocą *maji* istnieje po to, aby wystawiać na próbę dzieci Boga. Jeśli ogień nie stopi żelaza, nie da się wykuwać stali. Kiedy pojawia się choroba lub cierpienie, powinieneś zdawać sobie sprawę, że jest to próba *maji* Boga. Musisz przejść te próby. Nie powinny cię one niepokoić. Jezus, chociaż cierpiał na krzyżu, przezwyciężył tę boską

---

17 Apokalipsa 1,4.
18 „Ale im powiedział: Widziałem spadającego z Nieba szatana jak błyskawicę" (Łk 10,18).
   „Wiedz, że przejawienia *sattwiczne* (dobroci), *radżasowe* (aktywności) i *tamasowe* (zła) pochodzą ze Mnie. Chociaż są one we Mnie, ja nie jestem w nich" – Bhagawadgita VII:12.

próbę. Wiele wielkich dusz zmarło z powodu strasznych chorób i w cierpieniu. Święta Teresa z Avila chorowała na gruźlicę, a mimo to powiedziała: „Nie chcę, aby Pan skrócił moje cierpienia. Chcę je dzielnie znosić i pracować tak długo, jak będę mogła". A kiedy jej ciało umarło, została podniesiona w Chrystusie.

Stworzenie to hobby Pana. Ja jednak ciągle apeluję do Niego: „Dlaczego masz takie hobby? Dlaczego zsyłasz nam tyle trudności?". Nasza ziemia to jedno z najgorszych miejsc w stworzeniu. Istnieją o wiele lepsze miejsca zamieszkania niż to tutaj. Lecz chociaż Bóg pozwala na istnienie trudności, stara się także pomóc nam wydostać się z nich. Bóg i Jego anioły, a także miliony dobrych duchów starają się ustanowić porządek boskiej harmonii na ziemi. Każdą pozytywną cechę stwarza dobry duch. Dobre duchy nieustannie rzucają nasiona dobrych myśli w głębę twojego umysłu. Jednocześnie Szatan, król ciemności, wraz ze swymi złymi duchami stwarza nieład i kłopoty na świecie. Któż, jeśli nie Szatan, stworzył zarazki? Bywały różne plagi, potem gruźlica, a obecnie najgorszym niszczycielem jest rak – wszelkie diaboliczne metody dręczenia ludzi. Bóg jednak inspiruje wielu badaczy do wynajdowania nowych metod pozbywania się chorób.

Kuszenie Adama i Ewy

Aby przywiązać człowieka do ziemskiego życia, Szatan stworzył seks. Pokusa ta towarzyszy człowiekowi od samego początku. Pan stworzył mężczyznę i kobietę mocą woli; ich ciała były materializacjami Jego boskiej miłości i mądrości[19]. Mężczyzna i kobieta mieli początkowo taką samą jak On zdolność tworzenia dzieci rozkazem umysłu. Dał On Adamowi i Ewie prawo rozmnażania gatunku w niepokalany, czyli boski sposób. Jak wyjaśnił to mój guru Śri Jukteśwar dźi, zła siła, Szatan, skusił Ewę do skosztowania owocu (seksu) w środku ogrodu (ciała)[20]. Bóg orzekł, że pierwotni mężczyzna i kobieta mieli cieszyć się wszystkimi doznaniami drzewa

---

19 Mężczyzna wyraża bardziej aspekt rozumu, ukrywając uczucia; kobieta wyraża bardziej aspekt uczuć, a aspekt rozumu jest u niej mniej dominujący.

20 Księga Rodzaju 3,3.

życia (astralnych ośrodków świadomości i energii w kręgosłupie, które ożywiają ciało i zmysły), z wyjątkiem seksualnych, którymi zawiaduje ośrodek pośród, czyli w środku ogrodu ciała. „Wąż", który kusił Ewę, jest skręconą u podstawy kręgosłupa energią, zasilającą i pobudzającą nerwy seksualne. Kiedy emocję człowieka, czyli świadomość Ewy, obezwładnia impuls seksualny, jego rozum, czyli Adam także mu ulega.

Przyjemność seksualna jest złudnym odpowiednikiem błogości Bożej. Zatem kiedy seks nie łączy się z wierną miłością i uprawia się go tylko dla zaspokojenia zmysłowych instynktów, to staje się on narzędziem diabła służącym do utrzymania świadomości człowieka w niewoli zmysłów, przez co nie jest on zdolny doświadczyć Boskiej Świadomości lub uświadomić sobie Jaźni jako Ducha: zawsze istniejącej, zawsze świadomej, wciąż nowej Radości. Seks i pragnienie wina i pieniędzy to imitacje stworzone przez Szatana po to, aby zastąpić nimi ekstazę duszy. Kiedy Adam i Ewa skosztowali doznań seksualnych, spadli z Raju; utracili tę boską świadomość, dzięki której w ekstazie duszy mogli odczuwać swoją jedność z Bogiem, i zostali wygnani z rajskiego ogrodu. Odtąd, aby zachować swój gatunek, ludzie muszą rozmnażać się w sposób seksualny, jak zwierzęta. Kobiety rodzą w nieznośnych bólach. Następnie również mąż i żona muszą zaakceptować to, co dostają – jeśli rodzi się wyrodne dziecko, muszą je wychowywać. Początkowo potrafili stwarzać mocą umysłu to, co chcieli, dokładnie tak, jak Bóg. Co za szczęśliwe dni pierwotnej niewinności!

Słuchaj tylko głosu Boga

W ostatecznym sensie nawet Szatan jest w istocie narzędziem Boga. Szatanowi nie udaje się dotrzymać złożonych człowiekowi obietnic i wtedy rozczarowany człowiek szuka wiarygodnego Pana. Po co czekać na rozczarowanie? Nie stawiaj swojego szczęścia na jedną kartę. Kiedy jesteś silny fizycznie, zdrowy i w miarę zadowolony, nagle przychodzi ból i myślisz: „Wielkie nieba! a to co?". Self--Realization Fellowship uczy cię, aby nie stawiać wszystkich nadziei na szczęście na jedną słabą kartę: na ciało i przyjemności tego świata. Jak? Ucząc cię panowania nad ciałem, a przede wszystkim ucząc cię medytacji.

Słuchaj głosu Boga poprzez swoje dobre myśli. Te dobre myśli stwarzają Bóg i Jego anielskie duchy; diabeł stwarza własny rodzaj myśli. Za każdym razem, gdy pojawia się zła myśl, odrzucaj ją. Wtedy Szatan nie może Ci nic zrobić. Jednak jak tylko pomyślisz złe myśli, zbliżasz się do Szatana. Stale poruszasz się tam i z powrotem między dobrem a złem; aby uciec, musisz udać się tam, gdzie Szatan cię nie dosięgnie – w głąb serca Boga.

Jezus – Chrystus Wschodu i Zachodu

*Pierwsza Świątynia Self-Realization Fellowship w Encinitas
w Kalifornii, 18 września 1938
Świątynia Self-Realization Fellowship,
San Diego w Kalifornii, 4 lutego 1945
(Kompilacja)*

Jezus Chrystus jest łącznikiem między Wschodem a Zachodem. Ten wielki mistrz stoi mi przed oczami, mówiąc do Wschodu i Zachodu: „Łączcie się! Moje ciało urodziło się na Wschodzie, a mój duch i przesłanie powędrowały na Zachód". W fakcie, że Chrystus urodził się jako Azjata i że zachodnie narody przyjęły Go za swego guru, zawiera się boska implikacja, że Wschód i Zachód powinny się zjednoczyć poprzez wymianę swoich najlepszych cech. W Bożym widowisku Zachód miał mieć siłę materialną, a Wschód siłę duchową, tak aby mogła zapanować między nimi przyjaźń dzięki wymianie ich charakterystycznych cech. Duchowa wolność Wschodu zastępuje materialne cierpienie. Zachód potrzebuje takiej duchowej wolności. Dzieci Boga na Zachodzie, mające więcej szczęścia pod względem fizycznym i materialnym, potrzebują rozwijać się duchowo i otrzymywać duchowe oświecenie Wschodu. A Wschód potrzebuje rozwoju materialnego Zachodu – Boże dzieci na Wschodzie powinny chętnie przyjmować pomoc Zachodu, aby uprzemysłowić Azję i w ten sposób w pełni umożliwić jej rozwój i czerpanie z własnych bogactw naturalnych.

Progresywny postęp amerykańskiego stylu życia plus duchowość Indii – to kombinacja nie do pokonania. Indie są tyglem religijnym, Ameryka – tyglem narodów. Ameryka stała się wielka z powodu umiłowania wolności, a ponieważ chętnie witała u siebie ludzi wszystkich ras – wchłonęła najlepszych ze wszystkich narodów. Żadne inne państwo nie powstało ani nie rozwijało się na fundamencie tak wspaniałych ideałów; wolność i wyjątkowy styl życia, które zbudowano w Ameryce, opierając się na tych ideałach, nie mogą zostać nigdy utracone.

Wielu ludzi na Zachodzie wierzy, że mieszkańcy Wschodu są ubodzy materialnie, ponieważ są bogaci duchowo. Nie jest to prawdą. A wielu ludzi Wschodu wierzy, że mieszkańcy Zachodu są ubodzy duchowo, ponieważ są bogaci materialnie. To także nie jest tak. Prawda jest taka, że my ludzie staliśmy się zbyt jednostronni; musimy szukać równowagi, czerpiąc od siebie wzajemnie to, co najlepsze.

Jezus to duchowy olbrzym, który stoi między Wschodem a Zachodem, zalecając Wschodowi i Zachodowi wymianę swoich najlepszych cech. Czy widzicie Go tam? Ja Go widzę. Nakłania Zachód, aby się uduchawiał, a Wschód, aby się uprzemysławiał – Wschód do przyjmowania zachodnich misjonarzy nauki i przemysłu, a Zachód do przyjmowania wschodnich misjonarzy Ducha. Zachodowi mówi: „Kochaj swoich wschodnich braci. Ja przyszedłem ze Wschodu". Wschodowi mówi: „Kochaj swoich zachodnich braci; przyjęli mnie, człowieka Wschodu, i pokochali". Czyż to nie piękna myśl? Byłby to wspaniały obraz.

Chrystus nie jest własnością ani Wschodu, ani Zachodu – więź Wschodu i Zachodu przejawia się w Jego życiu. Należy do obu i do całego świata. Tym, co czyni Go tak cudownym, jest Jego uniwersalność. Jezus przyjął ciało człowieka Wschodu po to, aby będąc zaakceptowany jako guru przez Zachód, symbolicznie zbliżył do siebie Wschód i Zachód. Ci na Zachodzie, którzy przyjęli Chrystusa za swego własnego, powinni pamiętać, że był człowiekiem Wschodu. Miłość do Jezusa i współczucie, jakie żywią dla Niego, powinni rozszerzyć na wszystkich ludzi Wschodu i na cały świat.

Bóg nie preferuje ludzi Wschodu czy Zachodu. Kocha tych, którzy przejawiają Jego duchowe cechy. Dlaczego zatem zarządził On, aby Chrystus, wielki zbawca ludzkości, pochodził ze Wschodu? Bóg chciał pojawić się pośród uciskanych, aby pokazać wyższość Ducha nad materią. Nie powinniśmy z tego wnioskować, że aby być podobnym Chrystusowi, trzeba koniecznie być biednym; gdyby Jezus pojawił się w bogatym kraju, rozumowanie, że Świadomość Chrystusową można osiągnąć dzięki rzeczom materialnym albo że Bóg faworyzuje materialnie bogatych, byłoby równie niemądre. Konieczna jest równowaga między duchowością i rozwojem materialnym.

Ideały Chrystusa są ideałami indyjskich pism świętych. Nauki Jezusa są analogiczne do najwyższych nauk wedyjskich, które istniały na długo przed pojawieniem się Jezusa. Nie ujmuje to wielkości Chrystusowi; ukazuje wieczną naturę prawdy i to, że Jezus wcielił się na ziemi, aby dać światu nową wersję *Sanathana Dharmy* (wiecznej religii, wiecznych zasad prawości)[1]. W Księdze Rodzaju odnajdujemy dokładną paralelę do starszej hinduskiej koncepcji genezy naszego wszechświata. Dziesięć przykazań Mojżesza, wiele biblijnych legend, postaci i rytuałów, cuda dokonywane przez Chrystusa, same podstawy doktryny chrześcijańskiej – wszystko to istnieje we wcześniejszej indyjskiej literaturze wedyjskiej. Nauki Chrystusa w Nowym Testamencie i Kryszny w *Bhagawadgicie* dokładnie korespondują ze sobą[2].

Prawdziwa natura Gwiazdy Wschodu

Analogiczność nauk Chrystusa do doktryn jogi i wedanty przemawia za prawdziwością zapisów, o których wiadomo, że istnieją w Indiach i które podają, że Jezus mieszkał i uczył się tam przez piętnaście „zgubionych" lat swego życia – Nowy Testament nie wspomina o latach od dwunastego do trzydziestego roku Jego życia. Jezus odbył podróż do Indii, aby odwzajemnić wizytę trzech „mędrców ze Wschodu", którzy przybyli w dniu Jego narodzin, aby złożyć Mu hołd[3]. Do Dzieciątka Jezus prowadziło ich boskie światło gwiazdy – będącej nie fizycznym ciałem świetlnym, lecz gwiazdą wszechwiedzącego duchowego oka. Głęboko medytujący wielbiciel może zobaczyć to „trzecie oko" na czole między brwiami. Duchowe oko to metafizyczny teleskop, przez który można widzieć

---

1 Filozofia *sankhji* definiuje prawdziwą religię jako „niezmienne zasady, które na stałe chronią człowieka przed trojakim cierpieniem – chorobą, niedolą i niewiedzą".

2 Wiele paralelnych odniesień zostało odnotowanych i przeanalizowanych w *Autobiografii jogina*.

3 „A gdy, za dni króla Heroda, Jezus narodził się w judzkim Betlejem, oto mędrcy ze wschodu przybyli do Jerozolimy, mówiąc: Gdzież jest ten narodzony król Żydów? Widzieliśmy bowiem jego gwiazdę na wschodzie i przyszliśmy oddać mu pokłon" (Mt 2,1-2).

nieskończoność we wszystkich kierunkach jednocześnie, oglądając wszechobecnym sferycznym wzrokiem to, co dzieje się w jakimkolwiek punkcie stworzenia. Indyjskie nauki wspominają o duchowym oku, a także mówił o nim Jezus: „Oko jest światłem ciała; jeśli zatem twoje oko będzie jedno, całe twoje ciało będzie pełne światła"[4]. Przyprowadzeni światłem trzeciego oka do stajenki w Betlejem Mędrcy rozpoznali i uczcili Dzieciątko Jezus jako wielką duszę i boską inkarnację. W nieznanym okresie życia Jezus odwzajemnił ich wizytę.

Nawet w imieniu i tytule Jezusa znajdujemy słowa sanskryckie o podobnym brzmieniu i znaczeniu. Słowa *Jezus* i *Iśa* (wymawiane „Isia") są w istocie takie same. *Iś*, *Iśa* i *Iśwara* oznaczają Pana lub Najwyższą Istotę. „Jezus" pochodzi z greckiej formy imienia Joszua lub Jeszua, co jest skrótem od Jehoszua, „pomocnik Jehowy" lub „Zbawiciel"[5].

Tytuł „Chrystus" także występuje w Indiach – prawdopodobnie był on tam nadany Jezusowi – w słowie „Kryszna", które czasami celowo piszę „Christna", aby pokazać korelacje. „Chrystus" i „Kryszna" to tytuły oznaczające boskość, wskazujące, że ci dwaj awatarowie byli jednym z Bogiem. Podczas gdy znajdowali się w ciałach fizycznych, ich świadomość wyrażała jedność ze Świadomością Chrystusową (sanskryckie Kutastha Ćaitanja), Inteligencją Boga wszechobecną w stworzeniu[6]. Świadomość ta jest także zwana „jednorodzonym synem Bożym", ponieważ jest w stworzeniu jedynym doskonałym odbiciem Niestworzonego Nieskończonego.

Aby zrozumieć, czym jest Świadomość Chrystusowa, rozważ kontrast między twoją świadomością a świadomością małej mrówki.

---

4 Mt 6,22 – przekład z *The Bible, Authorized Version*, Londyn 1963.

5 Źródło: Smith's Dictionary of the Bible, De Wolfe, Fiske and Co, Boston, Mass.

6 Istnieje wiele słów pochodnych od słowa „Kryszna", z których najpowszechniejsze to „ciemny", które odnosi się do ciemnej cery Kryszny. (Często przedstawia się go w kolorze ciemnoniebieskim, który implikuje boskość. Niebieski to także kolor Świadomości Chrystusowej, ujmowanej w duchowym oku jako krąg ciemnoniebieskiego światła otaczającego gwiazdę wspomnianą wcześniej w tej pogadance). Według M. V. Śridatty Śarmy (w „On the Advent of Sri Krishna") wśród wielu innych znaczeń słowa "Kryszna" kilka z nich znajduje się w *Brahmavaivarta Purana*. Pan Śarma twierdzi, że według jednej z tych pochodnych: „*Krsna* oznacza Kosmicznego Ducha. *Krsi* to termin ogólny, a *na* przekazuje ideę jaźni, co oznacza «Wszechwiedzącego Ducha»". Widzimy tu paralelę do Świadomości Chrystusowej jako Inteligencji Boga wszechobecnej w stworzeniu. Ciekawe, że w potocznym języku bengalskim „Kryszna" brzmi *Krista* (por. greckie *Christos* i hiszpańskie *Cristo*) – (nota Wydawcy).

Świadomość mrówki ograniczona jest drobnym rozmiarem jej ciała; twoja świadomość przebywa wszędzie w twojej względnie przestrzennej formie. Jeśli ktoś dotknie jakiejkolwiek części twojego ciała, jesteś tego świadomy. Stworzenie jest ciałem Boga, a Jego wszechobecna w nim świadomość nazywa się Świadomością Chrystusową. Jest On świadomy wszystkiego, co robimy wewnątrz Jego uniwersalnej formy, tak jak my świadomi jesteśmy swego małego siebie. Dzięki jedności z tą Świadomością Chrystusową Jezus mógł wiedzieć, choć nikt Mu o tym nie powiedział, że Łazarz nie żyje.

Krowa nie potrafi dostrzec cudów Bożego stworzenia; jest to wyjątkowy potencjał człowieka, który to potencjał posiada on do osiągnięcia wszechwiedzy w jedności ze Świadomością Chrystusową. Pytam tych, którzy nie wierzą w Boga: „Skąd wzięła się u człowieka i we wszechświecie inteligencja, jeśli nie została wytworzona w jakiejś boskiej 'Fabryce', ukrytej za eterem?". Takie tajemnice skłoniły Einsteina do wypowiedzi, że przestrzeń wygląda bardzo podejrzanie. Kosmos zakrywa Boga; Jego Inteligencja jest w nim ukryta, albowiem z „nicości" przestrzeni pochodzi wszystko.

Będąc jednością z tą Inteligencją, która kieruje każdym atomem w stworzeniu, Jezus mógł materializować swoją postać gdziekolwiek zechciał. I nadal może, tak jak to czynił, ukazując się niegdyś co noc św. Franciszkowi w Asyżu. Jezus był świadom nie tylko swego mikrokosmicznego ciała fizycznego, lecz także całego stworzenia jako swego ciała makrokosmicznego. Mógł zgodnie z prawdą mówić: „Ja i Ojciec jesteśmy jedno"[7]. Doświadczał swojej obecności we wszystkich atomach, tak samo jak Jego Ojciec. Jezus nawiązał do wszechobecnej Świadomości Chrystusowej, kiedy powiedział: „Czyż nie sprzedają dwóch wróbelków za pieniążek? A ani jeden z nich nie upadnie na ziemię bez woli waszego Ojca."[8].

Chrystus przyszedł w krytycznym okresie historii, kiedy świat bardzo potrzebował duchowej nadziei i odnowy[9]. Jego przesłanie nie

---

7 J 10,30.

8 Mt 10,29.

9 W *Bhagawadgicie* Pan powiada: „O Bharato (Ardźuno)! Ilekroć prawo (*dharma*) zanika, a górę bierze nieprawość (*adharma*), to wtedy Ja przychodzę jako Awatar. W widocznej postaci pojawiam się w każdej erze, aby ochraniać cnotliwych i aby zgubić złoczyńców, i dla odnowienia prawa" (IV:7-8).

miało na celu wspierania różnorakich sekt, z których każda twierdziła, że jest On ich własnym. Jego przesłanie było uniwersalnym przesłaniem jedności, jednym z najdonioślejszych, jakie kiedykolwiek dano światu. Przypomniał ludzkości, że w pismach świętych napisane jest: „Jesteście Bogami"[10], a święty Jan wyraził moc inspirowania i ducha nauk Chrystusa, kiedy powiedział: „Ale tym, którzy Go przyjęli, dał im moc stać się dziećmi Boga"[11]. Czy kiedykolwiek było wspanialsze przesłanie? Jezus zapewnił poniewieranych białych i ciemnoskórych ludzi Wschodu i Zachodu, że wszyscy są dziećmi Boga; wszyscy, których serce jest czyste, bez względu na to jakiej są rasy czy koloru skóry mogą przyjąć Pana.

Promienie słońca tak samo padają na węgiel i diament, tyle że diament odbija ich blask. Zatem tak na Wschodzie, jak i na Zachodzie ci, którzy mają diamentową mentalność, będą odzwierciedlać Boga i będą nazywani synami Bożymi, a ci, o złych cechach, którzy trzymają się ciemności, nie będą mogli odzwierciedlać Jego światła.

Ćwicz swoje serce, aby odczuwało braterstwo ludzi

Cała ludzkość powinna otworzyć serce na wielkie przesłanie Jezusa: „[Bóg] z jednej krwi uczynił też wszystek lud człowieczy"[12]. Jest ono Chrystusową inspiracją, którą tak bardzo kocham. Chcę uczynić to przesłanie żywą rzeczywistością, nadać mu wymiar praktyczny. Uprzedzenia do koloru skóry to najgłupszy ze wszystkich ludzkich przejawów ignorancji. Kolor to jedynie powierzchowność. Bóg dał ciemniejszy kolor skóry rasom, które pierwotnie żyły w warunkach klimatycznych wymagających większej ochrony przed słońcem – ze względów czysto praktycznych. Dlatego posiadanie białej, oliwkowej, żółtej, czerwonej czy czarnej skóry nie stanowi szczególnego powodu do dumy. Ostatecznie dusza nosi płaszcz cielesny jednego koloru w jednym życiu, a płaszcze innych barw w innych wcieleniach. Tak więc kolor skóry to coś bardzo powierzchownego. Mieć uprzedzenia do jakiegokolwiek koloru, to dyskryminować Boga, który zasiada

---

10 J 10,34.
11 J 1,12.
12 Dzieje Apostolskie 17,26.

w sercach wszystkich czerwonych, białych, żółtych, oliwkowych i czarnych ludzi na świecie. Ponadto dobrze jest pamiętać, że każdy, kto nienawidzi jakiejś rasy, z pewnością reinkarnuje się w tej formie cielesnej. W ten sposób prawo karmiczne zmusza człowieka do przezwyciężenia swoich dławiących duszę uprzedzeń. Ćwicz serce do odczuwania braterstwa ludzi – to rzecz najwyższej wagi.

Chociaż było z góry ustalone, że nauki Jezusa miały najsilniej zakorzenić się na Zachodzie, Jezus wybrał inkarnację w ciele człowieka Wschodu, w narodzie żydowskim, który miał za sobą długą historię prześladowań, ponieważ chciał pokazać, jaką głupotą jest osądzanie innych według różnic rasowych i koloru skóry. Prawdziwym chrześcijaństwem trzeba żyć; należy się pozbyć uprzedzeń rasowych. Uprzedzenia i brak prawdziwego braterstwa to przyczyny wojen i podziałów wśród dzieci Bożych. Musimy pracować nad wykorzenieniem wszystkiego, co podjudza do wojny; w nienawiści i uprzedzeniach kryją się bomby i nieszczęście. Jezus ostrzegał: „[…] wszyscy, którzy mszczą się sztyletem, od sztyletu poginą"[13]. Nie sztylet, lecz stosowanie się do wszystkich zasad Chrystusa ostatecznie wyzwoli świat. W najwyższym tego słowa znaczeniu, chroni nas jedynie Bóg. Możesz najlepiej pomóc światu prowadząc idealne życie, tak jak nauczał tego Chrystus i wszyscy duchowo oświeceni. Przede wszystkim kochaj Boga. Czyż nie widzisz, że wszystkie rozwiązania są w Jego rękach? Kiedy rozsunie On zasłonę tajemnicy, ujrzysz odpowiedź na wszystko, co do tej pory było niejasne i niezgłębione.

Niektórzy ludzie Zachodu uważają Hindusów za pogan; nie wiedzą, że także wielu Hindusów uważa ludzi Zachodu za pogan – niewiedza występuje po równo wszędzie. Czasami ludzie tutaj pytają mnie, czy wierzę w Jezusa. Odpowiadam: „Skąd takie pytanie? W Indiach czcimy Jezusa i Jego nauki może nawet bardziej niż wy".

Aby kochać Chrystusa, trzeba żyć tym, czego nauczał, iść za przykładem Jego życia. Jezus powiedział: „[…temu,] kto cię uderza w prawy twój policzek, nadstaw mu też i drugi"[14]. Hindusi praktykują tę naukę w większym stopniu niż jakikolwiek inny naród.

---

13 Mt 26,52.
14 Mt 5,39.

Wielu, którzy nazywają siebie chrześcijanami, nie stosuje jej; mówią, że to piękna filozofia, ale gdyby ich spoliczkować, odpłacą ci dwunastoma policzkami, kopniakiem, a może nawet poślą ci kulę! Każdy, kto tak się odwzajemnia, nie jest prawdziwym chrześcijaninem ani nie kocha Chrystusa, bo to nie leży w duchu wybaczającego Jezusa.

Ilekroć widzisz symbol krzyża, powinien on przypominać ci o tym, co reprezentuje – że musisz nieść swój krzyż z właściwym nastawieniem, tak jak Jezus. Kiedy masz dobre intencje, ale mimo to ludzie źle cię rozumieją albo źle traktują, to zamiast się gniewać, powinieneś mówić podobnie jak Chrystus: „Ojcze, przebacz im, albowiem nie wiedzą, co czynią". Dlaczego przebaczać komuś, kto cię krzywdzi? Bo kiedy w złości oddajesz cios, to spaczasz swoją własną boską naturę duszy – nie jesteś lepszy od tego, kto cię skrzywdził. Jeśli natomiast okazujesz siłę duchową, to zostajesz pobłogosławiony, a siła twojego prawego zachowania pomoże także tej drugiej osobie uporać się z jej nieporozumieniem.

W Indiach te nauczane przez Jezusa wieczne zasady prawdy i słusznego postępowania traktujemy bardzo poważnie – bierzemy je dosłownie, bez tłumaczenia ich sobie tak, by służyły naszym celom. Jezus powiedział: „I każdy, który opuścił domy albo braci, albo siostry, albo ojca, albo matkę, albo żonę, albo dzieci, albo rolę dla mego Imienia, stokroć więcej otrzyma oraz odziedziczy życie wieczne."[15]. Taki duch wyrzeczenia dla Boga przenika całe Indie. Zwłaszcza w dawnych czasach ideałem każdego człowieka było poświęcenie przynajmniej jednej części swego życia wyłącznie Bogu.

Bóg nie lubi, by o Nim zapominać

Całkowite wyrzeczenie nie jest konieczne dla każdego, ale jeśli zapominasz o Bogu podczas spełniania doczesnych obowiązków, Bogu nie będzie się to podobać. Poświęć czas wyłącznie Jemu, nie zajmując się żadną pracą. Ja zawsze rezerwuję czas dla Boga rano i wieczorem, a przez resztę dnia służę Mu z całego serca. Pan mówi w Gicie: „Cokolwiek więc czynisz [...], każdy czyn Mnie składaj w ofierze. W ten sposób żaden twój czyn cię nie zwiąże dobrą ani

---

15 Mt 19,29.

złą karmą"¹⁶. Przyszedłeś na tę ziemię dla Boga. To Jego świat, nie twój. Jesteś tu po to, aby pracować dla Niego. Życie bardzo cię rozczaruje i zawiedzie, jeśli będziesz pracował tylko dla siebie, ponieważ w końcu będziesz musiał wszystko zostawić; wtedy będziesz zmuszony praktykować wyrzeczenie!

Przesłanie Chrystusa to przesłanie współczucia i przebaczenia, wyrzeczenia się (w duchu, jeśli ktoś nie może tego zrobić w rzeczywistości), moralnego postępowania, braterskiej miłości, jedności i równości, i najwyższej miłości do Boga. Pamiętaj o upomnieniu Jezusa: „Dlaczego do mnie wołacie: Panie, Panie, a nie czynicie tego, co mówię?"¹⁷.

Wielu agnostyków kwestionowało autentyczność życia Chrystusa. Niektórzy wysuwali teorię, że Jezus istniał tylko w legendzie, a Jego życie to dramatyczna fikcja. Wiem, że Chrystus jest rzeczywisty, bo wiele razy Go widziałem.

Jezus nie miał tak jasnej cery jak większość was na Zachodzie. Miał ciemną skórę. A Jego oczy nie były jasnoniebieskie, jak przedstawia Go wielu malarzy; były ciemne. Ani też nie miał włosów blond; także były ciemne.

Wizja Chrystusa w szkole Yogoda w Indiach

Pewnego dnia w mojej szkole w Rańci siedziałem z chłopcami, kiedy ujrzałem, że ktoś idzie w naszym kierunku, wyłaniając się spośród chłopców i zastanawiałem się, kto to. Wtedy zobaczyłem, że był to Jezus; idąc, nie dotykał stopami ziemi. Podszedł bardzo blisko do nas, a potem zniknął.

Kilka lat później w Bostonie znowu ujrzałem Jezusa. Medytowałem i głęboko modliłem się do Boga, ponieważ czułem, że przez trzy dni o Nim nie pamiętałem – tak bardzo pochłaniało mnie wypełnianie obowiązków, które On mi powierzył. Powiedziałem do Pana: „Porzucę tę pracę!". Właściwą postawą jest kochać Boga i kochać pracę dla Niego samego. Ci, którzy wypełniają posługę misyjną, ale nie zadają sobie trudu, aby medytować lub łączyć się z Nim, nigdy Go nie znajdują. Ponieważ czułem, że moja działalność misyjna oddaliła mnie

---

16 IX: 27-28.
17 Łk 6,46.

od Boga, modliłem się: „Panie, wyjadę. Nie zostanę w Ameryce, aby wykonywać Twoje dzieło, jeśli nie poznam, że Ty jesteś ze mną". Wtedy niby promień światła przeniknął przez eter Głos: „Czego chcesz? Nie możesz wyjechać". Wiele razy w moim życiu Bóg uniemożliwił mi w ten sposób realizację mojego pragnienia ucieczki od obowiązków związanych z tym dziełem i bycia tylko z Nim. Odpowiedziałem Boskiemu Głosowi: „Daj mi ujrzeć na morzu ze złota Krysznę, Jezusa i ich uczniów". Już w chwili, gdy wyrażałem w myślach tę prośbę, ujrzałem te boskie postacie zbliżające się do mnie! „To halucynacja – pomyślałem. – Jeśli osoba, która ze mną medytuje, także to widzi, to wtedy uwierzę". W tym momencie mój towarzysz wykrzyknął głośno: „Och, widzę Chrystusa i Krysznę". Wtedy starałem się to wyjaśnić racjonalnie: „To przekaz myślowy". Wątpiłem i modliłem się do Boga, aby pomógł mi pokonać zwątpienie, kiedy Głos powiedział: „Po Moim odejściu pokój wypełni się zapachem lotosu i każdy, kto tu wejdzie, poczuje go". Gdy wizja zniknęła, cały pokój przesyciła cudowna woń lotosu. Osoby, które wchodziły do pokoju, czuły ją nawet po wielu godzinach. Już nie mogłem nadal wątpić.

Mahawatar Babadźi zarządził, abym pojechał do Ameryki w celu interpretowania nauk Chrystusa i ukazania ich analogii do nauk jogicznych indyjskiego Pana Kryszny. W nieśmiertelnych prawdach głoszonych przez tych dwóch awatarów znajduje się odpowiedź wieków. Dlatego też Babadźi, który jest w boskiej komunii z Chrystusem, przydzielił mi specjalne zadanie zaniesienia tego przesłania na Zachód.

Tak długo jak oddech będzie w ciele, będę się starał doprowadzić do spotkania Wschodu z Zachodem, aby spełnił się cel, w jakim Chrystus przyszedł na ziemię w ciele człowieka Wschodu. Jego dusza jest na Zachodzie, jego ciało na Wschodzie; łącząc duszę i ciało jednoczy Wschód z Zachodem.

Prawda jest doświadczeniem uniwersalnym

Pomóżcie rozpowszechniać przesłanie Self-Realization Fellowship. W naukach Self-Realization nie ma nic mglistego ani mistycznego. Możecie sami urzeczywistnić te prawdy. Prawda jest prawdą i jest ona doświadczeniem uniwersalnym. Po tym, jak słyszałem, jak naucza mój guru Śri Jukteświar dźi, mogłem dostrzec wady nauczania przez tych, którzy usiłowali sprawić, abym zrozumiał to, czego sami nie

Odwieczne ludzkie poszukiwanie

rozumieli. Sprzedawca nigdy nie powinien starać się sprzedać czegoś, w co sam nie wierzy. Powinno się nauczać tylko tych rzeczy, które się samemu praktykowało i których się samemu doświadczyło.

Uczący się tej ścieżki powinni dokładnie studiować *Lekcje Self-Realization Fellowship* i każdego wieczoru przed pójściem spać głęboko medytować. Jezus obiecał zesłać Ducha Świętego, Wielkiego Pocieszyciela[18]. Dzięki praktykowaniu technik medytacyjnych Self-Realization Fellowship sumienny uczeń może sprawić, że ta obietnica się spełni. Oddawanie czci Jezusowi nie ma wielkiego znaczenia dopóty, dopóki człowiek nie poszerzy swojej świadomości tak, aby mógł przyjąć w sobie Świadomość Chrystusową. Na tym polega drugie przyjście Chrystusa. Jeśli nie wykonasz swojej części pracy, to tysiąc Chrystusów przybyłych na ziemię nie zdoła cię zbawić. Musisz pracować na własne zbawienie. Wtedy Chrystus może ci pomóc.

Słynne są pierwsze dwie linijki wiersza Rudyarda Kiplinga: „Wschód to Wschód. Zachód to Zachód. Te dwa światy nigdy się nie zejdą". Ale dlaczego miałby istnieć między nami podział tylko z tego powodu, że ja jem curry, a wy szarlotkę? Podziały to wyimaginowane linie rysowane przez małostkowe umysły. To skutek kompleksu wyższości i zarazem przyczyna wojen i niebezpiecznych konfliktów. Musimy zniszczyć podziały. Naśladujmy przykład wielkiego Chrystusa, który przyszedł na Wschodzie i jest szczytnym ideałem zarówno dla ludzi Wschodu, jak i Zachodu, nakazując im: „Oto stoję pośrodku między wami; uczcie się od siebie nawzajem, równoważcie duchowość i rozwój materialny". Oto stoi tu Chrystus Wschodu i Zachodu, łącząc tym przesłaniem jedności dwie półkule. Czyż Go nie widzicie?

---

18 J 14,16; 15,26 (zob. s. 321).

Chrystus i Kryszna – awatarowie Jedynej Prawdy

*Międzynarodowa Siedziba Self-Realization Fellowship,
Los Angeles, Kalifornia, 15 stycznia 1933 i 14 kwietnia 1935*
(kompilacja)

Mistrzem jest ten, kto tak oczyścił swoją świadomość, że może ona doskonale przyjmować i odzwierciedlać światło Boga. Słońce świeci tak samo na kawałek węgla i na diament, ale tylko diament odbija jego światło. Światło Boga również oświetla tak samo różne etapy życia, ale niektórzy odzwierciedlają je bardziej niż inni. Boskie światło odzwierciedla się w pełni w człowieku, który urzeczywistnił Boga w sobie.

Każdy człowiek jest w istocie duszą, która okryta jest zasłoną *maji*. Dzięki ewolucji i własnemu wysiłkowi człowiek robi małą dziurkę w zasłonie, a z czasem powiększa tę dziurę. W miarę jak otwór się powiększa, poszerza się jego świadomość. Dusza mocniej się przejawia. Kiedy zasłona zupełnie się rozedrze, dusza przejawia się w nim w pełni. Taki człowiek stał się mistrzem – panem siebie i *maji*.

Bóg nie uczynił ludzi wielkimi. Stali się oni mistrzami dzięki własnemu wysiłkowi. Musieli pracować na wyzwolenie i o nie walczyć, podobnie jak cała reszta ludzkości, która z trudem przebija się ku światłu wolności duszy.

Boskie inkarnacje, takie jak Jezus Chrystus i Jadava[1] Kryszna, gdzieś kiedyś osiągnęli duchową pozycję, która przesądziła o ich narodzinach jako awatarów[2]. Istoty takie są wolne od karmicznego przymusu ponownych narodzin. Powracają na ziemię tylko po to,

---

[1] Jedno z kilkunastu imion Kryszny (zob. Słowniczek).
[2] To sanskryckie słowo oznacza „zejście"; pochodzi ono od *ava*, „w dół", i *tri*, „przechodzić". W hinduskich pismach świętych *avatara* oznacza zstąpienie Bóstwa w ciało.

aby pomóc wyzwolić ludzkość.

Chociaż wyzwolone, te boskie istoty odgrywają na rozkaz Boga swoje ludzkie role w pozornej rzeczywistości spektaklu ziemskiego życia. Mają swoje słabości, zmagania i pokusy, ale w końcu, dzięki słusznej walce i prawemu postępowaniu, osiągają zwycięstwo. W ten sposób pokazują, że wszyscy ludzie mogą, i jest to ich przeznaczeniem, osiągnąć duchowe zwycięstwo nad siłami, które chciałyby ich powstrzymać od urzeczywistnienia swojej naturalnej jedności z Bogiem.

Jakiś Chrystus czy Kryszna, stworzony przez Boga jako istota doskonała, sam nieczyniący najmniejszego wysiłku, by się rozwijać, i tylko udający, że zmaga się z trudnościami i przechodzi zwycięsko swoje próby na ziemi, nie mógłby być przykładem do naśladowania przez cierpiących ludzi. To, że te wielkie dusze także były kiedyś śmiertelnikami, ale zwyciężyły, czyni je filarami siły i inspiracji dla potykającej się ludzkości. Wiedza, że boscy awatarowie, aby się doskonalić, musieli niegdyś przechodzić te same próby i doświadczenia, jakie my przechodzimy, daje nam nadzieję zwycięstwa w naszych własnych zmaganiach.

Mistrza, który urzeczywistnił Boga w sobie, poznajemy po jego duchowych czynach. Cuda nie są najważniejszymi z nich. Niektóre cuda, których dokonywał Chrystus, mogą obecnie innymi sposobami powtórzyć naukowcy. Uwzględniając duchową stronę, Chrystus sam powiedział: „Kto wierzy względem mnie i on będzie czynił sprawy, które ja czynię. Potężniejsze od tych uczyni"[3]. Cuda takie, o których słyszeliście, widziałem czynione przez mistrzów wiele razy, ale to nie one są kryterium ich wielkości. Moc dokonywania cudów przychodzi w sposób naturalny do tych, którzy znają Boga, ponieważ pozostają oni w harmonii z Jego kosmicznymi prawami; ci zaś, którzy przywiązują się do cudów, utracą Go. Celem naszych serc musi być wyłącznie Bóg. Najważniejszym osiągnięciem duchowym mistrza jest pokonanie *maji*, ułudy – uzyskanie takiego poznania, które sprawia, że Bóg jest najważniejszy w życiu człowieka, ważniejszy nawet niż samo życie.

---

3 J 14,12.

Chrystus dokonał największego cudu, kiedy pozwolił sobie cierpieć na krzyżu, mówiąc: „Ojcze, odpuść im, bo nie wiedzą co czynią."[4]. Mógł się odwzajemnić, używając mocy duchowej i uratować się. Jego zwycięstwo unieśmiertelniło Go, stał się przykładem na wieki. Skoro On potrafił pokonać swoją świadomość śmiertelnika, aby wyrazić boskość, inni ludzie mogą uczynić to samo.

Przejawienie się Boga w życiu istot boskich mierzy się niekiedy wielkością i jakością dobra, które czynią. Jednak wielkie dusze, które w pełni przejawiają Boga, są jednym z Nim w równym stopniu. Niepodobna więc porównywać mistrzów (lub awatarów) i niemądrze jest usiłować to robić; będąc bowiem jednym z Bogiem wszyscy oni są tacy sami; są przed Nim równi.

Jednak dla mnie Kryszna i Chrystus zajmują najwyższe miejsce. Wielkością swojej ofiary płynącej z miłości, Chrystus wpłynął na cały świat. Kryszna przejawił inny aspekt Nieskończonego Ojca. W odróżnieniu od Chrystusa, który był wyrzeczeńcem, Kryszna był królem; i ja chylę czoła przed tym, który może być królem i jednocześnie pozostać istotą boską. Być w świecie, ale nie z tego świata, jest bardzo trudno, ponieważ żyjemy wśród pokus i pragnień, a jednak musimy pozostać nieporuszeni nimi.

Kryszna przyszedł na ziemię o wiele wcześniej niż Chrystus, około trzy tysiące lat przed Nim – twierdzą niektórzy uczeni. Żywoty Chrystusa i Kryszny odznaczają się nie tylko wielkim duchowym podobieństwem; istnieją także paralele w przekazach o Nich, które do nas dotarły. I Jezus, i Kryszna mieli pobożnych, miłujących Boga rodziców. Rodziców Kryszny prześladował Jego zły wuj, król Kansa; matka i ojciec Jezusa cierpieli z powodu zagrożenia prześladowaniami przez króla Heroda. Jezus był porównywany do dobrego pasterza; Kryszna, kiedy jako dziecko ukrywał się przed Kansą, był pastuszkiem. Jezus zwyciężył Szatana; Kryszna zwyciężył demona Kaliję[5]. Jezus powstrzymał burzę na jeziorze, aby uratować statek, którym płynęli Jego uczniowie; Kryszna, aby zapobiec utonięciu swoich uczniów i krów w potokach deszczu, podniósł górę Gowardhana i użył jej jako parasola.

---

4 Łk 23.34.
5 Szatan i Kalija reprezentują zło lub nieznajomość Boga.

Jezus nazywany był „Królem Żydów", chociaż Jego królestwo nie było z tego świata; Kryszna był ziemskim królem, jak i boskim. Jezus miał uczennice: Marię, Martę i Marię Magdalenę, które Mu pomagały i odegrały ważną rolę w Jego misji; uczennice Kryszny – Radha i *gopi* (pasterki) tak samo odgrywały boskie role. Jezusa ukrzyżowano, przybijając do krzyża; Kryszna został śmiertelnie zraniony strzałą myśliwego. Losy obu przepowiedziane zostały w pismach świętych. Ci dwaj awatarowie, obaj ze Wschodu, są powszechnie uznawani na Zachodzie i Wschodzie za najwyższe inkarnacje Boga.

Jezus Chrystus i Bhagawan Kryszna dali światu dwie największe księgi wszechczasów. Słowa Pana Kryszny w Bhagawadgicie i Pana Jezusa w biblijnym Nowym Testamencie są najwyższymi objawieniami prawdy, wielkimi wzorami pism duchowych. Te dwie biblie przekazują zasadniczo tę samą naukę. Głębsze nauki chrześcijańskie głoszone przez Jezusa zostały obecnie utracone. Chrystus uczył oddania i jogi, tak samo jak Kryszna; i to właśnie mój *param-paramguru*, Mahawatar Babadźi, pierwszy mówił o potrzebie ukazania jedności nauk Chrystusa i filozofii jogi Kryszny[6]. Spełnienie tej misji jest szczególną dyspensą daną mi przez Babadźiego.

Świadomość kosmiczna

Cieszę się, że chrześcijaństwa nie nazwano „Jezusizmem", bo *chrześcijaństwo* to słowo o wiele szerszym znaczeniu. Jest różnica w znaczeniu słów *Jezus* i *Chrystus*[7]. Jezus to imię małego ludzkiego ciała, w którym narodziła się ogromna Świadomość Chrystusowa. Chociaż Świadomość Chrystusowa przejawiła się w ciele Jezusa, nie może być ograniczona do jednego ludzkiego ciała. Twierdzenie, że wszechobecna Świadomość Chrystusowa ograniczona jest ciałem jakiegokolwiek człowieka, byłoby metafizycznym błędem.

Jadawa Kryszna jest Chrystusem Hindusów. Ci dwaj wielcy awatarowie, Jadawa i Jezus, w pełni przejawili Świadomość Chrystusową

---

6 Mahawatar Babadźi zlecił mojemu guru, swamiemu Śri Jukteśwarowi, napisanie książki ukazującej, że w pismach świętych Wschodu i Zachodu nie ma tak naprawdę rozbieżności. Książką tą jest „The Holy Science" (Święta wiedza).

7 Zob. rozdział „Jezus – Chrystus Wschodu i Zachodu", s. 304.

— *kutastha ćaitanję*, czyli boską kierowniczą Inteligencję, która znajduje się w każdym atomie stworzenia. „Ale tym, którzy Go przyjęli, dał im moc stać się dziećmi Boga"[8].

Jezus powiedział: „Czyż nie sprzedają dwóch wróbelków za pieniążek? A ani jeden z nich nie upadnie na ziemię bez woli waszego Ojca."[9]. Świadomość Boga jest wszędzie. Wie On jednocześnie o wszystkim, co się dzieje na świecie. Jesteś świadomy wszystkiego, co dzieje się w jakiejkolwiek części twego ciała, i tak samo Bóg czuje wszystko, co dzieje się w Jego ciele – kosmosie. Kiedy czujesz Jego wszechobecną świadomość w koniuszkach swoich palców, w sercu, w głowie i wszędzie, gdzie cokolwiek wibruje w stworzeniu, kiedy czujesz, że jesteś w każdej drobince stworzenia, kiedy twoje współczucie i miłość rozciągają się wszędzie i czujesz jedność ze wszystkim, to jesteś w Świadomości Chrystusowej. I Jezus, i Jadawa byli jednym z wszechobecną Świadomością Chrystusową.

Jeśli wlejesz trochę słonej wody do butelki i zakorkujesz ją, po czym wrzucisz butelkę do oceanu, to woda w butelce nie zmiesza się z wodą oceanu. Ale wystarczy wyjąć korek i staną się jednością, jako że zawierają te same składniki. Podobnie kiedy usuwamy korek niewiedzy z butelki naszej świadomości, tak jak uczynili to Jadawa Kryszna i Jezus Chrystus, stajemy się jednym z ogromną Świadomością Kosmiczną.

Od Chrystusa i Kryszny dowiadujemy się, że celem religii jest poszerzyć ludzką świadomość i zjednoczyć ją z wszechobecną Świadomością Chrystusową. Jak? Droga społeczna polega na kultywowaniu boskiej miłości do wszystkiego, co istnieje. Kochać wszystkich bezstronnie to poznać Świadomość Chrystusową. Droga transcendentna polega na bezpośredniej komunii ze Świadomością Chrystusową w medytacji jogicznej.

Ciało ciągle przypomina ci, że jesteś ciałem. Każdej jednak nocy we śnie Bóg usuwa twoją świadomość ciała, aby ci pokazać, że nie jesteś ciałem. Nie jesteś falą, lecz Oceanem pod falą. Nie jesteś doczesną świadomością, lecz Nieśmiertelną Świadomością skrytą za nią.

---

[8] J 1,12.
[9] Mt 10,29.

Jezus oświadczył: „Ja i Ojciec jesteśmy jedno"[10]. Kto zna Boga, staje się z Nim jednym. Świadomość takiego wielbiciela znajduje się nie tylko w ciele – czuje on jedność z Duchem poza swoim ciałem i umysłem. Tańcząc na powierzchni oceanu, fala myśli, że istnieje jako oddzielny byt. Ale z chwilą, gdy sobie uświadamia: „Nie mogę istnieć bez oceanu", fala uświadamia sobie, że *jest* oceanem, że to ocean utworzył z siebie maleńką falę. Podobnie Bóg może się przejawić jako dusza w ciele człowieka, ale nie może być ograniczony tym ciałem. Bhagawadgita powiada: „Najwyższy Duch, transcendentny i istniejący w ciele, jest bezstronnym Obserwatorem, Przyzwalającym, Podtrzymującym, Doświadczającym, Wielkim Panem, a także Najwyższą Jaźnią"[11]. Jezus rozumiał, że „Ojciec stał się mną". Prawda ta jest także podkreślana w hinduskich pismach świętych: *„Tat twam asi"* – „Ty jesteś Tym".

Pojęcia Boga i Trójcy są ze sobą zgodne

W hinduizmie, a także chrześcijaństwie wierzy się w jednego Boga. Kilku ludzi Zachodu, którzy odwiedzili Indie, powróciło z opowieściami, które usposabiają innych nieprzychylnie do hinduskich praktyk religijnych. Ja też, wróciwszy do Indii, mógłbym opowiadać, że Ameryka to kraj morderców, gangsterów i pijaków, ale zdaję sobie sprawę, że takie osoby to nie całość Ameryki. Indie mają swoje wady, podobnie jak Ameryka i wszystkie inne kraje. Niektórzy nauczyciele indyjscy polecają swoim uczniom, aby skupiali się na wizerunku jakiegoś szczególnego aspektu Nieskończonego Ducha. Namacalny obraz pomaga im pogłębić koncentrację i oddanie w modlitwie do niewidzialnego Ducha. Niedoinformowani ludzie Zachodu dochodzą do wniosku, że wszyscy Hindusi oddają cześć bożkom. Tymczasem my czcimy jedynie Brahmana, Ducha. Koncepcja jedynego Boga jest taka sama w hinduizmie i chrześcijaństwie.

Także koncepcja Trójcy jest dokładnie taka sama w świętych pismach hinduskich i chrześcijańskich. Trójca nie jest negacją jedynego Boga; ilustruje ona metafizyczną prawdę, że Jeden stał się Trzema, gdy Bóg stwarzał ten świat.

---

10 J 10,30.
11 XIII:22.

Na początku – kiedy nie było stworzenia – istniał Duch. Lecz Duch pragnął stwarzać i swoją pełną pragnienia myślą wyprojektował wielką kulę światła, czyli energii kosmicznej, która stała się wszechświatem. Ta kosmiczna energia to Duch Święty. „Duch" oznacza coś niewidzialnego i inteligentnego. „Duch Święty" oznacza duchową wibrację lub energię tworzenia, w której obecna jest inteligencja Boga jako Świadomość Chrystusowa, „jednorodzony Syn"[12], czyste odbicie Boga w stworzeniu. Ta Inteligencja Chrystusowa utrzymuje wszechświat w równowadze. Bóg Ojciec jest Inteligencją poza stworzeniem; Syn, czyli Świadomość Chrystusowa, jest Jego Inteligencją w stworzeniu; a Duch Święty to inteligentna wibracja samego stworzenia. Znacznie wcześniej niż mówił o tym Chrystus, Trójcę opisywały hinduskie pisma święte jako *„Aum, Tat, Sat"* – Kosmiczna Wibracja, Inteligencja Chrystusowa i Bóg Ojciec.

Biblia mówi nam o obietnicy Jezusa Chrystusa, że kiedy odejdzie z tego świata, przyśle Pocieszyciela[13], Ducha Świętego. Każda wibracja emanuje dźwięk. Duch Święty jest Kosmiczną Inteligentną Wibracją, której dźwiękiem jest *Aum* lub Amen, słyszany w głębokiej medytacji jogicznej. Święty Jan powiedział o nim: „Byłem w zachwyceniu ducha w dzień Pański i słyszałem za sobą głos wielki jako trąby"[14]. Ten dźwięk to Duch Święty. W jego wibracji jest nasze pocieszenie.

Żyjemy w nowej epoce, kiedy Boży głos kosmicznej wibracji, *Aum* i Amen, rozbrzmiewa z krańców dwóch półkul w pismach Kryszny i Chrystusa. Albowiem na ziemi indyjskiej Kryszna mówił o dźwięku *Aum*[15], a jeszcze inny Wschodni Chrystus mówił o tej samej wibracji, nazywając ją Amen albo Duchem Świętym, jako o środku służącym do komunikowania się z Bogiem.

---

12 J 1,18.

13 J 14,26.

14 Apokalipsa 1,10.

15 Autor nawiązuje tu do wersetu Bhagawadgity, w którym Pan w postaci Kryszny mówi: „Jestem *Aum (pranawą)* wszystkich Wed, dźwiękiem przestrzeni [...]" (VIII:8). W swojej *Autobiografii* Paramahansa dźi wyjaśnił, że mądrość Wed, bardzo starożytnych indyjskich pism świętych, była objawiana w każdej kolejnej epoce *riszim*, „wieszczom", i że była ona objawiana dźwiękiem „słyszanym nadzmysłowo" *(śruti)*. Riszi, zestroiwszy w najgłębszej medytacji swą świadomość z kosmiczną wibracją *Aum*, słyszeli *w sobie* ponadczasowe prawdy o Duchu i stworzeniu (nota Wydawcy).

Dostrajając swoją świadomość do wewnątrz podczas medytacji, możesz słyszeć i obcować z wibracją *Aum* lub Amen, w której spotkasz wielkiego Pocieszyciela. W komunii ze świętym Pocieszycielem momentalnie urzeczywistniasz tkwiącą w tobie Świadomość Chrystusową. W głębszej komunii ze Świadomością Chrystusową uświadamiasz sobie, że jesteś jednym z Bogiem. Gdy tylko poznasz Ducha Świętego, poznasz Świadomość Chrystusową, a poznawszy Świadomość Chrystusową, wiesz, że ty i twój Ojciec, Świadomość Kosmiczna, jedno jesteście. Boska Świadomość Chrystusowa skryta w każdym atomie stworzenia jest tym samym, co Świadomość Kosmiczna Ojca poza stworzeniem. Najpierw musisz wiedzieć, jak łączyć się z Trójcą. Dzięki temu połączeniu stajesz się jednym z Duchem; wtedy nie ma już Trójcy: postrzegasz Ojca, Syna i Ducha Świętego jako jednego Ducha.

Pułapki świadomości ciała

Zastanów się nad ograniczeniami ciała fizycznego. Patrząc na zewnątrz, widzisz choroby, cierpienie, ból i utrapienia, ale po drugiej, wewnętrznej stronie ciała, w subtelnych ośrodkach świadomości duchowej znajduje się Pocieszyciel. Kiedy umysł podąża za strumieniem zwykłej zewnętrznej świadomości, wtedy poznajesz Hades; ale kiedy medytujesz nad *Aum*, umysł podąża za strumieniem wewnętrznej świadomości, a wtedy poznajesz wspaniałe Niebo, które istnieje poza ciałem. Dlatego Jezus powiedział: „Nie troszczcie się o wasze życie, co zjecie albo co wypijecie, ani o wasze ciało, czym się będziecie przyodziewać. Czyż życie nie jest zacniejsze niż pokarm, a ciało niż odzienie?"[16]. Gdy tylko skupisz się na ograniczonym ciele fizycznym, wpadniesz w otchłań nieszczęść. W dzisiejszych czasach popularne jest zabieganie o dobrobyt, ale możesz się rozchorować i nie być w stanie cieszyć się swoim dostatkiem. Dlatego Jezus ostrzegał, że powinniśmy najpierw szukać królestwa niebiańskiego. Musisz zjednoczyć swoją świadomość z Bogiem. Jest to najwyższym obowiązkiem człowieka. „Bo tego wszystkiego pragną narody świata; a wasz Ojciec wie, że ich potrzebujecie. Szukajcie tylko Królestwa

---

16 Mt 6,25.

Boga, a tamto będzie wam dodane"[17]. W zdrowiu czy w chorobie, czy masz władzę, czy jej nie masz, najpierw szukaj Boga. Jeśli szukasz z determinacją, „to wszystko będzie ci dodane" – nie wcześniej.

Chrystus posunął się nawet dalej: „Nie ma nikogo, kto opuścił dom albo braci, albo siostry, albo ojca, albo matkę, albo żonę, albo dzieci, albo rolę dla mnie i dla Dobrej Nowiny, aby nie wziął stokroć więcej teraz w tym czasie – domów, braci, sióstr, matek, dzieci i ról wśród prześladowań, a w przychodzącej epoce życia wiecznego."[18]. Tymi słowami Chrystus naucza, że wyrzeczenie się rzeczy materialnych jest najwyższą drogą do osiągnięcia Boga. Czyż nie jest głupotą nie wyrzec się paru materialnych rzeczy, aby osiągnąć królestwo niebiańskie? Lecz rzadko, doprawdy, nawet pobożni chrześcijanie postępują zgodnie z tym, co Chrystus tutaj powiedział; niewielu potrafi iść tą drogą. A przecież wyrzeczenie nie jest karaniem samego siebie; to inwestycja kilku nietrwałych świecidełek w celu zyskania wiecznego skarbu – Boga. Ludzie przywiązani do świata porzucili Boga dla zniszczalnego mienia, ja zaś porzuciłem rzeczy zniszczalne dla Boga.

Gita także zaleca wyrzeczenie. Kryszna mówi: „Od wszystkich *dharm* (obowiązków) odstąpiwszy, pamiętaj tylko o Mnie! Ja cię uwolnię od wszystkich grzechów (nagromadzonych z powodu niewykonania tych pomniejszych obowiązków)"[19]. Bóg przebaczy ci wstyd, kłopoty i cierpienia, jakie pojawią się w wyniku zaniedbania doczesnych obowiązków. Ale Gita mówi więcej: „Mędrcy zwą człowiekiem mądrym tego, którego poczynania wolne są od egoistycznych planów lub pragnienia rezultatów i którego czyny są oczyszczone (ich skutki karmiczne zostały wypalone) w ogniu mądrości. Porzuciwszy przywiązanie do owoców czynu, zawsze zadowolony, niezależny (od materialnych nagród), człowiek mądry nie wykonuje żadnego (wiążącego) czynu, nawet jeśli pogrążony jest w działaniu"[20]. Kryszna stwierdza tutaj, że aby znaleźć Boga, nie ma konieczności porzucenia wszystkich rzeczy zewnętrznych, jeśli

---

17 Łk 12,30-31.
18 Mk 10,29-30.
19 XVIII:66.
20 IV:19-20.

wszystko, co robimy, pozbawione jest pobudek egoistycznych, a jedynym celem działania jest zadowolić Go. Zapominanie o Bogu dla ziemskich obowiązków to okazywanie ogromnej niewdzięczności, nie możemy bowiem spełniać naszych powinności wobec rodziny i innych bez pożyczonej od Niego mocy.

W Indiach setki ludzi odchodzą do lasu po to tylko, aby myśleć wyłącznie o Bogu. Takiej właśnie drogi nauczał Chrystus, kiedy wzywał swoich uczniów: „Pójdźcie za mną"[21]. Porzucili oni pracę i rodziny i poświęcili wszystko, nawet swoje życie dla Boga.

Znaczenie życia Kryszny dla współczesnego człowieka

Pan Kryszna mówi w Gicie, że to, co człowiek musi naprawdę uczynić, aby znaleźć królestwo niebiańskie, to wyrzec się *owoców* działania. Bóg zesłał człowieka w to życie, tak bardzo zależne od głodu i pragnień, że *musi* on pracować. Bez pracy cywilizacja ludzka byłaby błędnym kołem chorób, głodu i zamieszania. Gdyby wszyscy ludzie na świecie porzucili życie w materialnej cywilizacji i zamieszkali w lasach, to wkrótce lasy musiałyby zamienić się w miasta, inaczej ich mieszkańcy powymieraliby z powodu braku higieny. Z drugiej strony cywilizacja materialna pełna jest niedoskonałości i nędzy. Jak można by temu zaradzić?

Życie Kryszny ilustruje jego filozofię, że nie ma konieczności ucieczki od obowiązków materialnego życia. Problem ten można rozwiązać sprowadzając Boga tu, gdzie nas umieścił. Bez względu na to w jakim jesteśmy środowisku, w umyśle, w którym panuje komunia z Bogiem, musi zawitać Niebo.

„Nieba bez Ciebie, o Boże, nie chcę! Lubię pracować w fabryce, jeśli tylko mogę dosłyszeć Twój głos w hałaśliwych kołach maszyn. Życie materialne bez Ciebie, mój Panie, jest źródłem fizycznej niedoli, choroby, zbrodni, niewiedzy i nieszczęścia"[22].

Aby uniknąć pułapek dwóch skrajności, wyrzeczenia się świata albo pogrążenia w życiu doczesnym, człowiek powinien poprzez ciągłą medytację tak wytrenować swój umysł, aby mógł wykonywać

---

21 Mt 4,19.
22 *Szepty z Wieczności*.

konieczne obowiązkowe czynności codziennego życia, zarazem utrzymując wewnętrzną świadomość Boga. Wszyscy ludzie powinni pamiętać, że mogą uwolnić się od niekończących się fizycznych i psychicznych cierpień doczesności, jeśli wprowadzą do codziennej rutyny życia głęboką medytację. Przykład zrównoważonego życia, łączącego medytację i działanie – bez przywiązania do owoców czynu – ustanowił swoim życiem Kryszna.

Przesłanie Kryszny w Bhagawadgicie jest doktryną jak najbardziej odpowiednią dla naszego współczesnego, zabieganego, pełnego zmartwień życia. Pracować, nie mając spokoju Bożego, to być w Hadesie. Pracować, czując Boże szczęście stale musujące w duszy, to nosić z sobą przenośne niebo wszędzie, dokąd się udajemy. Ciągłe martwienie się, nawet w przyjemnym otoczeniu, to życie w Hadesie; życie w wewnętrznym, bezgranicznym spokoju duszy, nawet w chwiejącej się chałupie, to prawdziwy raj. Czy to przebywając w pałacu, czy pod drzewem, musimy zawsze nosić ze sobą to wewnętrzne niebo.

Jogin raduje się wszystkim, mając świadomość Boga. Zarazem może powiedzieć: „Jeśli nie zobaczę już nigdy jedzenia, nie będzie mi go wcale brakować". Warunki panujące na świecie nie powinny cię niepokoić. Nie przywiązuj się do niczego. Jezus pościł przez czterdzieści dni, stale skupiając uwagę na Bogu.

Jeśli jesteś w świecie i nie jesteś do niego przywiązany, to jesteś prawdziwym joginem. Przebywać w sklepie z cukierkami i nie tknąć cukierka to prawdziwe wyrzeczenie. Jednakże mleko nie będzie pływać na wodzie, dopóki nie zrobisz z niego masła. Jedyną drogą do znalezienia szczęścia i wyzwolenia jest szukać Boga i żyć według Jego praw. Jezus powiedział: „A jeśliby cię gorszyła twoja ręka, odetnij ją"[23]. Potrzebna jest tak wielka determinacja! Musisz urzeczywistnić w sercu i duszy tę prawdę: „Panie, Ty tylko jesteś mój. Jestem tu tylko po to, by Cię zadowalać".

Wyrzekaj się nie tylko zewnętrznie, ale i mentalnie. Jezus nie miał na myśli tego, że człowiek nie powinien jeść i zakładać ubrań; On sam jadł i nosił odzież. Chodziło Mu w istocie o to, że nie

---

23 Mk 9,43.

powinniśmy się mentalnie przywiązywać do ubrania i jedzenia. Nauczał, że należy wyrzekać się zarówno wewnętrznie, jak i zewnętrznie. „Nie troszczcie się [...] o wasze ciało"[24] znaczy: „Nie troszczcie się za bardzo o jedzenie i ubranie ani o wymagania ciała". Ważniejsze jest być czystym wewnątrz niż zewnątrz. Jeśli potrafisz być czystym wewnętrznie, a także zewnętrznie, to tym lepiej.

Doktryny moralne w pismach świętych

Główne doktryny moralne religii znajdujemy i w Biblii, i w hinduskich pismach świętych. Przesłanie Gity zawiera nauki moralne dziesięciu przykazań chrześcijaństwa, a także powody, dlaczego źle jest je łamać. Gita mądrze ostrzega: „Kto odrzuca nakazy pism świętych i spełnia własne niemądre pragnienia, nie osiąga szczęścia ani doskonałości, ani Nieskończonego celu"[25]. Można być moralnym, nie będąc religijnym, jednak praktykowanie religii powinno się koniecznie zaczynać od przestrzegania zasad moralnych; prawdziwa religia jest bowiem głębsza niż moralność – jest połączeniem z Bogiem. Nie powinieneś koncentrować się na swoich błędach ani myśleć o sobie jako o grzeszniku. Afirmuj, że jesteś dzieckiem Boga i rozmyślaj o słowach Jezusa: „Ja i Ojciec jedno jesteśmy".

Reinkarnacja w Gicie i w Biblii

Reinkarnacja, tak pięknie przedstawiona przez Krysznę w Bhagawadgicie, to jedna z najbardziej pomocnych i inspirujących doktryn duchowych; bez niej nie możemy zrozumieć sprawiedliwości Bożej. Dlaczego dziecko miałoby urodzić się kaleką? Dlaczego Bóg miałby zsyłać rodzinie dwoje zdrowych i silnych dzieci, a trzecie ułomne? Jeśli wszyscy jesteśmy uczynieni na podobieństwo Boże, to gdzie jest tu sprawiedliwość? Może to wyjaśnić jedynie reinkarnacja. Kalekie dziecko to dusza, która w jakimś z przeszłych żywotów przekroczyła prawo Boże i w następstwie tego, utraciła władzę w nogach. Jako że to umysł kształtuje ciało, a dusza ta utraciła świadomość posiadania zdrowych nóg, to powróciwszy w tym żywocie, nie była

---

24 Mt 6,25.
25 XVI:23.

w stanie stworzyć doskonałej pary kończyn. Tak więc musimy ciągle powracać, dopóki nie odzyskamy utraconej doskonałości. Ten, kto stanie się doskonały, nie będzie musiał już wracać na ziemię.

Ci, którzy opanowali pragnienia, będą jednym z Bogiem. Jezus wspomniał o tym mówiąc: „Tego, kto zwycięża, uczynię kolumną w Przybytku Świątyni mego Boga, więc już nie wyjdzie na zewnątrz"[26]. Gita obiecuje to samo: „O Ardźuno! To jest stan 'utwierdzenia w Brahmanie'. Kto wejdzie w ten stan, (już) nigdy nie podda się ułudzie. Nawet jeśli utwierdzi się on w nim dopiero w chwili przejścia (ze sfery fizycznej do astralnej), osiągnie ostateczny, bezpowrotny stan komunii z Duchem"[27]. Kiedy pokonamy pragnienia fizyczne, nie opuścimy już nigdy Boga. Pragnienie sprowadza nas z powrotem na ziemię. Jesteśmy nadal dziećmi marnotrawnymi i dopóki nie porzucimy pragnień, nie możemy powrócić do Boga. Jeśli zdarzy się nam nagle opuścić tę ziemię z sercami pełnymi pragnień, będziemy musieli tu powracać, dopóki ich nie zrealizujemy. Zanim będziemy mogli powrócić do Boga, konieczne jest odzyskanie własnej doskonałości. Podczas sztormu z oceanu unosi się fala, ale jak tylko ocean się uspokoi, fala ponownie może się w nim pogrążyć. Tak samo jest z nami. Jak tylko ustanie sztorm materialnych pragnień, możemy ponownie stopić się z oceanem Boga.

Wczesne chrześcijaństwo nauczało o reinkarnacji. Jezus pokazał, że zna tę prawdę, kiedy powiedział: „Eliasz już przyszedł, i go nie rozpoznali. [...] Wtedy uczniowie zrozumieli, że mówił do nich o Janie Chrzcicielu. Tedy zrozumieli uczniowie, że o Janie Chrzcicielu mówił do nich"[28]. Mówiąc: „Eliasz już przyszedł", Jezus miał na myśli to, że dusza Eliasza reinkarnowała w ciało Jana Chrzciciela.

Chrystus urodził się jako człowiek Wschodu, aby zjednoczyć Wschód i Zachód

Bóg uczynił Jezusa Chrystusa człowiekiem Wschodu, aby zbliżyć do siebie Wschód i Zachód. Chrystus przyszedł, aby obudzić

---

26 Apokalipsa 3,12.
27 II:72.
28 Mt 17,12-13.

Odwieczne ludzkie poszukiwanie

boską świadomość braterstwa na Wschodzie i na Zachodzie. Prawdą jest także, że Chrystus mieszkał w Indiach podczas osiemnastu nieznanych lat swego życia, ucząc się u wielkich mistrzów indyjskich. Nie ujmuje Mu to boskości ani wyjątkowości; ukazuje jedność i braterstwo wszystkich wielkich świętych i awatarów.

Wielkie dusze przychodzą na ziemię, aby pokazać, że Świadomość Chrystusowa, którą osiągnęli, jest tym, czego muszą szukać wszyscy tu żyjący. Musicie poszerzyć świadomość i pozbyć się cierpienia. Jedzenie nie usuwa bólu fizycznego. Nabywanie majątku nie powstrzymuje bólu psychicznego. Czytanie duchowych książek nie zadowala duszy. Mistrzowie indyjscy mówią, że celem religii nie jest tworzenie doktryn, które trzeba ślepo wyznawać, lecz ukazanie ludzkości stałej metody znajdowania wiecznego szczęścia. Tak jak biznesmen stara się ulżyć cierpieniu innych, zaspokajając jakąś potrzebę, tak jak każdy człowiek jest pośrednikiem Boga, aby czynić jakieś dobro na ziemi, tak też Chrystus, Kryszna, Budda – wszystkie wielkie dusze – przychodziły na ziemię, aby obdarzyć ludzkość najwyższym dobrem: wiedzą o drodze do Wiecznej Szczęśliwości oraz przykładem własnego szczytnego życia, aby nas zainspirować do naśladowania ich.

Pewnego dnia będziemy musieli opuścić ciało. Bez względu na to, jak jesteśmy potężni, trzeba będzie w końcu pogrzebać ciało pod darniną. Nie ma czasu do stracenia. Metody jogi nauczane przez mojego umiłowanego Chrystusa i umiłowanego Krysznę pokazują, jak zniszczyć niewiedzę i cierpienie, umożliwiając człowiekowi osiągnięcie jego własnej Samorealizacji i zjednoczenie z Bogiem. W imię Stwórcy chrześcijan i hindusów zburzmy mury cierpienia i niewiedzy i czcijmy prawdziwie Boga. Zbyt często demony chciwości i uprzedzeń tańczyły w świątyniach Boga w Jego imię. Musimy przywrócić na Jego ołtarze Pana pokoju i radości. Zachowujmy się na ziemi nie jak Amerykanie czy Hindusi mający sprzeczne zwyczaje i wierzenia, lecz jak dzieci jednego Ojca. „Chrześcijanin" i „hindus" to tylko nazwy. Żyjmy jak jedna boska rodzina w Zjednoczonym Świecie Jedności, w harmonii i szczęśliwości Ducha wewnątrz i na zewnątrz nas.

★★★

Wizja Chrystusa i Kryszny

Przeżycie opowiedziane przez
Paramahansę Joganandę w „Szeptach z Wieczności"

Ujrzałem wielką błękitną dolinę otoczoną górami, które połyskiwały jak klejnoty. Wokół opalizujących szczytów skrzyły się zwiewne mgły. Poniżej płynęła rzeka ciszy, lśniąca jak diament. I zobaczyłem tam wychodzących z głębi gór Jezusa i Krysznę, jak idą trzymając się za ręce – Chrystusa, który modlił się na brzegach rzeki Jordan, i Chrysznę, który grał na flecie nad rzeką Jamuną.

Ochrzcili mnie w promiennych wodach; dusza moja rozpłynęła się w bezbrzeżnej głębi. Wszystko rozbłysło astralnym płomieniem. Moje ciało i postacie Chrystusa i Kryszny, opalizujące wzgórza, błyszczący strumień i dalekie empireum stały się tańczącymi światłami, a wszędzie przelatywały atomy ognia. W końcu nie pozostało nic, tylko łagodna poświata, w której drżało całe stworzenie.

O Duchu! W sercu raz po raz kłaniam się Tobie, Wiecznemu Światłu, w Którym mieszają się ze sobą wszystkie formy.

Dziesięć przykazań

Wieczne zasady szczęścia

*Pierwsza Świątynia Self-Realization Fellowship
w Eninitas, Kalifornia, 6 marca 1938*

Nagłe kataklizmy, które wydarzają się w przyrodzie, siejąc spustoszenie i wyrządzając masowe szkody, nie są dziełem Boga. Katastrofy takie są wynikiem myśli i działań człowieka. Ilekroć wibracyjna równowaga dobra i zła na ziemi naruszona zostaje z powodu nagromadzenia się szkodliwych wibracji, powstałych wskutek niewłaściwego myślenia i postępowania człowieka, mamy do czynienia ze zniszczeniem, takim jakiego niedawno doświadczyliśmy[1].

Na świecie nadal będą trwały wojny i katastrofy naturalne, dopóki wszyscy ludzie nie skorygują swoich złych myśli i zachowań. Wojny wybuchają nie wskutek zamierzonego działania boskiego, lecz z powodu powszechnego materialistycznego egoizmu. Usuńmy egoizm – jednostkowy, przemysłowy, polityczny, narodowy – a nie będzie więcej wojen.

Kiedy w świadomości człowieka dominuje materializm, powoduje to emisję subtelnych negatywnych promieni; ich skumulowana moc zakłóca równowagę elektryczną w przyrodzie i wtedy właśnie zdarzają się trzęsienia ziemi, powodzie i inne kataklizmy. Bóg nie jest za nie odpowiedzialny! Zanim będzie można kontrolować przyrodę, konieczna jest kontrola myśli ludzkich[2].

---

1 Nawiązanie do lokalnych powodzi po niezwykle gwałtownych ulewach.

2 „Osławiony 'podbój przyrody' jest wyrazem kompleksu mocy człowieka – próżną brednią. To my *jesteśmy* posłuszni przyrodzie. Naukowiec rozszyfrowuje zasady, którym musimy być posłuszni. Każda odkryta zasada ma w sobie własną moc gwarantującą posłuszeństwo." – G. Scott Williamson i Innes H. Pearse, *Biologists in Search of Material* (Biolodzy w poszukiwaniu materii), Faber & Faber, Londyn, 1950.

Rama, awatar, jeden z wielkich hinduistycznych władców indyjskich, władał królestwem Ayodhyi, którego mieszkańcy żyli cnotliwie. Mówi się, że podczas złotej ery rządów Ramy, doskonałej harmonii panującej w Ayohdji nie zakłócały żadne przypadki przedwczesnej śmierci ani katastrofy naturalne. W każdej rodzinie zapanuje większa harmonia i zdrowie, jeśli jej członkowie będą żyli poprawnie. Jeśli członkowie rodziny zachowują się wobec siebie egoistycznie, dom naturalnie będzie pełen dysharmonii. Tak samo jest z narodami; dopiero kiedy ludzkość będzie żyła moralnie, przyjdzie na ziemię królestwo Boże. Ale jest niewiele czasu. Jesteś tu dzisiaj, a jutro już cię nie ma. Najwyższym przywilejem człowieka jest poszukiwanie Boga. Powinieneś korzystać z wolności, jaką dał ci On w tym życiu, aby udowodnić doświadczalnie wieczne prawdy duchowe.

Grzech jest tym, co powoduje, że cierpisz. Cnota czyni cię trwale szczęśliwym. Jeśli w twoim umyśle brak duchowej harmonii, to nawet nowy dom i nowy samochód nie zdołają cię uszczęśliwić. Nadal będziesz miał w sobie swój Hades.

Prawdziwe szczęście wytrzyma wyzwania wszystkich zewnętrznych doświadczeń. Kiedy potrafisz znosić ukrzyżowanie krzywd wyrządzonych ci przez innych ludzi i pomimo tych krzywd odwzajemniać się miłością i przebaczeniem, i kiedy potrafisz niezmiennie utrzymywać boski wewnętrzny spokój wbrew wszelkim bolesnym ciosom zewnętrznych okoliczności, wtedy poznasz to szczęście.

„Ten, kto się uchyla od przykazań biblijnych, by iść za swymi nierozsądnymi żądzami, nie osiąga szczęścia ani doskonałości, ani nieskończonego Celu. Dlatego niech pisma święte będą dla ciebie miarą tego, co należy czynić, a czego unikać. Wraz z intuicyjnym zrozumieniem nakazów w pismach świętych, z chęcią wypełniaj swoje obowiązki w świecie"[3]. Ci, którzy są wewnętrznie zadowoleni, żyją właściwie. Szczęście pojawia się tylko dzięki dobremu postępowaniu. Bądź szczęśliwy tutaj, a będziesz także szczęśliwy w zaświatach. Śmierć nie jest ucieczką. Musisz być dobry teraz, jeśli chcesz znaleźć się w niebie w przyszłości. Według prawa przyczyny i skutku

---

3 *Bhagawadgita* XVI:23-24.

po śmierci jesteś dokładnie taki sam, jaki byłeś przedtem. Zatem kuj żelazo, póki gorące.

Dziesięć odwiecznych zasad szczęścia

Dziesięć przykazań[4] można by trafniej nazwać Dziesięcioma Odwiecznymi Zasadami Szczęścia. Słowo „przykazanie" to niefortunny wybór, ponieważ niewiele osób lubi, by im nakazywano. Jak tylko powiesz dziecku, by czegoś nie robiło, natychmiast chce to zrobić.

Dziesięć przykazań jest codziennie łamanych wszędzie. Dopóki nie zrozumie się ich duchowego znaczenia, ludzie zawsze będą się przeciwko nim buntować. Dziesięć przykazań to odwieczne reguły zachowania, które są głoszone przez wszystkie wielkie religie światowe. Jednakże pisma święte w większości nie wyjaśniają ich z punktu widzenia psychologii ani tego, jaki możemy odnieść pożytek z ich stosowania. Ludzie akceptują je w kościele, ale nie stosują się do nich poza kościołem, co usprawiedliwiają niepraktycznością tych nakazów. Tymczasem łamanie dziesięciu przykazań to główna przyczyna całego cierpienia na świecie.

Jaki pożytek płynie ze stosowania się do dziesięciu przykazań? *Bhagawadgita* nakazuje nam porzucenie wszystkiego i pamiętanie tylko o Bogu. „Niech twój umysł zatopi się we Mnie, stań się Moim wielbicielem, porzuć dla Mnie wszystko, Mnie oddawaj cześć. Jesteś Mi miły, zatem zaprawdę obiecuję ci: osiągniesz Mnie"[5]. To odpowiada pierwszemu z dziesięciu przykazań danych Mojżeszowi:

„Nie będziesz miał cudzych bogów przede mną". Urzeczywistnienie Boga w sobie powinno być celem życia. Nie da się wykonywać doczesnych obowiązków bez mocy pożyczonej od Boga. Wykonywać swoje zwykłe obowiązki, nie pamiętając o Nim, to największy grzech. Grzech oznacza niewiedzę, działanie przeciw własnemu najwyższemu dobru. Ile razy czułeś palący smutek w sercu? Dlaczego? Dlatego, że nie postępowałeś dobrze; bo Bóg nie był pierwszym w twoim sercu. Gita mówi: „Porzuć wszystkie inne *dharmy* (obowiązki), pamiętaj tylko o Mnie; uwolnię cię od wszystkich grzechów

---

4 Księga Wyjścia 20,3-17.
5 XVIII: 65.

(nagromadzonych w wyniku niewykonywania tych mniejszych obowiązków)"[6]. Nie powinno być żadnego innego boga w twoim życiu, który znaczy dla ciebie więcej niż Bóg. Jezus, mimo że był jednym z Ojcem, powiedział: „Nie wiem o wszystkich rzeczach, o których wie mój Ojciec"[7].

Gdy tylko człowiek zaczyna czcić dobra materialne, nazwisko, sławę i cokolwiek mniejszego od Boga, staje się nieszczęśliwy. „Ci, którzy czczą mniejszych bogów, o Ardźuno, idą do nich; Mój wielbiciel przychodzi do Mnie"[8]. Jedynie Bóg może spełnić ludzkie marzenie o trwałym szczęściu. Nie powinno się pozwalać na to, by cokolwiek odwracało uwagę od wielbienia Najwyższego Pana. Jeśli przestudiujecie hinduskie pisma święte, przekonacie się jak bardzo ich nakazy zgodne są z dziesięcioma przykazaniami biblijnymi.

„Nie czyń sobie żadnego obrazu rytego". Wielbienie symboli jest dobre dla niektórych, przynosi jednak więcej złych niż dobrych skutków. Czcić krzyż Chrystusa, lecz nie pamiętać, co oznacza, to czcić „ryty obraz", ponieważ przestaliśmy rozumieć jego znaczenie. Kiedy odchodzi wielki nauczyciel duchowy, zazwyczaj zachowuje się i czci jego wizerunek lub jakiś symbol jego życia, i to jest w porządku, pod warunkiem że pamiętamy i naśladujemy jego przymioty. Ale jeśli czcimy wizerunek, nie zważając świadomie na to, co przedstawia, to znaczy, że zapomnieliśmy o Nieskończonym. Dopuszczalne jest posiadanie obrazka bądź posążka Jezusa, jeśli pomaga to nam rozmyślać nad Jego boskimi przymiotami. Wtedy nie czcimy rytego obrazu, lecz ideał, który obraz dla nas reprezentuje. Każdy rytuał religijny, który odprawiamy mając świadomość Ducha, jest miły Panu. Jednakże w czasach Mojżesza wielu wyznawców zapomniało o Bogu; oddawali oni cześć zwykłym przedmiotom, nawet składając im kozy w ofierze.

W Indiach jest zwyczaj sporządzania obrazu lub posągu świętego albo też sporządzania wizerunku symbolizującego określony aspekt

---

[6] XVIII: 66.

[7] „Lecz o owym dniu i godzinie nie wie nikt, ani aniołowie w niebiosach, nawet nie Syn, tylko Ojciec" (Mk 13,32).

[8] *Bhagawadgita* VII:23.

czy cechę Boga i umieszczania go w świątyni. Ludzie ofiarowują kwiaty Bogu lub duchowi świętego reprezentowanemu przez obraz lub posąg i medytują nad boskimi cechami, które one symbolizują. Taki sposób oddawania czci jest akceptowalny w oczach Boga[9]. Prawdziwi wielbiciele nie pozwalają, aby ich świadomość zatrzymywała się na przedmiocie, lecz z najgłębszą miłością i uwagą koncentrują się na Duchu stojącym za nim. Pewien wielki indyjski święty zazwyczaj wchodził w *samadhi* (ekstatyczną komunię z Bogiem) ilekroć wykonywał obrzęd przed obrazem Boskiej Matki w świątyni, w której odprawiał nabożeństwa. „Kładłem kwiaty u stóp kamiennego symbolu – powiedział – gdy nagle spostrzegłem, że nieskażony ciałem jestem jednym z Podtrzymującym wszechświat. Zacząłem układać kwiaty na własnej głowie".

Jeśli potrafisz to zrobić, wtedy lepiej jest koncentrować się wewnętrznie na Bogu, zamiast skupiać najpierw uwagę na zewnętrznym symbolu pośredniczącym, a dopiero potem przenosić uwagę na Ducha. Bóg jest nieskończony. Jak mógłby się On zawrzeć w wizerunku? To jest uzasadnienie drugiego przykazania. Nie powinniśmy wielbić obrazu jako Boga, ponieważ Bóg jest nieskończony.

Jako nieskończonego, Boga nie można ograniczyć żadną formą, ludzką czy kamienną; mimo to przejawia się On we wszystkich formach. Można słusznie powiedzieć, że Bóg przejawia się w każdym człowieku, w tym w wielkich świętych, albowiem jest On obecny we wszystkim. Słońce także świeci tak samo na kawałek węgla i na diament. Diament jednak przyjmuje i odbija światło słoneczne, a węgiel nie. Podobnie światło Boga pada na wszystkich ludzi, ale nie wszyscy przyjmują i odbijają to światło. Aby to zrobić, muszą się oczyścić poprzez medytację i przestrzeganie dziesięciu przykazań.

„*Nie bierz imienia Pana Boga twego nadaremno*". Wymawiając imię Boga, musisz być wewnętrznie świadomy tego, co mówisz. Gdyby można było zajrzeć w umysły ludzi, gdy się modlą, zobaczylibyśmy, że bardzo wielu myśli o wszystkim, tylko nie o Bogu.

---

9 „Jakąkolwiek postać (inkarnację Boga, świętego lub bóstwa) człowiek z wiarą czcić pragnie, Ja jestem Tym, który czyni jego oddanie niezachwianym. Pełen wiary wielbiciel, pochłonięty wielbieniem tej postaci, otrzymuje owoce swoich pragnień. Lecz to Ja Sam, zaiste, spełniam mu te pragnienia" (*Bhagawadgita* VII:21-22).

Wzywają imienia Boga nadaremno. Modląc się, powinniśmy starać się ze wszystkich sił koncentrować całą uwagę na Bogu, zamiast powtarzać: „Boże, Boże, Boże" i pozwalać, by umysł zajmował się czym innym. Jedna z moich ciotek miała zwyczaj odmawiania modlitw na różańcu. Prawie zawsze można ją było widzieć, jak przesuwa palcami paciorki. Ale pewnego dnia podeszła do mnie i wyznała, że chociaż modli się tak od czterdziestu lat, Bóg nigdy nie odpowiedział na jej modlitwy. Nic dziwnego! Jej „modlitwy" były niczym więcej niż nerwowym nawykiem ciała.

Kiedy się modlisz nie myśl o niczym innym, tylko o Duchu. Staraj się ze wszystkich sił być szczerym. Używanie podczas modlitwy paciorków i *dźapy*, powtarzania imienia Boga są dobre, jeśli praktykujemy to z oddaniem i koncentracją. Zbyt często jednak praktyki te stają się mechaniczne; są one niższymi formami okazywania uwielbienia. Natomiast jeśli szepczesz "Boże" w sercu – na paciorkach miłości – to jest to prawdziwe uwielbienie. Jest także obrazą dla Boga śpiewanie hymnów albo mantr, będąc nieobecnym duchem. *Bhagawadgita* tak samo podkreśla znaczenie bycia skoncentrowanym podczas wielbienia Boga. Kiedy się modlisz, serce i umysł powinny być wypełnione miłością do Boga. „Ten osiąga Najwyższego Świetlistego Pana, o Ardźuno, kogo umysł, ustabilizowany dzięki jodze, jest niewzruszenie skupiony na myśli o Nim"[10].

„*Pamiętaj, abyś dzień święty święcił*". Z tygodnia składającego się z siedmiu dni, jakże niewielu ludzi poświęca choć jeden Bogu! Zachowanie jednego dnia dla Niego leży w twoim najlepszym interesie i jest dla twojego dobra. Niedziela to dzień słońca – jasny dzień mądrości. Wielu nigdy z niej nie korzysta, aby myśleć o Bogu, chociaż czynić to jest najwyższą mądrością. Jeślibyś tego dnia mógł trochę pobyć sam w ciszy, ciesząc się tą ciszą, przekonałbyś się, o ile lepiej się poczujesz. Przestrzegaj szabatu w ten sposób; będzie to balsam na skaleczenia poprzednich sześciu dni. Każdy człowiek potrzebuje spędzenia jednego dnia w tygodniu w duchowym szpitalu, aby uleczyć swoje psychiczne rany.

Nie przestrzegaj szabatu jako narzuconego obowiązku; ciesz się nim. Kiedy stanie się dla ciebie dniem spokoju, radości i zadowolenia,

---

10 *Bhagawadgita* VIII:8.

Odwieczne ludzkie poszukiwanie

nie będziesz się mógł go doczekać. Odosobnienie jest ceną wielkości. Zdziwisz się, co odosobnienie w towarzystwie Boga uczyni dla twojego umysłu, ciała i duszy. Wczesnym rankiem i przed udaniem się na spoczynek powinieneś zanurzać się w Jego spokoju.

Indyjscy mędrcy radzą, by poświęcać na odosobnienie nie tylko jeden stały dzień, ale podkreślają też potrzebę cichej medytacji czterokrotnie w ciągu dnia o określonych porach. Pozostawaj w ciszy, czując spokój wcześnie rano, zanim wstaniesz lub kogoś zobaczysz. Pobądź w ciszy w południe, przed południowym posiłkiem, i kolejny raz posiedź w ciszy przed wieczornym posiłkiem. Zanim pójdziesz spać, jeszcze raz wejdź w tę ciszę. Ci, którzy wiernie przestrzegają ciszy w odosobnieniu cztery razy dziennie, nie mogą nie czuć się w harmonii z Bogiem. Kto nie da rady robić tego cztery razy dziennie, powinien przestrzegać pór poświęconych Bogu każdego ranka i wieczora. Postępując tak, będziesz cieszyć się innym, szczęśliwszym życiem.

Jeśli stale wypisujesz czeki, nie wkładając ani grosza na swoje konto bankowe, skończą ci się pieniądze. Tak samo jest z życiem. Jeśli nie będziesz regularnie odkładać spokoju na swoje konto życiowe, wyczerpiesz swoje siły, spokój i szczęście. W końcu zostaniesz bankrutem – emocjonalnym, umysłowym, fizycznym i duchowym. Tymczasem codzienne obcowanie z Bogiem będzie wciąż uzupełniało twoje wewnętrzne fundusze.

Cztery razy dziennie siedź spokojnie w medytacji i myśl z całą miłością i tęsknotą swego serca: „Jestem teraz z Nieskończonym. «Ojcze, objaw mi Siebie, objaw mi Siebie»". Staraj się poczuć spokój Jego obecności. Zanurzaj umysł i ciało w tym spokoju, a będzie ci się o wiele lepiej wiodło w życiu. Spokojny człowiek nie popełnia błędów. Tam gdzie nie udaje się tysiącom innych, on odnosi sukces. Musisz być spokojny, aby odnosić sukcesy. Ci, którzy nie przestrzegają szabatu polegającego na odczuwaniu tego boskiego spokoju, nabawiają się zmienności nastrojów. Stają się nerwowymi automatami. Przez bramy ciszy będzie świecić na ciebie uzdrawiające słońce mądości i spokoju.

Szabat powinien być dniem odpoczynku i kultywowania boskiego spokoju. Niemniej jednak, działanie wyrażające mądrość i spokój jest także odpowiednie na dzień szabatu.

„*Czcij ojca swego i matkę swoją*". Ludzkich rodziców należy szanować jako przedstawicieli Boga, najwyższego Rodzica, który obdarzył ich prawem tworzenia człowieka. Matka jest wcieleniem bezwarunkowej miłości Bożej, bo prawdziwa matka przebacza, gdy nikt inny tego nie robi. Ojciec jest przejawem mądrości Niebiańskiego Ojca i ochroną jaką zapewnia On swoim dzieciom. Człowiek nie powinien kochać ojca i matki osobno od Boga, lecz jako przedstawicieli Jego ochraniającej miłości i mądrości. Najwyższy Duch staje się ojcem i matką, aby pomagać każdemu dziecku. Dlatego szanuj Go w swoich rodzicach.

„*Nie zabijaj*". Onacza to, że nie powinno się zabijać dla samego zabijania, bo wtedy stajesz się mordercą. Nie powinno się odbierać komuś życia pod wpływem gwałtownej emocji. Jeśli jednak zaatakowano twój kraj i musi się on bronić, powinieneś walczyć, aby chronić tych, których dał ci Bóg. Masz słuszny obowiązek bronienia swojej rodziny i kraju.

„*Nie cudzołóż*". Ideałem aktu płciowego powinno być stworzenie dzieci uczynionych na podobieństwo Boże i wyrażenie czystej miłości duszy, jaką odczuwają małżonkowie, którzy widzą w sobie nawzajem jedynie Boga. Ci, którzy żyją wyłącznie na planie fizycznym, nie myśląc o miłości ani o szczytnym celu, któremu akt płciowy ma służyć, według ducha tego przykazania popełniają cudzołóstwo. Człowiek nie jest wtedy lepszy od zwierzęcia, które odbywa stosunek i idzie dalej.

Zamierzeniem Boga jest, aby popęd stwórczy służył nie tylko do prokreacji i wyrażania wzajemnej prawdziwej miłości w świętym związku małżeńskim, ale także aby był on przemieniany w energię i boską świadomość. O ile potrafisz asymilować moc seksualną, zdołasz rozwinąć wielkie zdolności umysłowe do pisania, malowania czy twórczego wyrażania siebie na tysiąc innych sposobów. Kiedy ostatecznie opanujesz i uduchowisz twórczą energię, będziesz odczuwać wielki spokój i miłość, oraz szczęśliwość w Bogu. Święci, którzy w ten sposób uduchowili energię seksualną, są bardzo potężni, potrafią wykazać się wspaniałymi dokonaniami w świecie i w wewnętrznym posukiwaniu Prawdy.

Tak więc, najwyższym zastosowaniem seksu jest sublimacja jego mocy w celu przejawiania duchowych myśli i ideałów oraz mądrości.

Paramahansa Jogananda na początku lat dwudziestych XX wieku

Koncentrowanie się na seksie, za wyjątkiem gdy jest on wyrazem małżeńskiej miłości albo służy do prokreacji w małżeńskim życiu, jest szkodliwe dla twojego zdrowia psychicznego i fizycznego. Nie powinno się rozmyślać o seksie ani działać rozwięźle pod wpływem myśli o nim. Umiejąc zachować taką wstrzemięźliwość, możesz nabrać właściwego stosunku do seksu i jego zdrowego boskiego celu.

Wszechświat i człowiek zostali niepokalanie stworzeni aktem woli Bożej. Początkowo człowiek także miał prawo do niepokalanego stwarzania aktem woli, tak jak Bóg. Człowiek utracił tę moc, kiedy uległ pokusie koncentrowania się bardziej na seskualnym niż na duchowym aspekcie tej boskiej twórczej mocy. Być niewolnikiem seksu, to utracić zdrowie, samokontrolę i spokój umysłu – wszystko to, czego człowiek potrzebuje, aby być szczęśliwym.

„Nie kradnij". Jeśli wszyscy ludzie w społeczności składającej się z tysiąca osób będą okradli się nawzajem, to każdy będzie miał dziewięćset dziewięćdziesięciu dziewięciu wrogów. Dlatego nie powinno się nieprawnie zabierać innym ich majątku, miłości, spokoju ani żadnej innej własności. Jeśli nie masz pragnienia, aby brać to, co do ciebie nie należy, to wszystko czego potrzebujesz albo czego pragniesz przyjdzie do ciebie. Kradzież rodzi się w umyśle, kiedy zaczynasz pożądać tego, co mają inni. Trzeba usunąć z umysłu nasiona pożądania. Drogą do tego jest bezinteresowność; wtedy człowiek automatycznie przyciąga dostatek.

Dopóki nie porzuci się materialnego egoizmu, nie będzie szczęścia na świecie. Szczęście pojawi się tylko dzięki duchowej współpracy, kiedy wszyscy ludzie będą wyczuwać potrzeby innych tak jak własne i pracować dla innych równie gorliwie jak dla siebie.

„Nie mów fałszywego świadectwa przeciw bliźniemu swemu". Krzywdzenie kogoś poprzez zniekształcanie prawdy to kolejny sposób niszczenia społecznego szczęścia. Jeśli chcesz, by ciebie traktowano dobrze, powinieneś dobrze traktować innych. Ważne jest, by zawsze mówić prawdę.

Aby zawsze być prawdomównym, trzeba rozumieć różnicę między faktem a prawdą. Czynienie uwag, choć zgodnych z prawdą, że ktoś jest kulawy, tylko rani; nie przynosi to nic dobrego. Dlatego nie powinno się mówić bez potrzeby o nieprzyjemnych faktach.

Wyjawienie prawdy, która byłaby równoznaczna ze zdradą innego człowieka, i to bez godnego celu, także jest złem. Nie powinno się mówić nieprawdy w celu uniknięcia mówienia prawdy, lepiej milczeć. Nigdy nieostrożnie albo złośliwie nie ujawniaj informacji, które zawstydziłyby lub zraniły innych.

„Nie pożądaj domu bliźniego twego, ani nie pożądaj żony bliźniego twego, ani sługi jego, ani dziewki jego, ani wołu jego, ani osła jego, ani żadnej rzeczy bliźniego twego". Chciwość jest źródłem niezadowolenia. Naucz się odróżniać „konieczne konieczności" od „niekoniecznych konieczności". Im bardziej będziesz pożądał tego, co mają inni, tym bardziej będziesz nieszczęśliwy. Spędzisz życie w cierpieniu i nigdy nie znajdziesz zadowolenia. Szukaj duchowych bogactw wewnętrznych.

To, czym jesteś, jest czymś o wiele większym od czegokolwiek, za czym kiedykolwiek tęskniłeś lub od kogokolwiek za kim tęskniłeś. Bóg przejawia się w tobie w sposób, w jaki nie przejawia się w żadnym innym człowieku. Twoja twarz jest niepodobna do twarzy nikogo innego, dusza nie przypomina duszy nikogo innego; jesteś samowystarczalny, albowiem w twojej duszy kryje się największy skarb – Bóg.

Paramahansa Jogananda w Nowym Jorku, 1926 r.

Jak odczytywać charakter

*Międzynarodowa Siedziba Self-Realization Fellowship,
Los Angeles, Kalifornia, 11 stycznia 1942*

Badając charakter innych ludzi, można stać się czujnym na sposoby, które pozwolą doskonalić swoją własną naturę. Jednakże niewłaściwe jest badanie charakteru, by doszukiwać się w nim wad, i ma to niszczycielskie skutki. Wszyscy unikają „detektywów charakterów", którzy obnażają wady innych. Wielu, którzy lubią krytykować, sami nie potrafią znieść krytyki i mogą nawet mieć te same wady, które z takim przekonaniem potępiają u innych.

Badanie charakteru jest ważne głównie w tym zakresie: powinno się stale zauważać zalety innych i zaszczepiać te dobre cechy w sobie. Badam charakter, kiedy dobieram ludzi, z którymi będę pracować. Ale dobieram ich, wychodząc z zupełnie innego założenia. Czasami pozwalam osobie, o której wiem, że jest „zła", być ze mną w nadziei, że się zmieni. Jeśli zareaguje ona na moją duchową troskę o jej dobro, to stanie się lepsza. A jeśli nie, no cóż, ryzykuję. Jestem jak lekarz, który ryzykuje zarażenie się chorobą, aby pomóc pacjentowi. Wszyscy lekarze muszą podejmować takie ryzyko, ponieważ pragną służyć innym. Podobnie jest z lekarzem duchowym; podejmuje się osądzania innych i pokazania im ich wad, aby pomóc im się poprawić.

Jezus powiedział: „Nie sądźcie, abyście nie byli osądzeni"[1]. Potępiał On krytykowanie innych jedynie z chęci skrzywdzenia ich. Zachowanie takie jest nieżyczliwe i niszczy przyjaźń. Krytyka jest zupełnie bezużyteczna, jeśli nie przekazuje się jej ze szczerą miłością i tylko w sytuacji, kiedy jest pożądana. Powinno się ją oferować z pełnym miłości pragnieniem pomocy drugiej osobie. Ci, którzy nauczyli się samoopanowania, mają prawo pomagać innym. Z tego punktu widzenia warto jest badać charakter.

---

1 Mt 7,1.

Wygląd zewnętrzny wskaźnikiem charakteru

Pewien rodzaj stadium charakteru opiera się na fizjonomice. Mówi się, że istotne cechy człowieka odzwierciedlają się w jego ciele – bardzo ogólnikowe twierdzenie. Nie wszystkie cechy fizjonomii rzeczywiście mówią prawdę o życiu wewnętrznym.

Fizjonomię jako wskaźnik charakteru badał Arystoteles. Hinduscy nauczyciele zajmują się tym zagadnieniem głębiej. Mówią oni, że przewodnie myśli wszystkich wcieleń człowieka odbijają się w oczach. Chociaż oczy ujawniają całą historię duszy – nie tylko w obecnym życiu, ale i w przeszłych żywotach, to jednak tylko umysł mistrza potrafi zanalizować objawienie przeszłych żywotów odzwierciedlone w obecnym życiu.

Co jakiś czas zdarza się, że idąc gdzieś, nagle zauważasz coś w oczach mijającego cię człowieka i myślisz: „On mi się nie podoba" albo „On mi się podoba". Oczy opowiadają całą historię. Strach, złość, zazdrość, chciwość, szczodrość, miłość, odwaga, duchowość – wszystkie te stany, dobre i złe, swoiście odbijają się w oczach. Detektywi umieją kontrolować mięśnie twarzy tak, aby twarz nie zdradzała swoim wyrazem tego, co myślą, ale nie potrafią ukryć podejrzenia w oczach. Oczy jogina są spokojne, ponieważ myśli on o cichym Duchu.

Badano cechy twarzy i ciała, analizowano nawet guzy na głowie; ale wygląd zewnętrzny nie zawsze mówi wszystko, a różne kultury wyciągają różne wnioski ze swoich obserwacji. W niektórych uważa się, że ludzie otyli kochają luksusy i nie lubią pracować, a chudzi są bardziej uduchowieni. Ale w Indiach patrzy się przychylnie na otyłość osób duchownych. Cezar nie ufał wyglądowi „chudego i wygłodniałego" Kasjusza, w którym widział zagrożenie dla swojej władzy. Niektórzy autorzy teoretyzowali, że ci, którzy są chudzi, myślą za wiele i dlatego nie obrastają w ciało. Badanie historii pokazuje, że zarówno chude, jak i tęgie osoby były dobrymi władcami.

Jeśli teraz jesteś uporczywie gruby, to znaczy, że wielokrotnie bywałeś gruby wcześniej albo jeśli w tym życiu jesteś chronicznie chudy, to byłeś chudy w kilku inkarnacjach. Odziedziczyłeś tę skłonność z przeszłości; i bez względu na to, co jesz, ten wzorzec myślowy ma tendencję do przejawiania się.

To, że fizjonomia ujawnia charakter, jest prawdą, jeśli wziąć pod uwagę fakt, że wszystkie myśli, które przeszły przez indywidualny umysł podczas wielu inkarnacji, uwidoczniają się w ciele. Potrzeba jednak intuicyjnej mocy mistrza, aby „odczytać" czyjąś fizjonomię całkowicie i poprawnie.

Sokrates na przykład był bardzo brzydki. Spotkał on wielkiego astrologa, który powiedział: „Sokratesie, jesteś najbardziej złym i nikczemnym człowiekiem, jakiego znam". Uczniowie Sokratesa bardzo się rozzłościli na astrologa, ale ich nauczyciel odparł: „Masz rację. Byłem taki w przeszłości. I chociaż cechy te pokonałem już mądrością, to jednak rzeczy, które robiłem kiedyś, zapisały się w ciele, czyniąc je brzydkim".

Nie ma dwóch takich samych twarzy. Różnią się cechami, które przejawiły się w tym życiu i w przeszłych żywotach. Nie można więc tak po prostu oceniać ludzi jako złych czy dobrych na podstawie ich obecnego, odrażającego czy miłego wyglądu. Święty Franciszek nie był atrakcyjny fizycznie, podczas gdy jego uczeń, brat Masseo, był bardzo przystojny. Ale Masseo nie miał w sobie tak wielkiego duchowego piękna jak święty Franciszek.

Emocje kluczem do charakteru

Istnieje jeszcze jedna dziedzina badań związana z fizjonomiką: patognomika, badanie uczuć i emocji człowieka poprzez obserwację zewnętrznych wyrazów mimicznych twarzy i ruchów ciała, a także poprzez badanie jego reakcji emocjonalnych na różne wydarzenia życiowe. Uczucia i nawyki ukazują cechy człowieka; jednak niektórzy kultywują zdolność ukrywania swoich prawdziwych uczuć, ponieważ nie chcą odsłaniać się przed ludźmi. Dwaj małżonkowie dostali wiadomość, że ich żony utonęły. Jeden okazywał wielki żal, a drugi nic nie mówił, ale ten, który na zewnątrz okazywał smutek, czuł mniej miłości do żony, niż mąż, który wyrazem twarzy w ogóle nie okazywał bólu. A więc patognomika, wykrywająca prawdziwe uczucia i reakcje ludzkie, to bardzo głęboka nauka.

Pewniejszym kryterium analizy charakteru człowieka niż wygląd są jego uczucia. Łączę obie metody, aby analiza była jak najbardziej dokładna. Dla wszystkich, którzy przychodzą do mnie na naukę, aranżuję określone sytuacje, aby zobaczyć, jak na nie zareagują emocjonalnie i co pomyślą. Jeśli zareagują negatywnie, staram się ich skorygować, ale nie robię tego, jeśli dana osoba mnie o to nie poprosi i jeśli nie udzieli mi prawa i pozwolenia na to, bym ją prowadził.

Niektórzy reagują emocjonalnie na najlżejszy bodziec. W tym kraju z reguły bardzo emocjonalni są muzycy, również wasza muzyka jest w większości emocjonalna, ponieważ skupia się wokół tematu ludzkiej miłości. W Indiach muzyka skupia się wokół myśli o Bogu. Dlatego na ogół uspokaja burze emocji i wywołuje głęboki duchowy spokój. Oczywiście nie wszyscy muzycy zachodni ulegają emocjom ani nie wszyscy muzycy indyjscy są uduchowieni, chociaż przeważnie są. Sanskryckie słowo oznaczające muzyka to *bhagawatar*, „ten, który śpiewa chwałę Boga".

W kontaktach z emocjonalnymi ludźmi rzadko można liczyć na ich stałość. Dzisiaj traktują cię entuzjastycznie, a jutro opuszczają. Widziałem takie osoby, gdy przychodziły do aśramu. Przez kilka dni sprawiały wrażenie, że będą tak niezachwianie lojalni jak uczeń [Jezusa] Jan. Po miesiącu już ich nie było. Jeśli cokolwiek mnie rani, to sytuacja, w której wyznanie przyjaźni zostaje wycofane przez naruszenie zaufania. Kiedy ja obdarzam kogoś przyjaźnią, nigdy się nie wycofuję.

Zrównoważenie kluczem do rozwoju

Można łatwo odróżnić typ człowieka czynu od myśliciela: ten pierwszy zawsze chce działać, a ten drugi woli przemyśleć sprawę. Oba typy są potrzebne. Ludzie czynu lubią działać natychmiast. Powinno się ich nauczyć kierowania energii w działania przynoszące owoce duchowe. Aby pomóc każdemu z tych typów ludzkich stworzyć pełną harmonii równowagę, radzę ludziom czynu, aby medytowali, a myślicielom, aby medytowali i więcej działali.

Z ludźmi uzależnionymi od złych nawyków – przejadania się, palenia, picia alkoholu – trzeba się obchodzić ostrożnie. Każda przeszkoda do zaspokojenia pragnienia wywołuje u nich gniew. Jeśli zabierze się obżartuchowi jedzenie, rozzłości się. Nie ma sensu próbować pomagać takim niewolnikom zmysłów, dopóki oni sami nie wykażą prawdziwego pragnienia poprawy.

Swami Śankara mówił, że Boga poznają ludzie zrównoważeni. Pan wszechświata zasiada na ołtarzu zrównoważenia. Dzięki zrównoważeniu człowiek cieszy się doskonałym trwałym spokojem.

Według filozofii hinduskiej[2] u każdego człowieka dominuje jedna z trzech podstawowych cech. *Sattwa* jest cechą tych, którzy mają inklinacje duchowe. Jedzą oni odpowiednio, pielęgnują dobre nawyki i są oddani Panu. Cecha *radźasu* przejawia się u tych, którzy są aktywni; ludzie tacy zajęci są pracą aż do śmierci. Ci, u których przeważa cecha *tamasu*, wypełniają sobie życie kłótniami, złością, zazdrością, zmysłowością i lenistwem.

Każdy nawyk, który utrudnia osiągnięcia duchowe, należy przezwyciężyć. Musisz być panem swoich myśli i czynów. Lepiej być aktywnym człowiekiem radźasowym i mieć swoje nawyki pod kontrolą, niż być człowiekiem tamasowym. Ale idealnie jest być człowiekiem sattwicznym, u którego przejawia się dobroć. Ci, którzy chcą się doskonalić, powinni więcej przebywać z ludźmi typu sattwicznego.

Bardzo mało ludzi wie, gdzie leży ich własne dobro. Stosując to jedno kryterium, można ocenić każdego. Dziewięćdziesiąt dziewięć procent ludzi nie zdaje tego testu. Powiedz komuś, by dla własnego dobra zrobił to a to, a on postąpi dokładnie odwrotnie. Dlaczego? Bo nie potrafi inaczej; jego materialistyczne nawyki są zbyt silne. Bardzo często ludzie nie zrobią tego, co im sugerujesz, nawet jeśli wiedzą, że to dla nich dobre – tylko po to, aby ci udowodnić, że nie masz na nich wpływu. Ci, którzy naprawdę chcą się doskonalić, powinni częściej przestawać z osobami spokojnymi i opanowanymi. Staraj się przebywać z tymi, którzy są normalni, a jeszcze lepiej z tymi, którzy są supernormalni. Słabi powinni szukać towarzystwa silnych, a silni jeszcze silniejszych od siebie. Zapaśnik nigdy nie nabierze większej krzepy, jeśli nie będzie ćwiczył z silniejszym od siebie.

Cechy zwierzęce u człowieka

Po określeniu mentalnych cech *sattwy*, *radźasu* i *tamasu* u innych ludzi, można analizować ich zachowanie. Niektórzy mówią, że

---

2 Całe stworzenie podlega wpływom trzech właściwych mu z natury *gun*, czyli cech: *sattwy*, *radźasu* i *tamasu* – duchowej, czyli uwznioślającej, aktywizującej i blokującej.

kobiety są „fałszywe jak koty". Ale mężczyźni potrafią być równie fałszywi. Kot zjada oswojonego kanarka, a potem siedzi spokojnie jak jogin, aby udać, że nie ponosi winy za swój przykry czyn. Niektórzy lubią niszczyć spokój i szczęście innych. Ich jedynym celem jest przeszkadzać i denerwować; jak drapieżne wilki krążą w społeczeństwie, szukając kłótni.

Pewne typy ludzi porównywano do sójek – bez przerwy trajkoczących. Mówi się, że mężczyna został stworzony najpierw, a potem bóg Twasztri zmieszał trochę łagodności księżyca, miękkości puchu z piersi łabędzia, piękna kwiatów i trajkotu sójki i stworzył z tego kobietę. I mężczyzna był bardzo szczęśliwy. Jednak po jakimś czasie udał się do Twasztriego i powiedział: „Jest ona piękną istotą. Naprawdę ją doceniam. Ale paple jak najęta i stała się zmorą mego życia. Weź ją sobie z powrotem". Po dwóch miesiącach mężczyzna ponownie odwiedził Twasztriego. „Jest mi bardzo smutno – powiedział. – Proszę zwróć mi kobietę". Ale po jakimś czasie przyszedł znowu i rzekł: „Zabierz ją". Tym razem Twasztri odrzekł: „Nie, musisz ją zatrzymać!". Biedaczysko! Nie mógł z nią żyć, ale też nie mógł żyć bez niej.

Kobiety ze swojej strony skarżą się na mężów. Jeśli mężczyzna i kobieta nie rozumieją nawzajem swojej natury, nieświadomie torturują się nawzajem. Oboje zostali stworzeni równymi w oczach Boga; mężczyzna nie może obejść się bez kobiety, a kobieta bez mężczyzny. Mężczyzna i kobieta mają obowiązek osiągnąć wewnętrzną równowagę między swoimi indywidualnymi dominującymi i ukrytymi cechami. Mężczyzna kieruje się bardziej rozumem, a kobieta uczuciem. Oboje powinni dążyć do wewnętrznej równowagi między rozumem i uczuciami i w ten sposób stać się „całą" osobowością, udoskonaloną istotą ludzką.

Niektórzy zachowują się jak osły. Nieważne, ile wycierpieli wskutek bycia niewolnikami zmysłów, uparcie pielęgnują swoje złe nawyki. Wydaje się, że w ogóle nie mają pamięci, szybko zapominają o bolesnych skutkach pobłażania zmysłom i nigdy się nie uczą ze swoich doświadczeń.

W przyrodzie różne zwierzęta reprezentują różne emocje i charakterystyczne cechy; natomiast człowiek ma je wszystkie w sobie. Może zachowywać się jak wąż, jak wilk, jak lis lub lew. Jest w nas esencja piekła i nieba. Powinniśmy nauczyć się przejawiać więcej cech niebiańskich.

Intuicja jest niezawodnym sędzią charakteru

Chociaż jak na to wskazałem powyżej, możliwe jest poczynienie interesującego studium charakteru poprzez analizę oczu, emocji i cech fizycznych, to jednak najlepiej i najpewniej można poznać charakter drogą intuicji duszy. Mając doskonale wyciszony umysł i uspokojone uczucia, możesz intuicyjnie precyzyjnie wyczuć naturę każdego napotkanego człowieka.

Moim zadaniem jest przyjmowanie wszelkiego rodzaju ludzi, aby ich uczyć i im pomagać. Niedobrze jest ustanawiać dla człowieka jakiekolwiek granice, określając jego możliwości tylko na podstawie przeprowadzonej analizy; ale o tym, czy człowiek się zmieni, czy pozostanie taki sam, lepiej powie ci intuicja niż diagnozy stawiane na podstawie jego wyrazu oczu, emocji lub cech fizycznych, bez względu na to jaka jest natura tej osoby. Intuicja posiada największą moc analityczną. Tak jak lustro odzwierciedla wszystkie trzymane przed nim przedmioty, tak i lustro twojego umysłu kiedy jest spokojne, pozwoli ci zobaczyć odbijające się w nim prawdziwe cechy innych. Jeśli zajmujesz się czynieniem dobra dla wszystkich, pozostając przy tym spokojnym i skupionym, to odkryje się przed tobą prawdziwy charakter każdego, kto do ciebie przychodzi.

Jak być szczęśliwym na życzenie

Data i miejsce nieznane

Przypatrując się twarzom ludzkim, można zwykle wyodrębnić cztery główne rodzaje mimiki, którym odpowiadają stany umysłu: twarze uśmiechnięte, świadczące o szczęściu wewnętrznym i w świecie zewnętrznym, twarze ponure, wskazujące na smutek, apatyczne twarze bez uśmiechu, ujawniające wewnętrzną nudę i twarze spokojne, odzwierciedlające wewnętrzny spokój.

Zaspokojone pragnienie rodzi przyjemność. Niespełniona tęsknota rodzi smutek. Między psychicznymi szczytami szczęścia i smutku pojawiają się doliny nudy. Kiedy wysokie fale przyjemności i bólu oraz doliny nudy zostają zneutralizowane, pojawia się stan spokoju.

Poza stanem spokoju jest jeszcze stan wciąż nowej szczęśliwości, który człowiek może znaleźć w sobie i rozpoznać w nim prawdziwy, naturalny stan swojej duszy. Szczęśliwość ta kryje się głęboko pod wzburzonymi psychicznymi falami intensywnej przyjemności i głębokiej depresji, i pojawiającej się między nimi pustki obojętności. Gdy fale te znikną z wód umysłu, pojawia się stan łagodnego spokoju. W cichych wodach spokoju odzwierciedla się wciąż nowa szczęśliwość.

Podłoże reakcji

Większość ludzi na świecie miota się na falach pobudzających przyjemność lub ból, a kiedy im ich brakuje, nudzą się. Obserwując codziennie twarze ludzi – w domu, w biurze, na ulicach czy na spotkaniach – widzi się, że tylko nieliczni emanują spokojem.

Gdy widzisz wesołe oblicze i spytasz jego posiadacza: „Z czego tak się cieszysz?", najpewniej odpowie: „Dostałem podwyżkę pensji" lub: „Spotkałem kogoś ciekawego". Pod szczęściem kryje się spełnienie pragnienia.

Gdy widzisz smętną twarz i ze współczuciem zapytasz, co się dzieje, osoba ta może odpowiedzieć: „Jestem chory" albo „Zgubiłem portfel". Jej pragnienie odzyskania zdrowia (lub zgubionych pieniędzy) się nie spełniło.

Gdy widzisz pozbawioną wyrazu obojętną twarz i zapytasz: „O co chodzi? Czy coś cię martwi?", jej posiadacz szybko zaprzeczy. Ale jeśli będziesz nalegał: „Czy jesteś szczęśliwy?", odpowie: „Och nie, po prostu mi się nudzi".

Negatywny i pozytywny spokój

Możesz spotkać wytwornego, dobrze sytuowanego człowieka mieszkającego w majątku ziemskim, o zdrowym i postawnym wyglądzie – ani nadmiernie szczęśliwego, ani smutnego, ani znudzonego. W takim przypadku można by powiedzieć, że jest on spokojny. Ale kiedy taki wygodnie żyjący człowiek ma zbyt wiele tego rodzaju spokoju – którego nieliczni mają szczęście doświadczyć – myśli sobie: „Mam już dość spokoju – potrzebuję trochę emocji i rozrywki". Albo może powiedzieć do przyjaciela: „Proszę, stuknij mnie w głowę, abym poczuł, że żyję!".

Negatywny stan spokoju ma źródło w braku trzech stanów umysłu: szczęścia, smutku i nudy. Jeśli nie pojawi się jakaś zmiana lub emocje, przedłużający się negatywny spokój traci urok i staje się nieprzyjemny. Niemniej jednak po długotrwałym przebywaniu w stanach szczęścia, smutku i nudy, negatywny spokój sprawia przyjemność. Z tego powodu jogini zalecają uciszenie fal myśli poprzez koncentrację na osiąganiu spokoju umysłu. Gdy jogin uspokoi fale myśli, zaczyna spoglądać on na to, co jest pod spodem spokojnego jeziora, i znajduje tam pozytywny stan spokoju – wciąż nową radość duszy.

W Nowym Jorku poznałem pewnego bardzo bogatego człowieka. Opowiadając mi o swoim życiu, powiedział przeciągle: „Jestem obrzydliwie bogaty i obrzydliwie zdrowy" – ale zanim skończył, wykrzyknąłem: „Ale nie obrzydliwie szczęśliwy! Mogę pana nauczyć, jak być permanentnie na nowo szczęśliwym". Człowiek ten został moim uczniem. Praktykując *Krijajogę* i prowadząc zrównoważone życie, wewnętrznie będąc zawsze oddanym Bogu, dożył podeszłego wieku, nieustannie pełen wciąż nowej radości. Na łożu śmierci powiedział żonie: „Przykro mi, że musisz patrzeć na to, jak odchodzę, ale ja jestem bardzo szczęśliwy, że połączę się z moim Umiłowanym Wszechświata. Ciesz się moją radością i nie bądź egoistką smucąc się. Gdybyś wiedziała, jak bardzo jestem szczęśliwy, że idę na spotkanie z moim umiłowanym Bogiem, nie smuciłabyś się; ciesz się wiedząc, że pewnego dnia dołączysz do mnie w świętowaniu wiecznej szczęśliwości".

Napij się szczęśliwości do syta

Teraz, gdy poobserwowałeś twarze odzwierciedlające przyjemność, smutek, nudę lub tymczasowy spokój, czy nie chciałbyś, aby twoja twarz wyrażała zaraźliwą, wciąż nową radość Ducha? Aby tak było, musisz ciągle pić do woli z Jego szczęśliwości – z kielicha głębokiej medytacji, aż staniesz się alkoholikiem szczęśliwości, będąc szczęśliwym we śnie, w snach, na jawie i we wszystkich okolicznościach życia, które inaczej mogłyby czynić cię szaleńczo szczęśliwym lub bezdennie smutnym, albo przepełniać cię nudą lub tymczasowym negatywnym spokojem. Twój śmiech musi nieść się echem z otchłani szczerości. Radość musi wypływać ze źródła urzeczywistnionej duszy. Twój uśmiech musi ogarnąć wszystkie dusze, które spotykasz i cały wszechświat. Każde twoje spojrzenie musi odzwierciedlać radość twojej duszy i zarazić nią zatrute przygnębieniem umysły.

Przestań śnić, że jesteś tylko zwykłym śmiertelnikiem, nieustannie doświadczającym wzlotów i upadków ducha. Bez względu na to, co się dzieje, zawsze pamiętaj, że jesteś uczyniony na obraz Ducha. Musi cię zalać żywa radość przenikająca wszystko – Fontanna Kosmicznej Szczęśliwości – i przepoić kropelkami radości twoje myśli, każdą komórkę i tkankę całego twego jestestwa.

Pamiętaj, przez wiele godzin w stanie głębokiego snu bez marzeń sennych, w którym nieświadomie postrzegasz duszę, jesteś szczęśliwy cały czas. Podobnie w ciągu dnia, bez względu na to, jak bardzo niepokoją cię koszmarne przejścia i wstrząsy psychiczne, musisz przez cały czas starać się być wewnętrznie zawsze pełen wciąż nowej radości, jak wciąż nowe roześmiane wody szemrzącego potoku.

Odwieczne ludzkie poszukiwanie

Tak jak człowiek może być cały czas pijany z powodu stałego pojenia się alkoholem, podobnie ty możesz być pijany prawdziwym szczęściem dzięki ciągłemu postrzeganiu radości duszy po medytacji. Kiedy będziesz mógł stale odczuwać błogi stan po medytacji, będziesz żył w ekstazie; będziesz jednym z wciąż nową radością swej duszy i ktokolwiek będzie wokół ciebie, będzie jak ty – tak jak dłoń pachnie dzięki stałemu dotykaniu drzewa sandałowego. „Skupiwszy na mnie całą swą myśl, Mnie poświęcając swoje życie, oświecając się wzajemnie i wciąż o Mnie głosząc, Moi wielbiciele zadowoleni są i radośni"[1].

---

1 *Bhagawadgita* X:9.

Kroki na drodze ku wszechobecnej Świadomości Chrystusowej

17 lutego 1935

W świecie ograniczają nas nasze myśli. Jest dla nas naturalne, że faworyzujemy własne idee, jednak z powodu takiej stronniczości często nie umiemy przyznać, że idee innych mogą być większe i lepsze. Gdy pozbywamy się uprzedzeń i nie upieramy się przy swoich opiniach, wtedy rośnie nasze zrozumienie i mądrość.

Człowiek ma wolny umysł, gdy na jego osąd nie wpływają już uprzedzenia, zwyczaje i konwenanse, które zostały mu narzucone przez jego pochodzenie rasowe, narodowe i rodzinne. Na Zachodzie siedzi się na krzesłach; na Wschodzie siedzimy na podłodze, ponieważ klimat jest nadzwyczaj gorący i przy podłodze powietrze jest chłodniejsze. Nie należy więc twierdzić, że wszyscy powinni siedzieć na podłodze, tylko dlatego że ludziom Wschodu jest tak wygodniej. Zwyczaje i konwenanse narodowe znacznie ograniczają nasz światopogląd, ale dopiero gdy uwolnimy się ze ślepej niewoli naszych prowincjonalnych uprzedzeń i zwyczajów, możemy naprawdę dostrzec, co jest dobrego, a co złego u innych narodów.

Jako jednostki jesteśmy do pewnego stopnia ograniczeni pragnieniem takiego postępowania, które przyczynia się do naszego osobistego dobra. W ten sposób każdy człowiek jest mniej lub bardziej ograniczany przez swoje egoistyczne pragnienia i doświadczenia. W miarę jak powiększa zasób swoich doświadczeń, jego świadomość rozszerza się; jest jak gumka recepturka, którą można rozciągać w nieskończoność, nie rozrywając jej. Naprawdę, im bardziej będziesz rozszerzać swoją świadomość, tym stanie się większa.

Uczenie się miłości do naszych bliskich jest po prostu treningiem w rozciąganiu naszej świadomości. Jest to wstępna praktyka kochania wszystkich tak, jak kochamy swoich krewnych, których

Odwieczne ludzkie poszukiwanie

uważamy za najbliższych. Musimy nauczyć się patrzeć na rodzinę i obcych tak samo, ponieważ wszyscy są dziećmi Boga. Dał ci On określonych członków rodziny, z którymi ćwiczysz rozszerzanie świadomości. Kiedy mąż służy żonie, a ona służy jemu, każde z nich z pragnieniem uszczęśliwienia tego drugiego, to Świadomość Chrystusowa – miłująca Kosmiczna Inteligencja Boga, która przenika każdy atom stworzenia – zaczyna wyrażać się poprzez ich świadomość. Zawsze, kiedy robisz coś dla kogoś innego z nieegoistycznych pobudek, wkraczasz w sferę Świadomości Chrystusowej.

Jeśli jednak ograniczasz swoją miłość, obejmując nią tylko rodzinę, to masz tylko równie ograniczoną zdolność wyrażania Świadomości Chrystusowej. Gdy kochasz swoich sąsiadów tak samo jak rodzinę, twoja świadomość rozszerza się i wyrażasz Świadomość Chrystusową w większym stopniu. Gdy do wszystkich ludzi czujesz taką samą miłość jak do swoich najbliższych, gdy twoja dusza gotowa jest robić wszystko dla innych tak jak dla swojej rodziny, to wtedy dokładnie wyrażasz Świadomość Chrystusową.

Egoizm działa na twoją niekorzyść, dlatego postępowanie egoistyczne to niemądra taktyka w każdym związku i przedsięwzięciu. Wiele indyjskich zwyczajów daje wspaniałą okazją do tego, aby praktykować rozszerzanie świadomości poprzez bezinteresowność. Matka nigdy nie je, dopóki nie zjedzą dzieci i ich ojciec. Skutek jest taki, że jej współczują i pragną dzielić z nią smakowite kąski. Jednakże troszczenie się tylko o siebie i swoich kilkoro najbliższych to nadal egoizm. Kiedy robisz coś dla innych tak szczerze jak dla siebie i rodziny, wtedy opuszczasz malutki obszar egoizmu i wkraczasz do ogromnego królestwa Świadomości Chrystusowej.

Zatem pierwszym krokiem w kierunku podobnej do Chrystusowej bezinteresowności jest rozszerzenie świadomości także na korzyści i dobro sąsiadów. Nie potrzeba wszystkiego rozdawać; powinieneś jednak mieć silne pragnienie pomagania innym i być psychicznie i fizycznie przygotowanym na to, aby kiedy pojawi się okazja, móc uczynić dla sąsiadów to samo, co zrobiłbyś dla siebie. Jesteś w stanie tak działać, ale tego nie robisz. Ilekroć spotykasz samotne serce albo brata płaczącego przy drodze i współczujesz tym duszom, twoja świadomość wkracza w Świadomość Chrystusową.

Ludzka miłość ma swoje ograniczenia. Uczucia rodzinne

pozostają w obrębie własnego rodu. Większa jest miłość patriotyczna, bo kiedy gotów jesteś poświęcić swoje szczęście dla dobra kraju, powiększasz swoją świadomość o wiele bardziej. A kiedy potrafisz czuć do wszystkich narodów to samo, co do własnego, twoja miłość przejawia się na jeszcze większą skalę – stajesz się szerszym kanałem dla wszechobecnej Świadomości Chrystusowej. Jezus mógł powiedzieć: „Która jest moją matką? I którzy są moimi braćmi?"[1], ponieważ był świadomy, że istnieje tylko jedna miłość Boża, przejawiająca się we wszystkich poszczególnych związkach międzyludzkich.

W mojej świadomości nie widzę różnicy między Amerykaninem, Afrykaninem, Niemcem, Francuzem czy Anglikiem – to skutek szkolenia, które otrzymałem od mojego guru swamiego Śri Jukteśwara. Większość rodziców, społeczeństwo i szkolnictwo sprzyjają zaszczepianiu uprzedzeń. Kocham tak samo wszystkie rasy i narodowości. Nie chcę, aby ograniczało mnie przywiązanie do jakiegoś jednego kraju. W końcu jesteśmy Amerykanami lub Hindusami tylko przez krótki czas; po śmierci wszyscy jesteśmy tacy sami. Jeśli jesteśmy świadomi bycia obywatelami świata, to mamy poszerzoną świadomość.

Poszerzanie świadomości metodami psychologicznymi

Możesz poszerzać świadomość metodami psychologicznymi, abyś już dłużej nie tylko troszczył się o dobro swojego małego „ja", lecz raczej o dobro całego świata jako twojego rozszerzonego „ja". Jest to jeden ze sposobów wyrażania Świadomości Chrystusowej.

Codziennie przychodzą ci na myśl tysiące myśli – około tysiąca na godzinę. Kiedy piszesz, masz dwadzieścia pięć tysięcy myśli w ciągu mniej więcej półtorej godziny. Zwykły człowiek ma około dwunastu tysięcy myśli dziennie. Głęboki myśliciel – około pięćdziesięciu tysięcy. Odkryłem, że dzięki koncentracji można wytworzyć aż pięćset tysięcy myśli dziennie.

Znałem kiedyś w Indiach człowieka, który znał osiemnaście języków i miał magisterium z dwunastu z nich. Pomyśl, jak wiele tysięcy myśli przechodziło przez jego mózg! Pomimo to nigdy mu się nic nie pomieszało.

---

1 Mt 12,48.

Jesteśmy do pewnego stopnia świadomi każdej myśli pomyślanej na jawie. Jeśli ukłujesz się szpilką w jakimś miejscu ciała, natychmiast to czujesz. Oznacza to, że świadomość jest obecna w każdej z bilionów komórek ciała. Czy po sześćdziesięciu latach życia pamiętasz wszystkie myśli, jakie miałeś? Wydaje się to niemożliwe. A jednak wszystkie wydarzenia twojego życia zostały zapisane w podświadomym umyśle i umysł ten rzeczywiście pamięta większość takich myśli, które się wyróżniały. Im bardziej rozwijasz koncentrację i pamięć, tym więcej możesz sobie przypomnieć.

Pamięć świadoma, podświadoma i nadświadoma

Możliwości umysłu są ogromne. Bóg dał nam dzienną świadomość czuwania, podświadomość i nadświadomość. Umysł świadomy ma pewne ograniczenia; po kilku latach zaczyna zapominać różne rzeczy. Natomiast umysł podświadomy ma większą pojemność pamięci; w magazynie podświadomości przechowywane są wszystkie myśli i doświadczenia. Świadomy umysł może nie pamiętać każdego słowa, które wypowiadam, ale podświadomy zapisuje je wszystkie.

Za podświadomością jest umysł nadświadomy, który nigdy niczego nie zapomina. Umysł nadświadomy zapisuje wszystko, co robisz, każdą myśl, którą pomyślałeś. Kiedy przychodzi śmierć, wszystkie te myśli i doświadczenia przelatują ci przez umysł, zanim opuścisz ciało. Te wrażenia, które są najsilniejsze, determinują środowisko twojego przyszłego życia i twoje nawyki[2].

Jako ego, świadomość obecna jest w tobie wszędzie, zatem i w każdej myśli, jaką pomyślisz. Jeśli rozszerzysz świadomość poza ego, sięgając w sferę nadświadomości, możesz stamtąd obserwować wszystkie te tysiące myśli przechodzące przez twój świadomy umysł. Ci, którzy rozwinęli umysł nadświadomy, mogą pamiętać wszystkie myśli z całego życia, a także z przeszłych żywotów. W boskim umyśle nic nie zostaje zapomniane. Nasze myśli są rzeczywiste i są one wieczne, zawsze obecne w eterze. W podświadomym umyśle zapisane są także wszystkie dźwięki ziemi. Dlatego Jezus mógł

---

2 „Ta myśl, z którą umierający opuszcza ciało, określa – z powodu utrzymywania jej przez długi czas – jego następny stan bytu" (*Bhagawadgita* VIII:6).

powiedzieć: „Czyż nie sprzedają dwóch wróbelków za pieniążek? A ani jeden z nich nie upadnie na ziemię bez woli waszego Ojca."[3].

Pomyśl o stu pięćdziesięciu milionach ludzi i dwunastu tysiącach myśli, które codziennie wytwarza każdy człowiek. Jeśli twoja świadomość jest świadoma wszystkich myśli, kilkunastu bilionów myśli, to znaczy, że masz Świadomość Chrystusową: wszechwiedzę, jak też świadome odczuwanie wszystkiego w stworzeniu.

Bóg daje człowiekowi mentalną zaporę, aby nikt inny nie poznał jego myśli. Jesteś sam ze swoimi myślami, nawet znajdując się pośród wielu ludzi. Nawet ci, którzy mają Świadomość Chrystusową, nie wtrącają się w myśli innych osób, chyba że Bóg nakazał im prowadzić je albo zostali oni poproszeni przez swoich uczniów o pomoc w doskonaleniu ich *sadhany*.

Współczucie kluczem do Świadomości Chrystusowej

Jeśli chcesz rozwinąć Świadomość Chrystusową, naucz się współczucia. Kiedy szczere współczucie dla innych ludzi wypełnia twoje serce, zaczynasz przejawiać tę wielką świadomość. Kiedy mówisz nieżyczliwie o innych, daleko ci do wszechobejmującego współczucia Świadomości Chrystusowej. Jezus powiedział: „… wielbijcie Boga tym, którzy was przeklinają"[4]. Stosował On w praktyce boskie współczucie. Jezus walczył z czyniącymi zło; jednak nie nienawidził nikogo, bo w każdym widział Boga. Pan Kryszna powiedział: „Ten jogin stoi najwyżej, który wszystkich traktuje jednako …"[5]. Nie kalaj własnych myśli i języka, krytykując innych. Bądź szczery ze wszystkimi, a nade wszystko ze sobą. Bóg patrzy na ciebie. Nie możesz Go oszukać.

Bóg jest szeptem w świątyni twego sumienia i jest On światłem intuicji. Wiesz, kiedy postępujesz źle; mówi ci to całe twoje jestestwo, a uczucie to jest głosem Boga. Jeśli Go nie słuchasz, Bóg milknie. Ale kiedy budzisz się z iluzji i chcesz postępować dobrze, On cię poprowadzi. Czeka On zawsze na chwilę, kiedy powrócisz do Domu. Widzi twoje dobre i złe myśli, i czyny, ale nie mają one dla Niego

---

[3] Mt 10,29.

[4] Mt 5,44.

[5] *Bhagawadgita* VI: 9.

znaczenia. Tak czy inaczej jesteś Jego dzieckiem.

W twoim sercu musi wezbrać takie współczucie, które uśmierza cały ból w sercach innych ludzi, takie współczucie, które umożliwiło Jezusowi powiedzenie: „Ojcze, przebacz im, albowiem nie wiedzą, co czynią". Jego wielka miłość obejmowała wszystkich. Mógł On niszczyć swoich nieprzyjaciół spojrzeniem, lecz podobnie jak Bóg stale nam przebacza, chociaż zna wszystkie nasze niegodziwe myśli, tak jak te wielkie dusze, które są z Nim w harmonii, obdarzają nas taką samą miłością.

Transcendentalną metodą rozwijania współczucia dla wszystkich jest medytacja. Człowiek, którego umysł przebywa w stanie nadświadomym, jest zawsze szczęśliwy, zawsze mądry i kochający i zawsze utrzymują się w nim skutki medytacji. Jeśli potrafisz bez wysiłku utrzymać taką świadomość, jaką czujesz tuż po medytacji, to znaczy, że osiągnąłeś stan nadświadomości. Jeśli przyjdzie do ciebie nieznajomy człowiek, momentalnie będziesz wiedział wszystko o jego życiu. Jednakże Świadomość Chrystusowa jest jeszcze dalej, poza tym stanem: w swojej świadomości odczuwasz jednocześnie wszystko we wszechświecie.

Rozwijając współczucie dla wszystkich, możesz rozszerzyć świadomość i poznać wszystko, co jest do poznania. Podobnie jak jesteś jednocześnie świadomy swego tułowia i kończyn oraz myśli i mózgu, tak też, kiedy będziesz miał Świadomość Chrystusową, będziesz odczuwać doznania cielesne wszystkich napotkanych osób i będziesz znał wszystkie myśli, jakie kiedykolwiek mieli. Kiedy uczeni w Piśmie i Faryzeusze przyprowadzili cudzołożnicę przed Jezusa, aby ją osądził, powiedział On: „Bezgrzeszny z was, niech pierwszy rzuci na nią kamień"[6]. Skąd Jezus wiedział o ich prywatnym życiu? Żył On we wszechprzenikającej boskiej Świadomości Chrystusowej. W tej świadomości można odczuć, co inni robią i myślą. Czasami można nawet na chwilę zapomnieć, w jakim ciele żyjesz.

Metafizyczna droga do Świadomości Chrystusowej

Metafizyczna droga do Świadomości Chrystusowej polega na medytacji i utrzymywaniu skutków medytacji. Są osoby, które

---

6 J 8,7.

Kroki na drodze ku wszechobecnej Świadomości Chrystusowej

przeczytały kilka książek o prawdzie i potem twierdzą, że osiągnęły Świadomość Chrystusową, ale świadomość tę można uzyskać jedynie poprzez głęboką medytację i nieustanny wysiłek duchowy. Nie mów zatem, że masz Świadomość Chrystusową, dopóki nie osiągnąłeś tego, co opisałem. Twoja obecna świadomość ograniczona jest ciałem, ale kiedy rozszerzysz ją dzięki głębokiej medytacji, staniesz się świadomy uczuć wszystkich ludzi. Będziesz mógł poznać wszystko. Zostaniesz obdarzony cudownym zrozumieniem. Czasami, kiedy pojawia się taki stan, czujesz siebie jednocześnie w gwiazdach, księżycu i każdym źdźble trawy.

Jesteśmy częścią boskiej Świadomości Chrystusowej obecnej w całym stworzeniu. Każda indywidualna inteligencja jest częścią tej ogromnej Inteligencji Chrystusowej. Jesteśmy jak płomyczki w palniku kuchenki gazowej. Jest w nim wiele małych otworów, z których wychodzą płomyczki, ale pod płytką palnika jest tylko jeden płomień. Jesteśmy płomyczkami wychodzącymi z wielkiego płomienia Życia. Pod wszystkimi maleńkimi płomykami ludzkiego życia jest Jedno Życie; za wszystkimi kwiatami, za całą przyrodą istnieje Jedno Życie.

Kiedy odczuwasz swoją świadomość w każdym porze stworzenia, to masz Świadomość Chrystusową. Poza stworzeniem jest Świadomość Kosmiczna. Kiedy wzniesiesz swoją świadomość ponad stworzenie i ujrzysz ogromną wieczną radość samego Boga, będziesz w Świadomości Kosmicznej. Kiedy dostroisz się do tej Kosmicznej Świadomości, która jest poza stworzeniem, zrozumiesz, że Bóg zrodził Swoją Inteligencję w łonie stworzenia, w „Maryi Dziewicy", i że ta Inteligencja Boga Ojca, która odzwierciedla się albo „rodzi" w każdym atomie stworzenia, to Świadomość Chrystusowa lub „Syn jednorodzony".

"Synowie Boży"

Indyjska nazwa wszechobejmującej Świadomości Chrystusowej to *kutastha ćaitanja*. W Indiach moglibyśmy ją także nazwać Świadomością Kryszny, ponieważ świadomość naszego wielkiego awatara Jadawy Kryszny podobnie jak świadomość Jezusa Chrystusa była zestrojona ze Świadomością Chrystusową obecną we wszystkim. Te dwie wielkie dusze odkryły Jedno Życie u podłoża wszelkiego życia.

Odwieczne ludzkie poszukiwanie

Z pomocą boskiej koncentracji i woli podczas medytacji, wycofali oni swoją świadomość ze świata materialnego i ujrzeli, że za wszystkim w stworzeniu kryje się jedyne odbicie Boga, jedyny syn Boży – Świadomość Chrystusowa, czyli Świadomość Kryszny.

Jezus, Kryszna, Budda, Babadźi – wszyscy oni są Chrystusami. Poszerzyli swoją świadomość, aby przyjąć Świadomość Chrystusową. Święty Jan oświadczył: „Ale tym, którzy Go przyjęli [Świadomość Chrystusową, która przejawiła się w Jezusie], dał im moc stać się dziećmi Boga"[7].

Mój guru swami Śri Jukteśwar przejawiał Świadomość Chrystusową. Zawsze był spokojny i wszystkie moje myśli i uczucia odbijały się w lustrze jego spokoju. Swamiego Śri Jukteśwara dźi nie interesowało to, co mówią inni; interesowało go to, co myślą. Nie dało się niczego ukryć przed prawdziwym nauczycielem, takim jak mój Guru! Jego świadomość czuła wszystko, co się działo.

Świadomość Chrystusową miał także Lahiri Mahaśaja. Pewnego dnia, rozmawiając ze swymi uczniami o Świadomości Chrystusowej, tak jak wyjaśnia ją *Bhagawadgita*, Lahiri Mahaśaja nagle wykrzyknął: „Tonę w ciałach wielu dusz u brzegów Japonii!". Następnego dnia uczniowie dowiedzieli się z relacji w gazecie o śmierci pewnej liczby ludzi, których statek zatonął poprzedniego dnia w pobliżu Japonii.

Życie i śmierć to tylko przejście ze snu do snu. To tylko myśli: śnisz, że żyjesz, i śnisz, że nie żyjesz. Kiedy wejdziesz w tę wielką Świadomość Chrystusową, widzisz, że życie i śmierć to tylko sny Boga. Żyjąc w tej świadomości, Jezus mógł powiedzieć: „Zniszczcie tę [cielesną] świątynię, a w trzy dni ją wzniosę"[8]. Wiedział On, że może przemienić sen śmierci w sen życia, tak samo jak może to uczynić Bóg.

Jeśli chcesz rozszerzyć swoją świadomość, rozwijaj współczucie i bezinteresowność. Ja nie mam świadomości posiadania. Jeśli Bóg mnie wezwie, mogę zostawić wszystko w jednej chwili, bo do niczego nie jestem przywiązany. A jednak wszystkie rzeczy są moje. W Świadomości Chrystusowej cały świat – wszyscy i wszystko w nim – jest twoje. Cała przestrzeń kosmiczna i wszystko w niej

---

7 J 1, 12.

8 J 2,19.

należy do ciebie.

Gdy zaczynasz odczuwać doznania fizyczne innych tak, jak gdyby miały miejsce w twoim ciele, to rozwijasz Świadomość Chrystusową. Jeśli będziesz pielęgnować tę świadomość i będąc w niej zrozumiesz, że wszystko jest twoje, nie będziesz miał uprzedzeń dotyczących rasy czy koloru skóry. W tej świadomości czujesz w sercu miłość miliona matek, nie tylko do nielicznych, lecz do wszystkich. Nie wyobrażasz jej sobie, czujesz ją – tę miłość, którą przejawiali Jezus, Kryszna i wszystkie wielkie dusze – tę wszechobecną inteligencję i miłość, którą zwiemy Świadomością Chrystusową.

Równowaga umysłu w świecie zmian

*Pierwsza Świątynia Self-Realization Fellowship
w Encinitas, Kalifornia, 3 sierpnia 1939*

Na Zachodzie kładzie się nacisk na wygody materialne. Kiedy pogoda jest zbyt gorąca, człowiek Zachodu cierpi bez czegoś, co go ochłodzi, a kiedy jest za zimno, jest nieszczęśliwy, jeśli nie ma sztucznego ogrzewania. Mistrzowie indyjscy nauczają innej filozofii [życiowej]. Twierdzą, że wrażliwość na gorąco i zimno, przyjemność i ból pochodzi ze złudnych sugestii zmysłów oraz nawyku dostarczania ciału doznań, i że człowiek mądry wznosi się ponad wszelki dualizm. Mistrzowie nie zalecają, aby człowiek narzucał sobie dyscyplinę ze szkodą dla swego organizmu; radzą oni, aby gdy zimno lub gorąco są nie do zniesienia, uwolnić się mentalnie od tych wrażeń, szukając jednocześnie rozsądnego sposobu zaradzenia sytuacji.

Gita naucza: „Ci, którzy przywiązani są do przyjemności zmysłowych, nie potrafią osiągnąć równowagi umysłu w medytacji; nie udaje im się uzyskać jedności z Bogiem poprzez ekstazę (*samadhi*)"[1]. Umiejętność odłączania umysłu od zakłóceń doznań przynosi spokój umysłu. Człowiek, którego nie poruszają przemijające doznania, obojętny na stale zmieniające się bodźce, wykazuje niezmienność właściwą duszy; w tej niezmiennej świadomości staje się jednym z Niezmiennym Nieskończonym.

Niewolnicze reakcje na rozmaite doznania ciała wzbudzają niepokój umysłu i duszy. Gdy dusza staje się niespokojna, człowiek traci spokój właściwy swojej prawdziwej naturze. Bóg obecny jest w najzimniejszych i najcieplejszych rejonach ziemi; jest on biegunem północnym i afrykańską pustynią. Nie mają na Niego wpływu żadne skrajne zjawiska Jego ziemskiej kreacji, a my, uczynieni na

---

[1] *Bhagawadgita* II:44.

Jego obraz, powinniśmy się zachowywać tak jak On. Umieścił On nas w ciałach, które podlegają stanom ciepła i zimna, bólu i przyjemności; ale chce On, abyśmy patrzyli na te przeciwieństwa ze zrównoważonym umysłem. Chce On, abyśmy wznieśli się ponad nie. Powinniśmy ćwiczyć wytrzymałość, ale bez brawury. Kiedy nie możemy uniknąć nadmiernego gorąca albo zimna, powinniśmy po prostu odłączyć umysł od tych doznań. Im usilniej będziemy to praktykować, tym szybciej umysł się uwolni, tak że żadne niechciane doznania nie będą mogły dotrzeć do świadomości.

Ból postrzegany jest tylko w umyśle

Powierzchnia skóry nie czuje wrażeń dotyku; są one doświadczane w umyśle. Nie da się smakować, czuć dotyku, wąchać, słyszeć ani widzieć inaczej niż poprzez umysł. Wydaje się nam, że doświadczamy smaku na języku, ale w istocie to mózg rejestruje smak. Podobnie, gdy boli jakaś część ciała, ból jest w rzeczywistości w umyśle, a nie w tej części ciała. Mamy dwa narzędzia do odczuwania bólu: nerwy i szarą substancję mózgu. Czujemy jednak tylko wtedy, gdy umysł pozwoli na połączenie między nimi. Jeśli umysł nie stwierdza, że jest ból, to nie ma bólu. Jest to cudowne odkrycie wielkich mistrzów indyjskich. Przy znieczuleniu chloroformem nie czuje się bólu, ponieważ wrażenia nie docierają do umysłu. Na końcu nerwów znajdują się cienkie włókna, które przekazują wrażenia bólu do mózgu. Chloroform uniemożliwia przekazywanie tych sygnałów bólu.

Mózg to wrażliwe narzędzie umysłu i wszystkie doznania ciała przekazywane są do umysłu przez nerwy i mózg. Umysł, utożsamiany z mózgiem, otrzymuje i interpretuje te doznania. Umysł wzmocniony praktyką intensywnego i pozytywnego myślenia jest mniej wrażliwy na doznania przyjemności i bólu. Rozpoznaje doznania w sposób, w jaki zamierzył to Bóg – jako rodzaj naukowego doświadczenia.

Wrażliwość została dana człowiekowi tylko po to, by chronić ciało; bez odczuwania wrażeń można by się mocno skaleczyć i o tym nie wiedzieć. Nie było zamierzone, abyśmy odczuwali ból z powodu wrażliwości. Zwierzęta nie rozwinęły tej zdolności w takim stopniu jak człowiek, dlatego doświadczają mniej bólu. Inaczej okrutne metody zabijania, które stosuje się wobec zwierząt, byłyby nie do zniesienia. Homara wrzuca się do wrzątku, gdy jeszcze żyje!

Jako że ból i przyjemność stwarzane są przez umysł, można zmniejszyć ból fizyczny, stosując kontrolę umysłu. Można wtedy doświadczać doznań bez powodowanego przez nie bólu, odbierając je jedynie jako sygnał ostrzegawczy. *Bhagawadgita* analizuje to bardzo głęboko i to właśnie nam mówi. Nadwrażliwość na przyjemność i ból wzmacnia ich odczuwanie; zmniejszona wrażliwość sprawia, że człowiek słabiej odczuwa ból i mniej jest zniewolony przyjemnościami zmysłowymi. Wytrenowałem tak swój umysł i ciało, aby były mniej wrażliwe i stwierdziłem, że uwolniłem się od niepokoju wywoływanego przez zmysły. Taki trening jest drogą do wolności.

Pewien lekarz miał tak wielką władzę nad umysłem, że potrafił sam zrobić sobie poważną operację. Sama myśl o tym sprawia, że umysł protestuje, iż nie da się tego zrobić; umysł jest bowiem zniewolony przywiązaniami ciała. Ale umysł można tak wytrenować, że stanie się potężny. Im bardziej zdyscyplinujesz umysł, tym większą będziesz miał nad nim władzę. Rozpieszczone dziecko bardzo cierpi z powodu nawet niewielkiego skaleczenia; dziecko wychowywane po spartańsku nawet się nie skrzywi, gdy poważnie się zrani.

Możesz uwolnić się od dyktatury zmysłów

Z tego względu system treningu stosowany w Indiach przez wielkich mistrzów różni się całkowicie od systemu w szkołach Zachodu. Mistrzowie indyjscy trenują swoich uczniów w tym, jak całkowicie uwolnić się spod niewoli ciała i jego doznań. Wygody i udogodnienia stworzone na Zachodzie sprzyjają rozpieszczaniu ciała; w rezultacie prawie wcale nie wkłada się wysiłku w rozwijanie siły umysłu. W Indiach uczy się nas od dziecka niszczenia w zarodku dyktatów doznań. W mojej szkole w Rańci kazaliśmy dzieciom spać na małych matach na twardej podłodze, i rosły zdrowo. Ludzie Zachodu, aby dobrze spać lub czuć się spokojnie, potrzebują zbyt wielu zewnętrznych rzeczy. W Indiach uczono nas siedzieć w medytacji na gorącym piasku. Stopniowo nauczyliśmy się tak siedzieć przez cały dzień, i podobnie na zimnie. W rezultacie tego szkolenia zyskałem taką siłę umysłu, że nic nie mogło poruszyć ani zakłócić mojej świadomości. Kiedy wyłączam telefony zmysłów w umyśle, nic mi nie przeszkadza.

Kilka lat temu panowała straszliwie gorąca pogoda – nadzwyczaj gorąca. Wszyscy oprócz mnie ledwo dyszeli. Odbierałem ich dyskomfort na skutek mentalnego z nimi połączenia. Zamierzałem pisać, ale czułem się tak źle, że nie mogłem się skoncentrować. Wtedy skarciłem siebie: "Co z tobą?" i pomodliłem się: „Panie, ta sama elektryczność podgrzewa kuchenkę i zamraża wodę w lodówce. Jest tu chłodno". Wszędzie wokół mnie powietrze się ochłodziło, jak gdyby otaczała mnie tafla lodu. Poczułem wielkie natchnienie i zacząłem pisać bez trudu.

Innym razem, wiele lat temu, podróżowałem przez kraj w otwartym samochodzie turystycznym. Towarzyszyło mi kilku młodych ludzi, uczniów Self-Realization, z których jeden był moim sekretarzem. On i ja spaliśmy w samochodzie pod jednym małym kocem. Noc była przeraźliwie zimna. Kiedy mocno zasnąłem, ściągnął on ze mnie cały koc; i wtedy, na wpół rozbudzony z powodu zimna, nieświadomie ściągnąłem koc z niego! Powtórzyło się to kilka razy. Wtedy mój umysł powiedział „Dlaczego się tak zachowujesz? Wszystko w porządku. Jest ci ciepło!". Zrzuciłem koc i zacząłem medytować. Moje ciało stało się tak gorące jak grzanka. Uczniowie, obudziwszy się dwie godziny później, trzęśli się z zimna. Spostrzegli, że siedzę nieruchomo. Byłem w boskiej ekstazie. Pomyśleli, że opuściłem ciało! Obudzony z *samadhi* ich okrzykami, uśmiechnąłem się i powiedziałem: „Co to za zamieszanie? Jedźmy dalej". „Ale przecież siedziałeś na tym przenikliwym zimnie bez płaszcza ani bez koca!" – sprzeciwili się. Mimo to nie przeziębiłem się. Byłem jedynym, któremu było ciepło!

To, co musisz zrobić, to zdyscyplinować umysł, aby być bardziej pewnym siebie. Jeśli postanowisz, że się nie przeziębisz, to będzie mniej prawdopodobne, że się przeziębisz. Umysł musi być także nauczony pokonywania bólu. Wrażliwość umysłu potęguje ból. Potęgować ból, to zapominać o nieustraszonym obrazie Boga w tobie.

Nawyki zaczynamy formować w wieku trzech lat

Starożytni mędrcy indyjscy nauczali, że wszystkie nawyki zaczynają się kształtować u człowieka w wieku trzech lat. Gdy się utrwalą, bardzo trudno jest je zmienić. Jeśli we wczesnym dzieciństwie rodzina i środowisko uformują w twoim umyśle jakieś nastawienia, to możesz mieć je przez całe życie. Jedną z pierwszych rzeczy, jakiej nauczyłem

Paramahansa Jogananda w Białym Domu, Waszyngton, 1926 r.

Paramahansa Jogananda i pan John Balfour opuszczają Biały Dom po rozmowie telefonicznej z prezydentem Calvinem Coolidge'em, który wygląda przez okno. „Washington Herald" z 25 stycznia 1927 r. donosił: „Swami Jogananda został powitany z widoczną przyjemnością przez pana Coolidge'a, który powiedział mu, że tak dużo o nim czytał. To pierwszy taki przypadek w historii Indii, że Prezydent oficjalnie przyjął Swamiego".

Paramahansa Jogananda wita ambasadora Indii B. R. Sena, Panią Sen i Konsula Generalnego Ahuja po przybyciu do międzynarodowej głównej siedziby Self-Realization Fellowship w Los Angeles, 4 marca 1952 r. — trzy dni przed śmiercią wielkiego jogina.

Budynek administracyjny międzynarodowej siedziby głównej Self-Realization Fellowship (Yogoda Satsanga Society of India), założonej przez Paramahansę Joganandę w 1925 r. na szczycie góry Waszyngtona w Los Angeles w Kalifornii.

Odwieczne ludzkie poszukiwanie

się od mojego guru swamiego Śri Jukteśwara dźi, było to, aby pokonywać tkwiące w umyśle uprzedzenia w stosunku do doznań. Kiedy po raz pierwszy przyszedłem do niego po naukę, ciągle się przeziębiałem, jeśli w zimną pogodę nie przykrywałem się kocem. Ale Mistrz nauczył mnie, jak się nie przeziębiać. W rezultacie uwolniłem się od skłonności do przeziębień, z którą praktycznie się urodziłem. Przed nauką u Mistrza łapałem jedno przeziębienie za drugim.

Niektórzy twierdzą, że powinniśmy polegać tylko na umyśle, a inni uważają, że powinniśmy zaspokajać doznania ciała. Oba poglądy są skrajne. Według pewnej teorii dobrze jest regularnie poddawać się badaniom medycznym, aby wiedzieć, w jakim stanie jest ciało, podobnie jak oddaje się samochód do okresowego przeglądu. Jest to całkiem rozsądne, ale pamiętaj, że nie jesteś maszyną. Jeśli twoje dobre samopoczucie psychiczne zbyt mocno zależne jest od stanu ciała, to przyjdzie czas, kiedy umysł będzie tak zniewolony wymaganiami ciała, że nie pomogą żadne fizyczne środki. Wyjaśnia to, dlaczego cierpimy na choroby chroniczne. Niemoc fizyczna stała się chroniczna, bo umysł po prostu odmówił bycia panem ciała.

Na początku lepiej jest zachować umiarkowanie. Jeśli masz małe skaleczenie, posmaruj je trochę jodyną, ale nie polegaj całkowicie na lekach. Podejmuj odpowiednie, sensowne środki ostrożności, aż stopniowo będziesz mógł coraz bardziej polegać na umyśle. Nawet wielcy mistrzowie używali lekarstw, które są przecież stworzonymi przez Boga ziołami i substancjami leczniczymi. Lekarstwa nie są potrzebne mistrzowi, ale może on czasami zechcieć użyć środków farmaceutycznych, aby pokazać, że moc Boża działa na nieskończoną ilość sposobów. W obu przypadkach zwycięstwo leży po stronie mocy umysłu. Kiedy wiesz z absolutną pewnością, że możesz obejść się bez leków bez szkody dla siebie, to jesteś zwycięzcą.

Pewien mistrz złamał rękę, którą mu opatrzono i zabandażowano. Kiedy wkrótce potem odwiedził go bogaty gość, uczniowie mistrza martwili się, że gość, widząc go z ręką na temblaku, mógłby się poczuć rozczarowany. „Nie zwracaj uwagi na tych uczniów – zauważył święty. – Wyobrażają oni sobie, że zobaczywszy mnie ze złamaną ręką, pomyślisz, iż Bóg się już o mnie nie troszczy. A na dodatek, że ona mnie boli!". Innym razem ten sam mistrz był w ekstazie, śpiewając o Bogu, gdy upadł na niewielką pryzmę węgla w pobliżu. Dalej śpiewał o Bogu. Kiedy uczniowie go podnieśli, zauważyli kilka gorących węgielków, które przyczepiły mu się do jego pleców, parząc go. Uczniowie się przerazili, ale mistrz roześmiał się i powiedział spokojnie: „No, może byście je usunęli?". Nigdy nie skarżył się on na ból. Taką wyższość umysłu wykazują Mistrzowie. W tym przypadku święty pokazał, że jest ponad odczuwaniem bólu, a w tym poprzednim, że jest zdolny do ludzkiego cierpienia i znoszenia go z pokorą.

Rozwijaj niewzruszoną postawę wobec ciała. „Idee ciepła i zimna, przyjemności i bólu wynikają z kontaktów zmysłów z ich przedmiotami. Mają swój początek i koniec, są nietrwałe. Znoś je cierpliwie"[2]. Po co być tak wrażliwym na trochę zimna lub bólu? Pomyśl o męce tych, którzy cierpią na wojnie. Ale jeszcze silniejszy od patrioty jest człowiek duchowy. Wyrabia on w sobie jeszcze większą mentalną odwagę poprzez dyscyplinowanie umysłu do wytrwania i ostatecznie do wzniesienia się ponad każdy ból i trudność.

Życie człowieka jest całkowicie niezależne od ciała

Ciało jest tylko klatką pokrytych tkanką kości, którą przez jakiś czas zamieszkuje ptak życia. Samo życie jest całkowicie niezależne od ciała. Ale życie całkowicie utożsamiło się z ograniczeniami ciała i dlatego cierpi. Jeśli zbadasz ciało i umysł, odkryjesz, że nie ma między nimi związku, poza tym, jaki mu nadajesz. Tylko w ciągu dnia odczuwasz doznania ciała. W nocy we śnie, gdy umysł odłączony jest od ciała, nie jesteś świadomy doznań; czujesz głęboki spokój.

Będąc uczynionym na obraz Boga, człowiek może żyć w ciele całkowicie oddzielony od doznań fizycznych. Ale zamiast tego akceptuje ciało, jakby było nim samym. Aby być wolnym od doznań, trzeba oddzielić się mentalnie od ciała. Dlatego święci nauczają mentalnego oddzielania umysłu od doznań przyjemności i bólu. Aby zrozumieć i doświadczyć wzniesienia umysłu ponad doznania, potrzebna jest praktyka. Udowodniłem tę prawdę na sobie i wiem, jak źle jest być wrażliwym. Dostarczanie ciału doznań jest przyczyną całego cierpienia i nieszczęścia. Bóg nie chciał, abyśmy cierpieli.

---

2 *Bhagawadgita* II:14.

Odwieczne ludzkie poszukiwanie

Stworzył postrzeżenia zmysłowe, aby nas prowadziły i zabawiały obrazami w umyśle. Chciał, abyśmy mądrze używali danego narzędzia ciała, abyśmy nie utożsamiali się z nim tak dalece, że czyni to nas nieszczęśliwymi. Święty Franciszek nazywał ciało „bratem osłem". Człowiek, który kocha swego psa i jest do niego bardzo przywiązany, będzie wrażliwy na jego doznania, chociaż nie jest fizycznie połączony z układem nerwowym psa. Podobnie cierpienie ciała spowodowane jest zbyt wielkim przywiązaniem umysłu do „brata osła".

Umysł musi zdobyć większą władzę nad ciałem. Umiejętność życia mocą umysłu jest czymś cudownym, ponieważ umysł może zrobić wszystko, czego sobie zażyczysz. Jak zacząć bardziej polegać na umyśle? Po trochu przyzwyczajaj się do ciepła i zimna, spania na twardym łóżku, mniejszej zależności od wygód, do których się przyzwyczaiłeś.

Przemawiając do was teraz, byłem całkowicie nieświadomy panującego dzisiaj upału. Ale właśnie teraz, gdy wspomniałem o upale, zacząłem go czuć. Kiedyś miałem wykład w Milwaukee podczas wyjątkowo upalnej pogody. Na dodatek temperatura mojego ciała bardzo wzrosła, tak jak zawsze, kiedy mówię o sprawach duchowych. Mój umysł stwierdził: „Nie możesz kontynuować wykładu bez ocierania twarzy; jest mokra od potu". Sięgnąłem do kieszeni po chusteczkę, ale jej tam nie było. Wtedy spojrzałem w duchowe oko i zasugerowałem umysłowi: „Wcale nie jest gorąco". Uczucie uciążliwego gorąca natychmiast zniknęło; poczułem spokój i chłód.

Właściwy sposób patrzenia na śmierć

Praktykuj te rzeczy i przekonaj się, czy to, co mówię, jest prawdą. Możesz zwiększyć ból, będąc wrażliwym, i zmniejszyć go, odłączając umysł. Kiedy umiera ktoś bliski, zamiast nierozsądnie się smucić, uświadom sobie, że odszedł na wyższą płaszczyznę z woli Boga i że Bóg wie, co jest dla niego najlepsze. Ciesz się, że jest wolny. Módl się, aby twoja miłość i życzliwość były dla niego posłańcami otuchy na jego dalszej drodze. Taka postawa jest o wiele bardziej pomocna. Oczywiście nie bylibyśmy ludźmi, gdybyśmy nie tęsknili za naszymi ukochanymi bliskimi; ale czując się osamotnionymi, uważajmy, by nasze egoistyczne przywiązanie nie było przyczyną utrzymywania ich na ziemi. Nadmierny smutek nie pozwala duszy zmarłego iść naprzód ku większemu spokojowi i wolności.

Większości ludzi żyjących obecnie na ziemi nie było tu sto lat temu. Inni byli tu przed nami. A nas, którzy teraz chodzimy po drogach świata, nie będzie tu za sto lat. Dla nas wszystko się skończy, a nowe pokolenie nie będzie o nas myśleć. Będą uważali, jak my teraz, że świat należy do nich. A jednak, po kolei wszyscy oni zostaną stąd zabrani. Śmierć musi być dobra, inaczej Bóg nie zarządziłby, żeby się wszystkim zdarzała. Po co żyć w strachu przed nią?

Ci, którzy boją się śmierci, nie mogą poznać prawdziwej natury swej duszy. „Trwożliwy stokroć umiera przed śmiercią; mężny raz tylko czuje śmierci gorycz"[3]. Tchórz przeżywa w kółko obraz bólu i śmierci w umyśle. Mężny doświadcza śmierci tyko raz, szybko i bez bólu. Jeśli ktoś umiera z przyczyn naturalnych albo jest rozwinięty duchowo, to ciało doznaniowe po prostu odpada i kiedy świadomość budzi się ponownie na innej płaszczyźnie bytu, ma ona wszystkie doznania ciała, nie posiadając żadnej fizycznej formy. Świadomość jest tylko w umyśle, tak jak to jest w snach. Nie jest trudno to sobie wyobrazić. W chwili śmierci człowiek po prostu zrzuca swoje gęste ciało fizyczne, które jest tylko niższą formą umysłu i przyczyną wszelkiego rodzaju kłopotów duszy.

Emanuj spokojem i dobrocią

Istnieją z grubsza dwa rodzaje ludzi: ci, którzy stale lamentują nad tym, co jest nie tak na tym świecie, i ci, którzy rozpraszają uśmiechem trudności życiowe i zawsze myślą pozytywnie. Po co brać wszystko tak poważnie? Jakże cudowny byłby świat, gdyby wszyscy byli bardziej optymistyczni, bardziej zharmonizowani!

Życie w cywilizacyjnej dżungli, napięcia współczesnego życia stanowią dla nas próbę. Wszystko, co dajesz, do ciebie powróci. Jeśli nienawidzisz, otrzymasz z powrotem nienawiść. Żywiąc nieharmonijne myśli i emocje, niszczysz sam siebie. Po co nienawidzić lub złościć się na kogokolwiek? Kochaj swoich nieprzyjaciół. Po co kisić się w sosie własnej złości? Jeśli ktoś cię irytuje, natychmiast pokonuj irytację. Pójdź na spacer, policz do dziesięciu lub piętnastu albo pomyśl o czymś przyjemnym. Odpuść sobie chęć odwetu. Kiedy się złościsz,

---

3 William Szekspir, *Juliusz Cezar*, Akt I, scena 2, wers 32.

mózg się przegrzewa, zastawki serca nie funkcjonują należycie, całe ciało traci energię. Emanuj spokojem i dobrocią; taka jest bowiem natura obrazu Boga w tobie – twoja prawdziwa natura. Wtedy nikt nie zdoła cię zirytować.

Dobro i zło tworzone są w umyśle

W ostatecznym zrozumieniu wszystko zaczyna się w umyśle. Grzech rodzi się w umyśle. Małe dzieci chodzą nagie, nie mając świadomości grzechu. Dla tych o czystym umyśle wszystko jest czyste. Dla niemoralnych wszystko jest złe. Niezdyscyplinowany umysł sieje wielkie spustoszenie w naszym życiu. Umysły zniewolone przez zmysły są sprawcami wszystkich wojen, okrucieństw i niesprawiedliwości.

Bóg umieścił cię w tym doznaniowym ciele fizycznym z intencją, abyś żył w świecie jako introspekcyjna dusza, ciesząc się filmami w kinie stworzenia, lecz nie utożsamiając się z nimi. Oto jak Bóg pragnie, abyś żył: wykazuj się panowaniem nad umysłem nie tylko wtedy, gdy wszystko wygląda różowo, lecz także w okresach trudnych. Dalekie od mówienia jedynie o tym – Self-Realization [Fellowship] uczy takiego samoopanowania. Taniec życia i śmierci trwa cały czas, ale człowiek posiada siłę umysłu, dzięki której może wznieść się ponad wszystkie odczuwane doświadczenia zmian, aby pozostać niewzruszonym pośród niestałości życia. *Bhagawadgita* daje nam najwyższe zapewnienie tej wolności: „Relatywność egzystencji (narodzin i śmierci, przyjemności i bólu) została przezwyciężona nawet tu, w tym świecie, przez tych, którzy osiągnęli równowagę umysłu. Tym samym królują oni w Duchu – zaprawdę w nieskalanym, doskonale zrównoważonym Duchu"[4].

Gdy wykazujesz się niezmiennością, stajesz się królem wśród dusz. Niezmienny wewnętrznie, nawet jeśli ciało i umysł ciągle się zmieniają, stajesz się jednym z Niezmiennym Nieskończonym.

Nauka Gity jest niezrównana. Zajmuje się ona szczegółowo życiem takim, jakie jest i pokazuje, jak człowiek powinien się zachowywać we wszystkich okolicznościach. Słusznie jest mówić: „Jestem uczyniony na obraz Boży", ale utraciwszy kontakt z tym obrazem,

---

4 *Bhagawadgita* V:19.

musisz nauczyć się, jak znowu stać się z nim jednością. Przesłanie Gity wskazuje drogę. Złoto pokryte kilkoma warstwami gliny nadal jest pod nią, chociaż ukryte. Aby je odnaleźć, musisz przebić się przez glinę. Podobnie – tak jak glina, twoją złotą duszę pokrywa wiele warstw nawyków i wrażeń. To „błoto" jest powodem nerwowości i lęków człowieka – wszystkich nieboskich cech. Aby usunąć to „błoto", trzeba wykształcić umysłową postawę obojętności wobec ciała i zmysłów. Ileż jest w nas lęków o ciało! Wyobrażałem sobie i doświadczałem w umyśle wszelkiego rodzaju cierpień, i pokonałem je.

Kiedy dusza rozkazuje, umysł słucha

Aby uświadomić sobie, że jesteś uczyniony na obraz Boga, musisz wznieść się ponad strach i złość i pozbyć się nadwrażliwości. Nie grymaś. Powiedz sobie: „Dzisiaj śpię w łóżku; jutro śpię na ziemi, to nie ma znaczenia. To dla mnie wszystko jedno". Ćwicz taką umysłową obojętność, a umysł będzie robił dokładnie to, co mu każesz. Umysł jest nadzwyczaj przebiegły, ale jeśli go wytrenujesz, będzie ci posłuszny. Kiedy mówisz: „Nie mogę żyć bez befsztyka", umysł powtarza: „Nie mogę żyć bez befsztyka". Ale jeśli ty, dusza, rozkażesz: „Niewolo, idź precz!", umysł posłucha. Nie bądź więc sługą ciała ani umysłu. Wyzwolenie się z niewoli zmysłów to jedyna droga do pokoju i szczęścia. Bez względu na okoliczności wznieś się ponad wszelką wrażliwość umysłu i uczyń się prawdziwie i na zawsze szczęśliwym.

> Stan całkowitego wyciszenia uczuć (*citty*) uzyskiwany w medytacji jogicznej, w którym ego postrzega siebie jako Jaźń (duszę) i jest zadowolone (utwierdzone) w Jaźni;
>
> Stan, w którym przebudzony intuicyjny rozum doznaje niezrównanej, przekraczającej zmysły szczęśliwości i w którym jogin trwa, i nigdy z niego nie wychodzi;
>
> Stan, który gdy raz osiągnięty, jogin uważa za skarb nad skarbami – w nim utwierdzony, pozostaje odporny nawet na najcięższą boleść;
>
> Stan ten nazywamy jogą – stanem wolnym od cierpienia. Dlatego jogę uprawiać trzeba niezachwianie i z niezłomnym sercem"[5].

---

5 *Bhagawadgita* VI:20-23.

Zrównoważone życie

Leczenie nienormalności psychicznych
1925

Spróbuj wyobrazić sobie grupę nieproporcjonalnie zbudowanych postaci ludzkich – jedną z głową wielkości orzeszka arachidowego i ciałem rozdętym jak balon, drugą z jedną ręką umięśnioną jak u Sandowa, ale ciałem karła, i jeszcze jedną z masywną głową osadzoną na wątłym lilipucim ciele. Gdybyś nagle ujrzał tłum takich ludzi, czyż nie byłby to (zależnie od twojego nastroju) bardzo zabawny albo godny politowania widok?

Teraz wyobraź sobie inną grupę ludzi, których ciała i wygląd są normalne, ale chorych i upośledzonych umysłowo. Podobnie jak ubranie zakrywa blizny, rany i niektóre ułomności, tak też schludnie wyglądające odzienie ludzkiego ciała często zakrywa poważne choroby umysłowe.

Gdybyś stanął naprzeciw ogromnej rzeszy zwykłych ludzi, dobrze ubranych i zdrowych fizycznie, i miał dar widzenia ich ciał mentalnych, jakże byłbyś zaskoczony i zasmucony! Spostrzegłbyś, że ich ciała mentalne – z rozumem jako głową, czuciem i zmysłami jako tułowiem, i wolą jako rękoma i stopami – są upośledzone, chore i zdeformowane. Zobaczyłbyś, że niektórzy mają maciupką głowę niedorozwiniętej mądrości przyczepioną do wzdętego tułowia apetytów zmysłowych. Inni będą mieli przywiędłe ciało bez wigoru i czucia, i w stosunku do ciała nadmiernie rozwinięte ręce zdolne do prowadzenia interesów. Jeszcze inni mogą mieć wielki, twórczy mózg, ale ich tułów współczucia i uczuć jest skurczony i zasuszony. Kolejni, z normalną głową i tułowiem, będą mieli cherlawe, sparaliżowane nogi woli i samoopanowania. Można by wyliczać bez końca.

Takie rozmaite deformacje psychiczne w patologicznie zbudowanych ciałach mentalnych, niedorozwiniętych pod pewnymi względami i nadmiernie rozwiniętymi pod innymi, spoczywają ukryte we wnętrzu człowieka, sprawiając cierpienie jego duszy i utrudniając jej wyrażanie się na płaszczyźnie materialnej.

Warto wymienić tutaj kilka takich chorób psychicznych, po to, aby można było wykryć i ukazać nieświadomym chorym te niewidzialne, lecz główne przyczyny zamętu w życiu ludzkim. Chory może wtedy poznać naturę, ukryty rozwój i objawy choroby i bronić się przed niespodziewanymi atakami sił niszczących jego szczęście.

Duchowa melancholia

Choroba ta występuje powszechnie u osób umysłowo i fizycznie bezczynnych pod pretekstem bycia zbyt zajętymi sprawami duchowymi. Chorzy ci zaniedbują poważne i drobne obowiązki życia materialnego w imię służenia Bogu i w ten sposób zapraszają diabła do wyrządzania im szkody. Cierpią z powodu pesymizmu i niedoceniania wszystkich dobrych i pięknych rzeczy w życiu materialnym. Choroba ta jest zaraźliwa i wszyscy duchowi aspiranci muszą się przed nią bronić, utrzymując ich energetyczną krew rozgrzaną i odporną poprzez zdrowe i aktywne ciągłe działanie.

Duchowa niestrawność

Choroba ta powstaje wskutek bezkrytycznego połykania mnóstwa patentowanych leków mentalnych w postaci pseudoduchowych książek i lekcji duchowych konowałów. Zabija ona nie tylko prawdziwy głód prawdy, lecz także niszczy zdolność rozróżniania między dobrymi a złymi naukami. Ktoś, kto cały czas karmi się ideami teologicznymi i zjada wszystko, co popadnie, nie tylko przeje się, lecz razem z dobrymi ideami spożyje też trujące, wywołując duchową niestrawność, i ostatecznie duchową śmierć. Długotrwałe, nadmierne studiowanie wszelkiego rodzaju zasad i traktatów filozoficznych, jeśli w ogóle nie staramy się ich sobie przyswoić i wypróbować w praktyce we własnym doświadczeniu, powoduje wątpliwości, obojętność i niewiarę we wszystkie prawa duchowe.

Szaleństwa psychiczne

Dotknięci tą chorobą prowadzą życie bez celu, ponieważ mają za dużo czasu lub pieniędzy do dyspozycji i brak im prawdziwego celu lub zrozumienia życia. Kierują się kaprysami, robiąc to, co przyjdzie im do głowy, wypełniając życie marnymi powieściami, emocjonującymi filmami albo innymi próżnymi rozrywkami. Nie zdają sobie sprawy z choroby, dopóki nie przeżyją jakiegoś strasznego szoku albo załamania nerwowego.

Przeziębienie psychiczne

Ta choroba nazywa się rozpaczą. Nie wiesz, kiedy się nią zarazisz i kiedy pojawią się jej nieprzyjemne objawy: zastoinowe bóle przygnębienia, rozdrażnienia i zniecierpliwienia. Co najgorsze, ciągnie się to długo i ofiara łatwo zaraża się tym ponownie, nawet gdy wydaje się, że już wyzdrowiała.

Psychiczny katar

Choroba ta polega na ciągłym zamartwianiu się doczesnymi sprawami. Chorzy zwykle nie dbają o to, by używać potężnej broni swojej woli i dlatego biernie poddają się wiecznym lękom, zamiast je zwalczać i pokonywać.

Obsesja psychiczna

Ofiary tej choroby stają się jednotorowi w poszukiwaniu szczęścia. Zaczynają myśleć, że pieniądze lub sława dają szczęście, albo zdrowie lub władza. Poświęcają wszystko inne – młodość, reputację, spokój umysłu – na ołtarzu swojej niepohamowanej ambicji. Zbyt późno poznają, że jedynie zrównoważone życie – przestrzeganie wszystkich praw przyrody i praw Bożych oraz łączenie działania ze spokojem mogą przynieść szczęście i spełnić naturalne przeznaczenie człowieka.

Cierpiący na obsesję psychiczną są całkowicie opętani jakimś jednym dążeniem, aż ich spojrzenie na życie staje się spaczone i zniekształcone. Pewien człowiek, na przykład, odniósł wielki sukces w swoim biznesie i zgromadził milion dolarów. Zanim jednak zdążył ich użyć, zmarł z powodu przesadnego martwienia się i załamania nerwowego. Inni, aby zdobyć sławę, poświęcają własną godność i wiarygodność. Cierpiący na chorobę jednotorowości tracą z oczu swój prawdziwy cel i nie potrafią czerpać prawdziwej satysfakcji z posiadania tego, o czym tak długo marzyli; natura ludzka jest bowiem wielostronna i wymaga wszechstronnego rozwoju.

Obsesja religijna

Fanatyczna wiara w -izmy wśród tak zwanych ludzi duchowych wynika z upartego trzymania się jakiegoś dogmatu lub przekonania – bez poddawania ich próbie doświadczenia. Powoduje to nagłe wybuchy gniewu i nienawiści do sprawdzonych praw Prawdy i liberalnej racjonalnej myśli. To religijne szaleństwo prowadzi do nieposłuszeństwa wobec prostych Bożych praw sprawnego myślenia, dobrobytu materialnego i zdrowia fizycznego.

Powinno się nauczać duchowych zasad

Choroby fizyczne, które są widoczne, bolesne i odrażające, budzą nasz czynny opór i staramy się zaradzić im aktywnością fizyczną, dietą, lekami lub innymi określonymi metodami leczenia. Natomiast chorobom psychicznym, chociaż są przyczyną większości ludzkich nieszczęść, nie zapobiega się ani nie leczy się ich bezzwłocznie, lecz pozwala się, by rujnowały i niszczyły nam życie.

Wychowawcy, eksperci od kultury fizycznej, kaznodzieje, reformatorzy, lekarze i ustawodawcy przyspieszą prawdziwy postęp cywilizacyjny dopiero wtedy, kiedy najpierw nauczą się sami, a potem będą uczyć innych, jak harmonijnie rozwijać wszystkie sfery życia i aspekty ludzkiej natury. Takiej prawdziwej edukacji i wszechstronnej kultury ludzkiej poszukuje cały świat.

Władze oświatowe uważają, że nauczanie duchowych zasad w szkołach publicznych jest niemożliwe, ponieważ mylą je z różnymi sprzecznymi dogmatami religijnymi. Jednak, gdyby władze oświatowe zechciały się skupić na uniwersalnych zasadach pokoju, miłości, służby, tolerancji i wiary, które rządzą życiem duchowym, i opracować praktyczne metody zasiewania ziaren tych wartości w żyznej glebie umysłu dziecka, to ta rzekoma trudność zostałaby pokonana. Wielkim błędem jest ignorować problem tylko dlatego, że wydaje się trudny.

Wielu absolwentów college'ów kończy nauki na uniwersytetach z przeciążoną, wypchaną wiedzą książkową głową. Nie potrafią iść wyprostowani drogą życia, bo ich nogi woli i samoopanowania są prawie sparaliżowane z powodu nieużywania. Wpadają pospiesznie w pułapki nieudanego małżeństwa, nadużywania seksu, nadmiernego pożądania pieniędzy i nieudanych interesów, ponieważ nie nauczono ich używania wyostrzonej w college'u brzytwy inteligencji, chyba że tylko po to, by krzywdzić samych siebie. Wielu młodych ludzi wydaje się czerpać przyjemność z robienia tych rzeczy, które w końcu obracają się na ich niekorzyść i przynoszą cierpienie. W zeszłym roku w Ameryce młodzi ludzie w wieku od piętnastu do trzydziestu lat ukradli miliard dolarów, dokonując napadów rabunkowych. Kto za to odpowiada? My – my wszyscy. Występni są także ci, którzy nie zapobiegają rozprzestrzenianiu się występku, i ci, którzy nie uczą innych prawości własnym przykładem. Szkoły, college'e i społeczeństwo nie starały się zapobiec przestępczości w sposób naukowy, eliminując jej rzeczywiste przyczyny tkwiące w umyśle.

Potrzebne są szkoły nauczające "jak żyć"

Dlaczego nie podjąć właściwych kroków w dziedzinie edukacji, aby uniknąć corocznej kradzieży miliarda dolarów i poświęcić kilku milionów na stworzenie szkół nauczających „jak żyć", gdzie będzie się nauczać sztuki życia i wielostronnego rozwoju wszystkich ludzkich zdolności?

Uważam, że właściwie zorganizowane szkoły powinny być jak ogrody, w których hoduje się i pielęgnuje dziecięce dusze. Ogrodników powinno się starannie dobierać, a rodzice i ogół społeczeństwa powinni z nimi współpracować. Nie powinniśmy nigdy zaniedbywać nauczycieli, bo są oni formierzami dusz. Opieka i pokarm duchowy we wczesnym życiu ludzkiej rośliny determinuje zwykle jej późniejszy rozwój.

Szczerze pochwalam współczesny amerykański system nauczania i stałe doskonalenie metod intelektualnego i w pewnym stopniu fizycznego rozwoju. Nie mogę jednak nie wspomnieć o jego głównej wadzie: braku kształcenia duchowego. System ten pilnie potrzebuje uzupełnienia o program nauczania moralnego i duchowego. Chłopiec, który ze względu na intelekt jest wzorowym uczniem i jest wspaniałym futbolistą lub doskonale gra w baseball, często przyciąga uwagę i nauczyciel go wspiera, natomiast tylko bardzo nieliczni zaobserwują lub słusznie ostrzegą przeciętnego ucznia, jeśli prowadzi on mroczne życie moralne i duchowe.

Gdzie jest taka szkoła, która stosuje określone metody całościowego rozwoju natury ludzkiej, nauczając prawdziwej sztuki życia i przygotowując ucznia do wielu pomniejszych egzaminów, a ostatecznie do końcowego egzaminu życia? Pilnie potrzeba takich szkół do nauczania sztuki i podstaw wszechstronnego rozwoju.

W takiej szkole nauczającej „jak żyć" sztukę fizycznego, mentalnego i duchowego rozwoju powinno się wpajać dzieciom, których umysły są wciąż plastyczne i których energie są jeszcze nieukierunkowane w stronę konkretnego rozwoju. Także dorośli mogliby opanowywać różne przedmioty w szkole wieczorowej, jeśli zechcieliby ćwiczyć chęci i cierpliwość, podczas gdy dobre nawyki zastępowałyby te niepożądane.

Po gruntownym przeszkoleniu uczniowie takiej szkoły powinni przez całe życie nieustannie badać siebie metodą introspekcji, a rozmaitymi zdobytymi przez nich dyplomami będą zdrowie, sława, operatywność, bogactwo i szczęście.

O rezultatach ostatecznego egzaminu pod koniec tego ziemskiego pobytu zadecyduje suma wszystkich osiągnięć oraz umysłowych i duchowych dyplomów uzyskanych na różnych egzaminach w ciągu całego życia. Ci, którym w pełni powiedzie się na tym ostatnim wielkim egzaminie, otrzymają dyplom samowystarczalności, wolne i radosne sumienie i błogosławieństwa zapisane na wieczność na pergaminie duszy. Tej rzadkiej nagrody nie zjedzą mole, nie skradną złodzieje ani nie zetrze jej gumka czasu, i zostanie ona przyznana za zaszczytne wejście do Wspólnoty Prawdy.

Wzmacnianie mocy inicjatywy

23 maja 1927

Spoglądając na rozległą panoramę świata, na tłumy ludzi pędzących w gorączkowym pośpiechu przez całe swoje życie, nie sposób nie zastanawiać się, o co w tym wszystkim chodzi. Dokąd zmierzamy? Co nas motywuje? Jaka jest najlepsza i najpewniejsza droga do osiągnięcia celu?

Większość z nas pędzi bez celu, jak uciekające samochody, bez żadnego planu. Śpiesząc się bez zastanowienia na drodze życia, nie zdajemy sobie sprawy z celu podróży; rzadko widzimy, czy znajdujemy się na krętych, okrężnych drogach, prowadzących donikąd, czy na prostych, które prowadzą bezpośrednio do celu. Jak możemy znaleźć cel, jeśli nigdy o nim nie myślimy?

Wielu, choć nieświadomych celu życia, ma jednak dość inicjatywy, aby zdecydować, czego chcą i następnie tego szukać. Wraz z osobistymi pragnieniami i zmianami w swoim otoczeniu starają się czynić użytek z wewnętrznych zasobów inicjatywy i tworzyć to, co chcą stworzyć. Czym jest inicjatywa? To zdolność twórcza, iskra Nieskończonego Stwórcy w każdym z nas.

Pomyśl o dwunastu znanych ci osobach; czyż umysły większości z nich nie są jak silniki o mocy jednego konia mechanicznego? Wielu ludzi czyni podobnie ograniczony użytek ze swoich energii twórczych. Cały proces głównych zajęć w ich życiu polega głównie na jedzeniu, pracy, rozrywkach i spaniu. Gdy tak przeżywa się życie, to jaka jest różnica między człowiekiem a zwierzęciem? Jedyną różnicą, jak twierdzą psychologowie, jest to, że człowiek jest jedynym stworzeniem, które się śmieje. Dobrze jest się śmiać; jeśli nie używasz tej zdolności, tracisz jeden aspekt czysto ludzkiego rozwoju. Nie bądź jak ci, którzy dzień w dzień biorą życie tak poważnie, że boją się nawet uśmiechnąć. Wcale nie cieszą się życiem.

Poza wyjątkową zdolnością do śmiechu człowiek ma jeszcze inną, wyższą cechę, jedną z najwspanialszych ze wszystkich – inicjatywę. Czym jest ta tajemnicza zdolność? Ameryka jest krajem inicjatywy w biznesie, w mechanice stosowanej; Indie to kraj duchowych inicjatyw. Inicjatywa jest mocą tworzenia; tworzyć to robić coś, czego nie zrobił nikt inny; to robić coś w nowy sposób i tworzyć rzeczy nowe. Inicjatywa to zdolność twórcza, która pochodzi bezpośrednio od Stwórcy. Co uczyniłeś w życiu z tym boskim darem? Ilu ludzi naprawdę stara się używać tej zdolności tworzenia? Mijają tygodnie, miesiące i lata, a oni są ciągle tacy sami; nie zmienili się, poza tym, że się postarzeli. Człowiek z inicjatywą jest tak wspaniały jak spadająca gwiazda – tworzy coś z niczego, sprawia, że niemożliwe staje się możliwe za sprawą wielkiej mocy wynalazczego Ducha.

Nie bądź człowiekiem o mocy jednego konia mechanicznego

Są trzy rodzaje ludzi z inicjatywą – klasa nadzwyczajna, klasa średnia i klasa przeciętna; i są setki innych nieważnych osób stłoczonych na „ziemi niczyjej". Zadaj sobie takie pytanie: „Czy kiedykolwiek próbowałem zrobić coś, czego nie zrobił nikt inny?". To punkt wyjścia do tego, aby zacząć korzystać z inicjatywy. Jeśli nie sięgnąłeś myślą aż tak daleko, to jesteś taki, jak setki innych, którzy błędnie sądzą, że nie mają siły działać inaczej niż do tej pory. Są oni jak lunatycy; sugestie płynące z ich podświadomego umysłu dały im świadomość ludzi o mocy umysłowej jednego konia mechanicznego. Jeśli idziesz przez życie w tym lunatycznym stanie, to musisz się obudzić, afirmując: „Mam najwspanialszą ludzką cechę – inicjatywę. Każdy człowiek ma iskrę mocy, dzięki której może stworzyć coś, czego dotychczas nie stworzono. Jednak rozumiem, jak łatwo mógłbym dać się zwieść ograniczonej doczesnej świadomości, która wypełnia świat, gdybym dał się zahipnotyzować otoczeniu!". Jeśli jednak mówisz: „W każdej sferze działania jest już nazbyt tłoczno; po co w ogóle próbować?", to poddajesz się hipnozie frustrującej doczesnej świadomości. Dlatego w każdej dziedzinie życia tak wielu ludzi, którym brakuje inicjatywy, nie odnosi sukcesów.

Także w sferze duchowej wielu biernie idzie tą samą ścieżką przez całe życie. Chociaż niezadowoleni, bezmyślnie pozostają w religii, którą wyznają ich rodziny. Albo też urodzili się w rodzinie baptystów, ale z powodu zmiany miejsca zamieszkania znaleźli się w pobliżu kościoła kongregacyjnego, zostają więc kongregacjonalistami. Człowiek powinien dostosowywać się świadomie, zgodnie z wewnętrznym przekonaniem, do wszystkich doświadczeń życiowych. Nie powinien działać na ślepo.

Mój guru Śri Jukteśwar dźi zwykł był mówić: „Pamiętaj o tym: jeśli masz w sobie wiarę, która jest prawdziwie boska, i jeśli jest coś, czego pragniesz, a czego nie ma we wszechświecie, to zostanie to dla ciebie stworzone". Ja miałem tę nieugiętą wiarę w siłę wewnętrzną, w duchową siłę mojej woli, i zawsze stwierdzałem, że stwarzane były dla mnie jakieś nowe możliwości, aby dać mi to, co chciałem.

Moc inicjatywy pozostaje w tobie nierozwinięta, nieukształtowana, niewykorzystana, nieużywana. Zdolność ta jest naturalna dla duszy; w istocie została dana wam wszystkim, lecz z niej nie korzystaliście. Jak można ją rozwinąć? Jeśli sam nie rozwinąłeś zdolności twórczego myślenia i inicjatywy, by kroczyć własną drogą, to twoja pierwsza próba powinna polegać na poprawieniu czegoś, co zrobił ktoś inny. Próba usprawnienia wynalazków innych ludzi jest najpowszechniejszą formą przejawiania inicjatywy.

Drugą, czyli średnią jakość inicjatywy wykazują ludzie, którzy piszą albo wynajdują coś nowego, lecz nieszczególnie znaczącego.

Najlepszy lub nadzwyczajny rodzaj inicjatywy to taki, który sprawia, że wyróżniasz się w świecie niby gorejący płomień, tak jak [Luther] Burbank lub [Thomas] Edison. Byli to ludzie o niezłomnej inicjatywie, inicjatywie duchowej. Czy Bóg tak szczególnie upodobał sobie tych wielkich ludzi, że posiedli taką szczególną genialność? Czy z Boskiej Woli zostali wybrani do przyjęcia tak wielkiej chwały? Nie. Oni po prostu używali inicjatywy, aby wydobyć z siebie wielkość i chwałę, które są przyrodzonym prawem każdego człowieka jako nieśmiertelnego dziecka Boga. Ci, którzy szukają osobistej sławy, nigdy nie są wielcy; nadęci pychą, nie mają prawdziwego wsparcia od Boga. Ci, których cieszy dawanie – czy to siły, odwagi, czy dzieł muzyki, sztuki – są wielkimi ludźmi.

Większość tych, którzy stali się wielcy, była podświadomie prowadzona: mieli oni wielkość zapisaną w genach, co dawało im początkową przewagę. Wykorzystali tę odziedziczoną przewagę w życiu, by stać się ludźmi niezwykłymi, wybitnymi. Jeśli posiadasz cechę wielkości, to byłeś nieświadomie prowadzony siłami umysłu, których moc umożliwiła ci zmianę środowiska poprzez nową inkarnację, a w tym nowym środowisku – osiągnąć największy rozkwit inicjatywy. W tym sensie „rodzą się" wielcy ludzie.

Musisz odkryć własną moc

Wiem jednak, że wielkich ludzi można także stworzyć, czyli że mogą oni rozwinąć się pozornie z niczego. Jest sposób na stanie się wielkim, na zdobycie owej niezwykłej mocy inicjatywy. Można ją rozwinąć i w pełni uruchomić dzięki mądrości, poprzez właściwy trening i praktykowanie nauk Self-Realization [Fellowship]. Ci, którzy zawalczyli o tę moc dawno temu, obecnie widzą owoce swojej działalności. Musisz odkryć własną moc, starać się pokonać pozorną niemożność.

Aby odnieść sukces na wielką skalę w jakimkolwiek zawodzie, musisz być przygotowany do przeciwstawienia się krytycznym ludzkim opiniom. Musisz trzymać się z dala od ludzi o mocy jednego konia mechanicznego, aby zachować oryginalność – musisz myśleć inaczej, mówić trochę inaczej. I wytrwać w swoim zapale. Człowiek o nadzwyczajnej inicjatywie połyka wszystkie trudności, wierząc w głębi serca, że ma rację. Krocz swoją drogą z niezachwianą wytrwałością, wiedząc, że wspiera cię nieskończona Moc Twórcza.

Najpierw musisz wejść w świadomy kontakt z Nieskończoną Mocą. Ona jest Źródłem wszelkiej inicjatywy i kiedy łączysz się z tą nadświadomą Mocą, twój świadomy i podświadomy umysł też wypełniają się mocą. Dawno temu obawiałem się o to, aby drobna inicjatywa, którą rozwinąłem, nie zniknęła szybko w obliczu trudnych prób. Teraz wiem, że ta wielka, nieskończona Zasada, która jest Źródłem wszelkiej sztuki, całej muzyki, całej wiedzy, znajduje się we mnie. Jeśli Ona mnie wspiera, nic nie może mi się nie udać.

Ilekroć zechcesz stworzyć coś wspaniałego, posiedź najpierw w ciszy i zagłęb się w medytację, aż nawiążesz kontakt z tą nieskończoną, wynalazczą, twórczą Mocą, która jest w tobie. Próbuj nowych rzeczy, ale zawsze bądź pewny, że wielka twórcza Zasada stoi za wszystkim, co robisz; i ta twórcza Zasada doprowadzi cię do celu.

Z założenia każdy człowiek miał być prowadzony niezmierzoną, twórczą mocą Ducha. Wątpliwościami i lenistwem zdusiłeś w sobie fontannę tej twórczej mocy. Zrób z tym porządek! We wszystkim, co robisz, wykazuj się niezrażoną determinacją.

Większość ludzi zadowala się karmieniem zmurszałymi cytatami, ściąganiem tylko czyichś pomysłów, bez jakiegokolwiek wykazywania się własną indywidualnością, która jest w nich. Co jest w tobie wyjątkowego? Gdzie się podziała wspaniała niepowtarzalność Bożej mocy w tobie? Nie używasz jej.

Wspiera cię Nieskończona Moc Pana

Początkowo nie chciałem zostać nauczycielem – implikacje mnie przerażały. Nauczyciel musi być amortyzatorem wstrząsów; z chwilą, gdy coś naruszy jego spokój, nie może pomóc szukającym u niego pomocy. Prawdziwy nauczyciel musi kochać wszystkich; musi rozumieć ludzi i znać Boga. Kiedy jednak Śri Jukteśwar dźi powiedział mi, że moją rolą w tym życiu będzie nauczanie, wezwałem nieskończoną moc Pana, aby mnie wsparła. Kiedy zacząłem dawać wykłady, postanowiłem, że będę mówić, opierając się nie na wiedzy książkowej, lecz pod wpływem wewnętrznego natchnienia, utrzymując myśl, że moją przemowę wspiera niewyczerpana Moc Twórcza. Używałem także tej Mocy do innych celów, aby pomagać ludziom w biznesie, jak i na wiele innych sposobów. Używałem swego umysłu śmiertelnika do odzwierciedlania Nieśmiertelności. Nie mówiłem: „Ojcze, zrób to", lecz „Chcę to zrobić, Ojcze. Musisz mną pokierować. Musisz mnie natchnąć. Musisz mnie poprowadzić".

Rób małe rzeczy w niezwykły sposób; bądź najlepszy w swojej dziedzinie. Nie dopuść do tego, aby twoje życie toczyło się zwyczajnie; dokonaj czegoś, czego nie dokonał nikt inny, czegoś, co olśni świat. Pokaż, że działa w tobie twórcza zasada Boga. Nie przejmuj się przeszłością. Nawet gdyby twoje błędy miały głębię oceanu, nie zdołają pochłonąć duszy. Miej niezachwianą determinację, by iść naprzód swoją drogą, nieskrępowany ograniczającymi myślami o przeszłych błędach.

Życie może być ponure, mogą pojawiać się trudności, może ci uciec wiele okazji, ale nigdy nie mów sobie: „Już po mnie. Bóg mnie opuścił". Kto mógłby zrobić cokolwiek dla takiej osoby? Może cię opuścić rodzina, na pozór może cię opuścić szczęście, mogą się sprzymierzyć przeciw tobie wszystkie siły przyrody i ludzkie siły, ale dzięki cesze boskiej inicjatywy w tobie, zdołasz odeprzeć każdy atak losu spowodowany twoimi własnymi złymi czynami w przeszłości i wkroczyć zwycięsko do raju.

Nawet gdybyś poniósł klęskę setki razy, postanów stanowczo, że zwyciężysz wbrew wszystkiemu. Porażka nie będzie trwała wiecznie. Porażka jest dla ciebie tymczasowym sprawdzianem. Z natury rzeczy Bóg chce uczynić cię niezwyciężonym, skłonić cię do uruchomienia przepotężnej mocy, która jest w tobie, tak abyś na scenie życia mógł odegrać przeznaczoną ci ważną rolę.

Zamierzeniem Boga było, aby świat był dla nas miejscem rozrywki

Jak się dowiesz, która rola jest dla ciebie odpowiednia? Jeśli wszyscy zechcemy być królami, kto będzie służącym? Na scenie role króla i służącego są równie ważne, o ile są dobrze zagrane. Musisz pamiętać, że z tego właśnie powodu jesteśmy posyłani na świat jako istoty różniące się od siebie, mające rozmaite powołania. Zamierzeniem Boga było, aby świat był dla nas teatrem, ogromnym spektaklem mającym nas bawić. Ale my nie pamiętamy o planie Reżysera i chcemy odgrywać swoje role według własnego widzimisię, a nie tak, jak On tego pragnie.

Ponosisz porażkę na scenie życia, ponieważ usiłujesz grać inną rolę niż tę, która została ci przeznaczona przez Boga. Czasem błazen przyciąga większą uwagę niż król; zatem, bez względu na to, jak skromna jest twoja rola, graj ją sumiennie. Dostrój się do Ducha, a odegrasz swoją rolę dobrze w tym ziemskim dramacie.

Nie jest ci przeznaczone cierpienie. Ci, którzy grają role tragiczne, muszą zdawać sobie sprawę, że to tylko rola. Nie jest ważne, jaką rolę musisz grać; zawsze staraj się grać ją dobrze, w harmonii ze wskazówkami Reżysera, tak aby twoja mała rola oświecała innych. Bądź świadomy tego, że na scenie świata występuje poprzez ciebie aspekt nieskończonej mocy Ducha.

Nieskończony Duch stwarza nowy sukces. Nieskończony Duch nie chce, abyś był automatem. Dostrój się do Kosmicznej Mocy

Odwieczne ludzkie poszukiwanie

i obojętne, czy pracujesz w fabryce, czy obracasz się w świecie ludzi biznesu, zawsze afirmuj: „Jest we mnie Nieskończona Moc Twórcza. Nie pójdę do grobu, nie pozostawiwszy za sobą jakichś osiągnięć. Jestem Bogiem-człowiekiem, istotą racjonalną. Jestem mocą Ducha, dynamicznym Źródłem mojej duszy. Stworzę rewelacyjne rzeczy w świecie biznesu, w świecie myśli, w świecie mądrości. Ja i mój Ojciec – Jedno jesteśmy. Potrafię stworzyć wszystko, czego zapragnę, tak jak mój twórczy Ojciec".

Kto stworzył Boga?

Około 1949 roku

Nad zagadkami Bożego stworzenia i tego, jak powstał On sam – wszechmocny i potężny, zastanawia się w sercu każdy człowiek, który pragnie poznać Boga. Żadne pismo święte nie odpowiada w pełni na te pytania, na które ponoć nie ma odpowiedzi. Jeśli jednak rozważycie i postaracie się spojrzeć całościowo na to zagadnienie, tak jak je przedstawię, znajdziecie odpowiedzi na te pytania – odpowiedzi, które otrzymałem z samej głębi mojej duszy i od Boga.

Nieskończoność – Bóg – jest ostateczną przyczyną całego skończonego stworzenia. On rzutuje moc *maji*, nawałnicę złudnej względności – iluzję, że Jedyny stał się wieloma – która, wiejąc nad oceanem Jego bytu i Jego wibracyjnym pragnieniem tworzenia, pobudza do przejawienia się fal skończonego stworzenia. „Choć niezrodzony jestem i w swej Istocie niezmienny, to jednak stając się Panem wszelkiego stworzenia, mieszkającym w Mej własnej Kosmicznej Przyrodzie (*Prakriti*), wcielam się mocą ze Mnie wysnutej *maji*-Ułudy"[1].

Przejawiając się w postaci twórczej Inteligentnej Wibracji Kosmicznej i posługując się nawałnicą złudnej względności, Bóg wyłania z Siebie wszelkie skończone wibracyjne fale umysłu, energii i materii: elektrony, protony, atomy, cząsteczki, komórki i bryły stałej materii – skupiska galaktyk unoszących się jak wyspy w sferze przestrzeni, otoczonych wędrującym promieniowaniem.

Tak więc Inteligentna Wibracja Kosmiczna jest pierwszą przejawioną przyczyną wszystkich stworzonych rzeczy, chociaż różne skończone formy materii są tworzone czy powstają wtórnie według układu i kombinacji pewnych podstawowych form: komórki powstają z cząsteczek, cząsteczki z atomów, atomy z elektronów

---

[1] *Bhagawadgita* IV:6.

i protonów, elektrony i protony z żywotronów, a żywotrony z myślotronów[2] Nieskończonego.

Wszechświat istnieje, a przyczyną jego istnienia jest Bóg – zatem Bóg istnieje. Można powiedzieć, że inteligentny wszechświat istnieje, ponieważ istnieje inteligentny Bóg. Ale kto stworzył Boga, z którego pochodzą wszystkie rzeczy? Sam Nieskończony[3]. Prawo przyczynowości stosuje się tylko do rzeczy skończonych; nie stosuje się do Nieskończonego. Tak jak wszystkie fale na oceanie rozpuszczają się w oceanie, tak też wszystkie skończone rzeczy powstałe z wyżej wymienionych skończonych przyczyn zatracają się w swoim Wiecznym Źródle. Podobnie prawo przyczynowości działa w sposób widoczny w stworzeniu, ale ginie w Nieskończonym.

Dzięki prawu przyczynowości nasi pierwsi rodzice – skończone stworzenia nazwane Adamem i Ewą, które same były wyjątkowymi tworami Nieskończonego – przyczyniły się do stworzenia całej ludzkości. Jako że my zostaliśmy stworzeni przez naszych rodziców, a nasi rodzice przez naszych dziadków i cała ludzkość pochodzi od Adama i Ewy – pytamy, kto stworzył Boga. Stosujemy wobec Nieskończonego prawo przyczynowości, dzięki któremu powstaliśmy. Takie rozumowanie jest błędne.

Różne punkty widzenia

Kiedy huśtasz się na falach oceanu, nie możesz dostrzec całego oceanu; ale z powietrza masz widok z lotu ptaka na jego bezmiar. Podobnie, kiedy koncentrujesz się na stworzeniu i jesteś w nim zanurzony, nie możesz dostrzec niczego poza stworzeniem i działającym

---

2 Ang. „thoughtrons" – nazwa nadana przez Paramahansę Joganandę pierwszemu i najsubtelniejszemu przejawowi twórczej wibracji emanującej z Ducha; pierwotne idee u podstawy wszelkiej materii. Myślotrony tworzą pojęciowy wszechświat, czyli przyczynowy, z którego emanuje astralny wszechświat żywotronów, inteligentnej energii życia; z niego z kolei emanuje fizyczny wszechświat gęstej energii atomowej (zob. *przyczynowy świat* w „Słowniczku").

3 „Wtedy niebytu ni bytu nie było [...]
Jedyny z własnej mocy bezwietrznie oddychał.
A poza Nim niczego innego nie było [...].
Bytu przyczynę w Nie-Bycie znaleźli.
Mędrcy, tropiąc ją w sercu ze zrozumieniem
– Rygweda X:129.

w nim prawem przyczynowości. Gdy jednak zamknąwszy oczy, nauczysz się, jak patrzeć w głąb siebie, nie dojrzysz ani skończonych form, ani prawa, które je stworzyło, lecz uchwycisz Nieskończonego bez formy i przyczyny.

W zimowej krainie w pobliżu bieguna północnego pewien Eskimos łowiący fokę, spojrzawszy w górę, ujrzał, że zbliża się do niego jakiś hinduski podróżnik.

– Skąd przychodzisz, przyjacielu? – zapytał.

– Moją ojczyzną są Indie – odpowiedział nieznajomy.

– No, no! – wykrzyknął Eskimos. – Czy Hindusi znajdują dużo dobrego mięsa foczego w Indiach?

– Och, nie, nie mamy tam w ogóle fok – odparł z rozbawieniem gość. – Hindusi odżywiają się głównie warzywami.

„Co za głupota", pomyślał Eskimos. „Nikt nie przeżyje bez foczego mięsa!".

Tak jak Eskimos, nie znając innej diety, myślał, że wszyscy ludzie odżywiają się foczym mięsem, podobnie istoty skończone, będąc stworzone prawem przyczynowości, w sposób naturalny sądzą, że Nieskończony Bóg również powstał dzięki prawu przyczynowości.

Ducha nie obowiązuje zasada przyczynowości

Zatem jest głupim błędem [ze strony] skończonych, zrodzonych z przyczyny ludzi pytać, kto stworzył Boga. Nieskończony ustanowił prawo przyczynowości, które stworzyło wszystkie skończone rzeczy, chociaż sam Nieskończony istnieje bez przyczyny. Jako monarcha absolutny może On stwarzać w swoim królestwie wszelkie prawa, nie musząc się do nich stosować. Tak więc Król Wszechświata ustanawia wszystkie prawa w swoim królestwie, włącznie z prawem przyczynowości, które rządzi Jego skończonym stworzeniem; On jednak nie podlega swym prawom. „Ja, Nieprzejawiony, przenikam cały wszechświat. Wszystkie stworzenia zawierają się we Mnie, lecz Ja nie jestem w nich zawarty"[4]. Chociaż Bóg jest obecny we wszystkich rzeczach, w żaden sposób nie jest ograniczony przez to, co skończone.

---

4 *Bhagawadgita* IX:4.

Zatem – Nieskończony *jest*. Wnosimy o Jego istnieniu i wszechmocy z Jego potężnych przejawień w stworzeniu. Jego Moc jest w pełni aktywna w stanie przejawionym. Zaś podczas rozpuszczania się wszechświata wszelka moc, inteligencja kosmiczna i prawo przyczynowości przestają działać i rozpuszczają się w Absolucie, aby tam oczekiwać następnego cyklu twórczego przejawienia się Boga. Siły nawałnicy, które tworzą fale na oceanie, przejawiają się w falach. Podobnie – w stanie twórczym – Nieskończony przejawia inteligencję, umysł, wibracje, siły [przyrody] i materię. Zaś w stanie nieprzejawionym Nieskończony istnieje jedynie jako Duch, w którym spoczywają rozpuszczone wszystkie siły. Z przestrzeni wyłaniają się światło, mgławice i pogoda i w niej zanikają, ponownie się ukrywając. Owa sfera poza stworzeniem jest kryjówką Ducha.

Nieskończony, poza kategoriami wibracyjnej Inteligencji, energii, przestrzeni i czasu, jest zatem rzeczą samą w sobie. Można Go poczuć i poznać jako wieczną Moc, która istnieje nie mając początku ani końca. Bóg jest przyczyną stworzenia, ale Bóg po prostu *jest*. Nikt ani nic nie stworzyło Boga – był On i będzie tym, czym jest zawsze. „O Ardźuno! Nie ma niczego wyższego ode Mnie ani nade Mną. Wszystkie rzeczy (stworzenia i przedmioty) wspierają się na Mnie jak perły nanizane na nić"[5]. Nie pojmiesz tego, dopóki uważasz się za istotę stworzoną, podległą prawu przyczyny i skutku. Ale jak w ekstazie tylko staniesz się jednym z Bogiem, poznasz dokładnie, w jaki sposób Bóg jest i czym jest – Bez Początku i Bez Końca, Bezprzyczynowy. Wtedy, będąc z Nim jednością, poznasz, że ty też jesteś Bezprzyczynową Wiecznością. Jako śmiertelnik jesteś stworzeniem uczynionym przez Boga; jako człowiek nieśmiertelny, zrealizowany duchowo, poznasz siebie jako falę na oceanie Boga, jednej i jedynej, samowystarczalnej, istniejącej wiecznie Kosmicznej Świadomości.

---

5 *Bhagawadgita* VII:7.

Brakujące ogniwo między świadomością a materią

Międzynarodowa Siedziba Główna Self-Realization Fellowship, Kalifornia, Los Angeles, 1932

Różnica między kamieniem a myślą o kamieniu jest bardzo wielka: kamień ma ciężar i rozmiar i można go zobaczyć, i dotknąć; myśl o kamieniu jest niewidzialna, nie można jej dotknąć, nie ma ciężaru ani rozmiaru. Podobnie ciało fizyczne – powiedzmy Henry'ego Jonesa – ma ciężar, kształt, rozmiar i jest widzialne; myśl o Henrym Jonesie nie ma żadnej z tych cech materii. Jednak człowiek o potężnym umyśle, biegły w sztuce wizualizacji, może zobaczyć Henry'ego Jonesa jako halucynację albo w świadomie śnionym śnie; może uścisnąć mu rękę, zważyć go na wadze i zauważyć, że jest wysoki i szczupły. Wizualizacja, halucynacja lub nawet wygląd ciała Henry'ego Jonesa we śnie jest bardziej realny niż sam koncept myśli o jego ciele, ponieważ przedmioty we śnie są postrzegane przez zmysły dotyku, węchu, wzroku i słuchu[1]. Jaka jest zatem różnica między myślą o Henrym Jonesie: wizualizacją, halucynacją, percepcją ciała Henry'ego Jonesa we śnie, a jego żywym ciałem fizycznym?

Różnica między iluzją a złudzeniem

Można by przyjąć pogląd, że ciało fizyczne Henry'ego Jonesa jest rzeczywiste, ponieważ wszyscy je widzą, natomiast jego postać we śnie jest nierzeczywista, ponieważ widzi ją tylko jedna osoba. Czyż

---

[1] Narządy postrzegania zmysłowego (oczy, uszy itd.) przynależą do ciała fizycznego, ale samo postrzeganie zmysłowe jest funkcją ciała astralnego człowieka, które zbudowane jest z subtelnej elektryczności. Dlatego w snach i halucynacjach zmysły funkcjonują za pośrednictwem umysłu podświadomego, niezależnie od swoich narządów fizycznych (zob. *astralne ciało* w „Słowniczku").

nie jest jednak możliwe, że realność ciała fizycznego Henry'ego Jonesa – i wszystkich innych ludzi – jest złudzeniem? Z Indii przyszła filozoficzna koncepcja *maji* – złudzenia, czyli błędu postrzegania mentalnego właściwego wszystkim ludziom oraz *awidji*[2] – iluzji, czyli błędnego postrzegania mentalnego jakiego doświadcza każdy człowiek.

Z drugiej strony jednostka może rozumieć pewne prawdy, które nie są podobnie rozumiane przez ogół ludzi. Z tego powodu ludzie o boskim zrozumieniu, którzy doświadczyli prawdy o naturze Boga i człowieka, są czasem niesłusznie oskarżani przez tych tkwiących jeszcze w niewoli kosmicznej ułudy o uleganie omamom i halucynacjom. Jest rzeczą niewłaściwą ze strony tych będących pod wpływem *maji*, aby potępiali świadectwo kogoś, kto nie jest pod jej wpływem. Tylko człowiek, który dzięki własnemu wewnętrznemu poznaniu wykroczył poza kosmiczną ułudę, może prawidłowo ocenić prawdę.

Przeciętny człowiek myśli, że ciało fizyczne postrzegane przez zmysły jest realne i uważa koncepcje ciała mentalnego, wyobrażeniowego lub śniącego za nieprawdziwe. Przypuśćmy, że obraz ciała Henry'ego Jonesa został przetransmitowany przez telewizję z Detroit do siedziby *Los Angeles Times*. Czy widzowie w Los Angeles widzą rzeczywistego Henry'ego Jonesa? Zwykły człowiek powiedziałby, że *tak*.

Wielka iluzja Kosmicznego Magika

Mistrz metafizyki widzi złudzenie wewnątrz złudzenia jako iluzję. Postrzega ciało fizyczne Henry'ego Jonesa jako złudzenie – jak miraż miasta – nie jako nic, lecz coś, ale jednak nie to, czym wydaje się ono być. Człowiek urzeczywistniony zapytałby, skąd mamy pewność, że ciało fizyczne nie jest złudzeniem, któremu wszyscy podlegamy. Czy możemy być pewni, że wszyscy ludzie po prostu nie śnią o ciele Henry'ego Jonesa i innych formach fizycznych? Jeśli Bóg rzeczywiście uwarunkował człowieka, aby śnił on wewnątrz kosmicznego snu, to możliwe, że my wszyscy śnimy o istnieniu ciała Henry'ego Jonesa; w tym przypadku nie możemy rozpoznać, czy ciało Henry'ego Jonesa rzeczywiście istnieje, czy nie.

Stosując pewne efekty stereoskopowe i witafoniczne, wielki magik

---

[2] Zob. *awidja* i *maja* w „Słowniczku".

Thurston mógłby pokazać swojej publiczności postać Henry'ego Jonesa unoszącą się w powietrzu i mówiącą, a potem sprawić, że nagle zniknie. Czyż nie jest zatem możliwe, że wielki Kosmiczny Magik pokazuje nam super obrazy ciała Henry'ego Jonesa, wszystkich ludzi i wszystkie rzeczy w stworzeniu jako prawdziwe dla naszych oczu, słuchu i dotyku? Jeśli tak, to każdy znajdujący się pod wpływem tego stereoskopowego i witafonicznego super widowiska może stworzyć postać Henry'ego Jonesa, korzystając z własnego mentalnego filmu – można by powiedzieć „kina domowego". W tym wypadku ludzie będący pod złudnym kosmicznym wpływem stworzonym przez Boga myśleliby: „Ten człowiek cierpi z powodu iluzji", chociaż sami są ofiarami kosmicznej ułudy, przez co widzą metafizycznie nieprawdziwe, ale w ziemski sposób prawdziwe ciało Henry'ego Jonesa. Zatem jeśli wszystko w stworzeniu składa się z obrazów sennych w świadomości człowieka, wtedy wszystko jest złudzeniem, a mentalny obraz lub halucynacja jednej osoby, która opiera się na realności ciała fizycznego Henry'ego Jonesa w tym kosmicznym świecie snów, jest złudzeniem wewnątrz złudzenia, czyli iluzją.

Człowiek mądry, który wyzwala się spod wpływu kosmicznego snu, postrzega ciało fizyczne Henry'ego Jonesa i całą materię jako złudny kosmiczny sen, a mentalną koncepcję materii lub Henry'ego Jonesa jako złudny sen wewnątrz kosmicznego snu Boga. Błąd umysłu, czyli złudzenie występujące u jakieś pojedynczej osoby mogą naprawić inni, którzy nie podlegają temu błędowi; ale błędu, któremu podlegają wszyscy, nie potrafi naprawić nikt, z wyjątkiem tych, którzy osiągnęli Samopoznanie i dzięki temu znają prawdę, że „rzeczy nie zawsze są tym, czym się wydają"[3].

Jak świadomość stała się materią

Jedyne, co różni świadomość od materii, umysł od ciała to szybkość wibracji. Wibracja jest ruchem energii. Jak ten ruch powstał z Inteligencji Kosmicznej? Wszystkie wibracje w eterze są przejawieniami kierowanej Inteligencją energii kosmicznej. Duch jako nieprzejawiony Absolut nie wibruje ani nie porusza się. Duch przejawiony jako Stwórca to Bóg Ojciec. Stwórca najpierw poruszył swego nieruchomego Ducha

---

3 Fedrus, Księga IV, Bajka 2, 5

ruchem myśli; tak więc pierwszą projekcją stworzenia przez Boga Ojca był kosmiczny inteligentny ruch, czyli wibracja myśli[4]. Ruch ten stawał się coraz silniejszy i wyraźniejszy, aż uzewnętrznił się jako kosmiczne światło i kosmiczny dźwięk (rejestrowane w ciele ludzkim jako widzialne duchowe oko i jako słyszalny kosmiczny dźwięk *Aum* lub *Amen*). Wibracja świadomej energii kosmicznej stopniowo stała się wyraźniejsza, aż zaczęła się przejawiać jako boska, półinteligentna, instynktownie prowadzona energia elektroniczna i ostatecznie jako jeszcze gęstsze formy gazów, płynów i ciał stałych.

Podobnie mikrokosmos, czyli ciało ludzkie powstało najpierw jako wibrujący myślokształt, ciało przyczynowe. Ono z kolei wytworzyło gęstsze wibracje, które tworzą ludzkie ciało astralne, czyli energetyczne; ono wytworzyło jeszcze gęstsze wibracje, które budują stałe ciało fizyczne. Tak jak człowiek używa elektrycznie wytwarzanego światła i cieni, i elektrycznie sterowanego dźwięku do tworzenia stereoskopowego, witafonicznego obrazu człowieka na ekranie kinowym, tak i Kosmiczny Operator łączy różne wibracje kosmicznego światła i energii zastygłych myśli, aby stworzyć w świadomości człowieka „obraz" stałego ciała fizycznego.

Złe myśli zasłaniają doskonałe obrazy myślowe Boga

Zasłaniając częściowo światło płynące z projektora, operator przeźroczy może wyświetlić na ekranie obraz człowieka bez ręki; może łatwo przywrócić mu rękę, wznawiając swobodny przepływ światła przez przeźrocze. Podobnie świadomość lub przejawienie się choroby jest niczym więcej niż skutkiem przeszkody, którą tworzy niewłaściwa ludzka myśl w doskonałej myśli-uczuciu człowieka stworzonej przez Boga. Człowiek dziedziczy błędy swych przodków. Z pokolenia na pokolenie przywykł do niedoskonałości. Jego niewłaściwe myśli nie tylko przesłaniają doskonałe obrazy myślowe życia i ciała, lecz także utrudniają swobodny przepływ kosmicznej siły życiowej, co skutkuje przejawianiem się i utrwalaniem złudnego obrazu ludzkiego ciała.

---

4 Wielki Albert Einstein był bardzo bliski prawdy, gdy napisał: „Chcę wiedzieć, jak Bóg stworzył ten świat. Nie interesuje mnie to czy tamto zjawisko w zakresie tego czy tamtego elementu. Chcę poznać Jego myśli; reszta to detale".

Brakujące ogniwo między świadomością a materią

Utrata ręki w wypadku samochodowym nie jest bardziej realna niż utrata ręki człowieka na ekranie filmowym w powyższym przykładzie. Jednakże jeśli ktoś nie jest świetnym operatorem, może nie potrafić poprawić – w super obrazie stworzonym przez Boga – zniekształcenia, jakim jest pozorna rana bądź choroba jego ciała. Poznanie złudnej natury uszkodzenia ciała jest niemożliwe, dopóki człowiek nie zdoła przenieść swojej świadomości do kabiny projekcyjnej Świadomości Kosmicznej i zaznajomić się z tajemnymi metodami Kosmicznego Operatora. Poprzez Swoje samo ewoluowane kosmiczne myśli-filmy i zastygłą kosmiczną energię stara się On pokazać doskonałe obrazy człowieka (uczynione „na Jego podobieństwo") i całego życia, wszystkich światów i kosmosu. Z powodu niewiedzy człowiek nie rozpoznaje boskiej woli i utrudnia w ten sposób doskonałą prezentację Bożych stereoskopowych, witafonicznych super obrazów życia.

Bryła lodu jest ciałem stałym, jest ciężka, zimna i widzialna. Jeśli ją roztopić, staje się płynna, ma jednak ten sam ciężar, pozostaje zimna i nadal widzialna, tyle że w innej postaci. Jeśli przepuścić prąd elektryczny przez stopiony lód, przemienia się on w niewidzialny wodór i tlen. Zatem bryła lodu może się przemienić z widzialnej, zimnej, stałej masy w niewidzialne, niewyczuwalne dotykiem gazy o tym samym ciężarze. Proces ten można odwrócić, gazy skroplić do postaci płynnej i zamrozić płyn w bryłę lodu, która uprzednio zniknęła. Podobnie stałe ciało ludzkie można rozpuścić i płyn zamienić w niewidzialne gazy; jednak człowiek nie nauczył się jeszcze, jak sprowadzić ciało do pierwotnej postaci. Ani też nie wie jeszcze, czym jest brakujące ogniwo między umysłem a ciałem, Duchem a materią. Tym brakującym ogniwem jest energia kosmiczna.

Delikatnie wibrująca świadoma energia staje się czystą świadomością i, wibrując z coraz to mniejszą prędkością, przejawia się jako ciało. Kiedy dzięki używaniu woli człowiek uzyska doskonałą kontrolę nad ciałem, będzie potrafił rozpuścić wibracje swego stałego ciała fizycznego w energię astralną, a energię astralną w mentalną. I za pomocą tej samej metody będzie potrafił materializować świadomość w postaci ciała astralnego i zagęścić je do postaci ciała fizycznego. Gita wspomina o tej mocy: „Kto dzięki jodze zna prawdę Moich mnogich przejawień oraz moc tworzenia i rozpuszczania, którą posiada Moja Boska Joga, ten niewzruszenie złączony jest ze Mną. Nie ma co do tego wątpliwości"[5].

Naukowcy potrafią dzisiaj kontrolować procesy chemiczne w ciele, ale nie rozumieją jeszcze jak biochemicznie można mieć kontrolę nad materią. Wraz ze zrozumieniem związku między wolą a ciałem przychodzi poznanie, że ciało nie jest zależne tylko od substancji chemicznych w pożywieniu, lecz także od energii dostarczanej za pomocą woli z niewidzialnego kosmicznego źródła. Wola jest głównym dostarczycielem siły życiowej do ciała. Ta niby ludzka sucha bateria – ciało człowieka w stanie zawieszenia czynności życiowych może żyć bez tlenu, światła słonecznego, stałego pożywienia, płynów, oddechu i czynności serca; jednakże nieuchronnie się rozpada, kiedy świadomość i co za tym idzie – wola, całkowicie opuszczą rdzeń kręgowy i obszar mózgu.

Wola – kosmiczny inżynier

Każdy ruch części ciała zakłada ruch woli, i ilekroć to niewidzialne radio woli zadziała, z niewidzialnej baterii w mózgu i ze świadomej energii kosmicznej otaczającej ciało przesyłana jest do niego energia. Kiedy jesteś zmęczony, możesz dostarczyć ciału energię z pożywienia, wdychając tlen, wchłaniając ultrafioletowe światło słoneczne lub pijąc wodę i inne płyny; ale gdy napinasz ramię i ciało, *chcąc* podnieść duży ciężar, wprowadzasz energię do ciała poprzez niewidzialną, umysłową siłę woli. Napinanie części ciała skupioną siłą woli[6] to jedyny przypadek, kiedy możemy dostarczać energię ciału nie ze źródeł fizycznych spoza ciała, lecz z niewidzialnego źródła istniejącego zarówno wewnątrz, jak i na zewnątrz ciała – inteligentnej, kosmicznej energii Boga.

Opanowanie energii kosmicznej, brakującego ogniwa między świadomością i materią, ciałem i Duchem to urzeczywistnienie prawdziwej natury Jaźni – wszystkiego w stworzeniu – i jedności wszystkiego ze Stwórcą.

---

5 *Bhagawadgita* X:7.
6 Jest to nawiązanie do Ćwiczeń Energetyzujących, wchodzących w skład nauk Self-Realization Fellowship.

Czy Bóg jest ojcem, czy matką?

*Pierwsza Świątynia Self-Realization
w Encinitas, Kalifornia, 14 maja 1939*

Żal mi tych, którzy nigdy nie zaznali matczynej miłości, albowiem ominęło ich wspaniałe doświadczenie. Każda matka jest przejawieniem bezwarunkowej miłości Boga, chociaż ludzkie matki są niedoskonałe, a Boska Matka doskonała. Modlę się, aby wszystkie ludzkie matki były w życiu tak pobożne i bezstronne, by ich ograniczona ludzka miłość przekształcała się w czystą wszechogarniającą miłość Boskiej Matki.

Moja matka była dla mnie wszystkim. Moje radości wstawały i zachodziły na firmamencie jej obecności. Byłem jeszcze chłopcem, gdy ojciec i ja otrzymaliśmy w Bareilly wiadomość, że matka jest poważnie chora. Natychmiast wsiedliśmy do pociągu do Kalkuty. Matka pojechała tam, by nadzorować przygotowania do ślubu mojego starszego brata Ananty. Na stacji przesiadkowej spotkał nas mój wuj. Poczułem ze straszliwą pewnością, że matka już nie żyje. Pełen niepokoju zapytałem, czy jeszcze żyje. Pociąg zbliżał się do nas z łoskotem i postanowiłem w duchu, że rzucę się pod koła, jeśli matka nie żyje. Właściwie odczytując rozpacz na mojej twarzy, wuj odpowiedział: Jasne, że żyje! Ale kiedy dotarliśmy do naszego domu w Kalkucie, matka już odeszła. Byłem niepocieszony. Kochałem matkę jak najdroższego przyjaciela. Jej czarne oczy, które przynosiły mi pociechę, były dla mnie najpewniejszym schronieniem. Opisałem w wierszu, jak to rzeczywiście przeżywałem w owym czasie:

> Jedynie czułością przepełnione – wiele czarnych oczu zwracało się do mnie,
> Ofiarując mi pocieszenie
> w moim żalu – w tym moim sierocym życiu.
> Żadne jednak nie dorównywały miłosnemu spojrzeniu
> Tamtych dwojga utraconych czarnych oczu.

Odwieczne ludzkie poszukiwanie

> Miłość tamtych [dwojga] czarnych oczu
> Stale płynie
> Z kręgu wszystkich czarnych oczu, które widziałem.
> Szukając tych dwojga oczu
> W narodzinach i śmierci, w życiu i snach
> I na wszystkich nieznanych lądach,
> Znalazłem wreszcie
> Niezliczone czarne oczy
> Wszechprzenikającej Boskiej Matki
> W przestworzach i w sercu,
> W jądrach globów, w gwiazdach, we mnie, na zewnątrz mnie,
> Tęsknie spoglądających na mnie
> Ze wszystkich stron.
> Bezustannie szukając mojej zmarłej matki,
> Znalazłem Nieśmiertelną Matkę.
> Utraconą miłość ziemskiej matki
> Odnalazłem w mej Kosmicznej Matce. Bezustannie szukając,
> W Jej niezliczonych czarnych oczach,
> Odnalazłem te dwoje czarnych oczu.

Gdybyś tylko mógł dzielić ze mną dreszcz radości, jaki poczułem, gdy nagle uświadomiłem sobie, że te czarne oczy mojej Matki patrzą na mnie zewsząd, z każdego punktu przestrzeni! Jakież to było przeżycie! Cały mój smutek przemienił się w radość.

Ludzkie związki są ci dane nie po to, by z nich robić bożyszcza, lecz po to, by je uczynić idealnymi. Jeśli stale widzisz w matce bezwarunkową miłość Boskiej Matki przejawionej w ludzkiej postaci, przyniesie ci to ukojenie, kiedy twoja matka odejdzie. Nie utraciłeś matki po jej odejściu; reprezentuje ona Boską Matkę i przyszła ci matkować na krótko. Później ci ją zabrano, aby pozostała skryta za wszechobecną miłością Boskiej Matki. Ci, którzy utracili ludzką matkę, muszą znaleźć Boską Matkę kryjącą się za niebiosami. Nie modlisz się wystarczająco głęboko. Błagaj Ją, nieprzerwanie się dopominając, z postanowieniem, że nie przestaniesz, dopóki nie przyjdzie Jej odpowiedź. Jeśli będziesz się modlić tak szczerze jak ja, otrzymasz odpowiedź od Boskiej Matki, i wtedy ujrzysz swoją ziemską matkę.

Teraz patrzę na każdą kobietę jak na matkę. Nawet jeśli

odzwierciedla się w niej tylko niewiele dobroci, widzę Boską Matkę. Mężczyźni powinni patrzeć na wszystkie kobiety jak na matki; nie wiedzą, co tracą, kiedy patrzą na kobietę tylko jak na przedmiot służący zaspokojeniu namiętności; wtedy widzą tylko zło, które jest w nich samych. W matczynym aspekcie kobiecości jest czystość. Kobieta obdarzona została matczynym instynktem, aby wyciągać mężczyznę z pułapek zła. Jest to jej główne zadanie; nie została stworzona jako przedmiot żądzy. Nie ma nic świętszego nad bezwarunkowe współczucie kobiety dla mężczyzny. Surowy, dostojny sędzia w domu jest dla swojej żony tylko dzieckiem. Każda kobieta powinna czuć miłość do całego świata, jeśli chce przejawiać miłość Boskiej Matki. Inspirowanie rodzaju ludzkiego matczyną miłością to obdarzanie największym błogosławieństwem, jakim dysponuje kobieta.

Bóg jest i Ojcem, i Matką

Stwarzając świat, Bóg objawił dwa aspekty: męski, czyli ojcowski i żeński, czyli matczyny. Kiedy zamykamy oczy i wyobrażamy sobie ogromną, nieskończoną przestrzeń, czujemy się oszołomieni i zachwyceni – czujemy tylko czystą mądrość. Ta ukryta, nieskończona sfera, gdzie nie ma stworzenia, nie ma gwiazd ani planet – jedynie czysta mądrość – to Ojciec. A Przyroda z jej błyszczącymi jak diamenty gwiazdami, Drogą Mleczną, kwiatami, ptakami, chmurami, górami, niebem – niezliczonymi cudami stworzenia – to Boska Matka. W Przyrodzie widzimy matczyny aspekt Boga, pełen piękna, łagodności, czułości i dobroci[1]. Piękno na świecie świadczy o twórczym matczynym aspekcie Boga; także, gdy patrzymy na całe dobro

---

[1] W tym kontekście Paramahansa Joganada podkreśla to, co uznaliśmy za prawdziwie „matczyne" cechy – łagodne i pełne miłości odpowiedzi, jakie znajdujemy w naturze matki. Przy innych okazjach Paramahansa dźi zaznaczał, że forma i cechy implikują przejawianie się, a przejawienie implikuje względność. Matka Natura musi również egzekwować immanentne i bezwzględne prawa kosmiczne wszechświata. Złam te prawa, a Boska Sprawiedliwość wymierzy korygującą karę; stąd kataklizmy, które czasami widzimy w przyrodzie. Są to skutki niewłaściwego postępowania człowieka, które burzy porządek kosmicznej harmonii (zob. *karma* w „Słowniczku"). Lecz stałe piękno Boskiej Matki polega na tym, że jeśli wielbiciel odwoła się do Jej bezwarunkowej miłości, może Ją skłonić, aby złagodziła siłę odwetu tych praw. Dlatego w hinduizmie Boską Matkę przedstawia się czasami jako Kali. Jej cztery ręce symbolizują główne atrybuty, dwa dobroczynne i dwa niszczące – zasadniczą dwoistość Matki Natury *(nota Wydawcy)*.

w Przyrodzie, doznajemy wewnątrz uczucia czułości – widzimy i czujemy Boga jako Matkę w Przyrodzie.

Zatem Bóg jest i Ojcem, i Matką. Chrześcijańskie i hinduskie pisma święte opisują Boga jako trójcę: Ojca, Syna, Ducha Świętego – *Sat, Tat, Aum*. Ojciec jest aspektem mądrości Boga; Duch Święty jest aspektem matczynym; Syn to kosmiczna kreacja – symbol lub zasada, poprzez który aspekty Boga, ojcowski i matczyny, wyrażają swoją boską miłość. My jesteśmy dziećmi tej miłości. „Jak na górze, tak na dole" – w rodzinie ludzkiej widzimy w miniaturze większą rodzinę Świętej Trójcy: Boga Ojca, reprezentowanego przez ludzkiego ojca; Ducha Świętego lub Przyrodę przejawionego w matce; Syna symbolizowanego przez dziecko, wyraz miłości i ojca, i matki.

Jezus nazywał Boga Ojcem. Niektórzy święci nazywają Go Matką. W swoim transcendentnym aspekcie Bóg nie jest ani Ojcem, ani Matką. Kiedy jednak myślimy o Nim w kategoriach ludzkich relacji, może On stać się dla nas albo Ojcem, albo Matką. Bóg jest zarówno nieskończoną mądrością, jak i nieskończonym uczuciem. Przejawiając się w stworzeniu, Bóg nadał formę swojej mądrości w ojcu, a swojemu uczuciu w matce. Każde z nich z osobna jest niedoskonałe, jest tylko połową natury Boga, albowiem ojciec działa, kierując się rozsądkiem, a matka funkcjonuje, kierując się uczuciem. Ojciec chce kierować dzieckiem za pomocą rozsądku, a matka uczucia.

Matka mówi: „Ucz je miłością". Czasem dużo miłości jest rzeczą dobrą. Jeśli jednak daje się za dużo miłości i tylko wyłącznie ją, można rozpieścić dziecko. Czasem dobrze jest być nieco surowym, ale surowe kary za błędy popychają dziecko do większych błędów. Dlatego w wychowywaniu dziecka muszą się przejawiać poprzez rodziców oba aspekty Boga. Oba są konieczne dla jego ostatecznego dobra. Każdy ojciec powinien się starać łagodzić rozsądek miłością, a każda matka pohamowywać miłość rozsądkiem.

Kiedy myślę o swoim guru Śri Jukteśwarze dźi, widzę w nim surowość ojca i dobroć matki, bez słabości czy ślepoty żadnego z nich. Każdy ojciec i każda matka są potencjalnie obdarzeni i ojcowską mądrością, i matczyną czułością Boga. Muszą doskonalić te dary. Rodzice bardzo łatwo stają się ślepi na błędy swoich dzieci! Jeśli nie potrafisz dostrzec wad swego dziecka, to coś jest nie tak z twoją miłością. Rodzice powinni uczyć się kochać dzieci bezwarunkowo, ale nie mogą pozwalać, by miłość ich zaślepiła, nie pozwalając dostrzec błędów w działaniu czy myśleniu dziecka. Powinni kochać dziecko, nawet jeśli postąpi źle, ale nie powinni go wspierać w takim postępowaniu. Pomagajcie swoim dzieciom wydostać się z pułapek zła, zamiast wpychać je w nie głębiej, wspierając je w złym postępowaniu. Nie odwdzięczą się wam miłością za taką nierozważną, pobłażliwą miłość.

Czysty rozum i czyste uczucie są intuicyjne

Zarówno czysty rozum, jak i czyste uczucie są intuicyjne. Czyste uczucie widzi tak jasno jak czysty rozum. Większość kobiet ma silnie rozwiniętą intuicję. Tylko wtedy, gdy są nadmiernie wzburzone, tracą swoje intuicyjne zdolności. Czysty rozum jest także intuicyjny, jeśli jest dostatecznie rozwinięty. Inaczej w przypadku błędnych przesłanek wniosek też byłby błędny. Prędzej czy później każdy mężczyzna, który jasno rozumuje, rozwinie w sobie prawdziwą intuicję, która nigdy nie błądzi.

Zawistna, pełna nienawiści, rozzłoszczona kobieta ujrzy odbicie tych swoich cech w bliźnich. Jeśli stale żywi takie destrukcyjne emocje, utraci niestety dar intuicji. Z tego powodu każda kobieta powinna starać się hamować swoją emocjonalność i nie ulegać złym emocjom. Wówczas rozwinie intuicyjny matczyny aspekt Boga. Moja matka miała wielką intuicję, bo była całkowicie pozbawiona zazdrości, nienawiści i złości.

Bóg nikogo nie opuszcza. Kiedy nagrzeszywszy, sądzisz, że twoje winy są niezmierne i nie do odkupienia, i kiedy ludzie stwierdzają, że jesteś nic nie wart i nigdy niczego nie osiągniesz, zatrzymaj się na chwilę i pomyśl o Boskiej Matce. Powiedz Jej: „Boska Matko, jestem Twoim dzieckiem, Twoim niegrzecznym dzieckiem. Proszę Cię, przebacz mi". Kiedy zwracasz się do matczynego aspektu Boga, Bóg-Matka Cię nie odprawi – po prostu roztapiasz Boskie Serce. Bóg jednak nie będzie cię wspierał, jeśli nadal będziesz czynił zło. Musisz zaprzestać złych czynów, nadal się modląc.

Spowiedź opiera się na zdrowej zasadzie. Akt spowiedzi można porównać do wezwania lekarza, gdy jesteś chory z powodu naruszania zasad dobrego zdrowia. Musisz powiedzieć lekarzowi, jakie masz objawy choroby, a wtedy on przepisuje ci leki i otrzymujesz leczenie. Jeśli jednak raz po raz będziesz gwałcił naturę złymi praktykami, nigdy nie będziesz zdrowy. Znam pewnego chłopca, który stale się chwali: „Mogę robić, co mi się podoba, bo w przyszłym tygodniu zostanie mi to wybaczone podczas spowiedzi". Jest to błędny pogląd. Jeśli nie poniechasz czynienia zła, a także nie wyznasz grzechów na spowiedzi, nie dostaniesz wybaczenia.

Człowiek boski rozwija w sobie zarówno zalety ojcowskie, jak i matczyne. Do każdego czuje taką miłość, jaką matka ma do swoich dzieci. Takie były uczucia Jezusa, kiedy na krzyżu powiedział: „Ojcze, wybacz im, albowiem nie wiedzą, co czynią". Dla Jezusa ludzie przybijający go do krzyża nie byli wrogami z dzidami i włóczniami: byli dziećmi, które go nie rozumiały. Któż oprócz matki mógłby myśleć o nich tak jak Jezus? Matka, którą torturuje syn, obawia się tylko tego, co mogłoby stać się jemu. Tak to rozumiał Jezus i dlatego mógł powiedzieć: „Ojcze, przebacz im".

Jeśli rozwiniesz matczyny aspekt Boga, będziesz czuł miłość do wszystkich ludzi na świecie. A jeśli błagasz Boga jako Boską Matkę, Ona szybko ulega, bo odwołujesz się do jej czułości i bezwarunkowej miłości. Kiedy czcisz Boga jako Matkę, możesz stanąć przed Nią i powiedzieć: „Boska Matko, niedobry czy dobry, jestem Twoim dzieckiem. Być może byłem w szponach zła przez wiele inkarnacji, ale czy według Twojego prawa muszę je całkowicie naprawić? Nie mogę tak długo czekać, żeby dostąpić Twojej obecności! Matko, proszę Cię, wybacz mi! Dlaczego musisz mnie karać? Co się stało, to się nie odstanie. To wszystko przeszłość. Nie będę więcej grzeszył. Być może Boska Matka odpowie: „Jesteś niedobry, odejdź ode Mnie". Lecz musisz powiedzieć: „Jesteś moją Boską Matką. Musisz mi przebaczyć". Wtedy Ona mówi: „Poproś Mnie o zbawienie, dam ci zbawienie. Poproś mnie o mądrość, a dam ci mądrość. Ale nie proś Mnie o miłość, bo jeśli ją zabierzesz, nic Mi nie zostanie"[2]. Jeśli nadal błagasz: „Chcę Twojej miłości!", Boska Matka w końcu się wzrusza: „Skoro jesteś

---

2 Ze starej pieśni bengalskiej. Paramahansa Jogananda przetłumaczył ją dla Zachodu w *Cosmic Chants* (nota Wydawcy).

Moim dzieckiem, a Ja twoją Matką, jakżeż mogę ci nie przebaczyć?". I daje ci ostatnią rzecz, jaką posiada – swoją boską miłość.

Wizja Boskiej Matki

W Indiach odwiedzałem wielkiego świętego, Mistrza Mahaśaję[3]. Podczas mojej pierwszej wizyty w jego domu zdarzyło się, że przeszkodziłem mu w medytacji. Poprosił, abym usiadł, dodając: „Rozmawiam z Boską Matką". Cała jego twarz promieniała odbiciem Jej miłości, czułem silne wibracje tej wielkiej miłości. Ilekroć byłem w pobliżu, kiedy komunikował się z Kosmiczną Matką, miłość, której doświadczałem w sercu była miliardy razy silniejsza od tej, którą czułem do mojej ziemskiej matki, a którą tak bardzo kochałem; w takich momentach myślałem, że nie mógłbym przeżyć ani chwili bez mojej Boskiej Matki.

„Panie, jak to jest, że możesz obcować z Boską Matką, a ja nie? – spytałem pewnego dnia. – Proszę Cię, zapytaj Ją, czy mnie kocha. *Muszę* wiedzieć". Błagałem go usilnie, aż w końcu święty się zgodził.

– Przedstawię Umiłowanej twoją prośbę.

Tego samego wieczoru w medytacji miałem wspaniałe boskie przeżycie. Schroniwszy się w odosobnieniu swego małego poddasza, gdy tylko dotarłem do domu, medytowałem do godziny dziesiątej. Nagle ciemność rozjaśniła przepiękna wizja. Stanęła przede mną Boska Matka, czule się uśmiechając.

– Zawsze cię kochałam! Zawsze będę cię kochać! – Z tymi słowami zniknęła.

Ledwie wstało słońce, kiedy następnego ranka pośpieszyłem do domu świętego. Poznałem po jego oczach, że przechadza się po ogrodach Nieskończonego; rzadko widzi się taką miłość do Boga.

– Czy Umiłowana Matka mówiła coś o mnie? – spytałem.

– Ty mały figlarzu!

– Co powiedziała Boska Matka? Obiecałeś, że mi powiesz – fuknąłem.

Znowu odparł: „Ty mały figlarzu". W duchu wiedziałem, że przejrzał mój podstęp, ale celowo ukrywałem swoje myśli, aby się dowiedzieć,

---

[3] Zob. rozdział 9 *Autobiografii jogina*.

czy moje doświadczenie zeszłego wieczoru było rzeczywiste.

– Panie, dlaczego jesteś taki tajemniczy? – spytałem. – Czy święci nigdy nie mówią wprost?

– Czy musisz poddawać mnie próbie? – odparł. – Czy dzisiaj rano mogę dodać choć jedno słowo do zapewnienia, które wczoraj wieczorem otrzymałeś od samej Pięknej Matki?

Moją duszę zalało szczęście. Padłem do stóp świętego; wiedziałem, że stąpa nimi Boska Matka. To on objawił mi i dał mi zrozumienie matczynego aspektu Boga. On powiedział mi, że później przyjdzie do mnie mój Guru, człowiek obdarzony aspektem mądrości Boga. „Dzięki jego prowadzeniu twoje doświadczenie Boga polegające na miłości i oddaniu zostanie przełożone na język niezgłębionej mądrości".

Próba wiary

Opowiem wam krótką historię o Boskiej Matce i o tym, jakie miałem z Nią przeżycie. Na terenie głównej siedziby Self-Realization Fellowship znajduje się niewielka studnia życzeń z lanego betonu. Niedługo po jej zakupieniu pomagałem chłopcom ją ustawić. Studnia przypadkiem obsunęła się i przywaliła całym swym ogromnym ciężarem moją stopę. Poczułem straszny ból i stopa bardzo spuchła, wyglądała na mocno zmiażdżoną.

„Jeśli Boska Matka powie mi, żebym poszedł do lekarza – powiedziałem – to pójdę. Jeśli nie, to nie pójdę".

Czekałem, mając nadzieję, że poczuję wewnętrznie, jakie może być Jej życzenie. Każdego kolejnego dnia ból stopy stawał się coraz bardziej nieznośny; nie było znaku od Boskiej Matki.

W najbliższą niedzielę miałem prowadzić zajęcia z dużą grupą ludzi. Wyglądało na to, że trzeba mnie będzie wnieść na podium. Nie mogłem wepchnąć stopy do buta. Tamtej niedzieli Szatan kusił mnie, mówiąc:

– Dlaczego nie pomodlisz się o uzdrowienie?

Ale modlenie się oznaczałoby wątpliwości. Boska Matka znała moją sytuację i pragnąłem postąpić zgodnie z Jej życzeniem.

– Nie zamierzam się modlić – odpowiedziałem. – Matka wie, co mi dolega. Wewnętrznie złożyłem Jej śluby bezwarunkowego poddania: „Czy to tonąc pod falą śmierci, czy płynąc na falach oceanu życia, jestem z Tobą na zawsze".

– Spójrz na tych ludzi – przemówił znowu Szatan. – Będą się z ciebie śmiali. Nigdy przedtem nie widzieli cię chorego, a teraz zobaczą cię z kontuzjowaną stopą.

– Nie obchodzi mnie to.

Skoro już ma się miłość Boskiej Matki, to nie wzruszy cię ani pochwała, ani nagana.

Kuśtykałem w kierunku podium, z którego miałem mówić, kiedy nieopatrznie potknąłem się o próg; chora stopa silnie się skręciła. Ból był tak wielki, że czułem, jakby złamała się w niej każda kostka. Ale w chwili, gdy znowu ruszyłem naprzód, okropna opuchlizna nagle zeszła, a cały ból minął. Udało mi się wsunąć stopę do buta.

Była to jedna z największych demonstracji mocy miłości, jakiej kiedykolwiek doświadczyłem. Chodziłem, jak gdyby nigdy nic nie dolegało mojej stopie. Nie trzeba dodawać, że byłem bardzo przejęty – nie z powodu uzdrowienia, lecz z powodu Boskiej Obecności. Matka chciała się przekonać, czy będę modlił się o uzdrowienie. Gdybym się modlił, to może w odpowiednim czasie nastąpiłoby naturalne wyleczenie poranionej stopy, ale ja nie miałbym tego dającego ogromną pewność boskiego doświadczenia.

Innym razem w Palm Springs śpiewałem Boskiej Matce: „Matko, posyłam Ci zew mojej duszy. Nie możesz już dłużej pozostawać w ukryciu! Wyjdź z niemego nieba, wyjdź z mojej jaskini ciszy"[4]. Nagle Matka się pojawiła! Ujrzałem ją w kamieniach, palmach, wszędzie! Bóg nie ma postaci, ale żeby sprawić radość wielbicielowi, może On przybrać każdą postać, jakiej wielbiciel pragnie. Nie macie pojęcia, jaka cudowna jest Boska Matka, jaka wspaniała, jaka kochająca!

Nie ma wspanialszego doświadczenia nad poczucie i wiedzę, że Kosmiczna Matka jest z tobą. Wypatruj obecności Matki, albowiem pragnie Ona opiekować się tobą na wszystkie sposoby, czy dolega ci smutek, ból, czy choroba. Módl się do Boga jako Boskiej Matki, kiedy pragniesz pocieszenia, a kiedy szukasz mądrości, módl się do Boga jako do Boskiego Ojca.

---

[4] „I Give Thee My Soul Call" – z *Pieśni Kosmosu*.

Matki, nie ograniczajcie wszech przebaczającej miłości, obdarzając nią tylko swoje dziecko. Dawajcie wszystkim miłość i zrozumienie Boskiej Matki, a wtedy nie będziecie już związane ograniczeniami miłości ziemskiej matki – wy też będziecie boskimi matkami. Kiedy potraficie prawdziwie powiedzieć: „Czuję się matką całej ludzkości", nie będziecie już patrzeć na innych jak na obcych, ale uznacie i będziecie kochać wszystkie dzieci świata jak swoje własne. Wszystkie przejawy ziemskiej miłości w doskonałym stanie zawierają się w miłości Boga.

Nie uważaj się już więcej za grzesznika – odrzuć złe nawyki i módl się: „Matko, jestem Twoim dzieckiem. Objaw mi się!". Jeśli będziecie posyłać tę prośbę do Boga jako Boskiej Matki nieustannie rano i wieczorem, Ona się wam objawi.

Podziękujmy Bogu i pomódlmy się o Jego błogosławieństwo dla wszystkich matek, aby mogły przejawiać Jego zalety.

Niechaj wszystkich synów i córki świata wypełnia matczyna miłość, która jest odbiciem bezwarunkowej miłości Boskiej Matki, i niech wszyscy oni obdarzają się wzajemnie tą bezwarunkową matczyną miłością, aby pokój i niebo zapanowały na ziemi.

Sztuka rozwijania pamięci

*Międzynarodowa Siedziba Główna Self-Realization Fellowship,
Kalifornia, Los Angeles, 28 sierpnia 1932*[1]

Istoty ludzkie posiadają zdolność pamięci, dzięki czemu są wyjątkowe. Dusze wszystkich stworzeń poprzez nieświadomą pamięć o swoim boskim pochodzeniu mają naturalną tendencję do szukania swego Źródła. To tłumaczy wstępującą ewolucję wszystkiego we wszechświecie. Jednak zgodnie z Bożym planem stworzenia, dopiero po uzyskaniu ludzkiego ciała z jego wysoko rozwiniętym mózgiem i układem nerwowym, każda dusza jest wreszcie wyposażona w środki do świadomego pamiętania o swej pierwotnej jedności z Duchem.

Pamięć jest zdolnością umysłu, dzięki której odtwarzamy w umyśle nasze doświadczenia. Gdyby nie pamięć, zapominalibyśmy wszystko, co postrzegamy w życiu – każdego dnia musielibyśmy zaczynać od nowa jak niemowlęta. Człowiek, który stracił rozum, a zatem i pamięć, zachowuje się jak dziecko.

Doświadczanie nie miałoby wartości, gdybyśmy nie mogli pamiętać swoich doświadczeń i przeżywać ich na nowo. Uczymy się poprzez introspekcję i analizowanie swojego przeszłego zachowania. W pamięci ludzkiej zawiera się wartość bycia człowiekiem. Każdego ranka po przebudzeniu Jan *pamięta*, że jest Janem, i to dzięki pamięci kojarzy swoje doświadczenia życiowe z własną tożsamością jako Jan.

Kiedykolwiek chcemy albo potrzebujemy, każde nasze doświadczenie może zostać odtworzone przez umysł podświadomy. Pamiętając to, co robiliśmy przedtem, możemy ponownie wykonywać jakąś wymagającą sprawności czynność, której się nauczyliśmy, albo

---

[1] Niniejsza pogadanka była jedną z serii wygłoszonych podczas zajęć na wolnym powietrzu w Summer School prowadzonych w siedzibie głównej na Mt Washington.

wywnioskować, jakie czynności powtarzać i jakich unikać w określonej sytuacji.

Umysł podświadomy jest zawsze aktywny, zapisując doświadczenia w ciągu dnia i pracując nawet we śnie, strzegąc cielesnego domu jak nocny stróż. Budząc się, zawsze wiemy, czy spaliśmy dobrze, czy źle. Ta zdolność podświadomego umysłu do zapamiętywania to zdolność zawsze czuwającego, zawsze radosnego Pana. W każdej duszy zasadzone jest nasienie pamięci tej świadomości, albowiem dusza wie, że zawsze mieszka w Bogu. Pamięć jest nasieniem nieśmiertelności i poprzez doskonalenie jej możemy przypomnieć sobie wszystkie zdarzenia z tego życia i poprzednich żywotów.

Rozwijaj boską pamięć

Skoro możemy sobie przypomnieć wszystkie nasze doświadczenia jako śmiertelnicy w tym życiu, to dlaczego nie przypominamy sobie wszystkich boskich doświadczeń, które przydarzyły się duszy? Pamięć ma dwojaką naturę: pamięć doczesna odtwarza doświadczenia tego życia, natomiast pamięć boska odtwarza doświadczenia duszy w ciągu wszystkich jej inkarnacji. Większość ludzi świadoma jest tylko pamięci doczesnej.

Dlaczego nasza boska pamięć jest uśpiona? Niektórzy potrafią przypomnieć sobie wiele doświadczeń, zarówno doczesnych, jak i boskich; inni nie pamiętają dobrze nawet tych z niedawnej przeszłości. Różni ludzie posiadają różny stopień pamięci zależnie od zdolności mózgu. Aby rozwinąć dobrą pamięć, potrzeba edukacji, koncentracji, medytacji i rozmaitych pamiętnych doświadczeń. Nie rozwijając pamięci, nie można stać się człowiekiem wykształconym. Jeśli czegoś doświadczamy i później nie pamiętamy swojego doświadczenia, to cała jego wartość jest stracona dla świadomego umysłu.

Poprawiając jakość pamięci, możemy ją uczynić tak potężną, że będziemy pamiętać wszystko, nawet nasze boskie pochodzenie. Poprzez obudzenie boskiej pamięci – co pozwala nam przypomnieć sobie każde doświadczenie z wszystkich naszych przeszłych żywotów i ostatecznie urzeczywistnić nieśmiertelną naturę swojej duszy – osiągamy zbawienie.

Wpływ ćwiczeń fizycznych na pamięć

Dla rozwoju zdolności pamięci użyteczne są *asany*[2] i odpowiednie ćwiczenia fizyczne. W dzisiejszych czasach, gdy maszyny zastąpiły ręczną pracę rąk w bardzo wielu czynnościach i dziedzinach życia, człowiek staje się leniwy fizycznie i bardzo potrzebuje regularnych ćwiczeń. Aby pomóc ludziom ćwiczyć ciało, zaczęto wymyślać mechaniczne i inne przyrządy do użytku w domu.

Aby mieć jak największą korzyść z ćwiczeń fizycznych, podczas ich wykonywania konieczna jest koncentracja. Tym, co daje siłę ciału, nie jest samo napinanie mięśni, lecz wewnętrzna zdolność koncentracji, która ma obudzić i przekierować siłę życiową.

Żywność wzmacniająca pamięć

Są pewne pokarmy, które są pożywieniem dla mózgu; są też pokarmy dla mięśni, pokarmy dla nerwów i pokarmy pomagające wzmacniać i utrzymywać w dobrym stanie różne narządy ciała. Aby wspomóc rozwój pamięci, powinniśmy spożywać pokarmy, które potęgują sprawność mózgu. W rozwijaniu pamięci pomocne są białka. Jogini twierdzą, że pracę mózgu wzmacniają zmielone pekany i migdały zmieszane z kilkoma kroplami soku limonowego lub pomarańczowego, zjedzone przed pójściem spać. Także mleko i ser to dobry pokarm dla mózgu.

Jogini radzą, aby w chwilach zmartwień i napięcia wypić szklankę wody z sokiem z jednej lub dwóch limonek, zmoczyć głowę w zimnej wodzie i zwilżyć nią skronie, miejsce między brwiami, nozdrza i uszy. Procesy nerwowe natychmiast się uspokajają, umysł staje się spokojniejszy i dobra pamięć powraca.

Unikaj jedzenia zbyt wielu pokarmów tłustych, które zwykle powodują odkładanie się złogów tłuszczowych w naczyniach krwionośnych na powierzchni mózgu. Hindusi uważają, że wieprzowina i wołowina są szkodliwe dla zdrowia człowieka – te dwa rodzaje mięsa zawierają dużo kwasu moczowego. Świnia i krowa mają złą pamięć. Jedząc ich mięso, człowiek może nabyć ich cechy – fizyczne i umysłowe.

---

2 Postawy ciała w *hathajodze* (zob. *hathajoga* w „Słowniczku").

Ćwicz pamięć

Pamięć można rozwijać, ćwicząc ją. Jest rzeczą niewłaściwą twierdzić, że człowiek, który urodził się jako słabeusz, nigdy nie będzie silny. Zawsze jest możliwość stania się silniejszym i dokonania czegoś większego we wszystkich sferach życia. Trzeba wiedzieć, jak znaleźć właściwe metody. Podobnie według niektórych lekarzy, osoba, która jest dziedzicznie upośledzona umysłowo, pozostanie taką do końca swych dni. Zostało jednak udowodnione, że wiele wad umysłowych można przezwyciężyć, stosując ćwiczenia koncentrujące. Na Zachodzie mało jest badań w tej dziedzinie i dlatego wielu psychologów jest nieobeznanych ze sztuką głębokiej koncentracji, której od wieków nauczają wielcy indyjscy jogini.

Większość ludzi nie zna właściwych metod rozwijania umiejętności koncentracji. Zdolności umysłowe są, ale nierozwinięte. Niepowodzenie w rozwijaniu zdolności umysłowych w końcu prowadzi do poważnych kłopotów. Mózg, tak jak ciało fizyczne, wymaga odpowiednich ćwiczeń, aby być zdrowym.

Dlatego, aby rozwinąć dobrą pamięć, trzeba ćwiczyć nie tylko ciało i jeść zdrową żywność, lecz także dbać o dyscyplinę umysłu. Dołóż starań, aby zapamiętywać rzeczy. Praktykuj sztukę wizualizacji: popatrz na jakiś przedmiot lub widok, a następnie postaraj się odtworzyć jego obraz w umyśle. Próby przypomnienia sobie brzmienia piosenek i mantr i śpiewanie ich w myślach rozwija pamięć. To, co robione jest z uczuciem lub wzbudza uczucia, rozwija pamięć. Poezja i muzyka mają wartość emocjonalną. Wszyscy dobrze pamiętają swoje największe smutki i radości w życiu. Dlaczego? Bo głęboko przeżyli te doświadczenia. Wszystko, co silnie odczuwamy, wzmacnia pamięć. Dobrą metodą polepszania pamięci i koncentracji jest także pisanie poezji oraz dodawanie i odejmowanie w myślach.

Medytacja wzmacnia pamięć

Aby wzmocnić pamięć, należy wykonywać wszystko bardzo uważnie. Większość ludzi wykonuje swoje czynności z roztargnieniem. Między ich czynnościami i myślami jest wielka przepaść. Dlatego niczego dobrze nie pamiętają. To, o czym chcemy pamiętać, powinniśmy wykonywać z wielką uwagą. Nie powinniśmy być pedantyczni, ale wszystko, za co się bierzemy, powinno być robione z całkowitą uwagą. W kościele należy słuchać kazania z baczną uwagą. Wykonuj prace domowe uważnie i z zainteresowaniem. Utrzymywanie świadomości na wykonywanym zajęciu nie powinno nas powstrzymywać od stałego rozmyślania o Bogu w tle naszego umysłu. Ale kiedy medytujemy, powinniśmy myśleć tylko o Bogu. Pamięć wzmacnia się dzięki medytacji.

Czym jest medytacja? Stawaniem się jednym z duszą. Oznacza to pozbycie się świadomości bycia powiązanym z ciałem i ludzkimi ograniczeniami i usiłowanie przypomnienia sobie, że jest się duszą. Gdy człowiek świadomym wysiłkiem zacznie utożsamiać się z nieśmiertelną duszą, a nie z ciałem, które zamieszkuje tylko na jedno życie, przypomni sobie więcej doświadczeń z przeszłych żywotów, a w końcu to, że zszedł na ziemię z łona Boga. W Bogu zawarta jest pamięć wszystkich doświadczeń jego życia i wszystkich żywotów. Gdy człowiek będzie obcował ze swą duszą w sobie, powrócą do jego świadomości zapomniane czasy i moce nieśmiertelnej Jaźni. Medytacja oznacza pamiętanie o tym, że nie jest się śmiertelnym ciałem, lecz nieśmiertelną duszą, jedną z Bogiem.

W ciągu dnia myślimy zazwyczaj o sobie jako o zwykłych śmiertelnikach, ale w nocy w głębokim śnie bez marzeń sennych nie pamiętamy o takiej postawie. W medytacji staramy się świadomie zapomnieć o naszej tożsamości śmiertelnika – możemy porzucić świadomość ciała i przypomnieć sobie, że jesteśmy Duchem. Ci, którzy wytrwają w praktyce medytacji, staną się mistrzami.

Pamiętaj dobre doświadczenia

Pamięć została dana człowiekowi po to, aby odtwarzała dobro. Nadużywanie mocy pamięci jest szkodliwe. Nienawistne myślenie o innej osobie z powodu jakiejś zapamiętanej krzywdy, jaką ci wyrządziła, jest niewłaściwym użyciem pamięci. Niemniej jednak przypominanie sobie nieszczęśliwych doświadczeń, aby wyciągnąć z nich naukę, jest właściwym użyciem pamięci, bo wtedy można zanalizować swoje przeszłe zachowanie i uniknąć powtórzenia w przyszłości złych czynów, które przyniosły bolesne skutki. Nie

Odwieczne ludzkie poszukiwanie

powinniśmy przywoływać z pamięci żadnej złej myśli i na nowo jej przeżywać, wtedy bowiem pozostanie dłużej w umyśle. Pamięć została nam dana, by ożywiać tylko dobre doświadczenia i lekcje życiowe. Pozbywaj się złych przeszłych myśli, unikając przypominania ich sobie. Jeśli przyjdą ci do głowy wbrew tobie, odrzucaj je.

Powtórzę: rozpamiętywanie złych doświadczeń jest obrazą danego nam przez Boga daru pamięci. Powinniśmy raczej przysiąc: „Będę używać pamięci tylko po to, aby przypominać sobie dobre myśli i doświadczenia. Z tą chwilą wyrzucam z umysłu wszystkie nieprzyjemne wspomnienia. Należą one do istoty śmiertelnej. Ja jestem dzieckiem Ducha. Zamierzam widzieć, słyszeć, dotykać, czuć i pragnąć wszystkiego, co jest dobre. Z moich doświadczeń życiowych wezmę tylko dobro i tylko dobro zachowam w pamięci". Wyrzeknij się na zawsze złego używania pamięci.

Człowiek, który czuje dobre emocje, myśli dobre myśli i widzi tylko dobro w przyrodzie i w ludziach, będzie pamiętał jedynie dobro. Pamięć została ci dana, by ćwiczyć przypominanie sobie dobrych rzeczy, aż przypomnisz sobie w pełni Najwyższe Dobro – Boga. Widząc dobro we wszystkim, z pewnością odkryjesz, że pewnego dnia Niewidzialna Moc rozbije wszystkie małe okienka myśli i doznań, przez które widziałeś tylko przebłyski boskiej harmonii w stworzeniu, i przez nieskończenie wielki otwór ujrzysz wszechobecne Dobro – Boga.

Wzniecaj wieczne płomienie boskiej pamięci, aż spali on twoją niepamięć i przypomnisz sobie, że zawsze byłeś i tak samo teraz jesteś jednym z Bogiem.

Odwieczne ludzkie poszukiwanie

*Pierwsza Świątynia Self-Realization Fellowship
w Encinitas, Kalifornia, 16 lutego 1949*

Kwiaty wokół świątyni[1] są bardzo piękne, ale za nimi kryje się ogród jeszcze piękniejszy. Jakkolwiek jest on bardzo subtelny i trudno go od razu dostrzec, ale jeśli przenikniesz do wewnętrznego królestwa przez drzwi duchowego oka[2], odkryjesz go. Mieszkam w tym ogrodzie – krainie wspaniałych wartości, czułych myśli, słodszych i wonniejszych niż jakikolwiek kwiat. Tam pszczoła mojego umysłu stale spija miód Bożej obecności.

W miarę jak pogłębiamy koncentrację i coraz dłużej przebywamy w niewidzialnej krainie w sobie, zauważamy, że cechy naszej duszy przybierają szczególne formy – wszystko, co przejawione jest oknem, przez które postrzegamy nie dającą się opisać słodycz Pana. Nie myśl, że poszukiwanie Boga polega tylko na medytacji. Każda dobra cecha, którą wyrażasz w myśli i działaniu, obdarza cię nektarem ukrytej obecności Bożej, jeśli twoja wewnętrzna percepcja jest dostatecznie głęboka.

Przeszedłszy przez drzwi duchowego oka, widzimy w sobie fabrykę inteligentnej Energii Życiowej, która stworzyła cały wszechświat. Ponieważ nie koncentrujemy się wewnętrznie, czujemy się zadziwieni śladami niewidzialnego Ducha w przyrodzie. Oglądamy dzieła Boga. Jego imię wypisane jest na kwiecie i na niebie, na wszystkim – ale On pozostaje niemy. Jako ludzie jesteśmy bardzo uprzywilejowani, albowiem pośród wszystkich Bożych stworzeń

---

1 Pierwszą świątynię Self-Realization Fellowship – Świątynię Złotego Lotosu – otaczały barwne ogrody.

2 „Pojedynczym okiem" na środku czoła człowiek może oglądać wewnętrzne światy – astralny i przyczynowy, znajdujące się poza grubym fizycznym kosmosem.

jedynie człowiek ma fizyczne, umysłowe i duchowe moce niezbędne do szukania Go, do odnalezienia Go, do poznania Go i do zrozumienia Jego języka ciszy.

Na czym polega udane życie?

Dziecko jest zadowolone, kiedy ma wiele rozmaitych zabawek i być może samochód-zabawkę, którym może jeździć. Ubogie dziecko myśli, że byłoby bardzo szczęśliwe, gdyby tylko miało dużo zabawek. Bogate dziecko natomiast może być znudzone swoimi zabawkami – ma niepokój w duszy. Z czasem może być bardzo trudno zadowolić dziecko bogacza, bo już ma ono bardzo wiele rzeczy. Gdy jesteśmy starsi, śmiejemy się z pragnień dzieciństwa, i kto wie, może to, czego pragniemy teraz, wierząc, że przyniesie nam spełnienie marzeń życia, pewnego dnia będzie miało dla nas niewielkie znaczenie. Przekonałem się, że tak właśnie jest. Nie chciałem upijać się emocjami, bezmyślnie uganiając się za głupstwami, za którymi, jak widziałem, uganiali się inni ludzie; patrzyłem przyszłościowo. Jeśli popatrzymy trochę w przyszłość, sami dostrzeżemy, że większość rzeczy, których, jak myślimy, pragniemy, nie da nam naprawdę szczęścia.

Sukces jest konieczny, aby zapewnić sobie rzeczy niezbędne do życia: jedzenie, ubranie, dach nad głową i zdrowie. Jeśli tego nie masz przynajmniej w jakimś stopniu, to jesteś w opłakanej sytuacji. Powinieneś być w stanie osiągnąć minimum wygód życiowych i szczęścia, których szukasz. Niezależnie od tego, czy ktoś wyznaje idealizm duchowy, czy materialny, wszyscy się zgodzą, że jest kilka podstawowych potrzeb fizycznych, które muszą być spełnione, żeby człowiek mógł zachować swoją fizyczną świątynię. Jeśli nie utrzyma tej świątyni, nie odniesie sukcesu w niczym innym.

Szczęście jest wytworem naszego własnego umysłu

Ale czym jest prawdziwy sukces? Jeśli osiągniesz wszystko, czego pragnąłeś w tym życiu, to i tak ostatecznie będziesz rozczarowany. Analizując to zagadnienie, zrozumiałem, że przyjemność jaką znajdowałem w czymkolwiek, była jedynie tą, jaką przypisał jej mój umysł. Kiedy wycofywałem uwagę, radość z danej rzeczy znikała. Zrozumiałem zatem, że przyjemność jest czymś wewnętrznym, koncepcją w umyśle. Piękno najcenniejszego przedmiotu, nawet jeśli trzymasz go w ręku przed oczyma, znika, kiedy myślisz o czymś innym. Dopiero gdy zwracasz na niego uwagę, naprawdę zauważasz jego urok. Dlatego uzasadnione jest twierdzenie, że to w nas, a nie na zewnątrz nas znajduje się szczęście, którego szukamy.

Możemy zwiększyć nasze szczęście lub je zmniejszyć. Ktoś ma mały dom i mówi: „Podoba mi się on bardziej niż jakiś pałac". Ktoś inny ma pałac, który nie cieszy go tak, jak tego pierwszego skromny domek. Tajemnica sukcesu i szczęścia tkwi w tobie. Jeśli znalazłeś sukces i dobrobyt w świecie, ale nie w sobie, to nie odniosłeś prawdziwego sukcesu. Milioner, który nie jest szczęśliwy, nie odniósł sukcesu. Nie mówię, że jeśli masz milion dolarów, to nie możesz być człowiekiem sukcesu. Czy to biedny, czy bogaty, jeśli czerpiesz szczęście z życia, to jesteś prawdziwie człowiekiem sukcesu.

Przyjemność, która trwa tylko chwilę, a potem zostaje po niej żal, nie jest szczęściem. Prawdziwy sukces jest wtedy, gdy pozostaje ci przyjemne wspomnienie spełnienia, po tym jak opadną już pierwsze emocje i nawet zblednie radość z jakiegoś osiągnięcia. Wszystkie dobre rzeczy, które uczyniłeś w życiu, pozostają w pamięci jako wieczna radość. To one stanowią prawdziwy twój sukces.

Prawdziwym sukcesem jest bycie szczęśliwym we wszystkich okolicznościach

Sukces nie jest prostą sprawą. Nie można go określić jedynie ilością posiadanych pieniędzy i majątku. Sens sukcesu jest o wiele głębszy. Można go mierzyć tylko stopniem, w jakim twój spokój wewnętrzny i opanowanie umysłu umożliwiają ci bycie szczęśliwym we wszystkich okolicznościach. To jest prawdziwy sukces. Kiedy spoglądając w siebie, możesz powiedzieć, że twoje sumienie jest czyste, twój umysł nie ma uprzedzeń, wola twoja jest silna, ale i elastyczna, posiadasz moc rozróżniania i kiedy potrafisz, gdy zechcesz, uzyskać rzeczy, których potrzebujesz i które uważasz za warte wysiłku, wtedy jesteś człowiekiem sukcesu.

Jako dziecko mogłeś być szczęśliwy, mając niewiele rzeczy, ale teraz uważasz raczej, że musisz posiadać kilka domów i samochodów, nawet jeśli widzisz, że ci, którzy je posiadają, nie zawsze są szczęśliwi.

Proste życie i wzniosłe myślenie to recepta na bycie zadowolonym. Skupianie uwagi w sferze idei da ci więcej szczęścia niż zajmowanie się tym, co zewnętrzne. Ci, którzy zajmują się głównie troszczeniem się o dom, majątek, ubranie, niekoniecznie są cywilizowani. Można założyć psu ubranie, ale to go nie ucywilizuje. Różnica między człowiekiem i psem polega na tym, że człowiek może własnowolnie zmienić swoją świadomość i naturę. Może wejść głęboko w siebie, w obszar Ducha tam, gdzie pies nie może. Miłość człowieka jest transcendentna. Po naszej śmierci pies może rozpaczać po nas jakiś czas, w niektórych przypadkach do śmierci, lecz ludzcy przyjaciele nigdy o nas nie zapominają (chyba, że chcą!) przez wszystkie inkarnacje. Dlatego rodzaj ludzki ma ogromną przewagę nad innymi stworzeniami.

Postęp ewolucyjny człowieka tkwi w sile myśli

Największy postęp ewolucyjny człowieka odbywa się dzięki potędze myśli. Zarezerwuj sobie trochę czasu każdego dnia na doskonalenie umysłu. Bardziej wskazane jest trochę poczytać niż dniem i nocą zajmować się pracami domowymi i rzeczami, które nie są twórcze. Zaplanuj życie tak, abyś nie żył chaotycznie, ale jeśli masz skłonność do pedantycznego organizowania sobie czasu, pozbądź się tej skrajności. W każdej sferze życia konieczna jest równowaga. Zamiast używać umysłu tylko do planowania codziennej pracy i innych przemijalnych zajęć albo leniwie pozwalać, by czas ci uciekał, zajmij go na jakiś czas konstruktywną lekturą. Miej pod ręką coś wartościowego do czytania i czytaj w wolnych chwilach. Bardziej efektywne jest posiadanie różnorodnej literatury – trochę z dziedziny naukowej, trochę z historycznej, filozoficznej, biograficznej, podróżniczej – wszystkiego, co poszerza i inspiruje umysł.

Książki mogą być dobrymi przyjaciółmi i jeśli starannie je dobierzesz, odniesiesz z ich lektury wiele korzyści. Na początku czytanie Emersona, Miltona, Platona lub niektórych wielkich świętych może ci się wydawać bardzo trudne, ale po jakimś czasie zauważysz, że myślisz o tym, co napisali. Poczujesz, że coś zyskałeś, bo wszyscy ci mędrcy otrzymali swoją mądrość z nieskończenie wielkiego skarbca Boga – pomysły, które inaczej mogłyby ci nie przyjść do głowy przez całe życie.

Wszelako wielu ludzi stale czyta, a jednak nie potrafią powiedzieć, co przeczytali. Najlepszym sposobem czytania książki jest obserwowanie siebie podczas lektury. Zauważaj, jak jej treść stosuje się do twojego życia. I ucz się rozróżniać. Nie akceptuj ślepo wszystkiego, co czytasz, ale poddaj to testom twojego umysłu. Aby książki były warte lektury, powinny zmuszać do myślenia. Jeśli to robią, przekonasz się, że twój umysł się rozwija.

Czerp wiedzę bezpośrednio z Ducha

U ludzi, którzy nie czytają lub nie medytują, którzy żyją tylko życiem zewnętrznym, nie rozwija się głębsze rozumienie. Medytacja utrzymuje cię bezpośrednio w harmonii z Mocą, która wywołuje wszelką myśl. Samo zetknięcie się z tą Najwyższą Mocą jest medytacją. Jako człowiek wyrządzasz sobie krzywdę, jeśli nie czytasz, ale jeszcze lepiej jest medytować. Chciałbym czytać, ale nie zdążam przeczytać nawet dwóch stron, a już mnie wołają do innych zajęć; zrezygnowałem więc z lektury. Medytacja przynosi mi więcej korzyści. Gdy zagłębiam się w siebie, pojawiają się promienne światła i przychodzi wielka radość, radość, która pozostaje we mnie przez cały dzień. Takie jest moje doświadczenie. Takie jest doświadczenie wszystkich, którzy obcują z zawsze szczęśliwym Panem.

Nie trać czasu. Bóg chce, abyś był osobą zrównoważoną. Jeśli pozwolisz, by twoje życie stało się niezrównoważone, zostaniesz ukarany przez prawo kosmiczne. Żyj prosto, wykonuj codzienną porcję ćwiczeń fizycznych, studiuj warte tego książki i przestrzegaj zwyczaju codziennej medytacji. Medytując, znajdziesz więcej szczęścia niż kiedykolwiek zaznałeś. Cała wiedza będzie ci dana z twojego wnętrza.

Takie było moje życie. Nie przeczytałem nawet dwudziestu książek, odkąd dwadzieścia lat temu przybyłem do Ameryki. Nie jestem z tego dumny. Byłbym zupełnym ignorantem, gdybym nie miał, dzięki medytacji, świadomości Ducha. Kiedy patrzę na książkę, widzę, że wszelka prawda, którą zawiera, już została mi dana od Boga. Wszelka myśl i prawda pochodzą z Ducha; obcując z Nim, otrzymuje się bezpośrednio całą Jego wiedzę. Zatem czytaj lepiej dobre książki, zamiast tracić czas na bezproduktywne zajęcia, a jeszcze lepiej medytuj i zakotwicz umysł w ostatecznej Prawdzie, którą jest Bóg.

Ewolucja człowieka ustanowiona jest prawem kosmicznym

W różnych wiekach i miejscach człowiek stworzył w procesie myślenia rozmaite koncepcje życia i duszy. Na przykład kiedy członkowie jakiegoś prymitywnego plemienia cierpią na ból głowy, uważają, że utracili duszę, i proszą o uleczenie szamana. Szaman udaje się do lasu i szuka tam utraconej duszy, po czym przynosi ją w pudełku. Następnie umieszcza duszę z powrotem w głowie pacjenta, co ma sprawić, że ból minie. W innej kulturze jest zwyczaj wtykania choremu w ciało haczyków na ryby, aby jeśli zdarzy mu się kichnąć, jego dusza złapała się na haczyki i z niego nie uciekła.

Tak jak w procesie błędnego myślenia niektórzy doszli do fałszywych wniosków na temat duszy, tak też inni, rozumując właściwie, osiągnęli głębsze zrozumienie. Wiemy, że dusza nie może być obłoczkiem wydychanego powietrza, ponieważ istnieją ludzie, którzy przeżyli długi czas w stanie zawieszenia czynności życiowych w ogóle nie oddychając; dowodzi to, że duszy nie można ograniczyć oddechem. Dusza jest czymś poza oddechem lub jakimkolwiek stanem fizycznym.

Niezależnie od tego, czy ktoś wierzy w to, że jest duszą czy nie, prawo kosmiczne zmusza go do świadomego bądź nieświadomego rozwoju jego głębszej natury. Bez względu na to, czym człowiek się zajmuje w życiu, jego świadomość rozwija się, ilekroć coś planuje lub w inny sposób twórczo używa swojej inteligencji. Człowiek ewoluuje wraz z każdą konstruktywną czynnością, którą wykonuje.

Kłopot z większością ludzi polega na tym, że wykonując jakąś czynność, myślą o czymś innym. Nie potrafią się skoncentrować na tym, co robią, w chwili gdy to robią. Powinieneś nauczyć się całą mocą umysłu myśleć tylko o jednej rzeczy w danym momencie. Twoja uwaga powinna skupić się wyłącznie na niej. Nie rozpraszaj się. Robienie czegokolwiek, gdy buja się w obłokach, prowadzi do porażki i nieszczęścia.

Człowiek nie powinien być psychicznym automatem, jak zwierzę, które działa jedynie na zasadzie instynktu. Bezmyślność to wielki grzech przeciwko Duchowi, który w tobie mieszka. Powinniśmy się nauczyć, jak używać umysłu, abyśmy się mogli rozwijać i urzeczywistnić swoją jedność ze Stwórcą. Wszystko, co robimy, powinno być najpierw przemyślane.

Dąż do wzniosłych celów. Marnotrawstwem jest używanie mocy myśli do uzyskania rzeczy, które nie są ważne. Naucz się usuwać chwasty, które wyrosły w ogrodzie umysłu. Uczyń swój ogród umysłu tak pięknym, że Bóg zechce tam przyjść. Jeśli chcesz mieć taki ogród, kwitnący na glebie mądrości, musisz uprościć życie. Robiąc wszystko świadomie, nie w roztargnieniu, możesz analizować swoje zajęcia. Potem wybierz to, co ważne, a reszty się pozbądź. Jak tylko spełnisz swoje obowiązki, przestań o nich myśleć i zajmij umysł innymi twórczymi zajęciami.

Bóg odpowiada na odwieczne ludzkie poszukiwanie

Naucz się, jak rozwijać świadomość Ducha. Po to urodziłeś się człowiekiem. Zostałeś stworzony zgodnie z prawem ewolucji, abyś mógł używać boskich mocy do odnalezienia Boga. Zwierzę nie potrafi Go znaleźć. Lahiri Mahaśaja pracował nad nauką, która mogłaby wspomóc szybszą ewolucję zwierząt, ale nie dożył zakończenia tej pracy. Ja również znam niektóre sposoby przyspieszenia ewolucji niższych form życia. Ale co z milionami ludzi, którzy żyją jak zwierzęta? Odejdą z tego świata, nie spełniwszy celu życia. Dlaczego nie spełnić go teraz? Możesz, jeśli się skoncentrujesz. Jedynym celem życia jest odnalezienie wszechmiłującego Boga, który trzyma nas z dala od Siebie, nieśmiało się ukrywając. Musimy Go odnaleźć. Człowiek wiecznie poszukuje tego „czegoś innego", mając nadzieję, że „to coś", przyniesie mu szczęście – pełne i wieczne. Dla tych pojedynczych dusz, które szukały i znalazły Boga, poszukiwanie się skończyło. On jest tym Czymś Innym.

Przyroda zasłania obecność Boga

Dlaczego dano człowiekowi pokusy? Aby mógł szukać Jedynego, który jest bardziej kuszący od wszystkich pokus świata. Ziemskie pokusy, które cię otaczają, nie mają cię usidlać, lecz skłaniać cię do szukania czegoś ponad nimi, zmuszać cię do pytania: „Kto stworzył wszystkie te rzeczy? Kto stworzył mnie? Gdzie Ty jesteś, Panie? Dlaczego się ukrywasz? Przemów do mnie!". Kiedy wprost zadajesz te pytania Bogu, On odpowiada. Większość ludzi nie wzywa Go dostatecznie silnie, więc Go nie znajduje. Musisz przemówić do Niego jasno językiem swej duszy: „Panie, nie chcę już dłużej oglądać jedynie piękna, które stworzyłeś. Pragnę oglądać Twoją Twarz, która jest piękniejsza od kwiatów, czarowniejsza niż wszystkie inne twarze. Chcę zobaczyć, Kto kryje się za całą przyrodą". Nawet jeśli człowiek okryje się zasłoną, widzisz, że ktoś pod nią jest. Przyroda także jest jak wielka wydymająca się zasłona przesłaniająca Bożą obecność. Ukrywa się On tam, ale ty przyglądasz się tylko przelotnie, nie dość wnikliwie, by dostrzec nieśmiałego Mieszkańca. Kiedy siedzę w medytacji pełen uniesienia, cichy, czujny, czuję błogie drżenie w sobie i On szepcze: „Jestem tu".

Inteligencja, którą dał nam Bóg, jest bramą do nieba. Jest ona wewnętrznymi drzwiami do Jego królestwa, ale ty jej nie używasz. Dlaczego nie uczynić tego dzisiaj, teraz? Nie zwlekaj, aby nie opuścić tej ziemi jak pies wyrzucony z niej przez śmierć. To zbrodnia przeciwko twojej duszy. Inteligencja została ci dana po to, abyś odkrył, dlaczego zostałeś tu umieszczony: żeby odnaleźć Jego.

Jak odkryć Ducha

Istnieją różne metody służące do odkrycia Ducha. Jedną z nich jest cisza. Praktykowanie ciszy oznacza uciszenie wszystkich pragnień, które usiłują przeniknąć do twojej świadomości z zewnątrz, po to abyś mógł wejść głębiej w siebie i poczuć swoją duszę.

Innym krokiem albo metodą jest oddanie, czyli mówienie do Boga szczerze i prosto: „Ty mnie stworzyłeś. Ja nie chciałem zostać stworzony. Twoim obowiązkiem jest mi się objawić". Mówienie do Niego przez chwilę, a potem zapominanie, nigdy nie wywoła Jego odpowiedzi. Do Boga trudno jest dotrzeć, ponieważ nie każdy traktuje tę sprawę poważnie. Metoda modlitwy jest zwykle nieskuteczna, ponieważ większość modlitw nie jest dostatecznie głęboka albo dostatecznie pełna oddania. Musisz ciągle powtarzać modlitwę, aż wejdziesz naprawdę głęboko, w stan nadświadomości. Jedyna skuteczna modlitwa to taka, w której twoja dusza płonie pragnieniem Boga. Niewątpliwie modliłeś się w ten sposób w pewnych chwilach, może wtedy, kiedy czegoś bardzo chciałeś albo pilnie potrzebowałeś pieniędzy – wtedy podpalałeś eter swoim pragnieniem. Takie właśnie uczucia musisz mieć do Boga. Mów do Niego dniem i nocą, a przekonasz się, że odpowie.

Joga jest naukową metodą poszukiwania Boga

System jogi jest najlepszym systemem, aby kontaktować się z Bogiem. Składają się nań rozmaite naukowe i skuteczne techniki medytacyjne. Wielcy mędrcy indyjscy wydedukowali, iż logiczne jest, że muszą istnieć ścisłe zasady, według których można zbliżyć się do Boga, dokładnie tak, jak istnieją ścisłe zasady, według których zarządza On wszechświatami. Dzięki ich eksperymentom zostały odkryte duchowe zasady jogi. Naukowa wiedza o jodze rozpowszechni się w tym kraju bardziej niż jakakolwiek inna forma duchowych poszukiwań. Cały ten nurt powstanie z dala od kościołów, dokąd ludzie chodzą tylko po to, by wysłuchać kazania, i rozwinie się w szkołach i cichych miejscach, dokąd będą udawać się, aby medytować i naprawdę poszukiwać Boga.

Wszyscy powinni regularnie obcować z Bogiem. Tak czynił Jezus, kiedy był ze swoimi uczniami. Nie jestem tu tylko po to, żeby opowiadać o słodyczy Bożej obecności; moim najważniejszym celem jest dopilnować, abyście jej posmakowali. Jaki jest sens mówić wam o Bogu, jeśli Go nie poznacie i nie posmakujecie Jego słodyczy? Musicie poznać Boga, tak jak ja Go poznałem.

Mówię tak nie po to, by się chwalić, lecz dlatego, że zostałem tu posłany, aby świadczyć przed wami o Nim. Dniem i nocą myślę o moim Panu. Nie marnuję czasu. Wszystko, co robię, robię tylko dla Niego i tak jestem tym pochłonięty, że nie zauważam upływu czasu ani nie czuję zmęczenia moimi codziennymi zajęciami. Czuję Jego obecność podczas pracy. Jest ona również moją medytacją. Często podaję taki przykład: niektórzy ludzie tego świata pozostają przez całe lata pijani, od czasu do czasu popijając w ukryciu po łyku, aby podtrzymać uczucie euforii, a potem wracają do pracy. Podobnie pijany jest człowiek duchowy. Chowa się on przed ludźmi i medytuje o Panu. Pociągając duży łyk upajającego wina Bożej obecności, szepcze: „Panie, jesteś tak cudowny, tak wspaniały! Kocham cię". Potem wraca do swoich obowiązków. W duchu rozmawia z Bogiem przez cały czas, obojętnie co robi.

Nigdy ani na sekundę nie jestem z Nim rozdzielony. Jest to stan, którego pragnąłem i w którym pracowałem. Pamiętam, że czasami zdarzało się, iż czułem, że On odszedł ode mnie, i w takich chwilach wolałem raczej umrzeć, niż żyć bez Niego. Nic mnie nie cieszyło. Tak właśnie cierpi miłujący Boga, gdy jest od Niego oddzielony. Ale przychodzi czas, kiedy wielbiciel dostrzega, że Pan tańczy we wszystkim, i czuje nieśmiertelną fontannę Jego ducha i Jego błogości zawsze bulgoczącą w swojej duszy. Poczujesz coś takiego, jeśli będziesz medytować. Módl się tak mocno, żeby On zechciał do ciebie przyjść. W Gicie znajduje się piękna obietnica Pana: „Tylko we Mnie zatapiaj swój umysł, na Mnie koncentruj swoją percepcję rozróżniania, a we Mnie na zawsze zamieszkasz, co do tego nie ma wątpliwości"[3].

Techniki jogi są bardziej naukowe niż modlitwa, dlatego szybciej prowadzą do obcowania z Bogiem. W młodości, kiedy szukałem Go tylko za pomocą modlitwy, często upływało dużo czasu, zanim nadeszła odpowiedź. Potem, gdy nauczyłem się *Krijajogi* i praktykowałem ją z głębokim oddaniem, osiągałem łączność z Bogiem w kilka minut. Kryszna nauczał, że medytacja jogiczna przewyższa ścieżkę ascetyzmu, ścieżkę oddania lub modlitwy, ścieżkę właściwego działania lub ścieżkę mądrości[4]. To szybsza droga. Samolot przewiezie cię z Los Angeles do Nowego Jorku w kilka godzin; wozem zaprzężonym w woły podróż trwałaby kilka miesięcy. Jeśli uprawiasz jogę, stwierdzisz, że dla rozwoju duchowego jest ona samolotem.

Po udoskonaleniu siebie na ścieżce jogi, która obejmuje dyscyplinę ciała, dyscyplinę umysłu i dyscyplinę ducha, przeszkody do powodzenia duchowego zostają pokonane i możemy swobodnie obcować z Bogiem. Dlatego jest to najwyższa ścieżka. Dlatego staram się zapoznać z nią ludzi. Joga nie jest mitem ani wytworem czyjejś wyobraźni. To prawdziwa nauka.

Dlaczego nie mielibyśmy przejąć z Indii najwspanialszych metod poszukiwania Boga, jakie kiedykolwiek zostały dane ludzkości? W Indiach chodziłem na naukę do mistrzów, a oni uczyli mnie o Chrystusie w dogłębny i pełen miłości sposób, z jakim nigdy się nie zetknąłem na Zachodzie. Widziałem Chrystusa w ich towarzystwie. Rozmawiali z Nim. Czy św. Franciszek nas okłamał? Widział on Chrystusa każdej nocy. Pan Jezus żyje! Widziałem Go. Kiedy

---

3 *Bhagawadgita* XII:8.
4 *Bhagawadgita* VI:46.

ukryjesz się za zasłoną, widzisz wszystkich, natomiast oni cię nie widzą. Podobnie widzą cię święci i aniołowie, ale ty nie możesz ich zobaczyć, chyba że uprawiasz jogę[5].

Modlitwa musi być żarliwa, aby dotarła do Boga

Zeszłego lata zatrzymałem się w klasztorze, gdzie poznałem pewnego mnicha. Była to cudowna dusza. Zapytałem go, jak długo jest na ścieżce duchowej jako mnich.

– Około dwudziestu pięciu lat – odpowiedział. Wtedy spytałem:
– Czy widujesz Chrystusa?
– Nie zasługuję na to – odparł. – Może przyjdzie On do mnie po mojej śmierci.
– Nie! – zapewniłem go – Możesz Go widywać od dzisiejszego wieczoru, jeśli tak postanowisz.

Łzy napłynęły mu do oczu. Milczał.

Musisz modlić się żarliwie. Jeśli każdego wieczoru będziesz siedział w medytacji i przyzywał Boga, ciemność rozjaśni się i ujrzysz Światło za fizycznym światłem, Życie za wszelkim życiem, Ojca za wszystkimi ojcami, Matkę za wszystkimi matkami, Przyjaciela za wszystkimi przyjaciółmi, Żywioł za wszystkimi żywiołami, Moc za wszystkimi mocami. Ja tam mieszkam i pragnę, abyś ty tam przybył.

Praktykowanie jogi rozbudza tęsknotę duszy

Odszedłeś od Boga jak syn marnotrawny i jedynie poprzez powrót do Niego wewnątrz siebie uczynisz tę dolinę łez niebiańską przystanią. Nie ma innego sposobu. Gdyby wszyscy na tym świecie byli milionerami, nadal istniałyby zmartwienia i smutki, nie można bowiem kupić niezmąconego szczęścia. Przychodzi ono tylko poprzez praktykowanie techniki jogi i dzięki oddaniu, zagłębianiu się w siebie. Praktykowanie jogi to połowa bitwy. Nawet jeśli z początku nie budzi to w tobie entuzjazmu, to jeśli będziesz kontynuować

---

5 Mistycy różnych wyznań dzięki swej transcendentnej mocy oddania Bogu osiągnęli stan nadświadomej ekstazy bez oddechu, który jako jedyny zapewnia prawdziwe wewnętrzne widzenie. Duchowy zapał tak wielkich dusz przekracza możliwości emocjonalne przeciętnego człowieka. Dla ogółu ludzkości jedyną nadzieją na boskie oświecenie jest jogiczne podejście do Boga poprzez codzienną praktykę naukowych metod duchowych.

praktykę, poczujesz ogromną tęsknotę za Bogiem, która jest konieczna, aby Go odnaleźć.

Dlaczego nie uczynić tego wysiłku? Skąd nieprzerwanie wyłaniają się wszystkie piękne rzeczy w stworzeniu? Skąd pochodzi inteligencja wielkich dusz, jeśli nie ze skarbnicy Nieskończonego Ducha? A jeśli wszystkie te cudowności, które widzisz wokół, nie są wystarczające, aby skłonić cię do poszukiwania Go, to niby dlaczego miałby się On tobie objawić? Dał ci On zdolność do miłości, abyś mógł Go pragnąć nade wszystko inne. Nie używaj niewłaściwie swojej miłości i rozumu. I nie używaj swojej koncentracji i inteligencji do fałszywych celów.

Ten świat to tylko świetlne obrazy

Wieczór jest porą do medytacji. Nigdy nie kładź się spać, dopóki nie poobcujesz z Bogiem. Ja nigdy się nie kładę, dopóki tego nie zrobię. Zeszłego wieczoru, kiedy siedziałem na łóżku, zalała mnie Jego obecność. Cały pokój i wszystkie rzeczy w nim stały się oślepiającym światłem. Nawet podczas snu obejmowały mnie ramiona Boga. Nigdy nie czułem takiej radości.

Ten świat jest tylko projekcją filmową Bożego umysłu. Śmierć, choroba, niegodziwość nie istnieją. Pewnego dnia, kiedy Bóg pokaże ci swoje Światło przemieniające się w ten straszny kosmiczny film o życiu i śmierci, a potem przestanie puszczać film, tak że zostanie tylko Jego Światło, będziesz mógł się śmiać z nierealności Jego stworzenia ze światła i cieni. Poznasz wtedy, że On wszystko stworzył ze swego Światła i że tylko to Światło jest rzeczywiste. Musimy całkowicie otrząsnąć się z tego snu iluzji i uświadomić sobie, że jesteśmy promieniami tego nieśmiertelnego Światła. Ta świadomość przychodzi wraz z praktyką najwyższych jogicznych technik medytacji. Nie da się jej przekazać w wykładach.

Naszym jedynym prawdziwym celem jest Bóg

Co jakiś czas otrzymuję listy od londyńskich uczniów Self-Realization Fellowship. Podczas strasznych nalotów nie opuścili oni ani jednego spotkania medytacyjnego Self-Realization Fellowship. Wykazują się prawdziwym duchem Anglii i duch ten uratuje Anglię.

Odwieczne ludzkie poszukiwanie

Politycy nigdy nie uratują świata – uczyni to jedynie zrozumienie Boga. On jest naszym prawdziwym celem w życiu. Gdyby nie to, nie byłoby czynnika mobilizującego do życia.

Ci, którzy kochają Boga, powinni czcić Go we wszystkich religiach. „Wedle tego, jak ludzie są Mi oddani (wedle ich pragnienia, stopnia rozumienia i sposobu oddawania czci), Ja się im objawiam. Wszyscy ludzie, nieważne jak Mnie szukają, kroczą drogą ku Mnie". Nie krytykuj niczyjego wyznania. Należy mieć szczere uczucie miłości i szacunku do wszystkich. Ilekroć widzisz świątynię lub kościół, powinieneś pokłonić się w sercu obecnemu tam Duchowi. Nie każdy może być nauczycielem, ale zawsze możesz przyciągnąć uwagę innych do spraw duchowych. Nie trać czasu, godzinami słuchając radia i czytając bezużyteczne powieści. Niech twoją rozrywką będą boskie przesłania przychodzące z własnej duszy. Delikatnie dostrajając moją miłość, słyszę Jego audycje w moim sercu.

Nikt nie zdoła cię zbawić, chyba że zasłużysz na zbawienie – nie poprzez wierzenia, nie poprzez stosowanie się do dogmatów, lecz dzięki własnemu poznaniu i własnym doświadczeniom. Powinieneś codziennie zadawać sobie takie pytania: Jeśli jest Bóg, to dlaczego Go nie widzę? Jeśli istnieją święci, to gdzie przebywają? Odpowiedzi zostaną ci dane. Możesz łączyć się z Bogiem i Jego świętymi, jeśli będziesz praktykować *Krijajogę*. Moim jedynym pragnieniem jest przekazać ci Prawdę, abyś mógł doświadczyć tego, czego ja doświadczam.

Celem życia jest znaleźć Siebie. Poznaj Siebie. Poczuj falowanie oceanu Bożej obecności w sercu. Przypuśćmy, że unosisz się na tym oceanie, kołysany na łonie jego potężnego ogromu, i kiedy płyniesz do brzegu i wychodzisz na plażę, nadal czujesz cały ocean wznoszący się za tobą – tak właśnie ja odczuwam Boga. Nigdy, nawet na chwilę, nie zostawia On swoich dzieci. Odpowie na wszystkie twoje pytania, a wtedy znikną wszystkie lęki.

Odszukaj tę moc, poczuj ocean Jego miłości rozciągający się za twoją świadomością, a osiągniesz największy sukces, jaki człowiek może osiągnąć.

Sztuka życia

1933

Aspiracje i pragnienia każdego człowieka tworzą się pod wpływem czynników przed- i pourodzeniowych. Każde ludzkie życie kształtowane jest przez dziedziczność oraz charakterystyczne cechy narodowe, społeczne i rodzinne, gusta i zwyczaje. Ale na początku życia dzieci są wszędzie mniej więcej takie same. Jezus powiedział: „Dopuśćcie dziatkom przychodzić do mnie, a nie zabraniajcie im; albowiem takowych jest królestwo Boże"[1]. Boskość jest jedyną narodowością wszystkich dzieci na świecie, ale w miarę jak rosną i zaczynają na nie oddziaływać rodzina i cechy charakterystyczne danego społeczeństwa, dzieci zaczynają przejawiać cechy narodowe i rasowe.

Bóg wyraził swoją prawdę w rozmaitych kombinacjach w obrębie poszczególnych cywilizacji, narodowości i w indywidualnych mentalnościach. Poprzez tę różnorodność umieścił On przed nami kalejdoskopowy obraz ludzkich możliwości. Obowiązkiem człowieka jest wydobyć z tej różnorodności najwyższe i najlepsze cechy i rozwijać je w sobie, w swoim narodzie i całej ludzkości. Czynią to wielcy ludzie i święci. Wyprzedzają o setki lat swoje czasy, będąc przykładem uniwersalnych zasad prawdy, które są wieczne. Zasady te są istotą prawdziwej sztuki życia i są odpowiednie i niezbędne dla powodzenia i szczęścia wszystkich ludzi. Różnice między ludźmi rozmaitych narodów, ras i wyznań nie powinny tworzyć podziałów, lecz stanowić bazę porównawczą do wyboru najlepszych cech i metod służących rozwojowi idealnego człowieka i idealnego świata. Obecnie spośród wszystkich narodów Indie i Ameryka reprezentują, odpowiednio, szczyt rozwoju cywilizacji – duchowo i materialnie

---

1 Łk 18,16.

produktywnych. Indie i inne narody Wschodu wydały największych duchowo ludzi – takich jak Jezus i Gandhi, Ameryka zaś największych biznesmenów i naukowców – takich jak Henry Ford i Thomas Edison. Połączenie korzystnych duchowo cech z cechami korzystnymi dla rozwoju materialnego, jak te, które posiadali wielcy ludzie Wschodu i Zachodu w podanych powyżej przykładach, może oferować nam sztukę życia, która stworzy w każdym narodzie wszechstronnych ludzi najwyższej klasy – rozwiniętych fizycznie, umysłowo, moralnie, społecznie i duchowo, i tworzących dobrobyt.

Ważne jest, by wybrać nie jednostronne cechy narodowe, lecz ogólne uniwersalne zasady życia od wszystkich narodów i wszystkich wielkich ludzi. Nie przyjmujcie jedynie tych zasad, które rozwijają fizyczną stronę ludzkiego życia kosztem duchowej i odwrotnie. Przyjmijcie te zasady, które umożliwiają równomierny i harmonijny rozwój nadczłowieka, u którego cechy fizyczne, umysłowe, moralne i duchowe są rozwinięte w takim samym stopniu.

Praktyczne metody równomiernego rozwoju

Poniżej wymieniam kilka praktycznych metod równomiernego rozwoju ciała, umysłu i duszy:

- Włącz do codziennej diety mleko i inne produkty mleczne oraz pokaźną ilość surowej żywności i świeżych owoców; wypijaj dużą szklankę soku pomarańczowego z dodatkiem drobno zmielonych orzechów. Jedz mniej mięsa i całkowicie unikaj wołowiny i wieprzowiny. Przeczytaj jakąś godną zaufania współczesną książkę o diecie i stosuj zawarte w niej wskazówki.

- Pość przez jeden dzień w tygodniu, pijąc tylko sok pomarańczowy i użyj naturalnego, zaleconego ci przez lekarza środka przeczyszczającego.

- Każdego ranka i wieczoru, głęboko skoncentrowany, chodź szybkim krokiem, biegaj albo wykonuj jakieś ćwiczenia – tak energicznie, jak na to pozwala twoja budowa fizyczna – aż się spocisz.

- Czytaj i rozmyślaj nad jakimiś inspirującymi wersetami z Biblii lub *Bhagawagity*.

- Czytaj Szekspira i innych klasyków oraz wybrane fragmenty z praktycznych książek z takich dziedzin jak chemia, fizyka, fizjologia, historia filozofii Wschodu i Zachodu, religia porównawcza, etyka i psychologia. Nie trać czasu na tanią literaturę. Czytaj jakieś godne zaufania czasopismo o zdrowiu i czasopismo duchowe. W gazetach czytaj artykuły wstępne, nie tylko komiksy i artykuły o skandalach.

- Odwiedzaj różne świątynie i kościoły – protestanckie, katolickie, buddyjskie, żydowskie, hinduskie itd. – aby rozwinąć w sobie świadomość i rozumienie wszystkich wyznań. Patrz na każdą świątynię i kościół jak na Świątynię Naszego Boga.

- Oddawaj Bogu cześć nie tylko w wybudowanych przez ludzi świątyniach; naucz się także czcić Go i obcować z Nim w wewnętrznej świątyni ciszy. Medytuj przez godzinę rano i godzinę wieczorem, stosując metody nauczane przez wielkich mistrzów Self-Realization Fellowship. Nie zbaczaj w dżunglę ślepych, niesprawdzonych wierzeń i teologii; wejdź na jedyną drogę do poznania swojej Jaźni, która szybko doprowadzi cię do Boga.

- Nie bądź niewolnikiem zmysłów. Nie są one po to, by cię krępować pragnieniami rzeczy materialnych, lecz mają ci służyć do postrzegania dobra, które jest odbiciem Boga.

- Oglądaj sztuki lub filmy tylko okazjonalnie, wybierając te najlepsze.

- Przestrzegaj Bożych praw dotyczących rodziny, kraju i wszystkich narodów.

- Mów prawdę z życzliwością i zrozumieniem i szanuj prawdę wszędzie, gdzie ją dostrzegasz.

- Poszerzaj miłość do rodziny i kraju, tak aby pomieściła w sobie miłość i służbę ludziom wszystkich narodowości.

Dostrzegaj Boga we wszystkich ludziach bez względu na rasę czy religię.

- Wydawaj mniej pieniędzy i miej ich więcej dzięki pozbyciu się luksusowych nawyków. Odkładaj ze swoich zarobków tyle, ile możliwe, abyś mógł żyć częściowo z odsetek od oszczędności, bez konieczności naruszania kapitału.
- Patrz na życie jako na dzielące się na cztery okresy i podczas każdego z nich skupiaj się głównie na rozwijaniu skuteczności w działaniach odnoszących się do danego okresu[2].

  1. Okres od 5 do 25 lat. Powinno się intensywnie kształcić charakter dziecka i zaszczepić mu duchowe ideały i nawyki. W czasie dorastania młody człowiek powinien zdobyć ogólne wykształcenie, nauczyć się wydajności poprzez naukę i obserwację i zdobyć wykształcenie specjalistyczne w pracy, która mu odpowiada.
  2. Okres od 25 do 40 lat. Jako dorosły, człowiek powinien spełniać obowiązki rodzinne i inne wobec świata, starając się przy tym zachować równowagę duchową.
  3. Okres od 40 do 50 lat. W tym okresie

---

[2] Stosuje się to ogólnie do starożytnego wedyjskiego ideału dzielenia życia człowieka na cztery etapy, zwanymi czterema aśramami: (1) wychowanie fizyczne, umysłowe, moralne i duchowe żyjącego w celibacie ucznia (*brahmaćarja*), (2) wypełnianie obowiązków głowy rodziny, czyli świeckich (*gryhastha*), (3) wycofanie się ze świata w odosobnienie lub do aśramu, by poświęcać więcej czasu poszukiwaniom duchowym i rozmyślać o Bogu (*wanaprastha*), (4) całkowite zewnętrzne i wewnętrzne wyrzeczenie się wszystkich więzi ze światem (*sannjasa*). Chociaż całkowite wyrzeczenie się było na ogół czwartą *aśramą*, nie ograniczało się ono do tego etapu, popierano je we wcześniejszych etapach w przypadku osób, które odczuwały ogromne pragnienie Boga.
Przestrzegając czterech *aśram*, człowiek uczył się sztuki życia i dobrego postępowania; dawały mu one możliwość spełnienia swoich ambicji i obowiązków świeckich, wyznaczały czas na kontemplację życia duchowego i większy wysiłek w celu osiągnięcia samorealizacji, i wreszcie zachęcały go do ponownego poświęcenia życia i całego siebie Bogu, od którego pochodzą wszystkie dary życia i samo życie.

dorośli powinni prowadzić spokojniejsze życie, studiując inspirujące dzieła i śledząc na bieżąco postępy nauk humanistycznych i ścisłych oraz spędzać coraz więcej czasu na medytacji.

4. Okres od 50 lat w górę. Ostatnią część życia powinno się poświęcić na głęboką medytację przez większość czasu, i dzięki osiągniętej w ten sposób mądrości i duchowości nieść społeczną i duchową pomoc innym.

Bądźcie spokojnie aktywni i aktywnie spokojni

W skrócie – nie myślcie przez cały czas tylko o zarabianiu pieniędzy. Zażywajcie ruchu, czytajcie, medytujcie, kochajcie Boga i zawsze działajcie ze spokojem. Nauczcie się być spokojnie aktywni i aktywnie spokojni, wnosząc do codziennych zajęć spokój uzyskany dzięki duchowej praktyce medytacji. W Gicie Bhagawan Kryszna naucza: „Wykonuj wszystkie czynności zanurzony w jodze, odrzuciwszy przywiązanie (do ich owoców) i taki sam w obliczu powodzenia i porażki. Stan tak zrównoważonego umysłu zwany jest jogą"[3].

Proszę was, przyłączcie się do mnie w modlitwie za prawdziwe braterstwo pod przewodnictwem Boga Ojca:

„Ojcze Niebiański, pomóż nam stworzyć „Stany Zjednoczone Świata", w których Twoja Prawda będzie naszym przywódcą i prezydentem. Poprowadzi nas ona do życia w pełnym miłości braterstwie i będzie nas popychać do rozwoju doskonałego ciała, umysłu i duszy, żeby Twoje Królestwo Niebiańskiego Spokoju, które jest w nas, przejawiło się w naszych codziennych czynnościach.

Daj nam zdrowie, sprawność działania, uczyń nas doskonałymi pod każdym względem, żebyśmy mogli inspirować wszystkich naszych ziemskich braci do przejawienia swojej prawdziwej natury jako Twe szlachetne dzieci.

---

3 *Bhagawadgita* II:48.

Ojcze Niebiański, niech Twa miłość płonie wiecznie w sanktuarium naszego oddania i niech zdołamy obudzić Twą miłość we wszystkich sercach".

Jeśli będziecie łączyć się i obcować z Bogiem w wewnętrznej świątyni ciszy, opanujecie prawdziwą sztukę życia. Wtedy zdrowie, dobrobyt, mądrość, miłość i radość będą wam dodane.

Nawyk – twój pan czy niewolnik?

Data i miejsce nieznane

Mózg ludzki ze swymi pagórkowatymi pasmami zwojów, inkrustowanych strużkami tętnic i ciemnymi rzekami żył, przypomina ogromną posiadłość ziemską w miniaturze. Czy ten wspaniały teren pozbawiony jest Boskiego Mieszkańca? Czy mogłaby istnieć książka bez autora, dziecko bez rodziców, zegar bez swego twórcy, róża bez projektanta? Nie! Podobnie mózgowa domena mistycznego piękna została ukształtowana przez zdumiewająco inteligentną agencję.

Kto mieszka w tej cudownej sali, której ściany zaprawione tkanką kostną wyposażone są w bramy oczu, dotyku, słuchu, powonienia i smaku? Pod kopułą ludzkiej czaszki kolonia niezliczonej ilości pulsujących życiem i inteligencją komórek odgrywa błyskawicznie zmieniające się sceny. Malutkie komórki mózgowe zajęte są rozmaitymi działaniami – biesiadowaniem, introspekcją i przyjmowaniem gości doznań, którzy docierają przez zewnętrzne bramy zmysłów. Odbywa się nabywanie i zbywanie: procesy wchłaniania i wydalania. Jak małe łódki ciałka krwi płyną strumieniami tętnic, wyładowane różnymi niezbędnymi do życia towarami.

Wiele z tych komórkowych czynności kierowanych i kontrolowanych jest przez niewidzialną grupę psotnych chochlików i dobrych wróżek – nawyki. Czasami powstaje wielka szkoda, kiedy obcym i samowolnym nawykom pozwala się wejść do czaszkowej wspólnoty. Ustanawiają oni siebie panami, opanowując działania swoich gospodarzy – komórek mózgowych. Gdy te ostatnie usiłują sprzeciwić się takiemu naruszaniu ich wolności, owe Stany Zjednoczone Ciała stają się sceną wojny domowej. Całe państwo ciała ulega dezorganizacji, podczas gdy komórki mózgowe zażarcie debatują nad prawem pewnych nawyków do działania niczym mali dyktatorzy.

Jak nawyki zdobywają władzę i tyranizują ludzkie zachowanie? Każda ludzka czynność, czy to wykonywana jako zewnętrzny ruch fizyczny, czy jako wewnętrzny proces myślowy jest głosem oddanym na określony nawyk. Powtarzanie tej czynności lub myśli powiększa liczbę głosów za wyborem tego nawyku do zasiadania w rządzie ciała. Znaczna liczba takich czynności głosuje za wyborem danego nawyku na urząd. W różnych okresach życia zbiorczy głos wszystkich poprzednich ludzkich czynności decyduje o tym, które nawyki przeważą i będą rządzić niepodzielnie.

Wybory tylko większością głosów bez przestrzegania pożądanego standardu jakościowego, mogą doprowadzić kraj do katastrofy. Jeśli większość głosujących to kretyni lub kryminaliści, z pewnością popełnią oni błędy i wybiorą złego prezydenta. Podobnie jeśli głosy ludzkich czynności nie są oddawane zgodnie z najwyższym prawem rozróżniania, komórki mózgowe mogą bezmyślnie dać się zniewolić tyrańskim dyktatorom-nawykom.

Utrzymanie w państwie ciała prawdziwie oświeconej duchowej demokracji wymaga gruntownej edukacji ogółu obywateli – komórek mózgowych. Komórki powinny zostać przeszkolone tak, aby nie dopuszczały do wyboru kandydatów-nawyków tylko na podstawie dużej liczby bezmyślnie powtarzanych czynności, ale powinny świadomie skupiać moc rozumnej uwagi na jakości przy oddawaniu głosu na każdą czynność. Powinny kierować się idealnym racjonalizmem i zważać na jego ostrzeżenia, by nie przyjmować łapówek sentymentalnego przywiązania do otoczenia, bo to prowadzi do nadużycia prawa do głosowania. Rozróżniający rozum powinien być jedynym przewodnikiem przy wyborze kandydatów-nawyków na prezydenta.

Niewolnicy nawyków – czy się takimi rodzą, czy stają?

Nałogi takie jak picie i nadmierne palenie, nadużywanie kawy lub herbaty i notoryczne nastroje złości, chciwości, zawiści, lenistwa i przygnębienia są zwykle wybierane na urząd na podstawie nagromadzenia się hord nierozsądnych, drobnych czynności wykonywanych bez zastanawiania się nad ich konsekwencją zniewolenia. Ludzie uzależnieni od takich nawyków nie rodzą się nieuchronnie skazani na taki nieszczęsny los – w tym lub w przeszłym życiu, świadomie bądź nieświadomie sami zniewolili się poprzez stałe powtarzanie określonych czynności. Pierwszy kieliszek alkoholu nie uczynił kogoś pijakiem, pierwszy akt zmysłowości nie uczynił kogoś rozpustnikiem, pierwszy raz zażyty narkotyk nie uczynił kogoś narkomanem. To ciąg mechanicznych albo nierozważnych powtórzeń takich niefortunnych czynności doprowadził do wyboru tych uzależniających przyzwyczajeń do władz[1]. Siła ilości wygrała z jakością głosów uważnego rozumu, który został osłabiony przez nieużywanie swoich zdolności i w efekcie przegrał głosowanie.

Wystrzegaj się zatem popełnienia pierwszego złego czynu. Co uczyniłeś raz, najprawdopodobniej uczynisz ponownie. To przez powtarzanie nawyk utrwala się i powiększa, jak tocząca się kula śnieżna. Używaj rozumu w każdym swoim działaniu, inaczej możesz bezmyślnie zamienić się w bezradnego niewolnika niepożądanych nawyków.

Zaskarż zły nawyk i ustanów nowy – dobry

Silny zły nawyk rządzący przez dłuższy czas państwem ciała przynosi chaos i nieszczęście. W tym źle rządzonym kraju panuje duchowy głód, gorączka umysłu i powszechne ubóstwo ciała i umysłu. Silny zły nawyk należy zaskarżyć przed trybunałem codziennej introspekcji pod przewodnictwem sędziego sumienia, który powinien poinformować sąd rozumu, że nieuchronnymi skutkami upierania się przy czynach naruszających prawo będzie uszkodzony układ nerwowy, zmarnowane zdolności i utrata szczęścia. To stale rozbrzmiewające ostrzeżenie może posłużyć do stopniowego przekonania sądu rozumu, aby na zawsze zamknął w więzieniu winnego jakim jest tyranizujący nawyk.

Czasami trudno jest przekonać sąd. Wielu ludzi, którzy nadmiernie palą, piją lub uprawiają seks nie dąży lub nawet nie chce uwolnić się od tych niewolących nałogów. Łudzą się myśląc, że nie szkodzą sobie tym, co robią, ponieważ nie odczuwają boleśnie

---

[1] Ludzie, którzy ustanowili wzorzec szkodliwego nałogu, np. alkoholizmu w przeszłych żywotach, wypili swój „pierwszy kieliszek alkoholu" wiele żywotów temu. Dlatego w tym życiu już pierwszy kieliszek może oznaczać powrót do tego nałogu w zastraszającym tempie i często z tragicznymi konsekwencjami.

otrzeźwiających skutków natychmiast. Tak jak dzieci nie potrafią wyobrazić sobie ostatecznego wyniku swojego postępowania. Nie rozumieją, że uruchomili prawa, które działają bezstronnie na rzecz dobra lub zła zgodnie z naturą ludzkich czynów, że chociaż łopaty szkodliwych nawyków kopią powoli, to jednak niewątpliwie wykopują przepastny przedwczesny grób, otchłań niedoli, do której niewolnik złych nawyków zmierza poprzez parzące płomienie cierpienia. O ludziach, którzy wpadli w taką pułapkę, Gita mówi: „Otumanieni bezlikiem myśli, uwikłani w sieć zaślepienia, chciwi spełnienia swych zmysłowych rozkoszy spadają do piekieł nieczystych"[2].

Najpierw przekonaj swój umysł, że zamierzasz obalić tyranię rządzącego niepożądanego nawyku, a dopiero wtedy rozpocznij pracę nad konstytucyjną agitacją i nad postawieniem go w stan oskarżenia. Postawa biadolenia czy opłakiwania, łagodny protest czy nawet gwałtowny, choć podejmowany zrywami bunt niewiele tu pomogą. Tworzysz swoje nawyki poprzez stałe powtarzanie określonych czynności, musisz więc zniszczyć te szkodliwe, podejmując tak samo regularne wysiłki, świadomie używając woli i zdolności rozróżniania rozumu.

Powiąż swoje czynności z nowymi i lepszymi nawykami. Wykonuj je stale z zainteresowaniem i uwagą, służąc dobrym nawykom i zaprzyjaźniając się z innymi dobrymi czynnościami. Jeśli pod wpływem starych nawyków twoje czynności zaczną powracać na dawne niebezpieczne tory, nie zniechęcaj się. Trwaj przy dobrych czynnościach, poświęcaj im wystarczająco dużo czasu i uwagi, a siła głosów nowych dobrych czynności będzie rosła, aż w końcu stanie się na tyle wielka, by obalić rządy bezwartościowego nawyku i wybrać na jego miejsce dobry.

Wytworzenie nawyków – dobrych i złych – wymaga czasu

Objęcie zwierzchnictwa nawet przez zły nawyk wymaga czasu, nie trzeba więc niecierpliwić się powolnym rozwojem jego rywala – dobrego nawyku. Nie rozpaczaj z powodu swoich niepożądanych nawyków, przestań je po prostu żywić i w ten sposób wzmacniać je

---

2 *Bhagawadgita* XVI:16.

przez powtarzanie. Czas potrzebny do wytworzenia się nawyków jest różny zależnie od indywidualnego układu nerwowego i mózgu i głównie decyduje o nim jakość uwagi człowieka. Mocą głębokiej, wyszkolonej w koncentracji uwagi można ustanowić każdy nawyk – to znaczy w mózgu można utworzyć nowe wzorce prawie natychmiast i na życzenie. Potęgę koncentracji i woli uderzająco dobrze podsumowuje biblijny werset: „Albowiem kto ma, będzie mu dane, i obfitować będzie, ale kto nie ma, i to, co ma, będzie od niego odjęte"[3]. Prawda ta stosuje się szczególnie trafnie do nawyków. Człowiek czyniący dobrze wzmacnia swą wolę wykonywania dalszych dobrych czynności i w ten sposób wzrasta w cnocie małym wysiłkiem. Natomiast niewolnik złych nawyków deprawuje swoją wolę i rozum, toteż ostatecznie nie tylko nie ma siły, aby stworzyć nowe dobre nawyki, lecz także osłabia wszystkie dobre nawyki, które początkowo miał.

Rządzenie własnymi czynnościami za pomocą intuicyjnego, kierującego się mądrością rozumu, na który nie mają wpływu ani dobre ani złe nawyki, obdarza bezgraniczną siłą woli. „Lecz ten odnosi najwyższe zwycięstwo, o Ardźuno, kto mocą umysłu wyćwiczywszy zmysły, wolny od przywiązań utrzymuje swe organy działania na ścieżce czynności jednoczących z Bogiem"[4]. Człowiek mający taką władzę może momentalnie ustanowić w mózgu nowy nawyk albo powstrzymać stary na życzenie. Idealna demokracja zakłada racjonalne, chętne posłuszeństwo wobec dobrych praw, bez popędzania przez jakąkolwiek władzę lub inne zewnętrzne czynniki. Podobnie człowiek mądry, który jest naprawdę wolny, unika błędów i postępuje dobrze nie dlatego, że zmusza go do tego nawyk, ale z własnego wolnego i przemyślanego wyboru. Ktoś taki nie pozwala sobie, by rządził nim nawet dobry nawyk po to, aby nie utracić możliwości dokonania pełnego, rozumnego wyboru działania. Dobry nawyk może funkcjonować po prostu dlatego, że nie zaistniała zła pokusa, która by go pokonała. W ten sposób ustanowiony dobry nawyk niekoniecznie utrwalił się na stałe w psychice, ponieważ utrzymywał się tam nie z powodu rozumnego wyboru i rozsądku, lecz wskutek sprzyjających okoliczności.

---

3 Mt 13:12.

4 *Bhagawadgita* III:7 (zob. *karmajoga* w „Słowniczku").

Nawyk – twój pan czy niewolnik?

Wszystkie narodowe gusta i ludzkie zwyczaje są nawykami nabytymi okolicznościowo wskutek czynników środowiskowych. Miłość do amerykanizmu lub hinduizmu jest wynikiem nawyku i obeznania [z daną kulturą]. Gdybym miał wybór, wolałbym być ludzkim „kameleonem" – mieć swobodę przyjęcia pożądanych aspektów wszystkich narodowości i wyznań.

Możemy przetestować naszą władzę nad nawykami rozkazując umysłowi, aby na życzenie polubił albo przestał lubić jakąś potrawę. Kiedyś taki test okazał się dla mnie pożyteczny: Niedługo po przybyciu do Ameryki uczestniczyłem w kolacji, na której podano ser roquefort i krakersy. Jak tylko „Mr Roquefort" dotknął mojego podniebienia i komórki kory mózgowej dowiedziały się o jego przybyciu, lordowie-nawyki smakowe podnieśli bunt pośród szanownych gości już zgromadzonych w moim żołądku, którzy bardzo się zdenerwowali i zagrozili: „Jeśli wpuścisz „Mr Roqueforta", to my wszyscy wyjdziemy razem!". Nie cieszył mnie ten nagły kłopot! Zauważywszy, że wszyscy inni przy stole bardzo się delektują tym dziwnym specjałem, szybko pogoniłem zmysły, aby natychmiast ustanowiły nawyk lubienia sera roquefort. Wtedy od razu polubiłem jego smak i od tamtej pory lubię go.

Dlaczego tak jest, że czasem zdarza ci się działać albo reagować na przekór swoim prawdziwym pragnieniom? Dlatego że z czasem stworzyłeś nawyki przeciwne tym pragnieniom i twoje działania automatycznie hołubią te nawyki. Musisz najpierw ustanowić nawyki, które wpłyną na twoje działania tak, aby zaspakajały one twoje prawdziwe ideały.

Nawyk jest automatycznym mechanizmem umożliwiającym wykonywanie czynności bez wkładania w nie umysłowego i fizycznego wysiłku, który zwykle jest potrzebny w przypadku czynności dla nas nowych. Źle użyty, mechanizm ten jest zajadłym wrogiem, zagrażającym cytadeli wolnej woli człowieka. Bądź praktyczny. Od dziś staraj się pokonać ukryte w tobie wrogie nawyki ubrane w szaty upodobań i niechęci wywołanych przez wpływ środowiska. Usuń je i odzyskaj swobodę działania na podstawie rozumu. Twoje nawyki nie są tobą. Otrząśnij się z tej iluzji, a przypomnisz sobie swoje prawdziwe Ja, doskonały obraz Boga w tobie.

Dowolne tworzenie i niszczenie nawyków

*Świątynia Self-Realization Fellowship,
San Diego, Kalifornia, 12 grudnia 1943*

Liczne są łaski, którymi Bóg obdarza swoje dzieci. Niekiedy natychmiast spełnia życzenie. Kiedy poprosiłem, czy mogłoby przestać padać na czas dzisiejszego nabożeństwa, Głos Boskiej Matki powiedział: „Będzie odrobinę słońca". To z powodu łaskawości Ducha Świętego mamy dzisiejszego ranka trochę słońca.

Pan jest Matką wszystkich matek, Ojcem wszystkich ojców, Jednym Przyjacielem we wszystkich przyjaciołach. Jeśli zawsze myślisz o Nim jak o najbliższym z bliskich, będziesz w swoim życiu świadkiem wielu cudów. „Chodzi On ze mną, rozmawia ze mną i mówi mi, że jestem Jego"[1]. I z tobą też Bóg będzie rozmawiał, jeśli w medytacji wkroczysz „pewnym krokiem" do boskiego królestwa.

Poeta Francis Thompson nazwał Boga „Chartem gończym niebios". Pisze [w swym wierszu pod tym tytułem], że to raczej Bóg ściga człowieka, niż człowiek szuka Boga. Człowiek ukrywający się w labiryntowych jaskiniach wątpliwości, ucieka od Boga, jednak Niebiański Chart bez przerwy przychodzi i ostrzega: „Wszystko zdradza tego, kto zdradza Mnie".

Jeśli żyjesz tak, że odpędzasz Boga, odpędzasz od siebie samą miłość. We wszystkim czego poszukujemy – w pieniądzach, przyjemnościach zmysłowych – tak naprawdę poszukujemy Boga. Jesteśmy poszukiwaczami diamentów, którzy zamiast nich zbierają kawałeczki szkła pobłyskujące w słońcu. Przez chwilę oślepieni ich urokiem zapominamy, by nadal szukać prawdziwych diamentów, które o wiele trudniej znaleźć.

---

1 Z pieśni *In the Garden* C. Austina Milesa.

Dobre nawyki, chociaż o wiele trudniej je uzyskać, to diamenty, które dadzą ci prawdziwą i trwałą przyjemność. A złe nawyki to tylko szkiełka, którymi się pozornie zadowalasz, ponieważ łatwo je zdobyć; one jednak, ponieważ są nieprawdziwe, przyniosą ci w końcu rozczarowanie. Dopadnie cię przesyt, tak że nic nie będzie ci sprawiać przyjemności. Ja nie muszę przechodzić przez te doświadczenia; dostrzegam kres ludzkich przyjemności i w Bogu znalazłem jedyną prawdziwą i trwałą radość.

Prawdziwą definicją „starości" jest bycie w stanie znudzenia światem. Ja zmęczyłem się przyjemnościami życia bardzo szybko[2] i ten świat byłby dla mnie straszliwie nudny, gdybym nie szukał i nie znalazł radości w Bogu. Szczęście i obfitość, które w Nim znajduję, są bezmierne. Nie starczyłoby mi wieczności, aby wyjaśnić radość serca wielbiciela, gdy wstępuje w nie Bóg. To nie przesada, ponieważ radość Boża *jest* wieczna – nieustająca, wciąż nowa, bezgraniczna. Od czasu do czasu wszyscy mamy jej przebłyski – wspomnienia duszy o stanie wiecznego szczęścia.

Na tym świecie wszyscy chcą nas wykorzystywać dla własnych celów. Jedynie Bóg – i prawdziwy mistrz, który zna Boga – potrafi naprawdę nas kochać. Zwykły człowiek nie wie, czym jest miłość. Kiedy czyjeś towarzystwo sprawia ci przyjemność, skłonny jesteś myśleć, że kochasz tę osobę. W rzeczywistości jednak kochasz samego siebie; twoje ego jest zadowolone z powodu uwagi, jaką obdarza cię ta osoba, to wszystko. Czy nadal „kochałbyś" tę osobę, gdyby przestała cię zadowalać? Bardzo trudno jest zrozumieć, co to znaczy kochać kogoś bardziej niż siebie, a jeszcze trudniej jest zwykłemu człowiekowi tak kochać. Dla ilustracji opowiem wam prawdziwą historię prawdziwej miłości.

Był w Indiach pewien oddany mąż, który bardzo głęboko kochał swoją żonę. Zakochał się w niej inny mężczyzna. Uciekła

---

2 Punktem zwrotnym w życiu Paramahansy Joganandy była śmierć jego matki, kiedy miał około jedenastu lat. To wydarzenie przemieniło i tak już żarliwe jego pragnienie znalezienia Boga w żelazne postanowienie. Boska mądrość zebrana w poprzednich żywotach przejawiła się wcześnie w obecnym życiu; i tak potrafił dzięki niej dostrzec rozczarowanie tkwiące nieodłącznie w doświadczeniach tego świata, i zrozumiał, że trwałe szczęście może przyjść tylko od Boga (*nota Wydawcy*).

z kochankiem, który koniec końcem zostawił ją bez przyjaciół i funduszy. Pewnego dnia odwiedził ją mąż. Przemówił do niej łagodnie:
– Czy już zakończyłaś tę przygodę? Jeśli tak, to wróć ze mną do domu.
– Nie chciałabym cię jeszcze bardziej zhańbić – sprzeciwiła się.
– A cóż mnie obchodzą opinie innych? – odrzekł. – Kocham cię. Tamten mężczyzna kochał tylko twoje ciało. Ja kocham prawdziwą ciebie – twoją duszę. To, co się stało, niczego nie zmienia.

To była prawdziwa miłość. Mąż nie martwił się o swój honor. Myślał tylko o dobru swej ukochanej.

Wielką przeszkodą w obdarzaniu prawdziwą miłością są nasze nawyki. W sercu wszyscy chcemy być aniołami, ale nawyki czynią z nas diabłów. Rankiem postanawiamy być dobrymi, ale w ciągu dnia zapominamy o naszym postanowieniu. „Duch ci jest ochotny, ale ciało mdłe"[3]. Ciało oznacza nawyki. Nasz duch, nasza mądrość są ochotne, jednak nasze dobre nawyki są słabe. Gita mówi: „Niecierpliwe pobudliwe zmysły przemocą porywają świadomość nawet takiego człowieka, który jest w dużym stopniu oświecony i dąży (do wyzwolenia)"[4].

Wielu ludzi nie rozumie straszliwej natury nawyków. Niektórzy tworzą nawyki bardzo szybko. To w porządku, jeśli chodzi o dobre nawyki, ale bardzo niebezpieczne w przypadku wykonywania czynności, które mogą utworzyć złe nawyki. Jeśli dasz takiemu człowiekowi jednego papierosa, może stać się nałogowym palaczem. Albo skosztowanie jednego drinka może uczynić z niego pijaka na całe życie[5].

Skoro nie wiesz, jaki posiadasz rodzaj podświadomego umysłu albo jakie możesz mieć ukryte skłonności, to najlepiej zrobisz unikając czynności, które mogą prowadzić do powstawania szkodliwych nawyków. Jeśli mądrość umysłu i jego zdolności rozróżniania są słabe, to działa on jak bibuła szybko wchłaniająca złe nawyki.

---

3 Mt 26:47.

4 *Bhagawadgita* II:60.

5 Jest to szczególnie prawdziwe w przypadku osób, w których podświadomości spoczywają utajone silne złe nawyki z poprzednich żywotów. Pierwsze ulegnięcie pokusie wykonania tej samej złej czynności w tym życiu uruchamia dawno utworzony mechanizm nawyku z przeszłości.

Tak wielu ludzi na tym świecie potrzebuje pomocy! I Bóg naprawdę im pomaga poprzez tych, którzy są chętnymi narzędziami Jego miłości. Przedwczoraj miałem do czynienia z żałosnym przypadkiem pewnego mężczyzny. Mężczyzna ten, kiedy nie pije, jest bardzo dobrym człowiekiem, ale jak tylko zaczyna pić, przemienia się w diabła. Odznacza się skrajnym zachowaniem w czynieniu dobra, kiedy jest trzeźwy, ale kiedy jest pijany, bije żonę i wywołuje przerażenie. Przyszedł z prośbą o uleczenie i wiem, że jeśli choć trochę się na nie nastawi, zostanie uleczony. Ale zobacz tylko, jak straszliwe są złe nawyki! Gdy ten mężczyzna nie jest pod wpływem alkoholu, nie dopatrzysz się w nim ani śladu zła, ale wtedy ma tak silne wyrzuty sumienia z powodu swego złego nałogu, że chce się zabić. A jednak nadal pije. Tak właśnie działa nawyk.

Jeśli postanowisz zrobić coś dobrego, to *musisz* to zrobić. Nie pozwól, by cokolwiek ci w tym przeszkodziło. Ale zanim poweźmiesz postanowienie, oszacuj, czy jest dobre. Gdy ja się na coś decyduję, absolutnie nie słucham żadnych sprzeciwów. Niekiedy podjęcie decyzji zajmuje mi dużo czasu, ale kiedy już ją podejmę, nic nie zdoła mnie powstrzymać. Kiedy mocno coś postanawiasz, a następnie mocno się trzymasz tego postanowienia, prawo Boże współdziała z tobą.

Wszyscy mamy dobre intencje, ale czasami nawyki zmuszają nas do działania wbrew naszej woli na szkodę innych i nas samych. Dlatego postanów, że nie dasz się rządzić złym nawykom.

Dlaczego pozwalasz na to, aby nawyki tobą rządziły?

Twoi przodkowie przybyli tutaj, aby uciec od rządów prawa, które odbierało im wolność postępowania według własnego sumienia. W wolności urodzeni Amerykanie nie lubią, aby ktoś im dyktował, co mają robić. Dlaczego więc masz pozwalać, aby rządziły tobą nawyki? Na przykład takie, że kiedy nie chcesz jeść, to mimo to jesz albo kiedy nie chcesz kłócić się z innymi, a jednak się kłócisz. Na czym to polega? Pozwoliłeś sobie stać się niewolnikiem złych nawyków.

Samo urodzenie się w Ameryce albo w innym demokratycznym kraju nie gwarantuje wolności myśli i serca. Być wolnym to móc postępować zgodnie z dyktatami mądrości własnej duszy, a nie pod przymusem nawyku, ślepego posłuszeństwa lub bezmyślnego strachu. Mądrość obdarza prawdziwą wolnością i taki jest prawdziwy duch Ameryki.

Robienie, co ci się żywnie podoba, nie jest wolnością – to nadużywanie wolności. Przypuśćmy, że mieszkasz w domu z dwadzieściorgiem innych ludzi, z których każdy uważa, że wolność to prawo do robienia, co mu się podoba i z których każdy chce robić coś, co koliduje z życzeniami innych. W takiej sytuacji nie może być prawdziwej wolności. Wolność rodzi się tylko z przestrzegania prawa samorządności. Robić swobodnie to, *co powinieneś robić, wtedy, gdy powinieneś to robić* – kierując się mądrością – to jest jedyna prawdziwa wolność.

Uleganie nawykom to niewolnictwo w najgorszej postaci. Postanów być wolny. Obudź boskie wspomnienie wolności swej duszy, afirmując: „Chociaż mam pewne złe nawyki od dzieciństwa, mogę się ich pozbyć z pomocą mądrości i woli. Jestem panem własnego domu-ciała".

Kieruj się mądrością, a nie konwencjami

Co sprawia, że ludzie różnie postępują? Nawyki w sposobie życia, postępowania i myślenia, nawyki środowiskowe i narodowe. W tym ostatnim przypadku nawyki są nam narzucone. Ja przestrzegam swoich własnych zasad. Kiedy wyjeżdżałem do Ameryki w 1920 roku, miałem długą brodę. Można by sądzić, że broda sprawia, iż mężczyźni wyglądają na bardziej szacownych, a w Indiach podziwia się brody właśnie z tego powodu. Ale jeszcze na statku przekonano mnie, że Amerykanie widząc mężczyznę z długą brodą, byliby raczej skłonni czynić uwagi w rodzaju: „Oto idzie dzikus z dżungli!".

Gdy zrozumiałem, że niewielu Amerykanów nosi brodę, zgodziłem się pozbyć mojej, ale postanowiłem zostawić długie włosy, ponieważ mój guru swami Śri Jukterśwar dźi nosił długie włosy. Tak więc nikt nie zdołał mnie namówić do obcięcia włosów na krótko. Gdybym teraz ściął moje długie włosy, ci sami ludzie, którzy lata temu wyśmiewali się z ich długości, śmialiby się ze mnie, że mam krótkie, i mieliby wrażenie, że zmniejszyła się także moja wewnętrzna postura.

Nie wiemy naprawdę, co jest dobre czy też prawdziwe, ponieważ stale porównujemy rzeczy na podstawie zewnętrznego wyglądu. Dlatego często oceniamy błędnie. Kto potrafi powiedzieć, co jest dobre, a co złe jedynie na podstawie wyglądu?

Powinieneś dokładać starań, by stopniowo uwalniać się z niewoli każdego nawyku, czy to sposobu ubierania się, odżywiania się, czy czegokolwiek innego. Wielu uważa, że muszą jeść mięso trzy razy dziennie. Inni są przekonani, że nie powinni jeść niczego poza sałatą i orzechami, że jeśli zmienią dietę, rozchorują się! Takie przekonania są formą niewolnictwa. Nie powinieneś pozwalać sobie na to, by krępowały cię jakiekolwiek nawyki życiowe, powinieneś raczej umieć zmieniać nawyki tak, jak dyktuje ci mądrość. Naucz się właściwie żyć, używając wolnej woli kierowanej mądrością. Bądź w stanie spać wygodnie na miękkim łóżku jednej nocy, a następnej równie wygodnie na podłodze. Takie boskie nieprzywiązywanie się do nawyków jest wolnością, którą zalecają indyjscy mistrzowie.

Prawdziwa wolność versus wolność „zachciankowa"

Na Zachodzie wielu ludzi wierzy w wolność innego rodzaju – nazywam ją wolnością „zachciankową". Z powodu mylnego pojmowania prawdziwej natury wolności niektórzy rodzice czynią swoje dzieci niewolnikami nawyków na całe życie, bezkrytycznie ulegając ich zachciankom. Dziecko rośnie, myśląc, że będzie szczęśliwe pod warunkiem, że będą spełnione jego pragnienia, i że celem życia jest zaspokajanie pragnień. Później uświadamia sobie, że zostało wprowadzone w błąd: świat na zewnątrz jest bardzo różny od tego, co widziało w domu. W świecie nie jest tak łatwo spełnić każdą zachciankę! Inni mogą nim dyrygować dla własnych celów, i ono również staje się bezwzględne, aby móc spełnić swoje zachcianki i pragnienia. „Wierząc, że spełnienie pragnień ciała jest najwyższym celem człowieka, przeświadczeni, że ten świat to „wszystko", tacy ludzie aż do chwili śmierci zaabsorbowani są doczesnymi troskami i staraniami"[6].

Rodzice powinni starać się rozwijać u swoich dzieci silną wolę i zdolność rozróżniania, tak aby potrafiły znaleźć swoje miejsce

---

6 *Bhagawadgita* XVI:11.

w świecie i trzymać się z dala od jego złych zwyczajów. Ucz dzieci, jak być naprawdę wolnym. Nie pozwól im stać się niewolnikami ciała i niepożądanych nawyków. Dobrze jest wyrobić u dziecka regularne codzienne nawyki, ale także niewzruszoną postawę [wobec zmian]: jeśli pójdzie spać o właściwej porze, to dobrze, jeśli nie, też dobrze. Jeśli zje kolację o czasie, to dobrze, jeśli nie może tego zrobić, też dobrze. Powinno się nauczyć dzieci szanowania praw innych, ale powinny być wolne od nawykowego ulegania czemukolwiek lub komukolwiek.

Zwalczaj złe nawyki siłą „nie!"

Kiedy muł chce być zgodny, jest całkiem posłuszny, ale kiedy się uprze i odmówi współpracy, nikt nie zdoła go ruszyć z miejsca. Powinieneś rozwinąć taką samą siłę *nie*. *Bądź panem swoich nastrojów i nawyków*. Wówczas kiedy postanawiasz nie robić czegoś, co jest złe, nikt nie zdoła cię do tego zmusić wbrew twej woli. Jednak w innych sytuacjach, gdybyś stwierdził, że się mylisz, bądź w stanie szybko zmienić decyzję. Taka elastyczność pojawia się, gdy nie dajesz się rządzić nawykom, lecz działasz zgodnie z wolną wolą kierowaną mądrością. Bądź wolny! Nie bądź niewolnikiem nawet dobrych nawyków. Postępuj słusznie dla samej słuszności.

Niektórym ludziom trzeba codziennie mówić, co mają robić, chociaż ich obowiązki są zasadniczo takie same. Zazwyczaj jednak ludzie wykonują rutynowe codzienne czynności siłą nawyku. To dobrze, jeśli wykształcili dobre nawyki, ale godne pożałowania, jeśli przyswoili sobie złe. Większość ma nawyki i takie, i takie.

Nawyki to umysłowe płyty gramofonowe

Powtarzanie czynności stwarza w umyśle mentalny wzorzec. Każda czynność wykonywana jest i w myśli, i fizycznie, a powtarzanie określonej czynności i towarzyszącego jej wzorca myślowego tworzy w organicznym mózgu cieniutkie ścieżki elektryczne, przypominające trochę rowki na płycie gramofonowej. Po pewnym czasie, ilekroć stawiasz igłę uwagi na tych „rowkach" elektrycznych ścieżek, odgrywa ona „płytę" pierwotnego wzorca myślowego. Wraz z każdym powtórzeniem czynności rowki ścieżek elektrycznych pogłębiają się, aż najmniejsze zwrócenie uwagi automatycznie "odgrywa" w kółko te same czynności.

Jednakże siłą koncentracji i woli można wymazać nawet głębokie rowki długotrwałych nawyków. Jeśli, na przykład, jesteś nałogowym palaczem, powiedz do siebie: „Nawyk palenia od dawna tkwi w moim mózgu. Teraz skupiam całą uwagę, koncentrując się na mózgu i *rozkazuję*, aby ten nawyk został usunięty". Rozkazuj w ten sposób umysłowi raz po raz. Najlepiej robić to rano, kiedy wola i uwaga są rześkie. Afirmuj swoją wolność wielokrotnie, używając całej siły woli. Pewnego dnia nagle poczujesz, że nie jesteś już w sidłach tego nawyku.

Znam pewnego mężczyznę, który chciał pozbyć się nałogu palenia. Palił jednego papierosa za drugim, ale miał wielką wiarę, że zdoła pokonać nałóg. Powiedziałem mu: „Zrobię ci zabieg uzdrawiający, a potem chcę, żebyś zapalił. Papieros będzie ci smakował jak zwinięta szmata i palenie nie będzie ci już sprawiało przyjemności". I tak się stało. Kiedy następnego dnia spróbował zapalić, dostał mdłości. Był wrażliwy na moją silną myśl i udało mi się na moment przekazać mu moją świadomość. Został uwolniony od tego paskudnego nałogu.

Innym głupim niepotrzebnym nawykiem jest obgryzanie paznokci. Po co miałbyś wbrew swojej woli robić takie rzeczy, kiedy jesteś królem w zamku swego życia?

Zachowuj swoją wolność dziecka Bożego

Jeśli posiadasz siłę umysłu, i jeśli poddasz się Bogu i zapomnisz o ciele, to zdołasz zachować swoją wolność dziecka Bożego. Postanów, że żaden nawyk nie będzie miał nad tobą stałej władzy. Jeśli posiadasz ogromną mądrość, możesz w jednej chwili przekonać siebie co powinieneś zrobić. Obudź taką mądrość, która ożywia w tobie moc wolnej woli, umożliwiając ci wzniesienie się ponad instynktowny przymus zwykłych nawyków. „Choćbyś był największym spośród grzeszników, tratwa mądrości przeniesie cię bezpiecznie przez ocean grzechu"[7].

Najlepszym sposobem pozbycia się nawyków jest usunąć je

---

7 *Bhagawadgita* IV:36.

Odwieczne ludzkie poszukiwanie

natychmiast z umysłu siłą woli. Nie ociągaj się z tym, żeby twoje postanowienie nie osłabło. Mądrość wybawi cię z nawyków. Jeśli ktoś zakaże małemu chłopcu jedzenia cukierków, będzie ich pragnął bardziej niż kiedykolwiek. Przypuśćmy, że kiedy chłopiec dorośnie, będzie miał cukrzycę i lekarz powie mu, że umrze, jeśli będzie nadal jadł cukierki. Wtedy właśnie mądrość każe mu przyznać, że lekarz ma rację, i to zdopinguje go do szybkiego porzucenia długoletniego nawyku jedzenia cukierków. Dzięki mądrości człowiek się uczy – czasami!

Z mojej szkoły w Rańci w Indiach pamiętam chłopca, który lubił postępować odwrotnie, niż mu kazano. Dlatego często kazałem mu robić coś, czego *nie chciałem*, żeby robił, i w ten sposób sprawiałem, że robił to, co chciałem. Z czasem „zrozumiał" to dwojakie znaczenie i zmienił się na lepsze.

Oto moje przesłanie dla wszystkich, którzy cierpią z powodu zniewolenia nawykami: zwróćcie się przeciwko tym poganiaczom niewolników, którzy mówią wam, co macie robić, i powiedzcie: „Mam bat, z pomocą którego was wygonię. Nie zdołacie już zmusić mnie do postępowania wbrew mojej woli. Jestem wolno urodzonym dzieckiem Boga. Jestem stworzony na Jego obraz. Użyję mądrości i wolnej woli, którymi On mnie obdarzył, aby postępować słusznie we wszystkim, co robię".

Wiele razy używałem boskiej mocy woli, aby zniszczyć nawyk, który chciał mną rządzić. Kiedy po zjedzeniu czegoś dobrego stwierdzałem, że znowu mam na to ochotę, to już więcej tego nie jadłem, dopóki pragnienie nie minęło.

Gdy pojechałem do Singapuru, odkryłem tam pewien przepyszny owoc, ale pilnowałem, żebym nie zaczął go pragnąć. Wiedziałem, że jeśli nie będę uważał, mógłbym go pragnąć rano, w południe i wieczorem. W taki właśnie sposób się uzależniamy. Tak więc choć w pełni cieszyłem się tym owocem jednego dnia, następnego dnia nie żałowałam jego braku. Jeśli uważamy na rzeczy, które lubimy, nie mamy się czego obawiać. Powinniśmy zachowywać wolność za wszelką cenę.

Bardzo wielu ludzi nie przestaje jeść rzeczy, o których wiedzą, że są dla nich niezdrowe. Jeśli ja mówię sobie, że nie będę czegoś jadł, to koniec i kropka. Czyż nie jest wolnością robić coś nie dlatego, że

Dowolne tworzenie i niszczenie nawyków

zmuszają cię do tego nawyki albo skłaniają znajomi, lecz dlatego, że tak ci wskazuje własna mądrość? Wraz z mądrością pojawia się tak wielka pewność, że nie potrzebujesz już opierać się na nawykach, aby postępować właściwie. Jak tylko będziesz przeświadczony, że mądrze będzie zrobić to a to, nic nie powinno być w stanie cię powstrzymać od zrobienia tego. Ale musisz kierować się mądrością. Możesz dowolnie tworzyć nawyki mocą mądrości. Ja potrafię skłonić siebie do polubienia wszystkiego, czego wymaga mądrość.

U większości ludzi umysłowe wzorce nawyków utrwaliły się, co sprawia, że trudno im jest je zmienić. Ci, którzy dzięki dyscyplinie i samokontroli mają elastyczny umysł, mogą je łatwo zmienić. Umysł powinien być jak plastelina. Mądrość sprawia, że umysł jest elastyczny. To jest wolność. Pragnę, aby wszyscy ludzie cieszyli się wolnością od nawyków. Po uwolnieniu się z niewoli nawyków poznasz, że nie ma większego szczęścia niż wtedy, kiedy działasz jako wolno urodzone dziecko Boga.

Nie daj się pokonać życiu. Pokonaj życie! Jeśli masz silną wolę, możesz pokonać wszystkie trudności. Afirmuj nawet podczas ciężkich doświadczeń: „Niebezpieczeństwo i ja urodziliśmy się razem, a ja jestem bardziej niebezpieczny niż niebezpieczeństwo!". Jest to prawda, o której powinieneś zawsze pamiętać; stosuj ją, a przekonasz się, że działa. Nie zachowuj się jak zastraszony śmiertelnik. Jesteś dzieckiem Boga!

Rozwijanie dynamicznej woli

*Międzynarodowa Siedziba Główna Self-Realization Fellowship,
Los Angeles, Kalifornia, 11 stycznia 1949*

Posyłając człowieka na ziemię, Bóg wyposażył go w pewne siły fizyczne, umysłowe i duchowe, którymi może władać, i mądrze ich używając, uzyskać zamierzone określone rezultaty. Siłą, która porusza maszyny, jest elektryczność. Natomiast skomplikowaną ludzką maszynę, którą obdarzył nas Bóg, poruszającą się konstrukcję z kości pokrytą miękkim ciałem i składającą się z bilionów komórek, porusza *prana*, inteligentna siła życiowa, płynąca jak prąd elektryczny przewodami nerwów.

Ciało dziecka lepiej reaguje na polecenia umysłu – umysł może łatwiej zmusić ciało do wykonywania jego rozkazów. Ale później, w miarę jak dziecko wykształca różne nawyki, ciało i umysł nie współpracują tak harmonijnie jak poprzednio. Chociaż jak często podkreślałem, postać materialna jest tylko snem w świadomości Boga, to jednak, dopóki musisz używać fizycznego ciała, powinno ono być pod kontrolą umysłu.

Dolegliwości zawsze będą atakować ciało, bo takie jest prawo życia. Pomimo trudności powinieneś zachowywać taką obojętność umysłu, aby zewnętrzne okoliczności na niego nie wpływały.

Św. Franciszek z Asyżu straszliwie cierpiał, ale nie miało to wpływu na jego umysł. Krótko przed śmiercią zaczął tracić wzrok. Lekarz zalecił zabieg wymagający przypalenia skóry na twarzy świętego od oczu aż do uszu rozpaloną do białości żelazną sztabką. Nie było wtedy środków znieczulających. Obecni przy św. Franciszku uczniowie nie mogli na to patrzeć, ale on kazał lekarzowi kontynuować zabieg. Powitał Brata Ognia miłymi słowami i ani przez chwilę nie okazał, że odczuwa choćby najsłabsze połączenie między umysłem i ciałem. Pan chce, abyś ty też zrozumiał następującą prawdę:

w twoim zniszczalnym ciele znajduje się nienaruszalna, nieśmiertelna dusza.

Błędem jest myśleć, że mistrzowie w ogóle nie cierpią. Jezus pozwolił swemu ciału znosić bóle ukrzyżowania, chociaż już był zbawiony, albowiem w ten sposób chętnie odpracował na własnym ciele trochę karmicznego cierpienia należnego Jego uczniom i całej ludzkości. Ale On znał związek między umysłem i ciałem i postrzegał je jako złudną kreację w kosmicznym śnie Boga. Ciało to tylko skupisko doznań. Niełatwo jest odciąć doznania, ale można to zrobić, pozostając stale świadomym, że jest się duszą – w jedności z Duchem. Gdy umysł jest prawie całkowicie zdominowany przez ciało i jego wymagania, jak to jest w przypadku większości ludzi, najlepiej jest zacząć stopniowo odłączać umysł od ciała, ćwicząc to na drobnych rzeczach.

Jedyna różnica między zwykłym człowiekiem a nadczłowiekiem polega na tym, że kiedy zwykłego człowieka coś boli, to krzyczy on i poddaje się cierpieniu, natomiast jogin jest utwierdzony w świadomości, że nie jest ciałem, że istnieje niezależnie od niego. Mam tego świadomość cały czas. Niekiedy widzę siebie, jak idę, i jestem jednocześnie świadomy, że nie mam ciała. W boskiej świadomości człowiek wie, że jako dusza nie ma rąk, oczu, uszu ani stóp, ani też żadnej potrzeby posługiwania się tymi fizycznymi narządami – może ich jednak używać i nimi poruszać. Można słyszeć, widzieć, wąchać, smakować i dotykać tylko mocą umysłu. Na przykład w jasnosłyszeniu słyszy się dzięki wewnętrznej mocy. Wielu świętych słyszy prowadzący ich głos Boga albo któregoś z Jego aniołów. Nie słyszą oni uszami, lecz umysłem. Taki stan świadomości jest prawdziwym doświadczeniem, nie wytworem wyobraźni. Ale nie może on stać się twoim doświadczeniem, jeśli nie medytujesz. Jeśli medytujesz z największym oddaniem, pewnego dnia, kiedy będziesz się tego najmniej spodziewać, doświadczysz tego samego i zrozumiesz, o czym mówię.

Bóg stale pokazuje mi prawdę, że ciało jest nierzeczywiste. Pokazał mi także, że moje ciało będzie cierpieć. Ale cierpienie fizyczne, jakie to ciało będzie znosić, nie ma nic wspólnego z moją świadomością. Wynika z brania na siebie karmy innych i nie ma związku z pragnieniami mojego małego „ja", które stwarzają cierpienie. Jeśli to ciało uczyni coś dobrego dla świata i innych, to dobrze. Mistrz nie dba o to, co stanie się z jego ciałem. Po prostu troszczy się o nie, by inni mieli z tego korzyść.

Jedyną porą, kiedy zwykły człowiek nie jest świadomy ciała, jest pora snu, ale po obudzeniu się natychmiast wie, jak spał – dobrze czy źle. Niektórzy materialiści myślą, że podczas snu jesteśmy całkowicie nieświadomi, ale to nieprawda. Skąd możemy wiedzieć, budząc się, jak dobrze spaliśmy, jeśli nie byliśmy świadomi podczas snu? Możemy śmiało twierdzić, że umysł może istnieć bez ciała.

Ciałem i umysłem rządzą mądrość i wola

Jakie są zatem główne siły, które rządzą ciałem i umysłem? Mądrość i wola. Mądrość jest intuicyjnym, bezpośrednim poznaniem prawdy. Podczas działań wojennych używa się dalmierzy do określenia, dokąd wystrzeliwać pociski; gdy wyznaczy się odległość, obstrzał jest skuteczny. Twoim dalmierzem jest mądrość, a wola zapewnia ci siłę obstrzału potrzebną do osiągania celów zgodnie z nakazami mądrości. Wolą zawsze powinna kierować mądrość. Jedno bez drugiego jest niebezpieczne. Jeśli posiadasz mądrość, ale nie masz dość woli, aby przestrzegać nakazów mądrości, jest to szkodliwe dla twojego dobra; jeśli masz silną wolę, ale brak ci mądrości, istnieje duże prawdopodobieństwo „niewypału" i zniszczenia siebie.

Twój rozum nie jest kierowany prawdziwą mądrością, jeśli ci nie wskazuje, co powinieneś zrobić, żeby dobrze postąpić. I – jeśli nie dopinguje on siły woli koniecznej do spełnienia nakazów duszy, wówczas nie spełnia on swego prawdziwego celu. „Mówią, że zmysły są wyżej [niż ciało fizyczne], od zmysłów wyższy jest umysł, nad umysł wyższy jest rozum – ale ona [Jaźń] stoi ponad rozumem!"[1].

Większość ludzi przypomina automaty. Jedzą śniadanie, idą do pracy, wychodzą na lunch, wracają do pracy, wracają do domu na obiad, oglądają TV i kładą się spać. Wtedy maszyna ciała wyłącza się na noc. Ci, którzy żyją w ten sposób, używają tylko mechanicznej woli, wykonując większość czynności siłą przyzwyczajenia,

---

1 *Bhagawadgita* III:42.

spełniając obowiązki w określony sposób. Prawie wcale albo w ogóle nie starają się świadomie posługiwać się wolą. Co prawda wykonując te nawykowe czynności, przez cały czas używają siły woli, ale w sposób czysto mechaniczny. Nie jest to *dynamiczna* wola.

Wola fizjologiczna – pierwszy wyraz siły woli

Gdy ludzie się rodzą, pierwszym wyrazem siły woli jest pierwszy krzyk dziecka, który otwiera płuca, sprawiając, że zaczyna się oddychanie. Mędrcy mówią, że duszy nie podoba się uwięzienie w słabym dziecięcym ciałku; jej pierwszym doświadczeniem w ciele jest płacz. Dusza uświadamia sobie, że w ludzkim ciele będzie musiała znowu zmagać się z wieloma trudnościami i skarży się: „Panie, dlaczego mnie tu znowu umieściłeś?". W chwili urodzenia wiele noworodków ma złożone ręce. W ten sposób ich dusza wielbi Boga i modli się: „O Duchu, uwolnij mnie w tym życiu".

Wola jest potężnym czynnikiem w życiu. To siła, której używając, możesz osiągnąć wyżyny urzeczywistnienia Boga w sobie lub spaść w najgłębsze warstwy niewiedzy. Krzyk nowonarodzonego dziecka jest wyrazem woli fizjologicznej – dziecko chce pozbyć się dyskomfortu, który czuje. Większość ludzi nie wzniosła się ponad ten stan dziecięctwa. Chcą oni natychmiast pozbyć się wszelkiego dyskomfortu, a ilekroć widzą coś, co ich pociąga, domagają się tego. Uważają, że muszą to mieć, nie mogą bez tego żyć. Wola tak obezwładniona przez zmysły nazywa się wolą fizjologiczną – wolą ujarzmioną przez ciało, posłuszną nakazom zmysłów.

Jest rzeczą straszną używanie jakichkolwiek narkotyków, albowiem narkotyk czyni wolę niewolnikiem ciała. Znałem kiedyś mężczyznę, który zażywał opium. Przez cały dzień spał odurzony. Wydostanie się z tej niewoli zajęło mu lata. Zażywanie narkotyków to jeden z największych grzechów przeciwko Duchowi. Pijaństwo jest tym samym. Oba nałogi oznaczają zniszczenie siły woli. Wielcy święci ostrzegali przed nimi. Pod żadnym warunkiem nie powinieneś dać się im skusić, bo bardzo szybko możesz doprowadzić się do zguby. Pijaństwo i narkotyki to grzechy przeciwko duszy, ponieważ paraliżują wolę, bez której pełna świadomość duszy i zbawienie są niemożliwe.

Wielu ludzi jest zniewolonych przez wolę fizjologiczną. Kiedy uzależnienie od seksu, alkoholu lub nienawiści przejmują władzę, zniszczona zostaje dokładnie ta siła, która rządzi *praną* i umożliwia jej skuteczne operowanie maszyną ludzką. A z chwilą, gdy nawyki te się utwierdzą, bardzo trudno jest je pokonać. Gdy już masz nawyk okazywania złości, ilekroć jesteś zły, to mu ulegasz, pomimo tego, że chcesz zachowywać się inaczej. Nawyk niszczy najwyższy dar niebios – siłę woli – dzięki której możesz wypracować własne zbawienie.

Bez mądrości wola staje się niewolnikiem nawyku

Gdyby Boga i niebo nam narzucono, to bylibyśmy ich niewolnikami. Ale Pan dał nam wolny wybór, dzięki czemu możemy przyjąć dobro lub je odrzucić, przyjąć zło albo je odrzucić. Zdolności, które Bóg ci dał, abyś mógł dokonywać tego wyboru, to mądrość i wola. Dowiedz się, czy masz władzę nad swoją wolą. Nie pozwól, aby złe nawyki osłabiły ci wolę.

Następną po woli fizjologicznej jest wola zniewolona nawykami. Wola automatycznie wchodzi w tę drugą fazę, jeśli nie kieruje nią mądrość. Niekiedy dziecku dobrego człowieka brakuje prawdomówności i dobrych nawyków. Bez wątpienia dziecko miało wszelkie możliwości nauczenia się bycia dobrym, ale z chwilą, gdy osiąga wiek, w którym zaczyna używać własnej woli, wdaje się we wszelkiego rodzaju psoty. Zwykle w takich przypadkach charakter dziecka, ukształtowany w przeszłych żywotach, skłania je karmicznie do złego myślenia i ulegania nawykom. Dzięki rodzinnemu wychowaniu w tym życiu uczy się ono dobrze postępować, ale to postępowanie jest tylko nałożone na jego prawdziwy charakter. Jako że jego wola jest sterowana tylko przez mechaniczne dobre nawyki, a nie przez mądrość duszy i prawdziwe zrozumienie, to łatwo ulega ono pokusom, gdy tylko uwolni się spod dobrego wpływu rodziny.

Jeśli zapytać złodziei i nałogowych pijaków, czy podoba im się ich styl życia, zwykle odpowiadają, że nie. Myśleli, kiedy zaczynali źle postępować, że będą szczęśliwi. Nie uświadamiali sobie, że skutki będą dla nich szkodliwe. Z tego powodu głęboko współczuję ludziom, którzy źle czynią. Płaczę nad nimi. „Ależ na miłość boską,

Rozwijanie dynamicznej woli

proszę was". Zło to rodzaj opiatu. Dlatego powinniśmy mieć placówki, gdzie ludzie, którzy zeszli na złą drogę, mogą nauczyć się, jak żyć i jak myśleć. Więzienie nie jest dobrym miejscem na poprawę. Osoby takie powinny stykać się z lepszymi od nich ludźmi, którzy mogą im pomóc.

Wszędzie wokół ciebie są złodzieje okoliczności, starający się ukraść ci witalność woli, ale nikt jednak nie może odebrać ci woli poza tobą samym. Dziecko domaga się, żeby było tak, jak ono chce. Gdy dorośleje, jeśli jego wola nie była powściągana i kierowana przez mądrość, odkrywa, że jest niewolnikiem pragnień. Czy nie robisz dzisiaj rzeczy, o których wiesz, że nie powinieneś ich robić, rozumiejąc, że później przyniosą ci nieszczęście? Nadmierna stymulacja zmysłów pozbawia wolę siły, nie stwarzaj więc nienaturalnego pożądania czegokolwiek. Przypuśćmy, że bardzo lubisz jakąś potrawę. Powinieneś mieć taką siłę woli, żeby odtąd potrafić się obejść bez tej potrawy.

Nie można stwierdzić, co naprawdę lubimy, a czego nie, ponieważ nasze inklinacje ciągle się zmieniają. Jeśli przeanalizujemy siebie, odkryjemy, że na punkcie upodobań i niechęci wszyscy mamy bzika. Nie wiemy, dlaczego lubimy pewne rzeczy, a innych nie. To, co lubisz powodowany mądrością, i to, co lubisz kierowany nawykami fizjologicznymi, to dwie różne rzeczy. Ja mogę skłonić siebie do lubienia czegoś, a w chwilę później do brzydzenia się tym.

Być prowadzonym mądrością to być królem świata. Człowiek mądry najpierw stara się określić, czy ma słuszność, a potem działa. Ale jeśli podejmie decyzję, a potem odkryje, że się pomylił, momentalnie przyznaje się do pomyłki. Nigdy nie używaj siły woli, aby uparcie obstawać przy swoim. Niektórych można przekonywać przez godzinę i oni pozornie się z tobą zgadzają, a później robią zwrot i twierdzą coś przeciwnego. Nie chcą ustąpić. Nie jest to siła woli, lecz bycie w niewoli ego. Można zobaczyć takich niewolników wszędzie wokół siebie. Myślą, że są wolni, ale ich wola jest zniewolona – postępują mechanicznie, pod wpływem dobrych lub złych nawyków. Natomiast kiedy potrafisz powiedzieć: „Trzymam się z dala od zła, bo zło działa przeciwko mojemu szczęściu" lub „Jestem dobry nie dlatego, że jestem do tego zmuszony, lecz dlatego, że dobro prowadzi do mojego szczęścia" – jest to mądrość. Takie było szkolenie mojego Guru. O jednej rzeczy powinniśmy zawsze pamiętać: jeśli wola jest kierowana przez mądrość, to wniesie ona coś konstruktywnego w nasze życie.

Gdy Jezus powiedział do Ojca Niebiańskiego: „Niech się stanie wola twoja[2]", to zrobił to nie dlatego, że brakowało Mu własnej siły woli, lecz dlatego, że chciał, aby Jego wolą kierował Bóg. Gdy Boska Wola oznajmiła: „Opuść ciało", Jezus musiał użyć bardzo dużo siły woli, aby przezwyciężyć słabość ciała. Wola ludzka staje się wolą boską, całkowicie zestrojoną z Duchem, wtedy, kiedy nawet gdy trzeba opuścić ciało, człowiek robi to chętnie, tak jak uczynił to Chrystus. Przywiązany do ciała niewolnik powiedziałby: „Chcą mnie ukrzyżować, muszę próbować się uratować". Gdyby Jezus uratował się, nie byłby Chrystusem, który dzisiaj żyje w naszych sercach.

Etapy rozwoju woli

Człowiek przechodzi od woli fizjologicznej z okresu niemowlęctwa do woli bezmyślnej okresu dzieciństwa. Jest wtedy przyzwyczajony do słuchania matki, robi wszystko, co mu każe. Po woli bezmyślnej kształtuje się ślepa wola; człowiek wydostaje się spod wpływu woli matki i zaczyna odczuwać własną siłę woli. Dzieje się to w młodości. Wypróbowuje własną wolę i zaczyna jej używać do uzyskania tego, czego chce.

Jako dziecko chciałem mieć rower i dostałem go. Następnie chciałem mieć konia, ale go nie dostałem. Jednak długo później go dostałem. Pan spełnił każde pragnienie, jakie miałem. Wszystko, czego pragnąłem, przyszło do mnie. Było to Jego błogosławieństwo.

Zanim użyłem woli do zrealizowania pragnienia, zawsze uważałem, aby było ono dobre. Dobrze jest upierać się przy dobrych rzeczach, ale nigdy odwrotnie. Gdy nie masz racji, powinieneś skorygować swoje postępowanie. Jeśli przez używanie woli do złych rzeczy nie staniesz się ślepy na dobro, to wtedy przejdziesz do etapu woli myślącej.

Po śmierci matki, kiedy miałem tylko jedenaście lat i byłem pogrążony w głębokim smutku, lubiła mną kierować moja najstarsza

---

[2] Mt 26,42.

Rozwijanie dynamicznej woli

siostra Roma. Inni usiłowali używać siły, ale Roma zdobyła mnie miłością. Nawet gdy z uporem powtarzałem: „Odejdź, idź sobie", słuchałem jej poleceń.

Natura świętego jest delikatna jak kwiat, lecz silniejsza od gromu, kiedy zdecyduje, że coś jest dobre, albowiem jego wolą kieruje mądrość. Niełatwo było przekonać mojego Guru, kiedy czułem, że mam lepszy pomysł, ale jak tylko dostrzegał on, że oferuję inny punkt widzenia, powiadał: „Masz rację. Zróbmy to na twój sposób". Kiedy jednak się myliłem, pozostawał niewzruszony.

Wola myśląca to najcudowniejsze narzędzie, jakie można sobie wyobrazić. Czy rządzi tobą wola myśląca, wola ślepa, czy wola fizjologiczna? Wola myśląca jest drogą do mądrości. Kiedy przychodzi ci do głowy pomysł, że musisz iść do kina, jest to wola fizjologiczna. A kiedy decydujesz: „No cóż, to nieistotne, pójdę innym razem", wyrażasz wolę myślącą.

Wola, którą nie kieruje nawyk, jest wolą myślącą. Jeśli nie chcesz palić, nie powinieneś palić. Jeśli nie czujesz się głodny, nie jedz po prostu z nawyku. Kiedy chcę powstrzymać się od jedzenia, nikt nie nakłoni mnie do tego, żebym jadł. Innym nawykiem spośród tych, nad którymi najtrudniej jest zapanować, jest szorstka mowa. Nieuprzejme odzywanie się do innych paraliżuje twoją wolę. Nigdy nie bądź nieznośnym. Zawsze, gdy się złościsz, twoja twarz staje się brzydka. Bądź tak pełen miłości i życzliwy, aby każdy, kto cię spotyka, mówił o tobie: „Chciałbym znowu spotkać tego człowieka".

Kontrolując własną mowę, nie będziesz zbyt wrażliwy na uwagi innych o tobie. Porzuciłem złość, kiedy byłem małym dzieckiem. Jednak często przywołuję do porządku ostrymi słowami tych, których Bóg przysłał do mnie na naukę i którzy to rozumieją. Do tych, którzy nie rozumieją, nic nie mówię.

Widzisz, jaką cudowną rzeczą jest siła woli. Po rozwinięciu woli myślącej, zaczynasz się zastanawiać: „Za pomocą tej siły muszę stworzyć coś godnego uwagi" i bierzesz się za jedną rzecz na raz, starając się ją zrealizować. Krążysz tą wolą wokół problemu zdrowotnego lub finansowego, albo wokół kontrolowania nawyku, albo wokół pragnienia poznania Boga. Jeśli posługujesz się siłą woli i działasz aż do zwycięstwa, to znaczy, że rozwinąłeś dynamiczną wolę.

Świat będzie próbował cię oszukać

Wszystko w życiu odciąga cię od Boga. Wielu uczniów odpada na początku, ponieważ nie używają swojej boskiej woli, odkładają medytację. Odkładają ją dzień po dniu, tydzień po tygodniu. Wiesz, że chcesz kochać Boga, wiesz, że powinieneś zrobić wysiłek teraz, a jednak zwlekasz. Pamiętam okres z dzieciństwa, kiedy w ten sposób straciłem bardzo dużo czasu. Już codziennie medytowałem i postanowiłem medytować o wiele dłużej każdego dnia. Ale ciągle to odkładałem, aż nagle zdałem sobie sprawę, że minął cały rok. Wtedy przypomniała mi się historia o kocie i wróblu.

Kot złapał wróbla, ale wróbel był mądry. Przypomniał kotu, że przed posiłkiem wypada najpierw wylizać do czysta mordkę i łapy. Wydało się to kotu sensowne, wypuścił więc wróbla i zaczął się powoli myć. W tym czasie wróbel odleciał na wysoką gałąź. W końcu kot powiedział: „Możesz już sfrunąć na dół. Jestem gotowy do obiadu". Lecz wróbel zaćwierkał: „Nic z tego. Jestem teraz na czubku drzewa". Wtedy kot postanowił: „Odtąd będę zjadał wróbla najpierw, a potem się mył".

Najpierw trzeba robić rzeczy najważniejsze. Medytuj rano po obudzeniu się. Jeśli nie będziesz tego robić, naprze na ciebie cały świat, domagając się twojej uwagi i zapomnisz o Bogu. Wieczorem medytuj, zanim ogarnie cię senność. Ja mam tak silny nawyk medytowania, że nawet gdy wieczorem kładę się spać, zauważam, że medytuję. Nie potrafię spać normalnie. Na pierwszym miejscu jest nawyk bycia z Bogiem.

W twojej sile woli zawiera się obraz Boga

Siła woli oznacza wolność. Siła woli oznacza Niebo. Jeśli nie pozwolisz, aby twoja wola osłabła z powodu atrakcji tego świata, osiągniesz swój boski cel. Ale większość z was pozwoliła na to, aby złe nawyki osłabiły wolę – wielu z was ulega im codziennie – pali, pije, mówi ze złością. Myślisz, że nie możesz się bez tego obejść. Ale był czas, kiedy nie wiedziałeś, co to palenie, picie albo złość. Pozbawiłeś się wolności, nabywając te nawyki. Czy musisz być ich niewolnikiem? Jak możesz znaleźć Boga, jeśli nie uwolnisz swojej siły woli, pozbywając się tych ziemskich nawyków i w zamian używając tej woli do medytowania?

Bez względu na to co dzieje się z twoim ciałem, medytuj. Nigdy nie kładź się spać, jeśli nie pobyłeś przedtem z Bogiem. Ciało będzie ci przypominać, że ciężko pracowałeś i potrzebujesz odpoczynku, ale im bardziej będziesz ignorować jego żądania i mocniej koncentrować się na Panu, tym mocniej będziesz płonąć radością życia, jak płonący glob. Poznasz wtedy, że nie jesteś ciałem. W twojej sile woli zawiera się obraz Boga. Obraz ten został zbezczeszczony, bo uczyniłeś swój umysł niewolnikiem. Kiedy wyjeżdżałem z Indii do Ameryki, mój Guru powiedział: „Zapomnij, że urodziłeś się Hindusem i nie przyjmuj wszystkich zwyczajów Amerykanów. [...] Bądź prawdziwym sobą, dzieckiem Boga". Dzięki stosowaniu się do jego mądrej rady, zachowałem wolną wolę. Gdyby cały świat stanął przeciwko mnie, a ja wiedziałbym, że mam rację, a inni się mylą, nie zmieniłbym zdania.

Nic nie jest niemożliwe, kiedy wola staje się dynamiczna

Wybierz dobry, szczytny, konstruktywny cel, a następnie postanów, że go osiągniesz. Bez względu na to, ile razy ci się nie uda, staraj się nadal. Obojętnie co się stanie, jeśli twardo postanowiłeś: „Ziemia się może roztrzaskać, ale ja będę dalej starał się ze wszystkich sił", to używasz woli dynamicznej i osiągniesz to. Wola dynamiczna jest tym, co czyni jednego człowieka bogatym, innego silnym, a jeszcze innego świętym.

Nie jest tak, że tylko Jezus i kilku innych znają Boga. Jeśli będziesz się starać we właściwy sposób, *ty* też odnajdziesz Boga. Jakie znaczenie ma używanie dzisiaj dynamicznej woli, aby zostać wielkim lekarzem albo odnoszącym sukcesy biznesmenem, skoro jutro możesz umrzeć? Dlatego Jezus powiedział: „Szukajcie naprzód królestwa Bożego"[3]. Używaj woli, aby najpierw poznać Boga, a wtedy On pokieruje twoją drogą w życiu.

Używasz dynamicznej woli, kiedy dniem i nocą szepczesz w sercu: „Panie, Panie, Panie" z najgłębszym pragnieniem odnalezienia Go.

---

3 Mt 6,33.

Odwieczne ludzkie poszukiwanie

Lepiej jest używać woli do szukania Boga niż do czegokolwiek innego. Jestem bardzo szczęśliwy, że pobłogosławił mnie On boską siłą woli, którą mój guru Śri Jukteśwar dźi we mnie obudził. Zanim spotkałem Mistrza, marnowałem siłę woli na prawo i na lewo na bezużyteczne rzeczy. Ale nawet wtedy, kiedykolwiek coś zaczynałem, używałem dynamicznej woli, aby doprowadzić to do końca.

Pamiętam, kiedy po raz pierwszy użyłem dynamicznej woli, aby pomóc innym. Mój przyjaciel i ja byliśmy wtedy jeszcze małymi chłopcami. Pewnego dnia powiedziałem do niego:

– Nakarmimy pięciuset ludzi.

– Ależ nie mamy nawet centa! – wykrzyknął.

– Mimo tego zrobimy to – zapewniłem go. – I myślę, że pieniądze przyjdą poprzez ciebie.

– To niemożliwe! – odparł drwiąco.

Intuicyjna pewność kazała mi powiedzieć:

– W żaden sposób nie naraź się swojej mamie. Rób wszystko, o co cię poprosi.

Następnego dnia przyjaciel przybiegł do mnie i opowiedział mi następującą historię: Kąpałem się, gdy zawołała mnie mama. Chciałem powiedzieć: „Nie przeszkadzaj mi teraz, kąpię się", ale zamiast tego spytałem, czego chce. Kazała mi pójść do ciotki, która mieszka niedaleko. Zgodziłem się. Gdy do niej przyszedłem, pierwszą rzeczą, którą powiedziała, było: „Co to za szalony chłopak, z którym się zadajesz? Czy postradałeś rozum? O co chodzi z tym nakarmieniem pięciuset ludzi?". Rozzłościło mnie to. „Muszę już iść" – powiedziałem i ruszyłem do drzwi. Ale mnie zatrzymała, mówiąc: „Twój przyjaciel może i jest szalony, ale pomysł jest dobry. Masz tu dwadzieścia rupii".

Przyjaciel był tak zaskoczony, że omal nie zemdlał. Przybiegł do mnie natychmiast, by przekazać mi nowinę. Kiedy szliśmy kupić ryż i inne rzeczy, ludzie z sąsiedztwa, którzy już słyszeli o naszym pomyśle, dodali więcej jedzenia. W końcu nakarmiliśmy dwa tysiące ludzi! Ta sama bosko naładowana siła woli doprowadziła do powstania pierwszej biblioteki w Kalkucie – Saraswat Library.

Kiedy postanowisz czynić dobro, to tego dokonasz, jeśli do końca będziesz używał dynamicznej siły woli. Niezależnie od okoliczności, jeśli nie zaprzestaniesz wysiłków, Bóg stworzy środki, z pomocą których twoja wola zostanie należycie wynagrodzona. Do tej prawdy nawiązał Jezus, mówiąc: „Jeślibyście mieli wiarę i nie zawahalibyście się, [...] gdybyście powiedzieli tej górze: Bądź podniesiona i bądź rzucona w morze, to się stanie"[4]. Jeśli będziesz stale używał siły woli, nie zważając na pojawiające się przeciwności, to będziesz osiągać sukcesy, będziesz mieć zdrowie i moc, aby pomagać ludziom, a nade wszystko będziesz w komunii z Bogiem.

Taki właśnie rodzaj siły woli musisz rozwijać, wolę, która – jeśli trzeba – osuszy ocean, aby dokonać czegoś dobrego. Największej woli powinno używać się do medytacji. Pan chce, abyśmy odkryli naszą boską wolę i używali jej do odnalezienia Go. Rozwijaj tę dynamiczną wolę poszukiwania Boga. Wyzwolenia nie przyniosą ci głęboko mądre słowa, lecz twoje własne wysiłki na drodze medytacji.

---

4 Mt 21,21.

Szukaj Boga teraz!

Międzynarodowa Siedziba Główna Self-Realization Fellowship, Los Angeles, Kalifornia, 15 lipca 1941

Jogin osiąga poznanie Boga jedynie wielkim wysiłkiem i dzięki łasce boskiej. Chociaż można zbliżyć się do Boga przestrzegając praw, to jednak jako Badacz Serc musi być On przekonany, że wielbiciel naprawdę Go pragnie, zanim ześle mu Swą łaskę. Bóg odmawia ostatecznego oświecenia wielbicielowi, który nie pragnie Go z całego serca, choćby nawet osiągnął on doskonałość w nauce jogi.

Pamiętam czasy w aśramie mojego guru swamiego Śri Jukteśwara, kiedy miesiąc po miesiącu z największym oddaniem szukałem Boga, ale doświadczałem czegoś w rodzaju stagnacji. Kiedy zapytałem Mistrza o ten problem, powiedział: „Myślisz, że gdybyś miał większą moc umysłu lub większą moc czynienia cudów, miałbyś pełniejszą świadomość, że Bóg jest z tobą. Ale to nie jest tak. Przypuśćmy, że odpowiedziałby On, dając ci władzę nad całym wszechświatem. Posiadanie takiej władzy nadal nie zaspokoiłoby twego serca. Bóg jest Wciąż Nową Radością, którą już czujesz w medytacji. Kiedy człowiek kocha tę Radość ponad wszystko inne na świecie, pragnąc jej bardziej niż pieniędzy i sławy, bardziej niż uleganie nastrojom, nawykom i doznaniom zmysłowym, Bóg otworzy drogę". Niewielu wielbicieli gotowych jest na złożenie takich „ofiar"[1].

Jest bardzo łatwo i zarazem bardzo trudno zadowolić Boga. Gra On ze swoimi wielbicielami nawet w poddawanie ich próbom, a robi to przez cały czas.

Jakże łatwo jest wypełnić dzień głupstwami, jakże trudno wypełnić go wartościowymi zajęciami i myślami! Jednak Bóg nie jest tak bardzo zainteresowanym tym, co robimy, jak tym, gdzie jest

---

[1] „Żniwo wprawdzie wielkie, ale robotników mało" (Mt 9,37).

nasz umysł. Każdy ma inne trudności, ale Bóg nie słucha wymówek. Pragnie, aby umysł wielbiciela zatopiony był w Nim pomimo wszelkich trudnych okoliczności. Nawet teraz, gdy jestem zajęty przemawianiem do was, mój umysł jest ciągle skupiony na Bogu. Wewnętrznie jestem z Nim przez cały czas. Żyję w Jego radości. Kochając i nie pożądając niczego oprócz tej radości, przekonuję się, że znikają przede mną wszystkie przeszkody na drodze do jedności z Bogiem. Te słowa to nie bajka – to prawda. Ale Bóg przyjdzie nie prędzej niż otrzyma całą miłość wielbiciela. Będzie się niekiedy wydawało, że nas opuścił, ale takie próby są nieuniknione. Jeśli uparcie odmawiamy poniechania naszych poszukiwań, Bóg przyjmuje nas jak swoich najbliższych.

W realizowaniu świeckich ambicji zawsze jest element niepewności. Niektórzy rok po roku starają się z całego serca zarobić pieniądze, ale bez powodzenia. Natomiast na ścieżce duchowej żaden żarliwy wielbiciel nigdy nie doznaje niepowodzenia. Jego trud nigdy nie jest daremny.

Cała magia sukcesu duchowego polega na wytrwałości

Największym wrogiem boskiej świadomości jest ciało; łatwo się męczy i chce się poddać. Prawdziwy wielbiciel nigdy nie ustaje w wysiłkach ani nie uznaje zwierzchnictwa ciała. Trzeba być stale czujnym. Musimy wierzyć, wbrew wszystkim pozornym przeciwnościom, że On przyjdzie. Nawet agnostyk, który uważa, że małe jest prawdopodobieństwo istnienia Boga, lecz wytrwale Go szuka, ostatecznie Go znajdzie. Nawet jeśli może się wydawać, że Bóg nie odpowiada, nie powinniśmy poddawać się wątpliwościom, lecz niestrudzenie kontynuować święte poszukiwanie. *Cała magia sukcesu duchowego polega na wytrwałości.* Gdyby Pan łatwo i otwarcie odpowiadał na modlitwy wielbiciela, natychmiast szukaliby Go wszyscy – nie z miłości do Niego, lecz z powodu nieskończonej liczby nagród.

Ten świat jest teatrem Boga. To, że odkrycie swojej obecności tutaj uczynił On bardzo trudnym, jest częścią Jego zawiłej sztuki. Ponieważ poszukiwanie Go nie jest łatwe, mamy skłonność do zapominania o Nim. Nawet wtedy, gdy widzimy jak nasi ukochani wciągani są w tajemnicze nieznane, nie myślimy poważnie, że my też będziemy musieli kiedyś odejść. Ale nie powinniśmy czekać aż do nadejścia śmierci na uświadomienie sobie znaczenia poszukiwania Boga. Jest to najwyższy i niecierpiący zwłoki obowiązek każdego człowieka. Każdy moment życia powinien być boskim poszukiwaniem. Palącym pytaniem w naszych sercach powinno być: „Kiedy Cię znajdę, o Panie?".

Bez względu na to, co się dzieje, nigdy nie zaprzestawaj tego doniosłego poszukiwania. Przypuśćmy, że ktoś siedzi w medytacji i przychodzą przyjaciele. Nie ma rady, trzeba przerwać medytację. Jednak można nadal mieć uwagę skupioną na Bogu. Obojętnie co robimy, wewnętrzną uwagę powinniśmy utrzymywać na Nim. Jest On nam tak bardzo potrzebny!

Zajmij się tym *teraz*, bowiem czas płynie i pewnego dnia uświadomisz sobie z przerażeniem, że życie minęło jakby w mgnieniu oka, a jeszcze Go nie odnalazłeś. Niech nie minie ani jeden dzień, w którym nie podjąbyś wysiłku medytowania o Nim. Niebawem potrzeba będzie zaskakująco mało wysiłku. Do wielbiciela, który jest wytrwały, przychodzi wielka szczęśliwość. Bez nie dającego się ugasić entuzjazmu nie da się niczego osiągnąć.

Bhagawadgita naucza, jak ważne na ścieżce duchowej jest wznieść się ponad doznania ciała. Stykanie się zmysłów ze środowiskiem zewnętrznym stwarza doznania gorąca i zimna, przyjemności i bólu, i innych przeciwstawnych stanów. Takie doznania łatwo wpływają na przeciętnego człowieka, ale Gita naucza, że należy być na nie obojętnym. Zalecenie to nie oznacza, żeby postępować brawurowo. Jeśli jogin stwierdzi, że doznania gorąca albo zimna są wyjątkowo trudne do zniesienia, powinien poszukać zewnętrznego środka zaradczego, nie angażując się w to wewnętrznie. Ten, kto potrafi zachowywać obojętność umysłu, jest na dobrej drodze do świętości. Kto żyje w świątyni ciała, nie ulegając wpływom zmiennych postrzeżeń zmysłowych, zachowując jednaką postawę wobec przyjemności i bólu, zimna i gorąca, i tak dalej, zostaje prawdziwym królem pośród ludzi. Osiągnąwszy niezmienny stan, jest jednym z niezmiennym Duchem.

Wszystkich, którzy przybyli do aśramu mojego Guru na trening duchowy, ćwiczono w takiej dyscyplinie. Podobnie musi przestrzegać samodyscypliny aspirujący jogin i Zachodu, i Wschodu.

Powinien unikać przesadnego rozpieszczania ciała. Jeśli zauważy, że znajduje czas na wszystko, ale jest zbyt zajęty, aby mieć go dla Boga, powinien użyć bata samodyscypliny. Dlaczego się bać? Można zyskać wszystko. Jeśli człowiek sam nie będzie domagał się i walczył o własne zbawienie, czy ktoś zrobi to za niego?

Stan poznania Boga jest bardzo trudno osiągnąć. Niech nikt się nie oszukuje ani nie myśli, że ktoś inny może mu go „dać". Gdy wpadałem w stan stagnacji umysłowej, mój Guru nie mógł nic dla mnie zrobić. Ale ja nigdy nie poniechałem starań o to, aby dotrzymać mu kroku, ochoczo wykonując wszystko, o co mnie poprosił. „Przyszedłem do niego po poznanie Boga – rozumowałem – i muszę słuchać jego rad". Wydawało się, że w jego aśramie my młodzi uczniowie ciągle gotujemy, i było też wiele innych pretekstów, żeby nie medytować. Jednak chociaż pracowałem tam ciężej niż we własnym domu, uznałem, że środowisko aśramu było dla mnie korzystne duchowo.

Codziennie dotrzymuj terminu spotkania z Bogiem

Niech żaden wielbiciel nie opuszcza swego codziennego spotkania z Bogiem. Umysł może poddać myśl o kinie albo innych rozrywkach, gdy jednak przychodzi codzienna pora spotkania z Bogiem, dotrzymuj tego świętego zobowiązania. Inaczej długo Go nie odnajdziesz.

W poszukiwaniu Boga zawiera się pewien składnik osobisty, który jest ważniejszy niż opanowanie całej nauki jogi. Ojciec Niebiański chce być pewny, że Jego dzieci pragną tylko Jego, że nie zadowoli ich nic innego. Gdy Bogu daje się odczuć, że nie jest na pierwszym miejscu w sercu wielbiciela, odchodzi On na bok. Do tego jednak, który mówi: „O Panie, nieważne, że tej nocy stracę trochę snu, jeśli tylko będę z Tobą", On przyjdzie. Na pewno! Władca stworzenia wyłoni się spoza niezliczonych zasłon tego tajemniczego świata i objawi zza każdej z nich. Przemawia On do swoich prawdziwych wielbicieli i bawi się z nimi w chowanego. Niekiedy nagle odsłania pocieszającą prawdę, gdy wielbiciel się martwi. W swoim czasie, wprost lub pośrednio, zaspokaja On każde pragnienie wielbiciela.

Spełnienie określonego pragnienia wydaje się konieczne tylko wtedy, gdy wielbicielowi brak przekonania, że może znaleźć doskonałe spełnienie w Bogu. Tego, kto przebywa w spokoju w Bogu, nie dręczą niespełnione ludzkie pragnienia. „Chroniąc się we Mnie, wszystkie istoty [...] mogą osiągnąć Najwyższe Spełnienie"[2]. Nikt nie może mnie skrzywdzić, przeszkadzając mi w jakiejś zewnętrznej sprawie, ponieważ Bóg mi wystarcza; Jego radosna obecność to jedyny czynnik warunkujący moje szczęście. Każdy z was powinien próbować stanowczo medytować i odczuwać Jego obecność. Przekonacie się, jak szybko staniecie się świadomi Jego łask.

Świat czci potężnych władców, takich jak Aleksander Wielki i Napoleon, ale pomyśl o stanie ich umysłów! Potem pomyśl o spokoju, jaki miał Chrystus. Jego spokoju nie można Mu było odebrać. Myślimy, że poszukamy tego spokoju „jutro". Każdy, kto tak rozumuje, nigdy go nie znajdzie. *Szukaj go teraz.* Nie zaniedbujemy jedzenia i innych powinności wobec ciała. Są to rzeczy bardzo dla nas ważne. Lecz ten, kto głęboko kocha Boga, zupełnie nie martwi się o ciało. To właśnie miał na myśli Jezus, mówiąc: „Nie troszczcie się o żywot wasz, co byście jedli ani o ciało, czym byście się przyodziewali"[3].

Osiągniesz Boga nie wcześniej niż kiedy świadomie odczujesz, jak absolutne On ma znaczenie. Nie pozwól, aby życie cię oszukało. Twórz takie dobre nawyki, które sprzyjają prawdziwemu szczęściu. Stosuj prostą dietę, ćwicz ciało i codziennie medytuj – bez względu na to, co się dzieje. Jeśli nie możesz ćwiczyć i medytować rano, rób to wieczorem. Codziennie módl się do Niego: „Panie, choćbym miał umrzeć albo choćby cały świat się zawalił, codziennie znajdę czas, aby być z Tobą".

Kto interesuje się wyłącznie Bogiem? Bardzo nieliczni. Większość chce mówić tylko o duchach, cudach i tak dalej. Lecz temu, kto zna Boga, powie On wszystko, co kiedykolwiek pragnął on wiedzieć.

Krijajoga – najwyższa metoda kontaktu z Bogiem

Najwyższą metodą kontaktu z Bogiem jest *Krijajoga*. W moim własnym poszukiwaniu Boga zjeździłem całe Indie i słuchałem słów mądrości z ust jej największych mistrzów. Dlatego mogę zaręczyć, że w naukach Self-Realization [Fellowship] zawarte są najwyższe prawdy i naukowe techniki dane ludzkości przez Boga i Wielkie Dusze.

---

[2] *Bhagawadgita* IX:32.
[3] Łk 12,2.

Praktykowanie *Kriji* przynosi najwyższy spokój i szczęśliwość. Radość, którą daje *Krija*, jest większa niż radość płynąca ze wszystkich przyjemnych doznań fizycznych razem wziętych. „Jogin, który nie lgnie do świata zmysłów, doświadcza naturalnej dla Jaźni wciąż nowej radości. Trwając w boskim zjednoczeniu duszy z Duchem, osiąga niezniszczalną szczęśliwość"[4]. Z tej radości doświadczanej w medytacji uzyskuję wypoczynek tysiąca przespanych nocy. Sen jest praktycznie niepotrzebny zaawansowanemu *krija-joginowi*.

Gdy dzięki metodzie *Krijajogi* praktykujący wchodzi w stan *samadhi*, w którym jego oczy nieruchomieją, oddech i serce uspokajają się, wtedy postrzega on inny świat. Oddech, dźwięk i ruch oczu należą do tego świata. Ale jogin, który ma kontrolę nad oddechem[5], może wejść do świata niebiańskiego astralu i świata przyczynowego i tam obcować ze świętymi Boga lub może wejść w świadomość kosmiczną i obcować z Bogiem. Jogina nie interesuje nic innego.

Ten, kto będzie przykładał mniejszą wagę do wszystkiego innego, pamiętając o tym, co powiedziałem, na pewno dotrze do Boga. W końcu wszyscy muszą tam dotrzeć. Ale jaki jest sens mówić wam o tych prawdach, jeśli nie będziecie ich praktykować? Nie brak mi pełnej miłości troski o was, ale nawet gdybym codziennie przypominał wam te prawdy, nie pomogą one temu, kto sam nie dokłada starań, by praktykować medytację. Nikt nie jest większy od Boga, zasiadającego na tronie w sercu każdego człowieka, ale nawet On nie zmusza nas to tego, abyśmy Go poszukiwali. Dał nam On wolną wolę. Ale ten, kto posłuszny jest prawdziwemu guru i trwa wiernie przy nim, stosując się do jego nauk, przemieni całe swoje życie. „Pojąwszy tę mądrość podaną przez guru, nie doznasz już zaślepienia"[6].

Aby znaleźć Boga, bądź Bogu wierny

Łatwo jest poznać po twarzy człowieka, czy kocha Boga. Prawdziwych wielbicieli można nazwać fanatykami, tak są Mu oddani. Jedynym dobrym rodzajem fanatyzmu jest wierność Bogu – myślenie

---

4 *Bhagawadgita* V:21.
5 *Zob.* „Słowniczek".
6 *Bhagawadgita* IV:35.

o Nim dniem i nocą, nocą i dniem. Bez takiej wierności znalezienie Boga jest niemożliwe. Ci, którzy nigdy nie pomijają *Kriji* i ci, którzy długo siedzą w medytacji i modlą się żarliwie do Boga, odnajdą wytęskniony Skarb.

Ten świat jest tylko snem. Podobnie jak w kinie nie ma zasadniczej różnicy między oceanem a niebem, które są tylko dwoma różnymi częstotliwościami wibracji światła, tak samo jest na tym świecie. Smutek i radość, ból i przyjemność, zimno i ciepło to tylko sny tego świata. Jedyną Rzeczywistością jest Pan. Powinniśmy się zawsze modlić o to, aby żadna próba czy pokusa nie zdołała nas skłonić do zapomnienia o Nim. Gdy tak się modlę, modlitwa jest skuteczniejsza niż innymi razy. Poza tym, nawet jeśli zdarzy się jakaś poważna sprawa, która mnie od Niego odciąga, pomimo tego natychmiast czuję, że jestem bezpieczny w Jego ramionach.

Trudno jest Go poznać. Ścieżka do Boga jest wąska jak ostrze brzytwy. Ale zniechęcenie nigdy nie jest uzasadnione, bo nie musimy zdobywać czy osiągać czegokolwiek; musimy tylko uświadomić sobie, że Bóg już jest w nas. Dlatego należy natychmiast wyrzucić z umysłu wszelki negatywizm. Współpraca z myślami guru sprawia, że ścieżka jest łatwa. Jeśli uczeń mówi: „Nie potrafię tego zrobić, to dla mnie zbyt trudne", powstrzymuje go to. Nikt nie złapał nas w pułapkę nastrojów, nawyków i pragnień, ale uczyniliśmy to sami, i nikt poza nami samymi nas z niej nie uwolni.

Prowadźcie dziennik swojego życia duchowego. Ja miałem zwyczaj codziennie zapisywać, jak długo medytowałem i jak głęboko wchodziłem w medytację. Tak często, jak to możliwe, szukajcie samotności. Nie marnujcie wolnego czasu na przebywanie z ludźmi tylko w celach towarzyskich. Trudno jest znaleźć miłość Boga w towarzystwie. Pana odkrywa się w ciszy, a *Krija* pokazuje drogę.

Moją największą ambicją jest ustanowienie świadomości Boga w duszach ludzkich. Wszystko inne jest dla mnie bezcelowe. Jedynym celem Self-Realization Fellowship jest nauczenie każdej osoby metody osobistego kontaktu z Bogiem. Ci, którzy usilnie się starają, nie mogą Go nie znaleźć. Złóżcie w swoich sercach uroczystą obietnicę i módlcie się do Ojca, aby was pobłogosławił dojmującym pragnieniem odnalezienia Go, tak abyście już nie marnowali więcej czasu na bezużyteczne rozrywki tego ziemskiego świata.

Módlcie się do Ojca: „Ponieważ obowiązują nas Twe prawa stworzenia i musimy pracować, niech wykonujemy nasze obowiązki tylko po to, aby Cię zadawalać. Błogosław nam w każdej chwili, abyśmy mieli świadomość, że Ty jesteś ważniejszy niż jedzenie, spanie, czy cokolwiek innego. Błogosław nam, abyśmy umieli sprostać Twym próbom i unikać strasznych pokus ciała. Obyśmy wszyscy – Twe królewskie dzieci – otrzymali diademy na Twym łonie".

I modlę się za każdego z was, abyście od dzisiaj nie szczędzili wysiłków dla Boga i abyście się nie poddawali, dopóki się w Nim nie umocnicie. Jeśli Go kochacie, będziecie praktykować *Kriję* z największym oddaniem i sumiennością. Nieustannie szukajcie Go poprzez modlitwę i *Krijajogę*. Bądźcie dobrej myśli, bo jak powiedział niegdyś Babadźi, cytując z *Bhagawadgity*: „Nawet maleńka cząstka tej prawdziwej religii przed wielkim ochrania strachem (ogromnymi cierpieniami nieuchronnymi dla powtarzających się cykli narodzin i śmierci)"[7].

---

7 *Bhagawadgita* II:40.

Dlaczego marnować czas?
Bóg jest radością, której poszukujesz

Nieformalna pogadanka dla stałych mieszkańców (mnichów) i gości w Międzynarodowej Siedzibie Głównej Self-Realization Fellowship, Los Angeles, Kalifornia, w dzień Bożego Narodzenia 1939

To święto Bożego Narodzenia na zawsze pozostanie w mojej pamięci, bo przebywanie z wielbicielami Pana to dla mnie wielka radość i przywilej. Wczoraj, gdy podczas całodniowej medytacji tutaj obcowaliśmy z Chrystusem, czuliśmy, że jesteśmy jedną wielką rodziną w Bogu. W medytacji dusze spotykają się w przestrzeni serca i radują się w Duchu.

Oby wszystkich ludzi i wszystkie kościoły zainspirował skromny przykład naszej duchowej uroczystości do poświęcenia – tak jak to uczyniliśmy – całego jednego dnia na wielbienie Świadomości Chrystusowej. Osiem godzin, podczas których wczoraj medytowaliśmy, minęły jak osiem minut! Miłość Boga przewyższa wszystkie przyjemności zmysłowe. Jeśli raz doświadczymy Jego miłości w sercu, stajemy się tak nią przepojeni, że nie możemy o tym zapomnieć. Wczorajszej nocy nie spałem, ale i nie potrzebowałem snu. Albowiem w wiecznej radości, którą odczuwam w Świadomości Chrystusowej, nic innego się nie liczy.

Moi drodzy, moim największym prezentem dla was w to Boże Narodzenie jest moja miłość. To, że mogę kochać wszystkich, poświęcać się dla wszystkich i znajdować bezgraniczną przyjemność w pomaganiu innym – jest łaską, którą otrzymałem. Powinniśmy czynić innym tak, jak gdybyśmy to czynili dla siebie. Jeśli płaszcz, którego potrzebujemy, kosztuje pięćdziesiąt dolarów, wydajemy je z przyjemnością. Gdy możemy kupić go dla kogoś innego z takim samym uczuciem radości, poznajemy prawdziwego ducha dawania.

"Moje słowa nie przeminą"

Niech duch świąt Bożego Narodzenia, którego czujecie, nie przeminie wraz z dzisiejszym dniem. Niech będzie z wami każdego wieczoru, gdy medytujecie! Wtedy w ciszy waszego własnego umysłu, gdy odegnacie wszystkie niespokojne myśli, nadejdzie Świadomość Chrystusowa. Jeśli wszyscy będziemy postępować zgodnie z duchem Jezusa, z pewnością będziemy każdego dnia doświadczać Jego obecności w sobie. Albowiem Świadomość Chrystusowa, która przejawiła się w Jezusie, nie miała być światłem tylko jednego stulecia, lecz wszystkich stuleci na wieczność. Dlatego Jezus powiedział: „Niebo i ziemia przeminą, ale słowa moje nie przeminą"[1]. Radość, jaką czuł Chrystus, radość, której nakazywał ludziom szukać, i duchowe zasady postępowania, do których przestrzegania nawoływał nas – by kochać naszych nieprzyjaciół i nadstawiać drugi policzek – są ponadczasowe. Przykazanie miłowania Boga całym sercem, umysłem i duszą nie miało się odnosić tylko do pokoleń biblijnych; jest ono wiecznym prawem.

Życie jest karawaną

Wielu ludzi, którzy byli z nami w zeszłe święta Bożego Narodzenia, nie ma teraz pośród nas i któż wie, kto będzie tutaj w następne święta? Takie jest życie. A jednak życie toczy się dalej. Jest jak karawana, w której podróżujemy przez krótki czas. Niektórzy z współtowarzyszy naszej podróży wpadają do dołów głupoty i niewiedzy, ale gdy zmęczą się doświadczanym cierpieniem, zaczną szukać bezpiecznego przewodnictwa Właściciela tej ziemi, którym jest nie kto inny jak Ojciec Niebiański. Nawet jeśli odczepimy się od tej karawany, i chociaż początek i koniec naszej podróży okrywa ciemność, to jednak życie ma głęboki sens: ma nauczyć nas szczerego poszukiwania Boga.

Ten świat można także porównać do sztuki teatralnej. Aktorzy nie pojawiają się znikąd – wychodzą zza kulis. Po odegraniu swoich ról nie przestają istnieć – udają się tylko za kulisy na odpoczynek.

---

[1] Mt 24,35.

Jest planem Reżysera Sceny, abyśmy przychodzili tutaj grać przez jakiś czas na scenie życia, potem odchodzili. Nie umarliśmy – jesteśmy tylko za kulisami, ukryci za kurtyną czasu według wskazówek Reżysera Sceny. I będziemy widziani na tej scenie życia raz po raz, aż staniemy się tak dobrymi aktorami, że będziemy umieli odgrywać nasze role doskonale, zgodnie z Wolą Boga. Wtedy powie On: „Już nie musisz więcej wychodzić. Wykonałeś Moją Wolę. Odegrałeś swoją rolę i grałeś dobrze. Nie straciłeś odwagi. Teraz powróciłeś do Mnie, aby stać się filarem nieśmiertelności w świątyni Mojego Wiecznego Bytu"[2].

Dobre towarzystwo jest sprawą najwyższej wagi

Dobrze grać swoją rolę na ziemi nie jest łatwo. Jedynie dzięki dobremu towarzystwu można znaleźć drogę wyjścia z niewiedzy. Ślepiec nie może prowadzić ślepca. Obcowanie z tymi, którzy lubią jedynie spotkania towarzyskie, to strata twojego czasu, ale towarzystwo tych, którzy kochają Boga, zapewni ci miłość Boga. Pan powiedział w *Bhagawadgicie*: „Spośród tysięcy ludzi może jeden człowiek dąży do doskonałości duchowej, a spośród tych błogosławionych prawdziwych poszukujących, którzy wytrwale starają się do Mnie dotrzeć, zaledwie jeden postrzega Mnie takim, jakim jestem"[3]. Bardzo niewielu interesuje się Bogiem. Mówi się, że dziecko zajęte jest zabawą, młody człowiek seksem, a dorosły martwieniem się. Jakże nieliczni myślą o wiecznej szczęśliwości Ducha! Ale ten, kto szuka Boga i kto szuka Go z całej duszy i z całym zapałem, aż Go znajdzie, jest najmądrzejszym z ludzi. Pan zna twoje myśli, i jeśli Go kochasz, objawi się tobie.

Nigdy nie zapominaj o Bogu

Bez względu na to przez co przechodziłem, moja radość była jak cichy strumień nieprzerwanie płynący pod piaskiem moich myśli. Tych cichych rzek boskiej radości nie można zobaczyć oczami, ale odkrywamy je, ilekroć przebijamy się coraz głębiej przez zewnętrzne

---

2 „Tego, kto zwycięża, uczynię kolumną w Przybytku Świątyni mego Boga, więc już nie wyjdzie na zewnątrz". (Apokalipsa 3,12).

3 *Bhagawadgita* VII:3.

warstwy świadomości. Niech nikt inny nie wie, jak głęboko kochasz Pana. Pan Wszechświata wie o twojej miłości; nie wystawiaj jej na pokaz, bo możesz ją utracić.

Kiedy w cichości duszy i na każdym etapie życia zwracasz się do wewnątrz i mówisz: „Ojcze, nie zapomniałem o Tobie" – gdy takie oddanie wypływa z głębi twego serca – Bóg przychodzi się napić z fontanny twojej miłości. Jedynym celem życia jest cieszyć się Nim. *To jest możliwe.* Nie mówiłbym o tym, gdybym nie znał Jego bezgranicznej miłości i szczęśliwości. Ty także musisz Go znaleźć. *Bóg jest.* Święci nie kłamali. Ja też cię nie okłamuję. Zatem po co tracić czas? Nie zapominaj o Nim. Wiem, jak straszne są konsekwencje. Zapominanie o tym wewnętrznym Źródle szczęścia to przyczyna całego ludzkiego cierpienia i nieszczęścia.

Wyciągamy ręce, by otrzymać Jego dary życia, słońca, pożywienia i wszystkie inne rzeczy, którymi nas obdarza, ale już w chwili, gdy je otrzymujemy, nie zważamy na Dawcę. Jeśli z miłością dajesz komuś prezent, a potem odkrywasz, że on w ogóle o ciebie nie dba, jakże bardzo cię to boli! Bóg także tak się czuje. Codziennie używamy Jego daru wzroku, by widzieć świat, przyjmujemy Jego dary myśli i rozumu, ale nie pamiętamy o Nim.

Jeśli Bóg cię o cokolwiek prosi, to o twoją miłość. On nieustannie podąża za tobą, wabi cię poprzez słowa świętych. Nie ignoruj Go!

Maszeruj dalej ku królestwu niebiańskiemu

Radość, którą czuliście wczoraj po ośmiogodzinnej medytacji, jest we mnie stale. Nic innego nie mogłoby mi dać tak wielkiego szczęścia. Wszystko inne jest stratą czasu. Po co trzymać się złudnych rzeczy tego świata? Pamiętajcie, kiedy staracie się doskonalić duchowo, zmierzacie ku Jego królestwu, a kiedy się nie staracie, stoicie w miejscu albo się cofacie. Maszerujcie dalej! Używajcie nocy do medytacji. W ten sposób Go odkryjecie. Wydaje się, że bardzo trudno jest znaleźć Boga, ale bardzo łatwo Go zadowolić, gdy tylko Go przekonacie, że jest On dla was wszystkim. Wtedy do was przyjdzie.

Drodzy przyjaciele, mam nadzieję, że te święta Bożego Narodzenia nie skończą się dla was dzisiejszego wieczoru. Moje Boże Narodzenie nigdy się nie kończy. Świętuję dniem i nocą. Pan jest ze mną, a ja jestem z Nim. Oto Jego obietnica w *Bhagawadgicie*: „Kto mnie postrzega we wszystkim i wszystko we mnie postrzega, Temu ja z oczu nie znikam i on mi z oczu nie znika"[4]. Ludzie nałogowo uzależnieni od wina są cały czas pijani. Czy pracują, czy się bawią, myślą o alkoholu. Boski Nektar jest milion razy bardziej upajający. Kiedy do was mówię, jestem tak samo z Nim, jak wtedy, gdy medytuję. Taka ogromna miłość! Żaden język nie zdoła opisać tego szczęścia. W Biblii wspominane jest, że w dniu Zesłania Ducha Świętego apostołów spowił Duch Święty. Wątpiący mówili: „Młodym winem są napełnieni"[5]. Zaiste, byli pijani, ale winem boskiej szczęśliwości!

Źródło czystej radości Ducha leży ukryte w waszych duszach. Kopcie kilofem medytacji, aż je odsłonicie i kąpcie się w tej krynicy wiecznej szczęśliwości.

I tak, moi kochani, moje święta Bożego Narodzenia będą trwały wiecznie we wciąż potężniejącej, nieskończonej radości. Gdyby ta radość była ograniczona, tak jak szczęście ziemskie, kiedyś nadszedłby czas, kiedy to wszystko się skończy. Ale żaden święty nigdy nie zdoła wyczerpać wciąż nowej szczęśliwości Boga. Chociaż mistrzowie znają Go w pełni, Jego radość jest dla nich wciąż nowa przez całą wieczność. Gdyby rozkosze Ducha nie były nieskończone, to nawet święci chcieliby od czasu do czasu powracać na ziemię dla rozrywki, tak jak zwykli śmiertelnicy, którzy powracają raz po raz. Ale święci są wiecznie szczęśliwi tak jak nikt inny. Jest to bogactwo, które otrzymują, kiedy oddają wszystko za miłość Pana. Nic nie może zniszczyć radości i spokoju ich bytu. To jest „Chrystusowstwo".

Zadawalaj innych, zadawalając Boga

Zatem staraj się tylko sprawiać radość Bogu. Staraj się także zadawalać ludzi, ale nie kosztem zadawalania Boga. Największą rzeczą

---

[4] *Bhagawadgita* VI:30.

[5] „A w wypełnieniu pięćdziesiątego dnia wszyscy byli jednomyślnie przy tym samym. [...] wszyscy zostali napełnieni Duchem Świętym. [...] Zaś drudzy mówili, drwiąc: Młodym winem są napełnieni. A Piotr stanął razem z jedenastoma, podniósł swój głos i do nich powiedział: [...] oni nie są, jak wy sądzicie pijani [...] ale dzieje się to, co zapowiedziano przez proroka Joela: A w ostatnich dniach zdarzy się, mówi Bóg, że wyleję z mojego Ducha na wszelkie ciało" (Dzieje Apostolskie 2,1-17).

jaką możesz osiągnąć, jest zdobycie ludzkiego uznania poprzez urzeczywistnienie Boga w sobie. Czas ucieka. Na co czekasz? Życie na świecie nie jest rzeczywiste. Pomimo że musisz jeść i spać, pewnego dnia przełącznik w twoim sercu zostanie nagle przekręcony i będziesz musiał zostawić wszystko za sobą. Kiedy pewien przybysz powiedział do mnie: „Jestem zbyt zajęty, aby medytować", odparłem: „Kiedy umrzesz, wszystkie twoje zajęcia staną się nieważne. Co wtedy? Gdzie będziesz, jeśli nie znajdziesz przedtem Boga? Przyjaciele będą cię opłakiwać przez krótki czas, a potem powrócą do swoich zajęć. Nie zaniedbuj swego jedynego Wiecznego Przyjaciela!".

Mądrość staje się przyćmiona, gdy źle używa się umysłu albo przebywa w złym towarzystwie. Najpewniejszą drogą do szczęścia jest szukanie Boga. Ani ludzka miłość, ani żadne inne ziemskie doświadczenie nie dorównuje Jego szczęśliwości. Każdy, kto mówi ci, że coś innego jest ważniejsze niż szukanie Boga, myli się. Nie może być nic większego niż znalezienie Tego, który cię stworzył. Dlatego święte pisma hinduskie mówią: „Zaniechaj wszystkich obowiązków, jeśli to konieczne, i dąż do Mnie. Za zaniechanie wszystkich obowiązków narazisz się na grzech, ale Ja ci przebaczę, albowiem nie można spełnić żadnego obowiązku, nie otrzymawszy mocy ode Mnie"[6]. Obowiązek wobec Boga unieważnia wszystkie inne obowiązki. Kiedy zdecydowanie zostawiasz wszystko inne, aby Go osiągnąć, to jesteś na drodze do poznania.

Cudownie jest móc wypełniać obowiązki wobec Boga i człowieka. Jest w porządku, jeśli spełniamy obowiązki wobec Boga, choć nie spełniamy obowiązków świeckich. Ale jeśli spełniamy obowiązki świeckie, lecz nie spełniamy obowiązków wobec Boga, to jesteśmy jak muły dźwigające wór złota. Muł zna jedynie ciężar złota, nie może go używać. Spełniać najpierw obowiązki wobec Boga, a potem z Jego świadomością pomagać światu, to jest boskie. I to jest celem nauk Self-Realization Fellowship: zdobyć towarzystwo Boga poprzez poznanie Jaźni, i przebywając w tym boskim towarzystwie, pomagać zdobyć je innym[7].

---

6 Częściowo wolny przekład z Gity XVIII:66 (zob. s. 323).

7 „*Riszi* (mędrcy), którzy zmazali swoje grzechy, wątpliwości wszelkie przecięli, podporządkowali sobie zmysły, przyczyniający się do dobra ludzkości, osiągają stan wyzwolenie w Duchu" (*Bhagawadgita* V:25).

Tam, gdzie jest twoje serce, jest także twój umysł. Gdziekolwiek na świecie znajdują się ci, których kochasz, twoje serce biegnie ku nim. Musisz czuć to samo wobec Boga, musisz kochać Go całym sercem. I kochać Go także całym umysłem; jeśli podczas modlitwy twoje myśli są rozbiegane, to to jest kpina. Na koniec kochaj Boga całą duszą. Gdy zbliżasz się do Boga, pokonując wszystkie pokusy mieczem mądrości, zamykając jedne po drugich drzwi zmysłów i żegnając się kolejno z niespokojnymi dotyczącymi doczesnego życia myślami, to kochasz Boga całym sercem, całym umysłem i całą duszą. Odbicie księżyca w szklance wody, która została poruszona, jest zniekształcone, ale kiedy woda uspokaja się, odbicie księżyca widać doskonale. Podobnie obraz duszy został zniekształcony przez niepokój twojego umysłu, ale kiedy uspokajasz umysł, kochając Boga całym sercem, umysłem i duszą, dostrzegasz w sobie wyraźne odbicie Boga.

Bóg skrzy się w Drodze Mlecznej i w naszej inteligencji, i w rozumie. Obecny jest w każdym źdźble trawy; każdy kwiat odzwierciedla Jego uśmiech. W każdej dobrej myśli jest radość Ducha. Jest On wieczny. Gdy rozwijasz się duchowo, poznajesz, że jest On twoją prawdziwą Jaźnią, odzwierciedlony w tobie jako dusza, dokładnie tak jak księżyc może się odbijać w naczyniu z wodą; uświadamiasz sobie, że jesteś czystym obrazem Boskości. Dzięki większym wysiłkom stajesz się zdolny do rozbicia naczynia śmiertelnego ego. Wtedy odbity w nim obraz duszy staje się jednym z księżycem Ducha.

Szukaj uznania u Boga

Nie chcemy pochwał ludzkich; tym, o co zabiegamy, jest uznanie u Boga. „Albowiem czym każdy jest w Twoich oczach, tym tylko jest i niczym więcej", powiedział św. Franciszek. Jeśli przed Nim jesteśmy niepokalani, nic innego nie ma znaczenia. Czyniąc dobro, musimy niekiedy cierpieć. Aby znaleźć Pana, musimy być gotowi cierpieć. Czymże jest znoszenie niewygody ciała i dyscyplinowanie umysłu wobec wiecznego ukojenia Ducha? Radość Chrystusa w Bogu była tak wielka, że gotów był dla Niego zrezygnować z ciała. Celem życia jest osiągnąć tak ogromną radość – znaleźć Boga.

Wyrzeczenie nie jest celem; jest środkiem do celu. Prawdziwym

Dlaczego marnować czas? Bóg jest radością, której poszukujesz

wyrzeczeńcem jest ten, kto żyje przede wszystkim dla Boga, nie zważając na zewnętrzne okoliczności życiowe. Kochać Boga i wieść swoje życie tak, aby Go zadowalać – to jest istotne. Jeśli zechcesz tak postępować, poznasz Pana. Każda szlachetna myśl w twoim umyśle przybliża cię do Niego. Takie myśli są jak rzeka dążąca do oceanu Ducha.

Jedynym darem, który przywabia Boga, jest oddanie. Nie wzruszają Go żadne bogate prezenty i obietnice, które Mu się składa. Ale pachnący słodkim oddaniem ogród życia kusi Boga, aby przyjść. Gdy woń oddania płynie nieprzerwanie z róży twego serca, potężny Bóg musi do ciebie przyjść.

Bez względu na to, jak daleko nasze myśli odbiegają od Pana albo jak bardzo czujemy się opuszczeni, kroki naszego oddania wciąż wiodą nas do przystani Ducha. Nieważne jak daleko się oddaliliśmy, poprzez oddanie nadal możemy Go dosięgnąć; nasze życie nie musi być daremne.

Chociaż masz zwykłe obowiązki, nie usprawiedliwiają one twierdzenia, że nie możesz szukać Boga. Podczas gdy inni śpią, ty koncentruj się na Nim. Przekonasz się, że będziesz sto razy szczęśliwszy i wypoczęty. Rób to noc po nocy, nie myśląc o czasie. Medytując, po prostu przypominaj sobie: Jestem z Nim i jedynie to się liczy.

Gdy zasadzisz nasienie, nie wolno ci codziennie wyjmować go z ziemi, żeby sprawdzić, czy kiełkuje. Tylko powstrzymasz jego rozwój. Podobnie jest z nasionami twoich duchowych wysiłków. Gdy już je posadzisz, zostaw je tam i troskliwie ich doglądaj.

Mam nadzieję, że od dzisiejszego wieczoru dasz z siebie więcej duchowego wysiłku. Nie trać Go z oczu. Świat będzie się kręcił dalej bez ciebie. Nie jesteś aż tak ważny, jak sądzisz. Niezliczona liczba ludzi została wyrzucona do śmietnika wieków. Nie pozwól, aby twoje życie mijało bezużytecznie. Jeśli w twym sercu jest miłość do Boga, to jesteś większy niż większość ludzi spełnionych materialnie. Gdy zadowalasz Boga, jesteś najbliżej zadowalania wszystkich. Zatem naucz się Go kochać. Nie czuj się zmuszony do obcowania z ludźmi przez cały czas. Jeśli już to robisz, rób wszystko, co możesz, aby pomagać innym, ale gdy jesteś sam, bądź tylko z Bogiem. Kiedy Go osiągniesz, wszystko inne będzie ci dodane.

Zbawia cię nie to, czego słuchasz, lecz to, co robisz z tym, co usłyszałeś. Wielu słucha tego, co powinni robić, lecz niewielu robi z tego użytek. Nie paraliżuj swojej determinacji. Kiedy wiesz, że coś jest dobre, dlaczego nie miałbyś pójść za tym? Dlaczego nie miałbyś wzywać Pana dotąd, aż niebo się zatrzęsie od twoich modlitw? Poddaj się Mu całkowicie. I nigdy w Niego nie wątp.

Zanurz się głęboko w ocean medytacji. Jeśli nie znajdziesz tam pereł Jego obecności, nie wiń oceanu, wiń swój sposób zanurzenia się. Zanurzaj się raz po raz, aż Go znajdziesz. „Proście, a będzie wam dane; szukajcie, a znajdziecie; kołaczcie, a będzie wam otworzone"[8]. Pamiętaj, to niesforne dziecko przyciąga uwagę matki. Dziecko, które łatwo uspokoić, szybko zadowala się zabawkami. Natomiast niesforne chce tylko matki i nie przestaje płakać, dopóki nie przyjdzie. Płacz dotąd, aż Boska Matka przyjdzie!

Bóg jest tak bardzo rzeczywisty dla swoich wielbicieli! Każde słowo, które o Nim powiedzieli, jest prawdą, ale jego sztuka owiana jest tajemnicą. Musisz Go szukać nieprzerwanie. Nie da się wezwać Boga słabym płaczem; musi on być nieustający i nie dać się stłumić zabawkami w postaci pieniędzy, sławy i ludzkiej miłości. Gdy pragniesz tylko Go, On przyjdzie. Wtedy twoje lekcje na świecie staną się zakończone. Wypełnia cię na zawsze radość Nieskończonego. „Kto pracuje tylko dla Mnie, kto czyni Mnie swoim celem, kto z miłością poddaje się Mnie, kto wolny jest od przywiązania (do Moich złudnych światów kosmicznego snu), kto nie żywi wrogości do niczego (widząc Mnie we wszystkim) – ten we Mnie wstępuje"[9].

---

8 Mt 7,7.
9 *Bhagawadgita* XI:55.

Bóg jako światło i radość

*Pustelnia Self-Realization Fellowship
w Encinitas, Kalifornia, 14 listopada 1937*

Cała przyroda jest nierzeczywista. To, co nadprzyrodzone jest jedyną rzeczywistą Substancją. Dziś spacerowałem po Pustelni, przyglądając się światłu słońca wokół mnie. Mijając schody na plażę, zatrzymałem się i włączyłem lampki przy schodach, aby sprawdzić, czy działają. Nie mogłem ich jednak dostrzec, bo gdy tam stałem, nagle wzeszło wielkie światło Boga, uniemożliwiając ujrzenie mniejszych świateł. Nawet samego słońca nie mogłem dojrzeć. Zrozumiałem jasno, że ani światło słoneczne, ani elektryczne nie jest rzeczywiste. Jedynym prawdziwym światłem jest światło Boga.

> Gdyby tysiące słońc wzeszło
> nagle na niebie,
> zalewając ziemię promieniami, o jakich nikomu się nie śniło,
> wtedy ich blask podobny byłby do majestatu i blasku
> tej wymarzonej Wielkiej Istoty[1].

W tej wielkiej wizji pokazał mi On światy nad światami – nieskończone przejawienia Jego światła. Te rzeczy, które widziałem, są jedynie wyrazami Jego świadomości. I jeśli jesteśmy do Niego dostrojeni, nasza percepcja jest nieograniczona i przenika wszystko w oceanicznym przepływie Bożej Obecności.

Gdy znamy Ducha i gdy wiemy, że jesteśmy Duchem, nie istnieją lądy ani morza, ziemia ani niebo – wszystko jest Nim. Rozpuszczenie wszystkiego w Duchu to stan nie do opisania. Odczuwa się wielką szczęśliwość – wieczną pełnię radości, wiedzy i miłości. Mogę poznać po twarzy ucznia, czy dusza w nim drży z tej radości,

---

1 *Bhagawadgita* XI:12 [dowolne polskie tłumaczenie z angielskiej wersji Edwina Arnolda].

tak jak liść drżący na wietrze. Ekstazę tę można poznać jedynie równoważąc czynności zwykłego życia z głęboką uduchowioną medytacją, do której nic nie zdoła cię zniechęcić.

Droga do prawdziwej wolności

Barierami w rozwoju duchowym są egotyzm, pycha, chciwość, złość i inne brzydkie pochodne egocentryzmu. Uniemożliwiają one człowiekowi ucieczkę z nędzy duchowej niewiedzy. Właściwą drogą jest przestrzeganie nauk mistrza duchowego, który posiada mądrość i kocha Boga nad wszystko inne, oraz dostrojenie się do życzeń takiego guru. Ta droga prowadzi do wolności. Twoimi pragnieniami rządzą nawyki przeszłych żywotów i nowe nawyki, które stale tworzysz. Więżą one duszę i uniemożliwiają ci bieg drogą do wiecznej wolności.

Po jednej stronie drogi życia leży ciemna dolina niewiedzy, a po drugiej wieczne światło mądrości. Jeśli będziesz przestrzegał wskazówek prawdziwego guru, będziesz bezpiecznie kroczył drogą do wolności. Wtedy wszystko, czego pragniesz, będzie zrodzone z mądrości i będzie do ciebie przychodzić bez najmniejszego wysiłku. Cały wszechświat został stworzony Bożą Wolą i kiedy jesteś z nią w harmonii, wszystko, czego pragniesz, dokonuje się dzięki samemu tylko życzeniu. Ja już nawet nie śmiem mieć życzeń, bo wiem, że wszystko, o czym pomyślę, do mnie przyjdzie.

Prawdziwy wielbiciel mówi: „Panie, nie mam pragnień. Wszystko, czego pragnę, znalazłem w Tobie. Nic innego tego nie przewyższy"[2]. Gdy posiada się Jego mądrość, miłość i radość, spełnione są wszystkie pragnienia serca. Jest to wspaniały stan. Gdy zjednoczyłeś się z Duchem, jesteś królem – królem spokoju i szczęśliwości, całkowicie spełniony i kompletny wewnątrz swojej Jaźni. W jedności z Nim widzisz, że cały świat stoi przed tobą, gotów spełniać twoje rozkazy. Ponieważ Bóg uczynił człowieka na swój obraz, wszyscy ci, którzy Go odnajdują, odkrywają także, że Jego wola w nich spełnia ich najdrobniejsze rozkazy.

---

2 „Stan, który raz osiągnąwszy jogin uważa za skarb nad skarbami, i utwierdzony w nim, odporny jest nawet na najcięższe cierpienie" (*Bhagawadgita* VI:22).

Wraz z poznaniem Boga przychodzi wszelka moc

Tak długo, jak masz jakiekolwiek pragnienie dominowania nad innymi ludźmi albo pokazywania im, jak potężny jesteś duchowo czy pod jakimkolwiek innym względem, nie znajdziesz wolności duszy. Świadomość Boga zaczyna się w pokorze, miłości i błogości medytacji, ale wraz z poznaniem Boga przychodzi pełnia mocy. Gdyby mała fala wiedziała, że pod nią jest wielki ocean, mogłaby powiedzieć: „Jestem oceanem". Powinieneś uświadomić sobie, że tuż pod twoją świadomością znajduje się Ocean Boga.

Kiedy krzyżowano Jezusa, mógł On jednym spojrzeniem obrócić swych nieprzyjaciół w popiół, ale tego nie uczynił. Zamiast tego, przebaczył im. Taka jest boska natura: pokój, miłość, pokora, wszechobecność, wszechwiedza. Ten, kto staje się jednym z Bogiem, nie ma potrzeby udowadniać sobie ani innym, że ma całą moc do swojej dyspozycji i nie musi się niczego bać. Ale używa swojej mocy tylko wtedy, gdy nakaże mu to Bóg.

Samozrealizowany jogin jest obudzony w swej nieskończonej naturze i śpi w swojej materialnej naturze[3]. Powinieneś osiągnąć takie panowanie nad sobą. Nie oszukuj się, poświęcając cały swój czas światu. Przechytrz świat i jego przynęty: najlepszym sposobem oszczędzania czasu i używania go dla największego dobra jest poświęcić całą swą uwagę poszukiwaniu Boga dniem i nocą, bez względu na to, czym się zajmujesz w świecie.

Krowa spokojnie pasąca się ze swym cielęciem na pastwisku nie wykazuje żadnych oznak niepokoju o cielę, ale gdy się do niej zbliżasz, natychmiast reaguje na ciebie. Podobnie jogin, na zewnątrz zajęty pracą, wewnątrz stale utrzymuje uwagę na Panu.

Jezus powiedział: „Dlatego jeśli ręka twoja albo noga twoja gorszy cię, odetnij ją"[4]. Nie miał On na myśli tego, że powinieneś okaleczyć swoje ciało, lecz raczej to, że powinieneś odciąć zniewalające więzy zmysłowe, które uniemożliwiają ci znalezienie Boga.

---

3 „To, co jest nocą (czasem snu) dla wszystkich stworzeń, jest (świetlistą) jawą dla człowieka, który jest panem siebie. A to, co jest jawą dla zwykłego człowieka, jest nocą (czasem snu) dla mędrca, posiadającego boską percepcję" (*Bhagawadgita* II:69).

4 Mt 18,8.

Jak natarczywe dziecko, stale wzywaj Boską Matkę, aż powie: „No dobrze, czego chcesz?". Jest Ona tak bardzo zajęta stworzeniem, że nie odpowiada od razu, ale do nieznośnego dziecka, które ciągle za Nią płacze, Matka przyjdzie.

Boskiej Matce bardzo zależy, abyś powrócił do Niej, ale najpierw musisz Jej udowodnić, że pragniesz wyłącznie Jej. Musisz przyzywać Ją uporczywie i nieustannie, wtedy Ona uśmiecha się i momentalnie jest z tobą. Duch Boży nie ma uprzedzeń – Matka kocha wszystkich. Jej wielbiciele doceniają Jej miłość, odpowiadają na Jej miłość. Widzę, jak zachowują się ludzie, którzy zdobyli trochę ludzkiej miłości albo trochę pieniędzy – jakże są szczęśliwi! Ale gdyby wiedzieli jaka siła, jaka radość i jaka miłość są w Boskiej Matce, uciekliby od wszystkiego innego.

Bóg mówi jedynie poprzez swoich wielbicieli

Do ludzi Bóg mówi jedynie poprzez swoich oświeconych wielbicieli. Dlatego najmądrzejszym postępowaniem jest dopasować się do woli guru, którego Bóg przysyła ci w odpowiedzi na pragnienie twojej duszy. Nie jest to samozwańczy guru; to guru, któremu Bóg nakazał, aby sprowadził innych z powrotem do Niego. Gdy masz choć trochę duchowego pragnienia, Pan posyła książki i nauczycieli, aby bardziej cię inspirować; a gdy pragnienie to staje się silniejsze, posyła On prawdziwego guru. „Zrozum to! Poddając się (guru), zadając pytania (guru i własnej wewnętrznej percepcji) i służąc (guru), mędrcy, którzy poznali prawdę, przekażą tę mądrość tobie"[5].

Bywają nauczyciele, którzy oczekują od uczniów, aby zawsze byli na każde ich skinienie, gotowi natychmiast ich posłuchać, a jeśli tak nie jest, nauczyciel wpada w gniew. Ale nauczyciel duchowy, który zna Boga i jest naprawdę guru, w ogóle nie myśli o sobie jako o nauczycielu. Widzi obecność Boga we wszystkich i nie czuje najmniejszej niechęci, gdy jacyś uczniowie lekceważą jego życzenia. Święte pisma hinduskie mówią, że ci, którzy dostrajają się do mądrości guru, umożliwiają guru niesienie im pomocy. „Pojąwszy tę mądrość

---

5 *Bhagawadgita* IV:34.

guru, o Ardźuno, nigdy już nie doznasz zaślepienia!"[6].

Przyjaźń, jaka istnieje między uczniem i guru, jest wieczna. Występuje tu całkowite poddanie; nie ma przymusu, kiedy uczeń akceptuje szkolenie guru.

Ludzka przyjaźń jest często egoistyczna; kiedy „przyjaciel" przestaje być dla nas użyteczny, przestajemy go kochać. Jest to wada ludzkiej miłości.

W boskiej przyjaźni, w boskiej miłości – uwarunkowanej nie przez normy materialne, lecz przez prawo duchowe – istnieje świadomość wzajemnej odpowiedzialności. Jeśli starasz się kogoś zrozumieć, łatwo jest go zadowolić, ale jeśli nie starasz się zrozumieć, nie jest możliwe zachowanie harmonii. Potrafię współpracować z obcymi mi ludźmi, ale najlepiej mogę pomagać tym, którzy są do mnie dostrojeni. Nigdy nie chciałbym nikogo skrzywdzić. Lubię zadawalać wszystkich – nie poprzez zgadzanie się na ich złe pragnienia, lecz poprzez popieranie ich dobrych aspiracji, tak aby mogli naprawdę żyć w świadomości Boga.

Jedynym guru jest Bóg

Ten, kto kocha Boga, nigdy nie czerpie przyjemności z bycia nauczycielem. Wie, że Bóg jest jedynym Guru. Czuję się jak proch u waszych stóp. Mówię to na podstawie poznania tego potężnego Ducha, którego widzę w każdym z was.

Miałem odejść z tej ziemi dawno temu. Chciałbym stopić to ciało w Boskim Płomieniu i spalić ten chłam, tak żeby ciało nie było już więcej częścią mnie, która wydaje się oddzielona od Nieskończonego. Pewnego dnia odejdę, ale dopóki żyję na ziemi, moją największą przyjemnością jest mówić tym, którzy dostrajają się do moich pragnień i którzy mi ufają, że jedyną rzeczą, jakiej pragnę, to zainteresować ich owym Światłem, które przyniosło mi pocieszenie, wolność i pewność nie do opisania. „Światło wszystkich świateł, ponad ciemnością [...]. Mieszka Ono we wszystkich sercach"[7].

W tym Świetle widzę wszystkich tych, którzy przyszli i odeszli.

---

6 *Bhagawadgita* IV:35.

7 *Bhagawadgita* XIII:17.

Odwieczne ludzkie poszukiwanie

Widzę całe stworzenie i wydarzenia, które miały miejsce lata temu. Historia całego świata przechowywana jest w archiwach wiecznej sfery poza nim. Jest to inny wymiar. Tu w tym skończonym świecie mamy długość, szerokość i wysokość, ale istnieje inna sfera, gdzie te trzy wymiary nie istnieją. Wszystko jest przezroczyste. Wszystko jest świadomością. Zmysł smaku jest świadomością. Zmysł węchu jest świadomością. Nasze uczucia, myśli i ciało są niczym innym, jak świadomością. Tak jak widzimy, słyszymy, wąchamy, smakujemy i dotykamy we śnie, podobnie w tej wyższej sferze doświadczamy wszystkich tych doznań czystą świadomością.

Widzę to nawet teraz, kiedy do was mówię. Nie jestem w tym ciele; jestem częścią wszystkiego, co istnieje. Te rzeczy, które oglądam, są dla mnie dokładnie tak samo rzeczywiste, jak wy, siedzący w tym pokoju. Aby dostrzec, że Bóg jest wszędzie, musicie się przebudzić i uświadomić sobie, że śniliście. Wszyscy siedzicie tutaj w tym śnie i jesteście częścią snu. Wiele razy widzę ten pokój w Wieczności, a innymi razy widzę Wieczność w tym pokoju. Wszystkie rzeczy pobrały życie z tego Wiecznego Źródła.

Płakałem i modliłem się dniem i nocą

Wszystko jest Bogiem. Ten pokój i wszechświat przesuwają się jak film na ekranie mojej świadomości. Patrząc do tyłu na okienko kabiny projekcyjnej, widzimy tylko snop światła, który rzutuje obrazy na ekran. To, że ten wszechświat jest tylko filmem stworzonym ze światła Boga, wydaje się nie do wiary, a jednak to prawda. Patrzę na ten pokój i nie widzę nic, a tylko czystego Ducha, czyste Światło, czystą Radość. „Mieszka On w świecie, spowijając wszystko – wszędzie"[8]. Obrazy mojego ciała i waszych ciał, i wszystkich rzeczy na tym świecie to tylko promienie światła tryskające z jednego świętego Światła. Gdy patrzę na to Światło, nie widzę niczego poza czystym Duchem[9].

---

8 *Bhagawadgita* XIII:13.

9 O takich wielkich miłośnikach Boga Gita (VII:19) powiada: „Po wielu wcieleniach mędrzec osiąga Mnie, uświadamiając sobie: «Pan przenika wszystko!». Trudno jest znaleźć tak oświeconego człowieka" *(nota Wydawcy)*.

Teraz wydaje się to bardzo proste, ale kiedy jako chłopiec siedziałem modląc się dniem i nocą, nie było odpowiedzi. Z jednej strony widziałem nieoświeconą ludzkość, a z drugiej Wieczność, która nie chciała do mnie przemówić. Był to bardzo okrutny stan – być opuszczonym przez Boga, myślałem. Ale nie byłem przez Niego opuszczony; przez cały czas ukrywał się On poza moimi myślami, poza moimi uczuciami. Kiedy zacząłem dostrzegać wewnętrzne światło, moją duszę w tajemniczy sposób wypełniała boska woń; zdarzało się, że widywałem korzenie drzew i płynący w nich sok. Zacząłem odczuwać bliskość wielkiego Ducha. Ciągle wołałem i modliłem się, dniem i nocą, i kiedy już wszystko straciło dla mnie znaczenie, kiedy wewnętrznie wyrzekłem się wszystkiego – nawet szczęścia, nie mówiąc już o materialnym szczęściu – wtedy przyszedł On do mnie. Teraz jest ze mną na zawsze. Świat może mnie opuścić, ale On nie opuszcza mnie nigdy.

Nie wiem, dlaczego opowiadam wam te rzeczy, ale czuję, że muszę to zrobić. Kiedyś o nich opowiadałem, ale w obecności tych, którzy okazywali się obojętni nie mogłem mówić – usta mi się nie otwierały. Tym razem On zmusił mnie do mówienia, abyście się dowiedzieli, że poza Nim nie istnieje nic, dla czego warto by żyć. Wszystko inne przeminie. Módlcie się tylko o To, co jest trwałe.

Módl się wyłącznie o poznanie Boga

Nie tęsknij za ludzką miłością; ona przemija. Za ludzką miłością jest duchowa miłość Boga. Szukaj jej. Nie módl się o dom, pieniądze, miłość ani przyjaciół. Nie módl się o nic z tego świata. Ciesz się tylko tym, co daje Ci Pan. Wszystko inne prowadzi do ułudy. Człowiek przyszedł na ziemię jedynie po to, aby się uczyć poznawać Boga. Jest to prawdziwe przesłanie Boga. Wszystkim tym, którzy Go poszukują i kochają, mówi On o wspaniałym życiu, gdzie nie ma cierpienia, starości, wojny ani śmierci – tylko wieczna pewność. W tym Życiu nic nie ulega zniszczeniu. Jest tylko niewysłowione szczęście, które nigdy nie traci świeżości – wciąż nowe szczęście.

Dlatego warto szukać Boga. Ci, którzy szczerze Go szukają, na pewno Go znajdą. Ci, którzy chcą kochać Boga i tęsknią za Jego królestwem, i którzy w swych sercach szczerze pragną Go poznać, znajdą

Odwieczne ludzkie poszukiwanie

Go. Musisz mieć rosnące pragnienie Go, dniem i nocą. On zareaguje na twoją miłość, spełniając daną ci obietnicę przez całą wieczność, i poznasz radość i szczęście – nieskończone. Wszystko jest światłem, wszystko jest radością, wszystko jest spokojem, wszystko jest miłością. On jest wszystkim.

Czy znalazłem Boga?

Maj 1938[1]

Jest to przesłanie mojego serca do ciebie. Zanotuj je dobrze. Czytaj i przetrawiaj je wewnętrznie, i stosuj w praktyce prawdy, które wyraził przeze mnie Bóg.

Najpierw zapytaj siebie: „Czy odnalazłem Boga?". Jeśli twoja odpowiedź cię nie zadowala, szczerze zajmij się medytacją, nauczaną przez mistrzów, którzy poznali siebie i którzy Go znaleźli.

Indyjscy święci eksperymentowali przez wieki nad udoskonaleniem uniwersalnych naukowych metod jogi, umożliwiających wyzwolenie i osiągnięcie jedności z Bogiem. Dla własnej satysfakcji używaj tych metod w swoich duchowych poszukiwaniach, nie da się bowiem znaleźć Najwyższego, nie stosując zasady koncentracji i medytacji – jedynie ona prowadzi do Niego. Naukowcy zainteresowani tylko materią codziennie wyciągają tajemnice od przyrody, korzystając ze znajomości praw fizyki, które prowadzą ich do odkryć. Nie wykorzystując w ten sam sposób praw duchowych, dogmatyczna teologia popada w stagnację, stając się niezdolna do otwarcia drzwi do Boga.

Modlitwy i afirmacje odmawiane w roztargnieniu oraz niesprawdzone dekrety i wierzenia nie doprowadzą cię do Boga. Do Bożego Celu doprowadzą cię stosowane krok po kroku jogiczne techniki poznania Jaźni, pomoc guru (kogoś, kto przedostał się przez gąszcz teologii i *zna* Boga) i codzienny wielki wysiłek w medytacji jogicznej. W Gicie znajdujemy świadectwo samego Pana: „Nie

---

[1] Niniejszy tekst napisał Paramahansa Jogananda. Zawarliśmy go w tym zbiorze pogadanek, ponieważ wyraża jeden z najważniejszych aspektów jego uniwersalnego przesłania dla ludzkości: „Nie to, co czytacie, przyniesie wam wyzwolenie, lecz to, co uczynicie z tym, co przeczytaliście. Zbawienie to skutek praktyki – nie teorii, oraz poznania, a nie ślepej wiary" (*nota Wydawcy*).

Odwieczne ludzkie poszukiwanie

możesz Mnie zobaczyć oczami śmiertelnika. Dlatego daję ci boski wzrok. Oglądaj Mą najwyższą potęgę jogi"[2].

Aby osiągnąć Boga, musisz codziennie znaleźć trochę czasu na obcowanie z Nim sam na sam, musisz uciekać od zbyt wielu rozproszeń, zbyt wielu jałowych zajęć, zbyt wielu pragnień, zbytniego tracenia czasu. I musisz słuchać przebudzonego duchowo nauczyciela, który Go znalazł. Aby rozpoznać prawdziwych nauczycieli, którzy Go znają, używaj rozsądku i intuicji. Tylko ci, którzy doświadczyli Boga, mogą cię do Niego doprowadzić.

Na ile możesz, wykorzystuj godziny wieczorne i wczesne ranki, a także wszystkie wolne chwile pomiędzy wymagającymi obowiązkami na to, aby z całej duszy modlić się do Boga: „Objaw się!". Ceną poznania Boga jest samotność. Obudź się! Nie trać więcej czasu na ślepą wiarę. Stosuj wypróbowane metody osiągania Samorealizacji i poznaj Boga.

---

[2] *Bhagawadgita* XI:8.

Celem życia jest odnalezienie Boga

*Świątynia Self-Realization Fellowship,
Hollywood, Kalifornia, 8 października 1944*

Pracuję wyłącznie dla Boga. Nie mam iluzji co do Ziemi. Przejrzałem je wszystkie. Wy także powinniście uświadomić sobie, że odwiedzacie tę Ziemię na krótko. Jesteście tu tylko po to, aby nauczyć się koniecznych lekcji i pomagać wszystkim, z którymi skrzyżują się wasze drogi. Nie wiecie, dlaczego obsadzono was w określonych rolach, musicie więc dowiedzieć się, czego Bóg od was oczekuje. Nie miejcie osobistych pragnień; waszym jedynym pragnieniem powinno być: postępować zgodnie z wolą Pana oraz żyć i pracować dla Niego.

Jesteśmy tutaj dzisiaj, a jutro odchodzimy – zaledwie cienie w kosmicznym śnie. Ale za nierzeczywistością tych ulotnych obrazów leży nieśmiertelna rzeczywistość Ducha. Życie tutaj na Ziemi wydaje się jałowe i chaotyczne, dopóki nie utwierdzimy się w Bogu.

Dlatego, jak to często wam mówiłem, jestem tutaj, aby zaświadczyć o najwyższym znaczeniu Ducha. Nie koncentrujcie się na przemijających ziemskich celach i ludzkich przywiązaniach. Taki fanatyzm odwraca waszą uwagę od Pana i waszej wiecznej Jaźni w Nim. „Kto pokonał przywiązanie zarówno do przedmiotów zmysłów, jak i czynów, i kto wolny jest od planów dyktowanych przez ego – o tym człowieku mówi się, że osiągnął trwałe zjednoczenie duszy z Duchem"[1].

Przyszliście tutaj, bo taka była wola Boga, ale dał On wam swobodę życia według własnej woli. Powinniście się teraz uczyć, jak być posłusznymi woli Wszechmocnego. Ja staram się takim być. Każdego ranka proszę Go, aby mi powiedział, co chce, żebym zrobił,

---

[1] *Bhagawadgita* VI:4.

wtedy widzę, jak działa On poprzez moje ręce i mózg, i wszystko idzie tak, jak On sobie życzy.

To jest Moc, której powinniście ufać, Moc, dzięki której możecie być prowadzeni i możecie znaleźć szczęście, siłę i wolność. To jest Moc, która przyniesie wam wyzwolenie.

Żaden obowiązek nie jest ważny, jeśli odciąga wasze myśli i pragnienia od powinności wobec Boga; wszystko poza nią jest iluzją. Aby pojąć tę prawdę, musiałem usunąć z mózgu wszystkie halucynacje tego świata poprzez medytację i dzięki towarzystwu wielkich mistrzów. Pragnę wszczepić w wasze serca następujące zrozumienie: dopóki nie uświadamiacie sobie, że Bóg jest ważniejszy niż wszystko inne i dopóki nie spędzacie życia na zabieganiu o to, by Go zadowolić, w ogóle nie jesteście rozwinięci duchowo.

Ignorowanie Boga przeczy zdrowemu rozsądkowi

Czyż nie jest prawdziwą mądrością wykonywać Jego wolę i bezpośrednio pomagać w sprowadzaniu innych z powrotem do Niego? Moją największą radością jest przypominanie innym o znaczeniu i potrzebie pamiętania o Bogu. Ta Ziemia jest obcym krajem; nie jesteśmy we własnym domu. W jednej chwili możesz być zmuszony do opuszczenia tego świata; będziesz musiał odwołać wszystkie swoje zajęcia. Dlaczego więc dawać pierwszeństwo jakiemukolwiek innemu zajęciu, co powoduje, że nie masz czasu dla Boga? To przeczy zdrowemu rozsądkowi. To z powodu *maji*, narzuconej na nas sieci kosmicznej iluzji, wikłamy się w sprawy tego świata i zapominamy o Panu.

Jezus powiedział: „Zatem jeśli cię gorszy twoje prawe oko, wyłup je i odrzuć od siebie; bowiem pożyteczniej ci jest, aby zginął jeden z twych członków, aniżeli całe twoje ciało zostało wrzucone do gehenny"[2].

Nie mówił tego dosłownie, lecz metaforycznie; tylko wtedy, gdy umysł wplątał się w sieć złych pragnień, któryś ze zmysłów może naruszyć boski obraz duszy w człowieku. Chrystus miał na myśli to, że dopóki złe pragnienia prowadzą zmysły na manowce, dopóty nie

---

2 Mt 5,29.

pamiętamy o Bogu, w którym mieszka nasze prawdziwe szczęście. Dlatego powiedział, że lepiej jest okaleczyć narządy zmysłów niż źle ich używać. Chrystus dramatyzował, aby pokazać, że nic w życiu, nawet ciało, nie ma wartości, jeśli pozostajemy w niewiedzy o Bogu. Bez poznania Go życie staje się „piekłem" – gniazdem szerszeni sprowadzających kłopoty. Ten świat nie jest bezpieczny; nigdy nie wiadomo, z której strony spadnie nieszczęście.

Chory na raka leży w szpitalu. „No tak – mówisz – to nie ja, to ktoś inny". Ale ja umieszczałem się mentalnie w takich ciałach i wiem, jaki brak nadziei ci ludzie odczuwają. Dopóki jesteś zdrowy i silny, nie marnuj czasu na głupstwa. Bóg rozumie wszystko; wie On, że posłał nas w to straszne miejsce. W swoim sercu boleje nad naszymi cierpieniami. Nic nie boli Go bardziej niż kiedy widzi, jak tarzamy się w błocie iluzji. Pragnie On, abyśmy powrócili do Domu. A tym, którzy starają się Go poznać, Pan odpowiada: „Z czystego współczucia Ja, Boski Mieszkaniec ich serc, zapalam w nich jaśniejące światło mądrości, które usuwa ciemność zrodzoną z niewiedzy"[3].

Każdego człowieka, który powraca do Boga, aniołowie witają wielkim świętowaniem. Oni rzeczywiście się pojawiają i przyjmują powracającą duszę z wielką radością.

Nie ma powrotu do Domu, jeśli pląszesz się w sieci ziemskich pragnień. Przyszedłeś, aby odegrać swoją rolę na scenie czasu, wykonać rolę przeznaczoną ci w boskiej sztuce; jednak zasadniczą częścią twojej roli jest myśleć o Nim i wykonywać Jego wolę, nic więcej. Każda myśl, każdy czyn są złudne, jeśli nie stawiają Go na pierwszym miejscu. Święte pisma hinduskie powiadają: „Gdy tylko poczujesz pragnienie Boga, natychmiast zmień swoje życie i zanurz się w Nim".

Każda dusza musi znaleźć swoją drogę z powrotem do Domu. Nikt oprócz ciebie nie jest odpowiedzialny za twoje błędy i nawyki. Z chwilą, gdy odnalazłeś swoją Jaźń, jesteś wolny. Dopóki jednak nie jesteś wolny, jesteś w niebezpieczeństwie: będziesz zmuszony powracać na ziemię, by przepracować wszystkie swoje pragnienia, które

---

3 *Bhagawadgita* X:11.

Odwieczne ludzkie poszukiwanie

pozostają niespełnione[4]. Ciało jest śmiertelne, ale dusza trwa po jego śmierci. Jeśli umrzesz, pragnąc Cadillaca, będziesz musiał tu po niego wrócić; nie kupisz go w niebie, gdzie nie używa się samochodów.

Chociaż siła pragnień jest wielka, potęga Boskiej Woli jest większa. Wola ta jest w tobie i będzie działać poprzez ciebie, jeśli na to pozwolisz i jeśli nie pozwolisz ziemskim motywacjom tkać wokół ciebie sieci wcieleń.

Poszukuj Boga, dopóki jesteś młody i silny, ponieważ w starości i chorobie możesz nie być w stanie Go szukać. Zanim większość ludzi zaczyna pojmować prawdziwe znaczenie życia, ciało jest już słabe; muszą oni poświęcać czas na doglądanie kruchej fizycznej maszyny, zamiast prowadzić poszukiwania Rzeczywistości.

Jedynym celem życia jest znaleźć Boga. Jeśli żyjesz w małżeństwie, ty i twoja ukochana osoba powinniście szukać Boga razem. Jeśli nie jesteś w małżeństwie, bądź od razu posłuszny nakazowi Chrystusa: „Szukajcie najpierw królestwa Bożego". Kiedy Go poznasz, powie ci On, co robić. Inaczej nie będziesz wiedział, jaki los może cię spotkać w małżeństwie. Tragiczne historie, które dochodzą do moich uszu, są niewyobrażalne! Straszne opowieści o niedobranych małżeństwach. Ludzi powinno się uczyć w młodości, jak panować nad emocjami. Uważam, że nikt nie powinien zakładać rodziny, jeśli najpierw nie nauczył się kontrolować swoich popędów. Dopóki człowiek jest niestabilny emocjonalnie, nie nadaje się do małżeństwa. Potrafić panować nad sobą to wspaniała rzecz; wtedy, jeśli zechcesz zawrzeć małżeństwo, właściwa osoba zostanie magnetycznie przyciągnięta do twojego życia.

Niewiedza jest jak silna trucizna w organizmie. Z jej powodu nie uświadamiamy sobie swojej prawdziwej natury uczynionej na podobieństwo Boga. Przede wszystkim drogą nieustannej modlitwy dowiedz się, co Pan chce, żebyś robił. Nie ma nic większego nad posłuszeństwo Jego woli. To pragnienia cię niewolą i każą ci myśleć: „Chcę tego" lub „Chcę tamtego". Nie postępuj według dyktatów twojego nieprzyjaciela – ego. Staraj się raczej wypełniać prawdziwą wolę

---

[4] Pragnienia można przepracować poprzez ich spełnienie albo zgodnie z rozwojem duchowym osoby – poprzez myślowy proces rozróżniania bądź duchowy proces głębokiej medytacji.

Ojca Niebiańskiego, twego jedynego Przyjaciela.

Dopóki trwasz w niewiedzy, nie możesz przewidzieć, ile może cię czekać pełnych cierpienia wcieleń. Zniszcz niewiedzę poprzez medytację. Im dłużej będziesz medytować, tym skuteczniej „wypalisz" szkodliwe bakterie, które zakażają cię od wieków. Niektórzy, na przykład, łatwo wpadają w złość i nie zdają sobie sprawy, że kultywują nawyk gniewliwości od wielu żywotów. Inni są niewolnikami popędu płciowego w rezultacie złych nawyków utrzymujących się przez wiele wcieleń. Najlepiej jest teraz starać się pozbyć złych nawyków. „Tego, kto zwycięża, uczynię kolumną w Przybytku Świątyni mego Boga, więc już nie wyjdzie na zewnątrz (nie będzie się więcej wcielał)"[5].

Codziennie mów wraz ze mną Panu: „Pracuję dla Ciebie. Jestem gotowy na to, byś mnie zabrał, kiedykolwiek zechcesz. Jestem Twoim dzieckiem". Da ci On tę samą wolność, którą ja się cieszę. Biorę na siebie coraz więcej pracy, ale nigdy nie czuję się nią przeciążony, ponieważ robię wszystko dla Niego. Kocham Go. To oddanie się Bogu zniszczyło we mnie karmę niewiedzy. Dopóki na skraju drogi siedzieć będzie jakiś mój płaczący brat, będę powracać na ten świat, aby otrzeć jego łzy. Jakże mógłbym cieszyć się dobrodziejstwami nieba, podczas gdy inni cierpią?

Romans boskiej miłości

Popraw swoje życie. Każdego wieczoru obcuj z Nim, mów do Niego, szczerze módl się do Niego. Mów: „Panie, wiem, że tu jesteś. Musisz ze mną rozmawiać! Wyjdź z jaskini ciszy". Modlitwę tę wyraziłem w pieśni, którą napisałem dla Boskiej Matki, gdy zwiedzałem pustynię w pobliżu Palm Springs.

> Matko, usłysz mojej duszy głos!
> Dłużej nie możesz ukrywać się.
> Nie ukrywaj się za niebem,
> Z górskich dolin do mnie przyjdź.
> Przybądź do mnie z mojej duszy,
> Z mojej groty ciszy przyjdź.

---

5 Apokalipsa (Objawienie) 3,12.

Odwieczne ludzkie poszukiwanie

Zaraz po skończeniu pieśni spostrzegłem, że z nieba wyłania się cudowna postać – Boska Matka! W odpowiedzi na wezwanie mojej duszy ujrzałem wszędzie we wszystkim Kosmiczną Matkę. Modliłem się i wielbiłem Ją. Błogosławiła mnie i rozmawiała ze mną.

Romans z Nieskończonym jest najwspanialszy. Nie masz pojęcia, jak piękne może być życie. „Nie czując atrakcji do świata zmysłów, jogin doświadcza wciąż nowej radości właściwej dla Jaźni. Ciesząc się boskim związkiem duszy z Duchem, dostępuje niezniszczalnego szczęścia" (*Bhagawadgita* V:21). Gdy nagle wszędzie odnajdujesz Boga, gdy przychodzi On i rozmawia z tobą, i prowadzi cię, to zaczął się miłosny romans z Bogiem.

Boże! Boże! Boże!
Autor: Paramahansa Jogananda

Gdy z głębin snu
Wznoszę się spiralą ku przebudzeniu,
Szepcę:
Boże! Boże! Boże!

Tyś moją strawą i gdy przerywam post
Nocnego oddzielenia od Ciebie,
Czuję Twój smak, i w myślach mówię:
Boże! Boże! Boże!

Dokądkolwiek idę, reflektor mojego umysłu
Wciąż zwraca się ku Tobie;
I w bitewnym zgiełku działań mój cichy okrzyk bojowy to zawsze:
Boże! Boże! Boże!

Gdy gwiżdże wicher ciężkich prób
I ryczą na mnie troski,
Zagłuszam ich hałas głośnym śpiewem:
Boże! Boże! Boże!

Gdy umysł mój tka marzenia
Nićmi wspomnień,
Na tej magicznej tkaninie wytłaczam słowa:
Boże! Boże! Boże!

Co noc w porze najgłębszego snu,
Mój spokój śni i woła: Radości! Radości! Radości!
I radość się zjawia nieustannie śpiewając:
Boże! Boże! Boże!

Odwieczne ludzkie poszukiwanie

Gdy czuwam, jem, pracuję, śnię, śpię,
Służę, medytuję, śpiewam pieśni, bosko kocham,
dusza moja niezmiennie nuci, przez nikogo nie słyszana:
Boże! Boże! Boże!

PARAMAHANSA JOGANANDA – JOGIN W ŻYCIU I ŚMIERCI

Paramahansa Jogananda wszedł w *mahasamadhi* (stan, w którym jogin w pełni świadomości ostatecznie opuszcza ciało) w dniu 7 marca 1952 roku w Los Angeles w Kalifornii po wygłoszeniu przemówienia na bankiecie wydanym na cześć Jego Ekscelencji Binaja R. Sena, ambasadora Indii.

Wielki światowy nauczyciel dowiódł wartości jogi (naukowych metod urzeczywistnienia Boga) nie tylko swym życiem, ale i w śmierci. Kilka tygodni po odejściu jego niezmieniona twarz nadal jaśniała boskim blaskiem i nie nosiła żadnych oznak rozkładu.

Harry T. Rowe, dyrektor kostnicy przy cmentarzu Forrest Lawn Memorial Park w los Angeles (gdzie czasowo umieszczono ciało wielkiego mistrza), przysłał Self-Realization Fellowship potwierdzony notarialnie list, którego fragmenty cytujemy:

„Brak jakichkolwiek widocznych oznak rozkładu ciała Paramahansy Joganandy stanowi najbardziej niezwykły przypadek w naszej praktyce. [...] Nawet dwadzieścia dni po śmierci nie zaobserwowano żadnych śladów rozkładu ciała. [...] Na skórze nie dostrzeżono żadnych zmian grzybiczych, a w tkankach oznak wysychania. Stan tak doskonałego zachowania ciała jest, o ile nam wiadomo z kartoteki kostnicy, czymś zupełnie niespotykanym. [...] W chwili przyjęcia zwłok Joganandy personel kostnicy spodziewał się, że przez szklane wieko trumny dostrzeże zwykłe oznaki postępującego rozkładu. Nasze zdumienie rosło, w miarę jak dni mijały i nadal nie było widać najmniejszych zmian. Ciało Joganandy najwyraźniej pozostawało w fenomenalny sposób nienaruszone. [...]

„Nie pojawił się też przykry zapach towarzyszący rozkładowi. [...] Wygląd zewnętrzny Joganandy w dniu 27 marca, tuż przed zakryciem trumny wiekiem z brązu, był taki sam jak 7 marca. W dniu 27 marca wyglądał on równie świeżo jak w wieczór swojej śmierci i nie było absolutnie podstaw do stwierdzenia, że jego ciało choć w najmniejszym stopniu uległo rozkładowi. Dlatego oświadczamy ponownie, że przypadek Paramahansy Joganandy jest wyjątkowy w naszej praktyce".

Znaczki pamiątkowe i monety na cześć Paramahansy Joganandy i Lahiri Mahaśaji

Rząd Indii dwukrotnie wydał specjalne pamiątkowe znaczki upamiętniające życie i twórczość Paramahansy Joganandy: (po lewej) w 1977 r. z okazji dwudziestej piątej rocznicy jego *mahasamadhi* oraz (po prawej) w 2017 r. dla uczczenia setnej rocznicy założenia indyjskiego stowarzyszenia Yogoda Satsanga Society.

W 2019 r. rząd Indii złożył hołd Paramahansie Joganandzie, wypuszczając specjalną monetę o nominale 125 rupii z okazji 125 rocznicy jego urodzin. W dołączonej ulotce Rządu stwierdzono między innymi: „Niesekciarskie i naukowe nauki jogi Paramahansy Joganandy mają uniwersalny urok dla ludzi wszystkich wyznań i ścieżek życia".

W 2020 r. rząd wyemitował także pamiątkową monetę o nominale 125 rupii, upamiętniającą 125 rocznicę *mahasamadhi* Lahiri Mahaśaji, zwiastuna Krijajogi.

Dodatkowe informacje o naukach Paramahansy Joganandy odnośnie *Krijajogi*

Self-Realization Fellowship ofiaruje nieograniczoną pomoc poszukiwaczom na całym świecie. W celu uzyskania informacji odnośnie corocznej serii publicznych wykładów i lekcji, medytacji i modlitw w naszych inspirujących świątyniach i ośrodkach na całym świecie, harmonogramu odosobnień i innych działań, zapraszamy do odwiedzenia naszej strony internetowej lub naszej międzynarodowej siedziby:

www.yogananda.org

Self-Realization Fellowship
3880 San Rafael Avenue
Los Angeles, CA 90065-3219 – USA
+1 (323) 225-2471

Lekcje
Self-Realization Fellowship

*Osobiste porady i wskazówki Paramahansy
Joganandy dotyczące nauki medytacji jogi
i zasad życia duchowego*

Jeśli czujesz, że przyciągają cię duchowe prawdy opisane w Autobiografii jogina, zapraszamy do zarejestrowania się na *Lekcje Self-Realization Fellowship*.

Paramahansa Jogananda zapoczątkował serię lekcji przeznaczonych do studiowania w domu dla tych, którzy szczerze szukają możliwości nauki i praktyki starożytnych technik medytacji jogi zaprezentowanych w tej książce, łącznie z nauką *Krijajogi*. Lekcje te udzielają praktycznych wskazówek dla uzyskania zrównoważonego fizycznego, psychicznego i duchowego stanu.

Lekcje Self-Realization Fellowship są dostępne za nominalną opłatą (która pokrywa koszt druku i przesyłki). Wszystkim uczniom udzielane są przez mnichów i mniszki Self-Realization Fellowship osobiste wskazówki odnośnie ich praktyki.

W celu uzyskania dalszych informacji...

Odwiedź stronę www.srflessons.org i poproś o kompleksowy, bezpłatny pakiet informacji na temat *Lekcji*.

Opublikowane również przez Self-Realization Fellowship

Autobiografia jogina

Ta ciesząca się ogromnym uznaniem autobiografia przedstawia fascynujący portret jednej z wielkich postaci duchowych naszych czasów. Z ujmującą szczerością, elokwencją i dowcipem Paramahansa Jogananda przedstawia inspirującą kronikę swojego życia – doświadczenia niezwykłego dzieciństwa, spotkania z wieloma świętymi i mędrcami podczas swoich młodzieńczych poszukiwań oświeconego nauczyciela, które prowadził w całych Indiach, dziesięć lat nauki w pustelni szanowanego nauczyciela jogi i trzydzieści lat życia i nauczania w Ameryce. Opisuje również swoje spotkania z Mahatmą Gandhim, Rabindranathem Tagore, Lutherem Burbankiem, katolicką stygmatyczką Teresą Neumann i innymi słynnymi postaciami duchowymi Wschodu i Zachodu. *Autobiografia jogina* jest jednocześnie pięknie napisaną relacją o wyjątkowym życiu i jest dogłębnym wprowadzeniem do starożytnej nauki jogi i powiązanej z nią odwiecznej tradycji medytacji. Autor dokładnie wyjaśnia subtelne, a zarazem konkretne prawa rządzące zarówno zwykłymi wydarzeniami dnia codziennego, jak i niezwykłymi zdarzeniami, które powszechnie uważamy za cuda. Jego pochłaniająca historia życia staje się tłem dla przenikliwego i niezapomnianego wglądu w ostateczne tajemnice ludzkiej egzystencji.

Wydana po raz pierwszy w 1946 roku i rozszerzona przez Paramahansę Joganandę w 1951 roku, książka ta jest cały czas drukowana przez Self-Realization Fellowship. Została przetłumaczona na ponad pięćdziesiąt języków i jest powszechnie studiowana w college'ach i uniwersytetach. *Autobiografia jogina* – wieczny bestseller – znalazła drogę do serc milionów czytelników na całym świecie.

Dostępna jest w twardej i miękkiej okładce, jako ebook, w miękkiej okładce z dużym drukiem i jako nagranie audio.

„Niebywała historia".

— ***The New York Times***

„Fascynujące i opatrzone klarownymi komentarzami studium".

— *Newsweek*

„Nigdy dotąd nie napisano w języku angielskim ani w żadnym języku europejskim równie doskonałej prezentacji jogi".

— ***Columbia University Press***

„Czysta rewelacja... powinna pomóc całej ludzkości lepiej zrozumieć siebie... autobiografia w najlepszym wydaniu... opowiedziana z zachwycającym dowcipem i zniewalającą szczerością... fascynująca jak każda powieść".

News-Sentinel, Fort Wayne, Indiana

Książki Paramahansy Jogananady w języku polskim

Do nabycia na stronie internetowej www.srfbooks.org lub innych księgarniach internetowych

Autobiografia jogina

Dlaczego Bóg dopuszcza zło

Jak można rozmawiać z Bogiem

Jak odnieść zwycięstwo w życiu

Joga Jezusa

Mądrości Paramahansy Jogananady

Medytacje metafizyczne

Naukowe afirmacje uzdrawiające

Naukowy aspekt religii

Pamiętnik duchowy

Prawo sukcesu

Spokój wewnętrzny

Tam, gdzie Światło

W sanktuarium duszy

Żyć nieustraszenie

Książki Paramahansy Joganandy w języku angielskim

Autobiography of a Yogi

God Talks with Arjuna;
The Bhagavad Gita — A New Translation and Commentary
W tym obszernym dziele Paramahansa Jogananda ujawnia najtajniejsze treści zawarte w najbardziej znanym piśmie indyjskim. Odkrywając jego psychologiczną, duchową i metafizyczną głębię, przedstawia on obszerną kronikę podróży duszy do oświecenia poprzez królewską naukę Samorealizacji.

The Second Coming of Christ:
*The Resurrection of the Christ Within You —
A Revelatory Commentary on the Original Teachings of Jesus*
W tym niespotykanym arcydziele pełnym inspiracji, zawierającym prawie 1700 stron, Paramahansa Jogananda zabiera czytelnika w niezwykle wzbogacającą podróż poprzez cztery Ewangelie. Werset po wersecie oświetla on uniwersalną ścieżkę prowadzącą do jedności z Bogiem, której Jezus nauczał swoich bezpośrednich uczniów, a którą poprzez wieki przysłoniły niewłaściwe interpretacje: „jak stać się takim jak Chrystus, jak wskrzesić Wiecznego Chrystusa w sobie".

Man's Eternal Quest
Tom I zebranych pogadanek i esejów Paramahansy Joganandy. Zawiera on 57 wybranych fragmentów, obejmujących wiele aspektów jego nauk na temat „jak żyć". Bada mało znane i rzadko rozumiane aspekty medytacji, życia po śmierci, natury stworzenia, zdrowia i uzdrawiania, nieograniczonych sił umysłu i odwiecznych poszukiwań, które znajdują swoje spełnienie jedynie w Bogu.

The Divine Romance
Tom II zebranych pogadanek i esejów. Wśród szerokiego wyboru między innymi tematy: jak kultywować boską miłość; harmonizowanie fizycznych, umysłowych i duchowych metod uzdrawiania; świat bez granic; kontrolowanie swojego przeznaczenia; sztuka jogi przezwyciężania świadomości śmiertelnika i śmierci; Kosmiczny Umiłowany; znajdowanie radości w życiu.

Journey to Self-realization
Tom III zebranych pogadanek i esejów Paramahansy Jogananady przedstawia wyjątkowe połączenie mądrości, współczucia, praktycznego przewodnictwa i zachęty na wiele fascynujących tematów, między innymi: przyspieszenie ewolucji człowieka, jak wyrażać wieczną młodość i jak urzeczywistniać Boga w swoim codziennym życiu.

Wine of the Mystic:
The Rubaiyat of Omar Khayyam — A Spiritual Interpretation
Natchniony komentarz, który wydobywa na światło dzienne mistyczną naukę o komunii z Bogiem ukrytą za zagadkowymi obrazami Rubaiyata. Zawiera 50 oryginalnych kolorowych ilustracji. W 1995 r. książka została laureatem Nagrody Benjamina Franklina za najlepszą książkę z zakresu religii.

Where There Is Light:
Insight and Inspiration for Meeting Life's Challenges
Perełki myśli ułożonych tematycznie; wyjątkowy podręcznik, do którego czytelnicy mogą szybko sięgnąć, aby uzyskać uspokajające poczucie kierunku w czasach niepewności i kryzysów lub odnowić świadomość zawsze obecnej mocy Bożej, z której można czerpać w codziennym życiu.

Whispers from Eternity
Zbiór modlitw Paramahansy Jogananady i jego boskich doświadczeń w wyższych stanach medytacji. Wyrażone z majestatycznym rytmem i poetyckim pięknem, jego słowa ukazują niewyczerpaną różnorodność natury Boga i nieskończoną słodycz, z jaką odpowiada On tym, którzy Go szukają.

The Science of Religion
W każdym człowieku – napisał Paramahansa Jogananda – kryje się jedno nieuniknione pragnienie: przezwyciężyć cierpienie i osiągnąć niekończące się szczęście. Wyjaśniając, w jaki sposób możliwe jest zaspokojenie tych tęsknot, bada on względną skuteczność różnych podejść do osiągnięcia tego celu.

The Yoga of the Bhagavad Gita:
An Introduction to India's Universal Science of God-Realization
Kompilacja wybranych fragmentów z *God Talks With Arjuna* – dogłębnego, docenionego przez krytyków tłumaczenia Bhagawadgity i komentarza do niej. Książka ta przedstawia poszukiwaczom prawdy idealne wprowadzenie do ponadczasowych i uniwersalnych nauk Gity. Zawiera pełne tłumaczenie Bhagawadgity przez Joganandę, zaprezentowane po raz pierwszy w nieprzerwanej formie sekwencyjnej.

The Yoga of Jesus:
Understanding the Hidden Teachings of the Gospels
Wybór materiałów z wysoce cenionego dwutomowego dzieła Paramahansy Joganandy *The Second Coming of Christ*. Ta zwięzła książka potwierdza, że Jezus, podobnie jak starożytni mędrcy i mistrzowie Wschodu, nie tylko znał zasady jogi, ale nauczał swoich uczniów tej uniwersalnej nauki o urzeczywistnieniu Boga. Śri Jogananda pokazuje, że przesłanie Jezusa nie jest o podziałach na tle religijnym, ale o jednoczącej ścieżce, dzięki której poszukiwacze z wszelkich tradycji wiary mogą wejść do królestwa Bożego.

In the Sanctuary of the Soul:
A Guide to Effective Prayer
Ten inspirujący i budzący oddanie przewodnik, opracowany na podstawie dzieł Paramahansy Joganandy, odkrywa sposoby uczynienia modlitwy codziennym źródłem miłości, siły i przewodnictwa.

Inner Peace:
How to Be Calmly Active and Actively Calm
Praktyczny i inspirujący przewodnik, oparty na pogadankach i pismach Paramahansy Joganandy, który pokazuje, jak możemy być „aktywnie spokojni", osiągając pokój poprzez medytację i „spokojnie aktywni" – skupieni na ciszy i radości naszej własnej podstawowej natury, a jednocześnie prowadząc dynamiczne, satysfakcjonujące i zrównoważone życie. Laureat Nagrody Benjamina Franklina w 2000 r. – najlepszej książki z zakresu metafizyki/duchowości.

How You Can Talk With God
Definiując Boga zarówno jako transcendentnego uniwersalnego Ducha, jak i intymnie osobistego Ojca, Matkę, Przyjaciela i Umiłowanego wszystkich, Paramahansa Jogananda pokazuje, jak blisko dla każdego z nas jest Pan i jak można go przekonać, aby „przełamał swoje milczenie" i odpowiedział w konkretny sposób.

Metaphysical Meditations
Ponad 300 podnoszących na duchu medytacji, modlitw i afirmacji, które można wykorzystać do rozwinięcia większego zdrowia i witalności, kreatywności, pewności siebie i spokoju, i żyć pełniej w świadomości błogiej obecności Boga.

Scientific Healing Affirmations
Paramahansa Jogananda przedstawia w tej książeczce dogłębne wyjaśnienie naukowego aspektu afirmacji. Wyjaśnia, dlaczego afirmacje działają i jak wykorzystać moc słów i myśli nie tylko do uzdrawiania, ale także do wywoływania pożądanych zmian w każdej dziedzinie życia. Zawiera ona szeroką gamę afirmacji.

Sayings of Paramahansa Jogananda
Zbiór powiedzeń i mądrych rad, który przekazuje szczere i pełne miłości odpowiedzi Paramahansy Joganandy dla tych, którzy przychodzili do niego po przewodnictwo. Zapisane przez wielu jego bliskich uczniów anegdoty zawarte w tej książce dają czytelnikowi możliwość podzielenia się osobistymi spotkaniami z Mistrzem.

Songs of the Soul
Poezja mistyczna Paramahansy Joganandy – potok jego bezpośredniego postrzegania Boga w pięknie natury, w człowieku, w codziennych doświadczeniach i w duchowo przebudzonym stanie medytacji *samadhi*.

The Law of Success
Wyjaśnia ona dynamiczne zasady osiągania celów życiowych i zarysowuje uniwersalne prawa, które przynoszą sukces i spełnienie – osobiste, zawodowe i duchowe.

Cosmic Chants – Spiritualized Songs for Divine Communion
Słowa i muzyka do 60 pieśni nabożnych ze wstępem wyjaśniającym, w jaki sposób duchowe śpiewanie może prowadzić do komunii z Bogiem.

Nagrania audio Paramahansy Joganandy

Beholding the One in All

Awake in the Cosmic Dream

Be a Smile Millionaire

The Great Light of God

To Make Heaven on Earth

One Life Versus Reincarnation

Removing All Sorrow and Suffering

In the Glory of the Spirit

Follow the Path of Christ, Krishna, and the Masters

Self-Realization: The Inner and the Outer Path

Songs of My Heart

Pozostałe publikacje Self-Realization Fellowship

The Holy Science
— Swami Sri Yukteswar

Only Love:
Living the Spiritual Life in a Changing World
— Sri Daya Mata

Finding the Joy Within You:
Personal Counsel for God-Centered Living
— Sri Daya Mata

Enter the Quiet Heart:
Creating a Loving Relationship With God
– Sri Daya Mata

God Alone:
The Life and Letters of a Saint
– Sri Gyanamata

"Mejda":
The Family and the Early Life of Paramahansa Jogananda
– Sananda Lal Ghosh

Self-Realization
(a quarterly magazine founded by Paramahansa Jogananda in 1925)

Nagrania DVD

Awake:
The Life of Jogananda
Film nakręcony przez Counter Point Films

Kompletny katalog wszystkich wydanych przez Self-Realization Fellowship książek i nagrań audio/wideo jest dostępny na *www.srfbooks.org*.

Cele i ideały
Self-Realization Fellowship

*według Paramahansy Jogonandy, założyciela
i Brata Chidanandy, prezydenta*

Szerzenie pośród narodów wiedzy o istnieniu określonych naukowych technik, prowadzących do bezpośredniego osobistego doświadczania Boga.

Nauczanie, że celem życia człowieka jest ewolucyjna przemiana ograniczonej, śmiertelnej świadomości ludzkiej w Świadomość Boską. Przemiany tej człowiek dokonuje własnym wysiłkiem. Dlatego należy budować na całym świecie świątynie Self-Realization Fellowship, w których człowiek będzie obcował z Bogiem, oraz zachęcać do zakładania prywatnych świątyń Boga w domach i sercach ludzkich.

Ukazywanie całkowitej zgodności i podstawowej jedności nauk pierwotnego chrześcijaństwa, które głosił Jezus Chrystus i oryginalnej jogi, nauczanej przez Bhagawana Krysznę. Pokazywanie, że zawarta w nich prawda jest wspólną naukową podstawą wszystkich prawdziwych religii.

Wskazywanie jednej drogi do Boga, do której ostatecznie prowadzą wszystkie ścieżki prawdziwych religii: drogi codziennej, pełnej oddania medytacji o Bogu, opartej na naukowych podstawach.

Wyzwolenie człowieka z trojakiego cierpienia: chorób ciała, zaburzeń równowagi psychicznej i niewiedzy duchowej.

Zachęcanie do „prostego życia i wzniosłego myślenia". Szerzenie wśród narodów ducha braterstwa poprzez nauczanie o wiecznej podstawie jedności: pokrewieństwie w Bogu.

Ukazywanie władzy umysłu nad ciałem, duszy nad umysłem.

Przezwyciężanie zła dobrem, smutku radością, okrucieństwa dobrocią, niewiedzy mądrością.

Zjednoczenie nauki i religii dzięki zrozumieniu jedności ich podstawowych zasad.

Propagowanie kulturowego i duchowego zrozumienia między Wschodem a Zachodem i wymiany najlepszych specyficznych dla nich wartości.

Służenie ludzkości jako własnej większej Jaźni.

Słowniczek

Ardźuna: wzniosły uczeń, któremu Bhagawan Kryszna przekazał nieśmiertelne przesłanie Bhagawadgity (*q.v.*), jeden z pięciu książąt Pandawów z wielkiego hinduskiego eposu *Mahabharata*, w którym był on kluczową postacią.

astralne ciało: subtelne ciało człowieka ze światła, prany lub żywotronów; druga z trzech powłok, które kolejno otaczają duszę. Powłoki te to ciało przyczynowe (*q.v.*), ciało astralne i ciało fizyczne. Moce ciała astralnego ożywiają ciało fizyczne, podobnie jak prąd elektryczny rozświetla żarówkę. Ciało astralne składa się z dziewiętnastu elementów: inteligencji, ego, uczuć, umysłu (świadomości zmysłowej), pięciu narzędzi wiedzy (subtelnych mocy kierujących działaniem fizycznych narządów zmysłów wzroku, słuchu, węchu, smaku i dotyku), pięciu narzędzi działania (mocy odpowiedzialnych za wykonawcze zdolności rozmnażania się, wydalania, mowy, chodzenia i sprawność manualną) i pięciu narzędzi siły życiowej, które umożliwiają wykonywanie funkcji krążenia, metabolizmu, przyswajania, krystalizacji i wydalania.

astralny świat: subtelna sfera stworzenia Pańskiego, wszechświat światła i kolorów, zbudowany z sił subtelniejszych niż atomowe, tzn. wibracji energii życiowej, czyli żywotronów (zob. *prana*). Każda istota, każdy przedmiot, każda wibracja w sferze materialnej ma swój astralny odpowiednik, ponieważ wszechświat astralny (niebo) stanowi wzorzec wszechświata materialnego. Po śmierci fizycznej dusza ludzka, odziana w ciało astralne ze światła, wznosi się do którejś z wyższych lub niższych sfer astralnych, zależnie od zasług, aby kontynuować rozwój duchowy w większej wolności tego subtelnego królestwa. Pozostaje tam przez karmicznie wyznaczony czas aż do ponownych narodzin w ciele fizycznym.

astralne światło: subtelne światło emanujące z żywotronów (zob. *prana*); podstawowy budulec świata astralnego. Poprzez wszechstronną intuicyjną percepcję duszy wielbiciel może w stanach głębokiej koncentracji dostrzegać światło astralne, szczególnie jako oko duchowe (*q.v.*).

aśram: duchowa pustelnia, często klasztor.

Aum (Om): sanskrycka podstawa słowa lub dźwięku-nasienia symbolizującego ten aspekt Boga, który stwarza i podtrzymuje wszystkie rzeczy; Kosmiczna Wibracja. Wedyjskie *Aum* stało się świętym słowem *Hum* u Tybetańczyków, *Amin* u muzułmanów, *Amen* u Egipcjan, Greków, Rzymian i w religii żydowskiej i chrześcijańskiej. Wielkie religie świata głoszą, że wszystkie rzeczy stworzone pochodzą z kosmicznej energii wibracyjnej *Aum* lub Amen, Słowa, czyli Ducha Świętego. „Na początku było Słowo, a Słowo było u Boga, i Bogiem było Słowo. To było na początku u Boga. Wszystkie rzeczy się przez nie stały, a bez niego nic się nie stało, co się stało" (Jan 1:1-3).

Amen po hebrajsku znaczy *pewny, wierny*. „To mówi Amen, świadek [on] wierny i prawdziwy, początek stworzenia Bożego" (*Apokalipsa św. Jana* 3:14). Podobnie jak wibracja działającego motoru tworzy dźwięk, tak i wszechobecny dźwięk Aum świadczy o działaniu „Kosmicznego Motoru", podtrzymującego wszelkie życie i każdą cząstkę stworzenia energią wibracji. W *Lekcjach Self-Realization Fellowship (q.v.)* Paramahansa Jogananda uczy technik medytacji, których stosowanie prowadzi do bezpośredniego doświadczania Boga jako *Aum* lub Ducha Świętego. To pełne szczęścia obcowanie z niewidzialną boską Mocą („Pocieszycielem, [onym] Duchem Świętym" – Jan 14:26) jest prawdziwie naukową podstawą modlitwy.

awatar: Boska inkarnacja; słowo *avatara* w sanskrycie, którego rdzeń *ava*, znaczy „w dół", a rdzeń *tri* – „przechodzić". Mianem awatara określa się istotę, która osiągnąwszy zjednoczenie z Duchem, powraca na Ziemię, aby pomagać ludzkości.

awidja: dosłownie „nie-poznanie", niewiedza. Przejawienie się maji, kosmicznej ułudy, w człowieku *(q.v.)*. Zasadniczo *awidja* to nierozpoznanie przez człowieka jego boskiej natury i jedynej rzeczywistości: Ducha.

Babadźi: zob. *Mahawatar Babadźi*.

Bhagawadgita: „Pieśń Pana". Starożytne indyjskie pismo święte składające się z osiemnastu rozdziałów, a stanowiące część eposu *Mahabharata*. Treść jest podana w formie dialogu między awatarem *(q.v.)* Panem Kryszną a jego uczniem Ardźuną, dialogu, który się rozgrywa w przeddzień historycznej bitwy na równinie Kurukszetra. Gita jest głębokim traktatem na temat nauki jogi (zjednoczenia z Bogiem) zawierającym także ponadczasowe zalecenia, jak osiągnąć szczęście i powodzenie w życiu codziennym. Gita to alegoria, a także historia, duchowa rozprawa na temat wewnętrznej walki między dobrymi a złymi skłonnościami człowieka. Zależnie od kontekstu Kryszna symbolizuje guru, duszę lub Boga. Ardźuna reprezentuje aspirującego ucznia. Mahatma Gandhi napisał o tym uniwersalnym dziele: „Ci, którzy będą medytować nad Gitą, codziennie znajdą w niej nową radość i nowe znaczenia. Nie ma takich duchowych zawiłości, których Gita nie mogłaby rozwiązać".

Jeśli nie podano inaczej, cytaty z *Bhagawadgity* w niniejszej książce są własnymi przekładami Paramahansy Joganandy z sanskrytu, niekiedy dosłownymi, a czasami w parafrazie, zależnie od kontekstu pogadanki. W przypadku większości cytatów z Gity w niniejszym wydaniu *Odwiecznego ludzkiego poszukiwania* posłużyliśmy się ich ostateczną wersją podaną przez Paramahansę dźi w jego obszernym tłumaczeniu i komentarzu do książki *God Talks With Arjuna: The Bhagavad Gita – Royal Science of God-Realization* (wydanie Self-Realization Fellowship 1995). W pogadankach, w których podawał on tłumaczenie wersetów z Gity bardziej dowolnie, aby uwypuklić określony sens, parafrazy te zostały zachowane i odnotowane jako takie w przypisie.

Bhagawan Kryszna: awatar *(q.v.)*, który żył w pradawnych Indiach wieki przed erą chrześcijańską. Jednym ze znaczeń, jakie hinduskie pisma święte przypisują imieniu *Kryszna*, jest „Duch wszechwiedzący". Tak więc *Kryszna*, podobnie jak *Chrystus*, to rodzaj tytułu określającego duchową wielkość tego awatara – jego jedność z Bogiem. Tytuł *Bhagawan* znaczy „Pan". Kiedy Pan Kryszna wygłosił mowę zarejestrowaną w Bhagawadgicie, był on władcą królestwa w północnych Indiach. W młodości Kryszna był pasterzem, który oczarowywał towarzyszy muzyką fletu. Często uważa się, że w tej roli Kryszna reprezentuje alegorycznie duszę grającą na flecie medytacji, aby skierować wszystkie zbłąkane myśli z powrotem do owczarni wszechwiedzy.

bhaktijoga: duchowe podejście do Boga, które podkreśla, że główną metodą prowadzącą do komunii i zjednoczenia z Bogiem jest całkowite oddanie się Mu w miłości. Zob. *joga*.

Boska Matka: aspekt Boga działający w stworzeniu; *śakti*, czyli moc Transcendentnego Stwórcy. Inne terminy oznaczające ten aspekt Boga to Przyroda, czyli *Prakryti*, *Aum*, Duch Święty, Kosmiczna Inteligentna Wibracja. Także osobowy aspekt Boga jako Matki, który ucieleśnia cechy Pańskiej miłości i współczucia.

Pisma hinduskie nauczają, że Bóg jest zarówno immanentny, jak i transcendentny, osobowy i nieosobowy. Można Go poszukiwać jako Absolutu, jako jednej z Jego przejawionych wiecznych cech, takich jak miłość, mądrość, szczęśliwość, światło, a ponadto poszukiwać w postaci *iszta* (bóstwa) lub jako Niebiańskiego Ojca, Matki, Przyjaciela.

Brahma-Wisznu-Śiwa: trzy aspekty Boga immanentnego w stworzeniu. Reprezentują one potrójną funkcję Inteligencji Chrystusowej *(Tat)*, która kieruje działaniami/pracą Kosmicznej Przyrody: stwarzaniem, zachowywaniem i rozpuszczaniem. Zob. *Trójca*.

Brahman (Brahma): Duch Absolutny.

Chrystusowa Świadomość: *Chrystus* albo *Świadomość Chrystusowa* to świadomość Boga rzutowana przezeń w świat, immanentna w całym stworzeniu. W chrześcijańskim Piśmie Świętym „syn jednorodzony", jedyne czyste odbicie Boga Ojca w stworzeniu; w hinduskich pismach świętych *Kutastha* Ćajtanja, czyli *Tat*, kosmiczna świadomość albo kosmiczna inteligencja Ducha wszechobecnego w stworzeniu. Jest to kosmiczna świadomość, jedność z Bogiem, przejawiona przez Jezusa, Krysznę i innych awatarów. Wielcy święci i joginii znają ją jako stan medytacyjny *samadhi*, w którym ich świadomość staje się identyczna z boską inteligencją w każdej cząstce stworzenia; odczuwają cały wszechświat jako własne ciało. Zob. *Trójca*.

Chrystusowy ośrodek: *kutastha*, czyli ćakra *adźnia* w punkcie między brwiami, bezpośrednio połączona drogą polaryzacji z *medullą oblongatą (q.v.)*; ośrodek woli i koncentracji oraz Chrystusowej Świadomości *(q.v.)*; siedziba duchowego oka *(q.v.)*.

ciało przyczynowe: zob. przyczynowe ciało.

ćakry: w jodze jest to siedem tajemnych ośrodków życia i świadomości w kręgosłupie i w mózgu, które ożywiają ciało fizyczne i astralne człowieka. Ośrodki te nazywa się *ćakrami* („kołami"), ponieważ skoncentrowana w każdym z nich energia przypomina piastę koła, z której rozchodzą się promienie życiodajnego światła i energii. Licząc od dołu kręgosłupa, ćakry te to: *muladhara* (przy kości ogonowej u podstawy kręgosłupa), *swadhisthana* (przy kości krzyżowej, około 5 cm ponad muladharą), *manipura* (lędźwiowa, naprzeciw pępka), *anahata* (piersiowa, naprzeciw serca), *wiśuddha* (szyjna, u podstawy szyi), *adźnia* (tradycyjnie umieszczana między brwiami, w rzeczywistości bezpośrednio połączona drogą polaryzacji z medullą; zob. także *medulla*

Odwieczne ludzkie poszukiwanie

i *duchowe oko)* i *sahasrara* (w najwyższej części mózgu).

Te siedem ośrodków to zaplanowane przez Boga bramy lub „drzwi zapadniowe", przez które dusza zstąpiła w ciało i przez które musi wznieść się z powrotem w procesie medytacji. Po tych siedmiu kolejnych szczeblach dusza wydostaje się do Świadomości Kosmicznej. Świadomie wznosząc się w górę przez siedem otwartych czy „obudzonych" ośrodków, dusza podróżuje autostradą do Nieskończonego, prawdziwą drogą, którą musi przebyć, aby ponownie zjednoczyć się z Bogiem.

W traktatach jogicznych na ogół uważa się za *ćakry* tylko sześć niższych ośrodków, a *sahasrarę* traktuje się jako siódmy, oddzielny ośrodek. Jednakże wszystkie siedem ośrodków często nazywa się lotosami, których płatki rozchylają się, czyli zwracają się ku górze w procesie duchowego przebudzenia, gdy energia życiowa i świadomość wznoszą się w górę kręgosłupa.

czasopismo Self-Realization: kwartalnik publikowany przez Self-Realization Fellowship, przedstawiający pogadanki i pisma Paramahansy Joganandy i zawierający inne duchowe, praktyczne i informacyjne artykuły na tematy bieżące oraz o trwałej wartości.

ćitta: odczuwanie intuicyjne; agregat świadomościowy składający się z *ahamkary* (zasady ego), *buddhi* (rozumu) i *manasu* (umysłu, czyli świadomości zmysłowej).

ćwiczenia energetyzujące: człowiek jest otoczony energią kosmiczną, zupełnie tak, jak ryba jest otoczona wodą. Ćwiczenia energetyzujące zapoczątkowane przez Paramahansę Joganandę i nauczane w *Lekcjach Self-Realization Fellowship (q.v.)*, umożliwiają człowiekowi naładowanie ciała tą energią kosmiczną, czyli kosmiczną *praną*.

dharma: wieczne zasady prawości, które podtrzymują całe stworzenie; tkwiący w naturze człowieka obowiązek życia w harmonii z tymi zasadami. Zob. także *Sanatana Dharma*.

diksza: inicjacja duchowa; od sanskryckiego rdzenia czasownikowego *diksz*, wyświęcić.

duchowe oko: pojedyncze oko intuicji i wszechobecnej percepcji w Chrystusowym (*Kutastha*) ośrodku (w ćakrze *adźnia*) między brwiami. Głęboko medytujący wielbiciel widzi duchowe oko jako pierścień złotego światła okalający błękitną, opalizującą kulę z pięcioramienną białą gwiazdą w środku. W mikrokosmosie te kształty i kolory są przejawami – odpowiednio: wibracyjnej sfery stworzenia (Kosmicznej Przyrody, Ducha Świętego), Syna, czyli inteligencji Bożej w stworzeniu (Świadomości Chrystusowej) i niewibrującego Ducha ponad całym stworzeniem (Boga Ojca).

Oko duchowe jest przedsionkiem, prowadzącym do najwyższych stanów boskiej świadomości. W głębokiej medytacji, gdy świadomość wielbiciela wnika przez duchowe oko do tych trzech sfer, doświadcza on kolejno następujących stanów: a. nadświadomości, czyli wciąż nowej radości płynącej z poznania duszy i jedności z Bogiem jako *Aum (q.v.)*, czyli Duchem Świętym, b. świadomości Chrystusowej, jedności z kosmiczną inteligencją Bożą w całym stworzeniu i c. świadomości kosmicznej, zjednoczenia z wszechobecnością Bożą, która jest poza, a także wewnątrz wibracyjnego stworzenia. Zob. także *świadomość, jej stany; nadświadomość; Świadomość Chrystusowa*.

Wyjaśniając fragment z Księgi Ezechiela (43,1-2), Paramahansa Jogananda napisał: „Przez boskie oko na czole («wschód») jogin wypływa świadomością na ocean wszechobecności, słysząc słowo, czyli *Aum*, boski dźwięk «wielkich wód»: wibracji światła, będących jedyną rzeczywistością stworzenia". Ezechiel tak to opisał: „Wiódł mię potem ku bramie, która to brama patrzyła ku drodze na wschód słońca. A oto chwała Boga izraelskiego przychodziła drogą od wschodu, a szum jej był jako szum wód wielkich, a ziemia się lśniła od chwały jego".

Jezus także mówił o duchowym oku: „Świecą ciała jest oko; jeśliby tedy oko twoje było jedno i ciało twoje wszystko będzie jasne [...] Patrz więc, aby światło, które jest w tobie, nie było ciemnością"[1] (Łk 11,34-35).

Duch Święty: zob. *Aum* i *Trójca*.

dusza: zindywidualizowany Duch. Dusza to prawdziwa i nieśmiertelna natura człowieka i wszelkich form życia; jest ona tymczasowo odziana w szaty ciała fizycznego, astralnego i przyczynowego. Naturą duszy jest Duch, zawsze istniejąca, zawsze świadoma, wciąż nowa Radość.

dźi: przyrostek oznaczający szacunek, dodawany w Indiach do imion i tytułów, np. Gandha dźi, Paramahansa dźi, Gurudźi.

dźnianajoga: droga do zjednoczenia z Bogiem poprzez przemianę rozróżniającej mocy rozumu we wszechwiedzącą mądrość duszy.

---

[1] Tłumaczenie tego cytatu z Biblii króla Jakuba

egoizm: zasada ego, *ahamkara* (dosłownie: „ja czynię"), jest podstawową przyczyną dwoistości, czyli pozornego oddzielenia człowieka od Stwórcy. *Ahamkara* oddaje człowieka pod władzę *maji (q.v.)*, przez co podmiot (ego) fałszywie jawi się jako przedmiot; stworzenia wyobrażają sobie, że są stwórcami. Poprzez uwolnienie się od świadomości ego człowiek budzi się do swojej boskiej tożsamości, jedności z wyłącznym Życiem: Bogiem.

eter: w sanskrycie *akaśa*. Chociaż obecnie przyjęta teoria naukowa o naturze materialnego wszechświata nie uwzględnia eteru, indyjscy mędrcy mówią o nim już od tysiącleci. Paramahansa Jogananda mówił o eterze jako o „ekranie", na który Bóg rzutuje obraz filmowy stworzenia. Przestrzeń nadaje przedmiotom wymiary; eter oddziela obrazy. „Ekran" ten jest siłą twórczą, która koordynuje wszystkie wibracje w przestrzeni, jest czynnikiem niezbędnym, gdy rozpatruje się subtelniejsze siły – myśl i energię życiową (*pranę*) – oraz naturę przestrzeni i pochodzenie sił materialnych i materii. Zob. *żywioły*.

guny: trzy właściwości przyrody: *tamas, radźas* i *sattva* – odpowiednio: hamowanie, działanie, ekspansja albo masa, energia i inteligencja. U człowieka trzy *guny* wyrażają się jako bezwładność, działanie lub zmaganie się i mądrość.

guru: nauczyciel duchowy. Słowem *guru* często niewłaściwie określa się jakiegokolwiek nauczyciela lub instruktora, ale prawdziwy oświecony przez Boga guru to taki, który poprzez osiągnięcie samoopanowania stał się tożsamy z wszechobecnym Duchem. Wyłącznie taki guru ma prawo prowadzić poszukującego w jego wewnętrznej podróży do boskiej realizacji.

Kiedy uczeń jest gotowy do poważnego poszukiwania Boga, Pan zsyła mu guru. Bóg prowadzi ucznia poprzez mądrość, inteligencję, Samorealizację i nauki tegoż guru. Dzięki stosowaniu się do nauk i zaleceń guru uczeń staje się zdolny do spełnienia pragnienia swej duszy – otrzymania manny postrzegania Boga. Prawdziwy guru, wyznaczony przez Boga do niesienia pomocy szczerym poszukującym w odpowiedzi na głębokie pragnienie ich duszy, nie jest zwykłym nauczycielem: jest ludzkim narzędziem, którego ciała, mowy, umysłu i duchowości Bóg używa jako środków do przyciągnięcia i doprowadzenia zagubionych dusz z powrotem do ich nieśmiertelnego domu. Guru jest żywym ucieleśnieniem prawdy pism świętych. Jest agentem zbawienia mianowanym przez Boga w odpowiedzi na żądanie duszy o uwolnienie się z więzów materii. „Dotrzymywanie towarzystwa Guru – napisał swami Śri Jukteśwar w *The Holy Science* – polega nie tylko na przebywaniu w jego fizycznej obecności (jako że to jest czasami niemożliwe), lecz głównie na tym, by mieć go w sercu, być z nim jednością z zasady i dostrajać się do niego". Zob. *mistrz*.

Gurudewa: „Boski Nauczyciel", zwyczajowy sanskrycki tytuł grzecznościowy wyrażający szacunek, używany przy zwracaniu się lub mówieniu o swoim nauczycielu duchowym; czasami tłumaczony na polski jako „Mistrz".

Guru Self-Realization Fellowship: Guru Self-Realization Fellowship/Yogoda Satsanga Society of India to Jezus Chrystus, Bhagawan Kryszna i linia wysoko postawionych mistrzów z czasów współczesnych: Mahawatar Babadźi, Lahiri Mahaśaja, swami Śri Jukteśwar i Paramahansa Jogananda. Integralną częścią działalności SRF jest ukazanie harmonii i podstawowej jedności nauk Jezusa Chrystusa i Bhagawana Kryszny. Wszyscy ci Guru poprzez uniwersalność swoich nauk i całkowite poddanie się Bogu przyczyniają się do spełnienia misji Self-Realization Fellowship, którą jest przekazanie ludziom praktycznej duchowej nauki poznania Boga.

hathajoga: system technik i pozycji ciała (*asan*), które wzmacniają zdrowie i spokój umysłu. Zob. *joga*.

intuicja: zdolność duszy do wszechwiedzy umożliwiająca człowiekowi doświadczenie bezpośredniego postrzegania prawdy bez pośrednictwa zmysłów.

Jadawa Kryszna: *Jadawa* to nazwa klanu, którego Bhagawan Kryszna był królem, a także jest jednym z wielu imion, pod którymi Kryszna jest znany. Zob. Bhagawan Kryszna.

Jaźń [ang. Self]: pisane dużą literą w znaczeniu *atman*, czyli dusza, dla odróżnienia od zwykłego „ja", które oznacza osobowość lub ego *(q.v)*. Jaźń jest zindywidualizowanym Duchem o naturze wiecznej, zawsze świadomej, wciąż nowej radości. Jaźń, czyli dusza jest wewnętrznym źródłem miłości, mądrości, spokoju, odwagi, współczucia i innych boskich cech.

joga: od sanskryckiego słowa *judź* – łączyć, jednoczyć. Słowo *joga* oznacza zjednoczenie indywidualnej duszy z Duchem, a także metody poprzez które cel ten jest osiągany. W szerszym spektrum filozofii hinduskiej joga jest jednym z sześciu tradycyjnych systemów obok *wedanty*, *mimansy, sankhji, wajśeszaki* i *njaji*. Istnieją także różne rodzaje ścieżek jogicznych: *hathajoga, mantrajoga, lajajoga, karmajoga, dźnianajoga, bhaktijoga* i *radźajoga*. Radźajoga, „królewska" lub pełna joga jest tą, która nauczana jest przez Self-Realization Fellowship i której zalety wychwala Bhagawan Kryszna w rozmowie z Ardźuną w *Bhagawadgicie*: „Jogin jest większy od umartwiających ciało ascetów, większy nawet od tych, którzy idą ścieżką mądrości albo ścieżką czynu; bądź ty, o Ardźuno, joginem!" (*Bhagawadgita* VI:46). Mędrzec Patańdźali, najważniejszy propagator starożytnej indyjskiej *radźajogi*, wyszczególnił osiem stopni, dzięki którym *radźajogin* osiąga *samadhi*, czyli zjednoczenie z Bogiem. Są to: 1. *jama*, moralne postępowanie, 2. *nijama*, praktyki religijne, 3. *asana*, właściwa pozycja ciała, 4. *pranajama*, opanowanie prany, subtelnych prądów siły życiowej, 5. *pratjahara*, interioryzacja, wycofanie zmysłów z przedmiotów materialnych, 6. *dharana*, koncentracja, 7. *dhjana*, medytacja i 8. *samadhi*, doświadczenie nadświadomości.

jogin: osoba praktykująca jogę *(q.v.)*. Każdy, kto praktykuje naukową technikę w celu poznania Boga, jest joginem. Może być w związku małżeńskim albo nie, pełnić obowiązki w świecie albo poświęcić się wypełnianiu formalnych ślubów.

juga: cykl lub podokres stworzenia, przedstawiany w starożytnych tekstach hinduskich. Śri Jukteświar opisuje w *The Holy Science* cykl platoniczny 24000 lat i obecne miejsce ludzkości w nim. Cykl ten występuje wewnątrz znacznie dłuższego kosmicznego cyklu opisywanego w starożytnych tekstach, wyliczonego przez starożytnych *ryszich* i wspomnianego w rozdziale 16 *Autobiografii jogina*:

„Kosmiczny cykl czterech jug, wymieniany w pismach, obejmuje 4 300 560 000 lat, czyli «jeden Dzień Stworzenia». Ta ogromna liczba opiera się na związku między długością roku słonecznego a pewną wielokrotnością liczby pi ($\pi=3{,}1416$, stosunek obwodu okręgu do jego średnicy).

Okres życia całego wszechświata, czyli jeden «wiek Brahmy», wynosi według starożytnych jasnowidzących 314 159 000 000 000 lat słonecznych".

karma: skutki przeszłych czynów z tego żywota lub z poprzednich; od sanskryckiego słowa *kṛ* – robić. Według objaśnień hinduskich pism świętych równoważące prawo karmy to prawo akcji i reakcji, przyczyny i skutku, siewu i zbioru. Zgodnie z naturalnym prawem sprawiedliwości każdy człowiek poprzez swe myśli i czyny staje się kowalem własnego losu. Każda energia, którą on sam, mądrze lub niemądrze, wprawił w ruch, musi powrócić do niego jako punktu wyjściowego, podobnie jak okrąg, który nieuchronnie musi się dopełnić. Zrozumienie prawa karmy jako prawa sprawiedliwości umożliwia uwolnienie ludzkiego umysłu od pretensji do Boga i bliźniego. Karma podąża za człowiekiem od wcielenia do wcielenia, aż się wypełni lub zostanie duchowo przekroczona. Zob. *reinkarnacja*.

Łączne czyny ludzkie w społeczeństwach, narodach albo na świecie jako całości tworzą karmę zbiorową, która przynosi lokalne albo dalekosiężne skutki, zależnie od stopnia i przewagi dobra lub zła. Tak więc myśli i czyny każdego człowieka mają wpływ na dobro i zło na świecie i na wszystkich ludzi.

karmajoga: droga do Boga poprzez działanie bez przywiązywania się do rezultatów i poprzez służbę. Dzięki bezinteresownej służbie, oddawaniu owoców działania Bogu i widzeniu w Bogu jedynego Sprawcy działania uczeń uwalnia się od ego i doświadcza Boga. Zob. *joga*.

kasta: W oryginalnej koncepcji kasta nie oznaczała dziedzicznego stanu społecznego, lecz stanowiła klasyfikację opartą na naturalnych zdolnościach człowieka. W trakcie ewolucji człowiek przechodzi przez cztery odmienne stopnie społeczne nazwane przez starożytnych hinduskich mędrców: *śudra, wajśja, kszatrija* i *bramin*. *Śudra* zajmuje się przede wszystkim zaspokajaniem potrzeb i pragnień ciała; najodpowiedniejszą dla jego etapu rozwoju jest praca fizyczna. *Wajśja* jest żądny ziemskich korzyści, a także zaspokojenia zmysłów; ma większe zdolności twórcze niż *śudra* i szuka zajęcia jako rolnik, biznesmen i artysta bądź tam, gdzie jego energia umysłu znajduje spełnienie. *Kszatrija*, spełniwszy w ciągu wielu żywotów pragnienia stanów *śudry* i *wajśji*, zaczyna poszukiwać sensu życia. Stara się przezwyciężyć złe nawyki, zapanować nad zmysłami i właściwie postępować. *Kszatrijowie* są z zawodu arystokratycznymi władcami, mężami stanu. *Bramin* pokonał swoją niższą naturę, ma naturalny pociąg do poszukiwań duchowych i poznał Boga, dlatego jest zdolny nauczać i pomagać innym się wyzwolić.

kosmiczna energia: zob. *prana*.

Kosmiczna Inteligentna Wibracja: zob. *Aum*.

kosmiczna ułuda: zob. *maja*.

Kosmiczna Świadomość: Absolut; Duch poza stworzeniem; Bóg Ojciec. Również medytacyjny stan *samadhi*, w którym osiąga się jedność z Bogiem zarówno poza wibracyjnym stworzeniem, jak i wewnątrz niego. Zob. *Trójca*.

Kosmiczny Dźwięk: zob. *Aum*.

Krijajoga: święta nauka duchowa powstała w Indiach tysiące lat temu. Podaje ona niezawodne techniki medytacyjne, których żarliwe praktykowanie prowadzi do poznania Boga. Paramahansa Jogananda wyjaśnił, że rdzeniem sanskryckiego słowa *krija* jest *kṛ* – robić, działać i przeciwdziałać; od tego samego rdzenia pochodzi słowo *karma* – naturalna zasada przyczyny i skutku. *Krijajoga* jest zatem „zjednoczeniem (*jogą*) z Nieskończonym poprzez określone działanie lub rytuał (*kriję*)". *Krijajoga, jedna z form* radźajogi („radźa", czyli „królewska" lub „kompletna") jest wychwalana przez Krysznę w *Bhagawadgicie* i Patańdźalego w *Jogasutrach*. Przywrócona w obecnym stuleciu przez Mahawatara Babadźiego *(q.v.)*, *Krijajoga* jest *dikszą* (inicjacją duchową) udzielaną przez Guru Self-Realization Fellowship. Od czasu *mahasamadhi (q.v.)* Paramahansy Jogenandy *dikszę* przekazuje wyznaczony przez niego przedstawiciel duchowy, którym jest prezydent Self-Realization Fellowship/Yogoda Satsanga Society of India (bądź osoba wyznaczona przez prezydenta). Aby mieć prawo do *dikszy*, członkowie Self-Realization Fellowship muszą spełniać pewne wstępne duchowe warunki. Osoba, która otrzymała *dikszę*, nazywa się *krijajoginem* lub *krijabanem*. Zob. także *guru* i *uczeń*.

Kryszna: zob. *Bhagawan Kryszna*.

Kryszny Świadomość: Świadomość Chrystusowa, *Kutastha* Ćajtanja *(q.v.)*. Zob. też *Chrystusowa Świadomość*.

Lahiri Mahaśaja: *Lahiri* to nazwisko Śjamy Ćarana Lahiriego (1828 – 1895). *Mahaśaja*, sanskrycki tytuł religijny, świadczy „o wielkim umyśle". Lahiri Mahaśaja był uczniem Mahawatara Babadźiego i guru swamiego Śri Jukteśwara (guru Paramahansy Jogenandy). Był nauczycielem podobnym Chrystusowi, posiadał cudowne moce, ale zarazem miał rodzinę i pracował. Jego misją było upowszechnienie jogi odpowiedniej dla współczesnego człowieka, w której medytację równoważy właściwe wykonywanie obowiązków. Nazywano go *Jogawatarem*, „Wcieleniem Jogi". To Lahiri Mahaśaji Babadźi objawił starożytną, niemal utraconą naukę *Krijajogi (q.v.)*, a także poinstruował go, aby inicjował w nią każdego szczerze poszukującego. Życie Lahiri Mahaśaji opisane jest w *Autobiografii jogina*.

lajajoga: ten system jogi uczy praktyki wchłonięcia umysłu poprzez percepcję określonych dźwięków astralnych, prowadząc do zjednoczenia z Bogiem jako kosmicznym dźwiękiem *Aum*. Zob. *Aum* i *joga*.

Lekcje Self-Realization Fellowship: nauki Paramahansy Joganandy, zebrane w obszerną serię lekcji, przeznaczone do studiowania w domu i dostępne dla wszystkich szczerze poszukujących prawdy na całym świecie. Lekcje obejmują techniki medytacji jogicznej nauczane przez Paramahansę Joganandę, w tym również technikę *Krijajogi (q.v)* dla tych, którzy zdobyli uprawnienia. Informacja o *Lekcjach* dostępna jest poprzez kontakt z Międzynarodową Siedzibą Self-Realization Fellowship.

mahasamadhi: sanskryckie *maha*, „wielkie", *samadhi*. Ostatnia medytacja lub świadome połączenie się z Bogiem, podczas którego doskonały mistrz stapia się z kosmicznym *Aum* i zrzuca ciało fizyczne. Mistrz zawsze zawczasu zna porę, którą Bóg wyznaczył mu na opuszczenie cielesnego mieszkania. Zob. *samadhi*.

Mahawatar Babadźi: nieśmiertelny *mahawatar* („wielki awatar"), który w 1861 roku inicjował Lahiriego Mahaśaję w *Krijajogę (q.v.)*, przywracając w ten sposób światu starożytną metodę zbawienia. Wiecznie młody, żyje od wieków w Himalajach, udzielając nieustannego błogosławieństwa światu. Jego misją jest niesienie pomocy prorokom w wypełnianiu ich specjalnych zadań. Nadawano mu wiele tytułów oznaczających wysoką pozycję duchową, jednak *mahawatar* przyjął najprostsze imię – Babadźi, gdzie *baba* oznacza w sanskrycie „ojciec", a *dźi* jest przyrostkiem wyrażającym szacunek. Więcej informacji na temat jego życia i duchowej misji zawiera *Autobiografia jogina*. Zob. *awatar*.

mantrajoga: obcowanie z Bogiem osiągnięte przez powtarzanie z oddaniem i koncentracją rdzennych dźwięków, które mają dobroczynną moc wibracyjną. Zob. *joga*.

maja: moc ułudy tkwiąca w naturze stworzenia, z powodu której Jedyny wydaje się liczny. *Maja* jest zasadą względności, rozdzielenia, kontrastu, dwoistości, stanów opozycyjnych, „Szatanem" (dosłownie po hebrajsku „przeciwnikiem") u starotestamentowych proroków i „diabłem", którego Chrystus obrazowo opisał jako „mężobójcę" i „kłamcę", bo „w nim prawdy nie masz" (Jan 8,44).

Paramahansa Jogananda napisał:

„Sanskryckie słowo *maja* znaczy «mierniczy»; jest to magiczna moc w stworzeniu, dzięki której w Niemierzalnym i Nierozdzielnym istnieją pozorne ograniczenia i podziały. *Maja* to sama przyroda – światy zjawiskowe, zawsze w nieustannie zmiennym przepływie w przeciwieństwie do Niezmiennego Boga.

W Bożym planie i zabawie (*lili*) jedyną funkcją Szatana, czyli *maji* jest próba odciągnięcia człowieka od Ducha ku materii, od Rzeczywistości do nierzeczywistości. «Od początku diabeł grzeszy. Na to się objawił Syn Boży, aby zniweczył uczynki diabelskie» (I Jan 3,8). Oznacza to, że objawienie się Świadomości Chrystusowej w człowieku łatwo niszczy ułudę, czyli «uczynki diabelskie».

Maja tworzy zasłonę przemijalności w przyrodzie, jest nieustannym stawaniem się stworzenia. To zasłona, którą każdy człowiek musi podnieść, aby ujrzeć poza nią Stwórcę, Niezmiennego, wieczną Rzeczywistość".

medytacja: koncentracja na Bogu. Terminu tego używa się w ogólnym znaczeniu dla oznaczenia praktykowania każdej techniki interioryzacji uwagi i skupienia jej na którymś z aspektów Boga. W szczególnym znaczeniu medytacja oznacza efekt końcowy zakończonej powodzeniem praktyki tych technik: bezpośrednie doświadczenie Boga drogą percepcji intuicyjnej. Jest to siódmy stopień (*dhjana*) ośmiostopniowej ścieżki jogi opisanej przez Patańdźalego (*q.v.*), który osiąga się dopiero po opanowaniu stałej wewnętrznej koncentracji, kiedy całkowicie pozostaje się niezakłóconym przez doznania zmysłowe płynące ze świata zewnętrznego. W najgłębszej medytacji doświadcza się ósmego stopnia na ścieżce jogi: *samadhi* (*q.v.*), komunii, jedności z Bogiem. Zob. także *joga*.

medulla/medulla oblongata: główny punkt wejścia siły życiowej (*prany*) do ciała; siedziba szóstego ośrodka mózgowo-rdzeniowego, którego funkcją jest odbieranie wpływającej energii kosmicznej i kierowanie nią. Siła życiowa gromadzona jest w siódmym ośrodku (*sahasrarze*) w szczytowej części mózgu. Z tego zbiornika rozprowadzana jest po całym ciele. Subtelny ośrodek w medulli to główny przełącznik kontrolujący wpływ, gromadzenie i rozprowadzanie siły życiowej.

Mt Washington: teren – i tym samym – główny ośrodek i międzynarodowa siedziba główna Self-Realization Fellowship (często nazywana Mother Centre) w Los Angeles. Posiadłość tę o rozmiarze 12,5 akrów nabył w 1925 roku Paramahansa Jogananda. Stworzył tam ośrodek szkoleniowy dla członków zakonu Self-Realization Fellowship i centrum administracyjne służące rozpowszechnianiu starożytnej nauki

Krijajogi na cały świat.

mistrz: człowiek, który zdobył pełną władzę nad sobą. Paramahansa Jogananda podkreślał, że „cechy wyróżniające mistrza nie są natury fizycznej, lecz duchowej. [...] Dowodu, że ktoś jest mistrzem, może dostarczyć tylko jego umiejętność dowolnego wchodzenia w stan bez oddechu (*sawikalpa samadhi*) i osiągnięcie trwałej szczęśliwości (*nirwikalpa samadhi*)". Zob. *samadhi*.

Paramahansa dźi stwierdza ponadto: „Wszystkie pisma święte głoszą, że Pan stworzył człowieka na Swoje wszechmocne podobieństwo. Wydaje się, że władza nad wszechświatem jest czymś nadprzyrodzonym, ale w istocie rzeczy władza taka jest wrodzona i naturalna u każdego, kto odzyskuje «właściwą pamięć» swego boskiego pochodzenia. Ludzie, którzy urzeczywistnili Boga w sobie [...] pozbawieni są zasady ego (*ahamkary*) i nie rodzą się w nich osobiste pragnienia; czyny prawdziwych mistrzów są bez wysiłku z ich strony zgodne z *rytą*, naturalnym prawem kosmicznym. Słowami W. Emersona: «Wielcy duchem stają się nie cnotliwymi, lecz Cnotą samą. Wtedy cel stworzenia zostaje osiągnięty i Bóg jest w pełni zadowolony»".

nadświadomość: czysta, intuicyjna, wszechwidząca, zawsze błoga świadomość duszy. Niekiedy słowa tego używa się ogólnie do określenia rozmaitych stanów *samadhi* (*q.v.*) doświadczanych w medytacji, ale w szczególności odnosi się ono do pierwszego stopnia stanu *samadhi*, w którym medytujący porzuca świadomość ego i poznaje siebie jako duszę, stworzoną na obraz Boga. Stąd przechodzi się do wyższych stanów poznania: świadomości Chrystusowej i świadomości kosmicznej (*q.v.*).

nadświadomy umysł: wszechwiedząca moc duszy umożliwiająca bezpośrednie postrzeganie prawdy; intuicja.

oddech: „Wraz z oddechem wpływają w człowieka niezliczone prądy kosmiczne. Wywołuje to niepokój umysłu – napisał Paramahansa Jogananda. – W ten sposób oddech łączy człowieka z przemijalnymi światami zjawiskowymi. Aby uciec od smutku przemijania i wejść do błogiego królestwa Rzeczywistości, jogin uczy się uspokajać oddech drogą naukowej medytacji".

paramahansa: tytuł duchowy oznaczający mistrza (*q.v.*). Może go przyznać jedynie prawdziwy guru przygotowanemu uczniowi. *Paramahansa* znaczy dosłownie: „najwyższy łabędź". W hinduskich pismach świętych *hansa*, czyli łabędź, symbolizuje duchową moc rozróżniania.

Swami Śri Jukteświar nadał ten tytuł swojemu umiłowanemu uczniowi Joganandzie w 1935 roku.

paramguru: dosłownie „poprzedzający guru", guru czyjegoś guru. Dla uczniów Paramahansy Joganandy nazwa *paramguru* odnosi się do Śri Jukteświara. Dla Paramahansy dźi oznaczała ona Lahiriego Mahaśaję. Mahawatar Babadźi jest *param-paramguru* Paramahansy dźi.

Patańdźali: starożytny propagator jogi, mędrzec starożytnych czasów, którego dzieło *Jogasutry* podaje zasady ścieżki jogicznej, podzielonej na osiem stopni: 1. zalecenia moralne (*jama*); 2. właściwe praktyki (*nijama*); 3. pozycja medytacyjna (*asana*); 4. opanowanie siły życiowej (*pranajama*); 5. interioryzacja umysłu (*pratjahara*); 6. koncentracja (*dharana*); 7. medytacja (*dhjana*); 8. zjednoczenie z Bogiem (*samadhi*). Zob. *joga*.

prana: iskry inteligentnej energii, subtelniejszej niż atomowa, które tworzą życie, określane w religijnych i jogicznych traktatach hinduskich zbiorczą nazwą *prana*; Paramahansa Jogananda przetłumaczył tę nazwę jako „żywotrony"; w istocie skondensowane myśli Boga, substancja świata astralnego *(q.v.)* i zasada życia kosmosu fizycznego. W świecie fizycznym są dwa rodzaje *prany*: 1. kosmiczna wibracyjna energia, wszechobecna we wszechświecie, budująca i podtrzymująca wszystkie rzeczy, 2. szczególna *prana*, czyli energia, przenikająca i podtrzymująca każde ciało ludzkie pięcioma prądami, czyli funkcjami. Funkcją prądu *prany* jest krystalizacja, prądu *wjany* – krążenie, prądu *samany* – przyswajanie, prądu *udany* – przemiana materii i prądu *apany* – wydalanie.

pranajama: świadome zarządzanie *praną* (twórczą wibracją lub energią, która uruchamia i podtrzymuje życie w ciele). *Pranajama* – naukowa metoda jogi – prowadzi wprost do świadomego odłączania umysłu od funkcji życiowych i wrażeń zmysłowych, które przywiązują człowieka do świadomości ciała. Tak więc *pranajama* wyzwala ludzką świadomość, umożliwiając jej obcowanie z Bogiem. Wszystkie naukowe techniki, które prowadzą do zjednoczenia duszy z Duchem można zaklasyfikować do jogi, a *pranajama* jest najlepszą jogiczną metodą osiągnięcia tego zjednoczenia.

pranam: forma powitania w Indiach. Dłonie są złączone, nasada dłoni przy sercu, a czubki palców dotykają czoła. Gest ten jest odmianą *pranamu*, dosłownie „pełnego pozdrowienia" – od sanskryckiego rdzenia *nam*, „pozdrowić" lub „pokłonić się" i przedrostka *pra*, „całkowicie".

Pozdrowienie *pranam* jest w Indiach powszechną formą powitania. Gest ten, wykonany przed wędrownym wyrzeczeńcem bądź inną osobą poważaną ze względów duchowych, może być połączony z wymówieniem słowa *„pranam"*.

przyczynowe ciało: w zasadzie człowiek jako dusza jest istotą o ciele przyczynowym. Ciało przyczynowe jest zbudowaną z idei matrycą ciał astralnego i fizycznego. Ciało przyczynowe składa się z trzydziestu pięciu idei-pierwiastków, odpowiadających dziewiętnastu pierwiastkom ciała astralnego *(q.v.)* i szesnastu podstawowym pierwiastkom materialnym ciała fizycznego.

przyczynowy świat: poza fizycznym światem materii (atomów, protonów, elektronów) i subtelnym światem astralnym zbudowanym ze świetlistej energii życiowej (żywotronów) znajduje się przyczynowy czy też złożony z idei świat myśli (myślotronów). Gdy człowiek rozwinie się na tyle, aby wznieść się ponad wszechświaty fizyczny i astralny, zamieszkuje wtedy we wszechświecie przyczynowym. W świadomości istot przyczynowych wszechświaty fizyczny i astralny sprowadzają się do kwintesencji ich myśli. To, co człowiek fizyczny może uczynić w wyobraźni, człowiek przyczynowy może uczynić w rzeczywistości – jedynym ograniczeniem jest sama myśl. Człowiek ostatecznie zrzuca ostatnie okrycie duszy – ciało przyczynowe – i jednoczy się z wszechobecnym Duchem, istniejącym poza wszystkimi światami wibracyjnymi.

radźajoga: „królewska", czyli najwyższa droga do zjednoczenia z Bogiem. Naucza naukowej medytacji *(q.v.)* jako podstawowego środka do poznania Boga i zawiera najistotniejsze elementy wszystkich innych form jogi. Nauki *radźajogi* Self-Realization Fellowship nakreślają sposób życia prowadzący do doskonałego rozwoju ciała, umysłu i duszy, opierający się na medytacji *Krijajogi (q.v.)*. Zob. *joga*.

rdzeń przedłużony: zob. medulla oblongata

reinkarnacja: doktryna postulująca, że wszyscy ludzie, zmuszeni prawem ewolucji, wielokrotnie powracają na ziemię do życia na coraz to wyższym poziomie duchowego rozwoju – opóźniani złymi czynami i przyśpieszani duchowym wysiłkiem – aż osiągną Samorealizację i poznanie Boga. Przekroczywszy w ten sposób ograniczenia i niedoskonałości świadomości śmiertelnego ciała, dusza uwalnia się na zawsze od przymusowego wcielania się. „Kto zwycięży, uczynię go filarem w kościele Boga mojego, a więcej z niego już nie wyjdzie" (Ap 3,12).

Odwieczne ludzkie poszukiwanie

Koncepcja reinkarnacji występuje nie tylko w filozofii Wschodu; wiele starożytnych cywilizacji uważało reinkarnację za prawdę o fundamentalnym znaczeniu dla życia. Wczesny kościół chrześcijański przyjmował zasadę reinkarnacji, którą głosili gnostycy i wielu ojców kościoła, tacy jak Klemens Aleksandryjski, Orygenes i św. Hieronim. Dopiero na Soborze Konstantynopolitańskim II w 553 roku doktrynę tę oficjalnie usunięto z nauk kościoła. Dziś wielu myślicieli zachodnich przyjmuje koncepcję prawa karmy (*q.v.*) i reinkarnacji, widząc w niej wspaniałe i dodające otuchy wyjaśnienie pozornych niesprawiedliwości życia.

ryszi: wieszczowie, wysoko rozwinięte istoty przejawiające boską mądrość, a w szczególności oświeceni mędrcy starożytnych Indii, którym drogą intuicji zostały objawione Wedy.

sadhana: ścieżka dyscypliny duchowej. Konkretne pouczenia i ćwiczenia medytacyjne zalecone przez guru uczniom, którzy wiernie się do nich stosując, ostatecznie poznają Boga.

samadhi: najwyższy poziom ośmiostopniowej ścieżki jogi opisanej przez mędrca Patańdźalego (*q.v.*). *Samadhi* zostaje osiągnięte, kiedy medytujący, proces medytacji (dzięki któremu umysł zostaje wycofany ze zmysłów drogą interioryzacji) i przedmiot medytacji (Bóg) stają się Jednym. Paramahansa Jogananda wyjaśnił, że „w początkowych stanach obcowania z Bogiem (*sawikalpa samadhi*), świadomość wielbiciela stapia się z Kosmicznym Duchem; siła życiowa zostaje wycofana z ciała, które wydaje się «martwe», bo jest nieruchome i sztywne. Jogin jest w pełni świadomy, że procesy życiowe ciała są spowolnione. Jednak, gdy osiąga on coraz to wyższe stany duchowe (*nirwikalpa samadhi*), obcuje z Bogiem już bez nieruchomości ciała, a w tym także w zwykłym stanie świadomości dziennej, nawet gdy wypełnia żmudne codzienne obowiązki". Oba stany charakteryzuje wciąż nowa szczęśliwość w jedności z Duchem. Jednak stanu *nirvikalpa* doświadczają tylko najwyżsi mistrzowie.

Samorealizacja: Paramahansa Jogananda zdefiniował Samorealizację jako „niezbitą wiedzę – w ciele, umyśle i duszy – że stanowimy jedność z wszechobecnością Bożą, że nie musimy się o nią modlić, że zawsze jesteśmy nie tylko obok Niego, ale że wszechobecność Boża jest naszą wszechobecnością, że jesteśmy tak samo Jego częścią teraz, jak kiedykolwiek". Jedyne co musimy zrobić, to pogłębić naszą wiedzę.

Sanatana Dharma: dosłownie „wieczna religia". Nazwa nadana ogółowi nauk wedyjskich, które zaczęto nazywać hinduizmem po tym, jak Grecy nazwali lud zamieszkały nad brzegami rzeki Indus *Indusami*, czyli *Hindusami*. Zob. *dharma*.

Sat-Tat-Aum: *Sat* – Prawda, Absolut, Szczęśliwość; *Tat* – kosmiczna inteligencja lub świadomość; *Aum* – inteligentna kosmiczna stwórcza wibracja, słowo-symbol Boga. Zob. *Aum* i *Trójca*.

Self-Realization: skrócona nazwa Self-Realization Fellowship, organizacji religijnej założonej przez Paramahansę Joganandę, często stosowana przez niego w nieformalnych pogadankach, np. „Nauki Self-Realization", „ścieżka Self-Realization", „Główna siedziba Self-Realization w Los Angeles", itp.

Self-Realization Fellowship: stowarzyszenie założone przez Paramahansę Joganandę w 1920 roku w Stanach Zjednoczonych (i pod nazwą Yogoda Satsanga Society of India w Indiach w 1917 r.) w celu rozpowszechniania na całym świecie zasad duchowych i technik medytacyjnych *Krijajogi*. Międzynarodowa siedziba, Mother Center, znajduje się w Los Angeles w Kalifornii. Paramahansa Jogananda wyjaśnił, że nazwa Self-Realization Fellowship oznacza „wspólnotę z Bogiem poprzez Samorealizację i przyjaźń ze wszystkimi poszukującymi prawdy duszami". Zob. „Cele i ideały Self-Realization Fellowship", s. 509.

siddha: dosłownie „ten, któremu się udało". Człowiek, który osiągnął Samorealizację.

siła życiowa: zob. *prana*.

swami: członek starodawnego zakonu indyjskiego, zreorganizowanego w ósmym lub na początku dziewiątego wieku przez swamiego Śankarę (*q.v.*). Swami składa formalne śluby czystości i wyrzeczenia się świeckich więzów i ambicji, oddaje się medytacji i innym praktykom duchowym oraz służbie ludzkości. Istnieje dziesięć klasyfikacyjnych tytułów szacownego Zakonu Swamich, takich jak *Giri*, *Puri*, *Bharata*, *Tirtha*, *Saraswati* i inne. Śwami Śri Jukteśwar (q.v.) i Paramahansa Jogananda należeli do odgałęzienia *Giri* („góra").

Sanskryckie słowo *swami* znaczy: „ten, który jest jednością z Jaźnią (*Swa*)".

Szatan: w języku hebrajskim dosłownie „przeciwnik". Szatan jest świadomą i niezależną siłą kosmiczną, która utrzymuje wszystko i wszystkich w stanie omamienia nieduchową świadomością skończoności i oddzielenia od Boga. Aby dokonać swego dzieła, Szatan używa jako

Odwieczne ludzkie poszukiwanie

broni *maji* (kosmicznej ułudy) i *awidji* (omamienia pojedynczych osób, niewiedzy). Zob. *maja*.

Szkoła w Rańci: Yogoda Satsanga Vidyalaya, założona przez Paramahansę Joganandę w 1918 roku, kiedy maharadźa Kaśimbazaru oddał swój letni pałac wraz z 25 akrami ziemi w Rańci w Biharze na użytek szkoły dla chłopców. Paramahansa dźi wykupił tę posiadłość podczas swojego pobytu w Indiach w latach 1935-36. Obecnie do szkół Yogody w Rańci uczęszcza ponad dwa tysiące dzieci, poczynając od żłobka i kończąc na college'u. Zob. *Yogoda Satsanga Society of India*.

Śankara, swami: niekiedy nazywany Adi („pierwszym") Śankaraćarją (Śankara + aćarja, „nauczycielem"); znakomity filozof indyjski. Nie wiadomo dokładnie, kiedy żył; wielu uczonych uważa, że w ósmym wieku lub na początku dziewiątego. Przedstawiał Boga nie jako negatywną abstrakcję, lecz jako pozytywną, wieczną, wszechobecną, wciąż nową Szczęśliwość. Śankara zreformował starożytny Zakon Swamich i założył cztery wielkie *mathy* (klasztorne ośrodki nauczania duchowego), których prowadzący drogą sukcesji apostolskiej noszą tytuł Jagadguru Śri Śankaraćarja. *Jagadguru* znaczy „nauczyciel świata".

Śri: tytuł wyrażający szacunek. Użyty przed imieniem członka zakonu oznacza „święty" lub „czcigodny".

Śri Jukteśwar, swami: swami Śri Jukteśwar Giri (1855 – 1936), indyjski Dźnianawatar („Wcielenie Mądrości"); guru Paramahansy Joganandy i *paramguru* krijabanów w Self-Realization Fellowship. Śri Jukteśwar dźi był uczniem Lahiriego Mahaśaji. Na polecenie guru Lahiriego Mahaśaji, Mahawatara Babadźiego, napisał *The Holy Science*, traktat o podstawowej jedności chrześcijańskich i hinduskich pism świętych, i przygotował Paramahansę Joganandę do jego światowej misji duchowej: rozpowszechnienia *Krijajogi (q.v.)*. Paramahansa dźi opisał z miłością życie Śri Jukteśwara dźi w *Autobiografii jogina*.

świadomość, stany: w zwykłej świadomości śmiertelnika człowiek doświadcza trzech faz: jawy, snu i marzeń sennych. Nie doświadcza jednak swej duszy, nadświadomości i nie doświadcza Boga. Człowiek o świadomości Chrystusowej (człowiek-Chrystus) doświadcza tych faz. Tak jak zwykły śmiertelnik jest świadomy całego swego ciała, tak człowiek-Chrystus jest świadomy całego wszechświata, który odczuwa jako swoje ciało. Ponad stanem świadomości Chrystusowej jest świadomość kosmiczna, doświadczenie jedności z Bogiem w Jego absolutnej świadomości poza wibracyjnym stworzeniem, jak również z wszechobecnością Pana przejawiającą się w światach zjawiskowych.

Świadomość Chrystusowa: zob. Chrystusowa Świadomość.

Świadomość Kosmiczna: zob. Kosmiczna Świadomość.

technika koncentracji: technika koncentracji Self-Realization Fellowship (czyli technika *Hong-Sau*) nauczana w *Lekcjach Self-Realization Fellowship*. Technika ta to naukowa metoda wycofywania uwagi z wszystkich przedmiotów, które ją rozpraszają, i skupiania jej tylko na jednej rzeczy. Jest zatem bezcenna dla medytacji, koncentracji na Bogu. Technika *Hong-Sau* jest integralną częścią naukowej *Krijajogi (q.v.)*.

Trójca: kiedy Bóg tworzy wszechświat, staje się Trójcą: Ojcem, Synem, Duchem Świętym lub *Sat, Tat, Aum*. Ojciec (*Sat*) to Stwórca istniejący ponad stworzeniem (Świadomość Kosmiczna). Syn (*Tat*) to wszechobecna inteligencja Boga istniejąca w stworzeniu. Duch Święty (*Aum*) to wibracyjna moc Boga, która się uprzedmiotawia i staje stworzeniem.

W Wieczności przeminęło wiele cykli kosmicznego stwarzania i rozpuszczania (zob. *juga*). W czasie rozpuszczania kosmosu Trójca i wszystkie inne względności stworzenia rozpuszczają się w Absolutnym Duchu.

uczeń: aspirant duchowy, który przychodzi do guru w poszukiwaniu Boga i w tym celu ustanawia wieczny związek duchowy z guru. W Self-Realization Fellowship związek między guru a uczniem zostaje ustanowiony poprzez *dikszę*, inicjację w *Krijajogę*.

wedanta: dosłownie „koniec Wed"; filozofia wywodząca się z Upaniszad, czyli ostatnich części Wed. Głównym propagatorem Wed był Śankara (ósmy wiek lub początek dziewiątego). Wedanta głosi, że jedyną Rzeczywistością jest Bóg, a stworzenie jest w zasadzie iluzją. Jako że jedyną istotą zdolną pojąć Boga jest człowiek, on sam musi być boski i dlatego jego obowiązkiem jest poznać swoją prawdziwą naturę.

Wedy: cztery święte księgi Hindusów: Rygweda, Samaweda, Jadźurweda i Atharwaweda. Są to w zasadzie księgi zawierające zbiory świętych śpiewów, przepisów rytualnych i formuł ofiarnych do recytacji, mających na celu ożywienie i uduchowienie wszystkich faz ludzkiego życia i działalności. Wśród niezliczonych tekstów indyjskich Wedy (od sanskryckiego rdzenia *wid*, „wiedzieć") są jedynymi pismami, którym nie przypisuje się autorstwa. Rygweda przypisuje hymnom niebiańskie źródło, twierdząc, że dotarły do nas z „czasów starożytnych", odziane w nowy język. Objawiane w boski sposób ryszim („wieszczom") w kolejnych epokach, cztery Wedy, jak się uważa, posiadają *nitjatwę*, „wieczną trwałość".

Yogoda Satsanga Society of India: nazwa, pod którą organizacja Paramahansy Joganandy znana jest w Indiach. Organizację założył w 1917 roku Paramahansa Jogananda. Jej siedziba główna, Yogoda Math, położona jest nad brzegiem Gangesu w Dakśineśwarze w pobliżu Kalkuty. Yogoda Satsanga Society ma filialny *math* w Rańci w Dźharkhandzie. Poza ośrodkami i grupami medytacyjnymi w całych Indiach, posiada także siedemnaście instytucji edukacyjnych na poziomie od szkoły podstawowej po college. *Yogoda*, słowo ukute przez Paramahansę Joganandę, pochodzi od *joga* (ang. *yoga*) – „zjednoczenie, harmonia, równowaga" i *da* – „dający". *Satsanga* znaczy „boska wspólnota" lub „wspólnota z Prawdą". Dla ludzi Zachodu Paramahansa dźi przetłumaczył indyjską nazwę jako „Self-Realization Fellowship".

zło: szatańska siła, która przesłania wszechobecność Boga w stworzeniu, przejawiająca się jako brak harmonii w człowieku i przyrodzie. W szerszym znaczeniu termin ten oznacza wszystko to, co przeciwne jest boskiemu prawu (zob. *dharma*), co sprawia, że człowiek traci świadomość swej zasadniczej jedności z Bogiem, i co przeszkadza w osiągnięciu poznania Boga w sobie.

żywioły (pięć): Kosmiczna Wibracja, czyli *Aum*, tworzy strukturę całego fizycznego stworzenia, łącznie z ciałem fizycznym człowieka, poprzez przejawienie pięciu *tattw* (żywiołów): ziemi, wody, ognia, powietrza i eteru *(q.v.)*. Są to siły strukturalne, inteligentne i o wibracyjnej naturze. Bez żywiołu ziemi nie istniałby stan stały materii; bez żywiołu wody nie byłoby stanu płynnego, bez żywiołu powietrza – stanu gazowego, bez żywiołu ognia – ciepła, bez żywiołu eteru – przestrzeni, w której mógłby się rozgrywać kosmiczny film. W ciele *prana* (kosmiczna energia wibracyjna) wchodzi do medulli, a następnie rozdzielana jest na pięć prądów żywiołów w pięciu niższych *ćakrach (q.v.)*, czyli ośrodkach: u podstawy (ziemia), płciowym (woda), pępkowym (ogień), sercowym (powietrze) i gardłowym (eter). Sanskryckie nazwy tych żywiołów to *prythywi, ap, tedźas, prana i akaśa*.

żywotrony: zob. *prana*.

www.ingramcontent.com/pod-product-compliance
Lightning Source LLC
Chambersburg PA
CBHW070713160426
43192CB00009B/1171